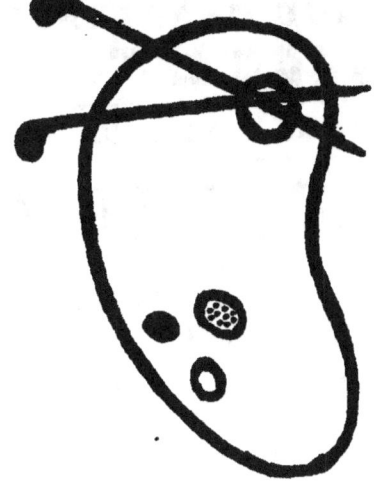

Original en couleur
NF Z 43-120-8

Couverture supérieure manquante

BIBLIOTHÈQUE CHARPENTIER
13, RUE DE GRENELLE, PARIS
À 3 fr. 50 le volume.

EXTRAIT DU CATALOGUE

POÈTES CONTEMPORAINS

JEAN AICARD
Les Poèmes de Provence . . . 1 vol.

THÉODORE DE BANVILLE
Poésies complètes . . . . 3 vol.

MAURICE BOUCHOR
Les Chansons joyeuses . . . 1 vol.
Les Poèmes de l'Amour et
  de la Mer . . . . . 1 vol.
Contes parisiens en vers . . 1 vol.
Le Faust moderne . . . . 1 vol.
L'Aurore . . . . 1 vol.

JULES BRETON
Jeanne . . . . 1 vol.

ALPHONSE DAUDET
Les Amoureuses . . . . . 1 vol.

FÉLIX FRANK
La Chanson d'Amour . . . 1 vol.

EDMOND HARAUCOURT
L'Âme nue . . . . 1 vol.

CLOVIS HUGUES
Les Évocations . . . . . 1 vol.

GABRIEL MARC
Poèmes d'Auvergne . . . . 1 vol.

GUY DE MAUPASSANT
Des Vers . . . . 1 vol.

MISTRAL
Mirèio . . . . 1 vol.

FÉLIX NAQUET
Haute École . . . . . . 1 vol.

LUCIEN PATÉ
Poésies . . . . 1 vol.

JACQUES RICHARD
Poésies . . . . 1 vol.

MAURICE ROLLINAT
Les Névroses . . . . . . 1 vol.
Dans les Brandes . . . . 1 vol.

ARMAND SILVESTRE
Poésies complètes . . . . 1 vol.
La Chanson des Heures . . 1 vol.
Les Ailes d'or . . . . . 1 vol.
Le Pays des Roses . . . . 1 vol.
Le Chemin des Étoiles . . 1 vol.

GABRIEL VICAIRE
Émaux Bressans . . . . . 1 vol.

PARIS. — IMP. C. MARPON ET E. FLAMMARION, RUE RACINE, 26.

LES

MYSTÈRES DE PARIS

II

LES
MYSTÈRES
DE PARIS

PAR

EUGÈNE SUË

— TOME SECOND —

NOUVELLE ÉDITION

PARIS
G. CHARPENTIER ET Cⁱᵉ, ÉDITEURS
11, RUE DE GRENELLE, 11

LAVAL. — IMPRIMERIE E. JAMIN, 41, RUE DE LA PAIX.

LES MYSTÈRES
DE PARIS

TROISIÈME PARTIE

CHAPITRE PREMIER
Cecily

Avant de faire assister le lecteur à l'entretien de madame Séraphin et de Madame Pipelet, nous le préviendrons qu'Anastasie, sans suspecter le moins du monde la vertu et la dévotion du notaire, blâmait extrêmement la sévérité qu'il avait déployée à l'égard de Louise Morel et de Germain. Naturellement, la portière enveloppait madame Séraphin dans la même réprobation ; mais, en habile politique, madame Pipelet, pour des raisons que nous dirons plus bas, dissimulait son éloignement pour la femme de charge sous l'accueil le plus cordial.

Après avoir formellement désapprouvé l'indigne conduite de Cabrion, madame Séraphin reprit : — Ah çà ! que devient donc M. Bradamanti (Polidori) ? Hier soir je lui écris, pas de réponse ; ce matin je viens pour le trouver, personne... J'espère qu'à cette heure j'aurai plus de bonheur ;

Madame Pipelet feignit la contrariété la plus vive.

— Ah ! par exemple, — s'écria-t-elle, — faut avoir du guignon !

— Comment ?

— M. Bradamanti n'est pas encore rentré.

— C'est insupportable !

— Hein ! est-ce tannant, ma pauvre madame Séraphin !

— Moi qui ai tant à lui parler !

— Si ça n'est pas comme un sort !

— D'autant plus qu'il faut que j'invente des prétextes pour venir ici ; car si M. Ferrand se doutait jamais que je connais un charlatan, lui qui est si dévôt... si scrupuleux... vous jugez... quelle scène !

— C'est comme Alfred : il est si bégueule, si bégueule, qu'il s'effarouche de tout.

— Et vous ne savez pas quand il rentrera, M. Bradamanti ?

— Il a donné rendez-vous à quelqu'un pour six ou sept heures du soir; car il m'a priée de dire à la personne qu'il attend de repasser s'il n'était pas encore rentré... Revenez dans la soirée, vous serez sûre de le trouver.

Et Anastasie ajouta mentalement : — Compte là-dessus ! dans une heure il sera en route pour la Normandie.

— Je reviendrai donc ce soir, — dit madame Séraphin d'un air contrarié. Puis elle ajouta : — J'avais autre chose à vous dire, ma chère madame Pipelet... Vous savez ce qui est arrivé à cette drôlesse de Louise, que tout le monde croyait si honnête ?

— Ne m'en parlez pas, — répondit madame Pipelet en levant les yeux avec componction, — ça fait dresser les cheveux sur la tête.

— C'est pour vous dire que nous n'avons plus de servante, et que si par hasard vous entendiez parler d'une jeune fille bien sage, bien bonne travailleuse, bien honnête, vous seriez très aimable de me l'adresser. Les excellents sujets sont si difficiles à rencontrer qu'il faut se mettre en quête de vingt côtés pour les trouver...

— Soyez tranquille, madame Séraphin... Si j'entends parler de quelqu'un, je vous préviendrai... Ecoutez donc, les bonnes places sont aussi rares que les bons sujets.

Puis Anastasie ajouta, toujours mentalement : — Plus souvent que je t'enverrai une pauvre fille pour qu'elle crève de faim dans ta baraque ! Ton maître est trop avare et trop méchant : dénoncer du même coup cette pauvre Louise et ce pauvre Germain !

— Je n'ai pas besoin de vous dire, — reprit madame Séraphin, — combien notre maison est tranquille; il n'y a qu'à gagner pour une jeune fille à être en place chez nous, et il a fallu que cette Louise fut un mauvais sujet incarné pour avoir mal tourné, malgré les bons et saints conseils que lui donnait M. Ferrand...

— Bien sûr... Aussi fiez-vous à moi; si j'entends parler d'une jeunesse comme il vous la faut, je vous l'adresserai tout de suite...

— Il y a encore une chose, — reprit madame Séraphin, — M. Ferrand tiendrait, autant que possible, à ce que cette servante n'eût pas de famille, parce qu'ainsi, vous comprenez, n'ayant pas d'occasion de sortir, elle risquerait moins de se déranger; de sorte que, si par hasard cela se trouvait, monsieur préférerait une orpheline, je suppose... d'abord parce que ça serait une bonne action, et puis parce que, je vous l'ai dit, n'ayant ni tenants ni aboutissants, elle n'aurait aucun prétexte pour sortir. Cette misérable Louise est une fière leçon pour monsieur...allez... ma pauvre madame Pipelet ! C'est ce qui maintenant le rend si difficile sur le choix d'une domestique. Un tel esclandre dans une pieuse maison comme la nôtre... quelle horreur ! Allons, à ce soir ; en montant chez M. Bradamanti, j'entrerai chez la mère Burette.

— A ce soir, madame Séraphin, et vous trouverez M. Bradamanti, pour sûr.

Madame Séraphin sortit.

— Est-elle acharnée après Bradamanti ! — dit madame Pipelet; — qu'est-ce qu'elle peut lui vouloir ?... Et lui, est-il acharné à ne pas la voir avant son départ pour la Normandie ! J'avais une fièvre pour qu'elle ne s'en allât pas, la Séraphin, d'autant plus que M. Bradamanti attend la dame qui est déjà venue hier soir ; je n'ai pas pu bien la voir, mais cette fois-ci je vas joliment tâcher de la dévisager, ni plus ni moins que l'autre jour la particulière de ce commandant de deux liards. Il n'a pas remis les pieds ici... le grippe-sou ? Pour lui apprendre je vas lui brûler son bois !... Oui, je le brûlerai, ton bois !... freluquet manqué... Va donc ! avec tes mauvais douze francs et ta robe de chambre de ver luisant ! Ça t'a servi à grand'chose !... Mais qu'est-ce que c'est que cette dame de M. Bradamanti ?... une bourgeoise, ou une femme du commun ? Je voudrais bien savoir, car je suis curieuse comme une pie ; ça n'est pas ma faute, le bon Dieu m'a faite comme ça. Qu'il s'arrange ! voilà mon caractère... Tiens... une idée, et fameuse encore, pour savoir son nom, à cette dame ! Il faudra que j'essaye. Mais qui est-ce qui vient là ? Ah ! c'est mon roi des locataires. Salut ! M. Rodolphe, — dit madame Pipelet en se mettant au *port d'arme*, le revers de sa main gauche à sa perruque.

C'était en effet Rodolphe : il ignorait encore la mort de M. d'Harville.

— Bonjour, Madame Pipelet, — dit-il en entrant. — Mademoiselle Rigolette est-elle chez elle ? J'ai à lui parler.

— Elle ? ce pauvre petit chat, est-ce qu'elle n'y est pas toujours ! et son travail donc ! Est-ce qu'elle chôme jamais ?...

— Et comment va la femme de Morel ? Reprend-elle un peu courage ?...

— Oui, monsieur Rodolphe... Dame ! grâce à vous ou au protecteur dont vous êtes l'agent, elle et ses enfants sont si heureux maintenant ! Ils sont comme des poissons dans l'eau : ils ont du feu, de l'air, de bons lits, une bonne nourriture, une garde pour les soigner, sans compter mademoiselle Rigolette, qui, tout en travaillant comme une petit castor, et sans avoir l'air de rien, ne les perd pas de l'œil, allez !... Et puis il est venu de votre part un médecin nègre voir la femme de Morel... Eh ! eh ! eh ! dites donc, M. Rodolphe, je me suis dit à moi-même : Ah çà ! mais c'est donc le médecin des charbonniers, ce moricaud-là ? il peut leur tâter le pouls sans se salir les mains. C'est égal, la couleur n'y fait rien : il paraît qu'il est fameux médecin, tout de même ! Il a ordonné à la femme Morel une potion qui l'a soulagée tout de suite.

— Pauvre femme ! elle doit être toujours bien triste.

— Oh ! oui, monsieur Rodolphe.... Que voulez-vous !... avoir un mari fou... et puis sa Louise en prison... Voyez-vous, sa Louise, c'est son crève-cœur ! Pour une famille honnête, c'est terrible...Et quand je pense que tout à l'heure la mère Séraphin, la femme de charge du notaire, est venue ici dire des horreurs de cette pauvre fille ! Si je n'avais pas eu un goujon à lui faire avaler, à la Séraphin, ça ne se serait pas passé comme ça ; mais, pour le quart d'heure, j'ai filé doux. Est-ce qu'elle n'a pas eu le front de venir me demander si je ne connaissais pas une jeunesse pour remplacer Louise chez ce grigou de notaire!... Sont-ils roués et avares ! Figurez-vous qu'ils veulent une orpheline pour servante, si ça se rencontre. Savez-vous pourquoi, monsieur Rodolphe ? C'est censé parce qu'une orpheline, n'ayant pas de parents, n'a pas occasion de sortir pour les voir, et qu'elle est bien plus tranquille ! Mais ça n'est pas ça, c'est une frime. La vérité vraie est qu'ils voudraient empaumer une pauvre fille qui ne tiendrait à rien de rien, parce que, n'ayant personne pour la conseiller, ils la grugeraient sur ses gages tout à leur aise. Pas vrai, monsieur Rodolphe ?

— Oui... oui... — répondit celui-ci d'un air préoccupé.

Apprenant que madame Séraphin cherchait une orpheline pour remplacer Louise comme servante auprès de M. Ferrand, Rodolphe entrevoyait dans cette circonstance un moyen peut-être certain d'arriver à la punition du notaire. Pendant que madame Pipelet parlait, il modifiait donc peu à peu le rôle qu'il avait jusqu'alors dans sa pensée destiné à Cecily, principal instrument du juste châtiment qu'il voulait infliger au bourreau de Louise Morel.

— J'étais bien sûre que vous penseriez comme moi, — reprit madame Pipelet ; — oui, je le répète, ils ne veulent chez eux une jeunesse isolée que pour rogner sur ses gages ; aussi, plutôt mourir que de leur adresser quelqu'un. D'abord je ne connais personne... mais je connaîtrais n'importe qui, que je l'empêcherais bien d'entrer jamais dans une pareille baraque. N'est-ce pas, monsieur Rodolphe, que j'aurais raison ?

— Madame Pipelet, voulez-vous me rendre un grand service ?

— Dieu de Dieu ! monsieur Rodolphe... faut-il me jeter en travers du feu, friser ma perruque avec de l'huile bouillante ? aimez-vous mieux que je morde quelqu'un ?... Parlez... je suis toute à vous... moi et mon cœur nous sommes vos esclaves... excepté pour ce qui serait de faire des traits à Alfred...

— Rassurez-vous, madame Pipelet... voilà de quoi il s'agit... J'ai à placer une jeune orpheline... elle est étrangère... elle n'était jamais venue à Paris, et je voudrais la faire entrer chez M. Ferrand...

— Vous me suffoquez !... comment ! dans cette baraque ! chez ce vieil avare ?...

— C'est toujours une place... Si la jeune fille dont je vous parle ne s'y trouve pas bien, elle en sortira plus tard... mais au moins elle gagnera tout de suite de quoi vivre... et je serai tranquille sur son compte.

— Dame, monsieur Rodolphe, ça vous regarde, vous êtes prévenu... Si, malgré ça, vous trouvez la place bonne... vous êtes le maître... Et puis aussi faut être juste, par rapport au notaire, s'il y a du contre, il y a du pour... Il est avare comme un chien, dur comme un âne, bigot comme un sacristain, c'est vrai... mais il est honnête homme comme il n'y en a pas... Il donne peu de gages... mais il les paye rubis sur l'ongle... La nourriture est mauvaise... mais elle est tous les jours la même chose. Enfin, c'est une maison où il faut travailler comme un cheval, mais c'est une maison où on ne peut plus embêtante... où il n'y a jamais de risque qu'une jeune fille prenne des *allures*... Louise, c'est un hasard !

— Madame Pipelet, je vais confier un secret à votre honneur.

— Foi d'Anastasie Pipelet, née Galimard, aussi vrai qu'il y a un Dieu au ciel... et qu'Alfred ne porte que des habits verts, je serai muette comme une tanche...

— Il ne faudra rien dire à M. Pipelet !...

— Je le jure sur la tête de mon vieux chéri... si le motif est honnête...

— Ah ! madame Pipelet !

— Alors nous lui en ferons voir de toutes les couleurs ; il ne saura rien de rien ; figurez-vous que c'est un enfant de six mois pour l'innocence et la malice.

— J'ai confiance en vous. Écoutez-moi donc.

— C'est entre nous à la vie, à la mort, mon roi des locataires... Allez votre train.

— La jeune fille dont je vous parle a fait une faute...

— Connu !... si je n'avais pas à quinze ans épousé Alfred, j'en aurais peut-être commis des cinquantaines... des centaines de fautes ! Moi !!! telle que vous me voyez... j'étais un vrai salpêtre déchaîné, nom d'un petit bonhomme ! Heureusement Pipelet m'a éteinte dans sa vertu.. sans ça... j'aurais fait des folies pour les hommes. C'est pour vous dire que si votre jeune fille n'en a commis qu'une *de* faute... il y a encore de l'espoir.

— Je le crois aussi.. Cette jeune fille était servante, en Allemagne, chez une de mes parentes ! le fils de cette parente a été le complice de la faute ; vous comprenez !

— Allllez donc !... je comprends... comme si je l'avais faite, la faute !

— La mère a chassé la servante ; mais le jeune homme a été assez fou pour quitter la maison paternelle et pour amener cette pauvre fille à Paris.

— Que voulez-vous !... ces jeunes gens...

— Après le coup de tête sont venues les réflexions, réflexions d'autant plus sages, que le peu d'argent qu'il possédait était mangé. Mon jeune parent s'est adressé à moi ; j'ai consenti à lui donner de quoi retourner auprès de sa mère, mais à condition qu'il laisserait ici cette fille et que je tâcherais de la placer.

— Je n'aurais pas mieux fait pour mon fils, si Pipelet s'était plu à m'en accorder un.

— Je suis enchanté de votre approbation ; seulement, comme la jeune fille n'a pas de répondants et qu'elle est étrangère, il est très difficile de la placer... Si vous vouliez dire à madame Séraphin qu'un de vos parents, établi en Allemagne, vous a adressé et recommandé cette jeune fille, le notaire la prendrait peut-être à son service, j'en serais doublement satisfait. Cecily, elle s'appelle ainsi, Cecily n'ayant été qu'égarée, se corrigerait certainement dans une maison aussi sévère que celle du notaire... C'est pour cette raison surtout que je tiendrais à la voir, cette jeune fille, entrer chez M. Jacques Ferrand. Je n'ai pas besoin de vous dire que, présentée par vous... personne si respectable...

— Ah ! monsieur Rodolphe...

— Si estimable...

— Ah ! mon roi des locataires...

— Que cette jeune fille, enfin, recommandée par vous, serait certainement acceptée par madame Séraphin ; tandis que, présentée par moi...

— Connu ! c'est comme si je présentais un petit jeune homme ! Eh bien ! tope... ça me chausse... Allllez donc ! enfoncez la Séraphin ! Tant mieux, j'ai une dent contre elle ; je vous réponds de l'affaire, monsieur Rodolphe ! je lui ferai voir des étoiles en plein midi ; je lui dirai que je ne sais depuis combien de temps, j'ai une cousine en Allemagne, une Galimard ; que je viens de recevoir la nouvelle qu'elle est défunte, comme son mari, et que leur fille, qui est orpheline, va me tomber sur le dos d'un jour à l'autre.

— Très bien.. Vous conduirez vous-même Cecily chez M. Ferrand sans en reparler davantage à madame Séraphin. Comme il y a vingt ans que vous n'avez vu votre cousine, vous n'aurez rien à répondre, si ce n'est que depuis son départ pour l'Allemagne vous n'avez eu d'elle aucune nouvelle.

— Ah ça, mais si la jeunesse ne baragouine que l'allemand ?

— Elle parle parfaitement français ; je lui ferai sa leçon ; ne vous occupez de rien, sinon de la recommander très instamment à madame Séraphin ; ou plutôt, j'y songe, non... car elle soupçonnerait peut-être que vous voulez lui forcer la main... Vous le savez, souvent il suffit qu'on demande quelque chose pour qu'on vous refuse...

— A qui le dites-vous !... C'est pour ça que j'ai toujours rembarré les enjôleurs. S'ils ne m'avaient rien demandé... je ne dis pas...

— Cela arrive toujours ainsi... Ne faites donc aucune proposition à madame Séraphin, et voyez-la venir... Dites-lui seulement que Cecily est orpheline, étrangère, très jeune, très jolie, qu'elle va être pour vous une bien lourde charge, et que vous ne sentez pour elle qu'une médiocre affection, vu que vous étiez brouillée avec votre cousine, et que vous ne concevez rien au *cadeau* qu'elle vous fait là.

— Dieu de Dieu ! que vous êtes malin !... Mais soyez tranquille, à nous deux nous faisons la paire. Dites donc, monsieur Rodolphe, comme nous nous entendons bien... nous deux !... Quand je pense que si vous aviez été de mon âge dans le temps où j'étais un vrai salpêtre... hein, dites donc ?

— Chut... si M. Pipelet...

— Ah ! bien, oui ! Pauvre cher homme, il pense bien à la gaudriole ! Vous ne savez pas... une nouvelle infame de ce Cabrion !... Mais je vous dirai cela plus tard... Quant à votre jeune fille, soyez calme... je gage que j'amènerai la Séraphin à me demander de placer ma parente chez eux.

— Si vous réussissez, ma chère madame Pipelet, il y a cent francs pour vous. Je ne suis pas riche, mais...

— Est-ce que vous vous moquez du monde, monsieur Rodolphe ? Est-ce que vous croyez que je fais ça par intérêt ? Dieu de Dieu ! c'est de la pure amitié... Cent francs !

— Mais jugez donc que si j'avais longtemps cette jeune fille à ma charge, cela me coûterait bien plus que cette somme... au bout de quelques mois...

— C'est donc pour vous rendre service que je prendrai les cent francs, monsieur Rodolphe ; mais c'est un fameux quine à la loterie pour nous que vous soyez venu dans la maison. Je puis le crier sur les toits, vous êtes le roi des locataires.. Tiens, un fiacre !... c'est sans doute la petite dame de M. Bradamanti... Elle est venue hier, je n'ai pas pu bien la voir... Je vas lanterner à lui répondre pour la bien dévisager ; sans compter que j'ai inventé un moyen pour savoir son nom. Vous allez me voir *travailler*... ça nous amusera.

— Non, non, madame Pipelet, peu m'importe le nom et la figure de cette dame, — dit Rodolphe en se reculant dans le fond de la loge.

— Madame ! — cria Anastasie en se précipitant au-devant de la personne qui entrait, — où allez-vous, madame ?

— Chez M. Bradamanti, — dit la femme visiblement contrariée d'être ainsi arrêtée au passage.

— Il n'y est pas...

— C'est impossible, j'ai rendez-vous avec lui.

— Il n'y est pas...

— Vous vous trompez...

— Je ne me trompe pas du tout... — dit la portière en manœuvrant toujours habilement afin de distinguer les traits de cette femme, M. Bradamanti est sorti, bien sorti, très sorti... c'est-à-dire... excepté pour une dame...

— Eh bien, c'est moi... vous m'impatientez... laissez-moi passer.

— Votre nom, madame ? je verrai bien si c'est le nom de la personne que M. Bradamanti m'a dit de laisser entrer. Si vous ne portez pas ce nom-là... il faudra que vous me passiez sur le corps pour monter...

— Il vous a dit mon nom ? — s'écria la femme, avec autant de surprise que d'inquiétude.

— Oui, madame.

— Quelle imprudence ! — murmura la jeune femme. Puis, après un moment d'hésitation, elle ajouta impatiemment, à voix basse et comme si elle eût craint d'être entendue : — Eh bien, je me nomme madame d'Orbigny.

A ce nom, Rodolphe tressaillit... C'était le nom de la belle-mère de madame d'Harville. Au lieu de rester dans l'ombre, il s'avança, et, à la lueur du jour et de la lampe, il reconnut facilement cette femme, grâce au portrait que Clémence lui en avait plus d'une fois tracé.

— Madame d'Orbigny? — répéta madame Pipelet, — c'est bien ça le nom que m'a dit M. Bradamanti. Vous pouvez monter, madame.

La belle-mère de madame d'Harville passa rapidement devant la loge.

— Et alllllez donc! — s'écria la portière d'un air triomphant. — Enfoncée la bourgeoise! je sais son nom, elle s'appelle d'Orbigny... Pas mauvais le moyen, hein... monsieur Rodolphe? Mais qu'est-ce que vous avez donc? vous voilà tout pensif!

— Cette dame est déjà venue voir M. Bradamanti? — demanda Rodolphe à la portière.

— Oui, hier, dès qu'elle a été partie, M. Bradamanti est tout de suite sorti, afin d'aller probablement retenir sa place à la diligence pour aujourd'hui; car hier, en revenant, il m'a priée d'accompagner ce matin sa malle jusqu'au bureau des voitures, parce qu'il ne se fiait pas à ce petit gueux de Tortillard.

— Et où va M. Bradamanti? le savez-vous?

— En Normandie... route d'Alençon.

Rodolphe se souvint que la terre des Aubiers, qu'habitait M. d'Orbigny, était situé en Normandie. Plus de doute, le charlatan se rendait auprès du père de Clémence, nécessairement dans de sinistres intentions!

— C'est son départ, à M. Bradamanti, qui va joliment ostiner la Séraphin! — reprit madame Pipelet. — Elle est comme une enragée pour voir M. Bradamanti, qui l'évite le plus qu'il peut; car il m'a bien recommandé de lui cacher qu'il partait ce soir à six heures: aussi, quand elle va revenir, elle trouvera visage de bois; je profiterai de ça pour lui parler de votre jeunesse... A propos, comment donc qu'elle s'appelle... *Cicé?*...

— Cecily...

— C'est comme qui dirait Cécile avec un *i* au bout. C'est égal, faudra que je fasse un nœud à mon mouchoir pour me rappeler ce diable de nom-là... *Cici... Caci... Cecily*, bon, m'y voilà.

— Maintenant, je monte chez mademoiselle Rigolette, — dit Rodolphe à madame Pipelet en sortant de sa loge.

— Et en redescendant, monsieur Rodolphe, est-ce que vous ne direz pas bonjour à ce pauvre vieux chéri? Il a bien du chagrin, allez! il vous contera cela... Ce monstre de Cabrion... a encore fait des siennes...

— Je prendrai toujours part aux chagrins de votre mari, madame Pipelet.

Et Rodolphe, singulièrement préoccupé de la visite de madame d'Orbigny à Polidori, monta chez mademoiselle Rigolette.

CHAPITRE II.

Le premier chagrin de Rigolette.

La chambre de Rigolette brillait toujours de la même propreté coquette ; la grosse montre d'argent, placée sur la cheminée dans un cartel de buis, marquait quatre heures ; la rigueur du froid ayant cessé, l'économe ouvrière n'avait pas allumé son poêle. A peine de la fenêtre apercevait-on un coin du ciel bleu à travers la masse irrégulière de toits, de mansardes et de hautes cheminées qui de l'autre côté de la rue formait l'horizon. Tout à coup un rayon de soleil, pour ainsi dire égaré, glissant entre deux pignons élevés, vint pendant quelques instants empourprer d'une teinte resplendissante les carreaux de la chambre de la jeune fille. Rigolette travaillait assise à côté de la croisée ; le doux clair-obscur de son charmant profil se détachait alors sur la transparence lumineuse de la vitre comme un camée d'une blancheur rosée sur un front vermeil. De brillants reflets couraient sur sa noire chevelure, tordue derrière sa tête, et nuançaient d'une chaude couleur d'ambre l'ivoire de ses petites mains laborieuses, qui maniaient l'aiguille avec une incomparable agilité. Les longs plis de sa robe brune, sur laquelle tranchait la dentelure d'un tablier vert, cachaient à demi son fauteuil de paille ; ses deux jolis pieds, toujours parfaitement chaussés, s'appuyaient au rebord d'un tabouret placé devant elle. Ainsi qu'un grand seigneur s'amuse quelquefois par caprice à cacher les murs d'une chaumière sous d'éblouissantes draperies, un moment le soleil couchant illumina cette chambrette de mille feux chatoyants, moira de reflets dorés les rideaux de perse grise et verte, fit étinceler le poli des meubles de noyer, miroiter le carrelage du sol comme du cuivre rouge, et entoura d'un grillage d'or la cage des oiseaux de la grisette. Mais, hélas ! malgré la joyeuseté provocante de ce rayon de soleil, les deux canaris mâle et femelle voletaient d'un air inquiet et, contre leur habitude, ne chantaient pas. C'est que, contre son habitude, Rigolette ne chantait pas... Tous trois ne gazouillaient guère les uns sans les autres. Presque toujours le chant frais et matinal de celle-ci donnait l'éveil aux chansons de ceux-là, qui, plus paresseux, ne quittaient pas leur nid de si bonne heure. C'étaient alors des défis, des luttes de notes claires, sonores, perlées, argentines, dans lesquelles les oiseaux ne remportaient pas toujours l'avantage. Rigolette ne chantait plus... parce que pour la première fois de sa vie elle éprouvait un *chagrin*... Jusqu'alors, l'aspect de la misère des Morel l'avait souvent affectée, mais de tels tableaux sont trop familiers aux classes pauvres pour leur causer des ressentiments très durables. Après avoir presque chaque jour secouru ces malheureux autant qu'elle le pouvait, sincèrement pleuré avec eux et sur eux, la jeune fille se sentait à la fois émue et satisfaite... émue de ces infortunes... satisfaite de s'y être montrée pitoyable... Mais ce n'était pas là un *chagrin*. Bientôt la gaieté naturelle du caractère de Rigolette reprenait son empire... Et puis, sans égoïsme, mais par un simple fait de comparaison, elle se trouvait si heureuse dans sa petite chambre en sortant de l'horrible réduit des Morel, que sa tristesse éphémère se dissipait bientôt. Cette mobilité d'impression était si peu entachée de personnalité que, par un raisonnement d'une touchante délicatesse, la grisette regardait presque comme un devoir de faire la part des *plus malheureux qu'elle*, pour pouvoir jouir sans scrupule d'une existence bien précaire sans doute, et entièrement acquise par son travail, mais qui, auprès de l'épouvantable détresse de la famille du lapidaire, lui paraissait presque luxueuse.

— Pour chanter sans remords, lorsqu'on a auprès de soi des gens si à plaindre, — disait-elle naïvement, — il faut leur avoir été aussi charitable que possible.

Avant d'apprendre au lecteur la cause du *premier chagrin* de Rigolette, nous désirons le rassurer et l'édifier complétement sur la *vertu* de cette jeune fille. Nous regrettons d'employer le mot de *vertu*, mot grave, pompeux, solennel, qui entraîne presque toujours avec soi des idées de sacrifice douloureux, de lutte pénible contre les passions, d'austères méditations sur la fin des choses d'ici-bas. Telle n'était pas la vertu de Rigolette. Elle n'avait ni lutté ni médité. Elle avait travaillé, ri et chanté. Sa *sagesse*, ainsi qu'elle le disait simplement et sincèrement à Rodolphe, dépendait surtout d'une question de *temps*... Elle n'avait pas le *loisir* d'être amoureuse... Avant tout, gaie, laborieuse, ordonnée, l'ordre, le travail, la gaieté, l'avaient, à son insu, défendue, soutenue, sauvée. On trouvera peut-être cette morale légère, facile et joyeuse ; mais qu'importe la cause, pourvu que l'effet subsiste ! Qu'importe la direction des racines de la plante, pourvu que sa fleur s'épanouisse pure, brillante et parfumée...

A propos de notre *utopie* sur les encouragements, les secours, les récompenses que la société devrait accorder aux artisans remarquables pour d'éminentes qualités sociales, nous avons parlé de cet ESPIONNAGE DE LA VERTU, un des projets de l'empereur. Supposons cette féconde pensée du grand homme réalisée... Un de ces *vrais philanthropes* chargés par lui de *rechercher le bien* a découvert Rigolette. Abandonnée, sans conseils, sans appui, exposée à tous les dangers de la pauvreté, à toutes les séductions dont la jeunesse et la beauté sont entourées, cette charmante fille est restée pure ; sa vie honnête, laborieuse, pourrait servir d'enseignement et d'exemple. Cette enfant ne méritera-t-elle pas, non une récompense, non un secours, mais quelques touchantes paroles d'approbation, d'encouragement, qui lui donneront la conscience de sa valeur, qui la rehausseront à ses propres yeux, qui l'*obligeront* même pour l'avenir ? Au moins elle saura qu'on la suit d'un regard plein de sollicitude et de protection dans la

voie difficile où elle marche avec tant de courage et de sérénité...
Elle saura que si un jour *le manque d'ouvrage* ou *la maladie* menaçait de rompre l'équilibre de cette vie pauvre et occupée qui repose tout entière sur *le travail* et sur *la santé*, un léger secours dû à ses mérites passés lui viendrait en aide. L'on se récriera sans doute sur l'impossibilité de cette surveillance tutélaire dont seraient entourées les personnes *particulièrement dignes d'intérêt par leurs excellents antécédents*. Il nous semble que la société a déjà résolu ce problème. N'a-t-elle pas imaginé la *surveillance de la haute police* à vie ou à temps, dans le but, d'ailleurs fort utile, de contrôler incessamment la conduite des *personnes dangereuses signalées par leurs détestables antécédents?* Pourquoi la société n'exercerait-elle pas aussi une SURVEILLANCE DE HAUTE CHARITÉ MORALE?

Mais descendons de la sphère des utopies, et revenons à la cause du premier chagrin de Rigolette. Sauf Germain, candide et grave jeune homme, les voisins de la grisette avaient pris tout d'abord son originale familiarité, ses offres de *bon voisinage*, pour des agaceries très significatives; mais ces messieurs avaient été obligés de reconnaître, avec autant de surprise que de dépit, qu'ils trouveraient dans Rigolette un aimable et gai compagnon pour leurs récréations dominicales, une voisine serviable et *bonne enfant*, mais pas une maîtresse. Leur surprise et leur dépit, très vifs d'abord, cédèrent peu à peu devant la franche et charmante humeur de la grisette; et puis, ainsi qu'elle l'avait judicieusement dit à Rodolphe, ses voisins étaient fiers le dimanche d'avoir au bras une jolie fille qui leur *faisait honneur* de plus d'une manière (Rigolette se souciait peu des apparences), et qui ne leur coûtait que le partage de modestes plaisirs dont sa présence et sa gentillesse doublaient le prix. D'ailleurs, la chère fille se contentait si facilement!... Dans les jours de pénurie, elle dînait si bien et si gaiement avec un beau morceau de galette chaude, où elle mordait de toutes les forces de ses petites dents blanches; après quoi elle s'amusait tant d'une promenade sur les boulevards ou dans les passages! Si nos lecteurs ressentent quelque peu de sympathie pour Rigolette, ils conviendront qu'il aurait fallu être bien sot ou bien barbare pour refuser, une fois par semaine, ces modestes distractions à une si gracieuse créature, qui, du reste, n'ayant pas le droit d'être jalouse, n'empêchait jamais ses sigisbés de se consoler de ses rigueurs auprès de *belles moins cruelles*.

François Germain seul ne fonda aucune folle espérance sur la familiarité de la jeune fille; fut-ce instinct du cœur ou délicatesse d'esprit, il devina dès le premier jour tout ce qu'il pouvait y avoir de ravissant dans la camaraderie singulière que lui offrait Rigolette. Ce qui devait fatalement arriver arriva. Germain devint passionnément amoureux de sa voisine, sans oser lui dire un mot de cet amour. Loin d'imiter ses prédécesseurs, qui, bien convaincus de la vanité de leurs poursuites, s'étaient consolés par d'autres amours, sans pour cela vivre en moins bonne intelligence avec leur voisine. Germain avait délicieusement joui de son intimité avec la jeune fille, passant auprès d'elle non seulement le dimanche, mais toutes les soirées où il n'était pas occupé. Durant ces longues heures, Rigolette s'était montrée, comme toujours, rieuse et folle ; Germain, tendre, attentif, sérieux, souvent même un peu triste. Cette tristesse était son seul inconvénient ; car ses manières, naturellement distinguées, ne pouvaient se comparer aux ridicules prétentions de M. Giraudeau, le commis voyageur, ou aux turbulentes excentricités de Cabrion ; mais M. Giraudeau, par son intarissable loquacité, et le peintre, par son hilarité non moins intarissable, l'emportaient sur Germain, dont la douce gravité imposait un peu à sa voisine.

Rigolette n'avait donc eu jusqu'alors de préférence marquée pour aucun de ses trois amoureux.... Mais comme elle ne manquait pas de jugement, elle trouvait que Germain réunissait seul toutes les qualités nécessaires pour rendre heureuse une femme *raisonnable*. Ces antécédents posés, nous dirons pourquoi Rigolette était chagrine, et pourquoi ni elle ni ses oiseaux ne chantaient pas. Sa ronde et fraîche figure avait un peu pâli ; ses grands yeux noirs, ordinairement gais et brillants, étaient légèrement battus et voilés, ses traits révélaient une fatigue inaccoutumée. Elle avait employé à travailler une grande partie de la nuit. De temps à autre, elle regardait tristement une lettre placée tout ouverte sur une table auprès d'elle ; cette lettre venait de lui être adressée par Germain, et contenait ce qui suit :

« Prison de la Conciergerie.

» Mademoiselle,

» Le lieu d'où je vous écris vous dira l'étendue de mon malheur. Je suis incarcéré comme voleur... Je suis coupable aux yeux de tout le monde, et j'ose pourtant vous écrire !

» C'est qu'il me serait affreux de croire que vous me regardez aussi comme un être criminel et dégradé. Je vous en supplie, ne me condamnez pas avant d'avoir lu cette lettre... Si vous me repoussez... ce dernier coup m'accablerait tout à fait !

» Voici ce qui s'est passé : Depuis quelque temps, je n'habitais plus rue du Temple ; mais je savais par la pauvre Louise que la famille Morel, à laquelle vous et moi nous nous intéressions tant, était de plus en plus misérable. Hélas ! ma pitié pour ces pauvres gens m'a perdu ? Je ne m'en repens pas, mais mon sort est bien cruel !...

» Hier, j'étais resté tard chez M. Ferrand, occupé d'écritures pressées. Dans la chambre où je travaillais se trouvait un bureau ; mon patron y serrait chaque jour la besogne que j'avais faite. Ce soir là il paraissait inquiet, agité ; il me dit : « Ne vous en allez pas que ces comptes ne soient terminés ; vous les déposerez dans le bureau dont je vous laisse la clef. » Et il sortit.

» Mon ouvrage fini, j'ouvris le tiroir pour l'y serrer ; machinalement mes yeux s'arrêtèrent sur une lettre déployée où je lus le nom de *Jérôme Morel*, le lapidaire. Je l'avoue, voyant qu'il s'agissait de cet infortuné, j'eus l'indiscrétion de lire cette lettre ; j'appris ainsi que l'artisan devait être le lendemain arrêté pour une lettre de change de treize cents francs, à la poursuite de M. Ferrand, qui sous un nom supposé, le faisait emprisonner.

» Cet avis était de l'agent d'affaires de mon patron. Je connaissais assez la situation de la famille Morel pour savoir quel terrible coup lui porterait l'incarcération de son unique soutien... Je fus aussi désolé qu'indigné. Malheureusement je vis dans le même tiroir une boîte ouverte, renfermant de l'or ; elle contenait deux mille francs... A ce moment, j'entendis Louise monter l'escalier ; sans réfléchir à la gravité de mon action, profitant de l'occasion que le hasard m'offrait, je pris treize cents francs. J'attendis Louise au passage, je lui mis l'argent dans la main, et lui dis : « On doit arrêter votre père demain au point du jour pour treize cents francs ; les voici, sauvez-le ; mais ne dites pas que c'est de moi que vous tenez cet argent... M. Ferrand est un méchant homme... »

» Vous le voyez, mademoiselle, mon intention était bonne, mais ma conduite coupable ; je ne vous cache rien... Maintenant voici mon excuse.

» Depuis longtemps, à force d'économies, j'avais réalisé et placé chez un banquier une petite somme de quinze cents francs. Il y a huit jours, il me prévint que le terme de son obligation envers moi étant arrivé, il tenait mes fonds à ma disposition dans le cas où je ne les laisserais pas. Je possédais donc plus que je ne prenais au notaire : je pouvais le lendemain toucher mes quinze cents francs. Mais le caissier du banquier n'arrivait pas chez son patron avant midi, et c'est au point du jour qu'on devait arrêter Morel... il me fallait donc mettre celui-ci en mesure de payer de très-bonne heure ; sinon, lors même que je serais allé dans la journée le tirer de prison, il n'en eût pas moins été arrêté et emmené aux yeux de sa femme, que ce dernier coup pouvait achever. De plus, les frais considérables de l'arrestation auraient été à la charge du lapidaire. Vous comprenez, n'est-ce pas ? que tous ces malheurs n'arrivaient pas si je prenais les treize cents francs, que je croyais pouvoir remettre le lendemain matin, dans le bureau, avant que M. Ferrand se fût aperçu de quelque chose. Malheureusement je me suis trompé !

» Je sortis de chez M. Ferrand, n'étant plus sous l'impression d'indignation et de pitié qui m'avait fait agir... Je réfléchis à tout le danger de ma position ; mille craintes vinrent alors m'assaillir ; je connaissais la sévérité du notaire, il pouvait après mon départ revenir fouiller dans son bureau... s'apercevoir du *vol* ; car à ses yeux, aux yeux de tous... c'est un *vol*.

» Ces idées me bouleversèrent ; quoiqu'il fût tard, je courus chez le banquier pour le supplier de me rendre mes fonds à l'instant ; j'aurais motivé cette demande extraordinaire : je serais ensuite retourné chez M. Ferrand remplacer l'argent que j'avais pris.

» Le banquier, par un funeste hasard, était depuis deux jours à Belleville, dans une maison de campagne où il faisait faire des plantations. J'attendis le jour avec une angoisse croissante ; enfin j'arrivai à Belleville... Tout se liguait contre moi : le banquier venait de repartir à l'instant pour Paris ; j'y accours, j'ai enfin mon argent ; je me présente chez M. Ferrand... tout était découvert !... mais ce n'est là qu'une partie de mes infortunes : maintenant le notaire m'accuse de lui avoir volé quinze mille francs en billets de banque, qui étaient, dit-il, dans le tiroir du bureau, avec les deux mille francs en or. C'est une accusation indigne, un mensonge infâme ! Je m'avoue coupable de la première soustraction ; mais, par tout ce qu'il y a de plus sacré au monde, je vous jure, mademoiselle, que je suis innocent de la seconde... Je n'ai vu aucun billet de banque dans ce tiroir, il n'y avait que deux mille francs en or, sur lesquels j'ai pris treize cents francs que je rapportais.

» Telle est la vérité, mademoiselle : je suis sous le coup d'une accusation accablante, et pourtant j'affirme que vous devez me savoir incapable de mentir... Mais me croirez-vous ?... Hélas ! comme l'a dit M. Ferrand, celui qui a volé une faible somme peut en voler une plus forte, et ses paroles ne méritent aucune confiance.

» Je vous ai toujours vue si bonne et si dévouée pour les malheureux, mademoiselle, je vous sais si loyale et si franche, que votre cœur vous guidera, je l'espère dans l'appréciation de la vérité... Je ne vous demande rien de plus... Ajoutez foi à mes paroles, et vous me trouverez aussi à plaindre qu'à blâmer ; car, je le répète, mon intention était bonne, des circonstances impossibles à prévoir m'ont perdu. Ah ! mademoiselle Rigolette... je suis bien malheureux !... Si vous saviez au milieu de quelles gens je suis destiné à vivre jusqu'au jour de mon jugement !

» Hier on m'a conduit dans un lieu qu'on appelle le Dépôt de la préfecture de police. Je ne saurais dire ce que j'ai éprouvé lorsqu'après avoir monté un sombre escalier, je suis arrivé devant une porte à guichet de fer que l'on a ouverte et qui s'est bientôt refermée sur moi. J'étais si troublé que je ne distinguai d'abord rien. Un air chaud, nauséabond, m'a frappé au visage ; j'ai entendu un grand bruit de voix mêlé çà et là de rires sinistres, d'accents de colère et de chansons grossières ; je me tenais immobile près de la porte, regardant les dalles de grès de cette salle, n'osant ni avancer ni lever les yeux, croyant que tout le monde m'examinait.

» On ne s'occupait pas de moi ; un prisonnier de plus ou de moins inquiète peu ces gens-là. Enfin, je me suis hasardé à lever la tête. Quelles horribles figures, mon Dieu ! que de vêtements en lambeaux ! que de haillons souillés de boue ! Tous les dehors de la misère et du vice. Ils étaient là quarante, assis, debout ou couchés sur des bancs scellés dans le mur, vagabonds, voleurs, assassins, enfin tous ceux qui avaient été arrêtés dans la nuit ou dans la journée.

» Lorsqu'ils se sont aperçus de ma présence, j'ai éprouvé une triste consolation en voyant qu'ils reconnaissaient que je n'étais pas des leurs. Quelques-uns me regardèrent d'un air insolent et moqueur ; puis ils se mirent à parler entre eux, à voix basse, je ne sais quel langage hideux que je ne comprenais pas. Au bout d'un moment, le plus audacieux vint me frapper sur l'épaule et me demander de l'argent pour payer ma *bienvenue*. J'ai donné quelques pièces de monnaie, espérant acheter ainsi le repos : cela ne leur a pas suffi, ils ont exigé davantage ; j'ai refusé. Alors plusieurs m'ont entouré, m'accablant d'injures et de menaces ; ils allaient se précipiter sur moi, lorsque heureusement, attiré par le tumulte, un gardien est entré. Je me suis plaint à lui : il a exigé que l'on me rendît l'argent que j'avais donné, et m'a dit que, si je voulais, je serais, pour une modique somme, conduit à ce qu'on appelle la *pistole*, c'est-à-dire que je pourrais être seul dans une cellule. J'acceptai avec reconnaissance, et je quittai ces bandits au milieu de leurs menaces pour l'avenir, car nous devions, disaient-ils, nous retrouver, et alors je resterais sur la place.

» Le gardien me mena dans une cellule où je passai le reste de la nuit. C'est de là que je vous écris ce matin, mademoiselle Rigolette. Tantôt, après mon interrogatoire, je serai conduit à une autre prison qu'on appelle la Force, où je crains de retrouver plusieurs de mes compagnons du Dépôt. Le gardien, intéressé par ma douleur et par mes larmes, m'a promis de vous faire parvenir cette lettre, quoique de telles complaisances lui soient très sévèrement défendues.

» J'attends, mademoiselle Rigolette, un dernier service de votre ancienne amitié, si toutefois, vous ne rougissez pas maintenant de cette amitié. Dans le cas où vous voudriez bien m'accorder ma demande, la voici : vous recevrez avec cette lettre une petite clef et un mot pour le portier de la maison que j'habite, boulevard Saint-Denis, N° 11. Je le préviens que vous pouvez disposer comme moi-même de tout ce qui m'appartient, et qu'il doit exécuter vos ordres... Il vous conduira dans ma chambre. Vous aurez la bonté d'ouvrir mon secrétaire avec la clef que je vous envoie ; vous trouverez une grande enveloppe renfermant différents papiers que je vous prie de me garder ; l'un d'eux vous était destiné, ainsi que vous le verrez par l'adresse... D'autres ont été écrits *à propos de vous*, et cela dans des temps bien heureux... Ne vous en fâchez pas.., vous ne deviez jamais les connaître. Je vous prie aussi de prendre le peu d'argent qui est dans ce meuble, ainsi qu'un sachet de satin renfermant une petite cravate de soie orange que vous portiez lors de nos dernières promenades du dimanche, et que vous m'avez donnée le jour où j'ai quitté la rue du Temple. Je voudrais enfin qu'à l'exception d'un peu de linge que vous m'enverriez à la Force, vous fissiez vendre les meubles et effets que je possède : acquitté ou condamné, je n'en serai pas moins flétri et obligé de quitter Paris... Où irai-je ?... Quelles seront mes ressources ?... Dieu le sait !...

Mme Bouvard, la marchande du Temple qui m'a déjà vendu et acheté plusieurs objets, se chargerait peut-être du tout ; c'est une honnête femme ; cet arrangement vous épargnerait beaucoup d'embarras, car je sais combien votre temps est précieux. J'avais payé mon terme d'avance, je vous prie donc de vouloir bien seulement donner une petite gratification au portier. Pardon, mademoiselle, de vous importuner de tous ces détails, mais vous êtes la seule personne au monde à laquelle j'ose et je puisse m'adresser. J'aurais pu réclamer ce service d'un des clercs de M. Ferrand avec lequel je suis assez lié ; mais j'aurais craint son indiscrétion au sujet de plusieurs papiers ; plusieurs vous concernent, comme je vous l'ai dit ; quelques autres ont rapport à de tristes événements de ma vie. Ah ! croyez-moi, mademoiselle Rigolette, si vous me l'accordez, cette dernière preuve de votre ancienne affection sera ma seule consolation dans le grand malheur qui m'accable ; malgré moi, j'espère que vous ne me refuserez pas. Je vous demande aussi la permission de vous écrire quelquefois... Il me serait si doux, si précieux, de pouvoir épancher dans un cœur bienveillant la tristesse qui m'accable !...

« Hélas ! je suis seul au monde ; personne ne s'intéresse à moi... Cet isolement m'était déjà bien pénible, jugez maintenant !... Et je suis honnête, pourtant... et j'ai la conscience de n'avoir jamais nui à personne, d'avoir toujours, même au péril de ma vie, témoigné de mon aversion pour ce qui était mal... ainsi que vous le verrez par les papiers que je vous prie de garder, et que vous pouvez lire... Mais quand je dirai cela, qui me croira ? M. Ferrand est respecté par tout le monde, sa réputation de probité est établie depuis longtemps, il a un juste grief à me reprocher... il m'écrasera. Je me résigne d'avance à mon sort. Enfin, mademoiselle Rigolette, si vous *me croyez*, vous n'aurez je l'espère, aucun mépris pour moi... vous me plaindrez, et vous penserez quelquefois à un ami sincère. Alors, si je vous fais bien... bien pitié, peut-être vous pousserez la générosité jusqu'à venir un jour... *un dimanche* (hélas ! que de souvenirs ce mot me rappelle !), jusqu'à venir *un dimanche* affronter le parloir de ma prison... Mais non, non, vous revoir dans un pareil lieu... je n'oserais jamais... pourtant, vous êtes si bonne... que...

« Je suis obligé d'interrompre cette lettre et de vous l'envoyer ainsi avec la clef et le petit mot pour le portier, que je vais écrire à la hâte. Le gardien vient m'avertir que je vais être conduit devant le juge... Adieu, adieu, mademoiselle Rigolette... ne me repoussez pas ; je n'ai d'espoir qu'en vous, qu'en vous seule !...

« François Germain.

« *P. S.* — Si vous me répondez, adressez votre lettre à la prison de la Force. »

On comprend maintenant la cause du premier chagrin de Rigolette. Son excellent cœur s'était profondément ému d'une infortune dont elle n'avait eu jusqu'alors aucun soupçon. Elle croyait aveuglément à l'entière véracité du récit de Germain, ce fils infortuné du Maître d'école... Assez peu rigoriste, elle trouvait même que son ancien voisin s'exagérait énormément sa faute. Pour sauver un malheureux père de famille, il avait pris une somme qu'il savait pouvoir rendre. Cette action, aux yeux de la grisette, n'était que généreuse.

Par une de ces contradictions naturelles aux femmes, et surtout aux femmes de sa classe, cette jeune fille, qui jusqu'alors n'avait éprouvé pour Germain, comme pour ses autres voisins, qu'une joyeuse et cordiale amitié, ressentait pour lui une vive préférence. Dès qu'elle le sut malheureux, injustement accusé, prisonnier, son souvenir effaça celui de ses anciens rivaux. Chez Rigolette, ce n'était pas encore de l'amour, c'était une action vive, sincère, remplie de commisération, de dévouement résolu : sentiment très nouveau pour elle en raison même de l'amertume qui s'y joignait.

Telle était la situation morale de Rigolette, lorsque Rodolphe entra dans sa chambre, après avoir discrètement frappé à la porte.

— Bonjour, ma voisine, — dit Rodolphe à Rigolette ; — je ne vous dérange pas?

— Non, mon voisin ; je suis, au contraire, très contente de vous voir, car j'ai beaucoup de chagrin !

— En effet, je vous trouve pâle ; vous semblez avoir pleuré !

— Je crois bien que j'ai pleuré !... Il y a de quoi... Pauvre Germain !... Tenez, lisez... — Et Rigolette remit à Rodolphe la lettre du prisonnier. — Si ce n'est pas à fendre le cœur ! Vous m'avez dit que vous vous intéressiez à lui... voilà le moment de le montrer, — ajouta-t-elle, pendant que Rodolphe lisait attentivement. — Faut-il que ce vilain M. Ferrand soit acharné après tout le monde ! D'abord ça été contre Louise, maintenant c'est contre Germain. Oh ! je ne suis pas méchante... mais il arriverait quelque bon malheur à ce notaire, que j'en serais contente !... Accuser un aussi honnête garçon de lui avoir volé quinze mille francs !... Germain... lui !... la probité en personne, et puis si rangé, si doux... si triste... va-t-il être à plaindre, mon Dieu !... au milieu de tous ces scélérats... dans sa prison !... Ah ! monsieur Rodolphe, d'aujourd'hui je commence à voir que tout n'est pas couleur de rose dans la vie...

— Et comptez-vous faire, ma voisine?

— Ce que je compte faire !... mais tout ce que Germain me demande, et cela le plus tôt possible... Je serais déjà partie sans cet ouvrage très pressé que je finis et que je vais porter tout à l'heure rue Saint-Honoré, en me rendant à la chambre de Germain chercher les papiers dont il me parle. J'ai passé une partie de la nuit à travailler pour gagner quelques heures d'avance. Je vais avoir tant de choses à faire en dehors de mon ouvrage, qu'il faut que je me mette en mesure... D'abord, madame Morel voudrait que je pusse voir Louise dans sa prison.. C'est peut-être très difficile, mais enfin je tâcherai. Malheureusement je ne sais pas seulement à qui m'adresser...

— J'avais songé à cela...
— Vous, mon voisin ?
— Voici une permission.
— Quel bonheur ! Est-ce que vous ne pourriez pas m'en avoir une aussi pour la prison de ce malheureux Germain ?... ça lui ferait tant de plaisir !
— Je vous donnerai aussi les moyens de voir Germain.
— Oh ! merci, monsieur Rodolphe.
— Vous n'aurez donc pas peur d'aller dans sa prison ?
— Bien sûr, le cœur me battra très fort la première fois... Mais c'est égal. Est-ce que, quand Germain était heureux, je ne le trouvais pas toujours prêt à aller au-devant de toutes mes volontés, à me faire la lecture le soir ? Eh bien ! il est dans la peine, c'est à mon tour maintenant. Un pauvre petit rat comme moi ne peut pas grand'chose... je le sais... mais enfin, tout ce que je pourrai, je le ferai... il peut y compter... il verra si je suis bonne amie ! Tenez, monsieur Rodolphe, il y a une chose qui me désole... c'est sa défiance... Me croire capable de le mépriser !... moi ! je vous demande un peu pourquoi ? Ce vieil avare de notaire l'accuse d'avoir volé... qu'est-ce que ça me fait ?... je sais bien que ça n'est pas vrai. La lettre de Germain ne m'aurait pas prouvé clair comme le jour qu'il est innocent, que je ne l'aurais pas cru coupable ; il n'y a qu'à le connaître, pour être sûr qu'il est incapable d'une vilaine action. Il faut être aussi méchant que M. Ferrand pour soutenir des faussetés pareilles.
— Bravo, ma voisine !... j'aime votre indignation.
— Oh ! tenez... je voudrais être homme pour pouvoir aller trouver ce notaire... et lui dire : « Ah ! vous soutenez que Germain vous a volé ; eh bien, tenez, voilà pour vous, vieux menteur ; il ne vous volera pas cela, toujours ! » Et ! pan ! pan !... je le battrais comme plâtre...
— Vous avez une justice très expéditive, — dit Rodolphe en souriant de l'animation de Rigolette.
— C'est que ça révolte aussi... et, comme dit Germain dans sa lettre, tout le monde sera du parti de son patron contre lui, parce que son patron est riche, considéré... et que Germain n'est qu'un pauvre jeune homme sans protection... à moins que vous ne veniez à son secours, monsieur Rodolphe, vous qui connaissez des personnes si bienfaisantes... Est-ce qu'il n'y aurait pas à faire quelque chose ?
— Il faut qu'il attende son jugement... Une fois acquitté, comme je le crois, de nombreuses preuves d'intérêt lui seront données, je vous l'assure... Mais écoutez, ma voisine, je sais par expérience qu'on peut compter sur votre discrétion...
— Oh ! oui, monsieur Rodolphe... je n'ai jamais été bavarde.
— Eh bien, il faut que personne ne sache, et que Germain lui-même ignore que des amis veillent sur lui... car il a des amis...
— Vraiment ?
— De très puissants, de très dévoués.
— Ça lui donnerait tant de courage de le savoir !

— Sans doute ; mais il ne pourrait peut-être pas s'en taire. Alors M. Ferrand effrayé, se mettrait sur ses gardes, sa défiance s'éveillerait, et, comme il est très adroit, il deviendrait difficile de l'atteindre ; ce qui serait fâcheux, car il faut non-seulement que l'innocence de Germain soit reconnue, mais que son calomniateur soit démasqué.

— Je vous comprends, monsieur Rodolphe...

— Il en est de même de Louise ; je vous apportais cette permission de la voir, afin que vous la priiez de ne parler à personne de ce qu'elle m'a révélé... elle saura ce que cela signifie.

— Cela suffit, monsieur Rodolphe.

— En un mot, que Louise se garde de se plaindre dans sa prison de la méchanceté de son maître, c'est très important... Mais elle devra ne rien cacher à un avocat qui viendra de ma part s'entendre avec elle pour sa défense ; faites-lui bien toutes ces recommandations.

— Soyez tranquille, mon voisin, je n'oublierai rien... j'ai bonne mémoire... Mais je parle de bonté !... c'est vous qui êtes bon et généreux ! Quelqu'un est-il dans la peine, vous vous trouvez tout de suite là !...

— Je vous l'ai dit ma voisine, je ne suis qu'un pauvre commis marchand ; mais quand, en flânant de côté et d'autre, je trouve de braves gens qui méritent protection, j'en instruis une personne bienfaisante qui a toute confiance en moi, et on les secourt... Ça n'est pas plus malin que ça.

— Et où logez-vous, maintenant que vous avez cédé votre chambre aux Morel ?

— Je loge... en garni.

— Oh ! que je détesterais ça ! Être où a été tout le monde, c'est comme si tout le monde avait été chez vous.

— Je n'y suis que la nuit, et alors...

— Je conçois... c'est moins désagréable... Ce que c'est que de nous, pourtant, monsieur Rodolphe !... Mon *chez moi* me rendait si heureuse, je m'étais arrangé une petite vie si tranquille, que je n'aurais jamais cru possible d'avoir un chagrin... et vous voyez, pourtant !... Non, je ne peux pas vous dire le coup que le malheur de Germain m'a porté. J'ai vu les Morel et d'autres encore bien à plaindre, c'est vrai ; mais enfin la misère est la misère ; entre pauvres gens on s'y attend, ça ne surprend pas, et l'on s'entr'aide comme on peut. Aujourd'hui c'est l'un, demain c'est l'autre. Quant à soi, avec du courage et de la gaieté, on se tire d'affaire. Mais voir un pauvre jeune homme, honnête et bon, qui a été votre ami pendant longtemps, le voir accusé de vol et emprisonné pêle-mêle avec des scélérats !... ah ! dame ! monsieur Rodolphe, vrai, je suis sans force contre ça, c'est un malheur auquel je n'avais jamais pensé, ça me bouleverse...

Et les grands yeux de Rigolette se voilèrent de larmes.

— Courage, courage ! votre gaieté reviendra quand votre ami sera acquitté...

— Oh ! il faudra bien qu'il soit acquitté... il n'y aura qu'à lire aux juges la lettre qu'il m'a écrite... ça suffira, n'est-ce pas, monsieur Rodolphe ?

— En effet, cette lettre simple et touchante a tout le caractère de la vérité ; il faudra même que vous m'en laissiez prendre copie, cela sera nécessaire à la défense de Germain.

— Certainement, monsieur Rodolphe. Si je n'écrivais pas comme un vrai chat, malgré les leçons qu'il m'a données, ce bon Germain, je vous proposerais de vous la copier... mais mon écriture est si grosse, si de travers ; et puis il y a tant, tant... de fautes !...

— Je vous demanderai de me confier seulement la lettre jusqu'à demain.

— La voilà, mon voisin ; mais vous y ferez bien attention, n'est-ce pas ?... J'ai brûlé tous les billets doux que M. Cabrion et M. Giraudeau m'écrivaient dans les commencements de notre connaissance, avec des cœurs enflammés et des colombes sur le haut du papier, quand ils croyaient que je me laisserais prendre à leurs cajoleries ; mais cette pauvre lettre de Germain, je la garderai soigneusement, et les autres aussi, s'il m'en écrit... Car enfin, n'est-ce pas, monsieur Rodolphe, ça prouve en ma faveur qu'il me demande ces petits services ?

— Sans doute, cela prouve que vous êtes la meilleure petite amie qu'on puisse désirer. Mais j'y songe... au lieu d'aller tout à l'heure seule chez M. Germain, voulez-vous que je vous accompagne ?

— Avec plaisir, mon voisin. La nuit vient, et le soir j'aime autant ne pas être toute seule dans les rues, sans compter qu'il faut que je porte de l'ouvrage près du Palais-Royal. Mais d'aller si loin, ça va vous fatiguer et vous ennuyer peut-être ?

— Pas du tout... nous prendrons un fiacre...

— Vraiment ? Oh ! comme ça m'amuserait d'aller en voiture si je n'avais pas de chagrin ! Et il faut que j'en aie, du chagrin, car voilà la première fois depuis que je suis ici que je n'ai pas chanté de la journée... Mes oiseaux en sont interdits... Pauvres petites bêtes ! ils ne savent pas ce que cela signifie : deux ou trois fois papa Crétu a chanté un peu pour m'agacer ; j'ai voulu lui répondre, ah bien, oui ! au bout d'une minute je me suis mise à pleurer... Ramonette a recommencé, mais je n'ai pas pu lui répondre davantage.

— Quels singuliers noms vous avez donnés à vos oiseaux : papa Crétu et Ramonette !

— Dame ! monsieur Rodolphe, mes oiseaux font la joie de ma solitude, ce sont mes meilleurs amis : je leur ai donné le nom des braves gens qui ont fait la joie de mon enfance et qui ont été aussi mes meilleurs amis ; sans compter, pour achever la ressemblance, que papa Crétu et Ramonette étaient gais et chantaient comme les oiseaux du bon Dieu.

— Ah ! maintenant... en effet... je me souviens... vos parents adoptifs s'appelaient ainsi...

— Oui, mon voisin : ces noms sont ridicules pour des oiseaux, je le sais, mais ça ne regarde que moi... Tenez, c'est encore à ce sujet-là que j'ai vu que Germain avait bien bon cœur.

— Comment donc?

— Certainement: M. Giraudeau et M. Cabrion... M. Cabrion surtout, étaient toujours à faire des plaisanteries sur les noms de mes oiseaux ; appeler un serin papa Crétu, voyez donc! M. Cabrion n'en revenait pas et il partait de là pour faire des gorges chaudes à n'en plus finir. « Si c'était un coq, disait-il, à la bonne heure, vous pourriez l'appeler Crétu. C'est comme le nom de la serine : Ramonette, ça ressemble à Ramona. » Enfin, il m'a si fort impatientée, que j'ai été deux dimanches sans vouloir sortir avec lui, pour lui apprendre... et je lui ai dit très sérieusement que s'il recommençait ses moqueries, qui me faisaient de la peine, nous n'irions jamais ensemble.

— Quelle courageuse résolution !

— Ça m'a coûté... allez, monsieur Rodolphe, moi qui attendais mes sorties du dimanche comme le Messie : j'avais le cœur bien gros de rester toute seule par un temps superbe ; mais c'est égal, j'aimais encore mieux sacrifier mon dimanche que de continuer à entendre M. Cabrion se moquer de ce que je respectais. Après ça, bien certainement que, sans l'idée que j'y attachais, j'aurais préféré donner d'autres noms à mes oiseaux... Tenez, il y a surtout un nom que j'aurais aimé à l'adoration : Colibri... Eh bien, je m'en suis privée, parce que jamais je n'appellerai les oiseaux que j'aurai autrement que Crétu et Ramonette ; sinon il me semblerait que je sacrifie, que j'oublie mes bons parents adoptifs, n'est-ce pas, monsieur Rodolphe ?

— Vous avez raison, mille fois raison... Et Germain ne se moquait pas de ces noms, lui ?

— Au contraire... seulement, la première fois, ils lui ont semblé drôles, ainsi qu'à tout le monde ; c'était tout simple ; mais quand je lui ai expliqué mes raisons... comme je les avais pourtant expliquées à M. Cabrion, les larmes lui sont venues aux yeux. De ce jour-là je me suis dit : M. Germain est un bien bon cœur ; il n'a contre lui que sa tristesse... Alors je ne comprenais pas qu'on pût être triste... maintenant je ne le comprends que trop... Mais voilà mon paquet fini, mon ouvrage prêt à emporter ; voulez-vous me donner mon châle, mon voisin ? il ne fait pas assez froid pour prendre un manteau, n'est-ce pas ?

— Nous allons en voiture et je vous ramènerai.

— C'est vrai ; nous irons et nous reviendrons plus vite ; ce sera toujours ça de temps de gagné.

— Mais, j'y songe, comment allez-vous faire ? Votre travail va souffrir de vos visites aux prisons.

— Oh! que non, que non... j'ai fait mon compte. D'abord j'ai mes dimanches à moi ; j'irai voir Louise et Germain ces jours-là, ça me servira de promenade et de distraction ; ensuite, dans la semaine, je retournerai à la prison une ou deux autres fois ; chacune me prendra trois bonnes heures, n'est-ce pas ? Eh bien, pour me trouver à mon aise, je travaillerai une heure de plus par jour, je me coucherai à minuit au lieu de me coucher à onze heures, ça me fera un gain tout clair de sept à huit heures par semaine que je pourrai dépenser pour aller voir Louise et Germain... Vous voyez, je suis plus riche que je n'en ai l'air, — ajouta Rigolette en souriant.

— Et vous ne craignez pas que cela vous fatigue ?
— Bah ! je m'y ferai ; on se fait à tout... et puis, ça ne durera pas toujours...
— Voilà votre châle, ma voisine...
— Attachez-le, et prenez garde de me piquer !
— Allons !... l'épingle est tordue.
— Eh bien, prenez-en une autre... là, sur la pelote... Ah ! j'oubliais : voulez-vous être bien gentil, mon voisin ?
— Ordonnez, ma voisine...
— Taillez-moi une bonne plume... bien grosse... pour que je puisse, en rentrant, écrire à ce pauvre Germain que ses commissions sont faites... Il aura ma lettre demain de bonne heure à sa prison, ça lui fera un bon réveil...
— Et où sont vos plumes ?...
— Là, sur la table... Le canif est dans le tiroir... Attendez, je vais vous allumer ma bougie, car il commence à n'y plus faire clair.
— Ça ne sera pas de refus pour tailler la plume.
— Et puis il faut que je puisse attacher mon bonnet.

Rigolette fit pétiller une allumette chimique, et alluma un bout de bougie dans un petit bougeoir bien luisant.

— Diable !... de la bougie... ma voisine... quel luxe !
— Pour ce que j'en brûle, ça me coûte une idée plus cher que la chandelle, et c'est bien plus propre...
— Pas plus cher ?
— Mon Dieu, non. J'achète ces bouts de bougie à la livre, et une demi-livre me fait presque mon année.
— Mais, — dit Rodolphe en taillant soigneusement la plume, pendant que la grisette nouait son bonnet devant son miroir, — je ne vois pas de préparatifs pour votre dîner.
— Je n'ai pas l'ombre de faim... J'ai pris une tasse de lait ce matin... j'en prendrai une ce soir... avec un peu de pain... j'en aurai bien assez.
— Vous ne voulez pas venir sans façon dîner avec moi, en sortant de chez Germain ?
— Je vous remercie, mon voisin, j'ai le cœur trop gros ; une autre fois... avec plaisir... Tenez, la veille du jour où ce pauvre Germain sortira de prison... je m'invite, et après vous me mènerez au spectacle. Est-ce dit ?
— C'est dit, ma voisine ; je vous assure que je n'oublierai pas cet engagement... Mais, aujourd'hui, vous me refusez ?
— Oui, monsieur Rodolphe, je vous serais une compagnie trop maussade, sans compter que ça me prendrait beaucoup de temps. Pensez donc... c'est surtout maintenant qu'il ne faut pas que je fasse la paresseuse... et que je dépense un quart d'heure

mal à propos.

— Allons, je renonce à ce plaisir... pour aujourd'hui...

— Tenez, voilà mon paquet, mon voisin ; passez devant, je fermerai la porte.

— Voici une plume excellente... maintenant, ce paquet...

— Prenez garde de le chiffonner... c'est du poult de soie... ça garde le pli... tenez-le à votre main... comme ça... légèrement... Bien... Passez... je vous éclairerai.

Et Rodolphe descendit, précédé de Rigolette.

Au moment où le voisin et la voisine passèrent devant la loge du portier, ils virent M. Pipelet qui, les bras pendants, s'avançait vers eux du fond de l'allée ; d'une main il tenait l'enseigne qui annonçait au public qu'il faisait *commerce d'amitié* avec Cabrion, de l'autre main il tenait le portrait du damné peintre. Le désespoir d'Alfred était si écrasant, que son menton touchait à sa poitrine, et qu'on n'apercevait que le fond immense de son chapeau tromblon. En le voyant venir ainsi, la tête baissée, vers Rodolphe et Rigolette, on eût dit un bélier ou un brave champion breton se préparant au combat.

Anastasie parut bientôt sur le seuil de sa loge, et s'écria à l'aspect de son mari : — Eh bien, vieux chéri... te voilà donc !... qu'est-ce qu'il t'a dit, le commissaire ?... Alfred !... Alfred !... mais fais-donc attention, tu vas *poquer* mon roi des locataires... qui te crève les yeux... Pardon, monsieur Rodolphe... c'est ce gueux de Cabrion qui l'abrutit de plus en plus... Il le fera, bien sûr, tourner en bourrique... ce vieux chéri !... Alfred ! mais réponds donc !

A cette voix chère à son cœur, M. Pipelet releva la tête ; ses traits étaient empreints d'une sombre amertume.

— Qu'est-ce qu'il t'a dit, le commissaire ? — reprit Anastasie.

— Anastasie, il faudra rassembler le peu que nous possédons, serrer nos amis dans nos bras, faire nos malles, et nous expatrier... de Paris... de la France, de ma belle France ! car, sûr maintenant de l'impunité, le monstre est capable de me poursuivre partout... dans toute l'étendue des départements du royaume...

— Comment ! le commissaire ?...

— Le commissaire ! — s'écria M. Pipelet avec une indignation courroucée, — le commissaire !... il m'a ri au nez...

— A toi... un homme d'âge, qui as l'air si respectable que tu en paraîtrais bête comme une oie, si on ne connaissait pas tes vertus !

— Eh bien, malgré cela, lorsque j'eus respectueusement déposé par-devant lui mon amas de plaintes et de griefs contre cet infernal Cabrion... ce magistrat, après avoir regardé en riant, oui, en riant... et, j'ose le dire, en riant indécemment... l'enseigne et le portrait que j'apportais comme pièces justificatives, ce magistrat m'a répondu : « Mon brave homme, ce Cabrion est un très drôle de corps, c'est un mauvais farceur ; ne faites pas attention à ses plaisanteries. Je vous conseille, moi, tout bonnement d'en rire, car il y a vraiment de quoi ! — D'en rire, *me suis-je écrié, d'en rire !... mais le chagrin me dévore... mais ce gueux-là empoisonne mon existence... il m'affiche, il me fera perdre la raison... Je demande qu'on l'enferme, qu'on l'exile.. au moins de ma rue.* A ces mots, le commissaire a souri et m'a obligeamment montré la porte... J'ai compris ce geste du magistrat... et me voici...

— Magistrat de rien du tout !... — s'écria madame Pipelet.

— Tout est fini, Anastasie... tout est fini... plus d'espoir ! Il n'y a plus de justice en France... je suis atrocement sacrifié !...

Et pour péroraison, M. Pipelet lança de toutes ses forces l'enseigne et le portrait au fond de l'allée... Rodolphe et Rigolette avaient, dans l'ombre, un peu souri du désespoir de M. Pipelet. Après avoir adressé quelques mots de consolation à Alfred, qu'Anastasie calmait de son mieux, le *roi des locataires* quitta la maison de la rue du Temple avec Rigolette, et tous les deux montèrent en fiacre pour se rendre chez François Germain.

CHAPITRE III
Le testament.

François Germain demeurait boulevard Saint-Denis, N° 11. Nous rappellerons au lecteur, qui l'a sans doute oublié, que Mme Mathieu, la courtière en diamants dont nous avons parlé à propos de Morel le lapidaire, logeait dans la même maison que Germain. Pendant le long trajet de la rue du Temple à la rue Saint-Honoré, où demeurait la maîtresse couturière à qui Rigolette avait d'abord voulu rapporter son ouvrage, Rodolphe put apprécier davantage encore l'excellent naturel de la jeune fille. Ainsi que les caractères instinctivement bons et dévoués, elle n'avait pas la conscience de la délicatesse, de la générosité de sa conduite, qui lui semblait fort simple. Rien n'eût été plus facile à Rodolphe que de libéralement assurer le présent et l'avenir de Rigolette, et de la mettre ainsi à même d'aller charitablement consoler Louise et Germain, sans qu'elle se préoccupât du *temps* que ses visites dérobaient à son travail, son unique ressource ; mais le prince craignait d'affaiblir le mérite du dévouement de la grisette en la rendant trop facile ; bien décidé à récompenser les qualités rares et charmantes qu'il avait découvertes en elle, il voulait la suivre jusqu'au terme de cette nouvelle et intéressante épreuve.

Est-il besoin de dire que, dans le cas où la santé de la jeune fille se fût le moins du monde altérée par le surcroît de travail qu'elle s'imposait vaillamment pour consacrer quelques heures chaque semaine à la fille du lapidaire et au fils du Maître d'école, Rodolphe fût à l'instant venu au secours de sa protégée ? Il étudiait avec autant de bonheur que d'émotion ce caractère si naturellement heureux et si peu habitué au chagrin, que çà et là un éclair de gaieté venait l'illuminer encore.

Au bout d'une heure environ, le fiacre, de retour de la rue Saint-Honoré, s'arrêta boulevard Saint-Denis, N° 11, devant une maison de modeste apparence. Rodolphe aida Rigolette à descendre ; celle-ci entra chez le portier, et lui communiqua les intentions de Germain, sans oublier la gratification promise. Grâce à l'aménité de son caractère, le fils du Maître d'école était partout aimé. Le *confrère* de M. Pipelet fut consterné d'apprendre que la maison perdait un locataire si honnête et si tranquille... Telles furent ses expressions. La grisette, munie d'une lumière, rejoignit son compagnon, le portier ne devant monter que quelque temps après pour recevoir ses dernières instructions. La chambre de Germain était située au quatrième étage. En arrivant devant la porte, Rigolette dit à Rodolphe, en lui donnant la clef : — Tenez, mon voisin... ouvrez ; la main me tremble trop... Vous allez vous moquer de moi ; mais, en pensant que ce pauvre Germain ne reviendra plus jamais ici... il me semble que je vais entrer dans la chambre d'un mort.

— Soyez donc raisonnable, ma voisine ; n'ayez pas de ces idées-là.

— J'ai tort, mais c'est plus fort que moi...

Et elle essuya une larme.

Sans être aussi ému que sa compagne, Rodolphe éprouvait néanmoins une impression pénible en pénétrant dans ce modeste réduit. Sachant de quelles détestables obsessions les complices du Maître d'école avaient poursuivi et poursuivaient peut-être encore Germain, il pressentait que cet infortuné avait dû passer de bien tristes heures dans cette solitude. Rigolette posa la lumière sur une table. Rien de plus simple que l'ameublement de cette chambre de garçon, composé d'une couchette, d'une commode, d'un secrétaire de noyer, de quatre chaises de paille et d'une table ; des rideaux de coton blanc drapaient les fenêtres et l'alcôve ; pour tout ornement on voyait sur la cheminée une carafe et un verre. A l'affaissement du lit, qui n'était pas défait, on s'apercevait que Germain avait dû s'y jeter quelques instants tout habillé pendant la nuit qui avait précédé son arrestation.

— Pauvre garçon ! — dit tristement Rigolette, en examinant avec intérêt l'intérieur de la chambre, — on voit bien qu'il ne m'a plus pour voisine... C'est rangé, mais ça n'est pas soigné ; il y a de la poussière partout, les rideaux sont enfumés, les vitres sont ternes, le carreau n'est pas ciré... Ah ! quelle différence !... Rue du Temple, ça n'était pas plus beau, mais c'était plus gai, parce que tout brillait de propreté, comme chez moi...

— C'est qu'aussi vous étiez là... pour donner vos avis.

— Mais voyez donc ! — s'écria Rigolette en montrant le lit, — il ne s'est pas couché l'autre nuit, tant il était inquiet ! Tenez, ce mouchoir qu'il a laissé là, il a été tout trempé de larmes. Ça se voit bien... — Et elle reprit en ajoutant : — Germain a gardé une petite cravate de soie orange que je lui ai donnée quand nous étions heureux ; moi, je garderai ce mouchoir en souvenir de ses malheurs ; je suis sûre qu'il ne s'en fâchera pas...

— Au contraire, il sera très heureux de ce témoignage de votre affection.

— Maintenant songeons aux choses sérieuses : je ferai tout à l'heure un paquet du linge que je trouverai dans la commode, afin de le lui porter en prison ; la mère Bouvard, que j'enverrai ici demain, s'arrangera du reste... Je vais d'abord ouvrir le secrétaire pour y prendre les papiers et l'argent que Germain me prie de lui garder.

— Mais j'y songe, — dit Rodolphe, — Louise Morel m'a remis hier les treize cents francs en or que Germain lui avait donnés pour acquitter la dette du lapidaire, que j'avais déjà payée ; j'ai cet argent : il appartient à Germain, puisqu'il a remboursé le notaire ; je vais vous le remettre, vous le joindrez à celui dont vous allez être dépositaire.

— Comme vous voudrez, monsieur Rodolphe ; pourtant j'aimerais presque autant ne pas avoir chez moi une si grosse somme, il y a tant de voleurs maintenant !... Des papiers, à la bonne heure... on n'a rien à craindre, mais de l'argent... c'est dangereux...

— Vous avez peut-être raison, ma voisine ; voulez-vous que je me charge de cette somme ? Si Germain a besoin de quelque chose, vous me le ferez savoir tout de suite ; je vous laisserai mon adresse et je vous enverrai ce qu'il vous demandera.

— Tenez, mon voisin, je n'aurais pas osé vous prier de nous rendre ce service ; cela vaut bien mieux ; je vous remettrai aussi ce qui proviendra de la vente des effets... Voyons donc ces papiers, — dit la jeune fille en ouvrant le secrétaire et plusieurs tiroirs. — Ah ! c'est probablement cela... Voici une grosse enveloppe. Ah ! mon Dieu ! voyez donc, monsieur Rodolphe, comme c'est triste ce qu'il y a d'écrit dessus.

Et elle lut d'une voix émue :

« Dans le cas où je mourrais de mort violente ou naturelle, je prie la personne qui ouvrira ce secrétaire de porter ces papiers chez mademoiselle Rigolette, couturière, rue du Temple, n° 17. »

— Est-ce que je puis décacheter cette enveloppe, monsieur Rodolphe ?

— Sans doute. Germain ne vous annonce-t-il pas qu'il y a, parmi les papiers qu'elle contient, une lettre qui vous est particulièrement adressée ?

La jeune fille rompit le cachet : plusieurs écrits s'y trouvaient renfermés ; l'un d'eux, portant cette suscription : *A mademoiselle Rigolette*, contenait ces mots :

« Mademoiselle, lorsque vous lirez cette lettre, je n'existerai plus... Si, comme je le crains, je meurs de mort violente en tombant dans un guet-apens semblable à celui auquel j'ai dernièrement échappé, quelques renseignements joints ici sous le titre de : *Notes sur ma vie*, pourront mettre sur la trace de mes assassins... »

— Ah ! monsieur Rodolphe, — dit Rigolette en s'interrompant, — je ne m'étonne plus maintenant de ce qu'il était si triste !... Pauvre Germain ! toujours poursuivi de pareilles idées !...

— Oui, il a dû être bien affligé ; mais ses plus mauvais jours sont passés... croyez-moi.

— Hélas ! je le désire, monsieur Rodolphe ; mais pourtant, être en prison... accusé de vol...

— Soyez tranquille : une fois son innocence reconnue, au lieu de retomber dans l'isolement... il retrouvera des amis,... vous d'abord, puis une mère bien aimée, dont il a été séparé depuis son enfance.

— Sa mère !... il a encore sa mère ?

— Oui... Elle le croyait perdu pour elle. Jugez de sa joie lorsqu'elle le reverra, mais absous de l'indigne accusation portée contre lui ! J'avais donc raison de vous dire que ses plus mauvais jours étaient passés. Ne lui parlez pas de sa mère. Je vous confie ce secret, parce que vous vous intéressez si généreusement à Germain, qu'il faut au moins qu'à votre dévouement ne se joignent pas de trop cruelles inquiétudes sur son sort à venir.

— Je vous remercie, monsieur Rodolphe ; vous pouvez être tranquille, je garderai votre secret...

Et Rigolette continua de lire la lettre de Germain.

« Si vous voulez, mademoiselle, jeter un coup d'œil sur ces notes, vous verrez que j'ai été toute ma vie bien malheureux... excepté pendant le temps que j'ai passé auprès de vous... Ce que je n'aurais jamais osé vous dire, vous le trouverez écrit dans une espèce de memento intitulé : *Mes seuls jours de bonheur.*

« Presque chaque soir, en vous quittant, j'épanchais ainsi les consolantes pensées que votre affection m'inspirait, et qui seules adoucissaient l'amertume de ma vie... Ce qui était amitié chez vous était de l'amour chez moi. Je vous ai caché que je vous aimais ainsi jusqu'à ce moment où je ne suis plus pour vous qu'un triste souvenir... Ma destinée était si malheureuse que je ne vous aurais jamais parlé de ce sentiment ; quoique sincère et profond, il vous eût porté malheur.

« Il me reste un dernier vœu à former, et j'espère que vous voudrez bien l'accomplir.

« J'ai vu avec quel courage admirable vous travailliez, et combien il vous fallait d'ordre, de sagesse. pour vivre du modique salaire que vous gagniez si péniblement. Souvent, sans vous le dire, j'ai tremblé en pensant qu'une maladie, causée peut-être par l'excès du labeur, pouvait vous réduire à une position si affreuse que je ne pouvais l'envisager sans frémir... Il m'est bien doux de penser que je pourrai du moins vous épargner en grande partie les tourments et peut-être... les misères que votre insouciante jeunesse ne prévoit pas, heureusement. »

— Que veu' il dire, monsieur Rodolphe ? — dit Rigolette étonnée.

— Continuez... nous allons voir...

Rigolette reprit :

« Je sais de combien peu vous vivez et de quelle ressource vous serait, en des temps difficiles, la plus modique somme ; je suis bien pauvre ; mais, à force d'économie, j'ai mis de côté quinze cents francs, placés chez un banquier ; c'est tout ce que je possède. Par mon testament, que vous trouverez ici, je me permets de vous les léguer ; acceptez cela d'un ami, d'un bon frère... qui n'est plus. »

— Ah ! monsieur Rodolphe ! — dit Rigolette, en fondant en larmes et donnant la lettre au prince, — cela me fait trop de mal... Bon Germain, s'occuper ainsi de mon avenir !..., Ah ! quel cœur, mon Dieu ! quel cœur excellent !

— Digne et brave jeune homme ! — reprit Rodolphe avec émotion. — Mais calmez-vous, mon enfant ; Dieu merci, Germain n'est pas mort, ce testament anticipé aura du moins servi à vous apprendre combien il vous aimait... combien il vous aime...

— Et dire, monsieur Rodolphe, — reprit Rigolette en essuyant ses larmes, — que je ne m'en étais jamais doutée ! Dans les commencements de notre voisinage, M. Giraudeau et M. Cabrion me parlaient toujours de leur *passion enflammée*, comme ils disaient ; mais, voyant que ça ne les menait à rien, ils s'étaient déshabitués de me dire de ces choses-là ; Germain, au contraire, ne m'avait jamais parlé d'amour. Quand je lui ai proposé d'être bons amis, il a franchement accepté, et depuis nous avons vécu en vrais camarades. Mais... tenez... je veux bien vous avouer cela maintenant, monsieur Rodolphe, certainement je n'étais pas fâchée que Germain ne m'eût pas dit, comme les autres, qu'il m'aimait d'amour...

— Mais, enfin, vous en étiez... étonnée ?

— Oui, monsieur Rodolphe, je pensais que c'était sa tristesse... qui le rendait ainsi...

— Et vous lui en vouliez un peu... de cette tristesse ?

— C'était son seul défaut, — dit naïvement la grisette ; — mais maintenant je l'excuse... je m'en veux même de la lui avoir reprochée...

— D'abord parce que vous savez qu'il avait malheureusement beaucoup de sujets de chagrin, et puis... peut-être parce que vous voilà certaine que, malgré cette tristesse... il vous aimait d'amour ? — ajouta Rodolphe en souriant.

— C'est vrai... être aimée d'un si brave jeune homme, ça flatte le cœur... n'est-ce pas, monsieur Rodolphe ?

— Et un jour peut-être vous partagerez cet amour.

— Dame ! monsieur Rodolphe, c'est bien tentant ; ce pauvre Germain est si à plaindre ! Je me mets à sa place... si au moment où je me croirais abandonnée, méprisée de tout le monde, une personne bien amie venait à moi encor plus tendre que je ne l'espérais, je serais si heureuse ! — Après un moment de silence, Rigolette reprit avec un soupir : — D'un autre côté... nous sommes si pauvres tous les deux que ça ne serait peut-être pas raisonnable... Tenez, monsieur Rodolphe, je ne veux pas penser à cela, je me trompe peut-être. Ce qu'il y a de sûr, c'est que je ferai pour Germain tout ce que je pourrai tant qu'il restera en prison. Une fois libre, il sera toujours temps de voir si c'est de l'amour ou de l'amitié que j'aurai pour lui ; alors, si c'est de l'amour... Que voulez-vous, mon voisin, ça sera de l'amour... Jusque-là ça me gênerait de savoir à quoi m'en tenir. Mais il se fait tard, monsieur Rodolphe. Voulez-vous rassembler ces papiers pendant que je vais faire un paquet du linge ?... Ah ! j'oubliais le sachet renfermant la petite cravate orange que je lui ai donnée. Il est dans ce tiroir, sans doute. Oui, le voilà... Oh ! voyez donc comme il est joli, ce sachet... et tout brodé !... Pauvre Germain, il l'a gardé comme une relique, cette petite cravate !... Je me rappelle bien la dernière fois où je l'ai mise, et quand je la lui ai donnée, il a été si content... si content !

A ce moment on frappa à la porte de la chambre.

— Qui est là ? — demanda Rodolphe.

— On voudrait parler à m'ame Mathieu, — répondit une voix grêle et enrouée, avec l'accent qui distingue la plus basse populace. (Madame Mathieu était la courtière en diamants dont nous avons parlé).

Cette voix singulièrement accentuée, éveilla quelques vagues souvenirs dans la pensée de Rodolphe. Voulant les éclaircir, il prit la lumière et alla lui-même ouvrir la porte. Il se trouva face à face avec un des habitués du tapis-franc de l'ogresse, qu'il reconnut sur-le-champ, tant l'empreinte du vice était fatalement, profondément marquée sur cette physionomie imberbe et juvénile : c'était Barbillon ; Barbillon, le faux cocher de fiacre qui avait conduit le Maître d'école et la Chouette au chemin creux de Bouqueval ; Barbillon, l'assassin du mari de cette malheureuse laitière qui avait ameuté contre la Goualeuse les laboureurs de la ferme d'Arnouville. Soit que ce misérable eût oublié les traits de Rodolphe, qu'il n'avait vu qu'une fois au tapis-franc de l'ogresse, soit que le changement de costume l'empêchât de reconnaître le *vainqueur du Chourineur*, il ne manifesta aucun étonnement à son aspect.

— Que voulez-vous ? — lui dit Rodolphe.

— C'est une lettre pour m'ame Mathieu... faut que je la lui remette à elle-même, — répondit Barbillon.

— Ce n'est pas ici qu'elle demeure ; voyez en face, — dit Rodolphe.

— Merci, bourgeois ; on m'avait dit la porte à gauche, je me suis trompé.

Rodolphe ne se souvenait pas du nom de la courtière en diamants, que Morel le lapidaire n'avait prononcé qu'une ou deux fois. Il n'avait donc aucun motif de s'intéresser à la femme auprès de laquelle Barbillon venait comme un messager. Néanmoins, quoiqu'il ignorât les crimes de ce bandit, sa figure avait un tel caractère de perversité, qu'il resta sur le seuil de la porte, curieux de voir la personne à qui Barbillon apportait cette lettre.

A peine Barbillon eut-il frappé à la porte opposée à celle de Germain, qu'elle s'ouvrit, et que la courtière, grosse femme de cinquante ans environ, y parut tenant une chandelle à la main.

— M'ame Mathieu ? — dit Barbillon.

— C'est moi, mon garçon.

— Voilà une lettre, il y a réponse...

Et Barbillon fit un pas pour entrer chez la courtière ; mais celle-ci lui fit signe de ne pas avancer, décacheta la lettre tout en tenant son flambeau, lut et répondit d'un air satisfait : — Vous direz que c'est bon, mon garçon ; j'apporterai ce qu'on demande. J'irai à la même heure que l'autre fois. Bien des compliments... à cette dame...

— Oui, ma bourgeoise... n'oubliez pas le commissionnaire...

— Va demander à ceux qui t'envoient, ils sont plus riches que moi... — Et la courtière ferma sa porte.

Rodolphe rentra chez Germain, voyant Barbillon descendre rapidement l'escalier. Le brigand trouva sur le boulevard un homme d'une mine basse et féroce, qui l'attendait devant une boutique. Quoique plusieurs personnes pussent l'entendre, mais non le comprendre, il est vrai, Barbillon semblait si satisfait qu'il ne put s'empêcher de dire à son compagnon : — Viens *pitancher l'eau d'aff*, Nicolas ; *la birbasse fauche dans le pont* à mort... elle *aboulera* chez la Chouette ; la mère Martial nous aidera à lui *pesquiller d'esbrouffe ses durailles d'orphelin*, et après nous *trimballerons le refroidi* dans ton *passe-lance* [1].

— *Esbignons-nous* [2] alors : faut que je sois à Asnières de bonne heure ; je crains que mon frère Martial ne se doute de quelque chose.

Et les deux bandits, après avoir tenu cette conversation inintelligible pour ceux qui auraient pu les écouter, se dirigèrent vers la rue Saint-Denis.

. . . .

Quelques moments après, Rigolette et Rodolphe sortirent de chez Germain, remontèrent en fiacre et arrivèrent rue du Temple.

Le fiacre s'arrêta. Au moment où la portière s'ouvrit, Rodolphe reconnut, à la lueur des quinquets du rogomiste, son fidèle Murph qui l'attendait à la porte de l'allée.

La présence du squire annonçait toujours quelque événement grave ou inattendu, car lui seul savait où trouver le prince.

— Qu'y a-t-il ? — lui demanda vivement Rodolphe pendant que Rigolette rassemblait plusieurs paquets dans la voiture.

— Un grand malheur, monseigneur !

— Parle, au nom du ciel !

— M. le marquis d'Harville...

— Tu m'effrayes !

— Il avait donné ce matin à déjeuner à plusieurs de ses amis... Tout s'était passé à merveille... lui surtout n'avait jamais été plus gai, lorsqu'une fatale imprudence...

— Achève... achève donc !

1. Viens boire de l'eau-de-vie, Nicolas ; la vieille donne dans le piège à mort ; elle viendra chez la Chouette ; la mère Martial nous aidera à lui prendre de force ses pierreries, et après nous emporterons le cadavre dans ton bateau.
2 Dépêchons-nous.

— En jouant avec un pistolet qu'il ne croyait pas chargé...
— Il s'est blessé grièvement ?
— Monseigneur...
— Eh bien ?
— Quelque chose de terrible !...
— Que dis-tu ?
— Il est mort !...
— M. d'Harville ! ah ! c'est affreux ! — s'écria Rodolphe avec un accent si déchirant que Rigolette, qui descendait alors du fiacre avec ses paquets, s'écria : — Mon Dieu ! qu'avez-vous, monsieur Rodolphe ?

— Une bien triste nouvelle que je viens d'apprendre à mon ami, mademoiselle, — dit Murph à la jeune fille ; car le prince, accablé, ne pouvait répondre.

— C'est donc un bien grand malheur ? — dit Rigolette toute tremblante.

— Un bien grand malheur, — répondit le squire.

— Ah ! c'est épouvantable ! — dit Rodolphe après quelques minutes de silence ; puis se resouvenant de Rigolette, il lui dit : — Pardon, mon enfant... si je ne vous accompagne pas chez vous... Demain... je vous enverrai mon adresse et un permis pour entrer à la prison de Germain... bientôt je vous reverrai.

— Ah ! monsieur Rodolphe, je vous assure que je prends bien part au chagrin qui vous arrive... Je vous remercie de m'avoir accompagnée... A bientôt, n'est-ce pas ?

— Oui, mon enfant, à bientôt.

— Bonsoir, monsieur Rodolphe, — ajouta tristement Rigolette, qui disparut dans l'allée, avec les différents objets qu'elle rapportait de chez Germain.

Le prince et Murph montèrent dans le fiacre, qui les conduisit rue Plumet.

Aussitôt Rodolphe écrivit à Clémence le billet suivant :

« Madame,

« J'apprends à l'instant le coup inattendu qui vous frappe et qui m'enlève un de mes meilleurs amis ; je renonce à vous peindre ma stupeur, mon chagrin.

« Il faut pourtant que je vous entretienne d'intérêts étrangers à ce cruel événement... Je viens d'apprendre que votre belle-mère, à Paris depuis quelques jours sans doute, repart ce soir pour la Normandie, emmenant avec elle Polidori.

« C'est vous dire le péril qui sans doute menace M. votre père. Permettez-moi de vous donner un conseil que je crois salutaire. Après l'affreux malheur de ce matin, on ne comprendra que trop votre besoin de quitter Paris pendant quelque temps... Ainsi, croyez-moi, partez, partez à l'instant pour les Aubiers, afin d'y arriver, sinon avant votre belle-mère, du moins en même temps qu'elle. Soyez tranquille, madame : de près comme de loin je veille sur vous... Les abominables projets de votre belle-mère seront déjoués.

« Adieu, madame, je vous écris ces mots à la hâte... J'ai l'âme brisée quand je songe à cette soirée d'hier où je l'ai quitté, lui... plus tranquille, plus heureux qu'il ne l'avait été depuis long-temps.

« Croyez, madame, à mon dévouement profond et sincère,

« RODOLPHE. »

Suivant les avis du prince, madame d'Harville, trois heures après avoir reçu cette lettre, était en route avec sa fille pour la Normandie. Une voiture de poste, partie de l'hôtel de Rodolphe, suivait la même route.

Malheureusement, dans le trouble où plongèrent cette complication d'événements et la précipitation de son départ, Clémence oublia de faire savoir au prince qu'elle avait rencontré Fleur-de-Marie à Saint-Lazare.

On se souvient peut-être que, la veille, la Chouette était venue menacer madame Séraphin de dévoiler l'existence de la Goualeuse, affirmant savoir (et elle disait vrai) où était alors cette jeune fille. On se souvient encore qu'après cet entretien le notaire Jacques Ferrand, craignant la révélation de ses criminelles menées, se crut un puissant intérêt à faire disparaître la Goualeuse, dont l'existence, une fois connue, pouvait le compromettre dangereusement. Il avait donc fait écrire à Bradamanti, un de de ses complices, de venir le trouver pour tramer avec lui une nouvelle machination, dont Fleur-de-Marie devait être la victime. Bradamanti, occupé des *intérêts* non moins pressants de la belle-mère de madame d'Harville, qui avait de sinistres raisons pour emmener le charlatan auprès de M. d'Orbigny ; Bradamanti, trouvant sans doute plus d'avantage à servir son ancienne amie, ne se rendit pas à l'invitation du notaire, et partit pour la Normandie sans voir madame Séraphin. L'orage grondait sur Jacques Ferrand ; dans la journée, la Chouette était venue réitérer ses menaces, et, pour prouver qu'elles n'étaient pas vaines, elle avait déclaré au notaire que la petite fille, autrefois abandonnée par madame Séraphin, était alors prisonnière à Saint-Lazare sous le nom de la Goualeuse, et que s'il ne donnait pas dix mille francs dans trois jours, cette jeune fille recevrait des papiers qui lui apprendraient qu'elle avait été dans son enfance confiée aux soins de Jacques Ferrand.

Selon son habitude, ce dernier nia tout avec audace, et chassa la Chouette comme une effrontée menteuse, quoiqu'il fut convaincu et effrayé de la dangereuse portée de ses menaces. Grâce à ses nombreuses relations, le notaire trouva moyen de s'assurer, dans la journée même (pendant l'entretien de Fleur-de-Marie et de madame d'Harville), que la Goualeuse était en effet prisonnière à Saint-Lazare, et si parfaitement citée par sa bonne conduite qu'on s'attendait à voir cesser sa détention d'un moment à l'autre. Muni de ses renseignements, Jacques Ferrand, ayant mûri un projet diabolique, sentit que, pour l'exécuter, le secours de Bradamanti lui était de plus en plus indispensable ; de là les vaines instances de madame Séraphin pour rencontrer le charlatan. Apprenant le soir même le départ de ce dernier, le notaire, pressé d'agir par l'imminence de ses craintes et du danger, se souvint de la famille Martial, ces pirates d'eau douce établis près du pont d'Asnières, chez lesquels Bradamanti lui avait proposé d'envoyer Louise Morel pour s'en défaire impunément. Ayant absolument besoin d'un complice pour accomplir ses sinistres desseins contre Fleur-de-Marie, le notaire prit les précautions les plus habiles pour n'être pas compromis dans le cas où un nouveau crime serait commis, et le lendemain du départ de Bradamanti pour la Normandie, madame Séraphin se rendit en hâte chez Martial.

CHAPITRE IV
L'île du Ravageur.

Les scènes suivantes vont se passer pendant la soirée du jour où madame Séraphin, suivant les ordres du notaire Jacques Ferrand, s'est rendue chez les Martial, *pirates d'eau douce*, établis à la pointe d'une petite île de la Seine, non loin du pont d'Asnières.

Le père Martial, mort sur l'échafaud comme son père, avait laissé une veuve, quatre fils et deux filles... Le second de ses fils était déjà condamné aux galères à perpétuité... De cette nombreuse famille il restait donc à l'île du *Ravageur* (nom que dans le pays on donnait à ce repaire, nous dirons pourquoi), il restait, disons-nous :

La mère Martial ;

Trois fils : l'aîné (l'amant de la Louve) avait vingt-cinq ans ; l'autre, vingt ans ; le plus jeune, douze ;

Deux filles : l'une de dix-huit ans, la seconde de neuf ans.

Les exemples de ces familles, où se perpétue une sorte d'épouvantable hérédité dans le crime, ne sont que trop fréquents... Cela doit être. Répétons-le sans cesse : la société songe à *punir*, jamais à *prévenir* le mal.

Un criminel sera jeté au bagne pour sa vie... Un autre sera décapité... Ces condamnés laisseront des jeunes enfants... La société prendra-t-elle souci de ces orphelins ? de ces orphelins, *qu'elle a faits*... en frappant leur père de mort civile, ou en lui coupant la tête ? Viendra-t-elle substituer une tutelle salutaire, *préservatrice* à la déchéance de celui que la loi a déclaré indigne, infâme... à la déchéance de celui que la loi a tué ?

Non... — *Morte la bête... mort le venin...* — dit la société...

Elle se trompe. Le venin de la corruption est si subtil, si corrosif, si contagieux, qu'il devient presque toujours héréditaire ; mais, combattu à temps, il ne serait jamais incurable.

Contradiction bizarre !... L'autopsie prouve-t-elle qu'un homme est mort d'une maladie transmissible : à force de soins *préservatifs*, on mettra les descendants de cet homme à l'abri de l'affection dont il a été victime... Que les mêmes faits se reproduisent dans l'ordre moral... qu'il soit démontré qu'un criminel lègue presque toujours à son fils le germe d'une perversité précoce... fera-t-on pour le salut de cette jeune âme ce que le médecin fait pour le corps lorsqu'il s'agit de lutter contre un vice héréditaire ? Non... au lieu de guérir ce malheureux, on le laissera se gangrener jusqu'à la mort...

Et alors, de même que le peuple croit le fils du bourreau forcément bourreau... on croira le fils d'un criminel forcément criminel... Et alors on regardera comme le fait d'une hérédité inexorablement *fatale*, une corruption causée par l'égoïste incurie de la société... De sorte que, si, malgré de funestes enseignements, l'*orphelin que la loi a fait*... reste par hasard laborieux et honnête, un préjugé barbare fera rejaillir sur lui la flétrissure paternelle. En butte à une réprobation imméritée, à peine trouvera-t-il du travail !...

Et au lieu de lui venir en aide, de le sauver du découragement, du désespoir, et surtout des dangereux ressentiments de l'injustice, qui poussent quelquefois les caractères les plus généreux à la révolte, au mal... la société dira : — Qu'il tourne à mal... nous verrons bien... N'ai-je pas là geôliers, gardes-chiourmes et bourreaux ?

Ainsi, pour celui qui (chose aussi rare que belle) se conserve pur malgré de détestables exemples, aucun appui, aucun encouragement... Ainsi, pour celui qui, plongé naissant dans un foyer de dépravation domestique, est vicié tout jeune encore, aucun espoir de guérison.

— Si ! si ! ! moi, je le guérirai, cet orphelin que j'ai fait ! — répond la société, — mais en temps et lieu... mais à ma mode... mais plus tard... Pour extirper la verrue, pour inciser l'apostème... il faut qu'ils soient à point... Un criminel demande à être entendu... Prisons et galères... voilà mes hôpitaux... Dans les cas incurables, j'ai le couperet... Quant à la cure de mon orphelin, j'y songerai, vous dis-je ; mais patience, laissons mûrir le germe de corruption héréditaire qui couve en lui, laissons-le grandir, laissons-le étendre profondément ses ravages... Patience, donc... patience... Lorsque notre homme sera pourri jusqu'au cœur, lorsqu'il suintera le crime par tous les pores, lorsqu'un bon vol ou un bon meurtre l'auront jeté sur le banc d'infamie où s'est assis son père, oh ! alors nous guérirons l'héritier du mal... comme nous avons guéri le donateur... Au bagne ou sur l'échafaud, le fils trouvera la place paternelle encore toute chaude...

Oui, dans ce cas, la société raisonne ainsi... Et elle s'étonne, et elle s'indigne, et elle s'épouvante de voir des traditions de vol et de meurtre fatalement perpétuées de génération en génération...

Le sombre tableau qui va suivre : *Le Pirate d'eau douce*, a pour but de montrer ce que peut être, dans une famille, *l'hérédité du mal*, lorsque la société ne vient pas, soit légalement, soit officieusement, préserver les *malheureux orphelins de la loi* des terribles conséquences de l'arrêt fulminé contre leur père [1]...

. . . .

1. A mesure que nous avançons dans cette publication, son but moral est attaqué avec tant d'acharnement, et selon nous avec tant d'injustice, qu'on nous permettra d'insister sur la pensée sérieuse, honnête, qui, jusqu'à présent, nous a soutenu, guidé. Plusieurs esprits graves, délicats, élevés, ayant bien voulu nous encourager dans nos tentatives, et nous faire parvenir des témoignages flatteurs de leur adhésion, nous devons peut-être à ces amis connus et inconnus de répondre une dernière fois à des récriminations aveugles, obstinées, qui ont retenti, nous dit-on... jusqu'au sein de l'Assemblée législative. Proclamer l'ODIEUSE IMMORALITÉ de notre œuvre, c'est proclamer implicitement, ce nous semble, les tendances *odieusement immorales* des personnes qui nous honorent de leurs vives sympathies.

C'est donc au nom de ces sympathies autant qu'au nôtre que nous tenterons de prouver, par un exemple choisi parmi plusieurs, que cet ouvrage n'est pas complètement dépourvu d'idées généreuses et pratiques.

L'an passé, dans l'une des premières parties de ce livre, nous avons donné l'aperçu d'une *ferme modèle*, fondée par Rodolphe pour *encourager, enseigner et rémunérer les cultivateurs pauvres, probes et laborieux*.

A ce propos nous ajoutions : Les honnêtes gens malheureux méritent au moins autant d'intérêt que les criminels ; pourtant il y a de nombreuses sociétés destinées au patronage des jeunes détenus ou libérés ; mais aucune société n'est fondée dans le but de secourir les jeunes gens pauvres dont la conduite aurait toujours été exemplaire... De sorte qu'il faut nécessairement avoir commis un délit... pour être apte à jouir du bénéfice de ces institutions, d'ailleurs si méritantes et si salutaires.

Et nous faisions dire à un paysan de la ferme de Bouqueval : « Il est humain et charitable de ne jamais désespérer les méchants ; mais il faudrait aussi faire espérer les bons. Un honnête garçon robuste et laborieux ayant envie de bien faire, de bien apprendre, se présenterait à cette ferme de jeunes *ex-voleurs*, qu'on lui dirait : — Mon gars, as-tu un brin volé et vagabondé ? — Non. — Eh bien, il n'y a point de place ici pour toi. »

Cette discordance avait aussi frappé des esprits meilleurs que le nôtre. Grâce à eux, ce que nous regardions comme une utopie vient d'être réalisé.

Sous la présidence d'un des hommes les plus éminents, les plus honorables de ce temps-ci, M. le comte Portalis, et sous l'intelligente direction d'un véritable philanthrope au cœur généreux, à l'esprit pratique et éclairé, M. Allier, une société vient d'être fondée dans le but de *venir au secours des jeunes gens pauvres du département de la Seine, et de les employer dans les colonies agricoles*.

Ce seul et simple rapprochement suffit pour constater la pensée morale de notre œuvre.

Nous sommes très fier, très heureux de nous être rencontré dans un même milieu d'idées, de vœux et d'espérances avec les fondateurs de cette nouvelle œuvre de patronage ; car nous sommes un des propagateurs les plus obscurs, mais les plus convaincus, de ces deux grandes vérités ; — Qu'il est du devoir de la société de PRÉVENIR LE MAL et d'*encourager*, de RÉCOMPENSER LE BIEN autant qu'il est en elle.

Puisque nous avons parlé de cette nouvelle œuvre de charité dont la pensée juste et morale doit avoir une action salutaire et féconde, espérons que ses fondateurs songeront peut-être à combler une autre lacune, en étendant plus tard leur tutélaire patronage ou du moins leur sollicitude officieuse sur *les jeunes enfants dont le père aurait été supplicié ou condamné à une peine infamante entraînant la mort civile*, et qui, nous le répétons, SONT RENDUS ORPHELINS PAR LE FAIT DE L'APPLICATION DE LA LOI.

Ceux de ces malheureux enfants qui seraient déjà dignes d'intérêt par leurs saines tendances et leur misère, mériteraient encore une attention particulière en raison même de leur position exceptionnelle, pénible, difficile, dangereuse...

Oui, pénible, difficile, dangereuse.

Disons-le encore : presque toujours victime de cruelles répulsions, souvent

Le chef de la famille Martial, qui le premier s'établit dans cette petite île moyennant un loyer modique, était *ravageur*. Les *ravageurs*, ainsi que les *débardeurs* et les *déchireurs* de bateaux, restent pendant toute la journée plongés dans l'eau jusqu'à la ceinture pour exercer leur métier. Les *débardeurs* débarquent le bois flotté. Les *déchireurs* démolissent les trains qui ont amené le bois. Tout aussi aquatique que les industries précédentes, l'industrie des *ravageurs* a un but différent. S'avançant dans l'eau aussi loin qu'il peut aller, le ravageur puise, à l'aide d'une longue drague, le sable de rivière sous la vase ; puis le recueillant dans de grandes sébiles de bois, il le lave comme un minerai ou comme un gravier aurifère, et en retire ainsi une grande quantité de parcelles métalliques de toutes sortes, fer, cuivre, fonte, plomb, étain, provenant des débris d'une foule d'ustensiles. Souvent même les ravageurs trouvent dans le sable des fragments de bijoux d'or ou d'argent apportés dans la Seine, soit par les égouts où se dégorgent les ruisseaux, soit par les masses de neige ou de glaces ramassées dans les rues, et que l'hiver on jette à la rivière.

Nous ne savons en vertu de quelle tradition ou de quel usage ces industriels, généralement honnêtes, paisibles et laborieux, sont si formidablement baptisés. Le père Martial, premier habi-

la famille d'un condamné, demandant en vain du travail, se voit, pour échapper à la réprobation générale, contrainte d'abandonner les lieux où elle trouvait des moyens d'existence. Alors, aigris, irrités par l'injustice, déjà flétris à l'égal des criminels pour des fautes dont ils sont innocents… quelquefois à bout de ressources honorables, ces infortunés ne sont-ils pas bien près de faillir, s'ils sont restés probes ? Ont-ils, au contraire, déjà subi une influence presque inévitablement corruptrice, ne doit-on pas tenter de les sauver, lorsqu'il est temps encore?

La présence de ces *orphelins de la loi* au milieu des autres enfants recueillis par la société dont nous parlons serait d'ailleurs pour elle d'un utile enseignement. Elle montrerait que, si le coupable est inexorablement puni, les siens ne perdent rien, gagnent même dans l'estime du monde, si à force de courage, de vertus, *ils parviennent à réhabiliter un nom déshonoré*.

Dira-t-on que le législateur a voulu rendre le châtiment plus terrible encore, en frappant virtuellement le père criminel dans l'avenir de son fils innocent ? Cela serait barbare, immoral, insensé. N'est-il pas, au contraire, d'une haute moralité de montrer au peuple :

Qu'il n'y a dans le mal aucune solidarité héréditaire,

Que la tache originelle n'est pas ineffaçable ?

Osons espérer que ces réflexions paraîtront dignes de quelque intérêt à la nouvelle société de patronage.

Sans doute, il est douloureux de songer que l'État ne prend jamais l'initiative dans toutes ces questions palpitantes qui touchent au vif de l'organisation sociale.

En peut-il être autrement ?

A l'une des dernières séances législatives (avant 1848), un pétitionnaire, frappé, dit-il, de la misère et des souffrances des classes pauvres, a proposé, entre autres moyens d'y remédier, *la fondation de maisons d'invalides destinées aux travailleurs*.

Ce projet, sans doute défectueux dans sa forme, mais qui renfermait au moins une haute idée philanthropique, digne du plus sérieux examen, en cela qu'elle se rattache à l'immense question de l'organisation du travail; ce projet, disons-nous, *a été accueilli par une hilarité générale et prolongée*. — E. S.

tant de l'île jusqu'alors inoccupée, étant *ravageur* (fâcheuse exception), les riverains du fleuve la nommèrent l'*île du Ravageur*. L'habitation des pirates d'eau douce est donc située à la partie méridionale de cette *terre*.

Dans le jour on peut lire sur un écriteau qui se balance au-dessus de la porte:

AU RENDEZ-VOUS DES VOYAGEURS.

BON VIN, BONNE MATELOTE ET FRITURE.

On loue des bachots (bateaux) pour la promenade.

On le voit, à ses métiers patents ou occultes, le chef de cette famille maudite avait joint ceux de cabaretier, de pêcheur et de loueur de bateaux. La veuve de ce supplicié continuait de tenir la maison: des gens sans aveu, des vagabonds en rupture de ban, des montreurs d'animaux, des charlatans nomades, venaient y passer le dimanche et autres jours *non fériés*, en partie de plaisir. Martial (l'amant de la Louve) fils aîné de la famille, le moins coupable de tous, pêchait en fraude, et au besoin prenait en véritable *bravo*, et moyennant salaire, le parti des faibles contre les forts. Un de ses autres frères, Nicolas, le futur complice de Barbillon pour le meurtre de la courtière en diamants, était en apparence *ravageur*, mais de fait il se livrait à la piraterie d'eau douce sur la Seine et sur ses rives. Enfin, François, le plus jeune des fils du supplicié, conduisait les curieux qui voulaient se promener en bateau. Nous parlerons pour mémoire d'Ambroise Martial, condamné aux galères pour vol de nuit avec effraction et tentative de meurtre. La fille aînée, surnommée *Calebasse*, aidait sa mère à faire la cuisine et à servir les hôtes; sa sœur Amandine, âgée de neuf ans, s'occupait aussi des soins du ménage selon ses forces.

Ce soir-là, au dehors la nuit est sombre; de lourds nuages gris et opaques, chassés par le vent, laissent voir çà et là, à travers leurs déchirures bizarres, quelque peu de sombre azur scintillant d'étoiles. La silhouette de l'île bordée de hauts peupliers dépouillés, se dessine vigoureusement en noir sur l'obscurité diaphane du ciel et sur la transparence blanchâtre de la rivière. La maison, à pignons irréguliers, est complètement ensevelie dans l'ombre; deux fenêtres du rez-de-chaussée sont seulement éclairées, leurs vitres flamboient; ces lueurs rouges se reflètent comme de longues traînées de feu dans les petites vagues qui baignent le débarcadère, situé proche de l'habitation. Les chaînes des bateaux qui y sont amarrés font entendre un cliquetis sinistre; il se mêle tristement aux rafales de la bise dans les branches des peupliers, et au sourd mugissement des grandes eaux...

Une partie de la famille est rassemblée dans la cuisine de la maison. Cette pièce est vaste et basse; en face de la porte sont deux fenêtres, au-dessous desquelles s'étend un long fourneau; à gauche, une haute cheminée; à droite, un escalier qui monte à l'étage supérieur ; à côté de cet escalier, l'entrée d'une grande salle, garnie de plusieurs tables destinées aux habitués du cabaret. La lumière d'une lampe, jointe aux flammes du foyer, fait reluire un grand nombre de casseroles et autres ustensiles de cuivre pendus le long des murailles ou rangés sur des tablettes avec différentes poteries ; une grande table occupe le milieu de cette cuisine.

La veuve du supplicié, entourée de trois de ses enfants, est assise au coin du foyer. Cette femme, grande et maigre, paraît avoir quarante-cinq ans. Elle est vêtue de noir ; un mouchoir de deuil noué *en marmotte*, cachant ses cheveux, entoure son front plat, blême, déjà sillonné de rides ; son nez est long et droit, ses pommettes saillantes, ses joues creuses, son teint bilieux, blafard ; les coins de sa bouche, toujours abaissés, rendent plus dure encore l'expression de ce visage froid, sinistre, impassible comme un masque de marbre. Ses sourcils gris surmontent ses yeux d'un bleu terne. La veuve du supplicié s'occupe d'un travail de couture, ainsi que ses deux filles.

L'aînée, sèche et grande, ressemble beaucoup à sa mère... C'est sa physionomie calme, dure et méchante, son nez mince, sa bouche sévère, *son regard pâle*. Seulement son teint terreux, jaune comme un coing, lui a valu le surnom de Calebasse. Elle ne porte pas le deuil : sa robe est brune, son bonnet de tulle noir laisse apercevoir deux bandeaux de cheveux rares, d'un blond fade et sans reflet.

François, le plus jeune des fils Martial, accroupi sur un escabeau, remmaille un *aldret*, filet de pêche destructeur, sévèrement interdit sur la Seine. Malgré le hâle qui le brunit, le teint de cet enfant est florissant ; une forêt de cheveux roux couvre sa tête ; ses traits sont arrondis, ses lèvres grosses, son front saillant, ses yeux vifs, perçants : il ne ressemble ni à sa mère ni à sa sœur aînée ; il a l'air sournois, craintif ; de temps à autre, à travers l'espèce de crinière qui retombe sur son front, il jette obliquement sur sa mère un coup d'œil défiant, ou échange avec sa petite sœur Amandine un regard d'intelligence et d'affection.

Celle-ci, assise à côté de son frère, s'occupe, non pas à marquer, mais à *démarquer* du linge volé la veille. Elle a neuf ans ; elle ressemble autant à son frère que sa sœur ressemble à sa mère ; ses traits, sans être plus réguliers, sont moins grossiers que ceux de François. Quoique couvert de taches de rousseur, son teint est d'une fraîcheur éclatante ; ses lèvres sont épaisses, mais vermeilles ; ses cheveux, roux, mais fins, soyeux, brillants ; ses yeux, petits, mais d'un bleu pur et doux.

Lorsque le regard d'Amandine rencontre celui de son frère, elle lui montre la porte ; à ce signe, François répond par un soupir ; puis, appelant l'attention de sa sœur par un geste rapide, il compte distinctement du bout de son ffloir dix mailles de filet... Cela veut dire, dans le langage symbolique des enfants, que leur frère Martial ne doit rentrer qu'à dix heures.

En voyant ces deux femmes silencieuses, à l'air méchant, et ces deux pauvres petits inquiets, muets, craintifs, on devine là deux bourreaux et deux victimes.

Calebasse, s'apercevant qu'Amandine cessait un moment de travailler, lui dit d'une voix dure : — Auras-tu bientôt fini de démarquer cette chemise ?...

L'enfant baissa la tête sans répondre ; à l'aide de ses doigts et de ses ciseaux, elle acheva d'enlever à la hâte les fils de coton rouge qui dessinaient des lettres sur la toile.

Au bout de quelques instants, Amandine, s'adressant timidement à la veuve, lui présenta son ouvrage : — Ma mère, j'ai fini, — lui dit-elle.

Sans lui répondre, la veuve lui jeta une autre pièce de linge. L'enfant ne put la recevoir à temps et la laissa tomber. Sa grande sœur lui donna de sa main dure comme du bois un coup vigoureux sur le bras en s'écriant : — Petite bête !!!

Amandine regagna sa place et se mit activement à l'œuvre, après avoir échangé avec son frère un regard où roulait une larme.

Le même silence continua de régner dans la cuisine... Au dehors le vent gémissait toujours et agitait l'enseigne du cabaret. Ce triste grincement et le sourd bouillonnement d'une marmite placée devant le feu étaient les seuls bruits qu'on entendit.

Les deux enfants observaient avec une secrète frayeur que leur mère ne parlait pas. Quoiqu'elle fût habituellement silencieuse, ce mutisme complet et certain pincement de ses lèvres leur annonçaient que la veuve était dans ce qu'ils appelaient ses *colères blanches*, c'est-à-dire en proie à une irritation concentrée.

Le feu menaçait de s'éteindre, faute de bois.

— François, une bûche ! — dit Calebasse.

Le jeune raccommodeur de filets défendus regarda derrière le pilier de la cheminée et répondit : — Il n'y en a plus là...

— Va au bûcher, reprit Calebasse.

François murmura quelques paroles inintelligibles et ne bougea pas.

— Ah çà ! François, m'entends-tu ? — dit aigrement Calebasse.

La veuve du supplicié posa sur ses genoux une serviette qu'elle démarquait aussi, et jeta les yeux sur son fils.

Celui-ci avait la tête baissée, mais il devina, mais il sentit pour ainsi dire le terrible regard de sa mère peser sur lui. Craignant de rencontrer ce visage redoutable, l'enfant restait immobile.

— Ah çà ! es-tu sourd, François ? — reprit Calebasse irritée.

— Ma mère... tu vois...

La grande sœur semblait avoir pour fonction d'accuser les deux enfants et de requérir les peines que la veuve appliquait impitoyablement.

Amandine, sans qu'on pût remarquer son mouvement, poussa doucement le coude de son frère pour l'engager tacitement à obéir à Calebasse. François ne bougea pas.

La sœur aînée regarda sa mère pour lui demander la punition du coupable, la veuve l'entendit. De son long doigt décharné elle lui montra une baguette de saule forte et souple placée dans l'encoignure de la cheminée. Calebasse se pencha en arrière, prit cet instrument de correction et le remit à sa mère.

François avait parfaitement suivi le geste de sa mère; il se leva brusquement, et d'un saut se mit hors de l'atteinte de la menaçante baguette.

— Tu veux donc que ma mère te roue de coups ! — s'écria Calebasse.

La veuve, tenant toujours le bâton à la main, pinçant de plus en plus ses lèvres pâles, regardait François d'un œil fixe, sans prononcer un mot.

Au léger tremblement des mains d'Amandine, dont la tête était baissée, à la rougeur qui couvrit subitement son cou, on voyait que l'enfant, quoique habituée à de pareilles scènes, s'effrayait du sort qui attendait son frère.

Celui-ci, réfugié dans un coin de la cuisine, semblait craintif et irrité.

— Prends garde à toi, ma mère va se lever, et il ne sera plus temps ! — dit la grande sœur.

— Ça m'est égal, — reprit François en pâlissant. — J'aime mieux être battu comme avant-hier... que d'aller dans le bûcher... et la nuit... encore...

— Et pourquoi ça ? — reprit Calebasse avec impatience.

— J'ai peur dans le bûcher... moi... — répondit l'enfant en frissonnant malgré lui.

— Tu as peur... imbécile... et de quoi ?

François hocha la tête sans répondre.

— Parleras-tu ?... De quoi as-tu peur ?

— Je ne sais pas... mais j'ai peur...

— Tu es allé là cent fois, et encore hier soir !

— Je ne veux plus y aller maintenant...

— Voilà ma mère qui se lève !...

— Tant pis ! — s'écria l'enfant, — qu'elle me batte, qu'elle me tue, elle ne me fera pas aller dans le bûcher... la nuit... surtout...

— Mais, encore une fois, pourquoi ? — reprit Calebasse.

— Eh bien, parce que...

— Parce que ?

— Parce qu'il y a quelqu'un...

— Il y a quelqu'un ?

— D'enterré là... — murmura François en frissonnant.

La veuve du supplicié, malgré son impassibilité, ne put réprimer un brusque tressaillement ; sa fille l'imita : on eût dit ces deux femmes frappées d'une même secousse électrique.

— Il y a quelqu'un d'enterré dans le bûcher ? — reprit Calebasse en haussant les épaules.

— Oui, — dit François d'une voix si basse qu'on l'entendit à peine.

— Menteur !... — s'écria Calebasse.

— Je te dis, moi, que tantôt, en rangeant du bois, j'ai vu dans le coin noir du bûcher un os de mort... il sortait un peu de la terre qui était humide... alentour... — répliqua François.

— L'entends-tu, ma mère ? Est-il bête ! — dit Calebasse en faisant un signe d'intelligence à la veuve, — ce sont des os de mouton que je mets là pour la lessive...

— Ça n'était pas un os de mouton, — reprit l'enfant avec épouvante, — c'étaient des os enterrés... des os de mort... un pied qui sortait de terre... je l'ai bien vu.

— Et tu as tout de suite raconté cette belle trouvaille-là... à ton frère... à ton bon ami Martial, n'est-ce pas ? — dit Calebasse avec une ironie sauvage.

François ne répondit pas.

— Méchant petit *raille*[1], — s'écria Calebasse furieuse, — parce qu'il est poltron comme une vache, il serait capable de nous faire *faucher* comme on a *fauché*[2] notre père.

— Puisque tu m'appelles *raille*, — s'écria François exaspéré, — je dirai tout à mon frère Martial. Je ne lui avais pas dit encore, car je ne l'ai pas vu depuis tantôt... mais quand il reviendra ce soir... je...

L'enfant n'osa pas achever. Sa mère s'avançait vers lui, calme, mais inexorable. Quoiqu'elle se tînt habituellement un peu courbée, sa taille était très haute pour une femme ; tenant sa baguette d'une main, de l'autre la veuve prit son fils par le bras, et malgré la terreur, la résistance, les prières, les pleurs de l'enfant, l'entraînant après elle, elle le força de monter l'escalier du fond de la cuisine.

Au bout d'un instant on entendit au-dessus du plafond des trépignements sourds, mêlés de cris et de sanglots... Quelques minutes après ce bruit cessa. Une porte se referma violemment.

Et la veuve du supplicié redescendit. Puis, toujours impassible, elle remit la baguette de saule à sa place, se rassit auprès du foyer, et reprit son travail de couture sans prononcer une parole.

CHAPITRE V

Le Pirate d'eau douce.

Après quelques moments de silence, la veuve du supplicié dit à sa fille : — Va chercher du bois ; cette nuit nous *rangerons le bûcher*... au retour de Nicolas et de Martial.

— De Martial ? Vous voulez donc lui dire aussi que...

— Du bois... — reprit la veuve en interrompant sa fille.

1. Mouchard. — 2. Guillotiné.

Celle-ci, habituée à subir cette volonté de fer, alluma une lanterne et sortit. Au moment où elle ouvrit la porte, on vit au dehors la nuit noire, on entendit le craquement des hauts peupliers agités par le vent, le cliquetis des chaînes de bateaux, les sifflements de la bise, le mugissement de la rivière. Ces bruits étaient profondément tristes.

Pendant la scène précédente, Amandine, péniblement émue du sort de François, qu'elle aimait tendrement, n'avait osé ni lever les yeux ni essuyer ses pleurs, qui tombaient goutte à goutte sur ses genoux. Ses sanglots contenus la suffoquaient, elle tâchait de réprimer jusqu'aux battements de son cœur palpitant de crainte. Les larmes obscurcissaient sa vue. En se hâtant de démarquer la chemise qu'on lui avait donnée, elle s'était blessée à la main avec ses ciseaux ; la piqûre saignait beaucoup, mais la pauvre enfant songeait moins à sa douleur qu'à la punition qui l'attendait pour avoir taché de son sang cette pièce de linge. Heureusement, la veuve, absorbée dans une réflexion profonde, ne s'aperçut de rien.

Calebasse rentra portant un panier rempli de bois. Au regard de sa mère, elle répondit par un signe de tête affirmatif. Cela voulait dire qu'en effet le pied du mort sortait de terre...

La veuve pinça les lèvres et continua de travailler, seulement elle parut manier plus précipitamment son aiguille.

Calebasse ranima le feu, surveilla l'ébullition de la marmite qui cuisait au coin du feu, puis se rassit auprès de sa mère.

— Nicolas n'arrive pas ! — lui dit-elle. — Pourvu que la vieille femme de ce matin, en lui donnant un rendez-vous avec un bourgeois de la part de Bradamanti, ne l'ait pas mis dans une mauvaise affaire. Elle avait l'air si en dessous ! elle n'a voulu ni s'expliquer, ni dire son nom, ni d'où elle venait.

La veuve haussa les épaules.

— Vous croyez qu'il n'y a pas de danger pour Nicolas, ma mère ?... Après tout, vous avez peut-être raison... La vieille lui demandait de se trouver à sept heures du soir quai de Billy, en face de la gare, et là d'attendre un homme qui voulait lui parler et qui lui dirait *Bradamanti* pour mot de passe... Au fait, ça n'est pas bien périlleux... Si Nicolas s'attarde, c'est qu'il aura peut-être trouvé quelque chose en route... comme avant-hier, ce linge-là... qu'il a *grinchi*[1] sur un bateau de blanchisseuse. — Et elle lui montra une des pièces que démarquait Amandine ; puis, s'adressant à l'enfant : — Qu'est-ce que ça veut dire, *grinchir* ?

— Ça veut dire... prendre... — répondit l'enfant sans lever les yeux.

— Ça veut dire voler, petite sotte ; entends-tu ?... voler...

— Oui, ma sœur...

— Et quand on sait bien grinchir comme Nicolas, il y a toujours quelque chose à gagner... Le linge qu'il a volé hier nous a remontés et ne nous coûtera que la façon du démarquage... n'est-ce pas, ma mère ? — ajouta Calebasse avec un éclat de rire qui laissa voir des dents déchaussées et jaunes comme son teint.

1. Volé.

La veuve resta froide à cette plaisanterie.

— A propos de remonter notre ménage gratis, — reprit Calebasse, — nous pourrons peut-être nous fournir à une autre boutique. Vous savez bien qu'un vieux homme est venu habiter, depuis quelques jours, la maison de campagne de M. Griffon, le médecin de l'hospice de Paris... cette maison isolée, à cent pas du bord de l'eau, en face du four à plâtre.

La veuve baissa la tête.

— Nicolas disait hier que maintenant il y aurait peut-être là un bon coup à faire, — reprit Calebasse. — Et moi je sais depuis ce matin qu'il y a là du butin pour sûr ; il faudra envoyer Amandine flâner autour de la maison, on n'y fera pas attention ; elle aura l'air de jouer, regardera bien partout, et viendra nous rapporter ce qu'elle aura vu. Entends-tu ce que je te dis ? – ajouta durement Calebasse en s'adressant à Amandine.

— Oui, ma sœur, j'irai, — répondit l'enfant en tremblant.

— Tu dis toujours : « Je ferai, » et tu ne fais pas, sournoise ! La fois où je t'avais commandé de prendre cent sous dans le comptoir de l'épicier d'Asnières pendant que je l'occupais d'un autre côté de sa boutique, c'était facile ; on ne se défie pas d'un enfant. Pourquoi ne m'as-tu pas obéi ?

— Ma sœur... le cœur m'a manqué .. je n'ai pas osé.

— L'autre jour tu as bien osé voler un mouchoir dans la balle du colporteur, pendant qu'il vendait dans le cabaret... S'est-il aperçu de quelque chose, imbécile ?

— Ma sœur, vous m'y avez forcée... le mouchoir était pour vous ; et puis ce n'était pas de l'argent...

— Qu'est-ce que ça fait ?

— Dame !... prendre un mouchoir, ça n'est pas si mal que de prendre de l'argent.

— Ma parole d'honneur ! c'est Martial qui t'apprend ces *vertucheries*-là, n'est-ce pas ? — reprit Calebasse avec ironie ; — tu vas tout lui rapporter, petite moucharde !... crois-tu que nous ayons peur qu'il nous mange, ton Martial ?... — Puis, s'adressant à la veuve, Calebasse ajouta : — Vois-tu, ma mère, ça finira mal pour lui... Il veut faire la loi ici. Nicolas est furieux contre lui, moi aussi... Il excite Amandine et François contre nous, contre toi... Est-ce que ça peut durer ?...

— Non... — dit la mère d'un ton bref et dur.

— C'est surtout depuis que sa Louve est à Saint-Lazare qu'il est comme un déchaîné après tout le monde... Est-ce que c'est notre faute, à nous, si elle est en prison... sa maîtresse ?... Une fois sortie, elle n'a qu'à venir ici... et je la servirai... bonne mesure... quoiqu'elle fasse la méchante...

La veuve, après un moment de réflexion, dit à sa fille : — Tu crois qu'il y a un coup à faire sur ce vieux qui habite la maison du médecin ?

— Oui, ma mère...

— Il a l'air d'un mendiant !

— Ça n'empêche pas que c'est un noble.

— Un noble ?

— Oui, et qu'il ait de l'or dans sa bourse... quoiqu'il aille à Paris à pied tous les jours, et qu'il revienne de même, avec son gros bâton pour toute voiture.

— Qu'en sais-tu, s'il a de l'or ?

— Tantôt j'ai été au bureau de poste d'Asnières pour voir s'il n'y avait pas de lettre de Toulon...

A ces mots, qui lui rappelaient le séjour de son fils au bagne, la veuve du supplicié fronça ses sourcils et étouffa un soupir.

Calebasse continua : — J'attendais mon tour, quand le vieux qui loge chez le médecin est entré ; je l'ai tout de suite reconnu à sa barbe blanche comme ses cheveux... à sa face couleur de buis... et à ses sourcils noirs. Il n'a pas l'air facile.. Malgré son âge, ça doit-être un vieux déterminé... Il a dit à la buraliste : Avez-vous des lettres d'Angers pour M. le comte de Saint-Remy ? Oui, a-t-elle répondu, en voilà une.— C'est pour moi, a-t-il dit ; voilà mon passe-port. » Pendant que la buraliste l'examinait, le vieux, pour payer le port, a tiré sa bourse de soie verte. A un bout j'ai vu de l'or reluire à travers les mailles ; il y en avait gros comme un œuf... au moins quarante à cinquante louis ! s'écria Calebasse les yeux brillants de convoitise.. — et pourtant il est mis comme un gueux... C'est un de ces vieux avares farcis de trésors... Allez, ma mère ! nous savons son nom... ça pourra peut-être servir... pour s'introduire chez lui... quand Amandine nous aura dit s'il a des domestiques.

Des aboiements violents interrompirent Calebasse.

— Ah ! les chiens crient, — dit-elle ; — ils entendent un bateau... c'est Martial ou Nicolas..

Au nom de Martial, les traits d'Amandine exprimèrent une joie contrainte.

Après quelques minutes d'attente, pendant lesquelles elle fixait un œil impatient et inquiet sur la porte, l'enfant vit, à son grand regret, entrer Nicolas, le futur complice de Barbillon. La physionomie de cet homme était à la fois ignoble et féroce : petit, grêle, chétif, on ne concevait pas qu'il pût exercer son dangereux et criminel métier. Malheureusement une sauvage énergie morale suppléait chez ce misérable à la force physique qui lui manquait. Par-dessus son bourgeron bleu, Nicolas portait une sorte de casaque sans manches, faite d'une peau de bouc à longs poils bruns ; en entrant, il jeta par terre un saumon de cuivre qu'il avait péniblement apporté sur son épaule.

— Bonne nuit et bon butin, la mère ! — s'écria-t-il d'une voix creuse et enrouée, après s'être débarrassé de son fardeau ; — il y a encore trois saumons pareils dans mon bachot, un paquet de hardes et une caisse remplie de je ne sais pas quoi ; car je ne me suis pas amusé à l'ouvrir. Peut-être que je suis volé... on verra ?

— Et l'homme du quai de Billy ? demanda Calebasse, pendant que la veuve regardait silencieusement son fils.

Celui-ci, pour toute réponse, plongea sa main dans la poche

de son pantalon, et, la secouant, il fit bruire un grand nombre de pièces d'argent.

— Tu lui as pris tout ça ?... — s'écria Calebasse.

— Non, il a *aboulé* de lui-même deux cents francs ; et il en *aboulera* encore huit cents quand j'aurai... mais suffit !... D'abord, déchargeons mon bachot, nous jaserons après... Martial n'est pas ici ?

— Non, — dit la sœur.

— Tant mieux !... nous serrerons le butin sans lui... Autant qu'il ne sache pas...

— Tu as peur de lui, poltron ? — dit aigrement Calebasse.

— Peur de lui ? moi !... — il haussa les épaules ; — j'ai peur qu'il ne nous vende... voilà tout. Quant à le craindre... *coupe-sifflet*[1] a la langue trop bien affilée !...

— Oh ! quand il n'est pas là, tu fanfaronnes... mais qu'il arrive, ça te clôt le bec.

Nicolas parut insensible à ce reproche, et dit : — Allons, vite ! vite !... au bateau... Où est donc François, la mère ?... Il nous aiderait.

— Ma mère l'a enfermé là haut après l'avoir rincé ; il se couchera sans souper, — dit Calebasse.

— Bon ; mais qu'il vienne tout de même aider à décharger le bachot, n'est-ce pas, la mère ? Moi, lui et Calebasse, en une tournée nous rentrerons tout ici...

La veuve leva le doigt au plafond. Calebasse comprit, et monta chercher François.

Le sombre visage de la mère Martial s'était quelque peu déridé depuis l'arrivée de Nicolas ; elle l'aimait plus que Calebasse, moins encore que *son fils de Toulon*, comme elle disait... car l'amour maternel de cette farouche créature s'élevait en proportion de la criminalité. Cette préférence perverse explique suffisamment l'éloignement de la veuve pour ses deux jeunes enfants, qui n'annonçaient pas de dispositions mauvaises, et sa haine profonde pour Martial, son fils aîné, qui, sans mener une vie irréprochable, pouvait passer pour un très honnête homme si on le comparait à Nicolas, à Calebasse et à son frère le forçat de Toulon.

— Où as-tu picoré cette nuit ? — dit la veuve à Nicolas.

— En m'en retournant du quai de Billy, où j'ai rencontré le bourgeois avec qui j'avais rendez-vous pour ce soir, j'ai reluqué, près du pont des Invalides, une galiote amarrée au quai. Il faisait noir ; j'ai dit : Pas de lumière dans la cabine... les mariniers sont à terre. J'aborde... Si je trouve un curieux, je demande un bout de corde, censé pour reficeler ma rame. J'entre dans la cabine... personne... Alors j'y rafle ce que je peux, des hardes, une grande caisse, et, sur le pont, quatre saumons de cuivre ; car j'ai fait deux tournées, la galiote était chargée de cuivre et de fer. Mais voilà François et Calebasse ; vite au bachot !... Al-

---

1. Mon couteau.

lons, file aussi, toi, eh!... Amandine, tu porteras les hardes... Avant de chasser... faut rapporter...

Restée seule, la veuve s'occupa des préparatifs du souper de la famille, plaça sur la table des verres, des bouteilles, des assiettes de faïence et des couverts d'argent.

Au moment où elle terminait ces apprêts, ses enfants rentrèrent pesamment chargés. Le poids de deux saumons de cuivre qu'il portait sur ses épaules semblait écraser le petit François ; Amandine disparaissait à moitié sous le monceau de hardes volées qu'elle tenait sur sa tête ; enfin Nicolas, aidé de Calebasse, apportait une caisse de bois blanc, sur laquelle il avait placé le quatrième saumon de cuivre.

— La caisse, la caisse ! éventrons-la, la caisse ! — s'écria Calebasse avec une sauvage impatience.

Les saumons de cuivre furent jetés sur le sol. Nicolas s'arma du fer épais de la hachette qu'il portait à sa ceinture, et l'introduisit sous le couvercle de la caisse placée au milieu de la cuisine, afin de le soulever. La lueur rougeâtre et vacillante du foyer éclairait cette scène de pillage ; au dehors, les sifflements du vent redoublaient de violence. Nicolas, vêtu de sa peau de bouc, accroupi devant le coffre, tâchait de le briser, et proférait d'horribles blasphèmes en voyant l'épais couvercle résister à de vigoureuses pesées. Les yeux enflammés de cupidité, les joues colorées par l'emportement de la rapine, Calebasse, agenouillée sur la caisse, y faisait porter tout le poids de son corps afin de donner un point d'appui plus fixe à l'action du levier de Nicolas. La veuve, séparée de ce groupe par la largeur de la table où elle allongeait sa grande taille, se penchait aussi vers l'objet volé, le regard étincelant d'une fiévreuse convoitise.

Enfin, chose cruelle et malheureusement *humaine !* les deux enfants dont les bons instincts naturels avaient souvent triomphé de l'influence maudite de cette abominable corruption domestique ; les deux enfants, oubliant leurs scrupules et leurs craintes, cédaient à l'attrait d'une curiosité fatale. Serrés l'un contre l'autre, l'œil brillant, la respiration oppressée, François et Amandine n'étaient pas les moins empressés de connaître le contenu du coffre, ni les moins irrités des lenteurs de l'effraction de Nicolas.

Enfin le couvercle sauta en éclats.

— Ah !... — s'écria la famille d'une seule voix, haletante et joyeuse.

Et tous, depuis la mère jusqu'à la petite fille, s'abattirent et se précipitèrent avec une ardeur sauvage sur la caisse effondrée... Sans doute expédiée de Paris à un marchand de nouveautés d'un bourg riverain, elle contenait une grande quantité de pièces d'étoffes à l'usage des femmes.

— Nicolas n'est pas volé ! — s'écria Calebasse, en déroulant une pièce de mousseline de laine.

— Non, — répondit le brigand, en déployant à son tour un paquet de foulards ; — j'ai fait mes frais...

— De la levantine... ça se vendra comme du pain... — dit la veuve en puisant à son tour dans la caisse.

— La recéleuse de Bras-Rouge, qui demeure rue du Temple, achètera les étoffes, — ajouta Nicolas; — et le père Micou, le logeur en garni du quartier Saint-Honoré, s'arrangera du rouget [1].

— Amandine, — dit tout bas François à sa petite sœur, — comme ça ferait une jolie cravate, un de ces beaux mouchoirs de soie... que Nicolas tient à la main !...

— Ça ferait aussi une bien jolie marmotte, — répondit l'enfant avec admiration.

— Faut avouer que tu as eu de la chance de monter sur cette galiote, Nicolas, — dit Calebasse. — Tiens, fameux ! maintenant, voilà des châles... il y en a trois... vraie bourre de soie... Vois donc, ma mère !...

— La mère Burette donnera au moins cinq cents francs du tout, — dit la veuve après un mûr examen.

— Alors ça doit valoir au moins quinze cents francs, — dit Nicolas ; — mais, comme on dit, tout recéleur... tout voleur. Bah ! tant pis... je ne sais pas chicaner... Je serai encore assez colas cette fois-ci pour en passer par là où la mère Burette voudra et le père Micou aussi ; mais lui, c'est un ami.

— C'est égal, il est voleur comme les autres, le vieux revendeur de ferraille ; mais ces canailles de recéleurs savent qu'on a besoin d'eux, reprit Calebasse en se drapant dans un des châles, — et ils en abusent !

— Il n'y a plus rien, — dit Nicolas en arrivant au fond de la caisse.

— Maintenant il faut tout resserrer. — dit la veuve.

— Moi, je garde ce châle-là, — reprit Calebasse.

— Tu gardes... tu gardes... — s'écria brusquement Nicolas, — tu le garderas... si je te le donne... Tu prends toujours... toi... madame *Pas-Gênée*.

— Tiens !... et toi donc, tu t'en prives... de prendre.

— Moi, je *grinchis* en risquant ma peau ; c'est pas toi qui aurais été *enflaquée* si on m'avait pincé sur la galiote...

— Eh bien ! le voilà, ton châle, je m'en moque pas mal ! — dit aigrement Calebasse en le rejetant dans la caisse.

— C'est pas à cause du châle... que je parle ; je ne suis pas assez chiche pour lésiner sur un châle : un de plus ou un de moins, la mère Burette ne changera pas son prix ; elle achète en bloc, — reprit Nicolas. — Mais, au lieu de dire que tu prends ce châle, tu peux me demander que je te le donne... Allons, voyons, garde-le... Garde-le, je te dis... ou je l'envoie au feu pour faire bouillir la marmite !

Ces paroles calmèrent la mauvaise humeur de Calebasse ; elle prit le châle sans rancune.

Nicolas était sans doute en veine de générosité ; car, déchirant

1. Cuivre.

avec ses dents le chef d'une des pièces de soierie, il en détacha deux foulards et les jeta à Armandine et à François, qui n'avaient pas cessé de contempler cette étoffe avec envie.

— Voilà pour vous, gamins ! cette bouchée-là vous mettra en goût de grinchir... L'appétit vient en mangeant... Maintenant allez vous coucher... j'ai à jaser avec la mère ; on vous portera à souper là-haut.

Les deux enfants battirent joyeusement des mains, et agitèrent triomphalement les foulards volés qu'on venait de leur donner.

— Eh bien ! petits bêtas, — dit Calebasse, — écouterez-vous encore Martial ? est-ce qu'il vous a jamais donné des beaux foulards comme ça, lui ?

François et Armandine se regardèrent, puis ils baissèrent la tête sans répondre.

— Parlez donc ! — reprit durement Calebasse ; — est-ce qu'il vous a jamais fait des cadeaux, Martial ?

— Dame !... non... il ne nous en a jamais fait, — dit François en regardant son mouchoir de soie rouge avec bonheur.

Armandine ajouta bien bas : — Notre frère Martial ne nous fait pas de cadeaux.. parce qu'il n'a pas de quoi...

— S'il volait, il aurait de quoi, — dit durement Nicolas ; — n'est-ce pas, François ?

— Oui, mon frère, — répondit François ; puis il ajouta : — Oh ! le beau foulard !... quelle jolie cravate pour le dimanche !

— Et moi, quelle belle marmotte ! — reprit Armandine.

— Sans compter que les enfants du chaufournier du four à plâtre rageront joliment en vous voyant passer, — dit Calebasse ; et elle examina les traits des enfants pour voir s'ils comprenaient la méchante portée de ses paroles. L'abominable créature appelait la vanité à son aide pour étouffer les derniers scrupules de ces malheureux. — Les enfants du chaufournier, — reprit-elle, — auront l'air de mendiants, ils en crèveront de jalousie ; car vous aurez l'air de petits bourgeois !

— Tiens ! c'est vrai, — reprit François : — alors je suis bien plus content de ma belle cravate, puisque les petits chaufourniers rageront de ne pas en avoir une pareille... n'est-ce pas, Armandine ?

— Moi, je suis contente d'avoir ma belle marmotte... voilà tout...

— Aussi, toi, tu ne seras jamais qu'une colasse ! — dit dédaigneusement Calebasse ; puis, prenant sur la table du pain et un morceau de fromage, elle le donna aux enfants, et leur dit : — Montez vous coucher... Voilà une lanterne, prenez garde au feu, et éteignez-la avant de vous endormir.

— Ah ça, — ajouta Nicolas, — rappelez-vous bien que si vous avez le malheur de parler à Martial de la caisse, des saumons de cuivre et des hardes, vous aurez une danse que le feu y prendra ; sans compter que je vous retirerai les foulards.

Après le départ des enfants, Nicolas et sa sœur enfouirent les hardes, la caisse d'étoffes et les saumons de cuivre au fond d'un petit caveau, surbaissé de quelques marches, qui s'ouvrait dans la cuisine, non loin de la cheminée.

— Ah çà, la mère ! à boire, et du chenu !... — s'écria le bandit ; — du cacheté, de l'eau-de-vie !... J'ai bien gagné ma journée... Sers le souper, Calebasse ; Martial rongera nos os, c'est bon pour lui... Jasons maintenant du bourgeois du quai de Billy, car demain ou après-demain il faut que ça chauffe si je veux empocher l'argent qu'il a promis... Je vas te conter ça, la mère... Mais à boire, tonnerre. !.. à boire... c'est moi qui régale !

Et Nicolas fit de nouveau bruire les pièces de cent sous qu'il avait dans sa poche ; puis, jetant au loin sa peau de bouc, son bonnet de laine noire, il s'assit à table devant un énorme plat de ragoût de mouton, un morceau de veau froid et une salade. Lorsque Calebasse eut apporté du vin et de l'eau-de-vie, la veuve, toujours impassible et sombre, s'assit d'un côté de la table, ayant Nicolas à sa droite, sa fille à sa gauche ; en face d'elles étaient les places inoccupées de Martial et des deux enfants. Le bandit tira de sa poche un large et long couteau catalan à manche de corne, à lame aiguë. Contemplant cette arme meurtrière avec une sorte de satisfaction féroce, il dit à la veuve : — *Coupe-sifflet* tranche toujours bien !.. Passez-moi le pain, la mère.

— A propos de couteau, — dit Calebasse, François s'est aperçu de la chose... dans le bûcher.

— De quoi ? — dit Nicolas sans la comprendre

— Il a vu un des pieds...

— De l'homme ? — s'écria Nicolas.

— Oui, — dit la veuve, en mettant une tranche de viande dans l'assiette de son fils.

— C'est drôle !... la fosse était pourtant bien profonde, — dit le brigand ; — mais depuis le temps... la terre aura tassé...

— Il faudra cette nuit jeter tout à la rivière, — dit la veuve.

— C'est plus sûr, — répondit Nicolas.

— On y attachera un pavé avec un brin de vieille chaîne de bateau, — dit Calebasse.

— Pas si bête !... — répondit Nicolas en se versant à boire ; — puis, s'adressant à la veuve, tenant la bouteille haute : — Voyons, trinquez avec nous, ça vous égayera, la mère !

La veuve secoua la tête, recula son verre et dit à son fils : — Et l'homme du quai de Billy ?

— Voilà la chose... — dit Nicolas, sans s'interrompre de manger et de boire... — En arrivant à la gare, j'ai attaché mon bachot et j'ai monté au quai ; sept heures sonnaient à la boulangerie militaire de Chaillot ; on ne s'y voyait pas à quatre pas. Je me promenais le long du parapet depuis un quart d'heure, lorsque j'entends marcher doucement derrière moi ; je ralentis : un homme embaluchonné dans un manteau s'approche de moi en toussotant ; je m'arrête, il s'arrête... Tout ce que je sais de sa figure, c'est que son manteau lui cachait le nez, et son chapeau les yeux.

(Nous rappellerons au lecteur que ce personnage mystérieux était Jacques Ferrand, le notaire, qui, voulant se défaire de Fleur-

II.   5.

de-Marie, avait, le matin même, dépêché madame Séraphin chez les Martial, dont il espérait faire les instruments de ce nouveau crime.)

— *Bradamanti*, me dit le bourgeois, — reprit Nicolas ; — c'était le mot de passe convenu avec la vieille, pour me reconnaître avec le particulier. — *Ravageur*, que je lui réponds, comme c'était encore convenu.

— Vous vous appelez Martial ? — me dit-il.

— Oui, bourgeois.

— Il est venu ce matin une femme à votre île ; que vous a-t-elle dit ?

— Que vous aviez à me parler de la part de M. Bradamanti.

— Voulez-vous gagner de l'argent ?

— Oui, bourgeois... beaucoup.

— Vous avez un bateau ?

— Nous en avons quatre, bourgeois, c'est notre partie : bachoteurs et ravageurs de père en fils, à votre service.

— Voilà ce qu'il faudrait faire... si vous n'avez pas peur...

— Peur... de quoi bourgeois ?

— De voir quelqu'un *se noyer par accident*... seulement il s'agirait d'aider à l'accident... comprenez-vous ?

— Ah çà ! bourgeois, faut donc faire boire un particulier à même la Seine, comme par hasard ?... ça me va... mais comme c'est un fricot délicat, ça coûte cher d'assaisonnement...

— Combien... pour deux ?...

— Pour deux... il y aura deux personnes à mettre au court-bouillon dans la rivière ?

— Oui...

— Cinq cents francs par tête... bourgeois... c'est pas cher.

— Va pour mille francs...

— Payés d'avance, bourgeois ?

— Non ; vous pouvez empocher mes deux cents francs sans remplir nos conventions.

— Et vous, bourgeois, une fois le coup fait, quand je vous demanderai les huit cents francs, vous pouvez me répondre : Merci, je sors d'en prendre !

— C'est une chance ; ça vous convient-il, oui ou non ? Deux cents francs comptant, et après-demain soir, ici à neuf heures, je vous remettrai huit cents francs.

— Et qui vous dira que j'aurai fait boire les deux personnes ?

— Je le saurai... ça me regarde... Est-ce dit ?

— C'est dit, bourgeois.

— Voilà deux cents francs... Maintenant, écoutez-moi : Vous reconnaîtrez bien la vieille femme qui est allée vous trouver ce matin ?

— Oui, bourgeois.

— Demain, ou après-demain, au plus tard, vous la verrez venir, vers les quatre heures du soir, sur la rive en face de votre île ; avec une jeune fille blonde ; la vieille vous fera un signal en agitant un mouchoir.

— Oui, bourgeois.

— Combien faut-il de temps pour aller de la rive à votre île ?
— Vingt bonnes minutes.
— Vos bateaux sont à fond plat ?
— Plat comme la main, bourgeois.
— Vous pratiquerez adroitement une sorte de large soupape dans le fond de l'un de ces bateaux, afin de pouvoir, en ouvrant cette soupape, le faire couler à volonté en un clin d'œil... Comprenez-vous ?
— Très bien, bourgeois ; vous êtes malin ! J'ai justement un vieux bateau à moitié pourri ; je voulais le déchirer... il sera bon pour ce dernier voyage.
— Vous partez donc de votre île avec ce bateau à soupape : un bon bateau vous suit, conduit par quelqu'un de votre famille. Vous abordez, vous prenez la vieille femme et la jeune fille blonde à bord du bateau troué, et vous regagnez votre île ; mais, à une distance raisonnable du rivage, vous feignez de vous baisser pour raccommoder quelque chose, vous ouvrez la soupape et vous sautez lestement dans l'autre bateau, pendant que la vieille femme et la jeune fille blonde...
— Boivent à la même tasse... ça y est... bourgeois !
— Mais êtes-vous sûr de n'être pas dérangé ?... S'il venait des pratiques dans votre cabaret !...
— Il n'y a pas de crainte, bourgeois. A cette heure-là, et en hiver surtout, il n'en vient jamais... c'est notre morte saison ; et il en viendrait, qu'ils ne seraient pas gênants.... au contraire.... c'est tous des amis connus.
— Très bien ! D'ailleurs vous ne vous compromettez en rien : le bateau sera censé coulé par vétusté, et la vieille femme qui vous aura amené la jeune fille disparaîtra avec elle. Enfin, pour bien vous assurer que toutes deux seront noyées (toujours par accident), vous pourrez, si elles revenaient sur l'eau, ou si elles s'accrochaient au bateau, avoir l'air de faire tous vos efforts pour les secourir et...
— Et les aider... à replonger. Bien, bourgeois !
— Il faudra même que la promenade se fasse après le soleil couché, afin que la nuit soit noire lorsqu'elles tomberont à l'eau.
— Non, bourgeois ; car si on n'y voit pas clair, comment saurait-on si les deux femmes ont bu leur soûl ou si elles en veulent encore ?
— C'est juste ; alors l'accident aura lieu avant le coucher du soleil.
— A la bonne heure, bourgeois ; mais la vieille ne se doutera de rien ?
— Non... En arrivant, elle vous dira à l'oreille : — *Il faut noyer la petite ; un peu avant de faire enfoncer le bateau, faites-moi signe pour que je sois prête à me sauver avec vous.* Vous répondrez à la vieille de manière à éloigner ses soupçons.
— De façon qu'elle croira mener la petite blonde boire...
— Et qu'elle boira avec la petite blonde.
— C'est crânement arrangé, bourgeois.

— Et surtout que la vieille ne se doute de rien !...

— Calmez-vous, bourgeois, elle avalera ça doux comme miel.

— Allons, bonne chance, mon garçon ! Si je suis content, peut-être je vous emploierai encore !

— A votre service, bourgeois !

— Là-dessus, — dit le brigand en terminant sa narration, — j'ai quitté l'homme au manteau, j'ai regagné mon bateau, et, en passant devant la galiote, j'ai raflé le butin de tout à l'heure.

On voit, par le récit de Nicolas, que le notaire voulait, au moyen d'un double crime, se débarrasser à la fois de Fleur-de-Marie et de madame Séraphin, en faisant tomber celle-ci dans le piège qu'elle croyait seulement tendu à la Goualeuse. Avons-nous besoin de répéter que, craignant à juste titre que la Chouette n'apprît d'un moment à l'autre à Fleur-de-Marie qu'elle avait été abandonnée par madame Séraphin, Jacques Ferrand se croyait un puissant intérêt à faire disparaître cette jeune fille, dont les réclamations auraient pu le frapper mortellement et dans sa fortune et dans sa réputation? Quant à madame Séraphin, le notaire, en la sacrifiant, se défaisait de l'un des deux complices (Bradamanti était l'autre) qui pouvaient le perdre en se perdant eux-mêmes, il est vrai ; mais Jacques Ferrand croyait ses secrets mieux gardés dans la tombe que par l'intérêt personnel.

La veuve du supplicié et Calebasse avaient attentivement écouté Nicolas, qui ne s'était interrompu que pour boire avec excès. Aussi commençait-il à parler avec une exaltation singulière.

— Ça n'est pas tout, — reprit-il ; — j'ai emmanché une autre affaire avec la Chouette et Barbillon, de la rue aux Fèves. C'est un fameux coup, crânement monté ; et, si nous ne le manquons pas, il y aura de quoi frire, je m'en vante. Il s'agit de dépouiller une courtière en diamants, qui a quelquefois pour des cinquante mille francs de pierreries dans son cabas.

— Cinquante mille francs ! — s'écrièrent la mère et la fille, dont les yeux étincelèrent de cupidité.

— Oui... rien que ça... Bras-Rouge en sera. Hier il a déjà empaumé la courtière par une lettre que nous lui avons portée, nous deux Barbillon, boulevard Saint-Denis. C'est un fameux homme que Bras-Rouge. Comme il a de quoi, on ne se méfie pas de lui. Pour amorcer la courtière, il lui a déjà vendu un diamant de quatre cents francs. Elle ne se défiera pas de venir, à la tombée du jour, dans son cabaret des Champs-Elysées. Nous serons là cachés. Calebasse viendra aussi, elle gardera mon bateau le long de la Seine. S'il faut emballer la courtière morte ou vive, ça sera une voiture commode et qui ne laisse pas de traces. En voilà un plan !... Gueux de Bras-Rouge, quelle sorbonne !

— Je me défie toujours de Bras-Rouge, — dit la veuve. — Après l'affaire de la rue Montmartre, ton frère Ambroise a été à Toulon et Bras-Rouge a été relâché.

— Parce qu'il n'y avait pas de preuves contre lui ; il est si malin !... Mais trahir les autres... jamais !

La veuve secoua la tête, comme si elle n'eût été qu'à demi convaincue de la *probité* de Bras-Rouge. Après quelques moments de réflexion, elle dit : — J'aime mieux l'affaire du quai de Billy pour demain ou après demain soir... la noyade des deux femmes... Mais Martial nous gênera... comme toujours...

— Le tonnerre du diable ne nous débarrassera donc pas de lui !... — s'écria Nicolas à moitié ivre, en plantant avec fureur son long couteau dans la table.

— J'ai dit à ma mère que nous en avions assez, que ça ne pouvait pas durer, — reprit Calebasse. — Tant qu'il sera ici, on ne pourra rien faire des enfants...

— Je vous dis qu'il est capable de nous dénoncer un jour ou l'autre, le brigand ! — dit Nicolas. — Vois-tu, la mère... si tu m'en avais cru... — ajouta-t-il d'un air farouche et significatif, en regardant sa mère, — tout serait dit...

— Il y a d'autres moyens.

— C'est le meilleur ! — dit le brigand.

— Maintenant... non, — répondit la veuve d'un ton si absolu que Nicolas se tut, dominé par l'influence de sa mère, qu'il savait aussi criminelle, aussi méchante, mais encore plus déterminée que lui.

La veuve ajouta : — Demain matin il quittera l'île pour toujours.

— Comment ? — dirent à la fois Calebasse et Nicolas.

— Il va rentrer... cherchez-lui querelle... mais hardiment, en face, comme vous n'avez jamais osé le faire... Venez-en aux coups, s'il le faut... Il est fort, mais vous serez deux, et je vous aiderai... Surtout pas de couteaux... pas de sang.. Qu'il soit battu, pas blessé.

— Et puis après, la mère ? — demanda Nicolas.

— Après... on s'expliquera... Nous lui dirons de quitter l'île demain... sinon que tous les jours la scène de ce soir recommencera... Je le connais, ces batteries continuelles le dégoûteront. Jusqu'à présent on l'a laissé trop tranquille...

— Mais il est entêté comme un mulet, il est capable de vouloir rester tout de même à cause des enfants... — dit Calebasse.

— C'est un gueux fini... mais une batterie ne lui fait pas peur... — dit Nicolas.

— Une... oui, dit la veuve, — mais tous les jours, tous les jours... c'est l'enfer... il cédera...

— Et s'il ne cédait pas ?

— Alors j'ai un autre moyen sûr de le forcer à partir cette nuit, ou demain matin au plus tard, — reprit la veuve avec un sourire étrange.

— Vraiment, la mère ?

— Oui, mais j'aimerais mieux l'effrayer par les batteries ; si je n'y réussissais pas, alors... à l'autre moyen.

— Et si l'autre moyen ne réussissait pas non plus, la mère ? — Nicolas...

— Il y en a un dernier qui réussit toujours, — répondit la veuve.

Tout à coup la porte s'ouvrit... Martial entra.

Il ventait si fort au dehors qu'on n'avait pas entendu les aboiements des chiens annonçant le retour du fils aîné de la veuve du supplicié.

CHAPITRE VI

La Mère et le Fils.

Ignorant les mauvais desseins de sa famille, Martial entra lentement dans la cuisine.

Quelques mots de la Louve, dans son entretien avec Fleur-de-Marie, ont déjà fait connaître la singulière existence de cet homme. Doué de bons instincts naturels, incapable d'une action positivement basse ou méchante, Martial n'en menait pas moins une conduite peu régulière. Il pêchait en fraude, et sa force, son audace, inspiraient assez de crainte aux gardes-pêche pour qu'ils fermassent les yeux sur son braconnage de rivière. A cette industrie déjà très peu légale, Martial en joignait une autre fort illicite. *Bravo* redouté, il se chargeait volontiers, plus encore par excès de courage, par *crânerie*, que par cupidité, de venger dans des rencontres de pugilat ou de bâton les victimes d'adversaires d'une force trop inégale ; il faut dire que Martial choisissait d'ailleurs avec assez de droiture les *causes* qu'il plaidait à coups de poing ; généralement il prenait le parti du faible contre le fort. L'amant de la Louve ressemblait beaucoup à François et à Amandine : il était de taille moyenne, mais robuste, large d'épaules ; ses épais cheveux roux, coupés en brosse, formaient cinq pointes sur son front bien ouvert ; sa barbe épaisse, drue et courte, ses joues larges, son nez saillant carrément accusé, ses yeux bleus et hardis, donnaient à ce mâle visage une expression singulièrement résolue. Il était coiffé d'un vieux chapeau ciré ; malgré le froid, il ne portait qu'une mauvaise blouse bleue par-dessus sa veste et son pantalon de gros velours de coton tout usé. Il tenait à la main un énorme bâton noueux, qu'il déposa près de lui sur le buffet. Un gros chien basset, à jambes torses, au pelage noir marqué de feux très vifs, était entré avec Martial ; mais il restait auprès de la porte, n'osant approcher ni du feu ni des convives déjà attablés, l'expérience ayant prouvé au vieux Miraut (c'était le nom du basset, ancien compagnon de braconnage de Martial) qu'il était, ainsi que son maître, très peu sympathique à la famille.

— Où sont donc les enfants ?

Tels furent les premiers mots de Martial lorsqu'il s'assit à table.

— Ils sont où ils sont, répondit aigrement Calebasse.

— Où sont les enfants, ma mère ? — reprit Martial sans s'inquiéter de la réponse de sa sœur.

— Ils sont couchés, — reprit sèchement la veuve.

— Est-ce qu'ils n'ont pas soupé, ma mère ?

— Qu'est-ce que ça te fait, à toi ? — s'écria brutalement Nicolas, après avoir bu un grand verre de vin pour augmenter son audace ; car le caractère et la force de son frère lui imposaient beaucoup.

Martial, aussi indifférent aux attaques de Nicolas qu'à celles de Calebasse, dit de nouveau à sa mère : — Je suis fâché que les enfants soient déjà couchés.

— Tant pis... — répondit la veuve.

— Oui, tant pis !... car j'aime à les voir à côté de moi quand je soupe.

— Et nous, comme ils nous embêtent, nous les avons renvoyés, — s'écria Nicolas. — Si ça ne te plaît pas, va-t'en les retrouver !

Martial, surpris, regarda fixement son frère.

Puis, comme s'il eût réfléchi à la vanité d'une querelle, il haussa les épaules, coupa un morceau de pain, et se servit une tranche de viande.

Le basset s'était approché de Nicolas, quoiqu'à distance *très respectueuse* ; le bandit, irrité de la dédaigneuse insouciance de son frère, et espérant lui faire perdre patience en frappant son chien, donna un furieux coup de pied à Miraut, qui poussa des cris lamentables... Martial devint pourpre, serra dans ses mains contractées le couteau qu'il tenait, et du manche frappa violemment sur la table ; mais, se contenant encore, il appela son chien et lui dit doucement : — Ici, Miraut.

Le basset vint se coucher aux pieds de son maître.

Cette modération contrariait les projets de Nicolas ; il voulait pousser son frère à bout pour amener un éclat. Il ajouta donc : — Je n'aime pas les chiens... moi... je ne veux pas que ton chien reste ici !...

Pour toute réponse, Martial se versa un verre de vin, et but lentement.

Échangeant un coup d'œil rapide avec Nicolas, la veuve l'encouragea d'un signe à continuer ses hostilités contre Martial, espérant, nous l'avons dit, qu'une violente querelle amènerait une rupture et une séparation complète.

Nicolas alla prendre la baguette de saule dont s'était servie la veuve pour battre François, et, s'avançant vers le basset, il le frappa rudement en disant : — Hors d'ici, hé, Miraut !

Jusqu'alors Nicolas s'était souvent montré sournoisement agressif envers Martial ; mais jamais il n'avait osé le provoquer avec tant d'audace et de persistance. L'amant de la Louve, pensant qu'on voulait le pousser à bout dans quelque but caché, redoubla de modération.

Au cri de son chien battu par Nicolas, Martial se leva, ouvrit la porte de la cuisine, mit le basset dehors, et revint continuer son souper. Cette incroyable patience, si peu en harmonie avec le caractère ordinairement emporté de Martial, confondit ses agresseurs... Ils se regardèrent profondément surpris. Lui, paraissant complètement étranger à ce qui se passait, mangeait glorieusement et gardait un profond silence.

— Calebasse, ôte le vin, — dit la veuve à sa fille.

Celle-ci se hâtait d'obéir, lorsque Martial dit : — Attends... je n'ai pas fini de souper.

— Tant pis! — dit la veuve en enlevant elle-même la bouteille.

— Ah! c'est différent!... — reprit l'amant de la Louve.

Et se servant un grand verre d'eau, il le but, fit claquer sa langue contre son palais, et dit : — Voilà de fameuse eau!

Cette imperturbable sang-froid irritait la colère haineuse de Nicolas, déjà très exalté par de nombreuses libations ; néanmoins il reculait encore devant une attaque directe, connaissant la force peu commune de son frère. Tout à coup il s'écria, ravi de son inspiration : — Tu as bien fait de céder pour ton basset, Martial ; c'est une bonne habitude à prendre ; car il faut t'attendre à nous voir chasser ta maîtresse à coups de pied, comme nous avons chassé ton chien.

— Oh! oui... car si sa Louve avait le malheur de venir dans l'île en sortant de prison, — dit Calebasse qui comprit l'intention de Nicolas, — c'est moi qui la souffletterais drôlement!

— Et moi je lui ferais faire un plongeon dans la vase, près la baraque du bout de l'île, — ajouta Nicolas. — Et si elle en ressortait, je la renfoncerais dedans à coups de soulier... la carne !...

Cette insulte adressée à la Louve, qu'il aimait avec une passion sauvage, triompha des pacifiques résolutions de Martial ; il fronça ses sourcils, le sang lui monta au visage, les veines de son front se gonflèrent et se tendirent comme des cordes ; néanmoins il eut assez d'empire pour dire à Nicolas d'une voix légèrement altérée par une colère contenue : — Prends garde à toi... tu cherches une querelle et tu trouveras une tournée que tu ne cherches pas.

— Une tournée... à moi?

— Oui... meilleure que la dernière.

— Comment! Nicolas, — dit Calebasse avec un étonnement sardonique, — Martial t'a battu... Dites donc, ma mère, entendez-vous?... Ça ne m'étonne plus que Nicolas ait si peur de lui...

— Il m'a battu... parce qu'il m'a pris en traître, — s'écria Nicolas devenant blême de fureur.

— Tu mens ; tu m'avais attaqué en sournois, je t'ai crossé et j'ai eu pitié de toi ; mais si tu t'avises encore de parler de ma maîtresse... entends-tu bien, de ma maîtresse... cette fois-ci, pas de grâce... tu porteras longtemps mes marques.

— Et si j'en veux parler, moi, de la Louve! — dit Calebasse.

— Je te donnerai une paire de calottes pour t'avertir, et si tu recommences je recommencerai à t'avertir.

— Et si j'en parle, moi? — dit lentement la veuve.

— Vous ?
— Oui... moi.
— Vous, — dit Martial en faisant un violent effort sur lui-même, — vous ?
— Tu me battras aussi, n'est-ce pas ?
— Non, mais si vous me parlez de la Louve, je rosserai Nicolas ; maintenant, allez... ça vous regarde... et lui aussi...
— Toi ! — s'écria le bandit furieux en levant son dangereux couteau catalan, — tu me rosseras !
— Nicolas... pas de couteau ! — s'écria la veuve, en se levant promptement pour saisir le bras de son fils ; mais celui-ci, ivre de vin et de colère, se leva, poussa rudement sa mère et se précipita sur son frère.

Martial se recula vivement, saisit le gros bâton noueux qu'il avait en entrant déposé sur le buffet, et se mit sur la défensive.
— Nicolas, pas de couteau ! — répéta la veuve.
— Laissez-le donc faire ! cria Calebasse en s'armant de la hachette du ravageur.

Nicolas, brandissant toujours son formidable couteau, épiait le moment de se jeter sur son frère.
— Je te dis, — s'écria-t-il, — que toi et ta canaille de Louve je vous crèverai tous les deux, et je commence...: A moi, ma mère !... à moi, Calebasse !... refroidissons-le, il y a trop longtemps qu'il dure !

Et, croyant le moment favorable à son attaque, le brigand s'élança sur son frère le couteau levé.

Martial, bâtoniste expert, fit une brusque retraite de corps, leva son bâton, qui, rapide comme la foudre, décrivit en sifflant un huit de chiffre et retomba si pesamment sur l'avant bras droit de Nicolas, que celui-ci, frappé d'un engourdissement subit, douloureux, laissa échapper son couteau.

— Brigand... tu m'as cassé le bras ! — s'écria-t-il, en saisissant de sa main gauche son bras droit qui pendait inerte à son côté.

— Non, j'ai senti mon bâton rebondir... — répondit Martial en envoyant d'un coup de pied le couteau sous le buffet.

Puis, profitant de la souffrance qu'éprouvait Nicolas, il le prit au collet, le poussa rudement en arrière jusqu'à la porte du petit caveau dont nous avons parlé, l'ouvrit d'une main, de l'autre y jeta et y enferma son frère, encore tout étourdi de cette brusque attaque. Revenant ensuite aux deux femmes, il saisit Calebasse par les épaules, et, malgré sa résistance, ses cris et un coup de hachette qui le blessa légèrement à la main, il l'enferma dans la salle basse du cabaret qui communiquait à la cuisine.

Alors, s'adressant à la veuve, encore stupéfaite de cette manœuvre aussi habile qu'inattendue, Martial lui dit froidement :
— Maintenant, ma mère... à nous deux...
— Eh bien oui.... à nous deux !... — s'écria la veuve, et sa figure impassible s'anima, son teint blafard se colora, un feu sombre illumina sa prunelle jusqu'alors éteinte ; la colère, la

haine, donnèrent à ses traits un caractère terrible ; — oui... à nous deux !... — reprit-elle d'une voix menaçante, — j'attendais ce moment ; tu vas savoir à la fin ce que j'ai sur le cœur.

— Et moi aussi, je vais vous dire ce que j'ai sur le cœur.

— Tu vivrais cent ans, vois-tu, que tu te souviendrais de cette nuit.

— Je m'en souviendrai !... Mon frère et ma sœur ont voulu m'assassiner, vous n'avez rien fait pour les en empêcher. Mais voyons.... parlez... qu'avez-vous contre moi ?

— Ce que j'ai ?

— Oui...

— Depuis la mort de ton père... tu n'as fait que des lâchetés !

— Moi ?

— Oui, lâche !... Au lieu de rester avec nous pour nous soutenir, tu t'es sauvé à Rambouillet, braconner dans les bois avec ce colporteur de gibier que tu avais connu à Bercy.

— Si j'étais resté ici, maintenant je serais aux galères comme Ambroise, ou près d'y aller comme Nicolas ; je n'ai pas voulu être voleur comme vous autres... de là votre haine.

— Et quel métier fais-tu ? Tu volais du gibier, tu voles du poisson ; vol sans danger, vol de lâche !...

— Le poisson comme le gibier n'appartient à personne : aujourd'hui chez l'un, demain chez l'autre : il est à qui sait le prendre... Je ne vole pas... Quant à être lâche...

— Tu bats pour de l'argent des hommes plus faibles que toi !

— Parce qu'ils avaient battu plus faibles qu'eux.

— Métier de lâche !... métier de lâche !...

— Il y en a de plus honnêtes, c'est vrai ; ce n'est pas à vous à me le dire !

— Pourquoi ne les as-tu pas pris alors, ces métiers honnêtes, au lieu de venir ici fainéantiser et vivre à mes crochets ?

— Je vous donne le poisson que je prends et l'argent que j'ai !... ça n'est pas beaucoup, mais c'est assez... je ne vous coûte rien... J'ai essayé d'être serrurier pour gagner plus... mais quand depuis son enfance on a vagabondé sur la rivière et dans les bois, on ne peut pas s'attacher ailleurs ; c'est fini... on en a pour sa vie... Et puis... — ajouta Martial d'un air sombre, — j'ai toujours mieux aimé vivre seul sur l'eau ou dans une forêt... là personne ne me questionne. Au lieu qu'ailleurs, qu'on me parle de mon père, faut-il pas que je réponde... guillotiné ! de mon frère... galérien ! de ma sœur... voleuse ?

— Et de ta mère, qu'en dis-tu ?

— Je dis...

— Quoi ?

— Je dis qu'elle est morte...

— Et tu fais bien ; c'est tout comme... Je te renie, lâche ! Ton frère est au bagne ! ton grand-père et ton père ont bravement fini sur l'échafaud en narguant le prêtre et le bourreau ! Au lieu de les venger, tu trembles !...

— Les venger ?

— Oui, te montrer *vrai Martial*, cracher sur le couteau de Charlot et sur la casaque rouge, et finir comme père et mère, frère et sœur...

Si habitué qu'il fût aux exaltations féroces de sa mère, Martial ne put s'empêcher de frissonner. La physionomie de la veuve du supplicié, en prononçant ces derniers mots, était épouvantable.

Elle reprit avec une fureur croissante : — Oh ! lâche, encore plus crétin que lâche ! Tu veux être honnête !!! Honnête ? est-ce que tu ne seras pas toujours méprisé, rebuté, comme fils d'assassin, frère de galérien ? Mais toi, au lieu de te mettre la vengeance et la rage au ventre, ça t'y met la peur ! au lieu de mordre, tu te sauves ; quand ils ont eu guillotiné ton père... tu nous as quittés... lâche ! et tu savais que nous ne pouvions pas sortir de l'île pour aller au bourg sans qu'on hurle après nous, en nous poursuivant à coups de pierre comme des chiens enragés... Oh ! on nous payera ça, vois-tu ! on nous payera ça !!!

— Un homme, dix hommes ne me font pas peur ! mais être hué par tout le monde comme fils et frère de condamnés... eh bien, non ! je n'ai pas pu... j'ai mieux aimé m'en aller dans les bois et braconner avec Pierre, le vendeur de gibier.

— Fallait y rester... dans tes bois.

— Je suis revenu à cause de mon affaire avec un garde, et surtout à cause des enfants... parce qu'ils étaient en âge de tourner à mal, par l'exemple !

— Qu'est-ce que ça te fait ?

— Ça me fait... que je ne veux pas qu'ils deviennent des gueux comme Ambroise, Nicolas et Calebasse...

— Pas possible !

— Et seuls, avec vous tous, ils n'y auraient pas manqué. Je m'étais mis en apprentissage pour tâcher de gagner de quoi les prendre avec moi... ces enfants, et quitter l'île... mais à Paris tout se sait, c'était toujours fils de guillotiné... frère de forçat... j'avais des batteries tous les jours... ça m'a lassé...

— Et ça ne t'a pas lassé d'être honnête... ça te réussissait si bien !... au lieu d'avoir le cœur de revenir avec nous, pour faire comme nous... comme feront les enfants... malgré toi... oui, malgré toi... Tu crois les enjôler avec ton prêche... mais nous sommes là... François est déjà à nous... à peu près... une occasion, et il sera de la bande...

— Je vous dis que non...

— Tu verras que si... Je m'y connais... Au fond, *il a du vice* ; mais tu le gênes... Quand à Amandine, une fois qu'elle aura quinze ans, elle ira toute seule... Ah ! on nous a jetés des pierres ! ah ! on nous a poursuivis comme des chiens enragés !... on verra ce que c'est que notre famille... excepté toi... lâche... car ici il n'y a que toi qui nous fasse honte ¹ !

1. Ces effroyables enseignements ne sont malheureusement pas exagérés. Voilà ce que nous lisons dans l'excellent rapport de M. de Bretignières sur la colonie pénitentiaire de Mettray (séance du 18 mars 1843) :

« L'état civil de nos colons est important à constater ; parmi eux nous

— C'est dommage...

— Et comme tu le gâterais avec nous... demain tu sortiras d'ici pour n'y jamais rentrer...

Martial regarda sa mère avec surprise ; après un moment de silence, il lui dit : — Vous m'avez cherché querelle à souper pour en arriver là ?

— Oui, pour te montrer ce qui t'attend, si tu voulais rester ici malgré nous : un enfer... entends-tu ?... un enfer !... chaque jour une querelle, des coups, des rixes ; et nous ne serons pas seuls comme ce soir : nous aurons des amis qui nous aideront... tu n'y tiendras pas huit jours...

— Vous croyez me faire peur ?

— Je ne te dis que ce qui t'arrivera...

— Ça m'est égal... je reste...

— Tu resteras ici ?

— Oui.

— Malgré nous ?

— Malgré vous, malgré Calebasse, malgré Nicolas, malgré tous les gueux de sa trempe !

— Tiens, tu me fais rire.

Dans la bouche de cette femme à figure sinistre et féroce ces mots étaient horribles.

— Je vous dis que je resterai ici jusqu'à ce que je trouve le moyen de gagner ma vie ailleurs avec les enfants : seul, je ne serais pas embarrassé, je retournerais dans les bois, mais, à cause d'eux, il me faudra plus de temps... pour rencontrer ce que je cherche... En attendant, je reste.

— Ah ! tu restes... jusqu'au moment où tu emmèneras les enfants ?

— Comme vous dites !

— Emmener les enfants ?

— Quand je leur dirai : « Venez, » ils viendront... et en courant, je vous en réponds.

La veuve haussa les épaules, et reprit : — Écoute : je t'ai dit tout à l'heure que, quand bien même tu vivrais cent ans, tu te rappellerais cette nuit ; je vais t'expliquer pourquoi ; mais avant, es-tu bien décidé à ne pas t'en aller d'ici ?

— Oui ! oui ! mille fois oui !

comptons ; 31 enfants naturels, 34 dont les pères et mères sont remariés, 51 dont les parents sont en prison, 121 dont les parents n'ont pas été l'objet de poursuites de la justice, mais sont plongés dans la plus profonde misère.

« Ces chiffres sont éloquents et gros d'enseignements. Ils permettent de remonter des effets aux causes, et donnent l'espoir d'arrêter les progrès d'un mal dont l'origine est ainsi constatée. Le nombre des parents criminels fait apprécier l'éducation qu'ont dû recevoir les enfants sous la tutelle de semblables guides. Instruits en mal par leurs pères, les fils ont failli sous leurs ordres, et ont cru bien faire en suivant leur exemple. Atteints par la justice, ils se résignent à partager dans la prison le destin de leur famille, ils n'y apportent que l'émulation du vice, et il faut vraiment qu'une lueur de la grâce divine existe encore au fond de ces rudes et grossières natures pour que tous germes honnêtes ne soient pas éteints. »

— Tout à l'heure tu diras non! mille fois non! Écoute-moi bien... Sais-tu quel métier fait ton frère!

— Je m'en doute, mais je ne veux pas le savoir.

— Tu le sauras... il vole...

— Tant pis pour lui...

— Et pour toi...

— Pour moi?

— Il vole la nuit avec effraction, cas de galères; nous recélons ses vols; qu'on le découvre, nous sommes condamnés à la même peine que lui comme recéleurs, et toi aussi; on rafle la famille, et les *enfants* seront sur le pavé, où ils apprendront l'état de ton père et de ton grand-père aussi bien qu'ici.

— Moi, arrêté comme recéleur, comme votre complice! sur quelle preuve?

— On ne sait pas comment tu vis : tu vagabondes sur l'eau, tu as la réputation d'un mauvais homme, tu habites avec nous; à qui feras-tu croire que tu ignores nos vols et nos recels?

— Je prouverai que non.

— Nous te chargerons comme notre complice.

— Me charger! pourquoi?

— Pour te récompenser d'avoir voulu rester ici malgré nous.

— Tout à l'heure vous vouliez me faire peur d'une façon, maintenant c'est d'une autre; ça ne prend pas : je prouverai que je n'ai jamais volé... Je reste.

— Ah! tu restes? Écoute donc encore : te rappelles-tu, l'an dernier... ce qui s'est passé ici pendant la nuit de Noël?

— La nuit de Noël? — dit Martial en cherchant à rassembler ses souvenirs.

— Cherche bien... cherche bien...

— Je ne me rappelle pas...

— Tu ne te rappelles pas que Bras-Rouge a amené ici, le soir, un homme bien mis qui avait besoin de se cacher?...

— Oui, maintenant je me souviens; je suis monté me coucher, et je l'ai laissé souper avec vous... il a passé la nuit dans la maison; avant le jour, Nicolas l'a conduit à Saint-Ouen...

— Tu es sûr que Nicolas l'a conduit à Saint-Ouen?

— Vous me l'avez dit le lendemain matin.

La nuit de Noël, tu étais donc ici?

— Oui... eh bien?

— Cette nuit là... cet homme, qui avait beaucoup d'argent sur lui... a été assassiné dans cette maison.

— Lui!... ici?...

— Et volé, et enterré dans le petit bûcher.

— Cela n'est pas vrai! — s'écria Martial devenant pâle de terreur, et ne voulant pas croire à ce nouveau crime des siens. — Vous voulez m'effrayer... Encore une fois, ça n'est pas vrai!

— Demande à ton protégé François ce qu'il a vu ce matin dans le bûcher.

— François! et qu'a-t-il vu?

— Un des pieds de l'homme qui sortait de terre... Prends la lanterne, vas-y, tu t'en assureras.

— Non, — dit Martial en essuyant son front baigné d'une sueur froide, — non, je ne vous crois pas... Vous dites cela pour...

— Pour te prouver que, si tu demeures ici malgré nous, tu risques à chaque instant d'être arrêté comme complice de vol et de meurtre ; tu étais ici la nuit de Noël ; nous dirons que tu nous as aidés à faire le coup. Comment prouveras-tu le contraire ?

— Mon Dieu ! mon Dieu ! — dit Martial en cachant sa figure dans ses mains.

— Maintenant, t'en iras-tu ? — dit la veuve avec un sourire sardonique.

Martial était atterré ; il ne doutait malheureusement pas de ce que venait de lui dire sa mère ; la vie vagabonde qu'il menait, sa cohabitation avec une famille si criminelle, devaient, en effet, faire peser sur lui de terribles soupçons, et ces soupçons pouvaient se changer en certitude aux yeux de la justice, si sa mère, son frère, sa sœur, le désignaient comme leur complice.

La veuve jouissait de l'abattement de son fils.

— Tu as un moyen de sortir d'embarras : dénonce-nous !

— Je le devrais... Mais je ne le ferai pas... vous le savez bien.

— C'est pour cela que je t'ai tout dit. Maintenant, t'en iras-tu ?

Martial voulut tenter d'attendrir cette mégère ; d'une voix moins rude, il lui dit : — Ma mère, je ne vous crois pas capable de ce meurtre...

— Comme tu voudras, mais va-t'en.

— Je m'en irai à une condition.

— Pas de condition !

— Vous mettrez les enfants en apprentissage... loin d'ici... en province.

— Ils resteront ici...

— Voyons... ma mère... quand vous les aurez rendus semblables à Nicolas, à Calebasse, à Ambroise, à mon père... à quoi ça vous servira-t-il ?

— A faire de bons coups avec leur aide... nous ne sommes pas déjà de trop... Calebasse reste ici avec moi pour tenir le cabaret... Nicolas est seul. Une fois dressés, François et Amandine l'aideront. On leur a aussi jeté des pierres à eux, tout petits... faut qu'ils se vengent !...

— Ma mère, vous aimez Calebasse et Nicolas, n'est-ce pas ?

— Après ?

— Que les enfants les imitent... que vos crimes et les leurs se découvrent...

— Après ?

— Ils vont à l'échafaud comme mon père...

— Après, après ?

— Et leur sort ne vous fait pas trembler ?

— Leur sort sera le mien, ni meilleur ni pire... Je vole, ils volent... je tue, ils tuent... Qui prendra la mère prendra les petits... ..ous ne nous quitterons pas... Si nos têtes tombent, elles tomberont dans le même panier... où elles se diront adieu ! Nous ne reculerons pas ; il n'y a que toi de lâche dans la famille, nous te chassons... Va-t'en !...

— Mais les enfants ! les enfants !...

— Les enfants deviendront grands ; je te dis que sans toi ils seraient déjà formés. François est presque prêt ; quand tu seras parti, Amandine rattrapera le temps perdu...

— Ma mère, je vous en supplie, consentez à envoyer les enfants en apprentissage loin d'ici.

— Combien de fois faut-il te dire qu'ils y sont en APPRENTISSAGE ICI ?

La veuve du supplicié articula ces derniers mots d'une façon si inexorable, que Martial perdit tout espoir d'amollir cette âme de bronze.

— Puisque c'est ainsi... — reprit-il d'un ton bref et résolu, — écoutez-moi bien à votre tour, ma mère... Je reste.

— Ah ! ah !....

— Pas dans cette maison... je serais assassiné par Nicolas ou empoisonné par Calebasse ; mais comme je n'ai pas de quoi me loger ailleurs, moi et les enfants, nous habiterons la baraque du bout de l'île : la porte est solide, je la renforcerai encore... Une fois là, bien barricadé, avec mon fusil, mon bâton et mon chien, je ne crains personne. Demain matin j'emmènerai les enfants... Le jour ils viendront avec moi, soit dans mon bateau, soit dehors ; la nuit ils coucheront près de moi dans la cabane ; nous vivrons de ma pêche : ça durera jusqu'à ce que j'aie trouver à les placer, et je trouverai...

— Ah ! c'est ainsi ?

— Ni vous, ni mon frère, ni Calebasse ne pouvez empêcher que ça soit, n'est-ce pas ?... Si on découvre vos vols ou votre assassinat durant mon séjour dans l'île... tant pis, j'en cours la chance ! j'expliquerai que je suis revenu, que je suis resté à cause des enfants, pour les empêcher de devenir des gueux... on jugera... Mais que le tonnerre m'écrase si je quitte l'île, et si les enfants restent un jour de plus dans cette maison !... Oui, et je vous défie, vous et les vôtres, de me chasser de l'île !

La veuve connaissait la résolution de Martial ; les enfants aimaient leur frère aîné autant qu'ils le redoutaient ; ils le suivraient donc sans hésiter lorsqu'il le voudrait. Quant à lui, bien armé, bien résolu, toujours sur ses gardes, dans son bateau pendant le jour, retranché et barricadé dans la cabane de l'île pendant la nuit, il n'avait rien à redouter des mauvais desseins de sa famille.

Le projet de Martial pouvait donc de tout point se réaliser... Mais la veuve avait beaucoup de raisons pour en empêcher l'exécution. D'abord, ainsi que les honnêtes artisans considèrent quelquefois le nombre de leurs enfants comme une richesse, en raison des services qu'ils en retirent, la veuve comptait sur Amandine et sur François pour l'assister dans ses crimes. Puis, ce qu'elle avait dit de son désir de venger son mari et son fils était vrai.

Certains êtres, nourris, vieillis, endurcis dans le crime, entrent en révolte ouverte, en guerre acharnée contre la société, et croient par de nouveaux crimes se venger de la juste punition qui a frappé eux ou les leurs.

Puis, enfin, les sinistres desseins de Nicolas contre Fleur-de-Marie, et plus tard contre la courtière, pouvaient être contrariés par la présence de Martial. La veuve avait espéré amener une séparation immédiate entre elle et Martial, soit en lui suscitant la querelle de Nicolas, soit en lui révélant que, s'il s'obstinait à rester dans l'île, il risquait de passer pour complice de plusieurs crimes. Aussi rusée que pénétrante, la veuve, s'apercevant qu'elle s'était trompée, sentit qu'il lui fallait recourir à la perfidie pour faire tomber son fils dans un piège sanglant... Elle reprit donc, après un assez long silence, avec une amertume affectée : — Je vois ton plan, tu ne veux pas nous dénoncer toi-même ; tu veux nous faire dénoncer par les enfants.

— Moi !

— Ils savent maintenant qu'il y a un homme enterré ici ; ils savent que Nicolas a volé... Une fois en apprentissage, ils parleraient, on nous prendrait, et nous y passerions tous... toi comme nous ; voilà ce qui arriverait si je t'écoutais, si je te laissais chercher à placer les enfants ailleurs... Et pourtant tu dis que tu ne nous veux pas de mal !... Je ne te demande pas de m'aimer ; mais ne hâte pas le moment où nous serons pris.

Le ton radouci de la veuve fit croire à Martial que ses menaces avaient produit sur elle un effet salutaire, il donna dans un piège affreux.

— Je connais les enfants, — reprit-il, — je suis sûr qu'en leur recommandant de ne rien dire ils ne diraient rien... D'ailleurs, d'une façon ou d'une autre, je serais toujours avec eux et je répondrais de leur silence.

— Est-ce qu'on peut répondre des paroles d'un enfant... à Paris surtout, où l'on est si curieux et si bavard !... C'est autant pour qu'ils puissent nous aider à faire nos coups que pour qu'ils ne puissent pas nous vendre, que je veux les garder ici.

— Est-ce qu'ils ne vont pas quelquefois au bourg et à Paris ? qui les empêcherait de parler... s'ils ont à parler ?... S'ils étaient loin d'ici, à la bonne heure ! ce qu'ils pourraient dire n'aurait aucun danger...

— Loin d'ici ? et où ça ? — dit la veuve en regardant fixement son fils.

— Laissez-moi les emmener... peu vous importe...

— Comment vivras-tu, et eux aussi ?

— Mon ancien bourgeois serrurier est brave homme ; je lui dirai ce qu'il faudra lui dire, et peut-être qu'il me prêtera quelque chose à cause des enfants ; avec ça j'irai les mettre en apprentissage loin d'ici. Nous partons dans deux jours, et vous n'entendrez plus parler de nous...

— Non, au fait... je veux qu'ils restent avec moi, je serai plus sûre d'eux.

— Alors je m'établis demain à la baraque de l'île, en attendant mieux... J'ai une tête aussi, vous le savez...
— Oui, je le sais... Oh! que je te voudrais voir loin d'ici !... Pourquoi n'es-tu pas resté dans tes bois ?
— Je vous offre de vous débarrasser de moi et des enfants...
— Tu laisseras donc ici la Louve, que tu aimes tant?. . — dit tout à coup la veuve.
— Ça me regarde : je sais ce que j'ai à faire ; j'ai mon idée...
— Si je te les laissais emmener, toi, Amandine et François, vous ne remettriez jamais les pieds à Paris?
— Avant trois jours nous serions partis et comme morts pour vous.
— J'aime encore mieux cela que de t'avoir ici et d'être toujours à me défier d'eux... Alors, puisqu'il faut s'y résigner, emmène-les... et allez-vous-en tous le plus tôt possible... que je ne vous revoie jamais !...
— C'est dit ?...
— C'est dit Rends-moi la clef du caveau, que j'ouvre à Nicolas.
— Non, il y cuvera son vin ; je vous rendrai la clef demain matin.
— Et Calebasse?
— C'est différent ; ouvrez-lui quand je serai monté, elle me répugne à voir.
— Va... que l'enfer te confonde !
— C'est votre bonsoir, ma mère ?
— Oui...
— Ce sera le dernier, heureusement, — dit Martial.
— Le dernier, — reprit la veuve.
Son fils alluma une chandelle, puis il ouvrit la porte de la cuisine, siffla son chien, qui accourut tout joyeux du dehors, et suivit son maître à l'étage supérieur de la maison.
— Va... ton compte est bon! — murmura la mère en montrant le poing à son fils, qui venait de monter l'escalier ; — c'est toi qui l'auras voulu.
Puis, aidée de Calebasse, qui alla chercher un paquet de fausses clefs, la veuve crocheta le caveau où se trouvait Nicolas, et remit celui-ci en liberté.

CHAPITRE VII

François et Amandine.

François et Amandine couchaient dans une pièce située immédiatement au-dessus de la cuisine, à l'extrémité d'un corridor sur lequel s'ouvraient plusieurs autres chambres servant de *cabinets de société* aux habitués du cabaret.

Après avoir partagé leur repas frugal, au lieu d'éteindre leur lanterne, selon les ordres de la veuve, les deux enfants avaient veillé, laissant leur porte entr'ouverte pour guetter leur frère Martial au passage, lorsqu'il rentrerait dans sa chambre. Posée sur un escabeau boiteux, la lanterne jetait de pâles clartés à travers sa corne transparente. Des murs de plâtre rayés de voliges brunes, un grabat pour François, un vieux petit lit d'enfant beaucoup trop court pour Amandine, une pile de débris de chaises et de bancs brisés par les hôtes turbulents de la taverne de l'île du Ravageur, tel était l'intérieur de ce réduit.

Amandine, assise sur le bord du grabat, s'étudiait à se coiffer en *marmotte* avec le foulard volé, don de son frère Nicolas. François, agenouillé, présentait un fragment de miroir à sa sœur, qui, la tête à demi tournée, s'occupait alors d'épanouir la grosse rosette qu'elle avait faite en nouant les deux pointes du mouchoir. Fort attentif et fort émerveillé de cette coiffure, François négligea un moment de présenter le morceau de glace de façon que l'image de sa sœur pût s'y réfléchir.

— Lève donc le miroir plus haut, — dit Amandine ; maintenant je ne me vois plus... Là... bien... attends encore un peu... voilà que j'ai fini... Tiens, regarde ! Comment me trouves-tu coiffée ?

— Oh ! très bien ! très bien !... Dieu ! Oh ! la belle rosette ! Tu m'en feras une pareille à ma cravate, n'est-ce pas !

— Oui, tout à l'heure... mais laisse-moi me promener un peu. Tu iras devant moi... à reculons, en tenant toujours le miroir haut... pour que je puisse me voir en marchant...

François exécuta de son mieux cette manœuvre difficile, à la grande satisfaction d'Amandine, qui se prélassait, triomphante et glorieuse, sous les cornes et sous l'énorme bouffette de son foulard. Très innocente et très naïve dans toute autre circonstance, cette coquetterie devenait coupable en s'exerçant à propos du produit d'un vol que François et Amandine n'ignoraient pas. Autre preuve de l'effrayante facilité avec laquelle des enfants, même bien doués, se corrompent même à leur insu, lorsqu'ils sont continuellement plongés dans une atmosphère criminelle.

Et d'ailleurs, le seul mentor de ces petits malheureux, leur frère Martial, n'était pas lui-même irréprochable, nous l'avons dit ; incapable de commettre un vol ou un meurtre, il n'en menait pas moins une vie vagabonde et peu régulière. Sans doute les crimes de sa famille le révoltaient ; il aimait tendrement les deux enfants, il les défendait contre les mauvais traitements ; il tâchait de les soustraire à la pernicieuse influence de sa famille ; mais n'étant pas appuyés sur des enseignements d'une moralité rigoureuse, absolue, ses conseils sauvegardaient faiblement ses protégés. Ils se refusaient à commettre certaines mauvaises actions, non par honnêteté, mais pour obéir à Martial, qu'ils aimaient, et pour désobéir à leur mère, qu'ils redoutaient et haïssaient. Quant aux notions du juste et de l'injuste, ils n'en avaient aucune, familiarisés qu'ils étaient avec les détestables exemples qu'ils avaient chaque jour sous les yeux, car, nous l'avons dit, ce *cabaret champêtre*, hanté par le rebut de la plus basse populace, servait de théâtre à d'ignobles orgies, à de crapuleuses débauches ; et Martial, si ennemi du vol et du meurtre, se montrait assez indifférent à ces immondes saturnales. C'est dire combien les instincts de moralité des enfants étaient douteux, vacillants, précaires, chez François surtout, arrivé à ce terme dangereux où l'âme hésitant, indécise, entre le bien et le mal, peut être en un moment à jamais perdue ou sauvée...

— Comme ce mouchoir rouge te va bien, ma sœur ! — reprit François, — est-il joli ! Quand nous irons jouer sur la grève devant le four à plâtre du chaufournier, faudra te coiffer comme ça, pour faire enrager ses enfants, qui sont toujours à nous jeter des pierres et à nous appeler *petits guillotinés*... Moi, je mettrai aussi ma belle cravate rouge, et nous leur dirons : « C'est égal, vous n'avez pas de beaux mouchoirs de soie comme nous deux ! »

— Mais dis donc, François... — reprit Amandine après un moment de réflexion, s'ils savaient que les mouchoirs que nous portons sont volés... ils nous appelleraient petits voleurs...

— Avec ça qu'ils s'en gênent, de nous appeler voleurs !

— Quand c'est pas vrai... c'est égal... Mais maintenant...

— Puisque Nicolas nous les a donnés, ces mouchoirs, nous ne les avons pas volés.

— Oui, mais lui, il les a pris sur un bateau, et notre frère Martial dit qu'il ne faut pas voler...

— Mais puisque c'est Nicolas qui a volé, ça ne nous regarde pas.

— Tu crois, François ?

— Bien sûr !

— Pourtant, il me semble que j'aimerais mieux que la personne à qui ils étaient nous les eût donnés... Et toi, François ?

— Moi, ça m'est égal... On nous en a fait cadeau ; c'est à nous.

— Tu en es bien sûr ?

— Mais oui, oui, sois donc tranquille !

— Alors... tant mieux, nous ne faisons pas ce que mon frère Martial nous défend, et nous avons de beaux mouchoirs.

— Dis donc, Amandine, s'il savait que, l'autre jour, Calebasse t'a fait prendre ce fichu à carreaux dans la balle du colporteur pendant qu'il avait le dos tourné ?

— Oh ! François, ne dis pas cela ! — dit la pauvre enfant dont les yeux se mouillèrent de larmes. — Mon frère Martial serait capable de ne plus nous aimer... vois-tu... de nous laisser tous seuls ici...

— N'aie donc pas peur... est-ce que je lui en parlerai jamais ? Je riais...

— Oh ! ne ris pas de cela, François ; j'ai eu assez de chagrin, va ; mais il a bien fallu : ma sœur m'a pincée jusqu'au sang, et puis elle me faisait des yeux... des yeux... et pourtant par deux fois le cœur m'a manqué ; je croyais que je ne pourrais jamais... Enfin, le colporteur ne s'est aperçu de rien, et ma sœur a gardé le fichu. Si on m'avait prise pourtant, François, on m'aurait mise en prison...

— On ne t'a pas prise, c'est comme si tu n'avais pas volé.
— Tu crois ?
— Pardi !
— Et en prison, comme on doit être malheureux !
— Ah bien, oui... au contraire...
— Comment, François, au contraire ?
— Tiens ! tu sais bien le Gros-Boiteux, qui loge à Paris chez le père Micou, le revendeur de Nicolas... qui tient un garni à Paris, passage de la Brasserie ?
— Un gros boiteux ?
— Mais oui, qui est venu ici, à la fin de l'automne, de la part du père Micou, avec un montreur de singes et deux femmes.
— Ah ! oui, oui ; un gros boiteux, qui a dépensé tant, tant d'argent.
— Je le crois bien, il payait pour tout le monde... Te souviens-tu, les promenades sur l'eau ?... c'est moi qui les menais... même que le montreur de singes avait emporté son orgue pour faire de la musique dans le bateau...
— Et puis, le soir, le beau feu d'artifice qu'ils ont tiré, François.
— Et le Gros-Boiteux n'était pas chiche : il m'a donné dix sous pour moi !! Il ne prenait jamais que du vin cacheté ; ils avaient du poulet à tous leurs repas ; il en a eu au moins pour quatre-vingts francs.
— Tant que ça, François ?
— Oh ! oui...
— Il était donc bien riche ?
— Du tout... ce qu'il dépensait, c'était de l'argent qu'il avait gagné en prison, d'où il sortait !
— Il avait gagné tout cet argent-là en prison ?
— Oui... il disait qu'il lui restait encore sept cents francs : que quand il ne lui resterait plus rien... il ferait un bon coup... et que si on le prenait... ça lui était bien égal, parce qu'il retournerait rejoindre les *bons enfants de la geôle*, comme il dit.
— Il n'avait donc pas peur de la prison, François ?
— Mais au contraire... il disait à Calebasse qu'ils sont là un tas d'amis et de noceurs ensemble... qu'il n'avait jamais eu un meilleur lit et une meilleure nourriture qu'en prison... de la bonne viande quatre fois la semaine, du feu tout l'hiver, et une bonne somme en sortant... tandis qu'il y a des bêtes d'ouvriers qui crèvent de faim et de froid, faute d'ouvrage...
— Pour sûr, François, il disait ça, le Gros-Boiteux ?
— Je l'ai bien entendu... puisque c'est moi qui ramais dans le bachot, pendant qu'il racontait son histoire à Calebasse et aux deux femmes, qui disaient que c'était la même chose dans les prisons de femmes d'où elles sortaient.

— Mais alors, François faut donc pas que ça soit si mal de voler, puisqu'on est si bien en prison ?

— Dame ! je ne sais pas, moi... ici il n'y a que notre frère Martial qui dise que c'est mal de voler... peut-être qu'il se trompe...

— C'est égal, il faut le croire, François, il nous aime tant !

— Il nous aime, c'est vrai.. quand il est là, il n'y a pas de risque qu'on nous batte... S'il avait été ici ce soir, notre mère ne m'aurait pas roué de coups... Vieille bête, est-elle méchante !... oh ! je la hais... je la hais... que je voudrais être grand pour lui rendre tous les coups qu'elle nous a donnés... à toi, surtout qui es bien moins dure que moi...

— Oh ! François, tais-toi... ça me fait peur d'entendre dire que tu voudrais battre notre mère, — s'écria la pauvre petite en pleurant et en jetant ses bras autour du cou de son frère, qu'elle embrassa tendrement.

— Non, c'est que c'est vrai aussi, — reprit François en repoussant Amandine avec douceur, — pourquoi ma mère et Calebasse sont-elles toujours si acharnées sur nous ?

— Je ne sais pas, — reprit Armandine en essuyant ses yeux du revers de sa main ; — c'est peut-être parce qu'on a mis notre frère Ambroise aux galères et qu'on a guillotiné notre père, qu'elles sont injustes pour nous...

— Est-ce que c'est notre faute ?

— Mon Dieu, non ; mais que veux-tu ?

— Ma foi, si je devais recevoir ainsi toujours, toujours des coups, à la fin j'aimerais mieux voler comme ils veulent, moi... A quoi ça m'avance-t-il de ne pas voler ?

— Et Martial, qu'est-ce qu'il dirait ?

— Oh ! sans lui... il y a longtemps que j'aurais dit oui. car ça lasse aussi d'être battu ; tiens, ce soir, jamais ma mère n'avait été aussi méchante... c'était comme une furie... il faisait noir, noir... elle ne disait pas un mot... je ne sentais que sa main froide qui me tenait par le cou pendant que de l'autre elle me battait... et puis il me semblait voir ses yeux reluire...

— Pauvre François... pour avoir dit que tu avais vu un os de mort dans le bûcher.

— Oui, un pied qui sortait de dessous terre, — dit François en tressaillant d'effroi ; — j'en suis bien sûr.

— Peut-être qu'il y aura eu autrefois un cimetière ici, n'est-ce pas ?

— Faut croire... mais alors pourquoi notre mère m'a-t-elle dit qu'elle m'abîmerait encore si je parlais de l'os de mort à mon frère Martial ?... Vois-tu, c'est plutôt quelqu'un qu'on aura tué dans une dispute et qu'on aura enterré là pourque ça ne se sache pas.

— Quand cela ?

— Tu sais, la fois où M. Barbillon a donné un coup de couteau à ce grand qui est si décharné, si décharné, si décharné, qu'il se fait voir pour de l'argent.

— Ah ! oui, le *squelette ambulant*... comme ils l'appellent ; ma mère est venue, les a séparés... sans ça, Barbillon aurait peut-être tué le grand décharné ! As-tu vu comme il écumait et comme ses yeux lui sortaient de la tête à Barbillon ?... Oh ! il n'a pas peur de vous allonger un coup de couteau pour rien... C'est lui qui est un crâne !

— Si jeune et si méchant... François !

— Tortillard est bien plus jeune, et il serait au moins aussi méchant que lui, s'il était assez fort...

— Oh ! oui, il est bien méchant.., L'autre jour, il m'a battue, parce que je n'ai pas voulu jouer avec lui...

— Il t'a battue ?... bon... la première fois qu'il viendra...

— Non, non. vois-tu, François... c'était pour rire...

— Bien sûr ?

— Oui, bien vrai.

— A la bonne heure... sans ça... Mais je ne sais pas comment il fait, ce gamin-là, pour avoir toujours autant d'argent ; est-il heureux ! La fois qu'il est venu ici avec la Chouette, il nous a montré des pièces d'or de vingt francs. Avait-il l'air moqueur, quand il nous a dit : Vous en auriez comme moi, si vous n'étiez pas des petits *sinves*.

— Des sinves ?

— Oui ; en argot ça veut dire des bêtes, des imbéciles.

— Ah ! oui, c'est vrai.

— Quarante francs... en or... comme j'achèterais des belles choses avec ça... Et toi, Amandine ?

— Oh ! moi aussi.

— Qu'est-ce que tu achèterais ?

— Voyons... — dit l'enfant en baissant la tête d'un air méditatif, — j'achèterais d'abord pour mon frère Martial une bonne casaque bien chaude pour qu'il n'ait pas froid dans son bateau.

— Mais pour toi ?... pour toi ?...

— J'aimerais bien un petit Jésus en cire avec son mouton et sa croix, comme ce marchand de figures de plâtre en avait dimanche... tu sais, sous le porche de l'église d'Asnières ?

— A propos, pourvu qu'on ne dise pas à ma mère ou à Calebasse qu'on nous a vus dans l'église !

— C'est vrai, elle qui nous a toujours tant défendu d'y entrer... C'est dommage, car c'est bien gentil en dedans, une église... n'est-ce pas, François ?

— Oui... quels beaux chandeliers d'argent ?

— Et le portrait de la sainte Vierge... comme elle a l'air bonne...

— Et les belles lampes... as-tu vu ?... Et la belle nappe sur le grand buffet du fond, où le prêtre disait la messe avec ses deux amis habillés comme lui... et qui lui donnaient de l'eau et du vin ?

— Dis donc, François, te souviens-tu, l'autre année, à la Fête-Dieu, quand nous avons d'ici vu passer sur le pont ces petites communiantes avec leurs voiles blancs ?

— Avaient-elles de beaux bouquets !

— Comme elles chantaient d'une voix douce en tenant les rubans de leur bannière !

— Et comme les broderies d'argent de leur bannière reluisaient au soleil!... C'est ça qui doit coûter cher!...

— Mon Dieu... que c'était donc joli, hein, François!

— Je crois bien, et les communiants avec leurs bouffettes de satin blanc au bras... et leurs cierges à poignée de velours rouge avec de l'or après?

— Ils avaient aussi leurs bannières, les petits garçons, n'est-ce pas, François?.., Ah! mon Dieu! ai-je été battue encore ce jour-là, pour avoir demandé à notre mère pourquoi nous n'allions pas à la procession comme les autres enfants!

— C'est alors qu'elle nous a défendu d'entrer jamais dans l'église, quand nous irions au bourg ou à Paris, à moins que ça ne soit pour y voler le tronc des pauvres, ou dans les poches des paroissiens, pendant qu'ils écouteraient la messe... a ajouté Calebasse en riant et en montrant ses vieilles dents jaunes... Mauvaise bête, va!

— Oh! pour ça... voler dans une église, on me tuerait plutôt... n'est-ce pas, François?

— Là ou ailleurs, qu'est-ce que ça fait, une fois qu'on est décidé!

— Dame! je ne sais pas... j'aurais bien plus peur... je ne pourrais jamais...

— A cause des prêtres?

— Non... peut-être à cause de ce portrait de la sainte Vierge, qui a l'air si douce, si bonne.

— Qu'est-ce que ça fait, ce portrait? il ne te mangerait pas... grosse bête!...

— C'est vrai... mais enfin, je ne pourrais pas... Ça n'est point ma faute...

— A propos de prêtres, Amandine, te souviens-tu ce jour... où Nicolas m'a donné deux si grands soufflets, parce qu'il m'avait vu saluer le curé qui passait sur la grève? Je l'avais vu saluer, je le saluai; je ne croyais pas faire mal... moi.

— Oui, mais cette fois-là, par exemple, notre frère Martial a dit, comme Nicolas, que nous n'avions pas besoin de saluer les prêtres.

A ce moment, François et Amandine entendirent marcher dans le corridor. Martial regagnait sa chambre sans défiance, après son entretien avec sa mère, croyant Nicolas enfermé jusqu'au lendemain matin. Voyant un rayon de lumière s'échapper du cabinet des enfants par la porte entr'ouverte, Martial entra chez eux. Tous deux coururent à lui, il les embrassa tendrement.

— Comment, vous n'êtes pas encore couchés, petits bavards?

— Non, mon frère... nous attendions pour vous voir rentrer chez vous et vous dire bonsoir, — dit Amandine.

— Et puis nous avions entendu parler bien fort en bas... comme si on s'était disputé, — ajouta François.

— Oui, — dit Martial, — j'ai eu des raisons avec Nicolas... Mais ce n'est rien... Du reste, je suis content de vous trouver encore debout, j'ai une bonne nouvelle à vous apprendre.

— A nous, mon frère?

— Seriez-vous contents de vous en aller d'ici et de venir avec moi ailleurs, bien loin ?

— Oh ! oui, mon frère !...

— Oui, mon frère.

— Eh bien, dans deux ou trois jours nous quitterons l'île tous les trois.

— Quel bonheur ! — s'écria Amandine en frappant joyeusement dans ses mains.

— Et où irons-nous ? — demanda François.

— Tu le verras, curieux... mais n'importe, où nous irons tu apprendras un bon état... qui te mettra à même de gagner ta vie... voilà ce qu'il y a de sûr.

— Je n'irai plus à la pêche avec toi, mon frère ?

— Non, mon garçon, tu iras en apprentissage chez un menuisier ou chez un serrurier ; tu es fort, tu es adroit ; avec du cœur en travaillant ferme, au bout d'un an tu pourras déjà gagner quelque chose. Ah çà... qu'est-ce que tu as... tu n'as pas l'air content ?

— C'est que... mon frère... je...

— Voyons, parle.

— C'est que j'aimerais mieux ne pas te quitter, rester avec toi à pêcher... à raccommoder tes filets, que d'apprendre un état.

— Vraiment ?

— Dame ! être renfermé dans un atelier toute la journée... c'est triste... et puis être apprenti, c'est ennuyeux...

Martial haussa les épaules.

— Vaut mieux être paresseux, vagabond, flâneur, n'est-ce pas ? — lui dit-il sévèrement, — en attendant qu'on devienne voleur...

— Non, mon frère, mais je voudrais vivre avec toi ailleurs comme nous vivons ici, voilà tout...

— Oui, c'est ça, boire, manger, dormir et t'amuser à pêcher comme un bourgeois, n'est-ce pas ?

— J'aimerais mieux ça...

— C'est possible, mais tu aimeras autre chose... Tiens, vois-tu, mon pauvre François, il est crânement temps que je t'emmène d'ici ; sans t'en douter, tu deviendrais aussi gueux que les autres... Ma mère avait raison, je crains que tu n'aies du *vice*... Et toi, Amandine, est-ce que ça ne te plairait pas d'apprendre un état ?

— Oh ! si, mon frère... j'aimerais bien apprendre, j'aime mieux tout que de rester ici. Je serais si contente de m'en aller avec vous et avec François !

— Mais qu'est-ce que tu as là sur la tête, ma fille ? — dit Martial en remarquant la triomphante coiffure d'Amandine.

— Un foulard que Nicolas m'a donné...

— Il m'en a donné un aussi, à moi, — dit orgueilleusement François.

— Et d'où viennent-ils, ces foulards ? Ça m'étonnerait que Nicolas les ait achetés pour vous en faire cadeau.

Les deux enfants baissèrent la tête sans répondre.

Au bout d'une seconde, François dit résolument : — Nicolas

nous les a donnés ; nous ne savons pas d'où ils viennent, n'est-ce pas, Amandine ?

— Non... non... mon frère... — ajouta Amandine en balbutiant et en devenant pourpre, sans oser lever les yeux sur Martial.

— Ne mentez pas... — dit sévèrement Martial.

— Nous ne mentons pas, — ajouta hardiment François.

— Amandine, mon enfant... dis la vérité, — reprit Martial avec douceur.

— Eh bien ! pour dire toute la vérité, — reprit timidement Amandine, — ces beaux mouchoirs viennent d'une caisse d'étoffes que Nicolas a rapportée ce soir dans son bateau...

— Et qu'il a volée ?

— Je crois que oui, mon frère... sur une galiote.

— Vois-tu, François, tu mentais ! — dit Martial.

L'enfant baissa la tête sans répondre.

— Donne-moi ce foulard, Amandine ; donne-moi aussi le tien, François.

La petite se décoiffa, regarda une dernière fois l'énorme rosette qui ne s'était pas défaite, et remit le foulard à Martial en étouffant un soupir de regret. François tira lentement le mouchoir de sa poche, et, comme sa sœur, le rendit à Martial.

— Demain matin, — dit celui-ci, — je rendrai les foulards à Nicolas. Vous n'auriez pas dû les prendre, mes enfants ; profiter d'un vol, c'est comme si on volait soi-même.

— C'est dommage, ils étaient bien jolis, ces mouchoirs ! — dit François.

— Quand tu auras un état et que tu gagneras de l'argent en travaillant, tu en achèteras d'aussi beaux. Allons, couchez-vous, il est tard... mes enfants.

— Vous n'êtes pas fâché, mon frère ? — dit timidement Amandine.

— Non, non, ma fille, ce n'est pas votre faute... Vous vivez avec des gueux, vous faites comme eux sans savoir... Quand vous serez avec de braves gens, vous ferez comme les braves gens ; et vous y serez bientôt... où le diable m'emportera... Allons, bonsoir !

— Bonsoir, mon frère !

Martial embrassa les enfants.

Ils restèrent seuls.

— Qu'est-ce que tu as donc, François ? tu as l'air tout triste ! — dit Amandine.

— Tiens ! mon frère m'a pris mon beau foulard ; et puis, tu n'as donc pas entendu ?

— Quoi ?

— Il veut nous emmener pour nous mettre en apprentissage...

— Ça ne te fait pas plaisir ?

— Ma foi, non...

— Tu aimes mieux rester ici à être battu tous les jours ?

— Je suis battu ; mais au moins je ne travaille pas, je suis toute la journée en bateau, ou à pêcher, ou à jouer, ou à servir les pratiques, qui quelquefois me donnent pour boire, comme le Gros-Boiteux ; c'est bien plus amusant que d'être du matin au soir enfermé dans un atelier à travailler comme un chien.

— Mais tu n'as donc pas entendu ? Mon frère nous a dit que si nous restions ici plus longtemps nous deviendrions des gueux !

— Ah ! bah ! ça m'est bien égal... puisque les autres enfants nous appellent déjà petits voleurs, petits guillotinés... Et puis, travailler... c'est trop ennuyeux...

— Mais ici on nous bat toujours, mon frère !

— On nous bat parce que nous écoutons plutôt Martial que les autres...

— Il est si bon pour nous !

— Il est bon, il est bon, je ne dis pas.. aussi je l'aime bien... On n'ose pas nous faire du mal devant lui... il nous emmène promener... c'est vrai... mais c'est tout... il ne nous donne jamais rien...

— Dame ! il n'a rien... ce qu'il gagne, il le donne à notre mère pour sa nourriture.

— Nicolas a quelque chose, lui. Bien sûr que si nous l'écoutions, et ma mère aussi, ils ne nous rendraient pas la vie si dure... ils nous donneraient de belles nippes comme aujourd'hui... ils ne se défieraient plus de nous... nous aurions de l'argent comme Tortillard.

— Mais, mon Dieu, pour ça il faudrait voler ! et ça ferait tant de peine à notre frère Martial !

— Eh bien ! tant pis !

— Oh ! François... et puis si on nous prenait, nous irions en prison...

— Être en prison ou être enfermé dans un atelier toute la journée... c'est la même chose... D'ailleurs le Gros-Boiteux dit qu'on s'amuse... en prison.

— Mais le chagrin que nous ferions à Martial... tu n'y penses donc pas ?... Enfin, c'est pour nous qu'il est revenu ici et qu'il y reste ; pour lui tout seul, il ne serait pas gêné, il retournerait être braconnier dans les bois qu'il aime tant.

— Eh bien ! qu'il nous emmène avec lui dans les bois, dit François, — ça vaudrait mieux que tout. Je serais avec lui que j'aime bien, et je ne travaillerais pas à des métiers qui m'ennuient.

La conversation de François et d'Amandine fut interrompue... Dehors on ferma leur porte à double tour.

— On nous enferme ! — s'écria François.

— Ah ! mon Dieu... et pourquoi donc, mon frère ? Qu'est-ce qu'on va nous faire ?

— C'est peut-être Martial.

— Écoute... écoute... comme son chien aboie !... — dit Amandine en prêtant l'oreille.

Au bout de quelques instants, François ajouta : — On dirait qu'on frappe à sa porte avec un marteau... on veut l'enfoncer peut-être !

— Oui, oui, son chien aboie toujours...

— Écoute, François !... maintenant c'est comme si on clouait quelque chose... Mon Dieu ! mon Dieu ! j'ai peur... Qu'est-ce donc qu'on fait à notre frère ? voilà son chien qui hurle, maintenant.

— Amandine... on n'entend plus rien... — reprit François en s'approchant de la porte.

Les deux enfants, suspendant leur respiration, écoutaient avec anxiété.

— Voilà qu'ils reviennent chez mon frère, — dit François à voix basse — j'entends marcher dans le corridor.

— Jetons-nous sur nos lits ; ma mère nous tuerait, si elle nous trouvait levés, — dit Amandine avec terreur.

— Non... — reprit François en écoutant toujours, — ils viennent de passer devant notre porte... ils descendent l'escalier en courant...

— Mon Dieu ! mon Dieu ! qu'est-ce que c'est donc ?...

— Ah ! on ouvre la porte de la cuisine... maintenant...

— Tu crois ?...

— Oui, oui... j'ai reconnu son bruit...

— Le chien de Martial hurle toujours... — dit Amandine en écoutant.

Tout à coup elle s'écria : — François ! mon frère nous appelle...

— Martial ?

— Oui... entends-tu ? entends-tu ?...

En effet, malgré l'épaisseur des deux portes fermées la voix retentissante de Martial, qui de sa chambre appelait les deux enfants, arriva jusqu'à eux.

— Mon Dieu, nous ne pouvons aller à lui... nous sommes enfermés, — dit Amandine ; — on veut lui faire du mal, puisqu'il nous appelle...

— Oh ! pour ça... si je pouvais les en empêcher, — s'écria résolûment François, — je les en empêcherais, quand on devrait me couper en morceaux !...

— Mais notre frère ne sait pas qu'on a donné un tour de clef à notre porte, il va croire que nous ne voulons pas aller à son secours ! crie-lui donc que nous sommes enfermés, François !

Ce dernier allait suivre le conseil de sa sœur, lorsqu'un coup violent ébranla au dehors la persienne de la petite fenêtre du cabinet des deux enfants.

— Ils viennent par la croisée pour nous tuer ! — s'écria Amandine, et, dans son épouvante, elle se précipita sur son lit et cacha sa tête dans ses mains.

François resta immobile, quoiqu'il partageât la terreur de sa sœur.

Pourtant, après le choc violent dont on a parlé, la persienne ne s'ouvrit pas, le plus profond silence régna dans la maison. Martial avait cessé d'appeler les enfants.

Un peu rassuré, et excité par une vive curiosité, François se hasarda d'entre-bâiller doucement sa croisée, et tâcha de regarder au dehors à travers les feuillets de la persienne.

— Prends bien garde, mon frère! — dit tout bas Amandine, qui, entendant François ouvrir la fenêtre, s'était mise sur son séant. — Est-ce que tu vois quelque chose? — ajouta-t-elle.

— Non... la nuit est trop noire.

— Tu n'entends rien?

— Non, il fait trop grand vent.

— Reviens... reviens alors?

— Ah! maintenant je vois quelque chose.

— Quoi donc?

— La lueur d'une lanterne... elle va et elle vient.

— Qui est-ce qui la porte?

— Je ne vois que la lueur... Ah! elle se rapproche.. on parle.

— Qui ça?

— Écoute... écoute... c'est Calebasse.

— Que dit-elle?

— Elle dit de bien tenir le pied de l'échelle.

— Ah! vois-tu, c'est en prenant la grande échelle qui était appuyée contre notre persienne, qu'ils auront fait le bruit de tout à l'heure.

— Je n'entends plus rien.

— Et qu'est-ce qu'ils en font de l'échelle, maintenant?

— Je ne peux plus voir...

— Tu n'entends plus rien?

— Non...

— Mon Dieu, François, c'est peut-être pour monter chez notre frère Martial par la fenêtre... qu'ils ont pris l'échelle!

— Ça se peut bien.

— Si tu ouvrais un tout petit peu la persienne, pour voir...

— Je n'ose pas...

— Rien qu'un peu...

— Oh! non, non. Si ma mère s'en apercevait...

— Il fait si noir, il n'y a pas de danger...

François se rendit, quoiqu'à regret, au désir de sa sœur, entre-bâilla la persienne et regarda.

— Eh bien, mon frère? — dit Amandine en surmontant ses craintes et s'approchant de François sur la pointe du pied.

— A la clarté de la lanterne, — dit celui-ci, — je vois Calebasse qui tient le pied de l'échelle.. ils l'ont appuyée à la fenêtre de Martial.

— Et puis?

— Nicolas monte à l'échelle, il a sa hachette à la main, je la vois reluire...

— Ah! vous n'êtes pas couchés, et vous nous espionnez! — s'écria tout à coup la veuve en s'adressant du dehors à François et à sa sœur. Au moment de rentrer dans la cuisine, elle venait d'apercevoir la lueur qui s'échappait de la persienne entr'ouverte.

Les malheureux enfants avaient négligé d'éteindre la lumière.

— Je monte, — ajouta la veuve d'une voix terrible, — je monte vous trouver, petits mouchards!

Tels étaient les événements qui se passèrent à l'île du Ravageur la veille du jour où madame Séraphin devait y amener Fleur-de-Marie.

CHAPITRE VIII

Un garni.

Le passage de la Brasserie, passage ténébreux et assez peu connu, quoique situé au centre de Paris, aboutit d'un côté à la rue Traversière-Saint-Honoré, de l'autre à la cour Saint-Guillaume. Vers le milieu de cette ruelle humide, boueuse, sombre, triste, où presque jamais le soleil ne pénètre, s'élevait une maison garnie (vulgairement un *garni* en raison du bas prix de ses loyers). Sur un méchant écriteau on lisait : *Chambres et cabinets meublés*; à droite d'une allée obscure s'ouvrait la porte d'un magasin non moins obscur, où se tenait habituellement le principal locataire de ce *garni*. Cet homme dont le nom a été plusieurs fois prononcé à l'île du Ravageur, se nomme Micou : il est ouvertement marchand de vieilles ferrailles, mais secrètement il achète et recèle les métaux volés, tels que fer, plomb, cuivre et étain. Dire que le père Micou était en relation d'*affaires* et d'*amitié* avec les Martial, c'est apprécier suffisamment sa moralité. Il est, du reste, un fait à la fois curieux et effrayant : c'est l'espèce d'affiliation, de communion mystérieuse qui relie presque tous les malfaiteurs de Paris. Les *prisons en commun* sont les grands centres où affluent et d'où refluent incessamment ces flots de corruption qui envahissent peu à peu la *Capitale* et y laissent de si sanglantes épaves. Le père Micou est un gros homme de cinquante ans, à physionomie basse et rusée, au nez bourgeonnant, aux joues avinées ; il porte un bonnet de loutre et s'enveloppe dans un vieux carrick vert. Au-dessus du poêle de fonte auprès duquel il se chauffe, on remarque une planche numérotée attachée au mur ; là sont accrochées les clefs des chambres dont les locataires sont absents. Les carreaux de la devanture vitrée qui s'ouvre sur la rue sont peints de façon que du dehors on ne puisse voir (et pour cause) ce qui se passe dans la boutique.

Il règne dans ce vaste magasin une assez grande obscurité ; aux murailles noirâtres et humides pendent des chaînes rouillées de toutes grosseurs et de toutes longueurs ; le sol disparaît presque entièrement sous des monceaux de débris de fer et de fonte.

Trois coups frappés à la porte, d'une façon particulière, attirèrent l'attention du logeur-vendeur recéleur.

— Entrez ! — cria-t-il.

On entra... C'était Nicolas, le fils de la veuve du supplicié. Il était très pâle ; sa figure semblait encore plus sinistre que la veille, et pourtant on le verra feindre une sorte de gaieté bruyante pendant l'entretien suivant. (Cette scène se passait le lendemain de la querelle de ce bandit avec son frère Martial).

— Ah ! te voilà, bon sujet ! — lui dit cordialement le logeur.
— Oui, père Micou ; je viens faire affaire avec vous.
— Ferme donc la porte, alors... ferme donc la porte...
— C'est que mon chien et ma petite charrette sont là... avec la chose...
— Qu'est-ce que tu m'apportes ? du *gras-double* [1] ?
— Non, père Micou.
— C'est pas du *ravage* [2] ; t'es trop *feignant* maintenant ; tu ne travailles plus... c'est peut être du *dur* [3] ?
— Non, père Micou c'est du *rouget* [4]... quatre saumons... Il doit y en avoir au moins cent cinquante livres ; mon chien en a tout son tirage.
— Va me chercher le *rouget* ; nous allons peser.
— Faut que vous m'aidiez, père Micou ; j'ai mal au bras.
Et au souvenir de la lutte avec son frère Martial, les traits du bandit exprimèrent à la fois un ressentiment de haine et de joie féroce, comme si déjà sa vengeance eût été satisfaite.
— Qu'est-ce que tu as au bras, mon garçon ?
— Rien... une foulure.
— Il faut faire rougir un fer au feu, le tremper dans l'eau, et mettre ton bras dans cette eau presque bouillante ; c'est un remède de ferrailleur, mais excellent.
— Merci, père Micou.
— Allons, viens chercher le *rouget* ; je vais t'aider, paresseux !
En deux voyages, les saumons furent retirés d'une petite charrette tirée par un énorme dogue, et apportés dans la boutique.
— C'est une bonne idée, ta charrette ! — dit le père Micou, en ajustant les plateaux de bois d'énormes balances pendues à une des solives du plafond.
— Oui, quand j'ai quelque chose à apporter, je mets mon dogue et la charrette dans mon bachot, et j'attelle en abordant. Un fiacre jaserait peut-être, mon chien ne jase pas.
— Et on va toujours bien chez toi ? — demanda le recéleur en pesant son cuivre ; — ta mère et ta sœur sont en bonne santé ?
— Oui, père Micou.
— Les enfants aussi ?
— Les enfants aussi. Et votre neveu André, où donc est-il ?
— Ne m'en parle pas ! il était en ribotte hier ; Barbillon et le Gros-Boiteux me l'ont emmené, il n'est rentré que ce matin ; il est déjà en course... au grand bureau de la poste, rue Jean-Jacques-Rousseau... et ton frère Martial, toujours sauvage ?
— Ma foi, je n'en sais rien.
— Comment ! tu n'en sais rien.
— Non, — dit Nicolas en affectant un air indifférent, — depuis deux jours nous ne l'avons pas vu... il sera peut-être retourné braconner dans les bois, à moins que son bateau, qui était vieux, vieux... n'ait coulé bas au milieu de la rivière, et lui avec...

---

1. Lames de plomb généralement volées sur les toits. — 2. Débris métalliques recueillis par les ravageurs. — 3. Fer. — 4. Cuivre.

— Ça ne te ferait pas de peine, garnement, car tu ne pouvais pas le sentir, ton frère !

— C'est vrai... on a comme ça des idées sur les uns et sur les autres... Combien y a-t-il de livres de cuivre ?

— T'as le coup d'œil juste,.. cent quarante-huit livres, mon garçon.

— Et vous me devez ?

— Trente francs tout au juste.

— Trente francs, quand le cuivre est à vingt sous la livre ? trente francs !!!

— Mettons trente-cinq francs et ne souffle pas, ou je t'envoie au diable, toi, ton cuivre et ta charrette.

— Mais, père Micou, vous me filoutez par trop ! il n'y a pas de bon sens.

— Veux-tu me prouver comme quoi il t'appartient, ce cuivre ? et je t'en donne quinze sous la livre.

— Toujours la même chanson... Vous vous ressemblez tous, allez, tas de brigands ! Peut-on écorcher les amis comme ça ! Mais ce n'est pas tout : si je vous prends de la marchandise en troc, vous me ferez bonne mesure au moins ?

— Comme de juste. Qu'est-ce qu'il te faut ? des chaînes ou des crampons pour tes bachots ?

— Non, il me faudrait quatre ou cinq plaques de tôle très forte, comme qui dirait pour doubler des volets.

— J'ai ton affaire... quatre lignes d'épaisseur... une balle de pistolet ne traverserait pas ça.

— C'est ce que je veux... justement !...

— Et de quelle grandeur ?

— Mais... en tout, sept à huit pieds carrés.

— Bon ! qu'est-ce qu'il te faudrait encore ?

— Trois barres de fer de trois à quatre pieds de long et de deux pouces carrés.

— J'ai démoli l'autre jour une grille de croisée, ça t'ira comme un gant... Et puis ?

— Deux fortes charnières et un loquet, pour ajuster et fermer à volonté une soupape de deux pieds carrés.

— Une trappe, tu veux dire ?

— Non, une soupape...

— Je ne comprends pas à quoi ça peut te servir, une soupape.

— C'est possible, moi je le comprends.

— A la bonne heure, tu n'auras qu'à choisir, j'ai là un tas de charnières... Et qu'est-ce qu'il te faudra encore ?

— C'est tout.

— Ça n'est guère.

— Préparez-moi tout de suite ma marchandise, père Micou, je la prendrai en repassant ; j'ai encore des courses à faire.

— Avec ta charrette ? Dis donc, farceur, j'ai vu un ballot au fond ; c'est encore quelque *friandise* que tu as prise dans le buffet à *tout le monde*, petit gourmand ?

— Comme vous dites, père Micou ; mais vous ne mangez pas

de ça. Ne me faites pas attendre mes ferrailles, car faut que je sois à l'île avant midi.

— Sois tranquille, il est huit heures ; si tu ne vas pas loin... dans une heure tu peux revenir, tout sera prêt, argent et fournitures... Veux-tu boire la goutte ?

— Toujours... vous me la devez bien !...

Le père Micou prit dans une vieille armoire une bouteille d'eau-de-vie, un verre fêlé, une tasse sans anse, et versa.

— A la vôtre, père Micou !

— A la tienne, mon garçon, et à ces dames de chez toi !

— Merci... Et ça va bien toujours, votre garni ?

— Comme ci, comme ça... J'ai toujours quelques locataires pour qui je crains les descentes du commissaire... mais ils payent en conséquence.

— Pourquoi donc ?

— Es-tu bête !... Quelquefois je loge comme j'achète... à ceux-là je ne demande pas plus de passe-port que je ne te demande de facture de vente, à toi.

— Connu !... Mais à ceux-là vous louez aussi cher que vous m'achetez bon marché.

— Faut bien se rattraper... J'ai un de mes cousins qui tient une belle maison garnie de la rue Saint-Honoré, même que sa femme est une forte couturière qui emploie jusqu'à des vingt ouvrières, soit chez elle, soit dans leur chambre.

— Dites donc, vieux obstiné, il doit y en avoir des *girondes*[1] là dedans.

— Je crois bien ! il y en a deux ou trois que j'ai vu quelquefois apporter leur ouvrage... Mille z'yeux ! sont-elles gentilles ! une petite surtout qui travaille en chambre, qui rit toujours et qui s'appelle Rigolette... Dieu de Dieu ! mon fiston, quel dommage de ne plus avoir ses vingt ans !

— Allons, papa, éteignez-vous, ou je crie au feu !

— Mais c'est honnête... mon garçon... c'est honnête...

— *Colasse*... va !... Et vous disiez que votre cousin...

— Tient très bien sa maison, et, comme il est du même numéro que cette petite Rigolette...

— Honnête ?

— Tout juste.

— *Colas* !

— Il ne veut que des locataires à passe-port ou à papiers... mais s'il s'en présente qui n'en aient pas, pas comme il sait que j'y regarde moins, il m'envoie ces pratiques-là...

— Et elles payent en conséquence.

— Toujours.

— Mais c'est tous amis de la *pègre*[2], ceux qui n'ont pas de papiers ?

— Eh non ! Tiens, justement, à propos de ça, mon cousin m'a envoyé, il y a quelques jours, une pratique... que le diable me brûle si j'y comprends rien... Encore une tournée ?

1. Jolies. — 2. Voleurs.

— Ça va... le liquide est bon... A la vôtre, père Micou !

— A la tienne, garçon ! Je te disais donc que l'autre jour mon cousin m'a envoyé une pratique où je ne comprends rien. Figure-toi une mère et sa fille qui avaient l'air bien panées et bien râpées, c'est vrai ; elles portaient leur butin dans un mouchoir... eh bien ! quoique ça doive être des rien du tout, puisqu'elles sont ici, elles ne bougent pas plus que des marmottes... il n'y vient jamais d'hommes... mon fiston... jamais d'hommes !... Et pourtant, si elles n'étaient pas si maigres et si pâles, ça ferait deux fameux brins de femme, la fille surtout ! ça vous a quinze ou seize ans tout au plus... c'est blanc comme un lapin blanc, avec des yeux noirs grands comme ça... Nom de nom !... quels yeux ! quels yeux !

— Vous allez encore vous incendier... Et qu'est-ce qu'elles font, ces deux femmes ?

— Je te dis que je n'y comprends rien... il faut qu'elles soient honnêtes, et pourtant pas de papiers... Sans compter qu'elles reçoivent des lettres sans adresse... faut que leur nom soit guère bon à écrire.

— Comment cela ?

— Elles ont envoyé, ce matin, mon neveu André au bureau de la poste restante, pour réclamer une lettre adressée à madame X. Z. La lettre doit venir de Normandie... d'un bourg appelé les Aubiers. Elles ont écrit cela sur un papier, afin qu'André puisse réclamer la lettre en donnant ces renseignements-là... Tu vois que ça n'a pas l'air de grand'chose, des femmes qui prennent le nom d'un X et d'un Z... Eh bien, pourtant jamais d'hommes !

— Elles ne vous payeront pas !

— Ce n'est pas à un vieux singe comme moi qu'on apprend des grimaces. Elles ont pris un cabinet sans cheminée que je leur fais payer vingt francs par quinzaine et d'avance. Elles sont peut-être malades, car depuis deux jours elles ne sont pas descendues. C'est toujours pas d'indigestion qu'elles seraient malades ; car je ne crois pas qu'elles aient allumé un fourneau pour leur manger depuis qu'elles sont ici. Mais j'en reviens toujours là : jamais d'hommes... et pas de papiers !...

— Si vous n'avez que des pratiques comme ça, père Micou...

— Ça va et ça vient... Si je loge des gens sans passe-port, dis donc, je loge aussi des gens calés ; j'ai dans ce moment-ci deux commis-voyageurs, un facteur de la poste, le chef d'orchestre du café des Aveugles et une rentière, tous gens honnêtes ; ce sont eux qui sauveraient la réputation de la maison, si le commissaire voulait y regarder de trop près... c'est pas des locataires de nuit, ceux-là, c'est des locataires de plein soleil.

— Quand il en fait dans votre passage, père Micou.

— Farceur... encore une tournée...

— Mais la dernière, faut que je file... A propos, Robin le Gros-Boiteux loge donc encore ici ?

— En haut, la porte à côté de la mère et de la fille. Il finit de manger son argent de prison... et je crois qu'il ne lui en reste guère.

— Dites donc, garde à vous ! il est en rupture de ban.

— Je sais bien ; mais je ne peux pas m'en dépêtrer. Je crois qu'il monte quelque coup : le petit Tortillard, le fils de Bras-Rouge, est venu ici l'autre soir avec Barbillon pour le chercher... J'ai peur qu'il ne fasse tort à mes bons locataires, ce damné Robin ; aussi, une fois sa quinzaine finie... je le mets dehors, en lui disant que son cabinet est retenu par un ambassadeur ou par le mari de madame Saint-Ildefonse, ma rentière.

— Une rentière ?

— Je crois bien ! trois chambres et un cabinet sur le devant, rien que ça... remeublés à neuf, sans compter une mansarde pour sa bonne... quatre-vingts francs par mois... et payés d'avance par son oncle, à qui elle donne une de ses chambres en pied-à-terre... quand il vient de la campagne. Après ça, je crois bien que sa campagne est comme qui dirait rue Vivienne, rue Saint-Honoré ou dans les environs de ces paysages-là.

— Connu !... Elle est rentière parce que le vieux lui fait des rentes.

— Tais-toi donc !... justement voilà sa bonne !...

Une femme assez âgée, portant un tablier blanc d'une propreté douteuse, entra dans le magasin du revendeur.

— Qu'est-ce qu'il y a pour votre service, madame Charles ?

— Père Micou, votre neveu n'est pas là ?

— Il est en course au grand bureau de la poste aux lettres ; il va rentrer tout à l'heure.

— M. Badinot voudrait qu'il portât tout de suite cette lettre à son adresse ; il n'y a pas de réponse... mais c'est très pressé.

— Dans un quart d'heure, il sera en route, madame Charles.

— Et qu'il se dépêche...

— Soyez tranquille.

La bonne sortit.

— C'est donc la bonne d'un de vos locataires, père Micou ?

— Eh non ! colas, c'est la bonne de ma rentière, madame Saint-Ildefonse. Mais M. Badinot est son oncle ; il est venu hier de la campagne, — dit le logeur, qui examinait la lettre ; puis il ajouta en lisant l'adresse : — Vois donc : que ça de belles connaissances ! Quand je te dis que c'est des gens calés, il écrit à un vicomte.

— Ah bah !

— Tiens, vois plutôt : *A monsieur le vicomte de Saint-Remy, rue de Chaillot... Très pressée... A lui-même...* J'espère que quand on loge des rentières qui ont des oncles qui écrivent à des vicomtes, on peut bien ne pas tenir aux passe-ports de quelques locataires du haut de la maison, hein ?

— Je crois bien... Allons, à tout à l'heure, père Micou. Je vas attacher mon chien à votre porte avec sa charrette ; je porterai ce que j'ai à porter à pied... Préparez ma marchandise et mon argent... que je n'aie qu'à filer.

— Sois tranquille : quatre bonne plaques de tôle de deux pieds carrés chaque, trois barres de fer de trois pieds et deux charnières pour ta soupape. Cette soupape me paraît drôle ; enfin, c'est égal... Est-ce là tout ?

— Oui, et mon argent ?

— Et ton argent, tu l'auras... Mais dis donc, avant de t'en aller, faut que je te dise... depuis que tu es là... je t'examine...

— Eh bien ?

— Je ne sais pas... mais tu as l'air d'avoir quelque chose.

— Moi ?

— Oui.

— Vous êtes fou... Si j'ai quelque chose... c'est que... j'ai faim.

— Tu as faim... tu as faim... c'est possible... mais on dirait que tu veux avoir l'air gai, et qu'au fond tu as quelque chose qui te pince et qui te cuit... *une puce à la muette*[1], comme dit l'autre... et pour que ça te démange, il faut que ça te gratte fort... car tu n'es pas bégueule.

— Je vous dis que vous êtes fou, père Micou, — dit Nicolas en tressaillant malgré lui.

— On dirait que tu viens de trembler, vois-tu.

— C'est mon bras qui me fait mal.

— Alors n'oublie pas ma recette, ça te guérira.

— Merci, père Micou... à tout à l'heure.

Et le bandit sortit.

Le recéleur, après avoir dissimulé les saumons de cuivre derrière son buffet, s'occupait de rassembler les différents objets que lui avait demandés Nicolas, lorsqu'un nouveau personnage entra dans sa boutique. C'était un homme de cinquante ans environ, à figure fine et sagace, portant un épais collier de favoris gris très touffus et des besicles d'or ; il était vêtu avec assez de recherche ; les larges manches de son paletot brun, à parements de velours noir, laissaient voir des mains gantées de gants paille ; ses bottes devaient avoir été enduites la veille d'un brillant vernis. Tel était M. Badinot, l'oncle de la rentière, cette madame Saint-Ildefonse, dont la position sociale faisait l'orgueil et la sécurité du père Micou.

On se souvient peut-être que M. Badinot, ancien avoué, chassé de sa corporation, alors chevalier d'industrie et agent d'affaires équivoques, servait d'espion au baron de Graün, et avait donné à ce diplomate des renseignements assez nombreux et très précis sur bon nombre des personnages de cette histoire.

— Madame Charles vient de vous donner une lettre à porter ? — dit M. Badinot au logeur.

— Oui, monsieur... mon neveu va rentrer... dans un moment il partira.

— Non, rendez-moi cette lettre... je me suis ravisé, j'irai moi-même chez le vicomte de Saint-Remy, — dit M. Badinot en appuyant avec intention et fatuité sur cette adresse aristocratique.

— Voici la lettre, monsieur... vous n'avez pas d'autre commission ?

— Non, père Micou, — dit M. Badinot d'un air protecteur, — mais j'ai des reproches à vous faire.

1. A la conscience.

— A moi, monsieur ?
— De très graves reproches.
— Comment, monsieur ?
— Certainement... Madame de Saint-Ildefonse paye très cher votre premier ; ma nièce est une de ces locataires auxquelles on doit les plus grands égards ; elle est venue de confiance dans cette maison ; redoutant le bruit des voitures, elle espérait être ici comme à la campagne...
— Et elle y est : c'est ici comme un hameau... Vous devez vous y connaître, vous, monsieur, qui habitez la campagne... c'est ici comme un vrai hameau.
— Un hameau ?... il est joli ! toujours un tapage infernal.
— Pourtant il est impossible de trouver une maison plus tranquille ; au dessus de madame il y a le chef d'orchestre du café des Aveugles et un commis voyageur... au-dessus un autre commis voyageur. Au dessus il y a..
— Il ne s'agit pas de ces personnes-là, elles sont fort tranquilles et fort honnêtes, ma nièce n'en disconvient pas ; mais il y a au quatrième un gros boiteux que madame de Saint-Ildefonse a rencontré hier encore ivre dans l'escalier ; il poussait des cris de sauvage, elle en a eu presque une révolution, tant elle a été effrayée... Si vous croyez qu'avec de tels locataires votre maison ressemble à un hameau...
— Monsieur, je vous jure que je n'attends que l'occasion pour mettre ce gros boiteux à la porte ; il m'a payé sa dernière quinzaine d'avance, sans quoi il serait déjà dehors.
— Il ne fallait pas l'accepter pour locataire.
— Mais, sauf lui, j'espère que madame n'a pas à se plaindre ; il y a un facteur à la petite poste, qui est la crème des honnêtes gens ; et au-dessus, à côté de la chambre du gros boiteux, une femme et sa fille qui ne bougent pas plus que des marmottes.
— Encore une fois, madame de Saint-Ildefonse ne se plaint que du gros boiteux ; c'est le cauchemar de la maison que ce drôle-là !... Je vous en préviens, si vous le gardez, il fera déserter tous les honnêtes gens.
— Je le renverrai, soyez tranquille... je ne tiens pas à lui !
— Et vous ferez bien... car on ne tiendrait pas à votre maison.
— Ce qui ne ferait pas mon affaire... Aussi, monsieur, regardez le gros boiteux comme déjà parti, car il n'a plus que quatre jours à rester ici.
— C'est beaucoup trop, enfin ça vous regarde.. A la première algarade, ma nièce abandonne cette maison.
— Soyez tranquille, monsieur.
— Tout ceci est dans votre intérêt, mon cher... faites-en votre profit... car je n'ai qu'une parole, — dit M. Badinot d'un air protecteur. Et il sortit.

Avons-nous besoin de dire que cette femme et cette jeune fille, qui vivaient si solitaires, étaient les deux victimes de la cupidité du notaire ? Nous conduirons le lecteur dans le triste réduit qu'elles habitaient.

CHAPITRE IX

Les victimes d'un abus de confiance [1].

Que le lecteur se figure un cabinet situé au quatrième étage de la triste maison du passage de la Brasserie. Un jour pâle et sombre pénètre à peine dans cette pièce étroite par une petite fenêtre à un seul ventail, garnie de trois vitres fêlées, sordides ; un papier délabré, d'une couleur jaunâtre, couvre les murailles ; aux angles du plafond lézardé pendent d'épaisses toiles d'araignée. Le sol, décarrelé en plusieurs endroits, laisse voir çà et là les poutres et les lattes qui supportent les carreaux. Une table de bois blanc, une chaise, une vieille malle sans serrure, et un lit de sangle à dossier de bois garni d'un mince matelas, de draps de grosse toile bise et d'une vieille couverture de laine brune, tel est le mobilier de ce garni.

Sur la chaise est assise madame la baronne de Fermont. Dans le lit repose mademoiselle Claire de Fermont (tel était le nom des deux victimes de Jacques Ferrand). Ne possédant qu'un lit, la mère et la fille y couchaient tour à tour, se partageant ainsi les heures de la nuit. Trop d'inquiétudes, trop d'angoisses torturaient la mère pour qu'elle cédât souvent au sommeil ; mais sa fille y trouvait du moins quelques instants de repos et d'oubli. Dans ce moment elle dormait. Rien de plus touchant, de plus douloureux, que le tableau de cette misère imposée par la cupidité du notaire à deux femmes jusqu'alors habituées aux modestes douceurs de l'aisance, et entourées dans leur ville natale de la considération qu'inspire toujours une famille honorable et honorée. Madame de Fermont a trente-six ans environ ; sa physionomie est à la fois remplie de douceur et de noblesse ; ses traits, autrefois d'une beauté remarquable, sont pâles et altérés ; ses cheveux noirs, séparés sur son front et aplatis en bandeaux, se tordent derrière sa tête ; le chagrin y a déjà mêlé quelques mèches argentées. Vêtue d'une robe de deuil rapiécée en plusieurs endroits, madame de Fermont, le front appuyé sur sa main, s'accoude au misérable chevet de sa fille, et la regarde avec une affliction inexprimable.

Claire n'a que seize ans ; le candide et doux profil de son visage, amaigri comme celui de sa mère, se dessine sur la couleur grise des gros draps dont est recouvert son traversin, rempli de sciure de bois. Le teint de la jeune fille a perdu de son éclatante pureté ; ses grands yeux fermés projettent jusque sur ses joues creuses leur double frange de longs cils noirs. Autrefois roses et humides, mais alors sèches, pâles, gercées, ses lèvres entr'ouvertes laissent entrevoir le blanc émail de ses dents ; le rude contact des draps grossiers et de la couverture de laine

[1]. Lorsque l'abus de confiance était puni, terme moyen de la punition : deux mois de prison et 25 fr. d'amende (art. 405, 408 du Code pénal).

avait rougi, marbré en plusieurs endroits la carnation délicate du cou, des épaules et des bras de la jeune fille. De temps à autre, un léger tressaillement rapprochait ses sourcils minces et veloutés, comme si elle eût été poursuivie par un rêve pénible. L'aspect de ce visage, déjà empreint d'une expression morbide, est pénible ; on y découvre les sinistres symptômes d'une maladie qui couve et menace.

Depuis longtemps madame de Fermont n'avait plus de larmes ; elle attachait sur sa fille un œil sec et enflammé par l'ardeur d'une fièvre lente qui la minait sourdement. De jour en jour, madame de Fermont se trouvait plus faible ; ainsi que sa fille, elle ressentait ce malaise, cet accablement, précurseurs certains d'un mal grave et latent ; mais, craignant d'effrayer Claire, et ne voulant pas surtout, si cela peut se dire, s'effrayer elle-même, elle luttait de toutes ses forces contre les premières atteintes de la maladie.

Par des motifs d'une générosité pareille, Claire, afin de ne pas inquiéter sa mère, tâchait de dissimuler ses souffrances. Ces deux malheureuses créatures, frappées des mêmes chagrins, devaient être encore frappées des mêmes maux. Il arrive un moment suprême dans l'infortune où l'avenir se montre sous un aspect si effrayant, que les caractères les plus énergiques, n'osant l'envisager en face, ferment les yeux et tâchent de se tromper par de folles illusions. Telle était la position de madame et de mademoiselle de Fermont.

Exprimer les tortures de cette femme pendant de longues heures où elle contemplait ainsi son enfant endormi, songeant au passé, au présent, à l'avenir, serait peindre ce que les augustes et saintes douleurs d'une mère ont de plus poignant, de plus désespéré, de plus insensé : souvenirs enchanteurs, craintes sinistres, prévisions terribles, regrets amers, abattement mortel, élans de fureur impuissante contre l'auteur de tant de maux, supplications vaines, prières violentes, et enfin... enfin doutes effrayants sur la toute-puissante justice de celui qui reste inexorable à ce cri arraché des entrailles maternelles... à ce cri sacré dont le retentissement doit pourtant arriver jusqu'au ciel : *Pitié pour ma fille !*

— Comme elle a froid maintenant, disait la pauvre mère, en touchant légèrement de sa main glacée les bras glacés de son enfant, — elle a bien froid ! il y a une heure, elle était brûlante... c'est la fièvre !... heureusement elle ne sait pas l'avoir... Mon Dieu, qu'elle a froid !... cette couverture est si mince aussi... Je mettrais bien mon vieux châle sur le lit... Mais si je l'ôte de la porte où je l'ai suspendu... ces hommes ivres viendront encore comme hier regarder au travers des trous qui sont à la serrure, ou par les ais disjoints du chambranle. Quelle horrible maison, mon Dieu ! Si j'avais su comment elle était habitée... avant de payer notre quinzaine d'avance... nous ne serions pas restées ici... mais je ne savais pas, moi... Quand on est sans papiers, on est repoussé des autres maisons garnies. Pouvais-je deviner que j'aurais jamais besoin de passe-port ?... Quand je suis partie d'Angers dans ma voiture... parce que je ne croyais pas convenable que ma fille voyageât dans une voiture publique... pouvais-je croire que...

Puis s'interrompant avec un élan de colère : — Mais c'est pourtant infâme, cela... parce que ce notaire a voulu me dépouiller, me voici réduite aux plus affreuses extrémités, et contre lui je ne puis rien !... rien !... Si... dans le cas où j'aurais de l'argent, je pourrais plaider ; plaider... pour entendre traîner dans la boue la mémoire de mon bon et noble frère... pour entendre dire que dans sa ruine il a mis fin à ses jours, après avoir dissipé toute ma fortune et celle de ma fille... Plaider... pour entendre dire qu'il nous a réduites à la dernière misère !... Oh ! jamais ! jamais ! Pourtant... si la mémoire de mon frère est sacrée,.. la vie... l'avenir de ma fille... me sont aussi sacrés... Mais je n'ai pas de preuves contre le notaire, moi ! et c'est soulever un scandale inutile... Ce qui est affreux... affreux, — reprit-elle après un moment de silence, — c'est que quelquefois, aigrie, irritée par ce sort atroce, j'ose accuser mon frère .. donner raison au notaire contre lui... comme si, en ayant deux noms à maudire, ma peine serait soulagée... et puis je m'indigne de mes suppositions injustes, odieuses .. contre le meilleur, le plus loyal des frères. Oh ! ce notaire, il ne sait pas toutes les effroyables conséquences de son vol... Il n'a pas cru que voler de l'argent ce sont deux âmes qu'il torture... deux femmes qu'il fait mourir à petit feu. Hélas ! oui, je n'ose jamais dire à ma pauvre enfant toutes mes craintes pour ne pas la désoler... mais je souffre... j'ai la fièvre... je ne me soutiens qu'à force d'énergie ; je sens en moi les germes d'une maladie... dangereuse peut-être... oui, je la sens venir... elle s'approche... ma poitrine brûle, ma tête se fend... Ces symptômes sont plus graves que je ne veux me l'avouer à moi-même... Mon Dieu... si j'allais tomber... tout à fait malade... si j'allais mourir. Non ! non ! — s'écria madame de Fermont avec exaltation, — je ne veux pas... je ne veux pas mourir... Laisser Claire... à seize ans... sans ressources, seule, abandonnée au milieu de Paris... est-ce que cela est possible ?... Non ! je ne suis pas malade, après tout... qu'est-ce que j'éprouve ? un peu de chaleur à la poitrine, quelque pesanteur à la tête ; c'est la suite du chagrin, des insomnies, du froid, des inquiétudes ; tout le monde à ma place ressentirait cet abattement... mais cela n'a rien de sérieux... Allons, allons, pas de faiblesse... mon Dieu ! c'est en se laissant aller à des idées pareilles, c'est en s'écoutant ainsi... que l'on tombe réellement malade... et j'en ai bien le loisir, vraiment !... Ne faut-il pas que je m'occupe de trouver de l'ouvrage pour moi et pour Claire, puisque ce misérable qui nous donnait des gravures à colorier... a osé...

Après un moment de silence, madame de Fermont, sans achever sa phrase, ajouta avec indignation : — Oh ! cela est abominable !... mettre ce travail au prix de la honte de Claire !... nous retirer impitoyablement ce chétif moyen d'existence, parce que je n'ai pas voulu que ma fille allât travailler seule le soir chez lui !... Peut être trouverons-nous de l'ouvrage ailleurs, en couture ou en broderie... Mais quand on ne connaît personne, c'est si difficile !... Dernièrement encore, j'ai tenté en vain... Lorsqu'on est si misérablement logé, on n'inspire aucune confiance ; et pourtant, la petite somme qui nous reste une fois épuisée, que faire ?... que devenir ?... Il ne nous restera plus rien... mais plus rien... sur la terre... mais pas une obole... et j'étais riche, pourtant !... Ne songeons pas à cela... ces pensées me donnent le vertige... me rendent folle... Voilà ma faute, c'est de trop m'appesantir sur ces idées, au lieu de tâcher de m'en distraire... C'est cela qui m'aura rendue malade... Non, non, je ne suis pas malade... je crois même que j'ai moins de fièvre, — ajouta la malheureuse mère en se tâtant le pouls elle-même.

Mais, hélas ! les pulsations précipitées, saccadées, irrégulières qu'elle sentit battre sous sa peau à la fois sèche et froide ne lui laissèrent pas d'illusion. Après un moment de morne et sombre désespoir, elle dit avec amertume : — Seigneur, mon Dieu, pourquoi nous accabler ainsi ? quel mal avons-nous jamais fait ? Ma fille n'est-elle pas un modèle de candeur et de piété, son père, l'honneur même ? N'ai-je pas toujours vaillamment rempli mes devoirs d'épouse et de mère ? Pourquoi permettre qu'un misérable fasse de nous ses victimes ?... cette pauvre enfant surtout !... Quand je pense que sans le vol de ce notaire je n'aurais aucune crainte sur le sort de ma fille... Nous serions à cette heure dans notre maison, sans inquiétude pour l'avenir, seulement tristes et malheureuses de la mort de mon pauvre frère ; dans deux ou trois ans, j'aurais songé à marier Claire, et j'aurais trouvé un homme digne d'elle, si bonne, si charmante, si belle !... Qui n'eût pas été heureux d'obtenir sa main ?... Je voulais d'ailleurs, me réservant une petite pension pour vivre auprès d'elle, lui abandonner en mariage tout ce que je possédais, cent mille écus au moins... car j'aurais pu encore faire quelques économies ; et quand une personne aussi jolie, aussi bien élevée que mon enfant chérie, apporte en dot plus de cent mille écus...

Puis, revenant par un douloureux contraste à la triste réalité de sa position, madame de Fermont s'écria dans une sorte de délire : — Mais il est pourtant impossible que, parce que le notaire le veut, je voie patiemment ma fille réduite à la plus affreuse misère... elle qui avait droit à tant de félicité... Si les lois laissent ce crime impuni, je ne le laisserai pas, moi ; car, enfin, si le sort me pousse à bout .. si je ne trouve pas moyen de sortir de l'atroce position où ce misérable m'a jetée avec mon enfant, je ne sais pas ce que je ferai... je serai capable de le tuer, cet homme... Après on me fera ce qu'on voudra... j'aurai pour moi toutes les mères... Oui... mais ma fille ?... ma fille ? La laisser seule, abandonnée, voilà ma terreur, voilà pourquoi je ne veux pas mourir... voilà pourquoi je ne puis pas tuer cet homme. Que deviendrait-elle ? elle a seize ans... elle est jeune et sainte comme un ange... mais elle est si belle... Mais l'abandon, mais la misère, mais la faim... quel effrayant vertige tous ces malheurs réunis ne peuvent-ils pas causer à une enfant de cet âge!... et alors, dans quel abîme ne peut-elle pas tomber!... Oh! c'est affreux... à mesure que je creuse ce mot : *misère*, j'y trouve d'épouvantables choses. La misère... la misère atroce pour tous, mais peut-être plus atroce pour ceux qui ont toute leur vie vécu dans l'aisance... Ce que je ne pardonne pas, c'est en présence de tant de maux menaçants, de ne pouvoir vaincre un malheureux sentiment de fierté. Il me faudrait voir ma fille manquer absolument de pain pour me résigner à mendier... Comme je suis lâche... pourtant...

Et elle ajouta avec une sombre amertume : — Ce notaire m'a réduite à l'aumône, il faut pourtant que je me rompe aux nécessités de ma position ; il ne s'agit plus de scrupules, de délicatesse, cela était bon autrefois ; maintenant, il faut que je tende la main pour ma fille et pour moi ; oui, si je ne trouve pas de travail... il faudra bien me résoudre à implorer la charité des autres, puisque le notaire l'a voulu... Il y a sans doute là-dedans une adresse, un art que l'expérience vous donne ; j'apprendrai... C'est un métier comme un autre, — ajouta-t-elle avec une sorte d'exaltation délirante. — Il me semble pourtant que j'ai tout ce qu'il faut pour intéresser... des malheurs horribles, immérités, et une fille de seize ans... un ange... oui ; mais il faut savoir, il faut oser faire valoir ces avantages, j'y parviendrai. Après tout, de quoi me plaindrais-je ? — s'écria-t-elle avec un éclat de rire sinistre. — La fortune est précaire, périssable... Le notaire m'aura au moins appris un état.

Madame de Fermont resta un moment absorbée dans ses pensées ; puis elle reprit avec plus de calme : — J'ai souvent pensé à demander un emploi ; ce que j'envie, c'est le sort de la domestique de cette femme qui loge au premier ; si j'avais cette place, peut-être, avec mes gages, pourrais-je suffire aux besoins de Claire... peut-être, par la protection de cette femme, pourrais-je trouver quelque ouvrage pour ma fille... qui resterait ici... Comme cela, je ne la quitterais pas. Quel bonheur... si cela pouvait s'arranger ainsi!... Oh! non, non, ce serait trop beau... ce serait un rêve ! Et puis, pour prendre sa place, il faudrait faire renvoyer cette servante... et peut-être son sort serait-il alors aussi malheureux que le nôtre... Eh bien, tant pis... tant pis... a-t-on mis du scrupule à me dépouiller, moi ? Ma fille avant tout... Voyons, comment m'introduire chez cette femme du premier ? par quel moyen évincer sa domestique ? car une telle place serait pour nous une position inespérée...

Deux ou trois coups violents frappés à la porte firent tressaillir madame de Fermont et éveillèrent sa fille en sursaut.

— Mon Dieu, maman, qu'y a-t-il ? — s'écria Claire en se levant brusquement sur son séant ; puis, par un mouvement machinal, elle jeta ses bras autour du cou de sa mère, qui, aussi effrayée, se serra contre sa fille en regardant la porte avec terreur. — Maman, qu'est-ce donc ? — répéta Claire.

— Je ne sais, mon enfant... Rassure-toi... ce n'est rien... on a seulement frappé... c'est peut-être la réponse qu'on nous apporte de la poste restante...

A cet instant la porte vermoulue s'ébranla de nouveau sous le choc de plusieurs vigoureux coups de poing.

— Qui est là ? — dit madame de Fermont d'une voix tremblante.

Une voix ignoble, rauque, enrouée, répondit : — Ah çà, vous êtes donc sourdes, les voisines ? Ohé... les voisines ! ohé !

— Que voulez-vous ?... Monsieur... je ne vous connais pas... — dit madame de Fermont en tâchant de dissimuler l'altération de sa voix.

— Je suis Robin... votre voisin... donnez-moi du feu pour allumer ma pipe... allons, houp ! et plus vite que ça !

— Mon Dieu !... c'est cet homme boiteux qui est toujours ivre, — dit tout bas la mère à sa fille.

— Ah çà... allez vous me donner du feu, ou j'enfonce tout... nom d'un tonnerre !...

— Monsieur... je n'ai pas de feu...

— Vous devez avoir des allumettes chimiques... tout le monde en a... Ouvrez-vous... voyons ?

— Monsieur... retirez-vous...

— Vous ne voulez pas ouvrir, une fois... deux fois ?...

— Je vous prie de vous retirer, ou j'appelle...

— Une fois... deux fois... trois fois... non... vous ne voulez pas ? Alors je démolis tout !!... hue donc !

Et le misérable donna un si furieux coup dans la porte qu'elle céda, la méchante serrure qui la fermait ayant été brisée.

Les deux femmes poussèrent un grand cri d'effroi. Madame de Fermont, malgré sa faiblesse, se précipita au-devant du bandit au moment où il mettait un pied dans le cabinet, et lui barra le passage.

— Monsieur, cela est indigne, vous n'entrerez pas, — s'écria la malheureuse mère en retenant de toutes ses forces la porte entrebâillée. — Je vais crier au secours...

Et elle frissonnait à l'aspect de cet homme à figure hideuse et avinée.

— De quoi, de quoi !... — reprit-il, — est-ce que l'on ne s'oblige pas entre voisins ?... fallait m'ouvrir, j'aurais rien enfoncé.

Puis, avec l'obstination stupide de l'ivresse, il ajouta, en chancelant sur ses jambes inégales : — Je veux entrer, j'entrerai... et je ne sortirai pas que je n'aie allumé ma pipe.

— Je n'ai ni feu ni allumettes... Au nom du ciel... monsieur, retirez-vous...

— C'est pas vrai, vous dites ça pour que je ne voie pas la petite qui est couchée... Hier vous avez bouché les trous de la porte. Elle est gentille, je veux la voir... Prenez garde à vous... je vous casse la figure, si vous ne me laissez pas entrer... Je vous dis que je verrai la petite dans son lit et que j'allumerai ma pipe... ou bien je démolis tout !... et vous avec !!!

— Au secours, mon Dieu!... au secours!... — cria madame de Fermont, qui sentit la porte céder sous un violent coup d'épaule du Gros-Boiteux.

Intimidé par ces cris, l'homme fit un pas en arrière et montra le poing à madame de Fermont, en lui disant : — Tu me payeras ça, va... Je reviendrai cette nuit, je t'empoignerai la langue, et tu ne pourras pas crier...

Et le Gros-Boiteux, comme on l'appelait à l'île du Ravageur, descendit l'escalier en proférant d'horribles menaces.

Madame de Fermont, craignant qu'il ne revint sur ses pas, et voyant la serrure brisée, traîna la table contre la porte afin de la barricader. Claire avait été si émue, si bouleversée de cette horrible scène qu'elle était retombée sur son grabat presque sans mouvement, en proie à une crise nerveuse. Sa mère, oubliant sa propre frayeur, courut à elle, la serra dans ses bras, lui fit boire un peu d'eau, et à force de soins, de caresses, parvint à la ranimer. Elle la vit bientôt reprendre peu à peu ses sens et lui dit : — Calme-toi... rassure-toi, ma pauvre enfant... Ce méchant homme s'en est allé... — Puis la malheureuse mère s'écria avec un accent d'indignation et de douleur indicible : — C'est pourtant ce notaire qui est la cause première de toutes nos tortures...

Claire regardait autour d'elle avec autant d'étonnement que de crainte.

— Rassure-toi, mon enfant, — reprit madame de Fermont en embrassant tendrement sa fille, — ce misérable est parti...

— Mon Dieu, maman, s'il allait remonter ? Tu vois bien, tu as crié au secours, et personne n'est venu... Oh ! je t'en supplie, quittons cette maison... j'y mourrais de peur...

— Comme tu trembles !... tu as la fièvre.

— Non, non, — dit la jeune fille pour rassurer sa mère, — ce n'est rien, c'est la frayeur... cela passe... et toi... comment vas-tu ? Donne tes mains... Mon Dieu, comme elles sont brûlantes ! Vois-tu, c'est toi qui souffres, tu veux me le cacher.

— Ne crois pas cela, je me trouvais mieux que jamais ; c'est l'émotion que cet homme m'a causée qui me rend ainsi ; je dormais sur la chaise profondément, je ne me suis éveillée qu'en même temps que toi..

— Pourtant, maman, tes pauvres yeux sont bien rouges... bien enflammés !

— Ah ! tu conçois, mon enfant, sur une chaise le sommeil repose moins... vois-tu !

— Bien vrai ? tu ne souffres pas !

— Non, non, je t'assure... Et toi ?

— Ni moi non plus ; seulement je tremble encore de peur. Je t'en supplie, maman, quittons cette maison...

— Et où irons-nous ? Tu sais avec combien de peine nous avons trouvé ce malheureux cabinet... car nous sommes malheureusement sans papiers, et puis nous avons payé quinze jours d'avance, on ne nous rendra pas notre argent... et il nous reste si peu, si peu que nous devons ménager le plus possible.

— Peut-être M. de Saint-Remy te répondra-t-il un jour ou l'autre !

— Je ne l'espère plus... il y a si longtemps que je lui ai écrit.

— Il n'aura pas reçu ta lettre... Pourquoi ne lui écrirais-tu pas de nouveau ? D'ici à Angers ce n'est pas si loin, nous aurions bien vite sa réponse.

— Ma pauvre enfant, tu sais combien cela m'a coûté... déjà...

— Que risques-tu ? il est si bon malgré sa brusquerie ! N'était-il pas un des plus vieux amis de mon père ?... Et puis il est notre parent...

— Mais il est pauvre lui-même ; sa fortune est bien modeste... Peut-être ne nous répond-il pas pour s'éviter le chagrin de nous refuser...

— Mais s'il n'avait pas reçu ta lettre, maman ?

— Et s'il l'a reçue, mon enfant ?... De deux choses l'une : ou il est lui-même dans une position trop gênée pour venir à notre secours... ou il ne ressent aucun intérêt pour nous : alors à quoi bon nous exposer à un refus ou à une humiliation ?

— Allons, courage, maman, il nous reste encore un espoir... Peut-être ce matin nous rapportera-t-on une bonne réponse...

— De M. d'Orbigny ?

— Sans doute... Cette lettre dont vous aviez fait autrefois le brouillon était si simple, si touchante... exposait si naturellement notre malheur, qu'il aura pitié de nous... vraiment, je ne sais qui me dit que vous avez tort de désespérer de lui.

— Il a si peu de raison de s'intéresser à nous ! Il avait, il est vrai, autrefois connu ton père, et j'avais souvent entendu mon pauvre frère parler de M. d'Orbigny comme d'un homme avec lequel il avait eu de bonnes relations avant que celui-ci quittât Paris pour se retirer en Normandie avec sa jeune femme...

— C'est justement cela qui me fait espérer ; il a une jeune femme, elle sera compatissante... Et puis, à la campagne, on peut faire tant de bien ! Il vous prendrait, je suppose, pour femme de charge, moi je travaillerais à la lingerie... Puisque M. d'Orbigny est très riche, dans une grande maison il y a toujours de l'emploi.

— Oui ; mais nous avons si peu de droits à son intérêt !...

— Nous sommes si malheureuses !...

— C'est un titre aux yeux des gens très charitables, il est vrai.

— Espérons que M. d'Orbigny et sa femme le sont...

Enfin, dans le cas où il ne faudrait rien attendre de lui, je surmonterais encore ma fausse honte, et j'écrirais à madame la duchesse de Lucenay.

— Cette dame dont M. de Saint-Remy nous parlait si souvent, dont il vantait sans cesse le bon cœur et la générosité ?

— Oui, la fille du prince de Noirmont. Il l'a connue toute petite, et il la traitait presque comme son enfant... car il était intimement lié avec le prince... Madame de Lucenay doit avoir de nombreuses connaissances, elle pourrait peut-être trouver à nous placer.

— Sans doute, maman ; mais je comprends ta réserve, tu ne la connais pas du tout, tandis qu'au moins mon père et mon pauvre oncle connaissaient un peu M. d'Orbigny.

— Enfin, dans le cas où madame de Lucenay ne pourrait rien faire pour nous, j'aurais recours à une dernière ressource.

— Laquelle, maman?

— C'est une bien faible... une bien folle espérance, peut-être; mais pourquoi ne pas la tenter?... le fils de M. de Saint-Remy est...

— M. de Saint-Remy a un fils? — s'écria Claire en interrompant sa mère avec étonnement.

— Oui, mon enfant, il a un fils...

— Il n'en parlait jamais... il ne venait jamais à Angers...

— En effet, et pour des raisons que tu ne peux connaître, M. de Saint-Remy, ayant quitté Paris il y a quinze ans, n'a pas revu son fils depuis cette époque.

— Quinze ans sans voir son père... cela est-il possible, mon Dieu!...

— Hélas! oui, tu le vois... Le fils de M. de Saint-Remy étant fort répandu dans le monde, et fort riche...

— Fort riche?... et son père est pauvre?

— Toute la fortune de M. de Saint-Remy fils vient de sa mère...

— Mais il n'importe... comment laisse-t-il son père...

— Son père n'aurait rien accepté de lui.

— Pourquoi cela?

— C'est encore une question à laquelle je ne puis te répondre, ma chère enfant. Mais j'ai entendu dire par mon pauvre frère qu'on vantait beaucoup la générosité de ce jeune homme... Jeune et généreux, il doit être bon... Aussi, apprenant par moi que mon mari était l'ami intime de son père, peut-être voudra-t-il bien s'intéresser à nous pour tâcher de nous trouver de l'ouvrage ou de l'emploi... Il a des relations si brillantes, si nombreuses, que cela lui sera facile...

— Et puis l'on saurait par lui peut-être si M. de Saint-Remy, son père, n'aurait pas quitté Angers avant que vous lui ayez écrit; cela expliquerait alors son silence.

— Je crois que M. de Saint-Remy, mon enfant, n'a conservé aucune relation... Enfin, c'est toujours à tenter...

— A moins que M. d'Orbigny ne vous réponde d'une manière favorable... et, je vous le répète, je ne sais pourquoi, malgré moi, j'ai de l'espoir.

— Mais voilà plusieurs jours que je lui ai écrit, mon enfant, lui exposant les causes de notre malheur, et rien... rien encore... Une lettre mise à la poste avant quatre heures du soir arrive le lendemain à la terre des Aubiers... depuis cinq jours, nous pourrions avoir reçu sa réponse...

— Peut-être cherche-t-il avant de t'écrire de quelle manière il pourra nous être utile avant de nous répondre.

— Dieu t'entende, mon enfant!

— Cela me paraît tout simple, maman... s'il ne pouvait rien pour nous, il t'en aurait instruite tout de suite.

— A moins qu'il ne veuille rien faire...

— Ah ! maman... est-ce possible ?... dédaigner de nous répondre et nous laisser espérer quatre jours, huit jours peut-être... car lorsqu'on est malheureux on espère toujours...

— Hélas ! mon enfant, il y a quelquefois tant d'indifférence pour les maux que l'on ne connaît pas !

— Mais votre lettre...

— Ma lettre ne peut lui donner une idée de nos inquiétudes, de nos souffrances de chaque minute ; ma lettre lui peindra-t-elle notre vie si malheureuse, nos humiliations de toutes sortes, notre existence dans cette affreuse maison, la frayeur que nous avons eue tout à l'heure encore ?... ma lettre lui peindra-t-elle enfin l'horrible avenir qui nous attend, si... Mais, tiens... mon enfant, ne parlons pas de cela... Mon Dieu... tu trembles... tu as froid...

— Non, maman... ne fais pas attention ; mais, dis-moi, supposons que tout nous manque, que le peu d'argent qui nous reste là, dans cette malle, soit dépensé... il serait donc possible que dans une ville riche comme Paris... nous mourrions toutes les deux de faim et de misère... faute d'ouvrage, et parce qu'un méchant homme t'a pris tout ce que tu avais ?...

— Tais-toi, malheureuse enfant...

— Mais enfin, maman, cela est donc possible ?

— Hélas !...

— Mais Dieu, qui sait tout, qui peut tout, comment nous abandonne-t-il ainsi, lui que nous n'avons jamais offensé ?

— Je t'en supplie, mon enfant, n'aie pas des idées désolantes... j'aime encore mieux te voir espérer, sans grande raison peut-être... Allons, rassure-moi au contraire par tes chères illusions ; je ne suis que trop sujette au découragement... tu sais bien...

— Oui ! oui ! espérons... cela vaut mieux. Le neveu du portier va sans doute revenir aujourd'hui de la poste restante avec une lettre... Encore une course à payer... sur votre petit trésor... et par ma faute... Si je n'avais pas été si faible hier et aujourd'hui, nous serions allées à la poste nous-mêmes, comme avant-hier... mais vous n'avez pas voulu me laisser seule ici en y allant vous-même.

— Le pouvais-je... mon enfant ?... Juge donc... tout à l'heure... ce misérable qui a enfoncé cette porte, si tu t'étais trouvée seule ici, pourtant !...

— Oh ! maman, tais-toi... rien qu'à y songer, cela m'épouvante...

À ce moment on frappa assez brusquement à la porte.

— Ciel... c'est lui ! — s'écria madame de Fermont encore sous sa première impression de terreur... et elle poussa de toutes ses forces la table contre la porte.

Ses craintes cessèrent lorsqu'elle entendit la voix du père Micou.

— Madame, mon neveu André arrive de la poste restante... C'est une lettre avec un X et un Z pour adresse... ça vient de loin... il y a huit sous de port et la commission... c'est vingt sous...

— Maman une lettre de province, nous sommes sauvées... c'est de M. de Saint-Remy ou de M. d'Orbigny! Pauvre mère, tu ne souffriras plus, tu ne t'inquiéteras plus de moi, tu seras heureuse... Dieu est juste... Dieu est bon!... s'écria la jeune fille. Et un rayon d'espoir éclaira sa douce et charmante figure.

— Oh! monsieur, merci... donnez... donnez vite! — dit madame de Fermont en dérangeant la table à la hâte et en entrebâillant la porte.

— C'est vingt sous, madame, — dit le recéleur en montrant la lettre si impatiemment désirée.

— Je vais vous payer, monsieur.

— Ah! madame, par exemple... il n'y a pas de presse... Je monte aux combles; dans dix minutes je redescends, je prendrai l'argent en passant.

Le revendeur remit la lettre à madame de Fermont et disparut.

— La lettre est de Normandie... Sur le timbre il y a *les Aubiers*... c'est de M. d'Orbigny! — s'écria madame de Fermont en examinant l'adresse : *A Madame Z. X., poste restante, à Paris*[1].

— Eh bien! maman, avais-je raison?... Mon Dieu, comme le cœur me bat!

— Notre bon ou mauvais sort est là pourtant... — dit madame de Fermont d'une voix altérée, en montrant la lettre.

Deux fois sa main tremblante s'approcha du cachet pour le rompre... Elle n'en eut pas le courage. Peut-on espérer de peindre la terrible angoisse à laquelle sont en proie ceux qui, comme madame de Fermont, attendent d'une lettre l'espoir ou le désespoir?

La brûlante et fiévreuse émotion du joueur dont les dernières pièces d'or sont aventurées sur une carte, et qui, haletant, l'œil enflammé, attend d'un coup décisif sa ruine ou son salut, cette émotion si violente donnerait pourtant à peine une idée de la terrible angoisse dont nous parlons. En une seconde l'âme s'élève jusqu'à la plus radieuse espérance, ou retombe dans un découragement mortel. Selon qu'il doit être secouru ou repoussé, le malheureux passe tour à tour par les émotions les plus violemment contraires : ineffables élans de bonheur et de reconnaissance envers le cœur généreux qui s'est apitoyé sur un sort misérable, amers et douloureux ressentiments contre l'égoïste indifférence! Lorsqu'il s'agit de d'infortunes méritantes, ceux qui donnent souvent donneraient peut-être toujours... et ceux qui refusent toujours donneraient peut-être souvent, s'ils savaient ou s'ils voyaient ce que l'espoir d'un appui bienveillant ou ce que la crainte d'un refus dédaigneux... ce que *leur volonté* enfin... peut soulever d'ineffable ou d'affreux dans le cœur de ceux qui les implorent.

[1]. Madame de Fermont ayant écrit cette lettre dans son dernier domicile, et ignorant alors où elle irait se loger, avait prié M. d'Orbigny de lui répondre poste restante; mais, faute de passe-port pour retirer sa lettre au bureau, elle avait indiqué une de ces adresses d'initiales qu'il suffit de désigner pour qu'on vous remette la lettre qui porte cette suscription.

— Quelle faiblesse ! — dit madame de Fermont avec un triste sourire, en s'asseyant sur le lit de sa fille ; — encore une fois, ma pauvre Claire, notre sort est là... — Elle montrait la lettre. — Je brûle de le connaître et je n'ose... Si c'est un refus, hélas ! il sera toujours assez tôt...

— Et si c'est une promesse de secours, dis, maman... Si cette pauvre petite lettre contient de bonnes et consolantes paroles qui nous rassureront sur l'avenir en nous promettant un modeste emploi dans la maison de M. d'Orbigny, chaque minute de perdue n'est-elle pas un moment de bonheur perdu ?

— Oui, mon enfant, mais si, au contraire...

— Non, maman, vous vous trompez, j'en suis sûre. Quand je vous disais que M. d'Orbigny n'avait autant tardé à vous répondre que pour pouvoir vous donner quelque certitude favorable... Permettez-moi de voir la lettre, maman : je suis sûre de deviner, seulement à l'écriture, si la nouvelle est bonne ou mauvaise. Tenez, j'en suis sûre maintenant, — dit Claire en prenant la lettre ; — rien qu'à voir cette bonne écriture simple, droite et ferme, on devine une main loyale et généreuse, habituée à s'offrir à ceux qui souffrent.

— Je t'en supplie, Claire, pas de folles espérances, sinon j'oserais encore moins ouvrir cette lettre..

— Mon Dieu, bonne petite maman, sans l'ouvrir, moi je puis te dire à peu près ce qu'elle contient ; écoute-moi ; « Madame, votre sort et celui de votre fille sont si dignes d'intérêt, que je vous prie de vouloir bien vous rendre auprès de moi dans le cas où vous voudriez vous charger de la surveillance de ma maison... »

— De grâce, mon enfant, je t'en supplie encore... pas d'espoir insensé... le réveil serait affreux... Voyons, du courage, — dit madame de Fermont en prenant la lettre des mains de sa fille et s'apprêtant à briser le cachet.

— Du courage ? Pour vous, à la bonne heure ! — dit Claire souriant et entraînée par un de ces accès si naturels à son âge ; — moi, je n'en ai pas besoin ; je suis sûre de ce que j'avance. Tenez, voulez-vous que j'ouvre la lettre, que je la lise ?... Donnez, peureuse...

— Oui... j'aime mieux cela, tiens... Mais non, non, il vaut mieux que ce soit moi.

Et madame de Fermont rompit le cachet avec un terrible serrement de cœur... Sa fille, aussi profondément émue, malgré son apparente confiance, respirait à peine.

— Lis tout haut, maman, — dit-elle.

— La lettre n'est pas longue ; elle est de la comtesse d'Orbigny, — dit madame de Fermont en regardant la signature.

— Tant mieux, c'est bon signe... Vois-tu, maman, cette excellente jeune dame aura voulu te répondre elle-même.

— Nous allons voir.

Et madame de Fermont lut ce qui suit d'une voix tremblante :

« Madame,

« M. le comte d'Orbigny, fort souffrant depuis quelque temps, n'a pu vous répondre pendant mon absence... »

— Vois-tu, maman, il n'y a pas de sa faute.
— Écoute, écoute...

« Arrivée ce matin de Paris, je m'empresse de vous écrire, madame, après avoir conféré de votre lettre avec M. d'Orbigny. Il se rappelle fort confusément les relations que vous dites avoir existé entre lui et monsieur votre frère. Quant au nom de monsieur votre mari, madame, il n'est pas inconnu à M. d'Orbigny; mais il ne peut se rappeler en quelle circonstance il l'a entendu prononcer. La prétendue spoliation dont vous accusez si légèrement M. Jacques Ferrand, que nous avons le bonheur d'avoir pour notaire, est, aux yeux de M. d'Orbigny, une cruelle calomnie dont vous n'avez sans doute pas calculé la portée. Ainsi que moi, madame, mon mari connaît et admire l'éclatante probité de l'homme respectable et pieux que vous attaquez si aveuglément. C'est vous dire, madame, que M. d'Orbigny, prenant sans doute part à la fâcheuse position dans laquelle vous vous trouvez, et dont il ne lui appartient pas de rechercher la véritable cause, se voit dans l'impossibilité de vous secourir.

« Veuillez recevoir, madame, avec l'expression de tous les regrets de M. d'Orbigny, l'assurance de mes sentiments les plus distingués.

« Comtesse d'Orbigny. »

La mère et la fille se regardèrent avec une stupeur douloureuse, incapables de prononcer une parole.

Le père Micou frappa à la porte et dit : — Madame, est-ce que je peux entrer pour le port et pour la commission ? C'est vingt sous.

— Ah ! c'est juste... une si bonne nouvelle... vaut bien ce que nous dépensons en deux jours pour notre existence... — dit madame de Fermont avec un sourire amer ; et laissant la lettre sur le lit de sa fille, elle alla vers une vieille malle sans serrure, se baissa et l'ouvrit.

— Nous sommes volées !... — s'écria la malheureuse femme avec épouvante, — rien... plus rien, — ajouta-t-elle d'une voix morne.

Et, anéantie, elle s'appuya sur la malle.

— Que dis-tu, maman ?... le sac d'argent ?...

Mais madame de Fermont, se relevant vivement, sortit de la chambre, et s'adressant au revendeur qui se trouvait ainsi avec elle sur le palier : — Monsieur, — lui dit elle, l'œil étincelant, les joues colorées par l'indignation et par l'épouvante, — j'avais un sac d'argent dans cette malle... on me l'a volé avant-hier sans doute, car je suis sortie pendant une heure avec ma fille... Il faut que cet argent se retrouve... entendez-vous ? vous en êtes responsable.

— On vous a volée ! ça n'est pas vrai... ma maison est honnête, — dit insolemment et brutalement le recéleur, — vous dites cela pour ne pas me payer mon port de lettre et ma commission.

— Je vous dis, monsieur, que cet argent était tout ce que je possédais au monde, on me l'a volé ; il faut qu'il se retrouve, ou je porte ma plainte. Oh ! je ne ménagerai rien, je ne respecterai rien... voyez-vous... je vous en avertis !

— Ça serait joli... vous qui n'avez pas seulement de papiers... allez-y donc porter votre plainte !... allez-y donc tout de suite... je vous en défie... moi !...

La malheureuse femme était atterrée. Elle ne pouvait sortir et laisser sa fille seule, alitée depuis la frayeur que le Gros-Boiteux lui avait faite le matin, et surtout après les menaces que lui adressait le revendeur.

Celui-ci reprit : — C'est une frime, vous n'avez pas plus de sac d'argent que de sac d'or ; vous voulez ne pas me payer mon port de lettre, n'est-ce pas ? Bon ! ça m'est égal !... Quand vous passerez devant ma porte, je vous arracherai votre vieux châle noir... des épaules ; il est bien pané, mais il vaut toujours au moins vingt sous.

— Ah ! monsieur, — s'écria madame de Fermont en fondant en larmes, — de grâce, ayez pitié de nous... cette faible somme était tout ce que nous possédions, ma fille et moi ; cela volé, mon Dieu, il ne nous reste plus rien... rien, entendez-vous ?... rien... qu'à mourir de faim !...

— Que voulez-vous que j'y fasse... moi ? S'il est vrai qu'on vous a volée... et de l'argent encore (ce qui me paraît louche), il y a longtemps qu'il est frit... l'argent !

— Mon Dieu ! mon Dieu !

— Le gaillard qui a fait le coup n'aura pas été assez bon enfant pour marquer les pièces et les garder ici pour se faire pincer, si c'est quelqu'un de la maison, et je ne le crois pas ; car, ainsi que je le disais ce matin à l'oncle de la dame du premier, ici c'est un vrai hameau ; si l'on vous a volée, c'est un malheur. Vous déposeriez cent mille plaintes que vous n'en retireriez pas un centime... Vous n'en serez pas plus avancée... je vous le dis... croyez-moi... Eh bien ! s'écria le recéleur en s'interrompant et en voyant madame de Fermont chanceler, — qu'est-ce que vous avez ?... vous pâlissez !... Prenez donc garde !... Mademoiselle, votre mère se trouve mal !... — ajouta le revendeur en s'avançant assez à temps pour retenir la malheureuse mère, qui, frappée par ce dernier coup, se sentait défaillir ; l'énergie factice qui la soutenait depuis si longtemps cédait à cette nouvelle atteinte.

— Ma mère... mon Dieu ! qu'avez-vous ? — s'écria Claire toujours couchée.

Le recéleur, encore vigoureux malgré ses cinquante ans, saisi d'un mouvement de pitié passagère, prit madame de Fermont entre ses bras, poussa du genou la porte pour entrer dans le cabinet et dit : — Mademoiselle, pardon d'entrer pendant que vous êtes couchée ; mais il faut pourtant que je vous ramène votre mère... elle est évanouie... ça ne peut pas durer.

En voyant cet homme entrer, Claire poussa un cri d'effroi, et la malheureuse enfant se cacha du mieux qu'elle put sous sa couverture. Le revendeur assit madame de Fermont sur la chaise à côté du lit de sangle, et se retira, laissant la porte entr'ouverte, le Gros-Boiteux en ayant brisé la serrure.

. . . .

Une heure après cette dernière secousse, la violente maladie qui depuis longtemps couvait et menaçait madame de Fermont avait éclaté.

En proie à une fièvre ardente, à un délire affreux, la malheureuse femme était couchée dans le lit de sa fille, et celle-ci, éperdue, épouvantée, seule, presque aussi malade que sa mère, n'avait ni argent ni ressources, et craignait à chaque instant de voir entrer le bandit qui logeait sur le même palier.

. . . .

CHAPITRE X

La rue de Chaillot

Nous précéderons de quelques heures M. Badinot, qui, du passage de la Brasserie, se rendait en hâte chez le vicomte de Saint-Remy. Ce dernier, nous l'avons dit, demeurait rue de Chaillot, et occupait seul une charmante petite maison, bâtie entre cour et jardin, dans ce quartier solitaire, quoique très voisin des Champs-Élysées, la promenade la plus à la mode de Paris.

Il est inutile de nombrer les avantages que M. de Saint-Remy, spécialement homme à bonnes fortunes, retirait de la position d'une demeure si savamment choisie. Disons seulement qu'une femme pouvait entrer très secrètement chez lui, par une petite porte de son vaste jardin qui s'ouvrait sur une ruelle absolument déserte, communiquant de la rue Marbeuf à la rue de Chaillot. Enfin, par un miraculeux hasard, l'un des plus beaux établissements d'horticulture de Paris ayant aussi, dans ce passage écarté, une sortie peu fréquentée, les mystérieuses visiteuses de M. de Saint-Remy, en cas de surprise ou de rencontre imprévue, étaient armées d'un prétexte parfaitement plausible et *bucolique* pour s'aventurer dans la ruelle fatale : elles allaient (pouvaient-elles dire) choisir des fleurs rares chez un célèbre jardinier fleuriste renommé par la beauté de ses serres chaudes. Ces belles visiteuses n'auraient, d'ailleurs, menti qu'à demi : le vicomte, largement doué de tous les goûts d'un luxe distingué, avait une charmante serre chaude qui s'étendait en partie le long de la ruelle dont nous avons parlé ; la petite porte dérobée donnait dans ce délicieux jardin d'hiver, qui aboutissait à un boudoir (qu'on nous pardonne cette expression surannée) situé au rez-de-chaussée de la maison. Il serait donc permis de dire sans métaphore qu'une femme qui passait ce seuil dangereux pour entrer chez M. de Saint-Remy courait à sa perte *par un sentier fleuri* ; car, l'hiver surtout, cette élégante allée était bordée de véritables buissons de fleurs éclatantes et parfumées. Madame de Lucenay, jalouse comme une femme passionnée, avait exigé une clef de cette petite porte.

Si nous insistons quelque peu sur *le caractère* général de cette habitation, c'est qu'elle reflétait, pour ainsi dire, une de ces existences dégradantes, qui, de jour en jour, deviennent heureusement plus rares, mais qu'il est bon de signaler comme une des bizarreries de l'époque ; nous voulons parler de l'existence de ces hommes qui sont aux femmes ce que les courtisanes sont aux hommes ; faute d'une expression plus particulière, nous appellerions ces gens-là des *hommes-courtisanes*, si cela se pouvait dire. L'intérieur de la maison de M. de Saint-Remy offrait, sous ce rapport, un aspect curieux, ou plutôt cette maison était séparée en deux zones très distinctes :

Le rez-de-chaussée, où il recevait les femmes ;

Le premier étage, où il recevait ses compagnons de jeu, de table, de chasse, ce qu'on appelle enfin des *amis*...

Ainsi, au rez-de-chaussée se trouvait une chambre à coucher qui n'était qu'or, glaces, fleurs, satin et dentelles ; puis un petit salon de musique où l'on voyait une harpe et un piano (M. de Saint-Remy était excellent musicien) ; enfin un cabinet de tableaux, et ensuite le boudoir communiquant à la serre chaude. Une salle à manger pour *deux personnes*, servie et desservie par un tour ; une salle de bain, modèle achevé du luxe et du raffinement oriental, et tout auprès une petite bibliothèque en partie formée d'après le catalogue scandaleux de celle que La Mettrie avait colligée pour le grand Frédéric, tel était le complément de cet appartement.

Il est inutile de dire que toutes ces pièces, meublées avec un goût exquis, avec une recherche véritablement *sardanapalesque*, avaient pour ornements des Watteau *peu connus*, des Boucher *inédits*, peintures lascives, autrefois payées des prix fous ; plus loin étaient des groupes libertins, modelés en terre cuite par Clodion, et çà et là, sur des socles de jaspe ou de brèche antique, quelques précieuses copies, en marbre blanc, des plus jolies bacchanales du musée secret de Naples. Joignez à cela, l'été, pour perspective, les vertes profondeurs d'un jardin touffu, solitaire, encombré de fleurs, peuplé d'oiseaux, arrosé d'un petit ruisseau d'eau vive, qui, avant de se répandre sur la fraîche pelouse, tombe du haut d'une roche noire et agreste, y brille comme un pli de gaze d'argent, et se fond en lame nacrée dans un bassin limpide où de beaux cygnes blancs se jouent avec grâce. Aussi, quand venait la nuit tiède et sereine, que d'ombre, que de parfum, que de silence dans ces bosquets odorants dont l'épais feuillage servait de dais aux sofas rustiques faits de jonc et de nattes indiennes ! Pendant l'hiver, au contraire, excepté la porte de glace qui s'ouvrait sur la serre chaude, tout était bien clos ; la soie transparente des stores, le réseau de dentelle des rideaux rendaient le jour plus mystérieux encore; sur tous les meubles des masses de végétaux exotiques semblaient jaillir de grandes coupes étincelantes d'or et d'émail. Dans cette retraite silencieuse, remplie de fleurs odorantes, de tableaux plus que voluptueux, on aspirait une sorte d'atmosphère amoureuse, enivrante, lascive, qui plongeait l'âme et les sens dans de brûlantes langueurs.

Enfin, pour *faire les honneurs* de ce temple, qui paraissait élevé à l'Amour antique ou aux divinités nues de la Grèce, un homme, jeune et beau, élégant et distingué, tour à tour spirituel ou tendre, tantôt romanesque ou libertin, tantôt moqueur et gai jusqu'à la folie, tantôt plein de charme et de grâce, excellent musicien, doué d'une de ces voix vibrantes, passionnées, que les femmes ne peuvent entendre chanter sans ressentir une impression profonde... presque physique; enfin un homme amoureux surtout... amoureux toujours... tel était le vicomte. A Athènes il eût sans doute été admiré, exalté, déifié, à l'égal d'Alcibiade; de nos jours, et à l'époque dont nous parlons le vicomte n'était plus qu'un ignoble faussaire, qu'un misérable escroc.

Le premier étage de la maison de M. de Saint-Remy avait au contraire un aspect tout viril. C'est là qu'il recevait ses nombreux amis, tous d'ailleurs de la meilleure compagnie. Là, rien de coquet, rien d'efféminé; un ameublement simple et sévère, pour ornements, de belles armes, des portraits de chevaux de course qui avaient gagné au vicomte bon nombre de vases d'or et d'argent posés sur les meubles; la tabagie et le salon de jeu avoisinaient une joyeuse salle à manger où huit personnes (nombre de convives strictement limité lorsqu'il s'agit d'un dîner *savant*) avaient bien des fois apprécié l'excellence du cuisinier et le non moins excellent mérite de la cave du vicomte, avant de tenir contre lui quelque *nerveuse* partie de whist à cinq ou six cents louis, ou d'agiter bruyamment les cornets d'un creps infernal.

Ces deux nuances assez tranchées de l'habitation de M. de Saint-Remy exposées, le lecteur voudra bien nous suivre dans des régions plus infimes, entrer dans la cour de remises et monter le petit escalier qui conduisait au très confortable appartement d'Edward Patterson, chef d'écurie de M. de Saint-Remy. Cet illustre *coachman* avait invité à déjeuner M. Royer, valet de chambre de confiance du vicomte. Une très jolie servante anglaise s'étant retirée après avoir apporté la théière d'argent, nos deux personnages restèrent seuls.

Edward était âgé de quarante ans environ; jamais plus habile et plus gros cocher ne fit gémir son siège sous une rotondité plus imposante, n'encadra dans sa perruque blanche une figure plus rubiconde, et ne réunit plus élégamment dans sa main gauche les quadruples guides d'un *four-in-hand*. Aussi fin connaisseur en chevaux que Tattersall de Londres, ayant été dans sa jeunesse aussi bon *entraîneur* que le vieux et célèbre Chiffney, Edward avait été pour le vicomte un excellent cocher et un homme très capable de diriger l'entraînement de quelques chevaux de course

9.

qu'il avait eus pour tenir des paris. Lorsqu'il n'étalait pas sa somptueuse livrée brune et argent sur la housse blasonnée de son siége, Edward ressemblait fort à un honnête fermier anglais ; c'est sous cette dernière apparence que nous le présenterons au lecteur, en ajoutant toutefois que, sous cette face large et colorée, on devinait l'impitoyable et diabolique astuce d'un maquignon.

M. Boyer, son convive, valet de chambre de confiance du vicomte, était un grand homme mince, à cheveux gris et plats, au front chauve, au regard fin, à la physionomie froide, discrète et réservée ; il s'exprimait en termes choisis, avec des manières polies, aisées, quelque peu de lettres, des opinions politiques légitimistes, et pouvait honorablement tenir sa partie de premier violon dans un quatuor d'amateurs ; de temps en temps, il prenait du meilleur air du monde une prise de tabac dans une tabatière d'or rehaussée de perles fines... après quoi il secouait négligemment du revers de sa main, aussi soignée que celle de son maître, les plis de sa chemise de fine toile de Hollande.

— Savez-vous, mon cher Edward, — dit Boyer, — que votre servante Betty fait une petite cuisine bourgeoise fort supportable ? Ma foi, de temps en temps, ça délasse de la grande chère.

— Le fait est que Betty est une bonne fille, — dit Edward qui parlait parfaitement français, — je l'emmènerai avec moi dans mon établissement, si toutefois je me décide à le prendre ; et à ce propos, puisque nous voici seuls, mon cher Boyer, parlons affaires, vous les entendez très bien.

— Mais oui, un peu, — dit modestement Boyer en prenant une prise de tabac. — Cela s'apprend si naturellement... quand on s'occupe de celles des autres.

— J'ai donc un conseil très important à vous demander ; c'est pour cela que je vous avais prié de venir prendre une tasse de thé avec moi.

— Tout à votre service, mon cher Edward.

— Vous savez qu'en dehors des chevaux de course, j'avais un forfait avec M. le vicomte pour l'entretien complet de son écurie, bêtes et gens, c'est-à-dire huit chevaux et cinq ou six grooms et boys, à raison de vingt-quatre mille francs par an, mes gages compris.

— C'était raisonnable.

— Pendant quatre ans, M. le vicomte m'a exactement payé ; mais vers le milieu de l'an passé, il m'a dit : « Edward, je vous dois environ vingt-quatre mille francs. Combien estimez-vous, au plus bas prix, mes chevaux et mes voitures ? — Monsieur le vicomte, les huit chevaux ne peuvent pas être vendus moins de trois mille francs chacun, l'un dans l'autre, et encore c'est donné (et c'est vrai, Boyer ; car la paire de chevaux de phaéton a été payée cinq cents guinées), ça fera donc vingt-quatre mille francs pour les chevaux. Quant aux voitures, il y en a quatre, mettons douze mille francs, ce qui, joint aux vingt-quatre mille francs des chevaux, fait trente-six mille francs. — Eh bien, a repris M. le vicomte, achetez-moi le tout à ce prix-là, à condition que pour les douze mille francs que vous me redevrez, vos avances remboursées, vous entretiendrez et laisserez à ma disposition chevaux, gens et voitures pendant six mois. »

— Et vous avez sagement accepté le marché, Edward ! C'était une affaire d'or.

— Sans doute ; dans quinze jours les six mois seront écoulés, je rentre dans la propriété des chevaux et des voitures.

— Rien de plus simple. L'acte a été rédigé par M. Badinot, l'homme d'affaires de M. le vicomte.. En quoi avez-vous besoin de mes conseils ?

— Que dois-je faire ? Vendre les chevaux et les voitures pour cause de départ de M. le vicomte ; et tout se vendra très bien, car il est connu pour le premier amateur de Paris, ou bien dois-je m'établir marchand de chevaux, avec mon écurie, qui ferait un joli commencement ? Que me conseillez-vous ?

— Je vous conseille de faire ce que je ferai moi-même.

— Comment ?

— Je me trouve dans la même position que vous.

— Vous ?

— M. le vicomte déteste les détails ; quand je suis entré ici j'avais d'économie et de patrimoine une soixantaine de mille francs ; j'ai fait les dépenses de la maison comme vous celles de l'écurie, et tous les ans M. le vicomte m'a payé sans examen ; à peu près à la même époque que vous, je me suis trouvé à découvert, pour moi d'une vingtaine de mille francs, et pour les fournisseurs, d'une soixantaine ; alors M. le vicomte m'a proposé comme à vous, pour me rembourser, de me vendre le mobilier de cette maison, y compris l'argenterie qui est très belle, de très bons tableaux, etc. ; le tout a été estimé au plus bas prix cent quarante mille francs. Il y avait quatre-vingt mille francs à payer, restait soixante mille francs que je devais affecter, jusqu'à leur entier épuisement, aux dépenses de la table, aux gages des gens, etc., et non à autre chose : c'était une condition du marché.

— Parce que sur ces dépenses vous gagniez encore.

— Nécessairement, car j'ai pris des arrangements avec les fournisseurs, que je ne payerai qu'après la vente, — dit Boyer en aspirant une forte prise de tabac, — de sorte qu'à la fin de ce mois-ci...

— Le mobilier est à vous comme les chevaux et les voitures sont à moi.

— Évidemment. M. le vicomte a gagné à cela de vivre pendant les derniers temps comme il aime à vivre... en grand seigneur, et ceci à la barbe de ses créanciers ; car mobilier, argenterie, chevaux, voitures, tout avait été payé comptant à sa majorité, et était devenu notre propriété à vous et à moi.

— Ainsi, M. le vicomte se sera ruiné ?...

— En cinq ans...

— Et M. le vicomte avait hérité ?...

— D'un pauvre petit million comptant, — dit assez dédaigneusement M. Boyer en prenant une prise de tabac ; — ajoutez à ce million deux cent mille francs de dettes environ, c'est passable... C'était donc pour vous dire, mon cher Edward, que j'avais eu l'intention de louer cette maison admirablement meublée, comme elle l'est, à des Anglais, linge, cristaux, porcelaine, argenterie, serre chaude ; quelques-uns de vos compatriotes auraient payé cela fort cher.

— Sans doute. Pourquoi ne le faites-vous pas ?

— Oui, mais les non-valeurs ! c'est chanceux : je me décide donc à vendre le mobilier. M. le vicomte est aussi tellement cité comme connaisseur en meubles précieux, en objets d'art, que ce qui sortira de chez lui aura toujours une double valeur ; de la sorte, je réaliserai une somme ronde. Faites comme moi, Edward, réalisez, réalisez, et n'aventurez pas vos gains dans des spéculations ; vous, premier cocher de M. le vicomte de Saint-Remy, c'est à qui voudra vous avoir : on m'a justement parlé hier d'un mineur émancipé, un cousin de madame la duchesse de Lucenay, le jeune duc de Montbrison, qui arrive d'Italie avec son précepteur, et qui monte sa maison. Deux cent cinquante bonnes mille livres de rentes en terre... mon cher Edward, deux cent cinquante mille livres de rentes... Et avec cela entrant dans la vie.. Vingt ans, toutes les illusions de la confiance, tous les enivrements de la dépense... prodigue comme un prince... Je connais l'intendant, je puis vous dire cela en confidence : il m'a presque déjà agréé comme premier valet de chambre... il me protège... le niais.

Et M. Boyer leva les épaules en aspirant violemment sa prise de tabac.

— Vous espérez le débusquer ?

— Parbleu ! c'est un imbécile... ou un impertinent. Il me met là... comme si je n'étais pas à craindre pour lui ! Avant deux mois je serai à sa place.

— Deux cent cinquante mille livres de rentes en terre !... — reprit Edward en réfléchissant, — et jeune homme... c'est une bonne maison.

— Je vous dis qu'il y a de quoi faire... Je parlerai pour vous à mon protecteur, — dit M. Boyer avec ironie. — Entrez là... c'est une fortune qui a des racines et à laquelle on peut s'attacher pour longtemps. Ce n'est pas comme ce malheureux million de M. le vicomte, une vraie boule de neige : un rayon du soleil parisien, et tout est dit. J'ai bien vu tout de suite que je ne serais ici qu'un oiseau de passage ; c'est dommage, car cette maison nous faisait honneur, et jusqu'au dernier moment je servirai M. le vicomte avec le respect et l'estime qui lui est due.

— Ma foi, mon cher Boyer, je vous remercie et j'accepte votre proposition ; mais j'y songe, si je proposais à ce jeune duc l'écurie de M. le vicomte ? elle est toute prête, elle est connue et admirée de tout Paris.

— C'est juste, vous pouvez faire là une affaire d'or.

— Mais vous-même, pourquoi ne pas lui proposer cette maison si admirablement montée en tout? que trouverait-il de mieux?

— Pardieu! Edward, vous êtes un homme d'esprit, ça ne m'étonne pas; mais vous me donnez là une excellente idée; il faut nous adresser à M. le vicomte, il est si bon maître qu'il ne nous refusera pas de parler pour nous au jeune duc; il lui dira que, partant pour la légation de Gerolstein, où il est attaché, il veut se défaire de tout son établissement. Voyons : cent soixante mille francs pour la maison toute meublée; vingt mille francs pour l'argenterie et les tableaux; cinquante mille francs pour l'écurie et les voitures, ça fait deux cent trente mille francs, c'est une affaire excellente pour un jeune homme qui veut se monter de tout; il dépenserait deux fois cette somme avant de réunir quelque chose d'aussi complétement élégant et choisi que l'ensemble de cet établissement... Car il faut l'avouer, Edward, il n'y en a pas un second comme M. le vicomte pour entendre la vie...

— Et les chevaux!

— Et la bonne chère! Godefroi, son cuisinier, sort d'ici cent fois meilleur qu'il n'y est entré; M. le vicomte lui a donné d'excellents conseils, l'a énormément raffiné.

— Par là-dessus, on dit que M. le vicomte est si beau joueur!

— Admirable... gagnant de grosses sommes avec encore un peu plus d'indifférence qu'il ne perd... Et pourtant je n'ai jamais vu perdre plus galamment.

— Et les femmes? Boyer, les femmes!! Ah! vous pourriez en dire long là-dessus, vous qui entrez seul dans les appartements du rez-de-chaussée...

— J'ai mes secrets comme vous avez les vôtres, mon cher.

— Les miens?

— Quand M. le vicomte faisait courir, n'aviez-vous pas aussi vos confidences? Je ne veux pas attaquer la probité des jockeys de vos adversaires... mais enfin certains bruits...

— Silence, mon cher Boyer; un gentleman ne compromet pas plus la réputation d'un jockey adverse qui a eu la faiblesse de l'écouter...

— Qu'un galant homme ne compromet la réputation d'une femme qui a eu des bontés pour lui; aussi, vous dis-je, gardons nos secrets ou plutôt les secrets de M. le vicomte, mon cher Edward.

— Ah çà!... qu'est-ce qu'il va faire maintenant?

— Partir pour l'Allemagne avec une bonne voiture de voyage et sept ou huit mille francs qu'il saura bien trouver. Oh! je ne suis pas embarrassé de M. le vicomte; il est de ces personnages qui retombent toujours sur leurs jambes, comme on dit...

— Et il n'a aucun héritage à attendre?

— Aucun, car son père a tout juste une petite aisance.

— Son père?

— Certainement...

— Le père de M. le vicomte n'est pas mort?

— Il ne l'était pas, du moins, il y a cinq ou six mois; M. le vicomte lui a écrit pour certains papiers de famille...

— Mais on ne le voit jamais ici...
— Par une bonne raison : depuis une quinzaine d'années il habite en province, à Angers.
— Mais M. le vicomte ne va pas le visiter ?
— Son père ?
— Oui.
— Jamais... jamais... ah bien, oui !
— Ils sont donc brouillés ?
— Ce que je vais vous dire n'est pas un secret, car je le tiens de l'ancien homme de confiance de M. le prince de Noirmont.
— Le père de madame de Lucenay ? — dit Edward avec un regard malin et significatif dont M. Boyer, fidèle à ses habitudes de réserve et de discrétion, n'eut pas l'air de comprendre la signification ; il reprit donc froidement : — Madame la duchesse de Lucenay est, en effet, fille de M. le prince de Noirmont ; le père de M. le vicomte était intimement lié avec le prince, madame la duchesse était alors toute jeune personne, et M. de Saint-Remy père, qui l'aimait beaucoup, la traitait aussi familièrement que si elle eût été sa fille. Je tiens ces détails de Simon, l'homme de confiance du prince, je puis parler sans scrupules ; car l'aventure que je vais vous raconter a été dans le temps la fable de tout Paris. Malgré ses soixante ans, le père de M. le vicomte est un homme d'un caractère de fer, d'un courage de lion, d'une probité que je me permettrai d'appeler fabuleuse ; il ne possédait presque rien et avait épousé par amour la mère de M. le vicomte, jeune personne assez riche, qui possédait le million à la fonte duquel nous venons d'avoir l'honneur d'assister.
Et M. Boyer s'inclina. Edward l'imita.
— Le mariage fut très heureux jusqu'au moment où le père de M. le vicomte trouva, dit-on, par hasard, de diables de lettres qui prouvaient évidemment que, pendant une de ses absences, trois ou quatre ans après son mariage, sa femme avait eu une tendre faiblesse pour un certain comte polonais.
— Cela arrive souvent aux Polonais. Quand j'étais chez M. le marquis de Senneval, madame la marquise... une enragée...
M. Boyer interrompit son compagnon.
— Vous devriez, mon cher Edward, savoir les alliances de nos grandes familles avant de parler sans cela, vous vous réservez de cruels mécomptes.
— Comment ?
— Madame la marquise de Senneval est la sœur de M. le duc de Montbrison, où vous désirez entrer...
— Ah diable !
— Jugez de l'effet, si vous aviez été parler d'elle en des termes pareils devant des envieux ou des délateurs ! vous ne seriez pas resté vingt-quatre heures dans la maison.
— C'est juste, Boyer... je tâcherai de connaître les alliances.
— Je reprends... Le père de M. le vicomte découvrit donc, après douze ou quinze ans d'un mariage jusque-là fort heureux, qu'il avait à se plaindre d'un comte polonais. Malheureusement ou

heureusement M. le vicomte était né neuf mois après que son père... ou plutôt que M. le comte de Saint-Remy était revenu de ce voyage, de sorte qu'il ne pouvait pas être certain, malgré de grandes probabilités, que M. le vicomte fût le fruit de l'adultère. Néanmoins, M. le comte se sépara à l'instant de sa femme, ne voulut pas toucher à un sou de la fortune qu'elle lui avait apportée, et se retira en province avec environ quatre-vingt mille francs qu'il possédait. Mais vous allez voir la rancune de ce caractère diabolique. Quoique l'outrage datât de quinze ans lorsqu'il le découvrit, et qu'il dût y avoir prescription, le père de M. le vicomte, accompagné de M. de Fermont, un de ses parents, se mit aux trousses du Polonais séducteur, et l'atteignit à Venise, après l'avoir cherché pendant dix-huit mois dans toutes les villes de l'Europe.

— Quel obstiné !...

— Une rancune de démon, vous dis-je, mon cher Edward !... A Venise eut lieu un horrible duel, dans lequel le Polonais fut tué. Tout s'était passé loyalement : mais le père de M. le vicomte montra, dit-on, une joie si féroce de voir le Polonais blessé mortellement, que son parent, M. de Fermont, fut obligé de l'arracher du lieu du combat... le comte voulait voir, disait-il, expirer son ennemi sous ses yeux.

— Quel homme ! quel homme !

— Le comte, lui, revint à Paris, alla chez sa femme, lui annonça qu'il venait de tuer le Polonais, et repartit. Depuis, il n'a jamais revu ni elle ni son fils, et il s'est retiré à Angers ; c'est là qu'il vit, dit-on, comme un vrai loup-garou, avec ce qui lui reste de ses quatre-vingt mille francs, bien écornés par ses courses après le Polonais, comme vous pensez. A Angers, il ne voit personne, si ce n'est la femme et la fille de son parent, M. de Fermont, qui est mort depuis quelques années. Du reste, cette famille a du malheur, car le frère de madame de Fermont s'est brûlé, dit-on, la cervelle, il y a plusieurs mois.

— Et la mère de M. le vicomte ?

— Il l'a perdue, il y a longtemps. C'est pour cela que M. le vicomte, à sa majorité, a joui de la fortune de sa mère... Vous voyez bien, mon cher Edward, qu'en fait d'héritage M. le vicomte n'a rien ou presque rien à attendre de son père...

— Qui du reste doit le détester ?

— Il n'a jamais voulu le voir depuis la découverte en question, persuadé sans doute qu'il est le fils du Polonais.

L'entretien des deux personnages fut interrompu par un valet de pied géant, soigneusement poudré, quoi qu'il fût à peine onze heures.

— Monsieur Boyer, M. le vicomte a sonné deux fois, — dit le géant.

Boyer parut désolé d'avoir manqué à son service, se leva précipitamment et suivit le domestique avec autant d'empressement et de respect que s'il n'eût pas été le propriétaire de la maison de son maître.

CHAPITRE XI

Le comte de Saint-Remy

Il y avait environ deux heures que Boyer, quittant Edward, s'était rendu auprès de M. de Saint-Remy, lorsque le père de ce dernier vint frapper à la porte cochère de la maison de la rue de Chaillot. Le comte de Saint-Remy était un homme de haute taille, encore alerte et vigoureux malgré son âge ; la couleur presque cuivrée de son teint contrastait étrangement avec la blancheur éclatante de sa barbe et de ses cheveux ; ses épais sourcils restés noirs recouvraient à demi ses yeux perçants, profondément enfoncés dans leur orbite. Quoiqu'il portât, par une sorte de manie misanthropique, des vêtements presque sordides, il avait dans toute sa personne quelque chose de calme, de fier qui commandait le respect.

La porte de la maison de son fils s'ouvrit, il entra. Un portier en grande livrée brune et argent, parfaitement poudré et chaussé de bas de soie, parut sur le seuil d'une loge élégante, qui avait autant de rapport avec l'antre enfumé des Pipelet que le tonneau d'une ravaudeuse peut en avoir avec la somptueuse boutique d'une lingère à la mode.

— M. de Saint-Remy ? — demanda le comte d'un ton bref.

Le portier, au lieu de répondre, examinait avec une dédaigneuse surprise la barbe blanche, la redingote râpée et le vieux chapeau de l'inconnu, qui tenait à la main une grosse canne.

— M. de Saint-Remy ? — reprit impatiemment le comte, choqué de l'impertinent examen du portier.

— M. le vicomte n'y est pas.

Ce disant, le confrère de M. Pipelet tira le cordon, et d'un geste significatif invita l'inconnu à se retirer.

— J'attendrai, — dit le comte.

Et il passa outre.

— Eh ! l'ami ! l'ami ! on n'entre pas ainsi dans les maisons ! — s'écria le portier en courant après le comte et en le prenant par le bras.

— Comment, drôle ! — répondit le vieillard d'un air menaçant, en levant sa canne, — tu oses me toucher !...

— J'oserai bien autre chose, si vous ne sortez pas tout de suite ; je vous ai dit que M. le vicomte n'y était pas, ainsi allez-vous-en.

A ce moment, Boyer, attiré par ces éclats de voix, parut sur le perron de la maison.

— Quel est ce bruit ? — demanda-t-il.

— Monsieur Boyer, c'est cet homme qui veut absolument entrer, quoique je lui aie dit que M. le vicomte n'y était pas.

— Finissons, — reprit le comte en s'adressant à Boyer, qui s'était approché ; — je veux voir mon fils... s'il est sorti, je l'attendrai...

Nous l'avons dit, Boyer n'ignorait ni l'existence ni la misanthropie du père de son maître ; assez physionomiste d'ailleurs, il ne douta pas un moment de l'identité du comte, le salua respectueusement, et répondit : — Si monsieur le comte veut bien me suivre, je suis à ses ordres...

— Allez... — dit M. de Saint-Remy, qui accompagna Boyer, au profond ébahissement du portier.

Toujours précédé du valet de chambre, le comte arriva au premier étage et suivit son guide, qui, lui faisant traverser le cabinet de travail de Florestan de Saint-Remy (nous désignerons désormais le vicomte par ce nom de baptême pour le distinguer de son père), l'introduisit dans un petit salon communiquant à cette pièce, et situé immédiatement au-dessus du boudoir du rez-de-chaussée.

— M. le vicomte a été obligé de sortir ce matin, — dit Boyer ; — si monsieur le comte veut prendre la peine de l'attendre, il ne tardera pas à rentrer.

Et le valet de chambre disparut.

Resté seul, le comte regarda autour de lui avec assez d'indifférence ; mais tout à coup il fit un brusque mouvement, sa figure s'anima, ses joues s'empourprèrent, la colère contracta ses traits. Il venait d'apercevoir le portrait de sa femme... de la mère de Florestan de Saint-Remy. Il croisa ses bras sur sa poitrine, baissa la tête comme pour échapper à cette vision, et marcha à grands pas.

— Cela est étrange ! — disait-il, — cette femme est morte ; j'ai tué son amant, et ma blessure est aussi vive, aussi douloureuse qu'au premier jour... ma soif de vengeance n'est pas encore éteinte ; ma farouche misanthropie, en m'isolant presque absolument du monde, m'a laissé face à face avec la pensée de mon outrage... oui, car la mort du complice de cette infâme a vengé mon outrage, mais ne l'a pas effacé de mon souvenir ! Oh ! je le sens, ce qui rend ma haine incurable, c'est de songer que pendant quinze ans j'ai été dupe ; c'est que pendant quinze ans j'ai entouré d'estime, de respects, une misérable qui m'avait indignement trompé... c'est que j'ai aimé son fils... le fils de son crime... comme s'il eût été mon enfant... car l'aversion que m'inspire maintenant ce Florestan ne me prouve que trop qu'il est le fruit de l'adultère ! Et pourtant je n'ai pas la certitude absolue de son illégitimité ; il est possible enfin qu'il soit mon fils... quelquefois ce doute m'est affreux ! S'il était mon fils, pourtant ! Alors l'abandon où je l'ai laissé, l'éloignement que je lui ai toujours témoigné, mon refus de ne le jamais voir, seraient impardonnables. Mais, après tout, il est riche, jeune, heureux... A quoi lui aurais-je été utile ? Oui, mais sa tendresse eût peut-être adouci les chagrins que m'a causés sa mère !...

Après un moment de réflexion profonde, le comte reprit en haussant les épaules : — Encore ces suppositions insensées sans issue... qui ravivent toutes mes peines !... soyons homme, et surmontons la stupide et pénible émotion que je ressens en songeant que je vais revoir celui que, pendant dix années, j'ai aimé avec la plus folle idolatrie, que j'ai aimé... comme mon fils... lui !... lui !... l'enfant de cet homme que j'ai vu tomber sous mon épée avec tant de bonheur, de cet homme dont j'ai vu couler le sang avec tant de joie !... et ils m'ont empêché d'assister à son agonie, à sa mort ! Oh ! ils ne savaient pas ce que c'est que d'avoir été frappé aussi cruellement que je l'ai été !... Et puis penser que mon nom, toujours respecté, honoré, a dû être si souvent prononcé avec insolence et dérision comme on prononce celui d'un mari trompé ! Penser que mon nom... mon nom dont j'ai toujours été si fier, appartient à cette heure au fils de l'homme dont j'aurais voulu arracher le cœur ! Oh ! je ne sais pas comment je ne deviens pas fou quand je songe à cela...

Et M. de Saint-Remy, continuant de marcher avec agitation, souleva machinalement la portière qui séparait le salon du cabinet de travail de Florestan, et fit quelques pas dans cette dernière pièce.

Il avait disparu depuis un instant lorsqu'une petite porte masquée dans la tenture s'ouvrit doucement, et madame de Lucenay, enveloppée d'un grand châle de cachemire vert, coiffée d'un chapeau de velours noir très simple, entra dans le salon que le comte venait de quitter pour un moment.

Expliquons la cause de cette apparition inattendue. Florestan de Saint-Remy avait donné la veille rendez-vous à la duchesse pour le lendemain matin. Celle-ci ayant, nous l'avons dit, une clef de la petite porte de la ruelle, était comme d'habitude, entrée par la serre chaude, comptant trouver Florestan dans l'appartement du rez-de-chaussée; ne l'y trouvant pas, elle crut (ainsi que cela était arrivé quelquefois) le vicomte occupé à écrire dans son cabinet... Un escalier dérobé conduisait du boudoir au premier. Madame de Lucenay monta sans crainte, supposant que M. de Saint-Remy avait, comme toujours, défendu sa porte. Malheureusement, une visite assez menaçante de M. Badinot ayant obligé Florestan de sortir précipitamment, il avait oublié le rendez-vous de madame de Lucenay. Celle-ci, ne voyant personne, allait entrer dans le cabinet, lorsque les rideaux de la portière s'écartèrent, et la duchesse se trouva face à face avec le père de Florestan.

Elle ne put retenir un cri d'effroi.

— Clotilde !... s'écria le comte stupéfait.

Intimement lié avec le prince de Noirmont, père de madame de Lucenay, M. de Saint-Remy, ayant connu celle-ci enfant et toute jeune fille, l'avait autrefois ainsi familièrement appelée par son nom de baptême. La duchesse restait immobile, contemplait avec surprise ce vieillard à barbe blanche et mal vêtu, dont elle se rappelait confusément les traits.

— Vous, Clotilde !... répéta le comte avec un accent de reproche douloureux, — vous... ici... chez mon fils !

Ces derniers mots fixèrent les souvenirs indécis de madame de Lucenay; elle reconnut enfin le père de Florestan et s'écria : — M. de Saint-Remy !

La position était tellement nette et significative, que la duchesse, dont on sait d'ailleurs le caractère excentrique et résolu, dédaigna de recourir à un mensonge pour expliquer le motif de sa présence chez Florestan; comptant sur l'affection toute paternelle que le comte lui avait jadis témoignée, elle lui tendit la main, et lui dit de cet air à la fois gracieux, cordial et hardi qui n'appartenait qu'à elle : — Voyons... ne me grondez pas,.. vous êtes mon plus vieil ami... Souvenez-vous qu'il y a vingt ans vous m'appeliez votre chère Clotilde.

— Oui, je vous appelais ainsi... mais...

— Je sais d'avance tout ce que vous allez me dire ; vous connaissez ma devise : *Ce qui est, est... ce qui sera, sera...*

— Ah ! Clotilde !...

— Épargnez-moi vos reproches, laissez-moi plutôt vous parler de ma joie de vous revoir ; votre présence me rappelle tant de choses : mon pauvre père, d'abord, et puis mes quinze ans... Ah ! quinze ans, que c'est beau !

— C'est parce que votre père était mon ami que...

— Oh ! oui, — reprit la duchesse en interrompant M. de Saint-Remy, — il vous aimait tant ! Vous souvenez-vous, il vous appelait en riant *l'homme aux rubans verts*... vous lui disiez toujours : « Vous gâtez Clotilde... prenez garde ; » et il vous répondait en m'embrassant : « Je crois bien que je la gâte ; et il faut que je me dépêche et que je redouble, car bientôt le monde me l'enlèvera pour la gâter à son tour. » Excellent père ! quel ami j'ai perdu ! — Une larme brilla dans les beaux yeux de madame de Lucenay ; puis, tendant la main à M. de Saint-Remy, elle lui dit d'une voix émue : — Vrai, je suis heureuse, bien heureuse de vous revoir ; vous éveillez des souvenirs si précieux, si chers à mon cœur !...

Le comte, quoiqu'il connût dès longtemps ce caractère original et délibéré, restait confondu de l'aisance avec laquelle Clotilde acceptait cette position si délicate : à rencontrer chez son amant le père de son amant !

— Si vous êtes à Paris depuis longtemps, — reprit madame de Lucenay, — il est mal à vous de n'être pas venu me voir plus tôt ; nous aurions tant causé du passé... car savez-vous que je commence à atteindre l'âge où il y a un charme extrême à dire à de vieux amis : Vous souvenez-vous ?

Certes, la duchesse n'eût pas parlé avec un plus tranquille nonchaloir, si elle eût reçu une visite du matin à l'hôtel de Lucenay.

M. de Saint-Remy ne pût s'empêcher de lui dire sévèrement :

— Au lieu de parler du passé, il serait plus à propos de parler du présent... mon fils peut rentrer d'un moment à l'autre, et...

— Non, — dit Clotilde en l'interrompant, j'ai la clef de la petite porte de la serre, et on annonce toujours son arrivée par un coup de timbre lorsqu'il rentre par la porte cochère ; à ce bruit je disparaîtrai aussi mystérieusement que je suis venue, et je vous laisserai tout à votre joie de revoir Florestan. Quelle douce surprise vous allez lui causer... depuis si longtemps vous l'abandonnez !... Tenez, c'est moi qui aurais des reproches à vous faire.

— A moi ?... à moi ?...

— Certainement... Quel guide, quel appui a-t-il eu en entrant dans le monde ? et pour mille choses positives les conseils d'un père sont indispensables... Aussi, franchement, il est très mal à vous de...

Ici madame de Lucenay, cédant à la bizarrerie de son caractère, ne put s'empêcher de s'interrompre en riant comme une folle, et de dire au comte : — Avouez que la position est au moins singulière, et qu'il est très piquant que ce soit moi qui vous sermonne.

— Cela est étrange, en effet ; mais je ne mérite ni vos sermons ni vos louanges : je viens chez mon fils... mais ce n'est pas pour mon fils... A son âge, il n'a pas ou il n'a plus besoin de mes conseils...

— Que voulez-vous dire ?

— Vous devez savoir pour quelles raisons j'ai le monde et surtout Paris en horreur, — dit le comte avec une expression pénible et contrainte. — Il a donc fallu des circonstances de la dernière importance pour m'obliger à quitter Angers, et surtout à venir ici... dans cette maison... Mais j'ai dû braver mes répugnances et recourir à toutes les personnes qui pouvaient m'aider ou me renseigner à propos de recherches d'un grand intérêt pour moi.

— Oh ! alors, — dit madame de Lucenay, avec l'empressement le plus affectueux, — je vous en prie, disposez de moi, si je puis vous être utile à quelque chose. Est-il besoin de sollicitations ? M. de Lucenay doit avoir un certain crédit, car les jours où je vais dîner chez ma grand'tante de Montbrison, il donne à manger chez moi à des députés ; on ne fait pas ça sans motifs ; cet inconvénient doit être racheté par quelque avantage probablement comme qui dirait une certaine influence sur des gens qui en ont beaucoup dans ce temps-ci, dit-on. Encore une fois, si nous pouvons vous servir, regardez-nous comme à vous. Il y a encore mon jeune cousin, le petit duc de Montbrison, qui, par lui-même, est lié avec toute la jeune pairie... Pourrait-il aussi quelque chose ? En ce cas, je vous l'offre. En un mot, disposez de moi et des miens, vous savez si je puis me dire amie vaillante et dévouée !

— Je le sais... et je ne refuse pas votre appui... quoique pourtant...

— Voyons, mon cher Alceste, nous sommes gens du monde, agissons donc en gens du monde. Que nous soyons ici ou ailleurs, cela importe peu, je suppose, à l'affaire qui vous intéresse, et qui maintenant m'intéresse extrêmement, puisqu'elle est vôtre. Causons donc de cela, et très à fond... je l'exige.

Ce disant, la duchesse s'approcha de la cheminée, s'y appuya et avança vers le foyer le plus joli pied du monde, qui, pour le moment, était glacé. Avec un tact parfait, madame de Lucenay saisissait l'occasion de ne plus parler du vicomte, et d'entretenir

M. de Saint-Remy d'un sujet auquel ce dernier attachait beaucoup d'importance. La conduite de Clotilde eût été différente en présence de la mère de Florestan ; c'est avec bonheur, avec fierté, qu'elle lui eût longuement avoué combien il lui était cher.

Malgré son rigorisme et son âpreté, M. de Saint-Remy subit l'influence de la grâce cavalière et cordiale de cette femme qu'il avait vue et aimée tout enfant, et il oublia presque qu'il parlait à la maîtresse de son fils... Comment, d'ailleurs, résister à la contagion de l'exemple, lorsque le héros d'une position souverainement embarrassante ne semble pas même se douter ou vouloir se douter de la difficulté de la circonstance où il se trouve !

— Vous ignorez peut-être, Clotilde, — dit le comte, — que depuis longtemps j'habite Angers.

— Non, je le savais.

— Malgré l'espèce d'isolement que je recherchais, j'avais choisi cette ville, parce que là habitait un de mes parents, M. de Fermont, qui, lors de l'affreux malheur qui m'a frappé, s'est conduit pour moi comme un frère... Après m'avoir accompagné dans toutes les villes de l'Europe où j'espérais rencontrer... un homme que je voulus tuer, il m'avait servi de témoin lors d'un duel...

— Oui, un duel terrible, mon père m'a tout dit autrefois, — reprit tristement madame de Lucenay ; — mais heureusement Florestan ignore ce duel... et aussi la cause qui l'a amené...

— J'ai voulu lui laisser respecter sa mère, — répondit le comte en étouffant un soupir... Il continua : — Au bout de quelques années, M. de Fermont mourut à Angers, dans mes bras, laissant une fille et une femme que, malgré ma misanthropie, j'avais été obligé d'aimer, parce qu'il n'y avait rien au monde de plus pur, de plus noble que ces deux excellentes créatures. Je vivais seul dans un faubourg éloigné de la ville ; mais quand mes accès de noire tristesse me laissaient quelque relâche, j'allais chez madame de Fermont parler avec elle et avec sa fille de celui que nous avions perdu... Comme de son vivant, je venais me retremper, me calmer dans cette douce intimité où j'avais désormais concentré toutes mes affections. Le frère de madame de Fermont habitait Paris ; il se chargea de toutes les affaires de sa sœur lors de la mort de son mari, et plaça chez un notaire cent mille écus environ, qui composaient toute la fortune de la veuve. Au bout de quelque temps, un nouveau et affreux malheur frappa madame de Fermont : son frère, M. de Renneville, se suicida, il y a de cela environ huit mois. Je la consolai du mieux que je pus. Sa première douleur calmée, elle partit pour Paris afin de mettre ordre à ses affaires. Au bout de quelque temps j'appris que l'on vendait par son ordre le modeste mobilier de la maison qu'elle louait à Angers, et que cette somme avait été employée à payer quelques dettes laissées par elle. Inquiet de cette circonstance, je m'informai et j'appris vaguement que cette malheureuse femme et sa fille se trouvaient dans la détresse, victimes sans doute d'une banqueroute. Si madame de Fermont pouvait, dans une extrémité pareille, compter sur quelqu'un, c'était sur moi... pourtant je ne reçus d'elle aucune nouvelle... Ce fut surtout en perdant cette intimité si douce que j'en reconnus toute la valeur. Vous ne pouvez vous figurer mes souffrances, mes inquiétudes depuis le départ de madame de Fermont et de sa fille... Leur père, leur mari était pour moi un frère... il me fallait donc absolument les retrouver, savoir pourquoi dans leur ruine elles ne s'adressaient pas à moi, tout pauvre que j'étais ; je partis pour venir ici, laissant à Angers une personne qui, si, par hasard, on apprenait quelque chose de nouveau, devait m'en instruire.

— Eh bien ?
— Hier encore j'ai reçu une lettre d'Anjou... on ne sait rien... En arrivant à Paris j'ai commencé mes recherches... je suis allé d'abord à l'ancien domicile du frère de madame de Fermont... Là on m'a dit qu'elle demeurait sur le quai du canal Saint-Martin.

— Et cette adresse ?...
— Avait été la sienne, mais on ignorait son nouveau logement... Malheureusement, jusqu'à présent, mes recherches ont été inutiles. Après mille vaines tentatives, avant de désespérer tout à fait, je me suis décidé à venir ici. Peut-être madame de Fermont, qui, par un motif inexplicable, ne m'a demandé ni aide ni appui, aura eu recours à mon fils comme au fils du meilleur ami de son mari... Sans doute ce dernier espoir est bien peu fondé... mais je ne veux rien avoir négligé pour retrouver cette pauvre femme et sa fille.

Depuis quelques minutes madame de Lucenay écoutait le comte avec un redoublement d'attention ; tout à coup elle dit : — En vérité, il serait bien singulier qu'il s'agit des mêmes personnes auxquelles s'intéresse madame d'Harville...

— Quelles personnes ? — demanda le comte.
— La veuve dont vous parlez est jeune encore, n'est-ce pas ? sa figure est très noble ?
— Sans doute... mais comment savez-vous ?...
— Sa fille, belle comme un ange, a seize ans au plus ?
— Oui... oui...
— Et elle s'appelle Claire ?
— Oh ! de grâce ! dites, où sont-elles ?
— Hélas, je l'ignore...
— Vous l'ignorez ?
— Voici ce qui est arrivé : une femme de ma société, madame d'Harville, est venue chez moi me demander si je ne connaissais pas une femme veuve, dont la fille se nommait Claire, et dont le frère se serait suicidé ; madame d'Harville s'adressait à moi, parce qu'elle avait vu ces mots : *Écrire à madame de Lucenay*, tracés au bas d'un brouillon de lettre que cette malheureuse femme écrivait à une personne inconnue, dont elle réclamait l'appui.

— Elle voulait vous écrire... à vous... et pourquoi ?

— Je l'ignore... je ne la connais pas...
— Mais elle vous connaissait, elle! — s'écria M. de Saint-Remy, frappé d'une idée subite.
— Que dites-vous ?
— Cent fois elle m'avait entendu parler de votre père, de vous, de votre généreux et excellent cœur... Dans son infortune, elle aura songé à recourir à vous...
— En effet, cela peut s'expliquer ainsi...
— Et madame d'Harville... comment avait-elle eu ce brouillon de lettre en sa possession ?
— Je l'ignore ; tout ce que je sais, c'est que, sans savoir encore où étaient réfugiées cette pauvre mère et sa fille, elle était, je crois, sur leurs traces...
— Alors je compte sur vous, Clotilde, pour m'introduire auprès de madame d'Harville ; il faut que je la voie aujourd'hui.
— Impossible !... Son mari vient d'être victime d'un effroyable accident : une arme qu'il ne croyait pas chargée est partie entre ses mains, il a été tué sur le coup.
— Ah ! c'est horrible !...
— La marquise est aussitôt partie pour aller passer les premiers temps de son deuil chez son père, en Normandie...
— Clotilde, je vous en conjure, écrivez-lui aujourd'hui, demandez-lui les renseignements qu'elle possède déjà ; puisqu'elle s'intéresse à ces pauvres femmes, dites lui qu'elle n'aura pas de plus chaleureux auxiliaire que moi ; mon seul désir est de retrouver la veuve de mon ami et de partager avec elle et avec sa fille le peu que je possède. Maintenant, c'est ma seule famille.
— Toujours le même, toujours généreux et dévoué ! Comptez sur moi, j'écrirai aujourd'hui même à madame d'Harville. Où adresserai-je ma réponse ?
— A Asnières, poste restante.
— Quelle bizarrerie ! pourquoi vous loger là, et pas à Paris ?
— J'exècre Paris, à cause des souvenirs qu'il me rappelle, — dit M. de Saint-Remy d'un air sombre ; — mon ancien médecin, le docteur Griffon, avec qui je suis resté en correspondance, possède une petite maison de campagne sur le bord de la Seine, près d'Asnières ; il ne l'habite pas l'hiver, il me l'a proposée ; c'était presque un faubourg de Paris : je pouvais, après m'être livré à mes recherches, trouver là l'isolement qui me plaît... J'ai accepté.
— Je vous écrirai donc à Asnières ; je puis, d'ailleurs, vous donner déjà un renseignement qui pourra vous servir peut-être... et que je dois à madame d'Harville... La ruine de madame de Fermont a été causée par la friponnerie du notaire chez qui était placée toute la fortune de votre parente... Ce notaire a nié le dépôt.
— Le misérable !... Et il se nomme ?..
— M. Jacques Ferrand, — dit la duchesse, sans pouvoir dissimuler son envie de rire.
— Que vous êtes étrange, Clotilde ! il n'y a rien que de sé-

rieux, que de triste dans tout ceci, et vous riez ! — dit le comte surpris et mécontent.

En effet, madame de Lucenay, au souvenir de l'amoureuse déclaration du notaire, n'avait pu réprimer un mouvement d'hilarité.

— Pardon, mon ami, — reprit-elle; — c'est que ce notaire est un homme fort singulier... et l'on raconte de lui des choses fort ridicules... Mais sérieusement, si sa réputation d'honnête homme n'est pas plus méritée que sa réputation de saint homme... (et je déclare celle-ci usurpée), c'est un grand misérable !

— Et il demeure !

— Rue du Sentier.

— Il aura ma visite... Ce que vous me dites de lui coïnciderait alors assez avec certains soupçons...

— Quels soupçons ?

— D'après quelques renseignements pris sur la mort du frère de ma pauvre amie, je serais presque tenté de croire que ce malheureux, au lieu de se suicider... a été victime d'un assassinat.

— Grand Dieu ! Et qui vous ferait supposer...

— Plusieurs raisons et qui seraient trop longues à vous dire ; je vous laisse... N'oubliez pas les offres de services que vous m'avez faites en votre nom et en celui de M. de Lucenay.

— Comment ! vous partez... sans voir Florestan ?

— Cette entrevue me serait trop pénible, vous devez le comprendre... Je la bravais dans le seul espoir de trouver ici quelques renseignements sur madame de Fermont, voulant n'avoir au moins rien négligé pour la retrouver ; maintenant adieu...

— Ah ! vous êtes impitoyable !

— Ne savez-vous pas ?...

— Je sais que votre fils n'a jamais eu plus besoin de vos conseils...

— Comment ? n'est-il pas riche, heureux ?...

— Oui, mais il ne connaît pas les hommes. Aveuglément prodigue, parce qu'il est confiant et généreux, en tout, partout et toujours très grand seigneur, je crains qu'on n'abuse de sa bonté. Si vous saviez ce qu'il y a de noblesse dans ce cœur ! Je n'ai jamais osé le sermonner au sujet de ses dépenses et de son désordre, d'abord parce que je suis au moins aussi folle que lui, et puis... pour d'autres raisons ; mais vous, au contraire, vous pourriez...

Madame de Lucenay n'acheva pas.

Tout à coup on entendit la voix de Florestan de Saint-Remy. Il entra précipitamment dans le cabinet voisin du salon ; après en avoir brusquement fermé la porte, il dit d'une voix altérée à quelqu'un qui l'accompagnait : — Mais c'est impossible !...

— Je vous répète, — répondit la voix claire et perçante de M. Badinot ; — je vous répète que, sans cela, avant quatre heures vous serez arrêté... Car s'il n'a pas l'argent tantôt, notre homme va déposer sa plainte au parquet du procureur du roi, et vous savez ce que vaut un *faux* comme celui-là : les galères, mon pauvre vicomte !...

CHAPITRE XII

L'entretien.

Il est impossible de peindre le regard qu'échangèrent madame de Lucenay et le père de Florestan en entendant ces terribles paroles : *Il y en a pour vous... des galères!* — Le comte devint livide ; il s'appuya au dossier d'un fauteuil, ses genoux se dérobaient sous lui. Son nom vénérable et respecté... son nom déshonoré par un homme qu'il accusait d'être le fruit de l'adultère ! Ce premier abattement passé, les traits courroucés du vieillard, un geste menaçant qu'il fit en s'avançant vers le cabinet, révélèrent une résolution si effrayante, que madame de Lucenay lui saisit la main, l'arrêta, et lui dit à voix basse, avec l'accent de la plus profonde conviction : — Il est innocent... je vous le jure !... Écoutez en silence...

Le comte s'arrêta. Il voulait croire à ce que lui disait la duchesse. Celle-ci était en effet persuadée de la loyauté de Florestan. Pour obtenir de nouveaux sacrifices de cette femme si aveuglément généreuse, sacrifices qui avaient pu seuls le mettre à l'abri d'une prise de corps et des poursuites de Jacques Ferrand, le vicomte avait affirmé à madame de Lucenay que, dupe d'un misérable dont il avait reçu en paiement une traite fausse, il risquait d'être regardé comme complice du faussaire, ayant lui-même mis cette traite en circulation. Madame de Lucenay savait le vicomte imprudent, prodigue, désordonné ; mais jamais elle ne l'aurait un moment supposé capable, non pas d'une bassesse ou d'une infamie, mais seulement de la plus légère indélicatesse. En lui prêtant par deux fois des sommes considérables dans des circonstances très difficiles, elle avait voulu lui rendre un service d'*ami*, le vicomte n'acceptant jamais ces avances qu'à la condition expresse de les rembourser ; car on lui devait, disait-il, plus du double de ces sommes. Son luxe apparent permettait de le croire. D'ailleurs madame de Lucenay, cédant à l'impulsion de sa bonté naturelle, n'avait songé qu'à être utile à Florestan, et nullement à s'assurer s'il pouvait s'acquitter envers elle. Il l'affirmait ; elle n'en doutait pas ; eût-il accepté sans cela des prêts aussi importants ? En répondant de l'honneur de Florestan, en suppliant le vieux comte d'écouter la conversation de son fils, la duchesse pensait qu'il allait être question de l'abus de confiance dont le vicomte se prétendait victime, et qu'il serait ainsi complètement innocenté aux yeux de son père.

— Encore une fois, — reprit Florestan d'une voix altérée, — ce Petit-Jean est un infâme ; il m'avait assuré n'avoir pas d'autres traites que celles que j'ai retirées de ses mains hier et il y a trois jours... Je croyais celle-ci en circulation, elle n'était payable que dans trois mois, à Londres, chez Adams et Compagnie.

— Oui, oui, — dit la voix mordante de Badinot. — Je sais, mon cher vicomte, que vous aviez adroitement combiné votre affaire ;

vos faux ne devaient être découverts que lorsque vous seriez déjà loin...

— Eh! il est bien temps maintenant de me dire cela, malheureux que vous êtes!... — s'écria Florestan furieux; — n'est-ce pas vous qui m'avez mis en rapport avec celui qui m'a négocié ces traites?

— Voyons, mon cher aristocrate, — répondit froidement Badinot, — du calme... Vous contrefaites habilement les signatures de commerce; c'est à merveille, mais ce n'est pas une raison pour traiter vos amis avec une familiarité désagréable. Si vous vous emportez encore... je vous laisse, arrangez-vous comme vous voudrez...

— Eh! croyez-vous qu'on puisse conserver son sang-froid dans une position pareille?... Si ce que vous me dites est vrai, si cette plainte doit être déposée aujourd'hui au parquet du procureur du roi, je suis perdu...

— C'est justement ce que je vous dis, à moins que... vous n'ayez encore recours à votre charmante providence aux yeux bleus...

— C'est impossible.

— Alors, résignez-vous. C'est dommage, c'était la dernière traite...et pour vingt-cinq mauvais mille francs... aller prendre l'air du Midi à Toulon... c'est maladroit, c'est absurde, c'est bête! Comment un habile homme comme vous peut-il se laisser acculer ainsi?

— Mon Dieu, que faire? que faire?... rien de ce qui est ici ne m'appartient plus, je n'ai pas vingt louis à moi...

— Vos amis?

— Eh! je dois à tous ceux qui pourraient me prêter; me croyez-vous assez sot pour avoir attendu jusqu'à aujourd'hui pour m'adresser à eux?

— C'est vrai; pardon... Tenez, causons tranquillement, c'est le meilleur moyen d'arriver à une solution raisonnable. Tout à l'heure je voulais vous expliquer comment vous vous étiez attaqué à plus fin que vous... vous ne m'avez pas écouté.

— Allons, parlez si cela peut être bon à quelque chose.

— Récapitulons; vous m'avez dit il y a deux ans: « J'ai pour cent treize mille francs de traites sur différentes maisons de banque à longues échéances; mon cher Badinot, trouvez moyen de me les négocier... »

— Eh bien!... ensuite?...

— Attendez... Je vous ai demandé à voir ces valeurs... Un certain je ne sais quoi m'a dit que ces traites étaient fausses, quoique parfaitement imitées. Je ne vous soupçonnais pas, il est vrai, un talent calligraphique aussi avancé; mais m'occupant du soin de votre fortune depuis que vous n'aviez plus de fortune, je vous savais complètement ruiné. J'avais fait passer l'acte par lequel vos chevaux, vos voitures, le mobilier de cet hôtel appartenaient à Boyer et à Edwards... il n'était donc pas indiscret à moi de m'étonner de vous voir possesseur de valeurs de commerce si considérables, hein?

— Faites-moi grâce de vos étonnements, arrivons au fait.

— M'y voici... J'ai assez d'expérience ou de timidité... pour ne pas me soucier de me mêler directement d'affaires de cette sorte ; je vous adressai donc à un tiers qui, non moins clairvoyant que moi, soupçonna le mauvais tour que vous vouliez lui jouer.

— C'est impossible, il n'aurait pas escompté ces valeurs s'il les avait crues fausses.

— Combien vous a-t-il donné d'argent comptant pour ces cent treize mille francs ?

— Vingt-cinq mille francs comptant, et le reste en créances à recouvrer...

— Et qu'avez-vous retiré de ces créances ?...

— Rien, vous le savez bien ; elles étaient illusoires... mais il aventurait toujours vingt-cinq mille francs.

— Que vous êtes jeune, mon cher vicomte ! Ayant à recevoir de vous ma commission de cent louis si l'affaire se faisait, je m'étais gardé de dire au tiers l'état réel de vos affaires... il vous croyait encore à votre aise, et il vous savait surtout très adoré d'une grande dame puissamment riche qui ne vous laisserait jamais dans l'embarras : il était donc à peu près sûr de rentrer au moins dans ses fonds, par transaction ; il risquait sans doute de perdre, mais il risquait aussi de gagner beaucoup, et son calcul était bon ; car, l'autre jour, vous lui avez déjà compté bel et bien cent mille francs pour retirer la fausse traite de cinquante-huit mille francs, et hier trente mille pour la seconde... Pour celle-ci, il s'est contenté, il est vrai, du remboursement intégral. Comment vous êtes-vous procuré ces trente mille francs d'hier ? que le diable m'emporte si je le sais ! car vous êtes un homme unique... Vous voyez donc qu'en fin de compte, si Petit-Jean vous force à payer la dernière traite de vingt-cinq mille francs, il aura reçu de vous cent cinquante-cinq mille francs pour vingt-cinq mille qu'il vous aura comptés ; or j'avais raison de dire que vous vous étiez joué à plus fin que vous.

— Mais pourquoi m'a-t-il dit que cette dernière traite, qu'il présente aujourd'hui, était négociée ?

— Pour ne pas vous effrayer ; il vous avait dit aussi qu'excepté celle de cinquante-huit mille francs, les autres étaient en circulation : une fois la première payée, hier est venue la seconde, et aujourd'hui la troisième.

— Le misérable...

— Écoutez donc, chacun pour soi. Mais causons de sang froid : ceci vous prouve que le Petit-Jean (et entre nous je ne serais pas étonné que, malgré sa sainte renommée, le Jacques Ferrand ne fût de moitié dans ses spéculations) ; ceci vous prouve, dis-je, que le Petit-Jean, alléché par vos premiers payements, spécule sur cette dernière traite, comme il a spéculé sur les autres, bien certain que *vos amis* ne vous laisseront pas traduire en cour d'assises. C'est à vous de voir si ces amitiés ne sont pas exploitées, pressurées jusqu'à l'écorce, et s'il ne reste pas encore quelques gouttes d'or à en exprimer ; car si dans trois heures vous n'avez pas les vingt-cinq mille francs, mon noble vicomte, vous êtes coffré.

— Quand vous me répéterez cela sans cesse...

— A force de m'entendre, vous consentirez peut-être à essayer de tirer une dernière plume de l'aile de cette généreuse duchesse...

— Je vous répète qu'il n'y faut pas songer... En trois heures trouver encore vingt-cinq mille francs, après les sacrifices qu'elle a déjà faits, ce serait folie que de l'espérer.

— Pour vous plaire, heureux mortel, on tente l'impossible...

— Eh ! elle l'a déjà tenté, l'impossible... c'était d'emprunter cent mille francs à son mari et de réussir ; mais ce sont de ces phénomènes qui ne se reproduisent pas deux fois. Voyons, mon cher Badinot, jusqu'ici vous n'avez pas eu à vous plaindre de moi... j'ai toujours été généreux... tâchez d'obtenir quelque sursis de ce misérable Petit-Jean... Vous le savez, je trouve toujours moyen de récompenser qui me sert ; une fois cette dernière affaire assoupie, je prends un nouvel essor... vous serez content de moi.

— Petit-Jean est aussi inflexible que vous êtes peu raisonnable.

— Moi !...

— Tâchez seulement d'intéresser encore votre généreuse amie à votre *funeste sort*... Que diable ! dites-lui nettement ce qu'il en est : non plus, comme déjà, que vous avez été dupe de faussaires, mais que vous êtes faussaire vous-même.

— Jamais je ne lui ferai un tel aveu, ce serait une honte sans avantage.

— Aimez-vous mieux qu'elle apprenne demain la chose par la *Gazette des Tribunaux ?*

— J'ai trois heures devant moi, je puis fuir.

— Et où irez-vous sans argent ? Jugez donc, au contraire : ce dernier faux retiré, vous vous trouverez dans une position superbe, vous n'aurez plus que des dettes... Voyons, promettez-moi de parler encore à la duchesse. Vous êtes si roué ! vous saurez vous rendre intéressant malgré vos erreurs ; au pis aller on vous estimera peut-être un peu moins ou plus du tout, mais on vous tirera d'affaire. Voyons, promettez-vous de voir votre belle amie ; je cours chez Petit-Jean ; je me fais fort d'obtenir une heure ou deux de sursis...

— Enfer ! il faut boire la honte jusqu'à la lie !

— Allons ! bonne chance ; soyez tendre, passionné, charmant ; je cours chez Petit-Jean, vous m'y trouverez jusqu'à trois heures... plus tard il ne serait plus temps .. le parquet du procureur du roi n'est ouvert que jusqu'à quatre heures...

Et M. Badinot sortit.

Lorsque la porte fut fermée, on entendit Florestan s'écrier avec un profond désespoir : — Mon Dieu !... mon Dieu !... mon Dieu !

Pendant cet entretien, qui dévoilait au comte l'infamie de son fils, et à madame de Lucenay l'infamie de l'homme qu'elle avait aveuglément aimé, tous deux étaient restés immobiles, respirant à peine, sous cette épouvantable révélation. Il serait impossible de rendre l'éloquence muette de la scène douloureuse qui se passa entre cette jeune femme et le comte lorsqu'il n'y eut plus de doute possible sur le crime de Florestan. Étendant le bras sur la pièce où se trouvait son fils, le vieillard sourit avec une ironie amère, jetant un regard écrasant sur madame de Lucenay, et sembla lui dire : « Voilà celui pour lequel vous avez bravé toutes les hontes, consommé tous les sacrifices ! voilà celui que vous me reprochiez d'avoir abandonné !... »

La duchesse comprit le reproche : un moment elle baissa la tête sous le poids de sa honte. La leçon était terrible... Puis, peu à peu, à l'anxiété cruelle qui avait contracté les traits de madame de Lucenay, succéda une sorte d'indignation hautaine. Les fautes excusables de cette femme étaient au moins palliées par la loyauté de son amour, par la hardiesse de son dévouement, par la grandeur de sa générosité, par la franchise de son caractère et par son inexorable aversion pour tout ce qui était bas ou lâche. Encore trop jeune, trop belle, trop recherchée, pour éprouver l'humiliation d'avoir été exploitée, une fois le prestige de l'amour subitement évanoui chez elle, cette femme altière et décidée ne ressentit ni haine ni colère ; instantanément, sans transition aucune, un dégoût mortel, un dédain glacial, tua son affection jusqu'alors si vivace ; ce ne fut plus une maîtresse indignement trompée par son amant, ce fut une femme de bonne compagnie découvrant qu'un homme de sa société était un escroc et un faussaire, et le chassant de chez elle. En supposant même que quelques circonstances eussent pu atténuer l'ignominie de Florestan, madame de Lucenay ne les aurait pas admises ; selon elle, l'homme qui franchissait certaines limites d'honneur, soit par vice, entraînement ou faiblesse, *n'existait plus à ses yeux*, l'honorabilité était pour elle une question d'*être* ou de *non-être*. Le seul ressentiment douloureux qu'éprouva la duchesse fut excité par l'effet terrible que cette révélation inattendue produisait sur le comte, son vieil ami.

Depuis quelques moments il semblait ne pas voir, ne pas entendre ; ses yeux étaient fixes, sa tête baissée, ses bras pendants, sa pâleur livide, de temps à autre un soupir convulsif soulevait sa poitrine. Chez un homme aussi résolu qu'énergique un tel abattement était plus effrayant que les transports de la colère, Madame de Lucenay le regardait avec inquiétude.

— Courage, mon ami, lui dit-elle à voix basse. — Pour vous... pour moi... pour cet homme... je sais ce qu'il me reste à faire...

Le vieillard la regarda fixement ; puis, comme s'il eût été arraché à sa stupeur par une commotion violente, il redressa la tête, ses traits devinrent menaçants, et oubliant que son fils pouvait l'entendre, il s'écria : — Et moi aussi, pour vous, pour moi, pour cet homme, je sais ce qu'il me reste à faire.

— Qui donc est là ? — demanda Florestan surpris.

Madame de Lucenay, craignant de se trouver avec le vicomte, disparut par la petite porte et descendit l'escalier dérobé. Florestan ayant encore demandé qui était là, et ne recevant pas de réponse, entra dans le salon. Il s'y trouva seul avec le comte. La longue barbe du vieillard le changeait tellement ; il était si pauvrement vêtu, que son fils qui ne l'avait pas vu depuis plusieurs années, ne le reconnaissant pas d'abord, s'avança vers lui d'un air menaçant.

— Que faites-vous là ?... Qui êtes-vous ?
— Le mari de cette femme ! — répondit le comte, en montrant le portrait de madame de Saint-Remy.
— Mon père !!! s'écria Florestan, en reculant avec frayeur, et il se rappela les traits du comte, depuis longtemps oubliés.

Debout, formidable, le regard irrité, le front empourpré par la colère, ses cheveux blancs rejetés en arrière, ses bras croisés sur sa poitrine, le comte dominait, écrasait son fils, qui, la tête baissée, n'osait lever les yeux sur lui. Pourtant M. de Saint-Remy, par un secret motif, fit un violent effort pour rester calme et pour dissimuler ses terribles ressentiments.

— Mon père ! — reprit Florestan d'une voix altérée ; — vous étiez là ?...
— J'étais là...
— Vous avez entendu ?
— Tout...
— Ah !!! — s'écria douloureusement le vicomte, en cachant son visage dans ses mains.

Il y eut un moment de silence... Florestan, d'abord aussi étonné que chagrin de l'apparition inattendue de son père, songea bientôt, en homme de ressource, au parti qu'il pourrait tirer de cet incident.

« Tout n'est pas perdu, se dit-il. La présence de mon père est un coup du sort. Il sait tout, il ne voudra pas laisser flétrir son nom ; il n'est pas riche, mais il doit toujours posséder plus de vingt-cinq mille francs. Jouons serré... De l'adresse, de l'entrain, de l'émotion .. je laisse reposer la duchesse, et je suis sauvé ! » Puis, donnant à ses traits charmants une expression de douloureux abattement, mouillant son regard de larmes du repentir, prenant sa voix la plus vibrante, son accent le plus pathétique, il s'écria en joignant les mains avec un air désespéré : — Ah ! mon père .. je suis bien malheureux !... après tant d'années... vous revoir... dans un tel moment !... Je dois vous paraître si coupable ! Mais daignez m'écouter, je vous en supplie ; permettez moi non de me justifier, mais de vous expliquer ma conduite... Le voulez-vous, mon père ?...

M. de Saint-Remy ne répondit pas un mot ; ses traits restèrent impassibles ; il s'assit dans un fauteuil, où il s'accouda, et là, le menton appuyé sur la paume de sa main, il contempla le vicomte en silence. Si Florestan eût connu les motifs qui remplissaient de haine, de fureur et de vengeance l'âme de son père, épouvanté du calme apparent du comte, il n'eût pas sans doute essayé de le duper, ni plus ni moins qu'un bonhomme Géronte. Mais ignorant les funestes soupçons qui pesaient sur la légitimité de sa naissance, mais ignorant la faute de sa mère, Florestan ne douta pas du succès de sa piperie, croyant n'avoir à attendrir qu'un père qui, à la fois très misanthrope et très fier de son nom, serait capable, plutôt que de le laisser déshonorer, de se décider aux derniers sacrifices.

— Mon père, reprit timidement Florestan, me permettez-vous de tâcher, non de me disculper, mais de vous dire par suite de quels entraînements involontaires... je suis arrivé presque malgré moi jusqu'à des actions infâmes... je l'avoue...

Le vicomte prit le silence de son père pour un consentement tacite, et continua : — Lorsque j'eus le malheur de perdre ma mère... ma pauvre mère, qui m'avait tant aimé... je n'avais pas vingt ans... Je me trouvai seul... sans conseil... sans appui... Maître d'une fortune considérable... habitué au luxe dès mon enfance,.. je m'en étais fait une habitude... un besoin... Ignorant combien il était difficile de gagner de l'argent, je le prodiguais sans mesure... Malheureusement... et je dis malheureusement parce que cela m'a perdu, mes dépenses, toutes folles qu'elles étaient, furent remarquables par leur élégance... A force de goût, j'éclipsai des gens dix fois plus riches que moi... Ce premier succès m'enivra, je devins homme de luxe comme on devient homme de guerre, homme d'Etat ; oui, j'aimai le luxe, non par ostentation vulgaire, mais je l'aimais comme le peintre aime la peinture, comme le poète aime la poésie ; comme tout artiste, j'étais jaloux de mon œuvre... et mon œuvre, à moi c'était mon luxe... Je sacrifiai tout à sa perfection... Je le voulus beau, grand, complet, splendidement harmonieux en toutes choses... depuis mon écurie jusqu'à ma table, depuis mon habit jusqu'à ma maison... je voulus que ma vie fût comme un enseignement de goût et d'élégance. Comme un artiste, j'étais à la fois avide des applaudissements de la foule et de l'admiration des gens d'élite ; ce succès si rare, je l'obtins...

En parlant ainsi, les traits de Florestan perdaient peu à peu leur expression hypocrite, ses yeux brillaient d'une sorte d'enthousiasme. Il disait vrai ; il avait d'abord été séduit par cette manière assez peu commune de comprendre le luxe.

Le vicomte interrogea du regard la physionomie de son père : elle lui parut s'adoucir un peu. Il reprit avec une exaltation croissante : — Oracle et régulateur de la mode, mon blâme ou ma louange faisait loi ; j'étais cité, copié, vanté, admiré, et cela par la meilleure compagnie de Paris, c'est-à-dire de l'Europe, du monde... Les femmes partagèrent l'engouement général, les plus charmantes se disputaient le plaisir de venir à quelques fêtes très-restreintes que je donnais, et partout et toujours on s'extasiait sur l'élégance incomparable, sur le goût exquis de ces fêtes... que les millionnaires ne pouvaient ni égaler ni éclipser ; enfin je fus ce que l'on appelle *le roi de la mode* .. Ce mot vous dira tout, mon père, si vous le comprenez.

— Je le comprends... et je suis sûr qu'au bagne vous inventeriez quelque élégance raffinée dans la manière de porter votre chaîne... cela deviendrait *à la mode* dans la chiourme et s'appellerait... *à la Saint-Remy*, — dit le vieillard avec une sanglante ironie... puis il ajouta : — Et Saint-Remy.. c'est MON NOM !...

Et il se tut, restant toujours accoudé, toujours le menton dans la paume de sa main.

Il fallut à Florestan beaucoup d'empire sur lui-même pour cacher la blessure que lui fit ce sarcasme acéré. Il reprit d'un ton plus humble : — Hélas ! mon père, ce n'est pas par orgueil que j'évoque le souvenir de ces succès... car, je vous le répète, ce succès m'a perdu... Recherché, envié, flatté, adulé, non par des parasites intéressés, mais par des gens dont la position dépassait de beaucoup la mienne, et sur lesquels j'avais seulement l'avantage que donne l'élégance... qui est au luxe ce que le goût est aux arts... la tête me tourna. Je ne calculai plus : ma fortune devait être dissipée en quelques années, peu m'importait. Pouvais-je renoncer à cette vie fiévreuse, éblouissante, dans laquelle les plaisirs succédaient aux plaisirs, les jouissances aux jouissances, les fêtes aux fêtes, les ivresses de toutes sortes aux enchantements de toutes sortes !... Oh ! si vous saviez, mon père, ce que c'est que d'être partout signalé comme le héros du jour... d'entendre le murmure qui accueille votre entrée dans un salon... d'entendre les femmes se dire : « C'est lui !... le voilà !.. » Oh ! si vous saviez...

— Je sais... — dit le vieillard en interrompant son fils et sans changer d'attitude ; — je sais... Oui, l'autre jour, sur une place publique, il y avait foule ; tout à coup on entendit un murmure... pareil à celui qui vous accueille quand vous entrez quelque part ; puis les regards des femmes surtout se fixèrent sur un très beau garçon... toujours comme ils se fixent sur vous... et elles se le montraient les unes aux autres en se disant : C'est lui... le voilà... » toujours comme s'il s'était agi de vous...

— Mais cet homme, mon père ?...

— Était un faussaire que l'on mettait au carcan.

— Ah ! — s'écria Florestan avec une rage concentrée ; puis, feignant une affliction profonde, il ajouta : — Mon père, vous êtes sans pitié... que voulez-vous que je vous dise pourtant ? Je ne cherche pas à nier mes torts... je veux seulement vous expliquer l'entraînement fatal qui les a causés. Eh bien ! oui, dussiez-vous encore m'accabler de sanglants sarcasmes, je tâcherai d'aller jusqu'au bout de cette confession, je tâcherai de vous faire comprendre cette exaltation fiévreuse qui m'a perdu, parce qu'alors peut-être vous me plaindrez... oui, car on plaint un fou... et j'étais fou... Fermant les yeux, je m'abandonnais à l'étincelant tourbillon dans lequel j'entraînais avec moi les femmes les plus charmantes, les hommes les plus aimables. M'arrêter, le pouvais-je ? Autant dire au poète qui s'épuise, et dont le génie dévore la santé : Arrêtez-vous au milieu de l'inspiration qui vous emporte !... Non, je ne pouvais pas, moi !.. moi !... abdiquer cette royauté que j'exerçais, et rentrer honteux, ruiné, moqué, dans la plèbe inconnue; donner ce triomphe à mes envieux que j'avais jusqu'alors défiés, dominés, écrasés !... Non, non, je ne le pouvais pas !... volontairement du moins. Vint le jour fatal où pour la première fois l'argent m'a manqué. Je fus surpris comme si ce moment n'avait jamais dû arriver. Cependant j'avais encore à moi mes chevaux, mes voitures, le mobilier de cette maison... Mes dettes payées, il me serait resté soixante mille francs peut-être... Qu'aurais-je fait de cette misère ? Alors, mon père, je fis le premier pas dans une voie infâme... J'étais encore honnête... je n'avais dépensé que ce qui m'appartenait; mais alors je commençai à faire des dettes que je ne pouvais pas payer... Je vendis tout ce que je possédais à deux de mes gens, afin de m'acquitter envers eux, et de pouvoir, pendant six mois encore, malgré mes créanciers, jouir du luxe qui m'enivrait... Pour subvenir à mes besoins de jeu et de folles dépenses, j'empruntais d'abord à des juifs ; puis, pour payer les juifs, à mes amis, et, pour payer mes amis, à mes maîtresses. Ces ressources épuisées, il y eut un nouveau temps d'arrêt dans ma vie... D'honnête homme j'étais devenu chevalier d'industrie... mais je n'étais pas encore criminel... Cependant j'hésitai... je voulus prendre une résolution violente... J'avais prouvé dans plusieurs duels que je ne craignais pas la mort... je voulus me tuer !...

— Ah bah !... vraiment ? — dit le comte avec une ironie farouche.

— Vous ne me croyez pas, mon père ?

— C'était bien tôt ou bien tard ! — ajouta le vieillard, toujours impassible et dans la même attitude.

Florestan, pensant avoir ému son père en lui parlant de son projet de suicide, crut nécessaire de remonter la scène par un coup de théâtre. Il ouvrit un meuble, y prit un petit flacon de cristal verdâtre, et dit au comte en le posant sur la table : — Un charlatan italien m'a vendu ce poison...

— Et... il était pour vous... ce poison ? — dit le vieillard toujours accoudé.

Florestan comprit la portée des paroles de son père. Ses traits exprimèrent cette fois une indignation réelle, car il disait vrai... Un jour il avait eu la fantaisie de se tuer: fantaisie éphémère ! les gens de sa sorte sont trop lâches pour se résoudre froidement et sans témoins à la mort qu'ils affrontent par point d'honneur dans un duel. Il s'écria donc avec l'accent de la vérité : — Je suis tombé bien bas... mais du moins pas jusque-là, mon père ! C'était pour moi que je réservais ce poison !

— Et vous avez eu peur ? — fit le comte, sans changer de position.

— Je l'avoue, j'ai reculé devant cette extrémité terrible; rien n'était encore désespéré; les personnes auxquelles je devais étaient riches et pouvaient attendre... A mon âge, avec mes relations, j'espérais un moment, sinon refaire ma fortune, du moins m'assurer une position honorable, indépendante, qui m'en eût tenu lieu... Plusieurs de mes amis, peut-être moins bien doués que moi, avaient fait un chemin rapide dans la diplomatie. J'eus une velléité d'ambition... Je n'eus qu'à vouloir, et je fus attaché à la légation de Gerolstein... Malheureusement, quelques jours après cette nomination, une dette de jeu contractée envers un homme que je laissais me mit dans un cruel embarras... J'avais épuisé mes dernières ressources... Une idée fatale me vint. Me croyant certain de l'impunité, je commis une action infâme... Vous le voyez, mon père, je ne vous ai rien caché... j'avoue l'ignominie de ma conduite; je ne cherche à l'atténuer en rien... Deux partis me restent à prendre, et je suis également décidé à tous deux... le premier est de me tuer... et de laisser votre nom déshonoré, car si je ne paye pas aujourd'hui même vingt-cinq mille francs, la plainte est déposée, l'éclat a lieu, et, mort ou vivant, je suis flétri. Le second moyen est de me jeter dans vos bras, mon père,.. de vous dire : Sauvez votre fils, sauvez votre nom de l'infamie... et je vous jure de partir demain pour l'Afrique, de m'y engager soldat et d'y trouver la mort ou de vous revenir un jour vaillamment réhabilité... Ce que je vous dis là, mon père, voyez-vous, est vrai... En présence de l'extrémité qui m'accable, je n'ai pas d'autre parti... Décidez... ou je mourrai couvert de honte, ou, grâce à vous... je vivrai pour réparer ma faute... Ce ne sont pas là des menaces et des paroles de jeune homme, mon père... J'ai vingt-cinq ans, je porte votre nom, j'ai assez de courage ou pour me tuer... ou pour me faire soldat, car je ne veux pas aller au bagne...

Le comte se leva.

— Je ne veux pas que mon nom soit déshonoré, — dit-il froidement à Florestan.

— Ah! mon père !... mon sauveur! — s'écria chaleureusement le vicomte ; et il allait se précipiter dans les bras de son père, lorsque celui-ci, d'un air glacial, calma cet entraînement.

— On vous attend jusqu'à trois heures... chez cet homme qui a le faux?

— Oui, mon père... et il est deux heures...

— Passons dans votre cabinet... donnez-moi de quoi écrire.

— Voici, mon père.

Le père s'assit devant le bureau de Florestan et écrivit d'une main ferme :

« Je m'engage à payer, ce soir, à dix heures, les vingt-cinq mille francs que doit mon fils.

« Comte DE SAINT-REMY. »

— Votre créancier ne veut que de l'argent; malgré ses menaces, cet engagement de moi le fera consentir à un nouveau délai ; il ira chez M. Dupont, banquier, rue de Richelieu, numéro 7, qui lui répondra de la valeur de cet acte.

— Ah! mon père !... comment jamais...

— Vous m'attendrez ce soir... à dix heures, je vous apporterai l'argent... que votre créancier se trouve ici...

— Oui, mon père, et après-demain je pars pour l'Afrique... Vous verrez si je suis ingrat! Alors, peut-être, lorsque je serai réhabilité, vous accepterez mes remerciements.

— Vous ne me devez rien; j'ai dit que mon nom ne serait pas déshonoré davantage, il ne le sera pas, — dit simplement M. de Saint-Remy, en prenant sa canne qu'il avait déposée sur le bureau, et il se dirigea vers la porte.

— Mon père, votre main au moins?..., reprit Florestan d'un ton suppliant.

— Ici, ce soir, à dix heures, — dit le comte en refusant sa main. Et il sortit.

— Sauvé!... — s'écria Florestan radieux, — Sauvé! — Puis il reprit après un moment de réflexion: — Sauvé, à peu près... N'importe c'est toujours cela... Peut-être ce soir, lui avouerai-je l'*autre chose*. Il est en train... il ne voudra pas s'arrêter en si beau chemin, et que son premier sacrifice reste inutile faute d'un second... Et encore, pourquoi lui dire!... Qui saura jamais?... Au fait, si rien ne se découvre, je garderai l'argent qu'il me donnera pour éteindre cette *dernière dette*... J'ai eu de la peine à l'émouvoir, ce diable d'homme!!!.... L'amertume de ses sarcasmes m'avait fait douter de sa bonne résolution, mais ma menace de suicide, la crainte de voir son nom flétri, l'ont décidé; c'était bien là qu'il fallait frapper... Il est sans doute beaucoup moins pauvre qu'il affecte de l'être... S'il possède une centaine de mille francs, il a dû faire des économies en vivant comme il vit... Encore une fois, sa venue est un coup du sort... Il a l'air sauvage, mais au fond je le crois bonhomme... Courons chez cet huissier!

Il sonna, M. Boyer parut.

— Comment ne m'avez-vous pas averti que mon père était ici? Vous êtes d'une négligence.

— Par deux fois j'ai voulu adresser la parole à monsieur le vicomte qui rentrait avec M. Badinot par le jardin; mais monsieur le vicomte, probablement préoccupé de son entretien avec M. Badinot, m'a fait signe de la main de ne pas l'interrompre... Je ne me suis pas permis d'insister... Je serais désolé que monsieur le vicomte pût me croire coupable de négligence...

— C'est bien... dites à Edward de me faire tout de suite atteler *Orion*... non... *Plower* au cabriolet...

M. Boyer s'inclina respectueusement. Au moment où il allait sortir, on frappa. M. Boyer regarda le vicomte d'un air interrogatif.

— Entrez! — dit Florestan.

Un second valet de chambre parut, tenant à la main un petit plateau de vermeil. M. Boyer s'empara du plateau avec une sorte de jalouse prévenance, de respectueux empressement, et vint le présenter au vicomte.

Celui-ci prit une assez volumineuse enveloppe, scellée d'un cachet de cire noire.

Les deux serviteurs se retirèrent discrètement.

Florestan ouvrit l'enveloppe. Elle contenait vingt-cinq mille francs en bons du Trésor... sans autre avis.

— Décidément — s'écria-t-il avec joie, — la journée est bonne... Sauvé !... cette fois, et pour le coup complètement sauvé.. Je cours chez le joaillier... et encore — se dit-il, — peut-être... Non, attendons... on ne peut avoir aucun soupçon sur moi... vingt-cinq mille francs sont bons à garder... Pardieu !... je suis bien sot de jamais douter de mon étoile... au moment où elle me semble obscurcie, ne reparaît-elle pas plus brillante encore ? Mais d'où vient cet argent ?... l'écriture de l'adresse m'est inconnue... Voyons le cachet... le chiffre... Mais... oui... oui... je ne me trompe pas... un N et un L... c'est Clotilde ! comment a-t-elle su !... et pas un mot... C'est bizarre ! Quel à propos !... Ah ! mon Dieu ! j'y songe... je lui avais donné rendez-vous ce matin... Ces menaces de Badinot m'ont bouleversé... J'ai oublié Clotilde... Après m'avoir attendu au rez-de-chaussée, elle s'en sera allée !... Sans doute cet envoi est un moyen délicat de me faire entendre qu'elle craint de se voir oubliée pour des embarras d'argent... Oui, c'est un reproche indirect... de ne m'être pas adressé à elle, comme toujours... Bonne Clotilde... toujours la même !... généreuse comme une reine !... Quel dommage d'en être venu là avec elle... encore si jolie !... Quelquefois j'en ai regret... mais je ne me suis adressé à elle qu'à la dernière extrémité... j'y ai été forcé.

— Le cabriolet de monsieur le vicomte est avancé, — vint dire M. Boyer.

— Qui a apporté cette lettre ? — lui demanda Florestan.

— Je l'ignore, monsieur le vicomte.

— Au fait, je le demanderai en bas. Mais, dites-moi, il n'y a *personne* au rez-de-chaussée ? — ajouta le vicomte en regardant Boyer d'un air significatif.

— Il n'y a *plus* personne, monsieur le vicomte.

— Je ne m'étais pas trompé, — pensa Florestan, — Clotilde m'a attendu et s'en est allée.

— Si monsieur le vicomte voulait avoir la bonté de m'accorder deux minutes ? — dit Boyer.

— Dites... et dépêchez-vous...

— Edward et moi nous avons appris que M. le duc de Montbrison désirait monter sa maison... Si monsieur le vicomte voulait être assez bon pour lui proposer la sienne toute meublée... ainsi que son écurie toute montée... ce serait pour moi et pour Edward une très bonne occasion de nous défaire de tout, et, pour monsieur le vicomte, peut-être une bonne occasion de motiver cette vente.

— Mais vous avez pardieu raison, Boyer... pour moi même... je préfère cela... je verrai Montbrison, je lui parlerai. Quelles sont vos conditions ?

— Monsieur le vicomte comprend bien... que nous devons tâcher de profiter le plus possible de sa générosité.

— Et gagner sur votre marché, rien de plus simple !... Voyons... le prix.

— Le tout, deux cent soixante mille francs... monsieur le vicomte.

— Vous gagnez là-dessus, vous et Edward ?...

— Environ quarante mille francs, monsieur le vicomte.

— C'est joli !... Du reste, tant mieux, car après tout je suis content de vous... et si j'avais eu un testament à faire, je vous aurais laissé cette somme à vous et à Edward.

Et le vicomte sortit pour se rendre d'abord chez son créancier, puis chez madame de Lucenay, qu'il ne soupçonnait pas d'avoir assisté à son entretien avec Badinot.

CHAPITRE XIII

La perquisition

L'hôtel de Lucenay était une de ces royales habitations du faubourg Saint-Germain que le *terrain perdu* rendait si grandioses ; une maison moderne tiendrait à l'aise dans la cage de l'escalier d'un de ces palais, et on bâtirait un quartier tout entier sur l'emplacement qu'ils occupent.

Vers les neuf heures du soir de ce même jour, les deux battants de l'énorme porte de cet hôtel s'ouvrirent devant un étincelant coupé qui, après avoir décrit une courbe savante dans la cour immense, s'arrêta devant un large perron abrité qui conduisait à une première antichambre. Pendant que le piétinement de deux chevaux ardents et vigoureux retentissait sur le pavé sonore, un gigantesque valet de pied ouvrit la portière armoriée ; un jeune homme descendit lestement de cette brillante voiture, et monta non moins lestement les cinq ou six marches du perron. Ce jeune homme était le vicomte de Saint-Remy. En sortant de chez son créancier, qui, satisfait de l'engagement du père de Florestan, avait accordé le délai demandé et devait revenir toucher son argent à dix heures du soir, rue de Chaillot, M. de Saint-Remy s'était rendu chez madame de Lucenay pour la remercier du nouveau service qu'elle lui avait rendu ; mais n'ayant pas rencontré la duchesse le matin, il arrivait triomphant, certain de la trouver en *prima sera*, heure qu'elle lui réservait habituellement.

A l'empressement de deux des valets de pied de l'antichambre qui coururent ouvrir la porte vitrée dès qu'ils reconnurent la voiture de Florestan, à l'air profondément respectueux avec lequel le reste de la livrée se leva spontanément sur le passage du vicomte, enfin à quelques nuances presque imperceptibles, on devinait enfin le *second* ou plutôt le véritable maître de la maison. Lorsque M. le duc de Lucenay rentrait chez lui, son parapluie à la main et les pieds chaussés de socques démesurés (il détestait de sortir dans le jour en voiture), les mêmes évolutions domestiques se répétaient tout aussi respectueuses ; cependant aux yeux d'un observateur, il y avait une grande différence de physionomie entre l'accueil fait au mari et celui qu'on réservait à l'amant. Le même empressement se manifesta dans le salon des valets de chambre lorsque Florestan y entra ; à l'instant, l'un d'eux le précéda pour aller l'annoncer à madame de Lucenay.

Jamais le vicomte n'avait été plus glorieux, ne s'était senti plus léger, plus sûr de lui, plus conquérant... La *victoire* qu'il avait remporté le matin sur son père, la nouvelle preuve d'*attachement* de madame de Lucenay, la joie d'être sorti si miraculeusement d'une position terrible, sa renaissante confiance dans son étoile, donnaient à sa jolie figure une expression d'audace et de bonne humeur qui la rendait plus séduisante encore ; jamais enfin il ne s'était senti *mieux*... Et il avait raison. Jamais sa taille mince et flexible ne s'était dressée plus cavalière ; jamais il n'avait porté son front et le regard plus haut ; jamais son orgueil n'avait été plus délicieusement chatouillé par cette pensée : « La très grande dame, maîtresse de ce palais, est à mes pieds... ce matin encore elle m'attendait chez moi... »

Florestan s'était livré à ces réflexions singulièrement vaniteuses en traversant trois ou quatre salons qui conduisaient à une petite pièce où la duchesse se tenait habituellement. Un dernier coup d'œil jeté sur une glace compléta l'excellente opinion que Florestan avait de soi-même. Le valet de chambre ouvrit les deux battants de la porte du salon et annonça : — Monsieur le vicomte de Saint-Remy !...

L'étonnement et l'indignation de la duchesse furent inexprimables... Elle croyait que le comte n'avait pas caché à son fils qu'elle avait tout entendu...

Nous l'avons dit : en apprenant combien Florestan était infâme, l'amour de madame de Lucenay, subitement éteint, s'était changé en un dédain glacial. Nous l'avons dit encore ; au milieu de ses légèretés, de ses erreurs, madame de Lucenay avait conservé purs et intacts des sentiments de droiture, d'honneur, de loyauté chevaleresque d'une vigueur et d'une exigence toutes viriles ; elle avait les qualités de ses défauts, les vertus de ses vices : traitant l'amour aussi cavalièrement qu'un homme le traite, elle poussait aussi loin, plus loin qu'un homme, le dévouement, la générosité, le courage et surtout l'horreur de toute bassesse. Madame de Lucenay, devant aller le soir dans le monde, était, quoique *sans diamants*, habillée avec son goût et sa magnificence habituelle ; cette toilette splendide, le *rouge* vif qu'elle portait franchement, hardiment, en femme de cour, jusque sous les paupières, sa beauté surtout éclatante aux lumières, sa taille de *déesse marchant sur les nues*, rendaient plus frappant encore ce grand air que personne au monde ne possédait comme elle, et qu'elle poussait, s'il le fallait, jusqu'à une foudroyante insolence...

On connaît le caractère altier, déterminé de la duchesse : qu'on se figure donc sa physionomie, son regard, lorsque le vicomte s'avançant pimpant, souriant et confiant, lui dit avec amour : — Ma chère Clotilde... combien vous êtes bonne !... combien vous...

Le vicomte ne put achever.

La duchesse était assise et n'avait pas bougé ; mais son geste, son coup d'œil, révélèrent un mépris à la fois si calme et si écrasant... que Florestan s'arrêta court... Il ne put dire un mot ni faire un pas de plus. Jamais madame de Lucenay ne s'était montrée à lui sous cet aspect. Il ne pouvait croire que ce fût la même femme qu'il avait toujours trouvée douce, tendre, passionnément soumise ; car rien n'est plus humble, plus timide qu'une femme résolue devant l'homme qu'elle aime et qui la domine.

Sa première surprise passée, Florestan eut honte de sa faiblesse ; son audace habituelle reprit le dessus. Faisant un pas vers madame de Lucenay pour lui prendre la main, il lui dit de sa voix la plus caressante : — Mon Dieu ! Clotilde, qu'est-ce donc !... Je ne t'ai jamais vue si jolie, et pourtant...

— Ah ! c'est trop d'impudence ! — s'écria la duchesse, en se reculant avec tant de dégoût et de hauteur que Florestan demeura de nouveau surpris et atterré.

Reprenant pourtant un peu d'assurance, il lui dit : — M'apprendrez-vous au moins, Clotilde, la cause de ce changement si soudain ? Que vous ai-je fait ?... que voulez-vous ?

Sans lui répondre, madame de Lucenay le regarda, comme on dit vulgairement, des pieds à la tête, avec une expression si insultante, que Florestan sentit le rouge de la colère lui monter au front, et il s'écria : — Je sais, madame, que vous brusquez habituellement les ruptures... Est-ce une rupture que vous voulez ?

— La prétention est curieuse ! — dit madame de Lucenay avec un éclat de rire sardonique ; sachez monsieur, que lorsqu'un laquais me vole... je ne *romps* pas *avec lui*... je le chasse...

— Madame !...

— Finissons, — dit la duchesse d'une voix brève et insolente, — votre présence me répugne ! Que voulez-vous ici ? Est-ce que vous n'avez pas eu votre argent ?

— Il était donc vrai... je vous avais devinée... Ces vingt-cinq mille francs...

— Votre dernier *faux* est retiré, n'est-ce pas ? l'honneur du nom de votre famille est sauvé... C'est bien... allez vous-en...

— Ah ! croyez...

— Je regrette fort cet argent, il aurait pu secourir tant d'honnêtes gens, mais il faut songer à la honte de votre père et à la mienne.

— Ainsi, Clotilde, vous saviez tout ?... — Oh ! voyez-vous ! maintenant... il ne me reste plus qu'à mourir... — s'écria Florestan, du ton le plus pathétique et le plus désespéré.

Un impertinent éclat de rire de la duchesse accueillit cette exclamation tragique, et elle ajouta entre deux accès d'hilarité : — Mon Dieu ! je n'aurais jamais cru que l'infamie pût être si ridicule !

— Madame!... — s'écria Florestan, les traits contractés par la rage.

Les deux battants de la porte s'ouvrirent avec fracas, et on annonça : — M. le duc de Montbrison!

Malgré son empire sur lui-même, Florestan contint à peine la violence de ses ressentiments, qu'un homme plus observateur que le duc eût certainement remarqués.

M. de Montbrison avait à peine dix-huit ans. Qu'on s'imagine une ravissante figure de jeune fille blonde, blanche et rose, dont les lèvres vermeilles et le menton satiné seraient légèrement ombragés d'une barbe naissante ; qu'on ajoute à cela de grands yeux bruns encore un peu timides, qui ne demandent qu'à s'émérillonner, une taille aussi svelte que celle de la duchesse, et l'on aura peut-être l'idée de ce jeune duc, le *chérubin* le plus idéal que jamais *comtesse* et *suivante* aient coiffé d'un bonnet de femme, après avoir remarqué la blancheur de son cou d'ivoire.

Le vicomte eut la faiblesse ou l'audace de rester.

— Que vous êtes aimable, Conrad, d'avoir pensé à moi ce soir! — dit madame de Lucenay, du ton le plus affectueux en tendant sa belle main au jeune duc.

Celui-ci allait donner un *shake-hands* à sa cousine, mais Clotilde haussa légèrement la main et lui dit gaiement : — Baisez-la, mon cousin, vous avez vos gants.

— Pardon... ma cousine, — dit l'adolescent, et il appuya ses lèvres sur la main nue et charmante qu'on lui présentait.

— Que faites-vous ce soir, Conrad ? — lui demanda madame de Lucenay, sans paraître s'occuper le moins du monde de Florestan.

— Rien, ma cousine ; en sortant de chez vous j'irai au club.

— Pas du tout, vous nous accompagnerez, M. de Lucenay et moi, chez madame de Senneval, c'est son jour ; elle m'a déjà demandé plusieurs fois de vous présenter à elle...

— Ma cousine, je serai trop heureux de me mettre à vos ordres.

— Et puis, franchement, je n'aime pas vous voir déjà ces habitudes et ces goûts de club ; vous avez tout ce qu'il faut pour être parfaitement accueilli et même recherché dans le monde... Il faut donc y aller beaucoup.

— Oui, ma cousine.

— Et comme je suis avec vous à peu près sur le pied d'une grand'mère, mon cher Conrad, je me dispose à exiger infiniment. Vous êtes émancipé, c'est vrai, mais je crois que vous aurez encore longtemps besoin d'une tutelle... et il faudra vous résoudre à accepter la mienne.

— Avec joie, avec bonheur, ma cousine! — dit vivement le jeune duc.

Il est impossible de peindre la rage muette de Florestan, toujours debout, appuyé à la cheminée. Ni le duc, ni Clotilde ne faisaient attention à lui. Sachant combien madame de Lucenay *se décidait vite*, il s'imagina qu'elle poussait l'audace et le mépris jusqu'à vouloir se mettre aussitôt et devant lui en coquetterie réglée avec M. de Montbrison.

Il n'en était rien : la duchesse ressentait alors pour son cousin une affection toute maternelle, l'ayant presque vu naître. Mais le jeune duc était si joli, il semblait si heureux du gracieux accueil de sa cousine, que la jalousie, ou plutôt l'orgueil de Florestan, s'exaspéra ; son cœur se tordit sous les cruelles morsures de l'envie que lui inspirait Conrad de Montbrison, qui, riche et charmant, entrait si splendidement dans cette vie de plaisirs, d'énivrements et de fêtes, d'où il sortait, lui, ruiné, flétri, méprisé, déshonoré. M. de Saint-Remy était brave de cette bravoure de tête, si cela peut se dire, qui fait par colère ou par vanité affronter un duel ; mais, vil et corrompu, il n'avait pas ce courage de cœur qui triomphe des mauvais penchants, ou qui, du moins, vous donne l'énergie d'échapper à l'infamie par une mort volontaire. Furieux de l'infernal mépris de la duchesse, croyant voir un successeur dans le jeune duc, M. de Saint-Remy résolut de lutter d'insolence avec madame de Lucenay, et, s'il le fallait, de chercher querelle à Conrad.

La duchesse, irritée de l'audace de Florestan, ne le regardait pas, et M. de Montbrison dans son empressement auprès de sa cousine, oubliant un peu les convenances, n'avait pas salué ni dit un mot au vicomte, qu'il connaissait pourtant. Celui-ci, s'avançant vers Conrad, qui lui tournait le dos, lui toucha légèrement le bras, et lui dit d'un ton sec et ironique : — Bonsoir, monsieur... mille pardons de ne pas vous avoir encore aperçu.

M. de Montbrison, sentant qu'il venait en effet de manquer à la politesse, se retourna vivement, et dit cordialement au vicomte : — Monsieur, je suis confus, en vérité .. Mais j'ose espérer que ma cousine, qui a causé ma distraction, voudra bien l'excuser auprès de vous... et...

— Conrad, — dit la duchesse, poussée à bout par l'impudence de Florestan qui persistait à rester chez elle et à la braver, — Conrad, c'est bon, pas d'excuses... ça n'en vaut pas la peine.

M. de Montbrison, croyant que sa cousine lui reprochait en plaisantant d'être trop formaliste, dit gaiement au vicomte blême de colère : — Je n'insisterai pas, monsieur... puisque ma cousine me le défend... Vous le voyez, sa tutelle commence.

— Et cette tutelle ne s'arrêtera pas là... mon cher monsieur, soyez-en certain. Aussi, dans cette prévision (que madame la duchesse s'empressera de réaliser, je n'en doute pas), dans cette prévision, dis-je, il me vient l'idée de vous faire une proposition...

— A moi, monsieur ? — dit Conrad, commençant à se choquer du ton sardonique de Florestan.

— A vous-même... Je pars dans quelques jours pour la légation de Gerolstein, à laquelle je suis attaché... Je voudrais me défaire de ma maison toute meublée, de mon écurie toute montée ; vous devriez *vous en arranger aussi*... — Et le vicomte appuya insolemment sur ces derniers mots en regardant madame de Lucenay.

— Ce serait fort piquant, n'est-ce pas, madame la duchesse ?

— Je ne vous comprends pas, monsieur, — dit M. de Montbrison de plus en plus étonné.

— Je vous dirai, Conrad, pourquoi vous ne pouvez accepter l'offre qu'on vous fait, — dit Clotilde.

— Et pourquoi monsieur ne peut-il pas accepter mon offre, madame la duchesse?

— Mon cher Conrad, ce qu'on vous propose de vous vendre est déjà vendu à d'autres... vous comprenez... vous auriez l'inconvénient d'être volé comme dans un bois.

Florestan se mordit les lèvres de rage.

— Prenez garde, madame! — s'écria-t-il.

— Comment! des menaces... ici..., monsieur!— s'écria Conrad.

— Allons donc! Conrad, ne faites pas attention, — dit madame de Lucenay, en prenant une pastille dans une bonbonnière avec un imperturbable sang-froid, — un homme d'honneur ne doit ni ne peut plus se commettre avec monsieur. S'il y tient, je vais vous dire pourquoi.

Un terrible éclat allait avoir lieu peut-être, lorsque les deux battants de la porte s'ouvrirent de nouveau, et M. le duc de Lucenay entra bruyamment, violemment, étourdiment, selon sa coutume.

— Comment, ma chère, vous êtes déjà prête? — dit-il à sa femme; — mais c'est étonnant!... mais c'est surprenant!... Bonsoir, Saint-Remy, bonsoir, Conrad... Ah! vous voyez le plus désespéré des hommes... c'est-à-dire que je n'en dors pas, que je n'en mange pas, que j'en suis abruti; je ne peux pas m'y habituer... Pauvre d'Harville, quel événement!

Et M. de Lucenay, se jetant à la renverse sur une sorte de causeuse à deux dossiers, lança son chapeau loin de lui avec un geste de désespoir, et, croisant sa jambe gauche sur son genou droit, il prit par manière de contenance son pied dans sa main, continuant de pousser des exclamations désolées.

L'émotion de Conrad et de Florestan put se calmer sans que M. de Lucenay, d'ailleurs l'homme le moins clairvoyant du monde, se fût aperçu de rien.

Madame de Lucenay, non par embarras, elle n'était pas femme à s'embarrasser jamais, on le sait, mais parce que la présence de Florestan lui était aussi répugnante qu'insupportable, dit au duc:

— Quand vous voudrez nous partirons, je présente Conrad à madame de Senneval.

— Non, non, non! — se mit à crier le duc en abandonnant son pied pour saisir un des coussins sur lequel il frappa violemment de ses deux poings, au grand émoi de Clotilde, qui, aux cris inattendus de son mari, bondit sur son fauteuil.

— Mon Dieu, monsieur, qu'avez-vous? — lui dit-elle, — vous m'avez fait une peur horrible.

— Non! — répéta le duc, et, repoussant le coussin, il se leva brusquement et se mit à gesticuler en marchant, — je ne puis me faire à l'idée de la mort de ce pauvre d'Harville; et vous, Saint-Remy?

— En effet, cet événement est affreux ! — dit le vicomte, qui, la haine et la rage dans le cœur, cherchait le regard de M. de Montbrisson ; mais celui-ci, d'après les derniers mots de sa cousine, non par manque de cœur, mais par fierté, détournait sa vue d'un homme si cruellement flétri.

— De grâce, monsieur, — dit la duchesse à son mari en se levant ; — ne regrettez pas M. d'Harville d'une manière si bruyante et surtout si singulière. Sonnez, je vous prie, pour demander ma voiture.

— C'est que c'est vrai aussi, — dit M. de Lucenay, en saisissant le cordon de la sonnette ; — dire qu'il y a trois jours il était plein de vie et de santé... et aujourd'hui de lui, que reste-t-il ? Rien... rien... rien !!!

Ces trois dernières exclamations furent accompagnées de trois secousses si violentes, que le cordon de sonnette que le duc tenait à la main, toujours en gesticulant, se sépara du ressort supérieur, tomba sur un candélabre garni de bougies allumées, en renversa deux ; l'une, s'arrêtant sur la cheminée, brisa une charmante petite coupe de vieux Sèvres, l'autre roula à terre sur un tapis de foyer en hermine, qui, un moment enflammé, fut presque aussitôt éteint sous le pied de Conrad. Au même instant deux valets de chambre, appelés par cette sonnerie formidable, accoururent en hâte et trouvèrent M. de Lucenay le cordon de sonnette à la main, la duchesse riant aux éclats de cette ridicule cascatelle de bougies, et M. de Montbrisson partageant l'hilarité de sa cousine. M. de Saint-Remy seul ne riait pas. M. de Lucenay, fort habitué à ces sortes d'accidents, conservait un sérieux parfait ; il jeta le cordon de sonnette à un des gens, et leur dit : — La voiture de madame.

Clotilde, un peu calmée, reprit : — En vérité, monsieur, il n'y a que vous au monde capable de donner à rire à propos d'un événement aussi lamentable...

— Lamentable !... mais dites donc effroyable... mais dites donc épouvantable ! Tenez, depuis hier, je suis à chercher combien il y a de personnes, même dans ma propre famille, que j'aurais voulu voir mourir à la place de ce pauvre d'Harville. D'abord mon neveu d'Emberval, qui est si impatientant à cause de son bégayement ; et puis ensuite votre tante Mérinville, qui parle toujours de ses nerfs, de sa migraine, et qui vous avale tous les jours, pour attendre le dîner, une abominable croûte au pot, comme une vraie portière ! Est-ce que vous y tenez beaucoup, à votre tante Mérinville ?

— Allons donc, monsieur, vous êtes fou ! — dit la duchesse en haussant les épaules.

— Mais c'est que c'est vrai, — reprit le duc, — on donnerait vingt indifférents pour un ami... n'est-ce pas, Saint-Remy ?

— Sans doute.

— C'est toujours cette vieille histoire du tailleur. La connais-tu, Conrad, l'histoire du tailleur ?

— Non, mon cousin.

— Tu vas comprendre tout de suite l'allégorie. Un tailleur est condamné à être pendu ; il n'y avait que lui de tailleur dans le bourg ; que font les habitants ? Ils disent au juge : « Monsieur le juge, nous n'avons qu'un tailleur, et nous avons trois cordonniers ; si ça vous était égal de pendre un des trois cordonniers à la place du tailleur, nous aurions bien assez de deux cordonniers. » Comprends-tu l'allégorie, Conrad ?

— Oui, mon cousin.

— Et vous, Saint-Remy ?

— Moi aussi.

— La voiture de madame la duchesse ! — dit un des gens.

— Ah çà, mais pourquoi donc n'avez-vous pas mis vos diamants ? — dit tout à coup M. de Lucenay ; — avec cette toilette-là ils iraient joliment bien !

Saint-Remy tressaillit.

— Pour une pauvre fois que nous allons dans le monde ensemble, — reprit le duc, — vous auriez bien pu m'en faire honneur, de vos diamants... C'est qu'ils sont beaux, les diamants de la duchesse... les avez-vous vus, Saint-Remy ?

— Oui... Monsieur les connaît.. parfaitement, — dit Clotilde, puis elle ajouta : — Votre bras, Conrad...

M. de Lucenay suivit la duchesse avec Saint-Remy, qui ne se possédait pas de colère.

— Est-ce que vous ne venez pas avec nous chez les Senneval, Saint-Remy ? — lui dit M. de Lucenay.

— Non... impossible, — répondit-il brusquement.

— Tenez, Saint-Remy, madame de Senneval, voilà encore une personne... qu'est-ce que je dis, une ? deux.. que je sacrifierais volontiers ; car son mari est aussi sur ma liste.

— Quelle liste ?

— Celle des gens qui m'aurait été bien égal de voir mourir, pourvu que d'Harville nous fût resté.

Au moment où, dans le salon d'attente, M. de Montbrison aidait la duchesse à mettre sa mante, M. de Lucenay, s'adressant à son cousin, lui dit : — Puisque tu viens avec nous, Conrad... dis à ta voiture de suivre la nôtre... à moins que vous ne veniez, Saint-Remy ; alors vous me donneriez une place... et je vous raconterais une autre bonne histoire, qui vaut bien celle du tailleur.

— Je vous remercie, — dit sèchement Saint-Remy ; — je ne puis vous accompagner.

— Alors, au revoir, mon cher... Est ce que vous êtes en querelle avec ma femme ? la voilà qui monte en voiture sans vous dire un mot.

En effet, la berline de la duchesse étant avancée au bas du perron, elle y monta légèrement.

— Mon cousin ? — dit Conrad en attendant M. de Lucenay avec déférence.

— Monte donc ! monte donc !... — dit le duc, qui, arrêté un moment au haut du perron, considérait l'élégant attelage de la voiture du vicomte. — Ce sont vos chevaux alezans.. Saint-Remy ?

— Oui...
— Et votre gros Edwards... quelle tournure !... Voilà ce qui s'appelle un cocher de bonne maison !... Voyez comme il a bien ses chevaux en main ! Il faut être juste, il n'y a pourtant que ce diable de Saint-Remy pour avoir ce qu'il y a de mieux en tout.
— Madame de Lucenay et son cousin vous attendent, mon cher, — dit M. de Saint-Remy avec amertume.
— C'est pardieu vrai... suis-je grossier ! Au revoir, Saint-Remy... Ah ! j'oubliais, — dit le duc en s'arrêtant au milieu du perron, — si vous n'avez rien de mieux à faire, venez donc dîner avec nous demain ; lord Dudley m'a envoyé d'Écosse des grousses (espèce de coqs de bruyère). Figurez-vous que c'est quelque chose de monstrueux... C'est dit, n'est-ce pas ?
Et le duc rejoignit sa femme et Conrad.
Saint-Remy, resté seul sur le perron, vit la voiture partir. La sienne avança. Il y monta en jetant un regard de colère, de haine et de désespoir sur cette maison, où il était entré si souvent en maître, et qu'il quittait si ignominieusement chassé.
— Chez moi ! — dit-il brusquement.
— A l'hôtel ! — dit le valet de pied à Edward en fermant la portière.
On comprend quelles furent les pensées amères et désolantes de Saint-Remy en revenant chez lui.
Au moment où il entra, Boyer, qui l'attendait sous le péristyle, lui dit : — M. le comte est en haut... qui attend monsieur le vicomte.
— C'est bien...
— Il y a aussi là un homme à qui monsieur le vicomte a donné rendez-vous à dix heures, M. Petit-Jean...
— Bien, bien... Oh ! quelle soirée ! — dit Florestan, en montant rejoindre son père, qu'il trouva dans le salon du premier étage, où s'était passée leur entrevue du matin. — Mille pardons ! mon père, de ne pas m'être trouvé ici lors de votre arrivée... mais je...
— L'homme qui a en mains cette traite fausse est-il ici ? — dit le comte en interrompant son fils...
— Oui, mon père, il est en bas...
— Faites-le monter...
Florestan sonna, Boyer parut.
— Dites à M. Petit-Jean de monter.
— Oui, monsieur le vicomte. — Et Boyer sortit.
— Combien vous êtes bon, mon père, de vous être souvenu de votre promesse...
— Je me souviens toujours de ce que je promets...
— Que de reconnaissance !... Comment jamais vous prouver...
— Je ne voulais pas que mon nom fût déshonoré. . Il ne le sera pas...
— Il ne le sera pas !... non... et il ne le sera plus, je vous le jure, mon père...
Le comte regarda son fils d'un air singulier, et il répéta : — Non, il ne le sera plus ! — Puis il ajouta d'un air sardonique : — Vous êtes devin !

— C'est que je lis ma résolution dans mon cœur...

Le père de Florestan ne répondit rien. Il se promena de long en large dans la chambre, les deux mains plongées dans les poches de sa longue redingote... il était pâle.

— M. Petit-Jean, — dit Boyer en introduisant un homme à figure basse, sordide et rusée.

— Où est cette traite ? — dit le comte.

— La voici, monsieur, — dit Petit-Jean (*l'homme de paille* de Jacques Ferrand le notaire), en présentant le titre au comte.

— Est-ce bien cela ? — dit celui-ci à son fils en lui montrant la traite d'un coup d'œil.

— Oui, mon père..

Le comte tira de la poche de son gilet vingt-cinq billets de mille francs, les remit à son fils et lui dit : — Payez.

Florestan paya et prit la traite avec un profond soupir de satisfaction.

M. Petit-Jean plaça soigneusement les billets dans un vieux portefeuille, et salua.

M. de Saint-Remy sortit avec lui du salon, pendant que Florestan déchirait prudemment la traite.

— Au moins les vingt-cinq mille francs de Clotilde me restent. Si rien ne se découvre... c'est une consolation... Mais comme elle m'a traité !... Ah çà, qu'est ce que mon père peut avoir à dire à M. Petit-Jean ?

Le bruit d'une serrure que l'on fermait à double tour fit tressaillir le vicomte

Son père rentra.

Sa pâleur avait augmenté.

— Il me semble, mon père, avoir entendu fermer la porte de mon cabinet !

— Oui, je l'ai fermée...

— Vous, mon père ?... Et pourquoi ? demanda Florestan stupéfait.

— Je vais vous le dire.

Et le comte se plaça de manière que son fils ne pût passer par l'escalier dérobé qui conduisait au rez-de-chaussée.

Florestan, inquiet, commençait à remarquer la physionomie sinistre de son père, et suivait tous ses mouvements avec défiance. Sans pouvoir se l'expliquer, il ressentait une vague terreur.

— Mon père.... qu'avez-vous?...

— Ce matin, en me voyant, votre pensée a été celle-ci : Mon père ne laissera pas déshonorer son nom, il payera... si je parviens à l'étourdir par quelques feintes paroles de repentir.

— Ah ! vous pouvez croire que...

— Ne m'interrompez pas... Je n'ai pas été votre dupe : il n'y a chez vous, ni honte, ni regrets, ni remords, vous êtes vicié jusqu'au cœur, vous n'avez jamais eu un sentiment honnête ; vous n'avez pas volé tant que vous avez possédé de quoi satisfaire vos caprices, c'est ce qu'on appelle la probité des riches de votre espèce ; puis sont venues les indélicatesses, puis les bassesses, puis le crime, les faux... Ceci n'est que la première période de votre vie... elle est belle et pure, comparée à celle qui vous attendrait...

— Si je ne changeais pas de conduite, je l'avoue ; mais j'en changerai... mon père... je vous l'ai juré.

— Vous n'en changeriez pas...

— Mais...

— Vous n'en changeriez pas... Chassé de la société où vous avez jusqu'ici vécu, vous deviendriez criminel à la manière des misérables parmi lesquels vous serez rejeté, voleur inévitablement... et si besoin est... assassin... Voilà votre avenir.

— Assassin !... moi !...

— Oui, parce que vous êtes lâche !

— J'ai eu des duels, et j'ai prouvé...

— Je vous dis que vous êtes lâche ! Vous avez préféré l'infamie à la mort ! un jour viendrait où vous préféreriez l'impunité de vos nouveaux crimes à la vie d'autrui. Cela ne peut pas être, je ne veux pas que cela soit... J'arrive à temps pour sauver du moins désormais mon nom d'un déshonneur public... Il faut en finir...

— Comment, mon père... en finir !... Que voulez-vous dire ? — s'écria Florestan, de plus en plus effrayé de l'expression redoutable de la figure de son père et de sa pâleur croissante.

Tout à coup on heurta violemment à la porte du cabinet ; Florestan fit un mouvement pour aller ouvrir, afin de mettre un terme à une scène qui l'effrayait, mais le comte le saisit d'une main de fer et le retint.

— Qui frappe ? — demanda le comte.

— Au nom de la loi, ouvrez !... dit une voix.

— Ce faux n'était pas le dernier ? — s'écria le comte à voix basse, en regardant son fils d'un air terrible.

— Si, mon père, je vous le jure, — dit Florestan, en tâchant en vain de se débarrasser de la vigoureuse étreinte de son père.

— Au nom de la loi, ouvrez !... répéta la voix.

— Que voulez-vous ? — demanda le comte.

— Je suis le commissaire de police ; je viens procéder à des perquisitions pour un vol de diamants dont est accusé M. de Saint-Remy... M. Baudoin, joaillier, a des preuves. Si vous n'ouvrez pas, monsieur... je serai obligé de faire enfoncer la porte.

— Déjà voleur !... je ne m'étais pas trompé... — dit le comte à voix basse. — Je venais vous tuer... j'ai trop tardé...

— Me tuer !

— Assez de déshonneur sur mon nom ; finissons : j'ai là deux pistolets... vous allez vous brûler la cervelle... sinon, moi, je vous la brûle, et je dirai que vous vous êtes tué de désespoir pour échapper à la honte. — Et le comte, avec un effrayant sang-froid, tira de sa poche un pistolet, et, de la main qu'il avait de libre, le présenta à son fils en lui disant : — Allons ! finissons, si vous n'êtes pas un lâche !

Après de nouveaux et inutiles efforts pour échapper aux mains du comte, son fils se renversa en arrière, frappé d'épouvante, et devint livide.

Au regard terrible, inexorable de son père, il vit qu'il n'y avait aucune pitié à attendre de lui.

— Mon père !... — s'écria-t-il.
— Il faut mourir !
— Je me repens !
— Il est trop tard ! entendez-vous ?... ils ébranlent la porte ?...
— J'expierai mes fautes !...
— Ils vont entrer !... Il faut donc que ce soit moi qui te tue ?
— Grâce !...

Et le comte appuya le canon de l'arme sur la poitrine de Florestan.

Le bruit extérieur annonçait qu'en effet la porte du cabinet ne pouvait résister plus longtemps. Le vicomte se vit perdu. Une résolution soudaine et désespérée éclata sur son front ; il ne se débattit plus contre son père, et lui dit avec autant de fermeté que de résignation : — Vous avez raison, mon père... donnez cette arme. Assez d'infamie sur mon nom ; la vie qui m'attend est affreuse, elle ne vaut pas la peine d'être disputée. Donnez cette arme. Vous allez voir si je suis lâche. — Et il étendit sa main vers le pistolet. — Mais, au moins... un mot, un seul mot de consolation, de pitié, d'adieu, — dit Florestan.

Et ses lèvres tremblantes, sa pâleur, sa physionomie bouleversée, annonçaient l'émotion terrible de ce moment suprême.

— Si c'était mon fils, pourtant !... — pensa le comte avec terreur en hésitant à lui remettre le pistolet. — Si c'était mon fils, je dois encore moins hésiter devant ce sacrifice...

Un long craquement de la porte du cabinet annonça qu'elle devait être forcée.

— Mon père... ils entrent... Oh ! je le sens maintenant, la mort est un bienfait... Merci... merci... mais au moins votre main et pardonnez-moi !

Malgré sa dureté, le comte ne put s'empêcher de tressaillir et de dire d'une voix émue : — Je vous pardonne...

— Mon père... la porte s'ouvre... allez à eux... qu'on ne vous soupçonne pas, au moins... Et puis s'ils entraient ici, ils m'empêcheraient d'en finir...

Les pas de plusieurs personnes s'entendirent dans la pièce voisine.

Florestan se posa le canon du pistolet sur le cœur. Le coup partit au moment où le comte, pour échapper à cet horrible spectacle, détournait la vue et se précipitait hors du salon, dont les portières se refermèrent sur lui. Au bruit de l'explosion, à la vue du comte pâle et égaré, le commissaire s'arrêta subitement près du seuil de la porte, faisant signe à ses agents de ne pas avancer.

Averti par Boyer que le vicomte était renfermé avec son père, le magistrat comprit tout et respecta cette grande douleur.

— Mort !... — s'écria le comte en cachant sa figure dans ses mains... — mort !!! — répéta-t-il avec accablement. — Cela était juste... mieux vaut la mort que l'infamie... mais c'est affreux !

— Monsieur... — dit tristement le magistrat après quelques minutes de silence, — épargnez-vous un douloureux spectacle, quittez cette maison... Maintenant il me reste à remplir un autre devoir plus pénible que celui qui m'appelait ici.

— Vous avez raison, monsieur, dit M. de Saint-Remy. — Quant à la victime du vol, vous pouvez lui dire de se présenter chez M. Dupont, banquier.

— Rue de Richelieu... il est bien connu, répondit le magistrat.

— A quelle somme sont estimés les diamants volés ?

— A trente mille francs environ... monsieur ; la personne qui les a achetés, et par laquelle le vol s'est découvert, en a donné cette somme... à votre fils.

— Je pourrais encore payer cela, monsieur... Que le joaillier se trouve après-demain chez mon banquier, je m'entendrai avec lui.

Le commissaire s'inclina.

Le comte sortit.

Après le départ de ce dernier, le magistrat, profondément touché de cette scène inattendue, se dirigea lentement vers le salon, dont les portières étaient baissées. Il les souleva avec émotion.

— Personne !... — s'écria-t-il stupéfait, en regardant autour du salon et n'y voyant pas la moindre trace de l'événement tragique qui avait dû s'y passer.

Puis, remarquant la petite porte pratiquée dans la tenture, il y courut. Elle était fermée du côté de l'escalier dérobé.

— C'était une ruse... C'est par là qu'il aura pris la fuite ! — s'écria-t-il avec dépit.

En effet, le vicomte devant son père s'était posé le pistolet sur le cœur, mais il avait ensuite fort habilement tiré par-dessous son bras, et avait prestement disparu.

Malgré les plus actives recherches dans toute la maison, on ne put retrouver Florestan. Pendant l'entretien de son père et du commissaire, il avait rapidement gagné le boudoir, puis la serre chaude, puis la ruelle déserte, et enfin les Champs-Elysées.

Le tableau de cette ignoble dégradation dans l'opulence est chose triste. — Nous le savons.... Mais faute d'enseignements, les classes riches ont aussi *fatalement* leurs misères, leurs vices, leurs crimes. Rien de plus fréquent et de plus affligeant que ces prodigalités insensées, stériles, que nous venons de peindre, et qui toujours entraînent ruine, déconsidération, bassesses ou infamie. C'est un spectacle déplorable... funeste... Autant voir un florissant champ de blé inutilement ravagé par une horde de bêtes fauves.

Sans doute l'héritage, la propriété sont et doivent être inviolables, sacrés.. La richesse acquise ou transmise doit pouvoir impunément et magnifiquement resplendir aux yeux des masses pauvres et souffrantes. Longtemps encore il doit y avoir de ces disproportions effrayantes qui existent entre le millionnaire *Saint-Remy* et l'artisan *Morel*. Mais par cela même que ces disproportions inévitables sont consacrées, protégés par la loi, ceux qui possèdent tant de biens en doivent *moralement compte* à ceux qui ne possèdent que probité, résignation, courage et ardeur au travail.

Aux yeux de la raison, du *droit humain* et même de l'intérêt social bien entendu, une grande fortune serait un dépôt héréditaire confié à des mains prudentes, fermes, habiles, généreuses, qui, chargées à la fois de faire fructifier et de dépenser cette fortune, sauraient fertiliser, vivifier, améliorer tout ce qui aurait le bonheur de se trouver dans son rayonnement splendide et salutaire. Il en est ainsi quelquefois; mais les cas sont rares. Que de jeunes gens comme Saint-Remy (à l'infamie près), maîtres à vingt ans d'un patrimoine considérable, le dissipent follement dans l'oisiveté, dans l'ennui, dans le vice, faute de savoir employer mieux ces biens, et pour eux et pour autrui! D'autres, effrayés de l'instabilité des choses humaines, thésaurisent d'une manière sordide. Enfin, ceux-là, sachant qu'une fortune stationnaire s'amoindrit, se livrent, forcément dupes ou fripons, à un agiotage hasardeux, immoral.

Comment en serait il autrement! Cette science, cet enseignement, ces rudiments d'*économie individuelle* et par cela même sociale, qui les donne à la jeunesse inexpérimentée? Personne.

Le riche est jeté au milieu de la société avec sa richesse, comme le pauvre avec sa pauvreté. On ne prend pas plus de souci du superflu de l'un que des besoins de l'autre. On ne songe pas plus à moraliser la fortune que l'infortune. N'est-ce pas au pouvoir à remplir cette grande et noble tâche? Si, prenant enfin en pitié les misères, les douleurs toujours croissantes des travailleurs ENCORE RÉSIGNÉS... réprimant une concurrence mortelle à tous, abordant enfin l'imminente question de l'organisation du travail, il donnait lui-même le salutaire exemple de *l'association des capitaux et du labeur*... Mais d'une association honnête, intelligente, équitable, qui assurerait le bien-être de l'artisan sans nuire à la fortune du riche... et qui, établissant entre ces deux classes des liens d'affection, de reconnaissance sauvegarderait à jamais la tranquillité de l'État... Combien seraient puissantes les conséquences d'un tel enseignement pratique!

Parmi les riches, qui hésiterait alors,
Entre les chances improbes, désastreuses, de l'agiotage,
Les farouches jouissances de l'avarice,
Les folles vanités d'une dissipation ruineuse,
Ou un placement à la fois fructueux, bienfaisant, qui répandrait l'aisance, la moralité, le bonheur, la joie dans vingt familles?...

CHAPITRE XIV

Les adieux

Le lendemain de cette soirée où le comte de Saint-Remy avait été si indignement joué par son fils, une scène touchante se passait à Saint-Lazare, à l'heure de la récréation des détenues. Ce jour-là, pendant la promenade des autres prisonnières, Fleur-de-Marie était assise sur un banc avoisinant le bassin du préau, et déjà surnommé le *banc de la Goualeuse*. Par une sorte de convention tacite, les détenues lui abandonnaient cette place, qu'elle aimait, car la douce influence de la jeune fille avait encore augmenté. La Goualeuse affectionnait ce banc situé près du bassin, parce qu'au moins le peu de mousse qui veloutait les margelles de ce réservoir lui rappelait la verdure des champs, de même que l'eau limpide dont il était rempli lui rappelait la petite rivière de la ferme de Bouqueval. Pour le regard attristé du prisonnier, une touffe d'herbe est une prairie.. une fleur est un parterre...

Confiante dans les affectueuses promesses de madame d'Harville, Fleur-de-Marie s'était attendue depuis deux jours à quitter Saint-Lazare. Quoiqu'elle n'eût aucune raison de s'inquiéter du retard que l'on apportait à sa sortie de prison, la jeune fille, dans son habitude du malheur, osait à peine espérer d'être bientôt libre. Depuis son retour parmi ces créatures dont l'aspect, dont le langage ravivaient à chaque instant dans son âme le souvenir incurable de sa première honte, la tristesse de Fleur-de-Marie était devenue plus accablante encore.

Ce n'est pas tout. Un nouveau sujet de trouble, de chagrin, presque d'épouvante pour elle, naissait de l'exaltation passionnée de sa reconnaissance envers Rodolphe. Chose étrange! elle ne sondait la profondeur de l'abîme où elle avait été plongée que pour mesurer la distance qui la séparait de cet homme, dont la grandeur lui semblait surhumaine... de cet homme à la fois d'une bonté si auguste... et d'une puissance si redoutable aux méchants... Malgré le respect dont était empreinte son adoration pour lui, quelquefois, hélas! Fleur-de-Marie craignait de reconnaître dans cette adoration les caractères de l'amour, mais d'un amour aussi caché que profond, aussi chaste que caché, aussi désespéré que chaste. La malheureuse enfant n'avait cru lire dans son cœur cette désolante révélation qu'après son entretien avec madame d'Harville, éprise elle-même pour Rodolphe d'une passion qu'il ignorait.

Après le départ et les promesses de la marquise, Fleur-de-Marie aurait dû être transportée de joie en songeant à ses amis de Bouqueval... à Rodolphe qu'elle allait revoir...

Il n'en fut rien. Son cœur se serra douloureusement.. sans cesse revenaient à son souvenir les paroles acerbes, les regards hautains, scrutateurs de madame d'Harville, lorsque la pauvre prisonnière s'était élevée jusqu'à l'enthousiasme en parlant de son bienfaiteur. Par une singulière intuition, la Goualeuse avait ainsi surpris une partie du secret de madame d'Harville. « L'exaltation de ma reconnaissance pour M. Rodolphe a blessé cette jeune dame si belle et d'un rang si élevé, — pensa Fleur-de-Marie — Maintenant je comprends l'amertume de ses paroles, elles exprimaient une jalousie dédaigneuse. Elle ! jalouse de moi ! il faut donc qu'elle l'aime, et que je l'aime aussi lui ?... Il faut donc que mon amour se soit trahi malgré moi ?... L'aimer... moi, moi... créature à jamais flétrie... Ingrate et misérable que je suis... oh ! si cela était... mieux vaudrait cent fois la mort... »

Hâtons-nous de le dire, la malheureuse enfant, qui semblait vouée à tous les martyres, s'exagérait ce qu'elle appelait *son amour*. A sa gratitude profonde envers Rodolphe se joignait une admiration involontaire pour la grâce, la force, la beauté qui le distinguaient entre tous ; rien de plus immatériel, rien de plus pur que cette admiration, mais elle existait vive et puissante, parce que la beauté physique est toujours attrayante. Et puis enfin la voix du sang, si souvent niée, muette, ignorante et méconnue, se fait parfois entendre ; ces élans de tendresse passionnée qui entraînaient Fleur-de-Marie vers Rodolphe, et dont elle s'effrayait, parce que, dans son ignorance, elle en dénaturait la tendance, ces élans résultaient de mystérieuses sympathies, aussi inexplicables que la ressemblance des traits. En un mot, Fleur-de-Marie, apprenant qu'elle était fille de Rodolphe, se fût expliqué la vive attraction qu'elle ressentait pour lui. Alors, complétement éclairée, elle eût admiré sans scrupule la beauté de son père.

Ainsi s'explique l'abattement de Fleur-de-Marie, quoiqu'elle dût s'attendre d'un moment à l'autre, d'après la promesse de madame d'Harville, à quitter Saint-Lazare. Fleur-de-Marie, mélancolique et pensive, était donc assise sur son banc auprès du bassin, regardant avec une sorte d'intérêt machinal les jeux de quelques oiseaux effrontés qui venaient s'abattre sur les margelles de pierre. Un moment elle avait cessé de travailler à une petite brassière d'enfant qu'elle finissait d'ourler. Est-il besoin de dire que cette brassière appartenait à la nouvelle layette si généreusement offerte à Mont-Saint-Jean par les prisonnières, grâce à la touchante intervention de Fleur-de-Marie ? La pauvre et difforme protégée de la Goualeuse était assise à ses pieds ; tout en s'occupant de parfaire un petit bonnet, de temps à autre elle jetait sur sa bienfaitrice un regard à la fois reconnaissant, timide et dévoué... le regard du chien sur son maître.

La beauté, le charme, la douceur adorable de Fleur-de-Marie, inspiraient à cette femme avilie autant d'attrait que de respect. Il y a toujours quelque chose de saint, de grand dans les aspirations d'un cœur même dégradé, qui, pour la première fois, s'ouvre à la reconnaissance ; et jusqu'alors personne n'avait mis Mont-Saint-Jean à même d'éprouver la religieuse ardeur de ce sentiment si nouveau pour elle. Au bout de quelques minutes, Fleur-de-Marie tressaillit légèrement, essuya une larme et se remit à coudre avec activité.

— Vous ne voulez donc pas vous reposer de travailler pendant la récréation, mon bon ange sauveur ? — dit Mont-Saint-Jean à la Goualeuse.

— Je n'ai pas donné d'argent pour acheter la layette... je dois fournir ma part en ouvrage... — reprit la jeune fille.

— Votre part ! mon bon Dieu !... Mais, sans vous, au lieu de cette bonne toile blanche, de cette futaine bien chaude pour habiller mon enfant, je n'aurais que ces haillons que l'on traînait dans la boue de la cour... Je suis bien reconnaissante envers mes compagnes, elles ont été très bonnes pour moi... c'est vrai... mais vous ! oh ! vous !... comment donc que je vous dirai cela ? — ajouta la pauvre créature en hésitant et très embarrassée d'exprimer sa pensée. — Tenez.. — reprit-elle, — voilà le soleil, n'est-ce pas ?... voilà le soleil ?...

— Oui, Mont-Saint-Jean... voyons, je vous écoute, — répondit Fleur-de-Marie en inclinant son visage enchanteur vers la hideuse figure de sa compagne.

— Mon Dieu... vous allez vous moquer de moi, — reprit celle-ci tristement ; — je veux me mêler de parler... et je ne le sais pas...

— Dites toujours, Mont-Saint-Jean.

— Avez-vous des bons yeux d'ange ! — dit la prisonnière en contemplant Fleur-de-Marie dans une sorte d'extase ; — ils m'encouragent.. vos bons yeux... Voyons, je vas tâcher de dire ce que je voulais : voilà le soleil, n'est-ce pas ? il est bien chaud, il égaye la prison, il est bien agréable à voir et à sentir, pas vrai ?

— Sans doute...

— Mais une supposition... ce soleil... ne s'est pas fait tout seul, et si on est reconnaissant pour lui, à plus forte raison pour...

— Pour celui qui l'a créé, n'est-ce pas, Mont-Saint-Jean ?.... Vous avez raison... aussi, celui-là on doit le prier, l'adorer... c'est Dieu.

— C'est ça... voilà mon idée, — s'écria joyeusement la prisonnière ; — c'est ça, je dois être reconnaissante pour mes compagnes ; mais je dois vous prier, vous adorer, vous la Goualeuse, car c'est vous qui les avez rendues bonnes pour moi, au lieu de méchantes qu'elles étaient.

— C'est Dieu qu'il faut remercier, Mont-Saint-Jean, et non pas moi.

— Oh ! si... vous, vous... je vous vois .. vous m'avez fait du bien, et par vous et par les autres.

— Mais si je suis bonne comme vous dites, Mont-Saint-Jean, c'est Dieu qui m'a faite ainsi.., c'est donc lui qu'il faut remercier.

— Ah ! dame... alors peut-être bien.., puisque vous le dites, — reprit la prisonnière indécise ; — si ça vous fait plaisir... comme ça... à la bonne heure...

— Oui, ma pauvre Mont-Saint-Jean... priez-le souvent... Ce sera la meilleure manière de me prouver que vous m'aimez un peu.

— Si je vous aime, la Goualeuse ! mon Dieu, mon Dieu ! Mais vous ne vous souvenez donc plus de ce que vous disiez aux autres détenues pour les empêcher de me battre ? *Ce n'est pas seulement elle que vous battez... c'est aussi son enfant..* Eh bien... c'est tout de même pour vous aimer ; ça n'est pas seulement pour moi que je vous aime, c'est aussi pour mon enfant.

— Merci, merci, Mont-Saint-Jean, vous me faites plaisir en me disant cela.

Et Fleur-de-Marie, émue, tendit sa main à sa compagne.

— Quelle belle petite menotte de fée... est-elle blanche et mignonne ! — dit Mont-Saint-Jean en se reculant comme si elle eût craint de toucher, de ses vilaines mains rouges et sordides, cette main charmante.

Pourtant, après un moment d'hésitation, elle effleura respectueusement de ses lèvres le bout des doigts effilés que lui présentait Fleur-de-Marie ; puis, s'agenouillant brusquement, elle se mit à la contempler fixement dans un recueillement attentif, profond.

— Mais venez donc vous asseoir là... près de moi, — lui dit la Goualeuse.

— Oh ! pour ça non, par exemple... jamais... jamais...

— Pourquoi cela ?

— Respect à la discipline, comme disait autrefois mon brave Mont-Saint-Jean ; soldats ensemble, officiers ensemble, chacun avec ses pareils.

— Vous êtes folle... il n'y a aucune différence entre nous deux...

— Aucune différence... mon bon Dieu ! Et vous dites ça quand je vous vois comme je vous vois, aussi belle qu'une reine. Oh ! tenez... qu'est-ce que cela vous fait ?... laissez-moi là, à genoux, vous bien, bien regarder comme tout à l'heure... Dame... qui sait... quoique je sois un vrai monstre, mon enfant vous ressemblera peut-être... On dit que quelquefois par un regard... ça arrive. — Puis, par un scrupule d'une incroyable délicatesse chez une créature de cette espèce, craignant d'avoir peut-être humilié ou blessé Fleur-de-Marie par ce vœu singulier, Mont-Saint-Jean ajouta tristement : — Non, non, je dis cela en plaisantant, allez, la Goualeuse... je ne me permettrais pas de vous regarder dans cette idée-là... sans que vous me le permettiez... Mon enfant sera aussi laid que moi.. qu'est-ce que cela me fait... je ne l'en aimerai pas moins ; pauvre petit malheureux, il n'a pas demandé à naître, comme on dit... Et s'il vit... qu'est-ce qu'il deviendra ? — dit-elle d'un air sombre et abattu. — Hélas !... oui... qu'est-ce qu'il deviendra, mon Dieu ?

La Goualeuse tressaillit à ces paroles. En effet, que pouvait devenir l'enfant de cette misérable, avilie, dégradée, pauvre et méprisée ?... Quel sort ! quel avenir !...

— Ne pensez pas à cela, Mont-Saint-Jean, — reprit Fleur-de-

Marie ; — espérez que votre enfant trouvera des personnes charitables sur son chemin.

— Oh ! on n'a pas deux fois la chance, voyez-vous, la Goualeuse, — dit amèrement Mont-Saint-Jean en secouant la tête ; — je vous ai rencontrée... vous... c'est déjà un grand hasard... Et, tenez, soit dit sans vous offenser, j'aurais mieux aimé que mon enfant ait eu ce bonheur-là que moi. Ce vœu là... c'est tout ce que je puis lui donner.

— Priez, priez... Dieu vous exaucera.

— Allons, je prierai, si cela vous fait plaisir, la Goualeuse, ça me portera peut-être bonheur ; au fait, qui m'aurait dit, quand la Louve me battait et que j'étais le *pâtiras* de tout le monde, qu'il se trouverait là un bon petit ange sauveur qui, avec sa jolie voix douce, serait plus fort que tout le monde, et que la Louve qui est si forte et si méchante...

— Oui, mais la Louve a été bien bonne pour vous... quand elle a réfléchi que vous étiez doublement à plaindre.

— Oh ! ça c'est vrai... grâce à vous, et je ne l'oublierai jamais... Mais dites donc, la Goualeuse : pourquoi donc a-t-elle, depuis l'autre jour, demandé à changer de quartier, la Louve... elle qui, malgré ses colères, avait l'air de ne pouvoir plus se passer de vous ?

— Elle est un peu capricieuse...

— C'est drôle... une femme qui est venue ce matin du quartier de la prison où est la Louve, dit qu'elle est toute changée...

— Comment cela ?

— Au lieu de quereller ou de menacer tout le monde, elle est triste... triste, s'isole dans les coins ; si on lui parle, elle vous tourne le dos et ne vous répond pas... A présent la voir muette, elle qui criait toujours, c'est étonnant, n'est-ce pas ? Et puis cette femme m'a dit encore une chose, mais pour cela je ne le crois pas...

— Quoi donc ?..

— Elle dit avoir vu pleurer la Louve... Pleurer la Louve ! c'est impossible...

— Pauvre Louve... c'est à cause de moi qu'elle a voulu changer de quartier... je l'ai chagrinée sans le vouloir, — dit la Goualeuse en soupirant.

— Vous, chagriner quelqu'un, mon bon ange sauveur !...

A ce moment, l'inspectrice, madame Armand, entra dans le préau. Après avoir cherché des yeux Fleur-de-Marie, elle vint à elle l'air satisfait et souriant : — Bonne nouvelle, mon enfant...

— Que dites-vous, madame ? s'écria la Goualeuse en se levant.

— Vos amis ne vous ont pas oubliée, ils ont obtenu votre mise en liberté... M. le directeur vient d'en recevoir l'avis.

— Il serait possible, madame ? ah ! quel bonheur, mon Dieu !...

Et l'émotion de Fleur-de-Marie fut si violente, qu'elle pâlit, mit sa main sur son cœur, qui battait avec violence, et retomba sur son banc.

— Calmez-vous, mon enfant, — lui dit madame Armand avec bonté, — heureusement ces secousses-là sont sans danger.

— Ah! madame, que de reconnaissance..

— C'est sans doute madame la marquise d'Harville qui a obtenu votre liberté... Il y a là une vieille dame chargée de vous conduire chez des personnes qui s'intéressent à vous.. Attendez-moi, je vais revenir vous prendre, j'ai quelques mots à dire à l'atelier.

Il serait difficile de peindre l'expression de morne désolation qui assombrit les traits de Mont-Saint-Jean en apprenant que son bon ange sauveur, comme elle appelait la Goualeuse, allait quitter Saint-Lazare. La douleur de cette femme était moins causée par la crainte de redevenir le souffre-douleur de la prison, que par le chagrin de se voir séparée du seul être qui lui eût jamais témoigné quelque intérêt. Toujours assise au pied du banc, Mont-Saint-Jean porta ses mains aux deux touffes de cheveux hérissés qui sortaient en désordre de son vieux bonnet noir, comme pour se les arracher; puis cette violente affliction faisant place à l'abattement, elle laissa retomber sa tête, et resta muette, immobile, le front caché dans ses mains, les coudes appuyés sur ses genoux.

Malgré sa joie de quitter la prison, Fleur-de-Marie ne put s'empêcher de frissonner un moment au souvenir de la Chouette et du Maître d'école, se rappelant que ces deux monstres lui avaient fait jurer de ne pas informer ses bienfaiteurs de son triste sort. Mais ces funestes pensées s'effacèrent bientôt de l'esprit de Fleur-de-Marie, devant l'espoir de revoir Bouqueval, madame Georges, Rodolphe, à qui elle voulait recommander la Louve et Martial: il lui semblait même que le sentiment exalté qu'elle se reprochait d'éprouver pour son bienfaiteur n'étant plus nourri par le chagrin et par la solitude, se calmerait dès qu'elle reprendrait ses occupations rustiques, qu'elle aimait tant à partager avec les bons habitants de la ferme!

Étonnée du silence de sa compagne, silence dont elle ne soupçonnait pas la cause, la Goualeuse lui toucha légèrement l'épaule, en lui disant : — Mont-Saint-Jean, puisque me voilà libre... ne pourrais-je pas vous être utile à quelque chose ?

En sentant la main de la Goualeuse, la prisonnière tressaillit, laissa retomber ses bras sur ses genoux, et tourna vers la jeune fille son visage ruisselant de larmes. Une si amère douleur éclatait sur la figure de Mont-Saint-Jean que sa laideur disparaissait.

— Mon Dieu!... qu'avez-vous ? — lui dit la Goualeuse, — comme vous pleurez!

— Vous vous en allez! — murmura la détenue d'une voix entrecoupée de sanglots : — je n'avais pourtant jamais pensé que d'un moment à l'autre vous partiriez d'ici... et que je ne vous verrais plus... plus... jamais...

— Je vous assure que je me souviendrai toujours de votre amitié... Mont-Saint-Jean.

— Mon Dieu, mon Dieu!... et dire que je vous aimais déjà

tant... Quand j'étais là assise par terre, à vos pieds... il me semblait que j'étais sauvée... que je n'avais plus rien à craindre. Ce n'est pas pour les coups que les autres vont peut-être recommencer à me donner que je dis cela... j'ai la vie dure... Mais enfin il me semblait que vous étiez ma bonne chance et que vous porteriez bonheur à mon enfant, rien que parce que vous aviez eu pitié de moi... C'est vrai, allez, ça, quand on est habitué à être maltraité, on est plus sensible que d'autres à la bonté. — Puis, s'interrompant pour éclater encore en sanglots, elle s'écria : — Allons, c'est fini... c'est fini... au fait... ça devait arriver un jour ou l'autre... mon tort est de n'y avoir jamais pensé... C'est fini... plus rien... plus rien...

— Allons, courage, je me souviendrai de vous, comme vous vous souviendrez de moi.

— Oh ! pour ça... on me couperait en morceaux plutôt que de me faire vous renier ou vous oublier ; je deviendrais vieille, vieille comme les rues, que j'aurais toujours devant les yeux votre belle figure d'ange. Le premier mot que j'apprendrai à mon enfant, ça sera votre nom, la Goualeuse, car il vous aura dû de n'être pas mort de froid...

— Écoutez-moi, Mont-Saint-Jean, — dit Fleur-de-Marie, touchée de l'affection de cette misérable, — je ne puis rien vous promettre pour vous... quoique je connaisse des personnes bien charitables ; mais pour votre enfant... c'est différent... il est innocent de tout, lui, et les personnes dont je vous parle voudront bien se charger de le faire élever quand vous pourrez vous en séparer.

— M'en séparer.. jamais, oh ! jamais ! — s'écria Mont-Saint-Jean avec exaltation : — qu'est-ce que je deviendrais donc maintenant que j'ai compté sur lui !...

— Mais... comment l'élèverez-vous ? Fille ou garçon, il faut qu'il soit honnête, et pour cela...

— Il faut qu'il mange un pain honnête, n'est-ce pas, la Goualeuse ? Je le crois bien, c'est mon ambition, je me le dis tous les jours ; aussi en sortant d'ici je ne remettrai pas le pied sous un pont... je me ferai chiffonnière, balayeuse des rues, mais honnête ; on doit ça, sinon à soi, du moins à son enfant, quand on a l'*honneur* d'en avoir un... — dit-elle avec une sorte de fierté.

— Et qui gardera votre enfant pendant que vous travaillerez ? — reprit la Goualeuse. — Ne vaudrait-il pas mieux, si cela est possible, comme je l'espère, le placer à la campagne chez de braves gens, qui en feraient une brave fille de ferme ou un bon cultivateur ? Vous viendriez de temps en temps le voir, et un jour vous trouveriez peut-être moyen de vous en rapprocher tout à fait ; à la campagne on vit de si peu !

— Mais m'en séparer, m'en séparer ! je mettais toute ma joie en lui, moi qui n'ai rien qui m'aime.

— Il faut songer plus à lui qu'à vous, ma pauvre Mont-Saint-Jean. Dans deux ou trois jours j'écrirai à madame Armand, et si la demande que je compte faire en faveur de votre enfant réussit, vous n'aurez plus à dire de lui ce qui tout à l'heure m'a tant navrée ; — *Hélas ! mon Dieu que deviendra-t-il ?*

L'inspectrice, madame Armand, interrompit cet entretien, elle venait chercher Fleur-de-Marie.

Après avoir de nouveau éclaté en sanglots et baigné de larmes désespérées les mains de la jeune fille, Mont-Saint-Jean retomba sur le banc dans un accablement stupide, ne songeant pas même à la promesse que Fleur-de-Marie venait de lui faire à propos de son enfant.

— Pauvre créature ! — dit madame Armand, en sortant du préau suivie de Fleur-de-Marie. — Sa reconnaissance envers vous me donne meilleure opinion d'elle.

En apprenant que la Goualeuse était graciée, les autres détenues loin de se montrer jalouses de cette faveur, en témoignèrent leur joie ; quelques-unes entourèrent Fleur-de-Marie et lui firent des adieux pleins de cordialité, la félicitèrent franchement de sa prompte sortie de prison.

— C'est égal, — dit l'une d'elles, cette petite blondinette nous a fait passer un bon moment... c'est quand nous avons boursillé pour la layette de Mont-Saint-Jean. On se souviendra de cela à Saint-Lazare.

Lorsque Fleur-de-Marie eut quitté le bâtiment des prisons sous la conduite de l'inspectrice, celle-ci lui dit : — Maintenant, mon enfant, rendez-vous au vestiaire, où vous déposerez vos vêtements de détenue pour reprendre vos habits de paysanne, qui par leur simplicité rustique, vous seyaient si bien... Adieu... vous allez être heureuse, car vous allez vous trouver sous la protection de personnes recommandables, et vous quittez cette maison pour n'y jamais rentrer. Mais... tenez... je ne suis guère raisonnable, dit madame Armand dont les yeux se mouillèrent de larmes, — il m'est impossible de vous cacher combien je m'étais déjà attachée à vous, pauvre petite ! — Puis voyant le regard de Fleur-de-Marie devenir humide aussi, l'inspectrice ajouta — Vous ne m'en voudrez pas, je l'espère, d'attrister ainsi votre départ ?

— Ah ! madame... n'est-ce pas grâce à votre recommandation que cette jeune dame, à qui je dois ma liberté, s'est intéressée à mon sort ?

— Oui, et je suis heureuse de ce que j'ai fait ; mes pressentiments ne m'avaient pas trompée...

A ce moment une cloche sonna.

— Voici l'heure du travail des ateliers, il faut que je rentre... adieu, encore adieu, ma chère enfant !...

Et madame Armand, aussi émue que Fleur-de-Marie, l'embrassa tendrement ; puis elle dit à un des employés de la maison : — Conduisez mademoiselle au vestiaire.

Un quart d'heure après, Fleur-de-Marie, vêtue en paysanne ainsi que nous l'avons vue à la ferme de Bouqueval, entrait dans le greffe, où l'attendait madame Séraphin.

La femme de charge du notaire Jacques Ferrand venait chercher cette malheureuse enfant pour la conduire à l'île du Ravageur.

CHAPITRE XV

Souvenirs

Jacques Ferrand avait facilement et promptement obtenu la liberté de Fleur-de-Marie, liberté qui dépendait d'une simple décision administrative. Instruit par la Chouette du séjour de la Goualeuse à Saint-Lazare, il s'était aussitôt adressé à l'un de ses clients, homme honorable et influent, lui disant qu'une jeune fille, d'abord égarée, mais sincèrement repentante et récemment enfermée à Saint-Lazare, risquait, par le contact des autres prisonnières, de voir s'affaiblir peut-être ses bonnes résolutions. Cette jeune fille lui ayant été vivement recommandée par des personnes respectables qui devaient se charger d'elle à sa sortie de prison, avait ajouté Jacques Ferrand, il priait son tout-puissant client, au nom de la morale, de la religion et de la réhabilitation future de cette infortunée, de solliciter sa libération. Enfin le notaire, pour se mettre à l'abri de toute recherche ultérieure, avait surtout et instamment prié son client de ne pas le nommer dans l'accomplissement de cette bonne œuvre. Ce vœu, attribué à la modestie philanthropique de Jacques Ferrand, homme aussi pieux que respectable, fut scrupuleusement observé : la liberté de Fleur-de-Marie fut demandée et obtenue au seul nom du client, qui, pour comble d'obligeance, envoya directement à Jacques Ferrand l'ordre de sortie, afin qu'il pût l'adresser aux protecteurs de la jeune fille. Madame Séraphin, en remettant cette lettre au directeur de la prison, ajouta qu'elle était chargée de conduire la Goualeuse auprès des personnes qui s'intéressaient à elle. D'après les excellents renseignements donnés à l'inspectrice par madame d'Harville sur Fleur-de-Marie, personne ne douta que celle-ci ne dût sa liberté à l'intervention de la marquise. La femme de charge du notaire ne pouvait donc en rien exciter la défiance de sa victime. Madame Séraphin, avait selon l'occasion et ainsi qu'on le dit vulgairement, l'air *bonne femme* ; il fallait assez d'observation pour remarquer quelque chose d'insidieux, de faux, de cruel dans son regard patelin, dans son sourire hypocrite. Malgré sa profonde scélératesse, qui l'avait rendue complice ou confidente des crimes de son maître, madame Séraphin ne put s'empêcher d'être frappée de la touchante beauté de cette jeune fille, qu'elle avait livrée tout enfant à la Chouette... et qu'elle conduisait alors à une mort certaine...

— Eh bien ! ma chère demoiselle, — lui dit madame Séraphin d'une voix mielleuse, — vous devez être bien contente de sortir de prison ?

— Oh ! oui, madame, et c'est, sans doute, grâce à la protection de madame d'Harville, qui a été si bonne pour moi...

— Vous ne vous trompez pas... Mais venez .. nous sommes déjà un peu en retard... et nous avons une longue route à faire.

— Nous allons à la ferme de Bouqueval, chez madame Georges n'est-ce pas... madame ? — s'écria la Goualeuse.

— Oui .. certainement, nous allons à la campagne... chez madame Georges, — dit la femme de charge, pour éloigner tout soupçon de l'esprit de Fleur-de-Marie ; puis elle ajouta, avec un air de malicieuse bonhomie : — Mais ce n'est pas tout, avant de voir madame Georges, une petite surprise vous attend. Venez... venez, un fiacre est en bas... quel ouf! vous allez pousser en sortant, ma chère demoiselle... Allons, partons... Votre servante, messieurs.

Et madame Séraphin, après avoir salué le greffier et son commis, descendit avec la Goualeuse. Un gardien les suivait chargé de faire ouvrir les portes. La dernière venait de se refermer, et les deux femmes se trouvaient sous le vaste porche qui donne sur la rue du Faubourg-Saint-Denis, lorsqu'elles se rencontrèrent avec une jeune fille qui venait sans doute visiter quelque prisonnière.

C'était Rigolette... Rigolette toujours leste et coquette : un petit bonnet très simple, mais bien fait et orné de faveurs cerise qui accompagnaient à merveille ses bandeaux de cheveux noirs, encadraient un joli minois ; un col bien blanc se rabattait sur son long tartan brun. Elle portait au bras un cabas de paille ; grâce à sa démarche de chatte attentive et proprette, ses brodequins à semelles épaisses étaient d'une propreté miraculeuse, quoiqu'elle vînt, hélas ! de bien loin, la pauvre enfant.

— Rigolette ! — s'écria Fleur-de-Marie en reconnaissant son ancienne compagne de prison[1] et de promenades champêtres.

— La Goualeuse ! — dit à son tour la grisette.

Et les deux jeunes filles se jetèrent dans les bras l'une de l'autre.

Rien de plus enchanteur que le contraste de ces deux enfants de seize ans, tendrement embrassées, toutes deux si charmantes, et pourtant si différentes de physionomie et de beauté. L'une, blonde, aux grands yeux bleus mélancoliques, au profil d'une angélique pureté, idéal, un peu pâli, un peu attristé, un peu spiritualisé, de ces adorables paysannes de Greuze, d'un coloris si frais et si transparent... mélange ineffable de rêverie, de candeur et de grâce... L'autre, brune piquante, aux joues rondes et vermeilles, aux jolis yeux noirs, au rire ingénu, à la mine éveillée, type ravissant de jeunesse, d'insouciance et de gaieté, exemple rare et touchant de bonheur dans l'indigence, d'honnêteté dans l'abandon et de joie dans le travail.

Après l'échange de leurs naïves caresses, les deux jeunes filles se regardèrent. Rigolette était radieuse de cette rencontre... Fleur-de-Marie confuse... La vue de son amie lui rappelait le peu de jours de bonheur calme qui avait précédé sa dégradation première.

— C'est toi... quel bonheur !... — disait la grisette...

1. Le lecteur se souvient peut-être que dans le récit de ses premières années qu'elle a fait à Rodolphe lors de son entretien avec lui chez l'ogresse, la Goualeuse lui avait parlé de Rigolette, qui, enfant vagabond comme elle, avait été enfermée jusqu'à seize ans dans une maison de détention.

— Mon Dieu, oui, quelle douce surprise !... il y a si longtemps que nous nous sommes vues... — répondit la Goualeuse.

— Ah ! maintenant, je ne m'étonne plus de ne t'avoir pas rencontrée depuis six mois... — reprit Rigolette en remarquant les vêtements rustiques de la Goualeuse, — tu habites donc la campagne ?...

— Oui... depuis quelque temps, — dit Fleur-de-Marie en baissant les yeux.

— Et tu viens, comme moi, voir quelqu'un en prison ?

— Oui .. je venais... je viens de voir quelqu'un, — dit Fleur-de-Marie en balbutiant et en rougissant de honte.

— Et tu t'en retournes chez toi ? loin de Paris, sans doute ? Chère petite Goualeuse... toujours bonne ; je te reconnais bien là... Te rappelles-tu cette pauvre femme en couches à qui tu avais donné ton matelas, du linge, et le peu d'argent qui te restait, et que nous allions dépenser à la campagne .. car alors tu étais déjà folle de la campagne, toi... mademoiselle la villageoise...

— Et toi, tu ne l'aimais pas beaucoup ? Rigolette, étais-tu complaisante ! c'est pour moi que tu y venais pourtant.

— Et pour moi aussi... car toi qui étais toujours un peu sérieuse, tu devenais si contente, si gaie, si folle, une fois au milieu des champs ou des bois... que rien que de t'y voir... c'était pour moi un plaisir... Mais laisse-moi donc encore te regarder ! Comme ce joli bonnet rond te va bien ! es-tu gentille ainsi ! Décidément... c'était ta vocation de porter un bonnet de paysanne, comme la mienne un bonnet de grisette... Te voilà selon ton goût, tu dois être contente... du reste, ça ne m'étonne pas... quand je ne t'ai plus vue, je me suis dit : cette bonne petite Goualeuse n'est pas faite pour Paris, c'est une vraie fleur des bois, comme dit la chanson, et ces fleurs-là ne vivent pas dans la *capitale*, l'air n'y est pas bon pour elles... Aussi la Goualeuse se sera mise en place chez de braves gens à la campagne... C'est ce que tu as fait, n'est-ce pas ?

— Oui... — dit Fleur-de-Marie en rougissant.

— Seulement... j'ai un reproche à te faire.

— A moi ?...

— Tu aurais dû me prévenir... on ne se quitte pas ainsi du jour au lendemain... ou du moins sans donner de ses nouvelles.

— Je... j'ai quitté Paris... si vite, — dit Fleur-de-Marie, de plus en plus confuse, — que je ne n'ai pas pu...

— Oh ! je ne t'en veux pas, je suis trop contente de te revoir... Au fait, tu as eu bien raison de quitter Paris, va, c'est si difficile d'y vivre tranquille, sans compter qu'une pauvre fille isolée comme nous sommes peut tourner à mal sans le vouloir... Quand on a personne pour vous conseiller... on a si peu de défense... les hommes vous font toujours de si belles promesses ! et puis, dame, quelquefois la misère est si dure... Tiens, te souviens-tu de la petite Julie, qui était si gentille, et de Rosine, la blonde aux yeux noirs ?

— Oui... je m'en souviens.

— Eh bien, ma pauvre Goualeuse, elles ont été trompées toutes les deux, puis abandonnées, et enfin, de malheurs en malheurs, elles en sont tombées à être de ces vilaines femmes que l'on renferme ici...

— Ah! mon Dieu!... — s'écria Fleur-de-Marie, qui baissa la tête et devint pourpre.

Rigolette, se trompant sur le sens de l'exclamation de son amie, reprit : — Elles sont coupables, méprisables... même, si tu veux, je ne dis pas; mais, vois-tu, ma bonne Goualeuse, parce que nous avons eu le bonheur de rester honnêtes : toi, parce que tu as été vivre à la campagne auprès de braves paysans ; moi, parce que je n'avais pas de temps à perdre avec les amoureux... que je leur préférais mes oiseaux, et que je mettais tout mon plaisir à avoir, grâce à mon travail, un petit ménage bien gentil... il ne faut pas être trop sévère pour les autres... Mon Dieu, qui sait... si l'occasion, la tromperie, la misère, n'ont pas été pour beaucoup dans la mauvaise conduite de Rosine et de Julie... et si à leur place nous n'aurions pas fait comme elles.

— Oh! — dit amèrement Fleur-de-Marie, — je ne les accuse pas... je les plains.

— Allons, allons, nous sommes pressées, ma chère demoiselle, — dit madame Séraphin, en offrant son bras à sa victime avec impatience.

— Madame, donnez-nous encore quelques moments ; il y a si longtemps que je n'ai vu ma pauvre Goualeuse, — dit Rigolette.

— C'est qu'il est tard, mesdemoiselles ; déjà trois heures, et nous avons une longue course à faire... — répondit madame Séraphin fort contrariée de cette rencontre ; puis elle ajouta : — Je vous donne encore dix minutes...

— Et toi, — reprit Fleur-de-Marie, en prenant les mains de son amie dans les siennes, — tu as un caractère si heureux, tu es toujours gaie? toujours contente?...

— Je l'étais il y a quelques jours... contente et gaie... mais maintenant...

— Tu as des chagrins?

— Moi? ah bien oui, tu me connais... un vrai Roger-Bontemps... Je ne suis pas changée... mais malheureusement tout le monde n'est pas comme moi... Et comme les autres ont des chagrins, ça fait que j'en ai...

— Toujours bonne...

— Que veux-tu... figure-toi que je viens ici pour une pauvre fille... une voisine... la brebis du bon Dieu, qu'on accuse à tort, et qui est bien à plaindre, va... elle s'appelle Louise Morel : c'est la fille d'un honnête ouvrier, qui est devenu fou tant il était malheureux...

Au nom de Louise Morel, une des victimes du notaire, madame Séraphin tressaillit et regarda très attentivement Rigolette. La figure de la grisette lui était absolument inconnue ; néanmoins la femme de charge prêta dès lors beaucoup d'attention à l'entretien des deux jeunes filles.

— Pauvre femme! — reprit la Goualeuse, — comme elle doit être contente de ce que tu ne l'oublies pas dans son malheur...

— Ce n'est pas tout, c'est comme un sort; telle que tu me vois, je viens de bien loin... et encore d'une prison... mais d'une prison d'hommes.

— D'une prison d'hommes, toi?

— Ah! mon Dieu, oui, j'ai là une autre pauvre pratique bien triste... aussi tu vois mon cabas (et Rigolette le montra), il est partagé en deux, chacun a son côté; aujourd'hui, j'apporte à Louise un peu de linge, et tantôt j'ai aussi porté quelque chose à ce pauvre Germain... Mon prisonnier s'appelle Germain. Tiens, je ne peux pas penser à ce qui vient de m'arriver avec lui sans avoir envie de pleurer... c'est bête, je sais que cela n'en vaut pas la peine, mais enfin, je suis comme ça.

— Et pourquoi as-tu envie de pleurer?

— Figure-toi que Germain est si malheureux d'être confondu avec ces mauvais hommes de la prison qu'il est tout accablé, n'ayant de goût à rien, ne mangeant pas et maigrissant à vue d'œil. Je m'aperçois de ça, et je me dis: Il n'a pas faim, je vais lui faire une petite friandise qu'il aimait bien quand il était mon voisin, ça le ragoûtera... Quand je dis friandise, entendons-nous, c'étaient tout bonnement de belles pommes de terre jaunes, écrasées avec un peu de lait et du sucre; j'en emplis une jolie tasse bien propre, et tantôt je lui porte ça à sa prison en lui disant que j'avais préparé moi-même ce pauvre petit régal comme autrefois, dans le bon temps, tu comprends; je croyais ainsi lui donner un peu envie de manger... Ah bien, oui...

— Comment!

— Ça lui a donné envie de pleurer; quand il a reconnu la tasse dans laquelle j'avais si souvent pris mon lait devant lui, il s'est mis à fondre en larmes... et, par dessus le marché, j'ai fini par faire comme lui, quoique j'aie voulu m'en empêcher: tu vois comme j'ai de la chance: je croyais bien faire, le consoler... et je l'ai attristé davantage encore.

— Oui, mais ces larmes-là lui auront été si douces...

— C'est égal, j'aurais autant aimé le consoler autrement. Mais je te parle de lui sans te dire qui il est; c'est un ancien voisin à moi... le plus honnête garçon du monde, aussi doux, aussi timide qu'une jeune fille, et que j'aimais comme un camarade, comme un frère.

— Oh! alors, je conçois que ses chagrins soient devenus les tiens.

— N'est-ce pas? Mais tu vas voir comme il a bon cœur: quand je me suis en allée, je lui ai demandé, comme toujours, ses commissions, lui disant en riant, afin de l'égayer un peu, que j'étais sa petite femme de ménage et que je serais bien exacte, bien active, pour garder sa pratique. Alors lui, s'efforçant de sourire, m'a demandé de lui apporter un des romans de Walter Scott qu'il m'avait autrefois lu le soir pendant que je travaillais ; ce roman-là s'appelle Ivan... Ivanhoé... Oui, c'est ça... J'aimais tant ce livre-là qu'il me l'avait lu deux fois... Pauvre Germain, il était si complaisant...

— C'est un souvenir de cet heureux temps passé qu'il veut avoir...

— Certainement, puisqu'il m'a priée d'aller dans le même cabinet de lecture, non pour louer, mais pour acheter les mêmes volumes que nous lisions ensemble... Oui, les acheter... et tu juges, pour lui c'est un sacrifice, car il est aussi pauvre que nous...

— Excellent cœur ! — dit la Goualeuse tout émue.

— Te voilà tout aussi attendrie que moi... quand il m'a chargée de cette commission, ma bonne petite Goualeuse. Mais tu comprends, plus je me sentais envie de pleurer... plus je tâchais de rire, car pleurer deux fois dans une visite faite exprès pour l'égayer, c'était trop fort... Aussi, pour chasser ça, je me suis mise à lui rappeler les drôles d'histoires d'un juif... un personnage de ce roman qui nous amusait tant autrefois... mais plus je parlais, plus il me regardait avec de grosses, grosses larmes dans les yeux... Dame, moi, ça m'a fendu le cœur ; j'avais beau renfoncer mes larmes depuis un quart d'heure... j'ai fini par faire comme lui ; quand je l'ai quitté, il sanglotait et je me disais, furieuse de ma sottise : si c'est comme ça que je le console et que je l'égaye, c'est bien la peine de l'aller voir. Moi qui me promets toujours de le faire rire... c'est étonnant comme j'y réussis !

Au nom de Germain, autre victime du notaire, madame Séraphin avait redoublé d'attention.

— Et qu'a-t-il donc fait, ce jeune homme, pour être en prison ? demanda Fleur-de-Marie.

— Lui ! — s'écria Rigolette, dont l'attendrissement cédait à l'indignation, — il a fait qu'il est poursuivi par un vieux monstre de notaire, qui est aussi le dénonciateur de Louise.

— De Louise, que tu viens voir ici ?

— Sans doute, elle était la servante du notaire, et Germain était son caissier... Il serait trop long de te dire de quoi il accuse bien injustement ce pauvre garçon... Mais ce qu'il y a de sûr, c'est que ce méchant homme est comme un enragé après ces deux malheureux, qui ne lui ont jamais fait de mal... Mais patience, patience, chacun aura son tour...

Rigolette prononça ces derniers mots avec une expression qui inquiéta madame Séraphin. Se mêlant à la conversation, au lieu d'y demeurer étrangère, elle dit à Fleur-de-Marie d'un air patelin : — Ma chère demoiselle, il est tard, il faut partir... on nous attend. Je comprends bien que ce que vous dit mademoiselle vous intéresse, car moi qui ne connais pas la jeune fille et le jeune homme dont elle parle, ça me désole. Mon Dieu ! est-il possible qu'il y ait des gens si méchants... Et comment donc s'appelle-t-il, ce vilain notaire dont vous parlez, mademoiselle ?

Rigolette n'avait aucune raison de se défier de madame Séraphin ; néanmoins, se souvenant des recommandations de Rodolphe, qui lui avait enjoint la plus grande réserve au sujet de la protection cachée qu'il accordait à Germain et à Louise, elle regretta de s'être laissée entraîner à dire : Patience, chacun aura son tour. — Ce méchant homme s'appelle M. Ferrand, madame, — reprit donc Rigolette, ajoutant très adroitement pour réparer sa légère indiscrétion ; — Et c'est d'autant plus mal à lui de tourmenter Louise et Germain, que personne ne s'intéresse à eux... excepté moi... ce qui ne leur sert pas à grand'chose.

— Quel malheur ! — reprit madame Séraphin ; — j'avais espéré le contraire quand vous avez dit : *Mais patience...* je croyais que vous comptiez sur quelque protecteur pour soutenir ces deux infortunés contre ce méchant notaire.

— Hélas ! non, madame, — ajouta Rigolette, afin de détourner complètement les soupçons de madame Séraphin ; — qui serait assez généreux pour prendre le parti de ces deux pauvres gens contre un homme riche et puissant, comme l'est ce M. Ferrand?

— Oh ! il y a des cœurs assez généreux pour cela ! — reprit Fleur-de-Marie, après un moment de réflexion et avec une exaltation contrainte ; — oui, je connais quelqu'un qui se fait un devoir de protéger ceux qui souffrent et de les défendre, car celui dont je te parle est aussi secourable aux honnêtes gens que redoutable aux méchants.

Rigolette regarda la Goualeuse avec étonnement, et fut sur le point de lui dire, en songeant à Rodolphe, qu'elle aussi connaissait quelqu'un qui prenait courageusement le parti du faible contre le fort ; mais, toujours fidèle aux recommandations de son *voisin* (ainsi qu'elle appelait le prince), la grisette répondit à Fleur-de-Marie : — Vraiment, tu connais quelqu'un d'assez généreux pour venir ainsi en aide aux pauvres gens ?

— Oui !... et quoique j'aie déjà à implorer sa pitié, sa bienfaisance pour d'autres personnes, je suis sûre que s'il connaissait le malheur immérité de Louise et de M. Germain... il les sauverait et punirait leur persécuteur... car sa justice et sa bonté sont inépuisables comme celle de Dieu...

Madame Séraphin regarda sa victime avec surprise.

— Cette petite fille serait-elle donc encore plus dangereuse que nous ne le pensions, — se dit-elle, — si j'avais pu en avoir pitié, ce qu'elle vient de dire rendrait inévitable l'*accident* qui va nous en débarrasser.

— Ma bonne petite Goualeuse, puisque tu as une si bonne connaissance, je t'en supplie, recommande lui ma Louise et mon Germain, car ils ne méritent pas leur mauvais sort, — dit Rigolette, en songeant que ses amis ne pouvaient que gagner à avoir deux défenseurs au lieu d'un.

— Sois tranquille, je te promets de faire ce que je pourrai pour tes protégés auprès de M. Rodolphe, — dit Fleur-de-Marie.

— M. Rodolphe !... — s'écria Rigolette étrangement surprise.

— Sans doute... dit la Goualeuse.

— M. Rodolphe !... un commis voyageur ?
— Je ne sais pas ce qu'il est... Mais pourquoi cet étonnement ?
— Parce que je connais aussi un M. Rodolphe.
— Ce n'est peut-être pas le même.
— Voyons, voyons le tien... comment est-il ?
— Jeune....
— C'est ça...
— Une figure pleine de noblesse et de bonté...
— C'est bien ça... Mais, mon Dieu ! c'est tout comme le mien, — dit Rigolette de plus en plus étonnée, et elle ajouta : — Est-il brun ? a-t-il de petites moustaches ?.
— Oui.
— Enfin, il est grand et mince... il a une taille charmante... et l'air si comme il faut... pour un commis voyageur... Est-ce toujours bien ça le tien ?
— Sans doute, c'est lui, — répondit Fleur-de-Marie ; — seulement, ce qui m'étonne, c'est que tu crois qu'il est commis voyageur.
— Quant à cela j'en suis sûre... il me l'a dit...
— Tu le connais ?
— Si je le connais ? c'est mon voisin.
— M. Rodolphe ?
— Il a une chambre à côté de la mienne.
— Lui ?... lui ?...
— Qu'est-ce qu'il y a d'étonnant à cela ? c'est tout simple : il ne gagne guère que quinze ou dix-huit cents francs par an ; il ne peut prendre qu'un logement modeste, quoiqu'il ait l'air de ne pas avoir beaucoup d'ordre... car il ne sait pas seulement ce que ses habits lui coûtent... mon cher voisin...

— Non... non... ce n'est pas le même... — dit Fleur-de Marie en réfléchissant.

— Ah çà ! le tien est donc un phénix pour l'ordre ?

— Celui dont je te parle, vois-tu, Rigolette, — dit Fleur-de Marie avec enthousiasme, est tout puissant... on ne prononce son nom qu'avec amour et vénération... son aspect trouble... impose, et l'on est tenté de s'agenouiller devant sa grandeur et sa bonté...

— Alors je m'y perds, ma pauvre Goualeuse ; je dis comme toi : ça n'est pas le même, car le mien n'est ni tout puissant ni imposant, il est très bon enfant, très gai, et on ne s'agenouille pas devant lui, au contraire, car il m'avait promis de m'aider à cirer ma chambre, sans compter qu'il devait me mener promener le dimanche... Tu vois bien que ça n'est pas un gros seigneur. Mais à quoi est-ce que je pense, j'ai joliment le cœur à la promenade !... Et Louise, et mon pauvre Germain ! tant qu'ils seront en prison, il n'y aura pas de plaisir pour moi...

Depuis quelques moments Fleur-de-Marie réfléchissait profondément ; elle s'était tout à coup rappelé que, lors de sa première entrevue avec Rodolphe chez l'ogresse, il avait l'extérieur et le langage des hôtes du tapis-franc. Ne pouvait-il pas jouer le rôle de commis voyageur auprès de Rigolette ?

Mais quel était le but de cette transformation ?

La grisette reprit, voyant l'air pensif de Fleur-de-Marie : — Il n'est pas besoin de te creuser la tête pour cela, ma bonne Goualeuse ; nous saurons bien si nous connaissons le même M Rodolphe ; quand tu verras le tien, parle-lui de moi ; quand je verrai le mien, je lui parlerai de toi... de cette manière-là nous saurons tout de suite à quoi nous en tenir.

— Et où demeures-tu, Rigolette ?

— Rue du Temple, numéro 17.

— Voilà qui est étrange et bon à savoir, — se dit madame Séraphin, qui avait attentivement écouté cette conversation. — Ce M. Rodolphe, mystérieux et tout-puissant personnage, qui se fait sans doute passer pour commis voyageur, occupe un logement voisin de celui de cette petite ouvrière, qui a l'air d'en savoir plus qu'elle n'en veut dire, et ce défenseur des opprimés loge ainsi qu'elle dans la maison de Morel et de Bradamanti... Bon, bon, si la grisette et le prétendu commis voyageur continuent à se mêler de ce qui ne les regarde pas, on saura où les trouver.

— Lorsque j'aurai parlé à M. Rodolphe, je t'écrirai, — dit la Goualeuse, — et je te donnerai mon adresse pour que tu puisses me répondre ; mais répète-moi la tienne... je crains de l'oublier.

— Tiens, j'ai justement sur moi une des cartes que je laisse à mes pratiques, — et elle donna à Fleur-de-Marie une petite carte sur laquelle était écrit en magnifique bâtarde : *Mademoiselle Rigolette, couturière, rue du Temple, numéro 17.* — C'est comme imprimé, n'est-ce pas ? — ajouta la grisette ; — c'est encore ce pauvre Germain qui me les a écrites dans le temps, ces cartes-là : il était si bon, si prévenant... Tiens, vois-tu, c'est comme un fait exprès, on dirait que je ne m'aperçois de toutes ses excellentes qualités que depuis qu'il est malheureux... et maintenant je suis toujours à me reprocher d'avoir attendu si tard pour l'aimer...

— Tu l'aimes donc ?

— Ah ! mon Dieu, oui !... il faut bien que j'aie un prétexte pour aller le voir en prison... Avoue que je suis une drôle de fille, — dit Rigolette, en étouffant un soupir et en *riant dans ses larmes*, comme dit le poète.

— Tu es bonne et généreuse comme toujours, — dit Fleur-de-Marie, en pressant tendrement les mains de son amie.

Madame Séraphin en avait sans doute assez appris par l'entretien des deux jeunes filles, car elle dit presque brusquement à Fleur-de-Marie : — Allons, allons, ma chère demoiselle, partons; il est tard, voilà un quart d'heure de perdu.

— A-t-elle l'air bougon, cette vieille... je n'aime pas sa figure, — dit tout bas Rigolette à Fleur-de-Marie. Puis elle reprit tout haut : — Quand tu viendras à Paris, ma bonne Goualeuse, ne m'oublie pas ; ta visite me ferait tant de plaisir ! je serais si contente de passer une journée avec toi, de te montrer mon petit ménage, ma chambre, mes oiseaux ! j'ai des oiseaux... c'est mon luxe.

— Je tâcherai de t'aller voir, mais certainement je t'écrirai. Allons, adieu, Rigolette... adieu... Si tu savais comme je suis heureuse de t'avoir rencontrée !

— Et moi donc... mais ce ne sera pas la dernière fois, je l'espère ; et puis je suis si impatiente de savoir si ton M. Rodolphe est le même que le mien... Écris-moi bien vite à ce sujet, je t'en prie...

— Oui, oui .. Adieu, Rigolette...

— Adieu, ma bonne petite Goualeuse...

Et les deux jeunes filles s'embrassèrent tendrement en dissimulant leur émotion.

Rigolette entra dans la prison pour voir Louise, grâce au permis que lui avait fait obtenir Rodolphe. Fleur-de-Marie monta en fiacre avec madame Séraphin qui ordonna au cocher d'aller aux Batignolles et de s'arrêter à la barrière.

Un chemin de traverse très court conduisait de cet endroit presque directement au bord de la Seine, non loin de l'île du Ravageur. Fleur-de-Marie, ne connaissant pas Paris, n'avait pu s'apercevoir que la voiture suivait une autre route que celle de la barrière Saint-Denis. Ce fut seulement lorsque le fiacre s'arrêta aux Batignolles qu'elle dit à madame Séraphin, qui l'invitait à descendre : — Mais il me semble, madame, que ce n'est pas là le chemin de Bouqueval... et puis comment irons-nous à pied d'ici jusqu'à la ferme ?

— Tout ce que je puis vous dire, ma chère demoiselle, — reprit cordialement la femme de charge, — c'est que j'exécute les ordres de vos bienfaiteurs... et que vous leur feriez grand'peine si vous hésitiez à me suivre...

— Oh ! madame, ne le pensez pas ! — s'écria Fleur-de-Marie ; — vous êtes envoyée par eux, je n'ai aucune question à vous adresser... je vous suis aveuglément ; dites-moi seulement si madame Georges se porte toujours bien ?

— Elle se porte à ravir.

— Et... M. Rodolphe ?

— Parfaitement bien aussi.

— Vous le connaissez donc, madame ? mais tout à l'heure, quand je parlais de lui avec Rigolette... vous n'en avez rien dit.

— Parce que je ne devais rien dire... apparemment. J'ai mes ordres...

— C'est lui qui vous les a donnés ?

— Est-elle curieuse, cette chère demoiselle, est-elle curieuse !... — dit en riant la femme de charge.

— Vous avez raison ; pardonnez mes questions, madame... Puisque nous allons à pied à l'endroit où vous me conduisez, — ajouta Fleur-de-Marie en souriant doucement, — je saurai bientôt ce que je désire tant savoir.

— En effet, ma chère demoiselle ; avant un quart d'heure... nous serons arrivées.

La femme de charge, ayant laissé derrière elle les dernières maisons des Batignolles, suivit avec Fleur-de-Marie un chemin gazonné bordé de noyers. Le jour était tiède et beau ; le ciel, à demi voilé de nuages empourprés par le couchant ; le soleil commençant à décliner jetait ses rayons obliques sur les hauteurs de Colombes, de l'autre côté de la Seine. À mesure que Fleur-de-Marie approchait des bords de la rivière, ses joues pâles se coloraient légèrement ; elle aspirait avec délices l'air vif et pur de la campagne.

Sa touchante physionomie exprimait une satisfaction si douce, que madame Séraphin lui dit : — Vous semblez bien contente, ma chère demoiselle....

— Oh ! oui, madame... je vais revoir madame Georges, peut-être M. Rodolphe... j'ai de pauvres créatures très malheureuses à leur recommander... j'espère qu'on les soulagera... comment ne serais-je pas contente ? Si j'étais triste, comment ma tristesse ne s'effacerait-elle pas ? Et puis, voyez donc... le ciel est si gai avec ses nuages roses ! et le gazon... est-il vert malgré la saison ! et là bas... là bas... derrière ces saules, la rivière... est-elle grande, mon Dieu ! le soleil y brille, c'est éblouissant... on dirait des reflets d'or... il brillait ainsi tout à l'heure dans l'eau du petit bassin de la prison... Dieu n'oublie pas les pauvres prisonniers... il leur donne aussi leur rayon de soleil, — ajouta Fleur-de-Marie avec une sorte de pieuse reconnaissance ; puis, ramenée par le souvenir de sa captivité à mieux apprécier encore le bonheur d'être libre, elle s'écria dans un élan de joie naïve : — Ah ! madame... et là bas, au milieu de la rivière, voyez donc cette jolie petite île bordée de saules et de peupliers, avec cette maison blanche au bord de l'eau... comme cette habitation doit être charmante l'été quand tous les arbres sont couverts de feuilles ! quel silence, quelle fraîcheur on doit y trouver !

— Ma foi, — dit madame Séraphin avec un sourire étrange, — je suis ravie que vous trouviez cette île jolie.

— Pourquoi cela, madame ?

— Parce que nous y allons.

— Dans cette île ?

— Oui, cela vous surprend ?

— Un peu, madame.

— Et si vous trouviez là vos amis ?

— Que dites-vous ?

— Vos amis rassemblés pour fêter votre sortie de prison, ne seriez-vous pas encore plus agréablement surprise ?

— Il serait possible ?... madame Georges... M. Rodolphe...

— Tenez... ma chère demoiselle, je n'ai pas plus de défense qu'un enfant.. avec votre petit air innocent, vous me feriez dire ce que je ne dois pas dire.

— Je vais les revoir... oh ! madame, comme mon cœur bat...

— N'allez donc pas si vite ; je conçois votre impatience, mais je puis à peine vous suivre... petite folle...

— Pardon, madame, j'ai tant de hâte d'arriver...

— C'est bien naturel... je ne vous en fais pas un reproche, au contraire...

11.

— Voici le chemin qui descend, il est mauvais ; voulez-vous mon bras, madame ?

— Ce n'est pas de refus, ma chère demoiselle... car vous êtes leste et ingambe, et moi je suis vieille.

— Appuyez-vous bien sur moi, madame, n'ayez pas peur de me fatiguer...

— Merci, ma chère demoiselle, votre aide n'est pas de trop, cette descente est si rapide... Enfin nous voici dans une belle route.

— Ah ! madame, il est donc vrai, je vais revoir madame Georges ? je ne puis le croire.

— Encore un peu de patience... dans un quart d'heure... vous la verrez, et vous le croirez alors !

— Ce que je ne puis pas comprendre, — ajouta Fleur-de-Marie après un moment de réflexion, — c'est que madame Georges m'attende là au lieu de m'attendre à la ferme.

— Toujours curieuse, cette chère demoiselle, toujours curieuse...

— Comme je suis indiscrète, n'est-ce pas, madame ? — dit Fleur-de-Marie en souriant.

— Aussi, pour vous punir, j'ai bien envie de vous apprendre la surprise que vos amis vous ménagent.

— Une surprise, à moi, madame ?

— Tenez, laissez-moi tranquille, petite espiègle, vous me feriez encore parler malgré moi.

Nous laisserons madame Séraphin et sa victime dans le chemin qui conduit à la rivière. Nous les précéderons toutes deux de quelques moments à l'île du Ravageur.

CHAPITRE XVI

Le bateau.

Pendant la nuit, l'aspect de l'île habitée par la famille Martial était sinistre ; mais, à la brillante clarté du soleil, rien de plus riant que ce séjour maudit. Bordée de saules et de peupliers, presque entièrement couverte d'une herbe épaisse, où serpentaient quelques allées de sable jaune, l'île renfermait un petit jardin potager et un assez grand nombre d'arbres à fruits. Au milieu de ce verger on voyait la baraque à toit de chaume dans laquelle Martial voulait se retirer avec François et Amandine. De ce côté, l'île se terminait à sa pointe par une sorte d'estacade formée de gros pieux destinés à contenir l'éboulement des terres. Devant la maison, touchant presque au débarcadère, s'arrondissait une tonnelle de treillage vert, destinée à supporter pendant l'été les tiges grimpantes de la vigne vierge et du houblon, berceau de verdure sous lequel on disposait alors les tables des buveurs. A l'une des extrémités de la maison, peinte en blanc et recouverte de tuiles, un bûcher surmonté d'un grenier formait en retour une petite aile beaucoup plus basse que le corps de logis principal. Presque au-dessus de cette aile on remarquait une fenêtre aux volets garnis de plaques de tôle, et extérieurement condamnés par deux barres de fer transversales, que de forts crampons fixaient au mur.

Trois bachots se balançaient, amarrés au pilotis du débarcadère.

Accroupi au fond de l'un de ces bachots, Nicolas s'assurait du libre jeu de la soupape qu'il y avait adaptée.

Debout sur un banc situé au dehors de la tonnelle, Calebasse, la main placée au-dessus de ses yeux en manière d'abat-jour, regardait au loin dans la direction que madame Séraphin et Fleur-de-Marie devaient suivre pour se rendre à l'île.

— Personne ne paraît encore, ni vieille, ni jeune, — dit Calebasse, en descendant de son banc et s'adressant à Nicolas. — Ce sera comme hier! nous aurons attendu pour le roi de Prusse... Si ces femmes n'arrivent pas avant une demi-heure... il faudra partir; le coup de Bras-Rouge vaut mieux; il nous attend. La courtière doit venir à cinq heures chez lui, aux Champs-Elysées... Il faut que nous soyons arrivés avant elle. Ce matin la Chouette nous l'a répété.

— Tu as raison, — reprit Nicolas en quittant son bateau. — Que le tonnerre écrase cette vieille qui nous fait droguer pour rien!... La soupape va comme un charme... Des deux affaires nous n'en aurons peut-être pas une...

— Du reste, Bras-Rouge et Barbillon ont besoin de nous... à eux deux ils ne peuvent rien.

— C'est vrai; car, pendant qu'on fera le coup, il faudra que Bras-Rouge reste en dehors de son cabaret pour être au guet, et Barbillon n'est pas assez fort pour entraîner à lui tout seul la courtière dans le caveau... elle regimbera, cette vieille.

— Est-ce que la Chouette ne nous disait pas, en riant, qu'elle y tenait le Maître d'école en *pension*... dans ce caveau?

— Pas dans celui-là... dans un autre qui est bien plus profond, et qui est inondé quand la rivière est haute.

— Doit il marronner dans ce caveau, le Maître d'école!... Être là dedans tout seul, et aveugle!

— Il y verrait clair qu'il n'y verrait pas autre chose: le caveau est noir comme un four.

— C'est égal, quand il a fini de chanter, pour se distraire, toutes les romances qu'il sait, le temps doit lui paraître joliment long.

— La Chouette dit qu'il s'amuse à faire la chasse aux rats, et que ce caveau-là est très giboyeux...

— Dis donc, Nicolas, à propos de particuliers qui doivent s'ennuyer et marronner, — reprit Calebasse avec un sourire féroce, en montrant du doigt la fenêtre garnie de plaques de tôle, — il y en a là un qui doit se manger le sang...

— Bah... il dort... Depuis ce matin il ne cogne plus... et son chien est muet...

— Peut-être qu'il l'a étranglé pour le manger... Depuis deux jours ils doivent tous deux enrager la faim et la soif là dedans.

— Ça les regarde... Martial peut encore durer longtemps comme ça, si ça l'amuse... Quand il sera fini... on dira qu'il est mort de maladie : ça ne fera pas un pli.

— Tu crois ?

— Bien sûr. En allant ce matin à Asnières, la mère a rencontré le père Férot, le pêcheur ; comme il s'étonnait de ne pas avoir vu son ami Martial depuis deux jours, la mère lui a dit que Martial ne quittait pas son lit, tant il était malade, et qu'on désespérait de lui... Le père Férot a avalé ça doux comme miel... il le redira à d'autres.. et quand la chose arrivera.. elle paraîtra toute simple.

— Oui, mais il ne mourra pas encore tout de suite ; c'est long de cette manière-là...

— Qu'est-ce que tu veux ? il n'y avait pas moyen d'en venir à bout autrement. Cet enragé de Martial, quand il s'y met, est méchant en diable et fort comme un taureau, par là-dessus il se défiait, nous n'aurions pas pu l'approcher sans danger ; tandis que, sa porte une fois bien enclouée en dehors, qu'est-ce qu'il pouvait faire ? Sa fenêtre était grillée.

— Tiens... il pouvait desceller les barreaux... en creusant le plâtre avec son couteau, ce qu'il aurait fait si, montée à l'échelle, je ne lui avais pas déchiqueté les mains à coups de hachette toutes les fois qu'il voulait commencer son ouvrage.

— Quelle faction ! — dit le brigand en ricanant ; — c'est toi qui as dû t'amuser !

— Il fallait bien te donner le temps d'arriver avec la tôle que tu avais été chercher chez le père Micou.

— Devait-il écumer... cher frère !

— Il grinçait des dents comme un possédé ; deux ou trois fois il a voulu me repousser à travers les barreaux à grands coups de bâton ; mais alors, n'ayant plus qu'une main libre, il ne pouvait pas travailler et desceller la grille... C'est ce qu'il fallait.

— Heureusement qu'il n'y a pas de cheminée dans sa chambre !

— Et que la porte est solide et qu'il a les mains abîmées ! sans ça, il serait capable de trouer le plancher...

— Et les poutres, il passerait donc au travers ? Non, non, va, il n'y a pas de danger qu'il échappe ; les volets sont garnis de tôle et assurés par deux barres de fer ; la porte... clouée en dehors avec des clous à bateau de trois pouces... Sa bière est plus solide que si elle était en chêne et en plomb.

— Dis donc, et quand, en sortant de prison, la Louve viendra ici pour chercher son homme... comme elle l'appelle ?...

— Eh bien, on lui dira : cherche...

— A propos, sais-tu que si ma mère n'avait pas enfermé ces gueux d'enfants, ils auraient été capables de ronger la porte comme des rats pour délivrer Martial ? Ce petit gredin de François est un vrai démon depuis qu'il se doute que nous avons emballé le grand frère.

— Ah çà ! mais est-ce qu'on va les laisser dans la chambre d'en haut pendant que nous allons quitter l'île ? Leur fenêtre n'est pas grillée ; ils n'ont qu'à descendre en dehors...

A ce moment, des cris et des sanglots, partant de la maison, attirèrent l'attention de Calebasse et de Nicolas. Ils virent la porte du rez-de-chaussée, jusqu'alors ouverte, se fermer violemment ; une minute après, la figure pâle et sinistre de la mère Martial apparut à travers les barreaux de la fenêtre de la cuisine. De son long bras décharné, la veuve du supplicié fit signe à ses enfants de venir à elle.

— Allons, il y a du grabuge ; je parie que c'est encore François qui se rebiffe, — dit Nicolas. — Gredin de Martial ! sans lui, ce gamin-là aurait été tout seul... Veille toujours bien, et si tu vois venir les deux femelles, appelle-moi.

Pendant que Calebasse, remontée sur son banc, épiait au loin la venue de madame Séraphin et de la Goualeuse, Nicolas entra dans la maison. La petite Amandine, agenouillée au milieu de la cuisine, sanglotait et demandait grâce pour son frère François. Irrité, menaçant, celui-ci, acculé dans un des angles de cette pièce, brandissait la hachette de Nicolas, et semblait décidé à apporter cette fois une résistance désespérée aux volontés de sa mère. Toujours impassible, toujours silencieuse, montrant à Nicolas l'entrée du caveau qui s'ouvrait dans la cuisine et dont la porte était entre-bâillée, la veuve fit signe à son fils d'y enfermer François.

— On ne m'enfermera pas là-dedans ! s'écria l'enfant déterminé, dont les yeux brillaient comme ceux d'un jeune chat sauvage. — Vous voulez nous y laisser mourir de faim avec Amandine, comme notre frère Martial.

— Maman... pour l'amour de Dieu, laisse-nous en haut dans notre chambre, comme hier, — demanda la petite fille d'un ton suppliant, en joignant les mains... — Dans le caveau noir, nous aurions trop peur...

La veuve regarda Nicolas d'un air impatient, comme pour lui reprocher de n'avoir pas encore exécuté ses ordres ; puis, d'un nouveau geste impérieux, lui désigna François.

Voyant son frère s'avancer vers lui, le jeune garçon brandit sa hachette d'un air désespéré et s'écria : — Si on veut m'enfermer là, que ce soit ma mère, mon frère ou Calebasse, tant pis... je frappe, et la hache coupe.

Ainsi que la veuve, Nicolas sentait l'imminente nécessité d'empêcher les deux enfants d'aller au secours de Martial pendant que la maison resterait seule, et aussi de leur dérober la connaissance des scènes qui allaient se passer, car de leur fenêtre on découvrait la rivière, où l'on voulait noyer Fleur-de-Marie. Mais Nicolas, aussi féroce que lâche, et se souciant peu de recevoir un coup de la dangereuse hachette dont son jeune frère était armé, hésitait à s'approcher de lui. La veuve, courroucée de l'hésitation de son fils aîné, le poussa rudement par l'épaule au devant de François. Mais Nicolas, reculant de nouveau, s'écria : — Quand il m'aura blessé... qu'est-ce que je ferai, la mère ? Vous savez bien que je vais avoir besoin de mes bras tout à l'heure, et je me ressens encore du coup que ce gueux de Martial m'a donné...

La veuve haussa les épaules avec mépris, et fit un pas vers François.

— N'approchez pas, ma mère ! — s'écria François furieux, — ou vous allez me payer tous les coups que vous nous avez donnés à nous deux, Amandine.

— Mon frère... laisse-toi plutôt renfermer... Oh ! mon Dieu !... ne frappe pas notre mère ! — s'écria Amandine épouvantée.

Tout à coup Nicolas vit sur une chaise une grande couverture de laine dont on s'était servi pour le *repassage*; il la saisit, la déploya à moitié, et la lança adroitement sur la tête de François, qui, malgré ses efforts, se trouvant engagé sous ses plis épais, ne put faire usage de son arme. Alors Nicolas se précipita sur lui, et, aidé de sa mère, il le porta dans le caveau.

Amandine était restée agenouillée au milieu de la cuisine ; dès qu'elle vit le sort de son frère, elle se leva vivement, et, malgré sa terreur, alla d'elle-même le rejoindre dans le sombre réduit.

La porte fut fermée à double tour sur le frère et sur la sœur.

— C'est pourtant la faute de ce gueux de Martial si ces enfants sont maintenant comme des déchaînés après nous ! — s'écria Nicolas.

— On n'entend plus rien dans sa chambre depuis ce matin, — dit la veuve d'un air pensif, et elle tressaillit ; — plus rien...

— C'est ce qui prouve, la mère, que tu as bien fait de dire tantôt au père Férot, le pêcheur d'Asnières, que Martial était depuis deux jours dans son lit, malade à crever... Comme ça, quand tout sera dit, on ne s'étonnera de rien...

Après un moment de silence, et comme si elle eût voulu échapper à une pensée pénible, la veuve reprit brusquement : — La Chouette est venue ici pendant que j'étais à Asnières ?

— Oui, la mère.

— Pourquoi n'est-elle pas restée pour nous accompagner chez Bras-Rouge ? Je me défie d'elle.

— Bah !... vous vous défiez de tout le monde, la mère... aujourd'hui c'est de la Chouette, hier c'était de Bras-Rouge.

— Bras-Rouge est libre, mon fils est à Toulon... et ils avaient commis le même vol.

— Quand vous répéterez toujours cela... Bras-Rouge a échappé parce qu'il est fin comme l'ambre... voilà tout... La Chouette n'est pas restée ici, parce qu'elle avait rendez-vous à deux heures, près de l'Observatoire, avec le grand monsieur en deuil, au compte de qui elle a enlevé cette jeune fille de campagne avec l'aide du Maître d'école et de Tortillard, même que c'était Barbillon qui menait le fiacre que ce grand monsieur en deuil avait loué pour cette affaire. Voyons, la mère, comment voulez-vous que la Chouette nous dénonce, puisqu'elle nous dit les coups qu'elle monte... et que nous ne lui disons pas les nôtres?... car elle ne sait rien de la noyade de tout à l'heure... Soyez tranquille, allez, la mère, les loups ne se mangent pas... la journée sera bonne; quand je pense que la courtière a souvent pour des vingt, des trente mille francs de diamants dans son sac et qu'avant deux heures nous la tiendrons dans le caveau de Bras-Rouge!... Trente mille francs de diamants!... pensez donc!

— Et, pendant que nous tiendrons la courtière, Bras-Rouge restera en dehors de son cabaret? — dit la veuve d'un air soupçonneux.

— Et où voulez-vous qu'il soit? S'il vient quelqu'un chez lui, ne faut-il pas qu'il réponde, et qu'il empêche d'approcher de l'endroit où nous ferons notre affaire?...

— Nicolas!... Nicolas!... — cria tout à coup Calebasse au dehors, — voilà les deux femmes...

— Vite, vite, la mère, votre châle, je vais vous conduire à terre, ça sera autant de fait, — dit Nicolas.

La veuve avait remplacé sa marmotte de deuil par un bonnet de tulle noir. Elle s'enveloppa dans un grand châle de tartan à carreaux gris et blancs, ferma la porte de la cuisine, plaça la clef derrière un des volets du rez-de-chaussée et suivit son fils à l'embarcadère. Presque malgré elle, avant de quitter l'île, elle jeta un long regard sur la fenêtre de Martial, fronça les sourcils, pinça ses lèvres; puis, après un brusque et nouveau tressaillement, elle murmura tout bas : — C'est sa faute... c'est sa faute...

— Nicolas... les vois-tu... là-bas... le long de la butte? il y a une paysanne et une bourgeoise, — s'écria Calebasse en montrant, de l'autre côté de la rivière, madame Séraphin et Fleur-de-Marie qui descendaient un petit sentier contournant un escarpement très élevé d'où l'on dominait un four à plâtre.

— Attendons le signal, n'allons pas faire de mauvaise besogne, — dit Nicolas.

— Tu es donc aveugle? Est-ce que tu ne reconnais pas la grosse femme qui est venue avant-hier?... Vois donc son châle orange. Et la petite paysanne, comme elle se dépêche!... Elle est encore bonne enfant, celle-là... on voit bien qu'elle ne sait pas ce qui l'attend.

— Oui, je reconnais la grosse femme. Allons, ça chauffe... ça chauffe. Ah çà! convenons bien du coup, Calebasse, — dit Nicolas. — Je prendrai la vieille et la jeune dans le bachot à soupape... tu me suivras dans l'autre bout à bout... et attention à ramer juste, pour que d'un saut je puisse me lancer dans ton bateau dès que j'aurai fait jouer la trappe et que le mien enfoncera.

— N'aie pas peur, ce n'est pas la première fois que je rame, n'est-ce pas?

— Je n'ai pas peur de me noyer... tu sais comme je nage... Mais si je ne sautais pas à temps dans l'autre bachot... les femelles, en se débattant contre la noyade, pourraient s'accrocher à moi... et merci.. je n'ai pas envie de faire une *pleine eau* avec elles.

La vieille fait signe avec son mouchoir, — dit Calebasse, — les voilà sur la grève.

— Allons, allons, embarquez, la mère, — dit Nicolas en démarrant ; — venez dans le bachot à soupape... Comme ça les deux femmes ne se défieront de rien... Et toi, Calebasse, saute dans l'autre, et des bras... ma fille... rame dur... Ah ! tiens, prends mon croc, mets-le à côté de toi, il est pointu comme une lance.. ça pourra servir, et en route ! — dit le bandit en plaçant dans le bateau de Calebasse un long croc armé d'un fer aigu.

En peu d'instants, les deux bachots, conduits l'un par Nicolas, l'autre par Calebasse, abordèrent sur la grève, où madame Séraphin et Fleur-de-Marie attendaient depuis quelques minutes. Pendant que Nicolas attachait son bateau à un pieu placé sur le rivage, madame Séraphin s'approcha, et lui dit tout bas et très rapidement : — Dites que madame Georges nous attend. — Puis la femme de charge reprit à haute voix : — Nous sommes en retard, mon garçon?

— Oui, ma brave dame, madame Georges vous a déjà demandées plusieurs fois.

— Vous voyez, ma chère demoiselle, madame Georges nous attend, — dit madame Séraphin en se retournant vers Fleur-de-Marie, qui, malgré sa confiance, avait senti son cœur se serrer à l'aspect des sinistres figures de la veuve, de Calebasse et de Nicolas... Mais le nom de madame Georges la rassura, et elle répondit : — Je suis aussi bien impatiente de voir madame Georges ; heureusement le trajet n'est pas long...

— Va-t-elle être contente, cette chère dame ! — dit madame Séraphin. — Puis s'adressant à Nicolas : — Voyons, mon garçon, approchez encore un peu plus votre bateau, que nous puissions monter. — Et elle ajouta tout bas : — Il faut absolument noyer la petite : si elle revient sur l'eau, replongez-la...

— C'est dit ; et vous, n'ayez pas peur ; quand je vous ferai signe, donnez-moi la main... Elle enfoncera toute seule... tout est préparé... vous n'avez rien à craindre, — répondit tout bas Nicolas. Puis, avec une impassibilité féroce, sans être touché de la beauté et de la jeunesse de Fleur-de-Marie, il lui tendit son bras.

La jeune fille s'y appuya légèrement et entra dans le bateau.

— A vous, ma brave dame, — dit Nicolas à madame Séraphin. Et il lui offrit la main à son tour.

Fut-ce pressentiment, défiance ou seulement crainte de ne pas sauter assez lestement de l'embarcation dans laquelle se trouvaient Nicolas et la Goualeuse lorsqu'elle coulerait à fond, la femme de charge de Jacques Ferrand dit à Nicolas en se reculant : — Au fait... moi j'irai dans le bateau de mademoiselle.

Et elle se plaça près de Calebasse.

— A la bonne heure, — dit Nicolas en échangeant un coup d'œil expressif avec sa sœur. — Et du bout de sa rame il donna une vigoureuse impulsion à son bachot. Sa sœur l'imita lorsque madame Séraphin fut à côté d'elle.

Debout, immobile sur le rivage, indifférente à cette scène, la veuve, pensive et absorbée, attachait obstinément son regard sur la fenêtre de Martial, que l'on distinguait de la grève à travers les peupliers. Pendant ce temps, les deux bachots, dont le premier portait Fleur-de-Marie et Nicolas, l'autre madame Séraphin et Calebasse, s'éloignèrent lentement du bord.

CHAPITRE XVII

Bonheur de se revoir.

Avant d'apprendre au lecteur le dénoûment du drame qui se passait dans le bateau à soupape de Nicolas, nous reviendrons sur nos pas.

Peu de moments après que Fleur-de-Marie eut quitté Saint-Lazare avec madame Séraphin, la Louve était aussi sortie de prison. Grâce aux recommandations de madame Armand et du directeur, qui voulaient la récompenser de sa bonne action envers Mont-Saint-Jean, on avait gracié la maîtresse de Martial de quelques jours de captivité qui lui restaient à subir. Un changement complet s'était d'ailleurs opéré dans l'esprit de cette créature jusqu'alors corrompue, avilie, indomptée. Ayant sans cesse présent à la pensée le tableau de la vie paisible, rude et solitaire, évoquée par Fleur-de-Marie, la Louve avait pris en horreur sa vie passée. Se retirer au fond des forêts avec Martial... tel était alors son but unique, son idée fixe, contre laquelle tous ses anciens et mauvais instincts s'étaient en vain révoltés pendant que, séparée de la Goualeuse dont elle avait voulu fuir l'influence croissante, cette femme étrange s'était retirée dans un autre quartier de Saint-Lazare. Pour opérer cette rapide et sincère conversion, encore assurée, consolidée par la lutte impuissante des habitudes perverses de sa compagne, Fleur-de-Marie, suivant l'impulsion de son naïf bon sens, avait ainsi raisonné : — La Louve, créature violente et résolue, aime passionnément Martial ; elle doit donc accueillir avec joie la possibilité de sortir de l'ignominieuse vie dont elle a honte pour la première fois, et de se consacrer tout entière à cet homme rude et sauvage dont elle réfléchit tous les penchants, à cet homme qui recherche la solitude autant par goût qu'afin d'échapper à la réprobation dont sa détestable famille est poursuivie.

Aidée de ces seuls éléments puisés dans son entretien avec la Louve, Fleur-de-Marie, en donnant une louable direction à l'amour farouche et au caractère hardi de cette créature, avait donc changé une fille perdue en honnête femme ; car ne rêver qu'à épouser Martial pour se retirer avec lui au milieu des bois et y vivre de travail et de privations, n'était-ce pas absolument le vœu d'une honnête femme ?

Confiante dans l'appui que Fleur-de-Marie lui avait promis au nom d'un bienfaiteur inconnu, la Louve venait donc faire cette louable proposition à son amant, non sans la crainte amère d'un refus, car la Goualeuse, en l'amenant à rougir du passé, lui avait aussi donné la conscience de sa position envers Martial. Une fois libre, la Louve ne songea qu'à revoir son *homme*, comme elle disait. Elle n'avait pas de nouvelles de lui depuis plusieurs jours. Dans l'espoir de le rencontrer à l'île du Ravageur, et décidée à l'y attendre, s'il ne s'y trouvait pas, elle monta dans un cabriolet de régie qu'elle paya largement, et se fit rapidement conduire au pont d'Asnières, qu'elle traversa environ un quart d'heure avant que madame Séraphin et Fleur-de-Marie, venant à pied depuis la barrière, fussent arrivées sur la grève près du four à plâtre. Lorsque Martial ne venait pas prendre la Louve dans son bateau pour la mener dans l'île, elle s'adressait à un vieux pêcheur nommé le père Férot, qui habitait près du pont. A quatre heures de l'après-midi, un cabriolet s'arrêta donc à l'entrée d'une petite rue du village d'Asnières, la Louve donna cent sous au cocher, d'un bond fut à terre, et se rendit en hâte à la demeure du père Férot le batelier. La Louve, ayant quitté ses habits de prison, portait une robe de mérinos vert foncé, un châle rouge à palmes façon cachemire, et un bonnet de tulle garni de rubans ; ses cheveux épais, crépus, étaient à peine lissés. Dans son ardeur impatiente de revoir Martial, elle s'était habillée avec plus de hâte que de soin. Après une si longue séparation, toute autre créature eût sans doute pris le temps de se *faire belle* pour cette première entrevue ; mais la Louve se souciait peu de ces délicatesses et de ces lenteurs. Avant tout, elle voulait voir son *homme* le plus tôt possible, désir impétueux, non-seulement causé par un de ces amours passionnés qui exaltent quelquefois ces créatures jusqu'à la frénésie, mais encore par le besoin de confier à Martial la résolution salutaire qu'elle avait puisée dans son entretien avec Fleur-de-Marie.

La Louve arriva bientôt à la maison du pêcheur.

Assis devant sa porte, le père Férot, vieillard à cheveux blancs, raccommodait ses filets.

Du plus loin qu'elle l'aperçut, la Louve s'écria : —Votre bateau... père Férot... vite... vite !...

— Ah ! c'est vous, mademoiselle ; bien le bonjour... Il y a longtemps qu'on ne vous a vue par ici.

— Oui, mais votre bateau... vite... et à l'île !...

— Ah bien ! c'est comme un sort, ma brave fille, impossible pour aujourd'hui ?

— Comment ?

— Mon garçon a pris mon bachot pour s'en aller à Saint-Ouen avec les autres jouter à la rame... Il ne reste pas un bateau sur toute la rive d'ici jusqu'à la gare...

— Mordieu ! — s'écria la Louve en frappant du pied et en serrant les poings ; — c'est fait pour moi !

— Vrai ! foi de père Férot... je suis bien fâché de ne pas pouvoir vous conduire à l'île... car sans doute il est encore plus mal...

— Plus mal ?... qui ?

— Martial...

— Martial !!! — s'écria la Louve en saisissant le père Férot au collet ; — mon homme est malade ?

— Vous ne le savez pas ?

— Martial !!!

— Sans doute ; mais vous allez déchirer ma blouse... tenez-vous donc tranquille.

— Il est malade !... Et depuis quand ?

— Depuis deux ou trois jours.

— C'est faux ! il me l'aurait écrit.

— Ah bien, oui ! il est trop malade pour écrire !...

— Trop malade pour écrire !... Et il est à l'île, vous en êtes sûr ?

— Je vas vous dire... Figurez-vous que ce matin j'ai rencontré la veuve Martial... Ordinairement, quand je la vois d'un côté, vous entendez bien, je m'en vas de l'autre... car je n'aime pas sa société... Alors...

— Mais mon homme, mon homme, où est-il ?...

— Attendez donc... Me trouvant avec sa mère entre quatre-z-yeux, je n'ai pas osé éviter de lui parler ; elle a l'air si mauvais, que j'en ai toujours peur... c'est plus fort que moi... « Voilà deux jours que je n'ai vu votre Martial, que je lui dis ; il est donc parti en ville ?... » Là-dessus elle me regarde avec des yeux... mais des yeux... qui m'auraient tué s'ils avaient été des pistolets, comme dit cet autre.

— Vous me faites bouillir... Après ?... après ?...

Le père Férot garda un moment le silence, puis reprit : — Tenez, vous êtes une bonne fille, promettez-moi le secret, et je vous dirai toute la chose... comme je la sais...

— Sur mon homme ?

— Oui... car, voyez-vous, Martial est un bon enfant, quoique mauvaise tête ; et s'il lui arrivait malheur par sa vieille scélérate de mère ou par son gueux de frère, ça serait dommage...

— Mais que se passe-t-il ?... Qu'est-ce que sa mère et son frère lui ont fait ? où est-il ?... hein ?... Parlez donc ! mais parlez donc !...

— Allons, bon ! vous voilà encore après ma blouse !... Lâchez-moi donc !... Si vous m'interrompez toujours en me détruisant mes effets, je ne pourrai jamais finir, et vous ne saurez rien.

— Oh ! quelle patience ! — s'écria la Louve en frappant des pieds avec colère.

— Vous ne répéterez à personne ce que je vous raconte ?

— Non, non, non !

— Parole d'honneur ?

— Père Férot, vous allez me donner un coup de sang...

— Oh! quelle fille! quelle fille!... a-t-elle une mauvaise tête! Voyons, m'y voilà. D'abord il faut vous dire que Martial est de plus en plus en bisbille avec sa famille... et qu'ils lui feraient quelque mauvais coup, que cela ne m'étonnerait pas... C'est pour ça que je suis fâché de ne pas avoir mon bachot, car si vous comptez sur ceux de l'île pour y aller... vous avez tort... Ce n'est pas Nicolas ou cette vilaine Calebasse qui vous y conduiraient...

— Je le sais bien... Mais que vous a dit la mère de mon homme?... C'est donc à l'île qu'il est tombé malade?

— Ne m'embrouillez pas; voilà ce que c'est : ce matin je dis à la veuve : « Il y a deux jours que je n'ai vu Martial, son bachot est au pieu... il est donc en ville? » Là-dessus la veuve me regarda d'un air méchant. *Il est malade à l'île, et si malade qu'il n'en reviendra pas.* Je me dis à part moi : « Comment que ça se fait? Il y a trois jours que... » Eh bien! quoi!... — dit le père Férot en s'interrompant; — eh bien! où allez-vous?... Où diable court-elle, à présent?...

Croyant la vie de Martial menacée par les habitants de l'île, la Louve, éperdue de frayeur, transportée de rage, n'écoutant pas davantage le pêcheur, s'était élancée le long de la Seine.

Quelques détails *topographiques* sont indispensables à l'intelligence de la scène suivante.

L'île du Ravageur se rapprochait plus de la rive gauche de la rivière que de la rive droite, où Fleur-de-Marie et madame Séraphin s'étaient embarquées. La Louve se trouvait sur la rive gauche.

Sans être très escarpée, la hauteur des terres de l'île masquait dans toute sa longueur la vue d'une rive sur l'autre. Ainsi la maîtresse de Martial n'avait pas pu voir l'embarquement de la Goualeuse, et la famille du ravageur n'avait pu voir la Louve accourant à ce moment même le long de la rive opposée. Rappelons enfin au lecteur que la maison de campagne du docteur Griffon, où habitait temporairement le comte de Saint-Rémy, s'élevait à mi-côte et près de la plage où la Louve arrivait éperdue. Elle passa, sans les voir, auprès de deux personnes qui, frappées de son air hagard, se retournèrent pour la suivre de loin... Ces deux personnes étaient le comte de Saint-Remy et la docteur Griffon. Le premier mouvement de la Louve, en apprenant le péril de son amant, avait été de courir impétueusement vers l'endroit où elle le savait en danger. Mais, à mesure qu'elle approchait de l'île, elle songeait à la difficulté d'y aborder. Ainsi que le lui avait dit le vieux pêcheur, elle ne devait compter sur aucun bateau étranger, et personne de la famille Martial ne voudrait la venir chercher. Haletante, le teint empourpré, le regard étincelant, elle s'arrêta donc en face de la pointe de l'île qui, formant une courbe dans cet endroit, se rapprochait assez du rivage.

A travers les branches effeuillées des saules et des peupliers, la Louve aperçut le toit de la maison où Martial se mourait peut-être... A cette vue, poussant un gémissement farouche, elle arracha son châle, son bonnet, laissa glisser sa robe jusqu'à ses pieds, ne garda que son jupon, se jeta intrépidement dans la rivière, y marcha tant qu'elle eut pied, puis, le perdant, elle se mit à nager vigoureusement vers l'île... Ce fut un spectacle d'une énergie sauvage... A chaque brassée, l'épaisse et longue chevelure de la Louve, dénouée par la violence de ses mouvements, frémissait autour de sa tête comme une crinière brune à reflets cuivrés. Sans l'ardente fixité de ses yeux incessamment attachés sur la maison de Martial, sans la contraction de ses traits crispés par de terribles angoisses, on aurait cru que la maîtresse du braconnier se jouait dans l'onde, tant cette femme nageait librement, fièrement. Tatoués en souvenir de son amant, ses bras blancs et nerveux, d'une vigueur toute virile, fendaient l'eau qui rejaillissait et roulait en perles humides sur ses larges épaules, sur sa robuste et ferme poitrine qui ruisselait comme un marbre à demi submergé.

Tout à coup, de l'autre côté de l'île.., retentit un cri de détresse... un cri d'agonie terrible, désespéré... La Louve tressaillit et s'arrêta court... Puis, se soutenant sur l'eau d'une main, de l'autre elle rejeta en arrière son épaisse chevelure et écouta... Un nouveau cri se fit entendre... mais plus faible... mais suppliant, convulsif... expirant... Et tout retomba dans un profond silence...

— Mon homme!!! — cria la Louve en se remettant à nager avec fureur.

Dans son trouble, elle avait cru reconnaître la voix de Martial.

Le comte et le docteur auprès desquels la Louve était passée en courant, n'avaient pu la suivre d'assez près pour s'opposer à sa témérité. Ils arrivèrent en face de l'île au moment où venaient de retentir les deux cris effrayants. Ils s'arrêtèrent aussi épouvantés que la Louve... Voyant celle-ci lutter intrépidement contre le courant, ils s'écrièrent la malheureuse va se noyer!

Ces craintes furent vaines. La maîtresse de Martial nageait comme une loutre ; en quelques brassées, l'intrépide créature aborda. Elle avait pris pied, et s'aidait pour sortir de l'eau, d'un des pieux qui formaient à l'extrémité de l'île une sorte d'estacade avancée, lorsque tout à coup le long de ces pilotis, emporté par le courant... passa lentement le corps d'une jeune fille vêtue en paysanne.., ses vêtements la soutenaient encore sur l'eau.

Se cramponner d'une main à l'un des pieux, de l'autre saisir brusquement au passage la femme par sa robe, tel fut le mouvement de la Louve, mouvement aussi rapide que la pensée. Seulement elle attira si violemment à elle et en dedans du pilotis la malheureuse qu'elle sauvait, que celle-ci disparut un instant sous l'eau, quoiqu'il y eût pied à cet endroit. Douée d'une force et d'une adresse peu communes, la Louve souleva la Goualeuse (c'était elle) qu'elle n'avait pas encore reconnue, la prit entre ses bras robustes comme on prend un enfant, fit encore quelques pas dans la rivière, et la déposa enfin sur la berge gazonnée de l'île.

— Courage!... courage!... lui cria M. de Saint-Remy, témoin comme le docteur Griffon de ce hardi sauvetage. — Nous allons passer le pont d'Asnières et venir à votre secours avec un bateau.

Puis tous deux se dirigèrent en hâte vers le pont.

Ces paroles n'arrivèrent pas jusqu'à la Louve.

Répétons que, de la rive droite de la Seine où se trouvaient encore Nicolas, Calebasse et sa mère, après leur détestable crime, on ne pouvait absolument voir ce qui se passait de l'autre côté de l'île, grâce à son escarpement.

Fleur-de-Marie, brusquement attirée par la Louve en dedans de l'estacade, ayant un moment plongé pour ne pas reparaître aux yeux de ses meurtriers, ceux-ci durent croire leur victime noyée et engloutie.

Quelques minutes après le courant emportait un autre cadavre entre deux eaux, sans que la Louve l'aperçut... C'était le corps de la femme de charge du notaire... Morte... bien morte, celle-là... Nicolas et Calebasse avaient autant d'intérêt que Jacques Ferrand à faire disparaître ce témoin, ce complice de leur nouveau crime ; aussi, lorsque le bateau à soupape s'était enfoncé avec Fleur-de-Marie, Nicolas, s'élançant dans le bachot conduit par sa sœur, et dans lequel se trouvait madame Séraphin, avait imprimé une violente secousse à cette embarcation, et saisi le moment où la femme de charge trébuchait pour la précipiter dans la rivière et l'y achever d'un coup de croc.

. . . .

Haletante, épuisée, la Louve agenouillée sur l'herbe à côté de Fleur-de-Marie, reprenait ses forces et examinait les traits de celle qu'elle venait d'arracher à la mort.

Qu'on juge de sa stupeur en reconnaissant sa compagne de prison... sa compagne qui avait eu sur sa destinée une influence si rapide, si bienfaisante.

Dans son saisissement, la Louve un moment oublia Martial.

— La Goualeuse !... — s'écria-t-elle.

Et, le corps penché, appuyée sur ses genoux et sur ses mains, la tête échevelée, ses vêtements ruisselants d'eau, elle contemplait la malheureuse enfant étendue, presque expirante sur le gazon. Pâle, inanimée, les yeux demi-ouverts et sans regards, ses beaux cheveux blonds collés à ses tempes, les lèvres bleues, ses petites mains déjà roidies, glacées... on l'eût crue morte.

— La Goualeuse !... — répéta la Louve ; — quel hasard ! moi qui venais dire à mon homme le bien et le mal qu'elle m'a fait, avec ses paroles et ses promesses... la résolution que j'avais prise... Pauvre petite, je la retrouve ici morte... Mais non ! non !... — s'écria la Louve en s'approchant encore plus de Fleur-de-Marie, et sentant un souffle imperceptible s'échapper de sa bouche, — non !... Mon Dieu, mon Dieu, elle respire encore... je l'ai sauvée de la mort... ça ne m'était jamais arrivé de sauver quelqu'un... Ah !... ça fait du bien... ça réchauffe... Oui, mais mon homme, il faut le sauver aussi, lui... Peut-être qu'il râle à cette heure... Sa mère et son frère sont capables de l'assassiner... Je ne peux pas pourtant laisser là cette pauvre petite... je vais l'emporter chez la veuve ; il faudra bien qu'elle la secoure et qu'elle me montre Martial... ou je brise tout, je tue tout... Oh! il n'y a ni mère, ni sœur, ni frère qui tiennent quand je sens mon homme là !

Et, se relevant aussitôt, la Louve emporta Fleur-de-Marie dans ses bras. Chargée de ce léger fardeau, elle courut vers la maison, ne doutant pas que la veuve et sa fille, malgré leur méchanceté, ne donnassent leurs premiers secours à Fleur-de-Marie.

Lorsque la maîtresse de Martial fut arrivé au point culminant de l'île d'où elle pouvait découvrir les deux rives de la Seine, Nicolas, sa mère et Calebasse s'étaient éloignés... Certains de l'accomplissement de leur double meurtre, ils se rendaient alors en toute hâte chez Bras-Rouge.

A ce moment aussi un homme qui, embusqué dans un des renfoncements du rivage cachés par le four à plâtre, avait invisiblement assisté à cette horrible scène, disparaissait, croyant, ainsi que les meurtriers, le crime exécuté... Cet homme était Jacques Ferrand.

Un des bateaux de Nicolas se balançaient amarré à un pieu du rivage, à l'endroit où s'étaient embarqués la Goualeuse et madame Séraphin.

A peine Jacques Ferrand quittait-il le four à plâtre pour regagner Paris, que M. de Saint-Remy et le docteur Griffon passaient en hâte le pont d'Asnières, accourant vers l'île, comptant s'y rendre à l'aide du bateau de Nicolas qu'ils avaient aperçu de loin.

A sa grande surprise, en arrivant auprès de la maison des ravageurs, la Louve trouva la porte fermée. Déposant sous la tonnelle Fleur-de-Marie toujours évanouie, elle s'approcha de la maison... elle connaissait la croisée de la chambre de Martial... Quelle fut sa surprise de voir les volets de cette fenêtre couverts de plaques de tôle et assujettis au dehors par deux barres de fer !

Devinant une partie de la vérité, la Louve poussa un cri rauque, retentissant, et se mit à appeler de toutes ses forces : — Martial !... mon homme !...

Rien ne lui répondit... Épouvantée de ce silence, la Louve se mit à tourner... à tourner autour du logis comme une bête sauvage qui flaire et cherche en rugissant l'entrée de la tanière où est enfermé son mâle.

De temps en temps elle criait : — Mon homme, es-tu là ? mon homme !!!

Et, dans sa rage, elle ébranlait les barreaux de la fenêtre de la cuisine... elle frappait la muraille... elle heurtait à la porte...

Tout à coup un bruit sourd lui répondit de l'intérieur de la maison.

La Louve tressaillit... écouta... Le bruit cessa.

— Mon homme m'a entendue... il faut que j'entre... quand je devrais ronger la porte avec mes dents ! — et elle se mit à pousser de nouveau son cri sauvage.

Plusieurs coups frappés, mais faiblement, à l'intérieur des volets de Martial, répondirent aux hurlements de la Louve.

— Il est là ! — s'écria-t-elle en s'arrêtant brusquement sous la fenêtre de son amant. — Il est là ! S'il le faut, j'arracherai la tôle avec mes ongles... mais j'ouvrirai ces volets !

Ce disant, elle avança une grande échelle à demi engagée derrière un des contrevents de la salle basse. En attirant violemment ce contrevent à elle, la Louve fit tomber la clef cachée par la veuve sur le bord de la croisée.

— Si elle ouvre, — dit la Louve en essayant la clef dans la serrure de la porte d'entrée, — je pourrai monter à sa chambre... Ça ouvre ! — s'écria-t-elle avec joie ; — mon homme est sauvé !

Une fois dans la cuisine, elle fut frappée des cris des deux enfants qui, renfermés dans le caveau et entendant un bruit extraordinaire, appelaient à leur secours. La veuve, croyant que personne ne viendrait dans l'île ou dans la maison pendant son absence, s'était contentée d'enfermer François et Amandine à double tour, laissant la clef à la serrure.

Mis en liberté par la Louve, le frère et la sœur sortirent précipitamment du caveau.

— Oh ! la Louve, sauvez mon frère Martial, ils veulent le faire mourir ! — s'écria François : — depuis deux jours ils l'ont muré dans sa chambre.

— Ils ne lui ont pas fait de blessures ?

— Non, non, je ne crois pas...

— J'arrive à temps ! — s'écria la Louve en courant à l'escalier ; puis, s'arrêtant après avoir gravi quelques marches : — Et la Goualeuse que j'oublie ! — dit-elle. — Amandine... du feu tout de suite... toi et ton frère, apportez ici près de la cheminée une pauvre fille qui se noyait... je l'ai sauvée... Elle est là sous la tonnelle... François !... un merlin... une hache... une barre de fer... que j'enfonce la porte de mon homme !

— Il y a le merlin à fendre le bois, mais c'est trop lourd pour vous, — dit le jeune garçon en traînant avec peine un énorme marteau.

— Trop lourd !... — s'écria la Louve, et elle enleva sans peine cette masse de fer qu'en tout autre circonstance elle eût peut-être difficilement soulevée.

Puis, montant l'escalier *quatre à quatre*, elle répéta aux deux enfants : — Courez chercher la jeune fille et approchez-la du feu...

En deux bonds la Louve fut au fond du corridor, à la porte de Martial.

— Courage, mon homme, voilà ta Louve ! — s'écria-t-elle ; et, levant le marteau à deux mains, d'un coup furieux elle ébranla la porte.

— Elle est clouée en dehors... Arrache les clous ! — s'écria Martial d'une voix faible.

Se jetant aussitôt à genoux dans le corridor, à l'aide du bec du merlin et de ses ongles qu'elle meurtrit, de ses doigts qu'elle déchira, la Louve parvint à arracher du plancher et du chambranle plusieurs clous énormes qui condamnaient la porte. Enfin cette porte s'ouvrit, Martial, pâle, les mains ensanglantées, tomba presque sans mouvement dans les bras de la Louve.

— Enfin... je te vois... je te tiens... je t'ai... — s'écria la Louve en recevant et en serrant Martial dans ses bras, avec un accent de possession et de joie d'une énergie sauvage ; puis, le soutenant, le portant presque, elle l'aida à s'asseoir sur un banc placé dans le corridor.

Pendant quelques minutes Martial resta faible, hagard, cherchant à se remettre de cette violente secousse qui avait épuisé ses forces défaillantes.

La Louve sauvait son amant au moment où, anéanti, désespéré, il se sentait mourir, moins encore par le manque d'aliments que par la privation d'air, impossible à renouveler dans une petite chambre sans cheminée, sans issue et hermétiquement fermée, grâce à l'atroce prévoyance de Calebasse, qui avait bouché avec de vieux linges jusqu'aux moindres fissures de la porte et de la croisée. Palpitante de bonheur et d'angoisse, les yeux mouillés de pleurs, la Louve, à genoux, épiait les moindres mouvements de la physionomie de Martial. Celui-ci semblait peu à peu renaître en aspirant à longs traits un air pur et salutaire. Après quelques tressaillements, il releva sa tête appesantie, poussa un long soupir et ouvrit les yeux.

— Martial... c'est moi... c'est ta Louve !... comment vas-tu ?...

— Mieux... — répondit-il d'une voix faible.

— Mon Dieu... qu'est-ce que tu veux ? de l'eau, du vinaigre ?...

— Non, non... — reprit Martial de moins en moins oppressé. De l'air... oh ! de l'air... rien que de l'air !...

La Louve, au risque de se couper les poings, brisa les quatre carreaux d'une fenêtre qu'elle n'aurait pu ouvrir sans déranger une lourde table.

— Je respire maintenant... je respire... ma tête se dégage... — dit Martial en revenant tout à fait à lui. Puis, comme s'il se fût alors seulement rappelé le service que sa maîtresse lui avait rendu, il s'écria avec une explosion de reconnaissance ineffable : — Sans toi, j'étais mort, ma bonne Louve...

— Bien, bien... comment te trouves-tu à cette heure ?

— De mieux en mieux...

— Tu as faim ?

— Non, je me sens trop faible... Ce qui m'a fait le plus souffrir, c'était le manque d'air. A la fin, j'étouffais... j'étouffais... c'était affreux.

— Et maintenant ?...

— Je revis... je sors du tombeau... et j'en sors... grâce à toi !

— Mais tes mains... tes pauvres mains !... ces coupures !... Qu'est-ce qu'ils t'ont donc fait, mon Dieu ?...

— Nicolas et Calebasse, n'osant pas m'attaquer en face une seconde fois, m'avaient muré dans ma chambre pour m'y laisser mourir de faim... J'ai voulu les empêcher de clouer mes volets... ma sœur m'a coupé les mains à coups de hachette !

— Les monstres ! ils voulaient faire croire que tu étais mort de maladie ; ta mère avait déjà répandu le bruit que tu te trouvais dans un état désespéré... ta mère... mon homme... ta mère !

— Tiens, ne me parle pas d'elle... — dit Martial avec amertume. Puis, remarquant pour la première fois les vêtements mouillés et l'étrange accoutrement de la Louve, il s'écria : — Qu'est-il arrivé ?... tes cheveux ruissellent. Tu es en jupon... il est trempé d'eau...

— Qu'importe !... enfin... te voilà sauvé !... sauvé !...

— Mais explique-moi pourquoi tu es ainsi mouillée...

— Je te savais en danger... je n'ai pas trouvé de bateau...

— Et tu es venue à la nage ?

— Oui... Mais tes mains... donne que je les baise... Tu souffres... Les monstres !... Et je n'étais pas là !

— Oh ! ma brave Louve, — s'écria Martial avec enthousiasme, — brave entre toutes les créatures braves !

— N'as-tu pas écrit là *Mort aux lâches* !

Et la Louve montra son bras tatoué, où étaient écrits ces mots en caractères indélébiles.

— Intrépide... va... Mais le froid t'a saisie... tu trembles...

— Ça n'est pas de froid...

— C'est égal. Entre là... tu prendras le manteau de Calebasse, tu t'envelopperas dedans.

— Mais...

— Je le veux...

En une seconde la Louve fut enveloppée d'un manteau de tartan et revint.

— Pour moi... risquer de te noyer ! — répéta Martial en la regardant avec exaltation.

— Au contraire... une pauvre fille se noyait ...je l'ai sauvée... en abordant à l'île...

— Tu l'as sauvée... aussi ? Où est elle ?

— En bas, avec les enfants... ils la soignent.

— Et qui est cette jeune fille ?

— Mon Dieu ! si tu savais quel hasard... quel heureux hasard !... C'est une de mes compagnes de Saint-Lazare... Une fille bien extraordinaire... va...

— Comment cela ?

— Figure-toi que je l'aimais et que je la haïssais, parce qu'elle m'avait mis à la fois la mort et le bonheur dans l'âme...

— Elle ?...

— Oui, à propos de toi.

— De moi ?

— Écoute... Martial... — Puis s'interrompant, la Louve ajouta : — Tiens, non... non... je n'oserai jamais...

— Quoi donc ?

— Je voulais te faire une demande. J'étais venue pour te voir et pour cela ; car, en partant de Paris, je ne te savais pas en danger.

— Eh bien... dis.

— Je n'ose plus...

— Tu n'oses plus... après ce que tu viens de faire pour moi !

— Justement j'aurais l'air de quémander du retour !

— Quémander du retour ! Est-ce que je ne t'en dois pas ? Est-ce que tu ne m'as pas déjà soigné nuit et jour dans ma maladie l'an passé ?

— Est-ce que tu n'es pas mon homme ?

— Aussi tu dois me parler franchement, parce que je suis ton homme... et que je le serai toujours.

— Toujours Martial ?

— Toujours... vrai comme je m'appelle Martial... Pour moi, il n'y aura plus dans le monde d'autre femme que toi, vois-tu, la Louve... Que tu aies été ceci ou cela, tant pis... ça me regarde... je t'aime... tu m'aimes... et je te dois la vie... Seulement... depuis que tu es en prison... je ne suis plus le même... il y a eu bien du nouveau... j'ai réfléchi... et tu ne seras plus ce que tu as été...

— Que veux-tu dire ?

— Je ne veux plus te quitter maintenant... mais je ne veux pas non plus quitter François et Amandine...

— Ton petit frère et ta petite sœur ?

— Oui ; d'aujourd'hui il faut que je sois pour eux comme qui dirait leur père... Tu comprends, ça me donne des devoirs... ça me range... je suis obligé de me charger d'eux... On voulait en faire des brigands finis... pour les sauver... je les emmène...

— Où ça ?

— Je n'en sais rien... mais, pour sûr, loin de Paris...

— Et moi ?

— Toi ? je t'emmène aussi...

— Tu m'emmènes ?... — s'écria la Louve avec une stupeur joyeuse. Elle ne pouvait croire à un tel bonheur. — Je ne te quitterai pas ?

— Non... ma brave Louve, jamais... Tu m'aideras à élever ces enfants. Je te connais. En te disant : « Je veux que ma pauvre petite Amandine soit une honnête fille.. parle-lui dans ces prix-là... » je sais ce que tu seras pour elle... une brave mère...

— Oh ! merci, Martial... merci !

— Nous vivrons en honnêtes ouvriers ; sois tranquille, nous trouverons de l'ouvrage, nous travaillerons comme des nègres... Mais au moins ces enfants ne seront pas des gueux comme père et mère... je ne m'entendrai plus appeler fils et frère de guillotinés... enfin je ne passerai plus dans les rues... où l'on te connaît... Mais qu'est-ce que tu as ?... qu'est-ce que tu as ?...

— Martial, j'ai peur de devenir folle...

— Folle ?

— Folle de joie.

— Pourquoi ?

— Parce que, vois-tu... c'est trop !

— Quoi ?...

— Ce que tu me demandes là... Oh non ! vois-tu, c'est trop...

A moins que d'avoir sauvé la Goualeuse ça m'ait porté bonheur... c'est ça pour sûr...

— Mais, encore une fois, qu'est-ce que tu as ?
— Ce que tu me demandes là... oh ! Martial ! Martial !
— Eh bien ?
— Je venais te le demander !...
— De quitter Paris ?...
— Oui... — reprit-elle précipitamment, — d'aller avec toi dans les bois... où nous aurions une petite maison bien propre, des enfants que j'aimerais ! oh ! que j'aimerais ! comme la Louve aimerait les enfants de son homme ! ou plutôt, si tu le voulais, — dit la Louve en tremblant, — au lieu de t'appeler mon homme... je t'appellerais mon mari... car nous n'aurions pas la place sans cela, — se hâta-t-elle d'ajouter vivement.

Martial à son tour regarda la Louve avec étonnement, ne comprenant rien à ces paroles.

— De quelle place parles-tu ?
— D'une place de garde chasse...
— Que j'aurais ?
— Oui...
— Et qui me la donnerait ?
— Les protecteurs de la jeune fille que j'ai sauvée.
— Ils ne me connaissent pas.
— Mais moi, je lui ai parlé de toi... et elle nous recommandera à ses protecteurs...
— Et à propos de quoi lui as-tu parlé de moi ?
— De quoi veux-tu que je parle ?
— Bonne Louve !
— Et puis, tu conçois, en prison la confiance vient ; et cette jeunesse était si gentille, si douce, que malgré moi je me suis sentie attirée vers elle ; j'ai tout de suite comme deviné qu'elle n'était pas des nôtres.
— Qui est-elle donc ?
— Je n'en sais rien, je n'y comprends rien, mais de ma vie je n'ai rien vu, rien entendu de semblable ; c'est comme une fée pour lire ce qu'on a dans le cœur ; quand je lui ai eu dit combien je t'aimais, rien que pour cela elle s'est intéressée à nous... Elle m'a fait honte de ma vie passée, non en me disant des choses dures, tu sais comme ça aurait pris avec moi, mais en me parlant d'une vie bien laborieuse, bien pénible, mais tranquillement passée avec toi selon ton goût, au fond des forêts. Seulement, dans son idée, au lieu d'être braconnier... tu étais garde-chasse ; au lieu d'être ta maîtresse.. j'étais ta vraie femme ; et puis nous avions de beaux enfants qui couraient au-devant de toi quand le soir tu revenais de tes rondes avec tes chiens, ton fusil sur l'épaule ! et puis nous soupions à la porte de notre cabane, au frais de la nuit, sous de grands arbres ; et puis nous nous couchions si heureux, si paisibles... Qu'est-ce que tu veux que je te dise ?... malgré moi je l'écoutais... c'était comme un charme. Si tu savais... elle parlait si bien, si bien... que... tout ce qu'elle disait, je croyais le voir à mesure ; je rêvais tout éveillée.

— Ah! oui, c'est cela qui serait une belle et bonne vie, — dit Martial en soupirant à son tour. — Sans être tout à fait malsain de cœur, ce pauvre François a assez fréquenté Calebasse et Nicolas pour que le bon air des bois lui vaille mieux que l'air des villes... Amandine t'aiderait au ménage ; je serais aussi bon garde que pas un, vu que j'ai été fameux braconnier... Je t'aurais pour ménagère, ma brave Louve... et puis, comme tu dis, avec des enfants... qu'est-ce qui nous manquerait?.. Une fois qu'on est habitué à sa forêt, on y est comme chez soi ; on y vivrait cent ans, que ça passerait comme un jour... Mais voyons, je suis fou. Tiens, il ne fallait pas me parler de cette belle vie-là... ça donne des regrets, voilà tout.

— Je te laissais aller... parce que tu dis là ce que je disais à la Goualeuse.

— Comment?

— Oui, en écoutant ces contes de fée, je lui disais : « Quel malheur que ces châteaux en Espagne, comme vous appelez ça, la Goualeuse, ne soient pas la vérité ! » Sais-tu ce qu'elle m'a répondu, Martial? — dit la Louve, les yeux étincelants de joie.

— Non!

— Que Martial vous épouse, promettez de vivre honnêtement tous deux, et cette place qui vous fait tant d'envie, je me fais fort de la lui faire obtenir en sortant de prison, — m'a-t-elle répondu.

— A moi, une place de garde?

— Oui... à toi...

— Mais, tu as raison, c'est un rêve. S'il ne fallait que l'épouser pour avoir cette place, ma brave Louve, ça serait fait demain, si j'avais de quoi ; car depuis aujourd'hui, vois tu... tu es ma femme, ma vraie femme.

— Martial... je suis ta vraie femme?...

— Ma vraie, ma seule, et je veux que tu m'appelles ton mari... c'est comme si le maire y avait passé.

— Oh! la Goualeuse avait raison... c'est fier à dire, *mon mari*! Martial... tu verras la Louve au ménage, au travail, tu la verras!...

— Mais cette place... est-ce que tu crois...

— Pauvre petite Goualeuse, si elle se trompe, c'est sur les autres, car elle avait l'air de bien croire à ce qu'elle me disait... D'ailleurs, tantôt, en quittant la prison, l'inspecteur m'a dit que les protecteurs de la Goualeuse, gens très haut placés, l'avaient fait sortir aujourd'hui même ; ça prouve qu'elle a des protecteurs puissants, et qu'elle pourra tenir ce qu'elle m'a promis.

— Ah! — s'écria tout à coup Martial en se levant, — je ne sais pas à quoi nous pensons.

— Quoi donc?

— Cette jeune fille... elle est en bas, mourante peut-être... et au lieu de la secourir, nous sommes là...

— Rassure-toi, François et Amandine sont auprès d'elle; ils

seraient montés s'il y avait eu plus de danger. Mais tu as raison, allons la retrouver ; il faut que tu la voies, celle à qui nous devrons peut-être notre bonheur

Et Martial, s'appuyant sur le bras de la Louve, descendit au rez-de-chaussée.

Avant de les introduire dans la cuisine, disons ce qui s'était passé depuis que Fleur-de-Marie avait été confiée aux soins des deux enfants.

CHAPITRE XVIII

Le docteur Griffon

François et Amandine venaient de transporter Fleur-de-Marie près du feu de la cuisine, lorsque M. de Saint-Remy et le docteur Griffon, qui avaient abordé au moyen du bateau de Nicolas, entrèrent dans la maison.

Pendant que les enfants ranimaient le foyer et y jetaient quelques fagots de peuplier, qui, bientôt embrasés, répandirent une vive flamme, le docteur Griffon donnait à la jeune fille les soins les plus empressés.

— La malheureuse enfant a dix-sept ans à peine ! — s'écria le comte profondément attendri. Puis, s'adressant au docteur : — Eh bien, mon ami ?

— On sent à peine les battements du pouls ; mais, chose singulière, la peau de la face n'est pas colorée en bleu chez ce *sujet*, comme cela arrive ordinairement après une asphyxie par submersion, — répondit le docteur avec un sang-froid imperturbable, en considérant Fleur-de-Marie d'un air profondément méditatif.

Le docteur Griffon était un grand homme maigre, pâle et complètement chauve, sauf deux touffes de rares cheveux noirs soigneusement ramenés de derrière sur la nuque et aplatis sur ses tempes ; sa physionomie, creusée, sillonnée par les fatigues de l'étude, était froide, intelligente et réfléchie. D'un savoir immense, d'une expérience consommée, praticien habile et renommé, médecin en chef d'un hospice civil (où nous le retrouverons plus tard), le docteur Griffon n'avait qu'un défaut, celui de faire, si cela se peut dire, complètement abstraction du malade et de ne s'occuper que de la maladie : jeune ou vieux, femme ou homme, riche ou pauvre, peu lui importait ; il ne songeait qu'au fait médical plus ou moins curieux ou intéressant, au point de vue scientifique, que lui offrait le *sujet*. Il n'y avait pour lui que des *sujets*.

— Quelle figure charmante !... combien elle est belle encore, malgré cette effrayante pâleur ! — dit M. de Saint-Remy, en contemplant Fleur-de-Marie avec tristesse. — Avez-vous jamais vu des traits plus doux, plus candides, mon cher docteur ? Et si jeune... si jeune !...

— L'âge ne signifie rien, — dit brusquement le médecin, — pas plus que la présence de l'eau dans les poumons, que l'on croyait autrefois mortelle... On se trompait grossièrement ; les admirables expériences de Goodwin... du fameux Goodwin, l'ont prouvé du reste.

— Mais docteur...

— Mais c'est un fait... — répliqua M. Griffon absorbé par l'amour de son art. — Pour reconnaître la présence d'un liquide étranger dans les poumons, Goodwin a plongé plusieurs fois des chats et des chiens dans des baquets d'encre pendant quelques secondes, les en a retirés vivants, et a disséqués mes gaillards quelque temps après... Eh bien ! il s'est convaincu par la dissection que l'encre avait pénétré dans les poumons, et que la présence de ce liquide dans les organes de la respiration n'avait pas causé la mort des sujets.

Le comte connaissait le médecin, excellent homme au fond, mais que sa passion effrénée pour la science faisait souvent paraître dur, presque cruel.

— Avez-vous au moins quelque espoir ? — lui demanda M. de Saint-Remy avec impatience.

— Les extrémités du sujet sont bien froides, — dit le médecin, — il reste peu d'espoir.

— Ah ! mourir à cet âge... malheureuse enfant !... c'est affreux !

— Pupille fixe... dilatée... — reprit le docteur impassible, en soulevant du bout du doigt la paupière glacée de Fleur-de-Marie.

— Homme étrange ! — s'écria le comte presque avec indignation, — on vous croirait impitoyable, et je vous ai vu veiller, auprès de mon lit, des nuits entières... J'eusse été votre frère, que vous n'eussiez pas été pour moi plus admirablement dévoué.

Le docteur Griffon, tout en s'occupant de secourir Fleur-de-Marie, répondit au comte sans le regarder et avec un flegme imperturbable : — Parbleu ! si vous croyez qu'on rencontre tous les jours une fièvre ataxique aussi merveilleusement bien compliquée, aussi curieuse à étudier que celle que vous aviez ! C'était admirable... mon bon ami, admirable ! Stupeur, délire, soubresauts des tendons, syncopes ; elle réunissait les symptômes les plus variés, votre *chère* fièvre ; vous avez même été, chose rare, très rare et éminemment intéressante... vous avez même été affecté d'un état partiel et momentané de paralysie, s'il vous plaît... Rien que pour ce fait, votre maladie avait droit à tout mon dévouement ; vous m'offriez une magnifique étude ; car franchement, mon cher ami, tout ce que je désire au monde, c'est de rencontrer une aussi belle fièvre... mais on n'a pas ce bonheur-là deux fois.

Le comte haussa les épaules avec impatience.

Ce fut à ce moment que Martial descendit appuyé sur le bras de la Louve, qui avait mis, on le sait, par-dessus ses vêtements mouillés un manteau de tartan appartenant à Calebasse.

Frappé de la pâleur de l'amant de la Louve et remarquant ses mains couvertes de sang caillé, le comte s'écria : — Quel est cet homme ?...

— *Mon mari...* — répondit la Louve, en regardant Martial avec une expression de bonheur et de noble fierté impossible à rendre.

— Vous avez une bonne et intrépide femme, monsieur, — lui dit le comte ; — je l'ai vue sauver cette malheureuse enfant avec un rare courage.

— Oh ! oui, monsieur, elle est bonne et intrépide, *ma femme*, — répondit Martial en s'appuyant sur ces derniers mots, et en contemplant à son tour la Louve d'un air à la fois attendri et passionné ; — oui, intrépide !... car elle vient de me sauver aussi la vie...

— A vous ? — dit le comte étonné.

— Voyez ses mains... ses pauvres mains !... — dit la Louve, en essuyant les larmes qui adoucissaient l'éclat sauvage de ses yeux.

— Ah ! c'est horrible ! — s'écria le comte, — ce malheureux a les mains hachées. . Voyez donc, docteur.

Détournant légèrement la tête et regardant par dessus son épaule les plaies nombreuses que Calebasse avait faites aux mains de Martial, le docteur Griffon dit à ce dernier : — Ouvrez et fermez la main.

Martial exécuta ce mouvement avec assez de peine.

Le docteur haussa les épaules, continua de s'occuper de Fleur-de-Marie, et dit dédaigneusement, comme à regret : — Ces blessures n'ont absolument rien de grave... il n'y a aucun tendon de lésé ; dans huit jours, le sujet pourra se servir de ses mains.

— Vrai, monsieur, mon *mari* ne sera pas estropié ? — s'écria la Louve avec reconnaissance.

Le docteur secoua la tête négativement.

— Et la Goualeuse, monsieur, elle vivra, n'est-ce pas ? — demanda la Louve. — Oh ! il faut qu'elle vive, moi et mon mari nous lui devons tant !... — Puis se retournant vers Martial : — Pauvre petite... la voilà, celle dont je te parlais... c'est elle pourtant qui sera peut-être la cause de notre bonheur ; c'est elle qui m'a donné l'idée de venir à toi te dire tout ce que je t'ai dit... Vois donc le hasard qui fait que je la sauve... et ici encore !

— C'est notre Providence... — dit Martial, frappé de la beauté de la Goualeuse. — Quelle figure d'ange !... oh ! elle vivra, n'est-ce pas, monsieur le docteur ?

— Je n'en sais rien, — dit le docteur ; — mais d'abord peut-elle rester ici ? aura-t-elle les soins nécessaires ?

— Ici ! — s'écria la Louve, — mais on assassine ici !

— Tais-toi ! tais-toi ! — dit Martial.

Le comte et le docteur regardèrent la Louve avec surprise.

— La maison de l'île est mal famée dans le pays... cela ne m'étonne guère, — dit à demi-voix le médecin à M. de Saint-Remy.

— Vous avez donc été victime de violences ? — demanda le comte à Martial. — Ces blessures, qui vous les a faites ?

— Ce n'est rien, monsieur... j'ai eu ici une dispute... une batterie s'en est suivie... et j'ai été blessé... Mais cette jeune paysanne ne peut pas rester dans la maison, — ajouta-t-il d'un air sombre, — je n'y reste pas moi-même... ni ma femme... ni mon frère, ni ma sœur que voilà... nous allons quitter l'île pour n'y plus jamais revenir.

— Oh! quel bonheur! — s'écrièrent les deux enfants.

— Alors, comment faire? — dit le docteur en regardant Fleur-de-Marie. — Il est impossible de songer à transporter le sujet à Paris dans l'état de prostration où il se trouve. Mais, au fait, ma maison est à deux pas, ma jardinière et sa fille seront d'excellentes gardes-malades.. Puisque cette asphyxiée par submersion vous intéresse, vous surveillerez les soins qu'on lui donnera, mon cher Saint-Remy, et je viendrai la voir chaque jour.

— Et vous jouez l'homme dur, impitoyable? — s'écria le comte, — lorsque vous avez le cœur le plus généreux, ainsi que le prouve cette proposition...

— Si le sujet succombe, comme cela est possible, il y aura lieu à une autopsie intéressante qui me permettra de confirmer encore une fois les assertions de Goodwin.

— Ce que vous dites est affreux! — s'écria le comte.

— Pour qui sait lire, le cadavre est un livre où l'on apprend à sauver la vie des malades, — dit stoïquement le docteur Griffon.

— Enfin, vous faites le bien, — dit amèrement M. de Saint-Remy, — c'est l'important. Qu'importe la cause, pourvu que le bienfait subsiste! Pauvre enfant, plus je la regarde, plus elle m'intéresse.

— Et elle le mérite, allez, monsieur, — reprit la Louve avec exaltation en se rapprochant.

— Vous la connaissez? — s'écria le comte.

— Si je la connais, monsieur? C'est à elle que je devrai le bonheur de ma vie; en la sauvant, je n'ai pas fait autant pour elle qu'elle a fait pour moi. — Et la Louve regarda passionnément son *mari*, elle ne disait plus son *homme*.

— Et qui est-elle? — demanda le comte.

— Un ange, monsieur, tout ce qu'il y a de meilleur au monde. Oui, et quoiqu'elle soit mise en paysanne, il n'y a pas une bourgeoise, pas une grande dame pour parler aussi bien qu'elle, avec sa petite voix douce comme de la musique.. C'est une fière fille, allez, et courageuse et bonne!

— Par quel accident est-elle donc tombée à l'eau?

— Je ne sais, monsieur.

— Ce n'est donc pas une paysanne? — demanda le comte.

— Une paysanne! regardez donc ces petites mains blanches, monsieur.

— C'est vrai, — dit M. de Saint-Remy; — quel singulier mystère!... mais son nom, sa famille?

— Allons, — reprit le docteur en interrompant l'entretien, — il faut transporter le sujet dans le bateau.

16.

Une demi-heure après, Fleur-de-Marie, qui n'avait pas encore repris ses sens, était amenée dans la maison du médecin, couchée dans un bon lit, et maternellement veillée par la jardinière de M. Griffon, à laquelle s'adjoignit la Louve. Le docteur promit à M. de Saint-Remy, de plus en plus intéressé à la Goualeuse, de revenir le soir même la visiter.

Martial partit pour Paris avec François et Amandine avant de la voir hors de danger.

L'île du Ravageur resta déserte.

Nous retrouverons bientôt ses sinistres habitants chez Bras-Rouge, où ils doivent se réunir à la Chouette pour le meurtre de la courtière en diamants.

En attendant nous conduirons le lecteur au rendez-vous que Tom, le frère de Sarah, avait donné à l'horrible mégère complice du Maître d'école.

CHAPITRE XIX

Le portrait.

Thomas Seyton, frère de la comtesse Sarah Mac-Gregor, se promenait impatiemment sur l'un des boulevards voisins de l'Observatoire, lorsqu'il vit arriver la Chouette.

L'horrible vieille était coiffée d'un bonnet blanc et enveloppée de son grand tartan rouge ; la pointe d'un stylet, rond comme une grosse plume et très acéré, ayant traversé le fond du large cabas de paille qu'elle portait au bras, on pouvait voir saillir l'extrémité de cette arme homicide, qui avait appartenu au Maître d'école. Thomas Seyton ne s'aperçut pas que la Chouette était armée.

— Trois heures sonnent au Luxembourg, — fit la vieille. — J'arrive comme mars en carême... j'espère.

— Venez, — lui répondit Thomas Seyton. Et, marchant devant elle, il traversa quelques terrains vagues, entra dans une ruelle déserte située près de la rue de Cassini, s'arrêta vers le milieu de ce passage barré par un tourniquet, ouvrit une petite porte, fit signe à la Chouette de le suivre, et après avoir fait quelques pas avec elle dans une épaisse allée d'arbres verts, il lui dit : — Attendez-là. — Et il disparut.

— Pourvu qu'il ne me fasse pas droguer trop longtemps, — dit la Chouette ; — il faut que je sois chez Bras-Rouge à cinq heures, avec les Martial, pour *estourbir* la courtière. A propos de ça, et mon *surin*[1] ? Ah ! le gueux, il a le nez à la fenêtre, — ajouta la vieille en voyant la pointe du poignard traverser les tresses de son cabas. — Voilà ce que c'est que de ne lui avoir pas mis son bouchon.. — Et retirant du cabas le stylet emmanché d'une poi-

[1]. Poignard.

gnée de bois, elle le plaça de façon à le cacher complètement. — C'est l'outil de *Fourline*, — reprit-elle. — Est-ce qu'il ne me le demandait pas, censé pour tuer les rats qui viennent lui faire des *risettes* dans sa cave !... Pauvres bêtes ! plus souvent... Ils n'ont que le vieux sans yeux pour se divertir et leur tenir compagnie ! C'est bien le moins qu'ils le grignotent un peu. Aussi, je ne veux pas qu'il leur fasse de mal, à ces ratons, et je garde le *surin*... D'ailleurs, j'en aurai besoin tantôt pour la courtière peut-être... Trente mille francs de diamants... quelle part à chacun de nous ! La journée sera bonne... c'est pas comme l'autre jour ce brigand de notaire que je croyais rançonner. Ah bien, oui ! j'ai eu beau le menacer, s'il ne me donnait pas d'argent, de dénoncer que c'était sa bonne qui m'avait fait remettre la Goualeuse par Tournemine quand elle était toute petite, rien ne l'a effrayé ! Il m'a appelée vieille menteuse et m'a mise à la porte... Bon, bon ! je ferai écrire une lettre anonyme à ces gens de la ferme où était allée la Pégriotte pour leur apprendre que c'est le notaire qui l'a fait abandonner autrefois... Ils connaissent peut-être sa famille, et quand elle sortira de Saint-Lazare, ça chauffera pour ce gredin de Jacques Ferrand... Mais on vient ; tiens... c'est la petite dame pâle qui était déguisée en homme au tapis-franc de l'ogresse avec le grand de tout à l'heure, les mêmes que nous avons volés, nous deux Fourline, dans les décombres, près Notre-Dame, — ajouta la Chouette en voyant Sarah paraître à l'extrémité de l'allée. — C'est encore quelque coup à monter ; ça doit être au compte de cette petite dame-là que nous avons enlevé la Goualeuse à la ferme. Si elle paye bien, pour du nouveau, ça me chausse encore.

En approchant de la Chouette, qu'elle revoyait pour la première fois depuis la scène du tapis-franc, la physionomie de Sarah exprima ce dédain, ce dégoût que ressentent les gens d'un certain monde, lorsqu'ils sont obligés d'entrer en contact avec les misérables qu'ils prennent pour instruments ou pour complices.

Thomas Seyton, qui jusqu'alors avait activement servi les criminelles machinations de sa sœur, bien qu'il les considérât comme à peu près vaines, s'était refusé de continuer ce misérable rôle, consentant néanmoins à mettre pour la première et la dernière fois sa sœur en rapport avec la Chouette, sans vouloir se mêler des nouveaux projets qu'elles allaient ourdir.

N'ayant pu ramener Rodolphe à elle en brisant les liens ou les affections qu'elle lui croyait chers, la comtesse espérait, nous l'avons dit, le rendre dupe d'une indigne fourberie, dont le succès pouvait réaliser le rêve de cette femme opiniâtre, ambitieuse et cruelle. Il s'agissait de persuader à Rodolphe que la fille qu'il avait eue de Sarah n'était pas morte, et de substituer une orpheline à cette enfant. On sait que Jacques Ferrand ayant formellement refusé d'entrer dans ce complot, malgré les menaces de Sarah, s'était résolu à faire disparaître Fleur-de-Marie, autant par crainte des révélations de la Chouette que par crainte des insistances obstinées de la comtesse. Mais celle-ci ne renonçait pas à son dessein, presque certaine de corrompre ou d'intimider le notaire lorsqu'elle se serait assurée d'une jeune fille capable de remplir le rôle dont elle voulait la charger.

Après un moment de silence, Sarah dit à la Chouette : — Vous êtes adroite, discrète et résolue ?

— Adroite comme un singe, résolue comme un dogue, muette comme une tanche, voilà la Chouette, telle que le diable l'a faite, pour vous servir si elle en était capable... et elle l'est... — répondit allégrement la vieille. — J'espère que nous vous avons fameusement empaumé la jeune campagnarde, qui est maintenant clouée à Saint-Lazare pour deux bons mois.

— Il ne s'agit plus d'elle... mais d'autre chose...

— A vos souhaits, ma petite dame !... Pourvu qu'il y ait de l'argent au bout de ce que vous allez me proposer, nous serons comme les deux doigts de la main.

Sarah ne put réprimer un mouvement de dégoût.

— Vous devez connaître, — reprit-elle, — des gens du peuple... des gens malheureux ?

— Il y a plus de ceux-là que de millionnaires... on peut choisir, Dieu merci ; il y a une riche misère à Paris.

— Il faudrait me trouver une orpheline pauvre, et qui eût perdu ses parents étant tout enfant. Il faudrait de plus qu'elle fût d'une figure agréable, d'un caractère doux, et qu'elle n'eût pas plus de dix-sept ans.

La Chouette regarda Sarah avec étonnement.

— Une telle orpheline ne doit pas être difficile à rencontrer, — reprit la comtesse. — Il y a tant d'enfants trouvés...

— Ah ça, mais dites donc, ma petite dame, et la Goualeuse que vous oubliez ?... voilà votre affaire !

— Qu'est-ce que c'est que la Goualeuse ?

— Cette jeunesse que nous avons été enlever à Bouqueval !

— Il ne s'agit plus d'elle, vous dis-je !

— Mais écoutez-moi donc, et surtout récompensez-moi du bon conseil : vous voulez une orpheline douce comme un agneau... belle comme le jour, et qui n'ait pas dix-sept ans, n'est-ce pas ?

— Sans doute...

— Eh bien, prenez la Goualeuse lorsqu'elle sortira de Saint-Lazare ; c'est votre lot, comme si on nous l'avait fait exprès, puisqu'elle avait environ six ans... quand ce gueux de Jacques Ferrand (il y a dix ans de cela) me l'a fait donner avec mille francs pour s'en débarrasser... même que c'est Tournemine, actuellement au bagne, à Rochefort, qui me l'a amenée... me disant que c'était sans doute une enfant dont on voulait se débarrasser ou faire passer pour morte.

— Jacques Ferrand... dites-vous ! — s'écria Sarah d'une voix si altérée que la Chouette recula stupéfaite. — Le notaire Jacques Ferrand..., — reprit Sarah. — vous a livré cette enfant... et... — Elle ne put achever. L'émotion était trop violente ; ses deux mains, tendues vers la Chouette, tremblaient convulsivement ; la surprise, la joie, bouleversaient ses traits.

— Mais je ne sais pas ce qui vous allume comme ça, ma petite dame, — reprit la vieille. — C'est pourtant bien simple... Il y a dix ans... Tournemine, une vieille connaissance, m'a dit: « Veux-tu te charger d'une petite fille qu'on veut faire disparaître ? Qu'elle crève ou qu'elle vive, c'est égal ; il y a mille francs à gagner ; tu feras de l'enfant ce que tu voudras... »

— Il y a dix ans ! — s'écria Sarah.

— Dix ans...

— Une petite fille blonde ?

— Une petite fille blonde...

— Avec des yeux bleus ?

— Avec des yeux bleus, bleus comme des bluets.

— Et c'est elle... qu'à la ferme...

— Nous avons emballée pour Saint-Lazare... Faut dire que je ne m'attendais guère à la retrouver à la campagne... cette Pégriotte.

— Oh ! mon Dieu ! mon Dieu ! — s'écria Sarah en tombant à genoux, en levant les mains et les yeux au ciel, vos vues sont impénétrables... je me prosterne devant votre providence. Oh ! si un tel bonheur était possible... mais non, je ne puis encore le croire... ce serait trop beau... non !...

Puis, se relevant brusquement, elle dit à la Chouette, qui regardait tout interdite : — Venez... — Et Sarah marcha devant la vieille à pas précipités.

Au bout de l'allée, elle monta quelques marches conduisant à la porte vitrée d'un cabinet de travail somptueusement meublé.

Au moment où la Chouette allait y entrer, Sarah lui fit signe de demeurer en dehors. Puis la comtesse sonna violemment.

Un domestique parut.

— Je n'y suis pour personne... et que personne n'entre ici... entendez-vous ?... absolument personne...

Le domestique sortit. Sarah, pour plus de sûreté, alla pousser un verrou.

La Chouette avait entendu la recommandation faite au domestique et vu Sarah fermer le verrou. La comtesse, se retournant, lui dit : — Entrez vite... et fermez la porte.

La Chouette entra.

Ouvrant à la hâte un secrétaire, Sarah y prit un coffret d'ébène qu'elle apporta sur le bureau situé au milieu de la chambre, et fit signe à la Chouette de venir près d'elle.

Le coffret contenait plusieurs fonds d'écrins superposés les uns sur les autres et renfermant de magnifiques pierreries. Sarah était si pressée d'arriver au fond du coffret, qu'elle jetait précipitamment sur la table ces casiers splendidement garnis de colliers, de bracelets, de diadèmes où les rubis, les émeraudes et les diamants chatoyaient de mille feux. La Chouette fut éblouie... Elle était armée, elle était seule, enfermée avec la comtesse ; la fuite lui était facile, assurée... Une idée infernale traversa l'esprit de ce monstre. Mais pour exécuter ce nouveau forfait, il lui fallait sortir son stylet de son cabas, et s'approcher de Sarah sans exciter sa défiance. Avec l'astuce du chat-tigre qui rampe et s'avance traîtreusement vers sa proie, la vieille profita de la préoccupation de la comtesse pour faire insensiblement le tour du bureau qui la séparait de sa victime. La Chouette avait déjà commencé cette évolution perfide, lorsqu'elle fut obligée de s'arrêter brusquement.

Sarah retira un médaillon du double fond de la boîte, se pencha sur la table, le tendit à la Chouette d'une main tremblante, et lui dit : — Regardez ce portrait.

— C'est la Pégriotte ! s'écria la Chouette frappée de l'extrême ressemblance ; c'est la petite fille qu'on m'a livrée ; il me semble la voir quand Tournemine me l'a amenée... C'est bien là ses grands cheveux bouclés que j'ai coupés tout de suite et bien vendus, ma foi !...

— Vous la reconnaissez, c'est bien elle ? Oh ! je vous en conjure, ne me trompez pas... ne me trompez pas !

— Je vous dis, ma petite dame, que c'est la Pégriotte, comme si on la voyait, — dit la Chouette en tâchant de se rapprocher davantage de Sarah sans être remarquée ; — à l'heure qu'il est elle ressemble encore à ce portrait... si vous la voyiez vous en seriez frappée.

Sarah n'avait pas eu un cri de douleur, d'effroi en apprenant que sa fille avait pendant dix ans vécu misérable, abandonnée ; pas un remords en songeant qu'elle-même l'avait fait arracher fatalement de la paisible retraite où Rodolphe l'avait placée. Tout d'abord cette mère dénaturée n'interrogea pas la Chouette avec une anxiété terrible sur le passé de son enfant... Non, chez Sarah l'ambition avait depuis longtemps étouffé la tendresse maternelle. Ce n'était pas la joie de retrouver sa fille qui la transportait ! c'était l'espoir certain de voir se réaliser enfin le rêve orgueilleux de toute sa vie .. Rodolphe s'était intéressé à cette malheureuse enfant... l'avait recueillie sans la connaître... que serait-ce donc lorsqu'il saurait qu'elle était... SA FILLE !!!...

Il était libre... la comtesse veuve...

Sarah voyait déjà briller à ses yeux la couronne souveraine.

La Chouette, avançant toujours à pas lents, avait enfin gagné l'un des bouts de la table, et placé son stylet perpendiculairement dans son cabas, la poignée à fleur de l'ouverture... bien à sa portée... Elle n'était plus qu'à quelques pas de la comtesse.

— Savez-vous écrire ? — lui dit tout à coup celle-ci.

Et, repoussant de la main le coffret et les bijoux, elle ouvrit un buvard placé devant un encrier.

— Non, madame, je ne sais pas écrire, — répondit la Chouette à tout hasard...

— Je vais donc écrire sous votre dictée... Dites-moi toutes les circonstances de l'abandon de cette petite fille.

Et Sarah, s'asseyant dans un fauteuil devant le bureau, prit une plume et fit signe à la Chouette de venir auprès d'elle.

L'œil de la vieille étincela. Enfin... elle était debout, à côté du siège de Sarah. Celle-ci, courbée sur la table se préparait à écrire.

— Je vais lire tout haut, et à mesure, — dit la comtesse, — vous rectifierez mes erreurs.

— Oui, madame, — reprit la Chouette en épiant les moindres mouvements de Sarah. Puis elle glissa sa main droite dans son cabas pour pouvoir saisir son stylet sans être vue.

La comtesse commença d'écrire :

« Je déclare que... »

Mais, s'interrompant et se tournant vers la Chouette, qui touchait déjà le manche de son poignard, Sarah ajouta : — A quelle époque cette enfant vous a-t-elle été livrée ?

— Au mois de février 1827.

— Et par qui ? — reprit Sarah toujours tournée vers la Chouette.

— Par Pierre Tournemine, actuellement au bagne de Rochefort... C'est madame Séraphin, la femme de charge du notaire, qui lui avait donné la petite.

La comtesse se remit à écrire et lut à haute voix : « Je déclare qu'au mois de février 1827, le nommé... »

La Chouette avait tiré son stylet. Déjà elle se levait pour frapper sa victime entre les deux épaules. Sarah se retourna de nouveau. La Chouette, pour n'être pas surprise, appuya prestement sa main droite armée sur le dossier du fauteuil de Sarah, et se pencha vers elle afin de répondre à sa nouvelle question.

— J'ai oublié le nom de l'homme qui vous a confié l'enfant, — dit la comtesse.

« Pierre Tournemine, » — répéta Sarah en continuant d'écrire, — « actuellement au bagne de Rochefort, m'a remis un enfant qui lui avait été confié par la femme de charge du... »

La comtesse ne put achever... La Chouette, après s'être doucement débarrassée de son cabas en le laissant couler à ses pieds, s'était jeté sur la comtesse avec autant de rapidité que de furie, de sa main gauche l'avait saisie à la nuque, et, lui appuyant le visage sur la table, lui avait, de sa main droite, planté le stylet entre les deux épaules...

Cet abominable meurtre fut exécuté si brusquement que la comtesse ne poussa pas un cri, pas une plainte... Toujours assise, elle resta le haut du corps et le front sur la table. Sa plume s'échappa de sa main.

— Le même coup que *fourline*... au petit vieillard de la rue du Roule... — dit le monstre. — Encore une qui ne parlera plus... son compte est fait.

Et la Chouette, s'emparant à la hâte des pierreries, qu'elle jeta dans son cabas, ne s'aperçut pas que sa victime respirait encore. Le meurtre et le vol accomplis, l'horrible vieille ouvrit la porte vitrée, disparut rapidement dans l'allée d'arbres verts, sortit par la petite porte de la ruelle et gagna les terrains déserts. Près de l'Observatoire, elle prit un fiacre qui la conduisit chez Bras-Rouge, aux Champs-Élysées.

La veuve Martial, Nicolas, Calebasse et Barbillon avaient, on le sait, donné rendez-vous à la Chouette dans ce repaire pour voler et tuer la courtière en diamants.

CHAPITRE XX

L'agent de la sûreté.

Le lecteur connaît déjà le cabaret du *Cœur saignant*, situé aux Champs-Élysées, proche le Cours-la-Reine, dans l'un des vastes fossés qui avoisinaient cette promenade il y a quelques années.

Les habitants de l'île du Ravageur n'avaient pas encore paru. Depuis le départ de Bradamanti, qui avait, on le sait, accompagné la belle-mère de madame d'Harville en Normandie, Tortillard était revenu chez son père. Placé en vedette en haut de l'escalier, le petit boiteux devait signaler l'arrivée des Martial par un cri convenu, Bras-Rouge étant alors en conférence secrète avec un agent de la sûreté nommé Narcisse Borel, que l'on se souvient peut-être d'avoir vu au tapis-franc de l'ogresse, lorsqu'il vint y arrêter deux scélérats accusés de meurtre. Cet agent, homme de quarante ans environ, vigoureux et trapu, avait le teint coloré, l'œil fin et perçant, la figure complètement rasée, afin de pouvoir prendre divers déguisements nécessaires à ses dangereuses expéditions ; car il lui fallait joindre souvent la souplesse de transfiguration du comédien au courage et à l'énergie du soldat pour parvenir à s'emparer de certains bandits contre lesquels il devait lutter de ruse et de détermination. Narcisse Borel était en un mot, l'un des instruments les plus utiles, les plus actifs de cette providence au petit pied appelée modestement et vulgairement *la Police*.

. . . .

Revenons à l'entretien de Narcisse Borel et de Bras-Rouge... Cet entretien semblait très animé.

— Oui, — disait l'agent de la sûreté, — on vous accuse de profiter de votre position à double face pour prendre impunément part aux vols d'une bande de malfaiteurs très dangereux et pour donner sur eux de fausses indications à la police de sûreté. Prenez garde, Bras-Rouge, si cela était découvert, on serait sans pitié pour vous.

— Hélas ! je sais qu'on m'accuse de cela, et c'est désolant, mon bon monsieur Narcisse, — répondit Bras-Rouge en donnant à sa figure de fouine une expression de chagrin hypocrite ; — mais j'espère qu'aujourd'hui enfin on me rendra justice, et que ma bonne foi sera reconnue...

— Nous verrons bien !

— Comment peut-on se défier de moi ?... est-ce que je n'ai pas fait mes preuves ?... Est-ce moi, oui ou non, qui dans le temps vous ai mis à même d'arrêter en flagrant délit Ambroise Martial, un des plus dangereux malfaiteurs de Paris? Car, comme on dit, bon chien chasse de race, et la race des Martial vient de l'enfer, où elle retournera si le bon Dieu est juste...

— Tout cela est bel et bon... mais Ambroise était prévenu

qu'on allait venir l'arrêter ; si je n'avais pas devancé l'heure que vous m'aviez indiquée, il échappait.

— Me croyez-vous capable, monsieur Narcisse, de lui avoir secrètement donné avis de votre arrivée ?

— Ce que je sais, c'est que j'ai reçu de ce brigand-là un coup de pistolet à bout portant, qui heureusement ne m'a traversé que le bras.

— Dame, monsieur Narcisse, il est sûr que dans votre partie on est exposé à ces malentendus-là...

— Ah ! vous appelez ça des malentendus ?

— Certainement, car il voulait sans doute, le scélérat, vous loger la balle dans le corps.

— Dans le bras, dans le corps ou dans la tête, peu importe, ce n'est pas de cela que je me plains ; chaque état a ses désagréments.

— Et ses plaisirs donc, monsieur Narcisse, et ses plaisirs ! Par exemple, lorsqu'un homme aussi fin, aussi adroit, aussi courageux que vous... est depuis longtemps sur la piste d'une niché de brigands, qu'il les suit de quartier en quartier, de bouge en bouge, avec un bon limier comme votre serviteur Bras-Rouge, et qu'il finit par les traquer et les cerner dans une souricière dont aucun ne peut échapper... avouez, monsieur Narcisse, qu'il y a là un grand plaisir. . une joie de chasseur... sans compter le service que l'on rend à la justice, — ajouta gravement le tavernier du *Cœur saignant*.

— Je serais assez de votre avis, si le limier était fidèle ; mais je crains qu'il ne le soit pas.

— Ah ! monsieur Narcisse, vous croyez...

— Je crois qu'au lieu de nous mettre sur la voie, vous vous amusez à nous égarer, et que vous abusez de la confiance qu'on a en vous. Chaque jour vous promettez de nous aider à mettre la main sur la bande... Ce jour n'arrive jamais.

— Et si ce jour arrive aujourd'hui, monsieur Narcisse, comme j'en suis sûr ; et si je vous fais ramasser Barbillon, Nicolas Martial, la veuve, sa fille et la Chouette, sera-ce, oui ou non, un bon coup de filet ? Vous méfierez-vous encore de moi ?

— Non, et vous aurez rendu un véritable service ; car on a contre cette bande de fortes présomptions, des soupçons presque certains, mais malheureusement aucune preuve.

— Aussi un petit bout de flagrant délit, en permettant de les pincer, aiderait furieusement à débrouiller leurs cartes, hein ! monsieur Narcisse ?

— Sans doute... Et vous m'assurez qu'il n'y a pas eu provocation de votre part dans le coup qu'ils vont tenter ?

— Non, sur l'honneur !... C'est la Chouette qui est venue me proposer d'attirer la courtière chez moi, lorsque cette infernale borgnesse a appris par mon fils que Morel, le lapidaire, qui demeure rue du Temple, travaillait en vrai au lieu de travailler en faux, et que la mère Mathieu avait souvent sur elle des valeurs considérables. J'ai accepté l'affaire, en proposant à la Chouette de nous adjoindre les Martial et Barbillon afin de vous mettre toute la séquelle sous la main.

— Et le Maître d'école, cet homme si dangereux, si fort et si féroce, qui était toujours avec la Chouette?.. un des habitués du tapis-franc !

— Le Maître d'école ?... — dit Bras-Rouge en feignant l'étonnement.

— Oui, un forçat évadé du bagne de Rochefort, un nommé Anselme Duresnel, condamné à perpétuité. On sait maintenant qu'il s'est défiguré pour se rendre méconnaissable... N'avez-vous aucun indice sur lui ?

— Aucun... — répondit intrépidement Bras-Rouge, qui avait ses raisons pour faire ce mensonge, car le Maître d'école était alors enfermé dans une des caves du cabaret.

— Il y a tout lieu de croire que le Maître d'école est l'auteur de nouveaux assassinats. Ce serait une capture importante....

— Depuis six semaines on ne sait pas ce qu'il est devenu.

— Aussi vous reproche-t-on d'avoir perdu sa trace.

— Toujours des reproches !... monsieur Narcisse... toujours...

— Ce ne sont pas les raisons qui manquent... Et la contrebande ?

— Ne faut-il pas que je connaisse un peu de toutes sortes de gens, des contrebandiers comme d'autres, pour vous mettre sur la voie ?... Je vous ai dénoncé ce tuyau à introduire des liquides... établi en dehors de la barrière du Trône et aboutissant dans une maison... de la rue...

— Je sais tout cela, — dit Narcisse en interrompant Bras-Rouge, — mais pour un que vous dénoncez, vous en faites peut-être échapper dix, et vous continuez votre trafic... Je suis sûr que vous mangez à deux râteliers, comme on dit.

— Ah ! monsieur Narcisse... je suis incapable d'une faim aussi malhonnête...

— Et ce n'est pas tout rue du Temple, numéro 17, loge une femme Burette, prêteuse sur gages, que l'on accuse d'être votre recéleuse particulière, à vous.

— Que voulez-vous que j'y fasse, monsieur Narcisse ? on dit tant de choses, le monde est si méchant... Encore une fois, il faut bien que je fraye avec le plus grand nombre de coquins possible, que j'aie même l'air de faire comme eux... pis qu'eux, pour ne pas leur donner de soupçons ; mais ça me navre... de les imiter... ça me navre... Il faut que je sois bien dévoué au service, allez... pour me résigner à ce métier-là...

— Pauvre cher homme... je vous plains de toute mon âme.

— Vous riez, monsieur Narcisse... Mais, si l'on croit ça, pourquoi n'a-t-on pas fait une descente chez la mère Burette et chez moi ?

— Vous le savez bien... pour ne pas effaroucher ces bandits, que vous nous promettez depuis si longtemps.

— Et je vais vous les livrer, monsieur Narcisse ; avant une heure ils seront ficelés et sans trop de peine, car il y a trois femmes. Quand à Barbillon et à Nicolas Martial, ils sont féroces comme des tigres, mais lâches comme des poules.

— Tigres ou poules — dit Narcisse en entr'ouvant sa longue redingote et montrant la crosse de deux pistolets qui sortaient des goussets de son pantalon, — j'ai là de quoi les servir.

— Je placerai deux de mes hommes dans la petite salle basse, à côté de celle où vous ferez entrer la courtière... Au premier cri, je paraîtrai à une porte, mes deux hommes à l'autre...

— Il faut vous hâter, car la bande va arriver d'un moment à l'autre, monsieur Narcisse.

— Soit, je vais poster mes hommes... pourvu que ce ne soit pas encore pour rien... cette fois.

L'entretien fut interrompu par un sifflement particulier destiné à servir de signal.

Bras-Rouge s'approcha d'une fenêtre pour savoir quelle personne Tortillard annonçait.

— Tenez... voilà déjà la Chouette. Eh bien, me croyez-vous, à présent, monsieur Narcisse?

— C'est déjà quelque chose, mais ce n'est pas tout; enfin, nous verrons; je cours placer mes hommes.

Et l'agent de la sûreté disparut par une porte latérale.

CHAPITRE XXI

La Chouette

La précipitation de la marche de la Chouette, les ardeurs féroces d'une fièvre de rapine et de meurtre qui l'animaient encore, avaient empourpré son hideux visage; son œil étincelait d'une joie sauvage.

Tortillard la suivait sautillant et boitant. Au moment où elle descendait les dernières marches de l'escalier, le fils de Bras-Rouge, par une méchante espièglerie, posa son pied sur les plis traînants de la robe de la Chouette. Ce brusque temps d'arrêt fit trébucher la vieille. Ne pouvant se retenir à la rampe, elle tomba sur ses genoux, les deux mains tendues en avant, abandonnant son précieux cabas, d'où s'échappa un bracelet d'or garni d'émeraudes et de perles fines... La Chouette, s'étant dans sa chute quelque peu excorié les doigts, ramassa le bracelet, qui n'avait pas échappé à la vue de Tortillard, se releva et se précipita furieuse sur le petit boiteux, qui s'approchait d'elle d'un air hypocrite en lui disant: — Ah! mon Dieu, le pied vous a donc fourché?

Sans lui répondre, la Chouette saisit Tortillard par les cheveux, et, se baissant au niveau de sa joue, le mordit avec rage; le sang jaillit sous sa dent...

Chose étrange! Tortillard, malgré sa méchanceté, malgré le ressentiment d'une cruelle douleur, ne poussa pas une plainte, pas un cri...

Il essuya son visage ensanglanté et dit en riant d'un air forcé :
— J'aime mieux que vous ne m'embrassiez pas si fort une autre fois... hé... la Chouette !...

— Méchant petit momacque, pourquoi as-tu mis exprès ton pied sur ma robe... pour me faire tomber ?

— Moi ? ah bien ! par exemple... je vous jure que je ne l'ai pas fait exprès, ma bonne Chouette !... Plus souvent que votre petit Tortillard aurait voulu vous faire du mal... il vous aime trop pour cela ; vous avez beau le battre, le brusquer, le mordre, il vous est attaché comme le pauvre petit chien l'est à son maître, — dit l'enfant d'une voix pateline et doucereuse.

Trompée par l'hypocrisie de Tortillard, la Chouette le crut et lui répondit : — A la bonne heure ! si je t'ai mordu à tort, ce sera pour toutes les autres fois que tu l'aurais mérité, brigand... Allons, vive la joie !... aujourd'hui je n'ai pas de rancune... Où est ton filou de père ?

— Dans la maison... Voulez-vous que j'aille le chercher ?...
— Non... Les Martial sont-ils venus ?
— Pas encore...
— Alors j'ai le temps de descendre chez *fourline* ; j'ai à lui parler au vieux sans yeux...
— Vous allez au caveau du Maître d'école ? — dit Tortillard en dissimulant à peine une joie diabolique.
— Qu'est-ce que ça te fait ?
— A moi ?
— Oui, tu m'as demandé ça d'un drôle d'air.
— Parce que je pense à quelque chose de drôle.
— Quoi ?
— C'est que vous devriez bien au moins lui apporter un jeu de cartes pour le désennuyer, — reprit Tortillard d'un air narquois, — ça le changerait un peu... il ne joue qu'à être mordu par les rats ; à ce jeu-là il gagne toujours, et à la fin ça lasse.

La Chouette rit aux éclats de ce lazzi, et dit au petit boiteux : Amour de momacque à sa maman... je ne connais pas un moutard pour avoir déjà plus de vice que ce gueux-là... Va chercher une chandelle, tu m'éclaireras pour descendre chez *fourline*... et tu m'aideras à ouvrir la porte... tu sais bien qu'à moi toute seule je ne peux pas seulement la pousser.

— Ah bien ! non il fait trop noir dans la cave, — dit Tortillard en hochant la tête.

— Comment ! comment ! toi qui es mauvais comme un démon, tu serais poltron ? je voudrais bien voir ça... Allons, va vite, et dis à ton père que je vas revenir tout à l'heure... que je suis avec *fourline*... que nous causons de la publication des bans de notre mariage... eh ! eh ! eh ! —ajoute le monstre en ricanant. — Voyons, dépêche-toi, tu seras garçon de noce, et, si tu es gentil, c'est toi qui prendras ma jarretière...

Tortillard alla chercher une lumière d'un air maussade.

En attendant, la Chouette, tout à l'ivresse du succès de son vol, plongea sa main droite dans son cabas pour y manier les bijoux précieux qu'il renfermait. C'était pour cacher momentanément ce trésor qu'elle voulait descendre dans le caveau du Maître d'école, et non pour jouir, selon son habitude, des tourments de sa nouvelle victime. Nous dirons tout à l'heure pourquoi, du consentement de Bras Rouge, la Chouette avait relégué le Maître d'école dans ce même réduit souterrain où ce brigand avait autrefois précipité Rodolphe.

Tortillard, tenant un flambeau, reparut à la porte du cabaret. La Chouette le suivit dans la salle basse, où s'ouvrait la large trappe à deux vantaux que l'on connaît déjà. Le fils de Bras-Rouge, abritant sa lumière dans le creux de sa main, et précédant la vieille, descendit lentement un escalier de pierre conduisant à une pente rapide, au bout de laquelle se trouvait la porte épaisse du caveau qui avait failli devenir le tombeau de Rodolphe. Arrivé au bas de l'escalier, Tortillard parut hésiter à suivre la Chouette.

— Eh bien !... méchant lambin... avance donc, — lui dit elle en se retournant.

— Dame ! il fait si noir... et puis vous allez si vite, la Chouette... Mais, au fait, tenez... j'aime mieux m'en retourner... et vous laisser la chandelle.

— Et la porte du caveau, imbécile !... Est-ce que je peux l'ouvrir à moi toute seule ? Avanceras-tu !

— Non... j'ai trop peur.

— Si je vais à toi... prends garde...

— Puisque vous me menacez, je remonte...

Et Tortillard recula de quelques pas.

— Eh bien, écoute... sois gentil, — reprit la Chouette, en contenant sa colère, — je te donnerai quelque chose...

— A la bonne heure ! — dit Tortillard en se rapprochant ; — parlez-moi ainsi, et vous ferez de moi tout ce que vous voudrez, mère la Chouette.

— Avance, avance, je suis pressée...

— Oui ; mais promettez-moi que vous me laisserez aguicher le Maître d'école ?

— Une autre fois... aujourd'hui je n'ai pas le temps.

— Rien qu'un petit peu ; laissez-moi seulement le faire écumer...

— Une autre fois... Je te dis qu'il faut que je remonte tout de suite...

— Pourquoi donc voulez-vous ouvrir la porte de son *appartement* ?

— Ça ne te regarde pas. Voyons, finiras-tu ! Les Martial sont peut-être déjà en haut, il faut que je leur parle... Sois gentil, et tu n'en seras pas fâché... arrive.

— Il faut que je vous aime bien, allez, la Chouette... vous me faites faire tout ce que vous voulez, — dit Tortillard, en s'avançant lentement.

La clarté blafarde, vacillante de la chandelle, éclairant vaguement ce sombre couloir, dessinait la noire silhouette du hideux enfant sur les murailles verdâtres, lézardées, ruisselantes d'humidité. Au fond du passage, à travers une demi-obscurité, on voyait le cintre bas, écrasé, de l'entrée du caveau, sa porte épaisse, garnie de bandes de fer, et se détachant dans l'ombre, le tartan rouge et le bonnet blanc de la Chouette. Grâce à ses efforts et à ceux de Tortillard, la porte s'ouvrit en grinçant sur ses gonds rouillés. Une bouffée de vapeur humide s'échappa de cet antre, obscur comme la nuit. La lumière, posée à terre, jetait quelques lueurs sur les premières marches de l'escalier de pierre, dont les derniers degrés se perdaient complètement dans les ténèbres. Un cri, ou plutôt un rugissement sauvage, sortit des profondeurs du caveau.

— Ah! voilà *Fourline* qui dit bonjour à sa maman, — dit ironiquement la Chouette.

Et elle descendit quelques marches pour cacher son cabas dans quelque recoin.

— J'ai faim! — cria le Maître d'école d'une voix frémissante de rage; — on veut donc me faire mourir comme une bête enragée!

— Tu as faim, gros minet? — dit la Chouette en éclatant de rire, — eh bien, suce ton pouce..

On entendit le bruit d'une chaîne qui se roidissait violemment... puis un soupir de rage muette contenue.

— Prends garde! prends garde! tu vas te faire encore bobo à la jambe, comme à la ferme de Bouqueval. Pauvre bon papa! — dit Tortillard.

— Il a raison, cet enfant; tiens-toi donc en repos, *Fourline*, — reprit la vieille; — l'anneau et la chaîne sont solides, vieux sans yeux, ça vient de chez le père Micou, qui ne vend que du bon. C'est ta faute aussi; pourquoi t'es-tu laissé ficeler pendant ton sommeil? on n'a eu ensuite qu'à te passer l'anneau et la chaîne à la *gigue*, et à te descendre ici... au frais... pour te conserver, vieux coquet.

— C'est dommage, il va moisir, dit Tortillard.

On entendit un nouveau bruit de chaînes.

— Eh! eh! *Fourline* qui sautille comme un hanneton attaché par la patte! — dit la vieille, — Il me semble le voir...

— Hanneton! vole! vole! vole!... Ton mari est le *Maître d'école!*... — chantonna Tortillard.

Cette variante augmenta l'hilarité de la Chouette. Ayant placé son cabas dans un trou formé par la dégradation de la muraille de l'escalier, elle dit en se relevant : — Vois-tu, *Fourline*?...

— Il ne voit pas, — dit Tortillard...

— Il a raison, cet enfant. Eh bien, entends-tu, *Fourline?* il ne fallait pas, en revenant de la ferme, être assez colas pour faire le bon chien... en m'empêchant de dévisager la Pégriotte avec mon vitriol... Par là-dessus, tu m'as parlé de ta *muette*[1], qui devenait bègueule. J'ai vu que ta pâte de franc gueux s'aigrissait,

1. De ta conscience.

qu'elle tournait à l'honnête... comme qui dirait un mouchard... que d'un jour à l'autre tu pourrais *manger sur nous*[1], vieux sans yeux... et alors...

— Alors le vieux sans yeux va manger sur toi, la Chouette, car il a faim, — s'écria Tortillard, en poussant brusquement et de toutes ses forces la vieille par le dos. La Chouette tomba en avant, en poussant une imprécation terrible. On l'entendit rouler au bas de l'escalier de pierre... — Kis... kis... kis... à toi la Chouette, à toi... saute dessus... vieux !... ajouta Tortillard !

Puis, saisissant le cabas sous la pierre où il avait vu la vieille le placer, il gravit précipitamment l'escalier en criant avec un éclat de rire féroce : — Voilà une poussée qui vaut mieux que celle de tout à l'heure, hein, la Chouette ? Cette fois tu ne me mordras pas jusqu'au sang... Ah ! tu croyais que je n'avais pas de rancune... merci... je saigne encore.

— Je la tiens... oh !... je la tiens... — cria le Maître d'école du fond du caveau.

— Si tu la tiens, vieux, part à deux, — dit Tortillard en ricanant.

Et il s'arrêta sur la dernière marche de l'escalier.

— Au secours, cria la Chouette d'une voix stranguiée.

— Merci... Tortillard, — reprit le Maître d'école, — merci !
— Et on l'entendit pousser une aspiration de joie effrayante. — Oh ! je te pardonne le mal que tu m'as fait... et pour ta récompense... tu vas l'entendre chanter, la Chouette !!! écoute-la bien, l'oiseau de mort.

— Bravo ! me voilà aux premières loges, — dit Tortillard, en s'asseyant au haut de l'escalier.

Tortillard, assis sur la première marche de l'escalier, éleva sa lumière pour tâcher d'éclairer l'épouvantable scène qui allait se passer dans les profondeurs du caveau ; mais les ténèbres étaient trop épaisses... une si faible clarté ne put les dissiper. Le fils de Bras-Rouge ne distingua rien. La lutte du Maître d'école et de la Chouette était sourde, acharnée, sans un mot, sans un cri. Seulement, de temps à autre, on entendait l'aspiration bruyante ou le souffle étouffé qui accompagne toujours des efforts violents et contenus.

Tortillard, assis sur le degré de pierre, se mit alors à frapper des pieds avec cette cadence particulière aux spectateurs impatients de voir commencer le spectacle ; il poussa ce cri familier aux habitués du *paradis* des théâtres du boulevard : — Eh ! la toile... la pièce... la musique !

— Oh ! je te tiendrai comme je le veux, — murmura le Maître d'école au fond du caveau, — et tu vas...

Un mouvement désespéré de la Chouette l'interrompit. Elle se débattait avec l'énergie que donne la crainte de la mort.

— Plus haut !... on n'entend pas... — cria Tortillard.

1. Nous dénoncer.

— Tu as beau me dévorer la main, je te tiendrai comme je le veux, — reprit le Maître d'école. Puis, ayant sans doute réussi à contenir la Chouette, il ajouta : — C'est cela... maintenant, écoute...

— Tortillard, appelle ton père ! — cria la Chouette d'une voix haletante, épuisée. — Au secours !... au secours !..

— A la porte... la vieille ! elle empêche d'entendre, — dit le petit boiteux en éclatant de rire ; — à bas la cabale !

Les cris de la Chouette ne pouvaient percer ces deux étages souterrains. La misérable, voyant qu'elle n'avait aucune aide à attendre du fils de Bras-Rouge, voulut tenter un dernier effort.

— Tortillard, va chercher du secours, et je te donne mon cabas ; il est plein de bijoux... Il est là, sous une pierre.

— Que ça de générosité ! Merci, madame... Est-ce que je ne l'ai pas, ton cabas ? Tiens, entends-tu comme ça clique dedans... — dit Tortillard en le secouant. — Mais, par exemple, donne-moi tout de suite pour deux sous de galette chaude, et je vas chercher papa !

— Aie pitié de moi, et je...

La Chouette ne put continuer. Il se fit un nouveau silence.

Le petit boiteux recommença de frapper en mesure sur la pierre de l'escalier où il était accroupi, accompagnant le bruit de ses pieds de ce cri répété : — Ça ne commence donc pas ? Ohé ! la toile... ou j'en fais des faux-cols ! la pièce.. la musique !

— De cette façon, la Chouette, tu ne pourras plus m'étourdir de tes cris, — reprit le Maître d'école après quelques minutes, pendant lesquelles il parvint sans doute à bâillonner la vieille.

— Tu sens bien, — reprit-il d'une voix lente et creuse, — que je ne veux pas en finir tout de suite.. Torture pour torture ! tu m'as assez fait souffrir.. Il faut que je te parle longuement avant de te tuer... oui... longuement... ça va être affreux pour toi... quelle agonie, hein !

— Ah çà, pas de bêtises, eh ! vieux ! — s'écria Tortillard en se levant à demi, — corrige-la, mais ne lui fais pas trop de mal... Tu parles de la tuer... c'est une frime, n'est-ce pas ? Je tiens à ma Chouette... je te l'ai prêtée, mais tu me la rendras... ne me l'abîme pas... Je ne veux pas qu'on me détruise ma Chouette, ou sans ça je vais chercher papa.

— Sois tranquille, elle n'aura que ce qu'elle mérite... une leçon profitable... — dit le Maître d'école, pour rassurer Tortillard, craignant que le petit boiteux n'allât chercher du secours.

— A la bonne heure, bravo ! voilà la pièce qui va commencer... — dit le fils de Bras-Rouge, qui ne croyait pas que le Maître d'école menaçât sérieusement les jours de l'horrible vieille.

— Causons donc, la Chouette, — reprit le Maître d'école d'une voix calme. — D'abord, vois-tu... depuis ce rêve de la ferme de Bouqueval, qui m'a remis sous les yeux tous nos crimes, depuis ce rêve qui a manqué de me rendre fou... qui me rendra fou... car dans la solitude, dans l'isolement profond où je vis, toutes mes pensées viennent malgré moi aboutir à ce rêve... il s'est passé en moi un changement étrange... Oui... j'ai eu horreur de ma férocité passée... D'abord, je ne t'ai pas permis de martyriser la Goualeuse... cela n'était rien encore... En m'enchaînant ici dans cette cave, en m'y faisant souffrir le froid et la faim... mais en me délivrant de ton obsession... tu m'as laissé tout à l'épouvante de mes réflexions. Oh! tu ne sais pas ce que c'est que d'être seul... toujours seul... avec un voile noir sur les yeux, comme m'a dit l'homme implacable qui m'a puni... Cela est effrayant... Vois donc!... c'est dans ce caveau que je l'avais précipité pour le tuer... et ce caveau est le lieu de mon supplice... Il sera peut-être mon tombeau... Je te répète que cela est effrayant. Tout ce que cet homme m'a prédit s'est réalisé. Il m'avait dit : « Tu as abusé de ta force... tu seras le jouet des plus faibles. » Cela a été. Il m'avait dit : « Désormais séparé du monde extérieur, face à face avec l'éternel souvenir de tes crimes, un jour tu te repentiras de tes crimes... » Et ce jour est arrivé... l'isolement m'a purifié... Je ne l'aurais pas cru possible... Une autre preuve que je suis peut-être moins scélérat qu'autrefois... c'est que j'éprouve une joie infinie à te tenir là... monstre... non pour me venger, moi... mais pour venger nos victimes... Oui, j'aurai accompli un devoir... quand, de ma propre main, j'aurai puni ma complice... Une voix me dit que si tu étais tombée plus tôt en mon pouvoir, bien du sang... bien du sang n'aurait pas coulé sous tes coups. J'ai maintenant horreur de mes meurtres passés, et pourtant... ne trouves-tu pas cela bizarre? c'est sans crainte, c'est avec sécurité que je vais commettre sur toi un meurtre affreux, avec des raffinements affreux... Dis... dis... conçois-tu cela?

— Bravo!... bien joué... vieux sans yeux! ça chauffe — s'écria Tortillard en applaudissant. — Tout ça, c'est toujours pour rire?

— Toujours pour rire, — reprit le Maître d'école d'une voix creuse. — Tiens-toi donc, la Chouette, il faut que je finisse de t'expliquer comment peu à peu j'en suis venu à me repentir. Cette révélation te sera odieuse... cœur endurci, et elle te prouvera aussi combien je dois être impitoyable dans la vengeance que je dois exercer sur toi au nom de nos victimes... Il faut que je me hâte... La joie de te tenir là me fait bondir le sang... mes tempes battent avec violence... comme lorsqu'à force de penser au rêve ma raison s'égare... peut-être une de mes crises va-t-elle venir... mais j'aurai le temps de te rendre les approches de la mort effroyables en te forçant de m'entendre...

— Hardi, la Chouette! — cria Tortillard; — hardi à la réplique!... Tu ne sais donc pas ton rôle?... Alors dis au *boulanger*[1] de te souffler, ma vieille.

— Oh! tu auras beau te débattre et me mordre, — reprit le Maître d'école après un nouveau silence, — tu ne m'échapperas pas... Tu m'as coupé les doigts jusqu'aux os... mais je t'arrache la langue si tu bouges... Continuons de causer... En me trouvant

1. Le diable.

seul, toujours seul dans la nuit et dans le silence, j'ai commencé par éprouver des accès de rage furieuse... impuissante... pour la première fois ma tête s'est perdue. Oui... quoique éveillé, j'ai revu le rêve... tu sais ? le rêve... le petit vieillard de la rue du Roule... la femme noyée... le marchand de bestiaux... et toi... planant au-dessus de tous ces fantômes... Je te dis que cela est effrayant. Je suis aveugle... et ma pensée prend une forme, un corps, pour me représenter incessamment d'une manière visible, presque palpable... les traits de mes victimes... Je n'aurais pas fait ce rêve affreux, que mon esprit, continuellement absorbé par le souvenir de mes crimes passés, eût été troublé des mêmes visions... Sans doute, lorsqu'on est privé de la vue, les idées obsédantes s'*imagent* presque matériellement dans le cerveau... Pourtant... quelquefois, à force de les contempler avec une terreur résignée... il me semble que ces spectres menaçants ont pitié de moi... ils pâlissent... s'effacent et disparaissent... Alors je crois me réveiller d'un songe funeste... mais je me sens faible, abattu, brisé... et, le croirais-tu... oh ! comme tu vas rire... la Chouette !... je pleure... entends-tu ?... je pleure... Tu ne ris pas ?... Mais ris donc !... ris donc !...

La Chouette poussa un gémissement sourd et étouffé.

— Plus haut ! — cria Tortillard, — on n'entend pas...

— Oui, — reprit le Maître d'école, — je pleure, car je souffre... et la fureur est vaine. Je me dis : demain, après-demain, toujours, je serai en proie aux mêmes accès de délire et de morne désolation... Quelle vie ! ... oh ! quelle vie !... Et je n'ai pas choisi la la mort plutôt que d'être enseveli vivant dans cet abîme que creuse incessamment ma pensée ! Aveugle, solitaire et prisonnier... qui pourrait me distraire de mes remords ? Rien... rien... Quand les fantômes cessent un moment de passer et de repasser sur le voile noir que j'ai devant les yeux, ce sont d'autres tortures... ce sont des comparaisons écrasantes. Je me dis : Si j'étais resté honnête homme, à cette heure je serais libre, tranquille, heureux, aimé et honoré des miens... au lieu d'être aveugle et enchaîné dans ce cachot, à la merci de mes complices. Hélas! le regret du bonheur perdu par un crime est un premier pas vers le repentir... Et quand au repentir se joint une expiation d'une effrayante sévérité... une expiation qui change votre vie en une longue insomnie remplie d'hallucinations vengeresses ou de réflexions désespérées... peut-être alors le pardon des hommes succède aux remords et à l'expiation.

— Prends garde, vieux ! — cria Tortillard, — tu manges dans le rôle à M. Moëssard... Connu ! connu !

Le Maître d'école n'écouta pas le fils de Bras-Rouge.

— Cela t'étonne de m'entendre parler ainsi, la Chouette ? Si j'avais continué de m'étourdir, ou par d'autres sanglants forfaits, ou par l'ivresse farouche de la vie du bagne, jamais ce changement salutaire ne se fût opéré en moi, je le sais bien... Mais seul, mais aveugle, mais bourrelé de remords qui se *voient*, à quoi songer ? A de nouveaux crimes ? Comment les commettre ? A une évasion ? Comment m'évader ? Et si je m'évadais... où irais-je ?... que ferais-je de ma liberté ? Non, il me faut vivre désormais dans une nuit éternelle, entre les angoisses du repentir et l'épouvante des apparitions formidables dont je suis poursuivi... Quelquefois pourtant... un faible rayon d'espoir... vient luire au milieu de mes ténèbres,... un moment de calme succède à mes tourments... oui... car quelquefois je parviens à conjurer les spectres qui m'obsèdent, en leur opposant les souvenirs d'un passé honnête et paisible, en remontant par la pensée jusqu'aux premiers temps de ma jeunesse, de mon enfance... Heureusement, vois-tu, les plus grands scélérats ont du moins quelques années de paix et d'innocence à opposer à leurs années criminelles et sanglantes. On ne naît pas méchant... Les plus pervers ont eu la candeur aimable de l'enfance... ont connu les douces joies de cet âge charmant... Aussi, je te le répète, parfois je ressens une consolation amère en me disant : je suis à cette heure voué à l'exécration de tous, mais il a été un temps où l'on m'aimait, où l'on me protégeait, parce que j'étais inoffensif et bon... Hélas ! il faut bien me réfugier dans le passé... quand je le puis .. là seulement je trouve quelque calme.

En prononçant ces dernières paroles, l'accent du Maître d'école avait perdu de sa rudesse ; cet homme indomptable semblait profondément ému ; il ajouta : — Tiens, vois tu, la salutaire influence de ces pensées est telle, que ma fureur s'apaise... le courage... la force... la volonté, me manquent pour te punir... non.. ce n'est pas à moi de verser ton sang...

— Bravo, vieux ! Vois-tu, la Chouette, que c'était une frime... — cria Tortillard en applaudissant.

— Non, ce n'est pas à moi de verser ton sang, — reprit le Maître d'école, — ce serait un meurtre... excusable peut-être... mais ce serait toujours un meurtre... et j'ai eu assez des trois spectres... et puis, qui sait ?... tu te repentiras peut-être aussi un jour... toi.

En parlant ainsi le Maître d'école avait machinalement rendu à la Chouette quelque liberté de mouvement. Elle en profita pour saisir le stylet qu'elle avait placé dans son corsage après le meurtre de Sarah... et pour porter un violent coup de cette arme au bandit, afin de se débarrasser tout à fait de lui. Il poussa un cri de douleur perçant. Les ardeurs féroces de sa haine, de sa vengeance, de sa rage, ses instincts sanguinaires, brusquement réveillés et exaspérés par cette attaque, firent une explosion soudaine, terrible, où s'abîma sa raison, déjà fortement ébranlée par tant de secousses.

— Ah ! vipère... j'ai senti ta dent ! — s'écria-t-il d'une voix tremblante de fureur, en étreignant avec force la Chouette, qui avait cru lui échapper ; — tu rampais dans le caveau... hein ? — ajouta-t-il de plus en plus égaré ; — mais je te vais écraser... vipère ou chouette... Tu attendais sans doute la venue des fantômes... Oui, car le sang me bat dans les tempes... mes oreilles

tintent... la tête me tourne... comme lorsqu'ils doivent venir...
Oui, je ne me trompe pas... Oh! les voilà... du fond des ténèbres, ils s'avancent... ils s'avancent... Comme ils sont pâles... et
leur sang, comme il coule... rouge et fumant... Cela t'épouvante...
tu te débats... Eh bien, sois tranquille, tu ne les verras pas... les
fantômes... Non, tu ne les verras pas... j'ai pitié de toi... je vais
te rendre aveugle... tu seras comme moi... SANS YEUX...

Ici le Maître d'école fit une pause...

La Chouette jeta un cri si horrible, que Tortillard, épouvanté,
bondit sur sa marche de pierre, et se leva debout. Les cris effroyables de la Chouette parurent mettre le comble au vertige furieux
du Maître d'école.

— Chante... — disait-il à voix basse. — Chante... la Chouette...
chante... ton chant de mort... tu es heureuse... tu ne vois plus les
trois fantômes de nos assassinés... le petit vieillard de la rue du
Roule... la femme noyée... le marchand de bestiaux... Moi je les
vois... ils approchent... ils me touchent... Oh! qu'ils ont froid...
Ah!...

La dernière lueur de l'intelligence de ce misérable s'éteignit
dans ce cri d'épouvante, dans ce cri de damné... Dès lors le Maître d'école ne raisonna plus, ne parla plus ; il agit et rugit en
bête féroce, il n'obéit plus qu'à l'instinct sauvage de la destruction pour la destruction. Et il se passa quelque chose d'horrible dans les ténèbres du caveau. On entendit un piétinement
précipité, interrompu à de fréquents intervalles par un bruit
sourd, retentissant comme celui d'une boîte osseuse qui rebondirait sur une pierre contre laquelle on voudrait la briser... Des
plaintes aiguës, convulsives et un éclat de rire infernal accompagnaient chacun de ces coups.

Puis ce fut un râle... d'agonie... Puis on n'entendit plus rien...
rien que le piétinement furieux... rien que les coups sourds et
rebondissants qui continuèrent toujours... Bientôt un bruit lointain de pas et de voix arriva jusqu'aux profondeurs du caveau...
De vives lueurs brillèrent à l'extrémité du passage souterrain.

Tortillard, glacé de terreur par la scène ténébreuse à laquelle
il venait d'assister sans la voir, aperçut plusieurs personnes portant des lumières descendre rapidement l'escalier... En un moment la cave fut envahie par plusieurs agents de sûreté, à la tête
desquels était Narcisse Borel... des gardes municipaux fermaient
la marche. Tortillard fut saisi sur les premières marches du caveau, tenant encore à la main le cabas de la Chouette.

Narcisse Borel, suivi de quelques-uns des siens, descendit dans
le caveau du Maître d'école... Tous s'arrêtèrent, frappés d'un hideux spectacle. Enchaîné par la jambe à une pierre énorme placée
au milieu du caveau, le Maître d'école, horrible, monstrueux,
la crinière hérissée, la barbe longue, la bouche écumante, vêtu
de haillons ensanglantés, tournait comme une bête fauve autour
de son cachot, traînant après lui, par les deux pieds, le cadavre
de la Chouette, dont la tête était affreusement mutilée, brisée,
écrasée.

Il fallut une lutte violente pour lui arracher les restes sanglants de sa complice et pour parvenir à le garrotter. Après une vigoureuse résistance, on parvint à le transporter dans la salle basse du cabaret de Bras-Rouge, vaste salle obscure, éclairée par une seule fenêtre.

Là se trouvaient, les menottes aux mains et gardés à vue, Barbillon, Nicolas Martial, sa mère et sa sœur. Ils venaient d'être arrêtés au moment où ils entraînaient la courtière en diamants pour l'égorger.

Celle-ci reprenait ses sens dans une autre chambre.

Étendu sur le sol et contenu à peine par deux agents, le Maître d'école, légèrement blessé au bras par la Chouette, mais complétement insensé, soufflait, mugissait comme un taureau qu'on abat. Quelquefois il se soulevait tout d'une pièce par un soubresaut convulsif.

Barbillon, la tête baissée, le teint livide, plombé, les lèvres décolorées, l'œil fixe et farouche, ses longs cheveux noirs et plats retombant sur le col de sa blouse bleue déchirée dans la lutte, Barbillon était assis sur un banc; ses poignets, serrés dans des menottes de fer, reposaient sur ses genoux. L'apparence juvénile de ce misérable (il avait à peine dix-huit ans), la régularité de ses traits imberbes, déjà flétris, dégradés, rendaient plus déplorable encore la hideuse empreinte dont la débauche et le crime avaient marqué cette physionomie. Impassible, il ne disait pas un mot. On ne pouvait deviner si cette insensibilité apparente était due à la stupeur ou à une froide énergie; sa respiration était pressée; de temps à autre, de ses deux mains entravées il essuyait la sueur qui baignait son front pâle.

A côté de lui, on voyait Calebasse; son bonnet avait été arraché; sa chevelure jaunâtre, serrée à la nuque par un lacet, pendait derrière sa tête en plusieurs mèches rares et effilées. Plus courroucée qu'abattue, ses joues maigres et bilieuses quelque peu colorées, elle contemplait avec dédain l'accablement de son frère Nicolas, placé sur une chaise en face d'elle. Prévoyant le sort qui l'attendait, ce bandit, affaissé sur lui-même, la tête pendante, les genoux tremblants et s'entre-choquant, était perdu de terreur; ses dents claquaient convulsivement, il poussait de sourds gémissements. Seule entre tous, la mère Martial, la veuve du supplicié, debout et adossée au mur, n'avait rien perdu de son audace. La tête haute, elle jetait autour d'elle un regard ferme; ce masque d'airain ne trahissait pas la moindre émotion...

Pourtant, à la vue de Bras-Rouge, que l'on ramenait dans la salle basse après l'avoir fait assister à la minutieuse perquisition que le commissaire et son greffier venaient de faire dans toute la maison; pourtant, à la vue de Bras-Rouge, disons-nous, les traits de la veuve se contractèrent malgré elle; ses petits yeux, ordinairement ternes, s'illuminèrent comme ceux d'une vipère en furie, ses lèvres serrées devinrent blafardes, elle roidit ses deux bras garrottés... Puis, comme si elle eût regretté cette manifestation de colère et de haine impuissante, elle dompta son émotion et redevint d'un calme glacial.

Pendant que le commissaire verbalisait, assisté de son greffier, Narcisse Borel, se frottant les mains, jetait un regard complaisant sur la capture importante qu'il venait de faire et qui délivrait Paris d'une bande de criminels dangereux; mais s'avouant de quelle utilité lui avait été Bras-Rouge dans cette expédition, il ne put s'empêcher de lui jeter un regard expressif et reconnaissant. Le père de Tortillard devait partager jusqu'après leur jugement la prison et le sort de ceux qu'il avait dénoncés ; comme eux il portait des menottes ; plus qu'eux encore il avait l'air tremblant, consterné, grimaçant de toutes ses forces sa figure de fouine pour lui donner une expression désespérée, poussant des soupirs lamentables. Il embrassait Tortillard, comme s'il eût cherché quelques consolations dans ses caresses paternelles. Le petit boiteux se montrait peu sensible à ces preuves de tendresse; il venait d'apprendre qu'il serait jusqu'à nouvel ordre transféré dans la prison des jeunes détenus.

— Quel malheur de quitter mon fils chéri ! — s'écriait Bras-Rouge, en feignant l'attendrissement ; — c'est nous deux qui sommes les plus malheureux, mère Martial,... car on nous sépare de nos enfants.

La veuve ne put garder plus longtemps son sang-froid ; ne doutant pas de la trahison de Bras-Rouge, qu'elle avait pressentie, elle s'écria : — J'étais bien sûre que tu avais vendu mon fils de Toulon... Tiens, Judas !!! — et elle lui cracha à la face. — Tu vends nos têtes... soit ! on verra de belles morts... des morts de vrais Martial !

— Oui... on ne boudera pas devant la *carline*, — ajouta Calebasse avec une exaltation sauvage.

La veuve, montrant Nicolas d'un coup d'œil de mépris écrasant, dit à sa fille : — Ce lâche-là nous déshonorera sur l'échafaud !

Quelques moments après, la veuve et Calebasse, accompagnées de deux agents, montaient en fiacre pour se rendre à Saint-Lazare; Barbillon, Nicolas et Bras-Rouge étaient conduits à la Force ; on transportait le Maître d'école au dépôt de la Conciergerie, où se trouvent des cellules destinées à recevoir les aliénés.

CHAPITRE XXII

Présentation

Quelques jours après le meurtre de madame Séraphin, la mort de la Chouette et l'arrestation de la bande de malfaiteurs surpris chez Bras-Rouge, Rodolphe se rendit à la maison de la rue du Temple.

Nous l'avons dit, voulant lutter de ruse avec Jacques Ferrand, découvrir ses crimes cachés, l'obliger à les réparer et le punir d'une manière terrible dans le cas où, à force d'adresse et d'hypocrisie, ce misérable réussirait à échapper à la vengeance des lois, Rodolphe avait fait venir d'une prison d'Allemagne une créole métisse, femme indigne du nègre David. Arrivée la veille, cette créature, aussi belle que pervertie, aussi enchanteresse que dangereuse, avait reçu des instructions détaillées du baron de Graün.

On a vu dans le dernier entretien de Rodolphe avec madame Pipelet que celle-ci ayant très adroitement proposé Cecily à madame Séraphin pour remplacer Louise Morel comme servante du notaire, la femme de charge avait parfaitement accueilli ses ouvertures, et promis d'en parler à Jacques Ferrand, ce qu'elle avait fait dans les termes les plus favorables à Cecily, le matin même du jour où elle (madame Séraphin) avait été noyée à l'île du Ravageur. Rodolphe venait donc savoir le résultat de la *présentation* de Cecily.

A son grand étonnement, en entrant dans la loge, il trouva, quoiqu'il fût onze heures du matin, M. Pipelet couché et Anastasie debout auprès de son lit, lui offrant un breuvage. Alfred, dont le front et les yeux disparaissaient sous un formidable bonnet de coton, ne répondait pas à Anastasie, elle en conclut qu'il dormait et ferma les rideaux du lit; en se retournant, elle aperçut Rodolphe. Aussitôt elle se mit, selon son usage, au *port d'arme*, le revers de sa main gauche collé à sa perruque.

— Votre servante, mon roi des locataires, vous me voyez bouleversée, ahurie, exténuée. Il y a de fameux tremblements dans la maison... sans compter qu'Alfred est alité depuis hier.

— Et qu'a-t-il donc?

— Est-ce que ça se demande?

— Comment?

— Toujours du même numéro. Le monstre s'acharne de plus en plus après Alfred; il me l'abrutit, que je ne sais plus qu'en faire...

— Encore Cabrion?

— Encore.

— C'est donc le diable?

— Je finirai par le croire, monsieur Rodolphe, car ce gredin-là devine toujours les moments où je suis sortie... A peine ai-je les talons tournés que, crac! il est ici sur le dos de mon vieux chéri, qui n'a pas plus de défense qu'un enfant. Hier encore, pendant que j'étais allée chez M. Ferrand, le notaire... C'est encore là où il y a du nouveau.

— Et Cecily? — dit vivement Rodolphe, — je venais savoir...

— Tenez, mon roi des locataires, ne m'embrouillez pas; j'ai tant... tant de choses à vous dire... que je m'y perdrai, si vous rompez mon fil...

— Voyons... je vous écoute...

— D'abord, pour ce qui est de la maison, figurez-vous qu'hier on est venu arrêter la mère Burette.

— La prêteuse sur gages du second ?

— Mon Dieu, oui ; il paraît qu'elle en avait de drôles de métiers, outre celui de prêteuse! elle était par là-dessus receleuse, haricandeuse, fondeuse, voleuse, allumeuse, enjôleuse, brocanteuse, fricoteuse, enfin tout ce qui rime à gueuse; le pire, c'est que son vieil amoureux, M. Bras-Rouge, notre principal locataire, est aussi arrêté... Je vous dis que c'est un vrai tremblement dans la maison, quoi !

— Aussi arrêté... Bras-Rouge?

— Oui, dans son cabaret des Champs-Élysées ; on a coffré jusqu'à son fils Tortillard, ce méchant petit boiteux... On dit qu'il s'est passé chez lui un tas de massacres ; qu'ils étaient là une bande de scélérats ; que la Chouette, une des amies de la mère Burette, a été étranglée, et que si on n'était pas venu à temps, ils assassinaient la mère Mathieu, la courtière en pierreries qui faisait travailler ce pauvre Morel... En voilà-t-il de ces nouvelles !

— Bras-Rouge arrêté ! la Chouette morte ! — se dit Rodolphe avec étonnement. — L'horrible vieille a mérité son sort; cette pauvre Fleur-de-Marie est du moins vengée.

— Voilà donc pour ce qui est d'ici... sans compter la nouvelle infamie de Cabrion ; je vais tout de suite en finir avec ce brigand-là... Vous allez voir quel front !... Quand on a arrêté la mère Burette, et que nous avons su que Bras-Rouge, notre principal locataire, était aussi pincé, j'ai dit au vieux chéri : « Faut qu' tu trottes tout de suite chez le propriétaire, lui apprendre que M. Bras-Rouge est coffré. Alfred part. Au bout de deux heures, il m'arrive... mais dans un état... blanc comme un linge et soufflant comme un bœuf.

— Quoi donc encore?

— Vous allez voir, monsieur Rodolphe : figurez-vous qu'à dix pas d'ici il y a un grand mur blanc ; mon vieux chéri, en sortant de la maison, regarde par hasard sur ce mur: qu'est-ce qu'il y voit écrit au charbon en grosses lettres? *Pipelet—Cabrion*, les deux noms joints par un grand trait d'union (c'est ce *trait d'union* avec ce scélérat-là qui l'estomaque le plus, mon vieux chéri). Bon, ça commence à le renverser; dix pas plus loin, qu'est-ce qu'il voit sur la grande porte du Temple? encore *Pipelet—Cabrion*, toujours avec un trait d'union... Il va toujours... A chaque pas, monsieur Rodolphe, il voit écrits ces damnés noms sur les murs des maisons, sur les portes, partout *Pipelet—Cabrion* [1]. Mon vieux chéri commençait à y voir trente-six chandelles ; il croyait que tous les passants le regardaient... il enfonçait son chapeau sur son nez, tant il était honteux. Il prend le boulevard, croyant que ce gueux de Cabrion aurait borné ses immondices à la rue du Temple. Ah bien, oui !... tout le long des bou-

---

1. On se souvient peut-être qu'on pouvait lire, il y a quelques années, sur tous les murs et dans tous les quartiers de Paris, le nom de *Crédeville*, ainsi écrit par suite d'une *charge* d'atelier.

levards, à chaque endroit où il y avait de quoi écrire, toujours *Pipelet-Cabrion à mort!* Enfin, le pauvre cher homme est arrivé si bouleversé chez le propriétaire, qu'après avoir bredouillé, pataugé, barboté pendant un quart d'heure au vis-à-vis du propriétaire, celui-ci n'a rien compris du tout à ce qu'Alfred venait lui chanter; il l'a renvoyé en l'appelant vieil imbécile, et lui a dit de m'envoyer pour expliquer la chose. Bon! Alfred sort, s'en revient par un autre chemin pour éviter les noms qu'il avait vus écrits sur les murs... Ah bien, oui!

— Encore Pipelet et Cabrion!

— Comme vous dites, mon roi des locataires; de façon que le pauvre cher homme m'est arrivé ici abruti, ahuri, voulant s'exiler. Il me raconte l'histoire; je le calme comme je peux, je le laisse, et je pars avec mademoiselle Cecily pour aller chez le notaire... avant d'aller chez le propriétaire... Vous croyez que c'est tout?... joliment! A peine avais-je le dos tourné, que ce Cabrion, qui avait guetté ma sortie, a eu le front d'envoyer ici deux grandes drôlesses qui se sont mises aux trousses d'Alfred... Tenez... les cheveux m'en dressent sur la tête.. je vous dirai cela tout à l'heure... finissons du notaire. Je pars donc en fiacre avec mademoiselle Cecily... comme vous me l'aviez recommandé... Elle avait son joli costume de paysanne allemande, vu qu'elle arrivait et qu'elle n'avait pas eu le temps de s'en faire faire un autre... ainsi que je devais le dire à M. Ferrand. Vous me croirez si vous voulez, mon roi des locataires, j'ai bien vu des jolies filles; je me suis vue moi-même dans mon printemps; mais jamais je n'ai vu (moi comprise) une jeunesse qui puisse approcher à cent piques de Cecily. Elle a surtout dans le regard de ses grands scélérats d'yeux noirs... quelque chose... quelque chose... enfin on ne sait pas ce que c'est; mais pour sûr... il y a quelque chose qui vous frappe... Quels yeux! Enfin, tenez, Alfred n'est pas suspect; eh bien! la première fois qu'elle l'a regardé, il est devenu rouge comme une carotte, ce pauvre vieux chéri... et pour rien au monde il n'aurait voulu fixer la donzelle une seconde fois... il en a eu pour une heure à se trémousser sur sa chaise, comme s'il avait été assis sur des orties. Il m'a dit après qu'il ne savait pas comment ça se faisait, mais que le regard de Cecily lui avait rappelé toutes les histoires de cet effronté Bradamanti sur les sauvagesses qui le faisaient tant rougir, ma vieille bégueule d'Alfred...

— Mais le notaire? le notaire?

— M'y voilà, monsieur Rodolphe. Il était environ sept heures du soir quand nous arrivons chez M. Ferrand; je dis au portier d'avertir son maître que c'est madame Pipelet qui est là avec la bonne dont madame Séraphin lui a parlé et qu'elle lui a dit d'amener. Là-dessus, le portier pousse un soupir, et me demande si je sais ce qui est arrivé à madame Séraphin... Je lui dis que non... Ah! monsieur Rodolphe, en voilà encore un autre tremblement!...

— Quoi donc?

— La Séraphin s'est noyée dans une partie de campagne qu'elle avait été faire avec une de ses parentes.

— Noyée !... Une partie de campagne en hiver !... — dit Rodolphe surpris.

— Mon Dieu, oui, monsieur Rodolphe, noyée. Quant à moi, ça m'étonne plus que cela ne m'attriste ; car, depuis le malheur de cette pauvre Louise... qu'elle avait dénoncée, je la détestais, la Séraphin. Aussi, ma foi, je me dis : Elle s'est noyée, eh bien ! elle s'est noyée ; après tout.. je n'en mourrai pas... Voilà mon caractère.

— Et M. Ferrand ?

— Le portier me dit d'abord qu'il ne croyait pas que je pourrais voir son maître, et me prie d'attendre dans sa loge ; mais au bout d'un moment il revient me chercher. Nous traversons la cour, et nous entrons dans une chambre au rez-de-chaussée. Il n'y avait qu'une mauvaise chandelle pour éclairer. Le notaire était assis au coin d'un feu où fumaillait un restant de tison.. Quelle baraque !... Je n'avais jamais vu M. Ferrand... Dieu de Dieu, est-il vilain ! En voilà encore un qui aurait beau m'offrir le trône de l'Arabie pour faire des traits à Alfred...

— Et le notaire a-t-il paru frappé de la beauté de Cecily ?

— Est-ce qu'on peut le savoir, avec ses lunettes vertes ?... Un vieux sacristain pareil, ça ne doit pas se connaître en femmes. Pourtant, quand nous sommes entrées toutes les deux, il a fait comme un soubresaut sur sa chaise ; c'était sans doute l'étonnement de voir le costume alsacien de Cecily ; car elle avait (en cent milliards de fois mieux) la tournure d'une de ces marchandes de petits balais, avec ses cotillons courts et ses jolies jambes chaussées de bas bleus à coins rouges ; sapristi... quel mollet !... et la cheville si mince !... et le pied si mignon !... finalement le notaire a eu l'air ahuri en la voyant.

— C'était sans doute la bizarrerie du costume de Cecily qui le frappait.

— Faut croire ; mais le moment croustilleux approchait. Heureusement je me suis rappelé la maxime que vous m'avez dite, monsieur Rodolphe ; ça a été mon salut.

— Quelle maxime ?

— Vous savez : *C'est assez que l'un veuille pour que l'autre ne veuille pas, ou que l'un ne veuille pas pour que l'autre veuille.* Alors, je me dis à moi-même : Il faut que je débarrasse mon roi des locataires de son Allemande, en la colloquant au maître de Louise ; hardi ! je vas faire une frime... et voilà que je dis au notaire, sans lui donner le temps de respirer : « Pardon, monsieur, si ma nièce vient habillée à la mode de son pays ; mais elle arrive, elle n'a que ces vêtements-là, et je n'ai pas de quoi lui en faire faire d'autres ; d'autant plus que ça ne sera pas la peine ; car nous venons seulement pour vous remercier d'avoir dit à madame Séraphin que vous consentiez à voir Cecily, d'après les bons renseignements que j'avais donnés sur elle ; mais je ne crois pas qu'elle puisse convenir à monsieur. »

— Très bien, madame Pipelet.

« — Pourquoi votre nièce ne me conviendrait-elle pas ? Le notaire qui s'était remis au coin de son feu, et avait l'air de nous regarder par-dessus ses lunettes.

« — Parce que Cecily commence à avoir le mal du pays, monsieur. Il n'y pas trois jours qu'elle est ici, et elle veut déjà s'en retourner, quand elle devrait mendier sur la route en vendant des petits balais comme ses payses.

« — Et vous qui êtes sa parente, me dit M. Ferrand, vous souffriez cela ?

« — Dame, monsieur, je suis sa parente, c'est vrai ; mais elle est orpheline, elle a vingt ans, et elle est maîtresse de ses actions.

« — Bah ! bah ! maîtresse de ses actions ! à cet âge-là on doit obéir à ses parents, » reprit-il brusquement.

— Là-dessus voilà Cecily qui se met à pleurnicher et à trembler en se serrant contre moi ; c'était le notaire qui lui faisait peur, bien sûr.

— Et Jacques Ferrand ?

— Il grommelait toujours en marronnant : « Abandonner une fille à cet âge-là, c'est vouloir la perdre ! S'en retourner en Allemagne en mendiant, belle ressource ! Et vous, sa tante, vous souffrez une telle conduite ?.. » Bien, bien, que je me dis, tu vas tout seul, grigou, je te colloquerai Cecily ou j'y perdrai mon nom. « Je suis sa tante, c'est vrai, que je réponds en grognant, et c'est une malheureuse parenté pour moi ; j'ai bien assez de charges ; j'aimerais autant que ma nièce s'en aille que de l'avoir sur les bras. Que le diable emporte les parents qui vous envoient une grande fille comme ça sans seulement l'affranchir ! » Pour le coup, voilà Cécily, qui avait l'air d'avoir le mot, qui se met à fondre en larmes... Là-dessus le notaire prend son creux comme un prédicateur, et se met à me dire : « Vous devez compte à Dieu du dépôt que la Providence a remis entre vos mains ; ce serait un crime que d'exposer cette jeune fille à la perdition. Je consens à vous aider dans une œuvre charitable ; si votre nièce me promet d'être laborieuse, honnête et pieuse, et surtout de ne jamais, mais jamais sortir de chez moi, j'aurai pitié d'elle et je la prendrai à mon service.

« — Non, non, j'aime mieux m'en retourner au pays, » dit Cecily en pleurant encore.

— Sa dangereuse fausseté ne lui a pas fait défaut... — pensa Rodolphe ; — la diabolique créature a, je le vois, parfaitement compris les ordres du baron de Graün. — Puis le prince reprit tout haut : — M. Ferrand paraissait-il contrarié de la résistance de Cecily ?

— Oui, monsieur Rodolphe ; il marronnait entre ses dents, et il lui a dit brusquement : « Il ne s'agit pas de ce que vous aimeriez mieux, mademoiselle, mais de ce qui est convenable et décent ; le ciel ne vous abandonnera pas si vous menez une bonne conduite et si vous accomplissez vos devoirs religieux. Vous serez ici dans une maison aussi sévère que sainte ; si votre tante vous aime réellement, elle profitera de mon offre; vous aurez des gages faibles d'abord; mais si par votre sagesse et votre zèle vous méritez mieux, plus tard peut-être je les augmenterai. » Bon, que je ne dis en moi-même, enfoncé le notaire; voilà Cecily colloquée chez toi, vieux fesse-mathieu, vieux sans-cœur! La Séraphin était à son service depuis des années, et tu n'as pas seulement l'air de te souvenir qu'elle s'est noyée avant-hier... Et je reprends tout haut : « Sans doute, monsieur, la place est avantageuse, mais si cette jeunesse a le mal du pays...

« — Ce mal passera, me répond le notaire. Voyons, décidez-vous... est-ce oui ou non ?... Si vous y consentez, amenez-moi votre nièce demain soir à la même heure, et elle entrera tout de suite à mon service... mon portier la mettra au fait... Quant aux gages, je donne en commençant vingt francs par mois et vous serez nourrie.

« — Ah! monsieur, vous mettrez bien cinq francs de plus ?...

« — Non, plus tard... si je suis content, nous verrons... Mais je dois vous prévenir que votre nièce ne sortira jamais, et que personne ne viendra la voir.

« — Eh! mon Dieu, monsieur, qui voulez-vous qui vienne la voir? elle ne connaît que moi à Paris, et j'ai ma porte à garder; ça m'a assez dérangée d'être obligée de l'accompagner ici; vous ne me verrez plus, elle me sera toujours aussi étrangère que si elle n'était jamais venue de son pays, elle n'osera pas aller habillée comme cela dans les rues.

« — Vous avez raison, me dit le notaire; c'est d'ailleurs respectable de tenir aux vêtements de son pays... Elle restera donc vêtue en Alsacienne.

« — Allons, que je dis à Cecily, qui, la tête basse, pleurnichait toujours, il faut te décider, ma fille; une bonne place dans une honnête maison ne se trouve pas tous les jours; et d'ailleurs, si tu refuses, arrange-toi comme tu voudras, je ne m'en mêle plus. »

— Là-dessus Cecily répond en soupirant, le cœur tout gros, qu'elle consent à rester, mais à condition que, si dans une quinzaine de jours le mal du pays la tourmente trop, elle pourra s'en aller.

« — Je ne veux pas vous garder de force, dit le notaire, et je ne suis pas embarrassé de trouver des servantes. Voilà votre denier à Dieu; votre tante n'aura qu'à vous ramener ici demain soir. »

— Cecily n'avait pas cessé de pleurnicher. J'ai accepté pour elle le denier à Dieu de quarante sous de ce vieux pingre, et nous sommes revenues ici.

— Très bien, madame Pipelet! Je n'oublie pas ma promesse, voilà ce que je vous ai promis si vous parveniez à me placer cette pauvre fille qui m'embarrassait...

— Attendez à demain, mon roi des locataires, — dit madame Pipelet en refusant l'argent de Rodolphe; — car enfin M. Ferrand n'a qu'à se raviser, quand ce soir je vais lui conduire Cecily...

— Je ne crois pas qu'il se ravise. Mais où est-elle ?

— Dans le cabinet qui dépend de l'appartement du commandant, elle n'en bouge pas, d'après vos ordres ; elle a l'air résignée comme un mouton, quoiqu'elle ait des yeux... ah ! quels yeux !... Mais à propos du commandant, est-il intrigant ! Lorsqu'il est venu lui-même surveiller l'emballement de ses meubles, est-ce qu'il ne m'a pas dit que s'il venait ici des lettres adressées à une *madame Vincent*, c'était pour lui, et de les lui envoyer *rue Mondovi*, n° *5* ! Il se fait écrire sous un nom de femme, ce bel oiseau ! comme c'est malin !... Mais ce n'est pas tout ; est-ce qu'il n'a pas eu l'effronterie de me demander ce qu'était devenu son bois !... « Votre bois !... pourquoi donc pas votre forêt tout de suite ? » que je lui ai répondu. — Tiens, c'est vrai, pour deux mauvaises voies... de rien du tout, une de flotté et une de neuf, le grippe-sous... faisait-il son embarras ! Son bois ! « Je l'ai brûlé, votre bois, que je lui dis, pour sauver vos effets de l'humidité ; sans cela, il aurait poussé des champignons sur votre calotte brodée et sur votre robe de chambre de ver luisant, que vous avez mise joliment souvent pour le roi de Prusse... en attendant cette petite dame qui se moquait de vous. »

Un gémissement sourd et plaintif d'Alfred interrompit madame Pipelet.

— Voilà le vieux chéri qui rumine, il va s'éveiller... Vous permettez, mon roi des locataires ?

— Certainement... j'ai d'ailleurs encore quelques renseignements à vous demander.

— Eh bien !... vieux chéri, comment ça va-t-il ? — demanda madame Pipelet à son mari en ouvrant ses rideaux ; — voilà M. Rodolphe, il sait la nouvelle infamie de Cabrion, il te plaint de tout son cœur.

— Ah ! monsieur, — dit Alfred en tournant brusquement sa tête vers Rodolphe, — cette fois je n'en relèverai pas... le monstre m'a frappé au cœur... je suis l'objet des brocards de la capitale... mon nom se lit sur tous les murs de Paris... accolé à celui de ce misérable, *Pipelet—Cabrion*, avec un énorme trait d'union, *messieurs*... un trait d'union... moi !... uni à cet infernal polisson aux yeux de la capitale de l'Europe !

— M. Rodolphe sait cela... mais ce qu'il ne sait pas, c'est ton aventure d'hier soir avec ces deux grandes drôlesses.

— Ah ! monsieur, il avait gardé sa plus monstrueuse infamie pour la dernière ; celle-là a passé toutes les bornes, — dit Alfred d'une voix dolente.

— Voyons, mon cher monsieur Pipelet... racontez-moi ce nouveau malheur.

— Tout ce qu'il m'a fait jusqu'à présent n'était rien auprès de cela, monsieur... il est arrivé à ses fins .. grâce aux procédés les plus honteux... Je ne sais si je vais avoir la force de faire ce narré... la confusion... la pudeur m'entraveront à chaque pas.

M. Pipelet, s'étant mis péniblement sur son séant, croisa pudiquement les revers de son gilet de laine, et commença *en ces termes :* — Mon épouse venait de sortir; absorbé dans l'amertume que me causait la nouvelle prostitution de mon nom écrit sur tous les murs de la capitale, je cherchais à me distraire en m'occupant d'un ressemelage d'une botte vingt fois reprise et vingt fois abandonnée, grâce aux opiniâtres persécutions de mon bourreau. J'étais assis devant une table, lorsque je vois la porte de ma loge s'ouvrir et une femme entrer. Cette femme était enveloppée d'un manteau à capuchon : je me soulevai honnêtement de mon siège, et portai la main à mon chapeau. A ce moment, une seconde femme, aussi enveloppée d'un manteau à capuchon, entre dans ma loge et ferme la porte en dedans... Quoique étonné de la familiarité de ce procédé et du silence que gardaient les deux femmes, je me resoulève de ma chaise, et je reporte la main à mon chapeau... Alors, monsieur.. Non, non, je ne pourrai jamais... ma pudeur se révolte...

— Voyons, vieille bégueule... nous sommes entre hommes... — dit madame Pipelet, — va donc.

— Alors, — reprit Alfred en devenant cramoisi, — les manteaux tombent, et qu'est-ce que je vois ? Deux espèces de sirènes[1] ou de nymphes, sans autres vêtements qu'une tunique de feuillage, la tête aussi couronnée de feuillage ; j'étais pétrifié... Alors toutes deux s'avancent vers moi, en me tendant les bras, comme pour m'engager à m'y précipiter...

— Les coquines !... — dit Anastasie.

— Les avances de ces impudiques me révoltèrent, — reprit Alfred, animé d'une chaste indignation ; et selon cette habitude qui ne m'abandonne jamais dans les circonstances les plus critiques de ma vie, je restai complètement immobile sur ma chaise : alors, profitant de ma stupeur, les deux sirènes s'approchent avec une espèce de cadence, en faisant des ronds de jambes et en arrondissant les bras... Je m'immobilise de plus en plus. Elles m'atteignent... elles m'enlacent.

— Enlacer un homme d'âge et marié... les gredines ! Ah ! si j'avais été là avec mon manche à balai, — s'écria Anastasie... — je vous en aurai donné de la cadence et des ronds de jambes, gourgandines !

— Quand je me sens enlacé, — reprit Alfred, — mon sang ne fait qu'un tour... j'ai la petite mort... Alors l'une des sirènes... la plus effrontée, une grande blonde, se penche sur mon épaule, m'enlève mon chapeau, et me met le chef à nu, toujours en cadence... avec des ronds de jambes et en arrondissant les bras. Alors sa complice, tirant une paire de ciseaux de son feuillage, rassemble en une énorme mèche tout ce qui me restait de cheveux derrière la tête, et me coupe le tout, monsieur, le tout... toujours avec des ronds de jambes ; puis elle dit en chantonnant et en cadençant ; — C'est pour Cabrion... — et l'autre impudique de répéter en chœur : — C'est pour Cabrion... c'est pour Cabrion !

---

[1] Deux danseuses de la Porte-Saint-Martin, amies de Cabrion, vêtues de maillots et de costumes de ballet.

Après une pause accompagnée d'un soupir douloureux, Alfred reprit : — Pendant cette impudente spoliation... je lève les yeux et je vois collée aux vitres de la loge la figure infernale de Cabrion avec sa barbe et son chapeau pointu... il riait... il riait... il était hideux. Pour échapper à cette scène odieuse, je ferme les yeux... Quand je les ai rouverts... tout avait disparu... je me suis retrouvé sur ma chaise le chef à nu et complètement dévasté !... Vous le voyez, monsieur. Cabrion est arrivé à ses fins à force de ruse, d'opiniâtreté et d'audace... et par quels moyens, mon Dieu !!!... Il voulait me faire passer pour son ami !... il a commencé par afficher ici que nous faisions commerce d'amitié ensemble. Non content de cela... à cette heure mon nom est accolé au sien sur tous les murs de la capitale avec un énorme trait d'union. Il n'y a pas, à cette heure, un habitant de Paris qui mette en doute mon intimité avec ce misérable; il voulait de mes cheveux, il en a... il les a tous, il peut les montrer... me compromettre... grâce aux exactions de ces sirènes effrontées. Maintenant, monsieur, vous le voyez, il ne me reste plus qu'à quitter la France... ma belle France... où je pouvais vivre et mourir...

Et Alfred se rejeta à la renverse sur son lit en joignant les mains.

— Mais, au contraire, vieux chéri, maintenant qu'il a de tes cheveux, il te laissera tranquille.

— Me laisser tranquille !... — s'écria M. Pipelet avec un soubresaut convulsif ; — mais tu ne le connais pas, il est insatiable. Maintenant, qui sait ce qu'il voudra de moi ?

Rigolette, paraissant à l'entrée de la loge, mit un terme aux lamentations de M. Pipelet.

— N'entrez pas, mademoiselle ! — cria M. Pipelet, fidèle à ses habitudes de chaste susceptibilité, — je suis au lit et en linge.

Ce disant, il tira un de ses draps jusqu'à son menton, Rigolette s'arrêta discrètement au seuil de la porte.

— Justement, ma voisine, j'allais chez vous, — lui dit Rodolphe. — Veuillez m'attendre un moment. — Puis, s'adressant à Anastasie : — N'oubliez pas de conduire Cecily ce soir chez M. Ferrand.

— Soyez tranquille, mon roi des locataires, à sept heures elle y sera installée. Maintenant que la femme Morel peut marcher, je la prierai de garder ma loge, car Alfred ne voudrait pas, pour un empire, rester tout seul.

Les roses du teint de Rigolette pâlissaient de plus en plus ; sa charmante figure, jusqu'alors si fraîche, si ronde, commençait à s'allonger un peu ; sa piquante physionomie, ordinairement si animée, si vive, était demeurée sérieuse et plus triste encore qu'elle ne l'était lors de la dernière entrevue de la grisette et de Fleur-de-Marie à la porte de la prison de Saint-Lazare.

— Combien je suis contente de vous rencontrer, mon voisin, — dit Rigolette à Rodolphe, lorsque celui-ci fut sorti de la loge de madame Pipelet. — J'ai bien des choses à vous dire, allez...

— D'abord, ma voisine, comment vous portez-vous ? Voyons,

cette jolie figure est-elle toujours rose et gaie ? Hélas ! non ; je vous trouve pâle... Je suis sûr que vous travaillez trop...

— Oh ! non, monsieur Rodolphe, je vous assure que maintenant je suis faite à ce petit surcroît d'ouvrage... Ce qui me change, c'est tout bonnement le chagrin. Mon Dieu, oui ! toutes les fois que je vois ce pauvre Germain, je m'attriste de plus en plus.

— Il est donc toujours bien abattu ?

— Plus que jamais, monsieur Rodolphe, et ce qui est désolant, c'est que tout ce que je fais pour le consoler tourne contre moi, c'est comme un sort... Et une larme vint voiler les grands yeux noirs de Rigolette.

— Expliquez-moi cela, ma voisine.

— Hier, par exemple, je vais le voir et lui porter un livre qu'il m'avait priée de lui procurer, parce que c'était un roman que nous lisions dans notre bon temps de voisinage. A la vue de ce livre, il fond en larmes ; cela ne m'étonne pas, c'était bien naturel... Dame !... ce souvenir de nos soirées si tranquilles, si gentilles, au coin de mon poêle, dans ma jolie petite chambre, comparer cela à son affreuse vie de prison ; pauvre Germain ! c'est bien cruel.

— Rassurez-vous, — dit Rodolphe à la jeune fille, — lorsque Germain sera hors de prison et que son innocence sera reconnue, il retrouvera sa mère, des amis, et il oubliera bien vite auprès d'eux et de vous ces durs moments d'épreuve.

— Oui, mais jusque-là, monsieur Rodolphe, il va encore se tourmenter davantage. Et puis, ce n'est pas tout...

— Qu'y a-t-il encore ?

— Comme il est le seul honnête homme au milieu de ces bandits, ils l'ont en grippe parce qu'il ne peut pas prendre sur lui de frayer avec eux. Le gardien du parloir, un bien brave homme, m'a dit d'engager Germain, dans son intérêt, à être moins fier, à tâcher de se familiariser avec ces mauvaises gens... mais il ne le peut pas, c'est plus fort que lui, et je tremble qu'un jour ou l'autre on ne lui fasse du mal... — Puis, s'interrompant tout à coup et essuyant ses larmes, Rigolette reprit : — Mais, voyez donc, je ne pense qu'à moi, et j'oublie de vous parler de la Goualeuse.

— De la Goualeuse ? — dit Rodolphe avec surprise.

— Avant-hier, en allant voir Louise à Saint-Lazare... je l'ai rencontrée.

— La Goualeuse ?

— Oui, monsieur Rodolphe.

— A Saint-Lazare ?

— Elle en sortait avec une vieille dame.

— C'est impossible !... s'écria Rodolphe stupéfait.

— Je vous assure que c'était bien elle, mon voisin.

— Vous vous serez trompée.

— Non, non ; quoiqu'elle fût vêtue en paysanne, je l'ai tout de suite reconnue ; elle est toujours bien jolie, quoique pâle, et elle a le même petit air doux et triste qu'autrefois.

— Elle, à Paris... sans que j'en sois instruit ! Je ne puis le croire. Et que venait-elle faire à Saint-Lazare ?

— Comme moi, voir une prisonnière, sans doute ; je n'ai pas eu le temps de lui en demander davantage ; la vieille dame qui l'accompagnait avait l'air si grognon et si pressé... Ainsi, vous la connaissez aussi, la Goualeuse, monsieur Rodolphe ?

— Certainement.

— Alors, plus de doute, c'est bien de vous qu'elle m'a parlé ?

— De moi ?

— Oui, mon voisin. Figurez-vous que je lui racontais le malheur de Louise et de Germain, tous deux si bons, si honnêtes et si persécutés par ce vilain M. Jacques Ferrand, me gardant bien de lui apprendre, comme vous me l'aviez défendu, que vous vous intéressiez à eux ; alors la Goualeuse m'a dit que si une personne généreuse qu'elle connaissait était instruite du sort malheureux et peu mérité de mes deux pauvres prisonniers, elle viendrait bien à leur secours ; je lui ai demandé le nom de cette personne, et elle vous a nommé, monsieur Rodolphe.

— C'est elle, c'est bien elle...

— Vous pensez que nous avons été bien étonnées toutes deux de cette découverte ou de cette ressemblance de nom; aussi nous nous sommes promis de nous écrire si notre Rodolphe était le même... Et il paraît que vous êtes le même, mon voisin.

— Oui, je me suis aussi intéressé à cette pauvre enfant... Mais ce que vous me dites de sa présence à Paris me surprend tellement, que si vous ne m'aviez pas donné tant de détails sur votre entrevue avec elle, j'aurais persisté à croire que vous vous trompiez... Mais adieu... ma voisine, ce que vous venez de m'apprendre à propos de la Goualeuse m'oblige de vous quitter... Restez toujours aussi réservée à l'égard de Louise et de Germain sur la protection que des amis inconnus leur manifesteront lorsqu'il en sera temps. Ce secret est plus nécessaire que jamais. A propos, comment va la famille Morel ?

— De mieux en mieux, Monsieur Rodolphe : la mère est tout à fait sur pied maintenant ; les enfants reprennent à vue d'œil. Tout le ménage vous doit la vie, le bonheur... Vous êtes si généreux pour eux !... Et ce pauvre Morel, lui, comment va-t-il ?

— Mieux... J'ai eu hier de ses nouvelles ; il semble avoir de temps en temps quelques moments lucides ; on a bon espoir de le guérir de sa folie... Allons, courage, et à bientôt, ma voisine... Vous n'avez besoin de rien ? Le gain de votre travail vous suffit toujours ?

— Oh ! oui, monsieur Rodolphe, je prends un peu sur mes nuits, et ce n'est guère dommage, allez, car je ne dors presque plus.

— Hélas ! ma pauvre petite voisine, je crains bien que papa Crétu et Ramonette ne chantent plus beaucoup s'ils vous attendent pour commencer.

— Vous ne vous trompez pas, monsieur Rodolphe ; mes oiseaux et moi nous ne chantons plus, mon Dieu, non ; mais, tenez, vous allez vous moquer, eh bien ! il me semble qu'ils comprennent que je suis triste ; oui, au lieu de gazouiller gaiement quand j'arrive, ils font un petit ramage si doux, si plaintif, qu'ils ont l'air de vouloir me consoler. Je suis folle, n'est-ce pas, de croire cela, monsieur Rodolphe ?

— Pas du tout ; je suis sûr que vos bons amis les oiseaux vous aiment trop pour ne pas s'apercevoir de votre chagrin.

— Au fait, ces pauvres petites bêtes sont si intelligentes... - dit naïvement Rigolette, très contente d'être rassurée sur la sagacité de ses compagnons de solitude.

— Sans doute, rien de plus intelligent que la reconnaissance... Allons, adieu... Bientôt, ma voisine, avant peu, je l'espère, vos jolis yeux seront redevenus bien vifs, vos joues bien roses, et vos chants si gais, si gais... que papa Crétu et Ramonette pourront à peine vous suivre.

— Puissiez-vous dire vrai, monsieur Rodolphe ! — reprit Rigolette avec un grand soupir. — Allons, adieu, mon voisin.

— Adieu, ma voisine, et à bientôt.

. . . .

Rodolphe, ne pouvant comprendre comment madame Georges avait, sans l'en prévenir, amené ou envoyé Fleur-de-Marie à Paris, se rendit chez lui pour envoyer un exprès à la ferme de Bouqueval. Au moment où il rentrait rue Plumet, il vit une voiture de poste s'arrêter devant la porte de l'hôtel : c'était Murph qui revenait de Normandie. Le squire y était allé, nous l'avons dit, pour déjouer les sinistres projets de la belle-mère de madame d'Harville et de Bradamanti son complice.

CHAPITRE XXIII

Murph et Polidori

La figure de sir Walter Murph était rayonnante.

En descendant de voiture, il remit à un des gens du prince une paire de pistolets, ôta sa longue redingote de voyage, et, sans prendre le temps de changer de vêtements, il suivit Rodolphe, qui, impatient, l'avait précédé dans son appartement.

— Bonne nouvelle, monseigneur, bonne nouvelle ! — s'écria le squire lorsqu'il se trouva seul avec Rodolphe, — les misérables sont démasqués, M. d'Orbigny est sauvé... Vous m'avez fait partir à temps... une heure de retard, un nouveau crime était commis !

— Et madame d'Harville ?

— Elle est toute à la joie que lui cause le retour de l'affection de son père, et toute au bonheur d'être arrivée, grâce à vos conseils, assez à temps pour l'arracher à une mort certaine.

— Ainsi, Polidori...

— Était encore une fois le digne complice de la belle-mère de madame d'Harville. Mais quel monstre cette belle-mère !... quel sang-froid, quelle audace !... et ce Polidori !... Ah ! monseigneur... vous avez bien voulu quelquefois me remercier de ce que vous appeliez mes preuves de dévouement...

— J'ai toujours dit les preuves de ton amitié, mon bon Murph...

— Eh bien, monseigneur, jamais, non, jamais cette amitié n'a été mise à une plus rude épreuve que dans cette circonstance, — dit le squire d'un air moitié nerveux, moitié plaisant.

— Comment cela ?

— Les déguisements du charbonnier, les pérégrinations dans la Cité, et *tutti quanti*, cela n'a rien été, monseigneur, rien absolument, auprès du voyage que je viens de faire avec cet infernal Polidori.

— Que dis-tu ? Polidori...

— Je l'ai ramené...

— Avec toi ?

— Avec moi... Jugez... quelle compagnie... pendant douze heures côte à côte avec l'homme que je méprise et que je hais le plus au monde... Autant voyager avec un serpent... ma bête d'antipathie.

— Et où est Polidori, maintenant ?

— Dans la maison de l'allée des Veuves... sous bonne et sûre garde...

— Il n'a donc fait aucune résistance pour te suivre ?

— Aucune... Je lui ai laissé le choix d'être arrêté sur-le-champ par les autorités françaises ou d'être mon prisonnier allée des Veuves : il n'a pas hésité.

— Tu as eu raison, il vaut mieux l'avoir ainsi sous la main. Tu es un homme d'or, mon vieux Murph ; mais raconte-moi ton voyage... Je suis impatient de savoir comment cette femme indigne et son indigne complice ont été enfin démasqués.

— Rien de plus simple : je n'ai eu qu'à suivre vos instructions à la lettre pour terrifier et écraser ces infâmes. Dans cette circonstance, monseigneur, vous avez sauvé, comme toujours, des gens de bien et puni des méchants, noble providence que vous êtes !...

— Sir Walter, sir Walter, rappelez-vous les flatteries du baron de Graün, — dit Rodolphe en souriant.

— Allons, soit, monseigneur. Je commencerai donc, ou plutôt vous voudrez bien lire d'abord cette lettre de madame la marquise d'Harville, qui vous instruira de tout ce qui s'est passé avant que mon arrivée ait confondu Polidori...

— Une lettre ?... Donne vite.

Murph remettant à Rodolphe la lettre de la marquise ajouta :

— Ainsi que cela était convenu, au lieu d'accompagner madame d'Harville chez son père, j'étais descendu à une auberge servant de tourne-bride, à deux pas du château, où je devais attendre que madame la marquise me fît demander.

Rodolphe lut ce qui suit avec une tendre et impatiente sollicitude :

« Monseigneur,

« Après tout ce que je vous dois déjà, je vous devrai la vie de mon père !!!

« Je laisse parler les faits : ils vous diront mieux que moi quels nouveaux trésors de gratitude envers vous je viens d'amasser dans mon cœur.

« Comprenant toute l'importance des conseils que vous m'avez fait donner par sir Walter Murph, qui m'a rejointe sur la route de Normandie, presque à ma sortie de Paris, je suis arrivée en toute hâte au château des Aubiers. Je ne sais pourquoi, la physionomie des gens qui me reçurent me parut sinistre ; je ne vis parmi eux aucun des anciens serviteurs de notre maison : personne ne me connaissait. Je fus obligée de me nommer ; j'appris que depuis quelque temps mon père était très souffrant, et que ma belle-mère venait de ramener un médecin de Paris... Plus de doute, il s'agissait du docteur Polidori.

« Voulant me faire conduire à l'instant auprès de mon père, je demandai où était un vieux valet de chambre auquel il était très attaché. Depuis quelque temps cet homme avait quitté le château ; ces renseignements m'étaient donnés par un intendant qui m'avait conduite dans mon appartement, disant qu'il allait prévenir ma belle-mère de mon arrivée.

« Était-ce illusion, prévention ? il me semblait que ma venue était même importune aux gens de mon père. Tout dans le château me paraissait morne, sinistre. Dans la disposition d'esprit où je me trouvais, on cherche à trouver des inductions des moindres circonstances. Je remarquai partout des traces de désordre, d'incurie, comme si on avait trouvé inutile de soigner une habitation qui devait être bientôt abandonnée... Mes inquiétudes, mes angoisses augmentaient à chaque instant. Après avoir établi ma fille et sa gouvernante dans mon appartement, j'allais me rendre chez mon père, lorsque ma belle-mère entra. Malgré sa fausseté, malgré l'empire qu'elle possédait ordinairement sur elle-même, elle parut atterrée de ma brusque arrivée.

« M. d'Orbigny ne s'attend pas à votre visite, madame, me dit-elle. Il est si souffrant qu'une pareille surprise lui serait funeste. Je crois donc convenable de lui laisser ignorer votre présence ; il ne pourrait aucunement se l'expliquer, et...

« Je ne la laissai pas achever.

« — Un grand malheur est arrivé, madame, lui dis-je ; M. d'Harville est mort... victime d'une funeste imprudence. Après un si déplorable événement, je ne pouvais rester à Paris chez moi, et je viens passer auprès de mon père les premiers temps de mon deuil.

« — Vous êtes veuve !... ah ! c'est un bonheur insolent... — s'écria ma belle-mère avec rage.

« D'après ce que vous savez du malheureux mariage que cette

femme avait tramé pour se venger de moi, vous comprendrez, monseigneur, l'atrocité de son exclamation.

« — C'est parce que je crains que vous ne vouliez être *aussi insolemment* heureuse que moi, madame, que je viens, lui dis-je imprudemment. Je veux voir mon père.

« — Cela est impossible dans ce moment, me dit-elle en pâlissant ; votre aspect lui causerait une révolution dangereuse.

« — Puisque mon père est si gravement malade, m'écriai-je, comment n'en suis-je pas instruite ?

« — Telle a été la volonté de M. d'Orbigny, me répondit ma belle-mère.

« — Je ne vous crois pas, madame, et je vais m'assurer de la vérité, lui dis-je, en faisant un pas pour sortir de ma chambre.

« — Je vous répète que votre vue inattendue peut faire un mal horrible à votre père, s'écria-t-elle, en se plaçant devant moi pour me barrer le passage. Je ne souffrirai pas que vous entriez chez lui sans que je l'aie prévenu de votre retour avec les ménagements que réclame sa position.

« J'étais dans une cruelle perplexité, monseigneur. Une brusque surprise pouvait porter en effet, un coup dangereux à mon père ; mais cette femme, ordinairement si froide, si maîtresse d'elle-même, me semblait tellement épouvantée de ma présence, j'avais tant de raisons de douter de la sincérité de sa sollicitude pour la santé de celui qu'elle avait épousé par cupidité, enfin la présence du docteur Polidori, le meurtrier de ma mère, me causait une terreur si grande, que, croyant la vie de mon père menacée, je n'hésitai pas entre l'espoir de le sauver et la crainte de lui causer une émotion fâcheuse.

« — Je verrai mon père à l'instant, dis-je à ma belle-mère.

« Et quoique celle-ci m'eût saisie par le bras, je passai outre. Perdant complètement l'esprit, cette femme voulut, une seconde fois, presque par force, m'empêcher de sortir de ma chambre... Cette incroyable résistance redoubla ma frayeur... je me dégageai de ses mains... Connaissant l'appartement de mon père, j'y courus rapidement : j'entrai...

« Oh ! monseigneur ! de ma vie je n'oublierai cette scène et le tableau qui s'offrit à ma vue... Mon père, presque méconnaissable, pâle, amaigri, la souffrance peinte sur tous les traits, la tête renversée sur un oreiller, était étendu dans un grand fauteuil... Au coin de la cheminée, debout auprès de lui, le docteur Polidori s'apprêtait à verser dans une tasse que lui présentait une garde-malade quelques gouttes d'une liqueur contenue dans un petit flacon de cristal qu'il tenait à la main. Sa longue barbe rousse donnait une expression plus sinistre encore à sa physionomie. J'entrai si précipitamment qu'il fit un geste de surprise, échangeant un regard d'intelligence avec ma belle-mère qui me suivait en hâte, et, au lieu de faire prendre à mon père la potion qu'il lui avait préparée, il posa brusquement le flacon sur la cheminée. Guidée par un instinct dont il m'est encore impossible de me rendre compte, mon premier mouvement fut de m'emparer de ce flacon. Remarquant aussitôt la surprise et la frayeur de ma belle-mère et de Polidori, je me félicitai de mon action. Mon père, stupéfait, semblait irrité de me voir ; je m'y attendais. Polidori me lança un coup d'œil féroce ; malgré la présence de mon père et celle de la garde-malade, je craignis que ce misérable, voyant son crime presque découvert, ne se portât contre moi à quelque extrémité. Je sentis le besoin d'un appui dans ce moment décisif, je sonnai ; un des gens de mon père accourut ; je le priai de dire à mon valet de chambre (il était prévenu) d'aller chercher quelques objets que j'avais laissés au tournebride ; sir Walter Murph savait que, pour ne pas éveiller les soupçons de ma belle-mère, dans le cas où je serais obligée de donner mes ordres devant elle, j'emploierai ce moyen pour le mander auprès de moi.

« La surprise de mon père et de ma belle-mère était telle, que le domestique sortit avant qu'ils eussent pu dire un mot. Je fus rassurée : au bout de quelques instants sir Walter Murph serait auprès de moi...

« — Qu'est-ce que cela signifie ? me dit enfin mon père d'une voix faible, mais impérieuse et courroucée. Vous ici, Clémence... sans que je vous y aie appelée ?... Puis, à peine arrivée, vous vous emparez du flacon qui contient la potion que le docteur allait me donner... M'expliquerez-vous cette folie ?

« — Sortez, dit ma belle-mère à la garde-malade.

« Cette femme obéit.

« — Calmez-vous, mon ami, reprit ma belle-mère en s'adressant à mon père ; vous le savez, la moindre émotion pourrait vous être nuisible. Puisque votre fille vient ici malgré vous, et que sa présence vous est désagréable, donnez-moi votre bras, je vous conduirai dans le petit salon ; pendant ce temps-là, notre bon docteur fera comprendre à madame d'Harville ce qu'il y a d'imprudent, pour ne pas dire plus, dans sa conduite... Et elle jeta un regard significatif à son complice Je compris le dessein de ma belle-mère. Elle voulait emmener mon père et me laisser seule avec Polidori, qui, dans ce cas extrême, aurait sans doute employé la violence pour m'arracher le flacon qui pouvait fournir une preuve évidente de ses projets criminels.

« — Vous avez raison, dit mon père à ma belle-mère. Puisqu'on vient me poursuivre jusque chez moi sans respect pour mes volontés, je laisserai la place libre aux importuns. Et, se levant avec peine, il accepta le bras que lui offrait ma belle-mère, et fit quelques pas vers le petit salon...

« A ce moment, Polidori s'avança vers moi ; mais, me rapprochant aussitôt de mon père, je lui dis : — Je vais vous expliquer ce qu'il y a d'imprévu dans mon arrivée et d'étrange dans ma conduite .. Depuis hier je suis veuve ; depuis hier je sais que vos jours sont menacés, mon père.

« Il marchait péniblement courbé. A ces mots, il s'arrêta, se redressa vivement, et, me regardant avec un étonnement profond, il s'écria : — Vous êtes veuve, mes jours sont menacés !... Qu'est-ce que cela signifie ?

« — Et qui ose menacer les jours de M. d'Orbigny, madame ? me demanda audacieusement ma belle-mère.

« — Oui... qui les menace ?... ajouta Polidori.

« — Vous, monsieur ; vous, madame, répondis-je.

« — Quelle horreur !... s'écria ma belle-mère en faisant un pas vers moi.

« — Ce que je dis, je le prouverai, madame, lui répondis-je.

« — Mais une telle accusation est épouvantable !... s'écria mon père.

« — Je quitte à l'instant cette maison, puisque j'y suis exposé à de si atroces calomnies!... dit le docteur Polidori, avec l'indignation apparente d'un homme outragé dans son honneur.

« Commençant à sentir le danger de sa position, il voulait fuir sans doute. Au moment où il ouvrait la porte, il se trouva face à face avec sir Walter Murph... »

Rodolphe, s'interrompant de lire, tendit la main au squire, et lui dit :

— Très bien, mon vieil ami, ta présence a dû foudroyer ce misérable.

— C'est le mot, monseigneur... il est devenu livide... et a fait deux pas en arrière en me regardant avec stupeur ; il semblait anéanti... Me retrouver au fond de la Normandie, dans un moment pareil !... il croyait faire un mauvais rêve... Mais continuez, monseigneur, vous allez voir que cette infernale comtesse d'Orbigny a eu aussi son tour de *foudroiement*, grâce à ce que vous m'aviez appris de sa visite au charlatan Bradamanti-Polidori dans la maison de la rue du Temple... car, après tout, c'est vous qui agissiez... ou plutôt je n'étais que l'instrument de votre pensée... aussi jamais, je vous le jure, vous ne vous êtes plus heureusement et plus justement substitué à l'indolente Providence que dans cette occasion.

Rodolphe sourit et continua la lecture de la lettre de madame d'Harville :

« A la vue de sir Walter Murph, Polidori resta pétrifié ; ma belle-mère tombait de surprise en surprise ; mon père, ému de cette scène, affaibli par la maladie, fut obligé de s'asseoir dans un fauteuil. Sir Walter ferma à double tour la porte par laquelle il était entré, et, se plaçant devant celle qui conduisait à un autre appartement, afin que le docteur Polidori ne pût s'échapper, il dit à mon pauvre père avec l'accent du plus profond respect :

« — Mille pardons, monsieur le comte, de la licence que je prends ; mais une impérieuse nécessité, dictée par votre propre intérêt (et vous allez bientôt le reconnaître) m'oblige à agir ainsi... Je me nomme sir Walter Murph, ainsi que peut vous l'affirmer ce misérable » qui, à ma vue, tremble de tous ses membres ; je suis le conseiller intime de Son Altesse Royale monseigneur le grand-duc régnant de Gerolstein...

« — Cela est vrai, dit le docteur Polidori en balbutiant, éperdu de frayeur.

« — Mais alors, monsieur... que venez-vous faire ici ? que voulez-vous ?

« — Sir Walter Murph, repris-je en m'adressant à mon père, vient se joindre à moi pour démasquer les misérables dont vous avez failli être victime.

« Puis, remettant à sir Walter le flacon de cristal, j'ajoutai : — J'ai été assez bien inspirée pour m'emparer du flacon au moment où le docteur Polidori allait verser quelques gouttes de la liqueur qu'il contient dans une potion qu'il offrait à mon père.

« — Un praticien de la ville voisine analysera devant vous le contenu de ce flacon, que je vais déposer entre vos mains, monsieur le comte, et s'il est prouvé qu'il renferme un poison lent et sûr, dit sir Walter Murph à mon père, il ne pourra plus vous rester de doute sur les dangers que vous couriez, et que la tendresse de madame votre fille a heureusement prévenus.

« Mon pauvre père regardait tour à tour sa femme, le docteur Polidori, moi et sir Walter d'un air égaré ; ses traits exprimaient une angoisse indéfinissable. Je lisais sur son visage navré la lutte violente qui déchirait son cœur. Sans doute il résistait de tout son pouvoir à de croissants et terribles soupçons, craignant d'être obligé de reconnaître la scélératesse de ma belle-mère ; enfin, cachant sa tête dans ses mains, il s'écria : — Oh ! mon Dieu ! mon Dieu !... tout cela est horrible... impossible. Est-ce un rêve que je fais ?

« — Non, ce n'est pas un rêve ! s'écria audacieusement ma belle-mère, rien de plus réel que cette atroce calomnie concertée d'avance pour perdre une malheureuse femme dont le seul crime a été de vous consacrer sa vie. Venez, venez, mon ami, ne restons pas une seconde de plus ici, ajouta-t-elle en s'adressant à mon père ; peut-être votre fille n'aura-t-elle pas l'insolence de vous retenir malgré vous...

« — Oui, oui, sortons, dit mon père hors de lui ; tout cela n'est pas vrai, ne peut pas être vrai ; je ne veux pas en entendre davantage, ma raison n'y résisterait pas... d'épouvantables méfiances s'élèveraient dans mon cœur, empoisonneraient le peu de jours qui me restent à vivre, et rien ne pourrait me consoler d'une si abominable découverte.

« Mon père semblait si souffrant, si désespéré, qu'à tout prix j'aurais voulu mettre fin à cette scène si cruelle pour lui. Sir Walter devina ma pensée ; mais, voulant faire pleine et entière justice, il répondit à mon père : — Encore quelques mots, monsieur le comte ; vous allez avoir le chagrin, sans doute bien pénible, de reconnaître qu'une femme que vous vous croyiez attachée par la reconnaissance a toujours été un monstre hypocrite ; mais vous trouverez des consolations certaines dans l'affection de votre fille, qui ne vous a jamais manqué.

» — Cela passe toutes les bornes ! s'écria ma belle-mère avec rage. Et de quel droit, monsieur, et sur quelles preuves osez-vous baser de si effroyables calomnies ? Vous dites que ce flacon contient du poison ?... Je le nie, monsieur, et je le nierai jusqu'à preuves du contraire ; et lors même que le docteur Polidori aurait, par méprise, *confondu un médicament avec un autre,* est-ce une raison pour m'accuser d'avoir voulu... de complicité avec lui... Oh ! non, non, je n'achèverai pas... une idée si horrible est déjà un crime ; encore une fois, monsieur, je vous défie de dire sur quelles preuves, vous et madame osez appuyer cette affreuse calomnie... dit ma belle-mère avec une audace incroyable.

« — Oui, sur quelles preuves ? s'écria mon malheureux père. Il faut que la torture que l'on m'impose ait un terme.

« — Je ne suis pas venu ici sans preuves, monsieur le comte, dit sir Walter. Et ces preuves, les réponses de ce misérable vous les fourniront tout à l'heure. Puis, sir Walter adressa la parole en allemand au docteur Polidori, qui semblait avoir repris un peu d'assurance, mais qui la perdit aussitôt. »

— Que lui as-tu dit ? — demanda Rodolphe au squire en s'interrompant de lire.

— Quelques mots significatifs, monseigneur ; à peu près ceuxci : « Tu as échappé par la fuite à la condamnation dont tu avais été frappé par la justice du grand-duché ; tu demeures rue du Temple, sous le faux nom de Bradamanti ; on sait à quel abominable métier tu te livres ; tu as empoisonné la première femme du comte ; il y a trois jours, madame d'Orbigny est allée te chercher pour t'emmener ici empoisonner son mari ; Son Altesse Royale est à Paris, elle a les preuves de tout ce que j'avance. Si tu avoues la vérité, afin de confondre cette misérable femme, tu peux espérer, non ta grâce, mais un adoucissement au châtiment que tu mérites ; tu me suivras à Paris, où je te déposerai en lieu sûr jusqu'à ce que Son Altesse ait décidé de toi. Sinon, de deux choses l'une, ou Son Altesse fait demander et obtient ton extradition, ou bien à l'instant même j'envoie chercher à la ville voisine un magistrat ; ce flacon renfermant du poison lui sera remis, on t'arrêtera sur-le-champ, on fera des perquisitions chez toi, rue du Temple ; tu sais combien elles te compromettront, et la justice française suivra son cours. Choisis donc.. » Ces révélations, ces accusations, ces menaces, qu'il savait fondées, se succédant coup sur coup, accablèrent cet infâme, qui ne s'attendait pas à me voir si bien instruit. Dans l'espoir d'adoucir la punition qui l'attendait, il n'hésita pas à sacrifier sa complice, et me répondit : « Interrogez-moi, je dirai la vérité en ce qui concerne cette femme. »

— Bien, bien, mon digne Murph, je n'attendais pas moins de toi.

— Pendant mon entretien avec Polidori, les traits de la bellemère de madame d'Harville se décomposaient d'une manière effrayante. Quoiqu'elle ne comprît pas l'allemand, elle voyait, à l'abattement croissant de son complice, à son attitude suppliante, que je le dominais. Dans une anxiété terrible, elle cherchait à rencontrer les yeux de Polidori, afin de lui donner du courage ou d'implorer sa discrétion, mais il évitait constamment son regard.

— Et le comte ?

— Son émotion était inexprimable ; de ses doigts crispés il serrait convulsivement les bras de son fauteuil, la sueur baignait son front, il respirait à peine, ses yeux ardents, fixes, ne quittaient pas les miens, ses angoisses égalaient celles de sa femme. La suite de la lettre de madame d'Harville vous dira la fin de cette scène pénible, monseigneur.

Rodolphe continua la lecture de la lettre de madame d'Harville.

« Après un entretien en allemand, qui dura quelques minutes, entre sir Walter Murph et Polidori, sir Walter dit à ce dernier : — Maintenant, répondez. N'est-ce pas madame, — et il désigna ma belle-mère, — qui, lors de la maladie de la première femme de M. le comte, vous a introduit chez lui comme médecin ?

» — Oui, c'est elle... répondit Polidori.

» — Afin de servir les affreux projets de... madame... n'avez-vous pas été assez criminel pour rendre mortelle par vos prescriptions homicides la maladie d'abord légère de madame la comtesse d'Orbigny ?

» — Oui, dit Polidori.

» Mon père poussa un gémissement douloureux, leva ses deux mains au ciel, et les laissa retomber avec accablement.

» Mensonges et infamie ! s'écria ma belle-mère. Tout cela est faux : ils s'entendent pour me perdre.

» Silence, madame ! dit sir Walter Murph d'une voix imposante. Puis, continuant de s'adresser à Polidori : — Est-il vrai qu'il y a trois jours, madame a été vous chercher rue du Temple nº 17, où vous habitez, caché sous le faux nom de Bradamanti ?

» — Cela est vrai.

» — Madame ne vous a-t-elle pas proposé de venir ici... assassiner le comte d'Orbigny, comme vous aviez assassiné sa femme ?

» — Hélas ! je ne puis pas le nier, dit Polidori.

» A cette accablante révélation, mon père se leva debout, menaçant ; d'un geste foudroyant il montra la porte à ma belle-mère ; puis, me tendant les bras, il s'écria d'une voix entrecoupée : — Au nom de ta malheureuse mère, pardon ! pardon !... je l'ai bien fait souffrir... mais je te le jure... j'étais étranger au crime qui l'a conduite au tombeau. Et avant que j'aie pu l'empêcher, mon père tomba à mes genoux.

» Lorsque moi et sir Walter nous le relevâmes, il était évanoui. Je sonnai les gens ; sir Walter prit le docteur Polidori par le bras et sortit avec lui en disant à ma belle-mère : — Croyez-moi, madame, quittez cette maison avant une heure, sinon je vous livre à la justice.

» La misérable sortit de l'appartement dans un état de frayeur et de rage que vous concevrez facilement, monseigneur. Lorsque mon père reprit ses sens, tout ce qui venait de se passer lui parut un rêve horrible. Je fus dans la triste nécessité de lui raconter mes premiers soupçons sur la mort prématurée de ma mère, soupçons que votre connaissance des premiers crimes du docteur Polidori, monseigneur, avait changés en certitude. Je dus dire aussi à mon père comment ma belle mère m'avait poursuivie de sa haine jusque dans mon mariage, et quel avait été son but en me faisant épouser M. d'Harville...

» Autant mon père s'était montré faible, aveugle à l'égard de cette femme, autant il voulait se montrer impitoyable envers elle : il s'accusait avec désespoir d'avoir été presque le complice de ce monstre en lui donnant sa main après la mort de ma mère ; il voulait livrer madame d'Orbigny aux tribunaux. Je lui représentai le scandale odieux d'un tel procès, dont l'éclat serait si fâcheux pour lui ; je l'engageai à chasser pour jamais ma belle-mère de sa présence en lui assurant seulement ce qui lui était nécessaire pour vivre, puisqu'elle portait son nom. J'eus assez de peine à obtenir de mon père des résolutions modérées ; il voulut me charger de la chasser de la maison. Cette mission m'était doublement pénible ; je songeai que sir Walter voudrait peut-être bien s'en charger. Il y consentit. »

— Et j'y ai, pardieu ! consenti avec joie, monseigneur, — dit Murph à Rodolphe ; — rien ne me plaît davantage que de donner aux méchants cette espèce d'extrême-onction...

— Et qu'a dit cette femme ?

— Madame d'Harville avait en effet poussé la bonté jusqu'à demander à son père une pension de cent louis pour cette infâme ; ceci me parut non pas de la bonté, mais de la faiblesse : il était déjà mal de dérober à la justice une si dangereuse créature. J'allai trouver le comte, il adopta parfaitement mes observations ; il fut convenu, qu'on donnerait, en tout et pour tout, vingt-cinq louis à l'infâme pour la mettre à même d'attendre un emploi ou du travail. « Et à quel emploi, à quel travail, moi, comtesse d'Orbigny, pourrai-je me livrer ? me demanda-t-elle insolemment. — Ma foi, c'est votre affaire : vous serez quelque chose comme garde-malade ou gouvernante ; mais, croyez-moi, recherchez le métier le plus humble, le plus obscur ; car si vous aviez l'audace de de dire votre nom, ce nom que vous devez à un crime, on s'étonnerait de voir la comtesse d'Orbigny réduite à une telle condition ; on s'informerait, et vous jugez des conséquences, si vous étiez assez insensée pour ébruiter le passé. Cachez-vous donc au loin ; faites-vous surtout oublier ; devenez madame Pierre ou madame Jacques, et repentez-vous... si vous pouvez. — Et vous croyez, monsieur, me dit-elle, que je ne réclamerai pas les avantages que m'assurent mon contrat de mariage ? — Comment donc, madame ! rien de plus juste, il serait indigne à M. d'Orbigny de ne pas exécuter ses promesses et de méconnaître tout ce que vous avez fait, et surtout ce que vous vouliez faire pour lui... Plaidez...

plaidez, adressez-vous à la justice : je ne doute pas qu'elle ne vous donne raison contre votre mari... Un quart d'heure après notre entretien, la créature était en route pour la ville voisine.

— Tu as raison, il est pénible de laisser presque impunie une aussi détestable mégère ; mais le scandale d'un procès, pour ce vieillard déjà si affaibli, il n'y fallait pas songer.

» J'ai facilement décidé mon père à quitter les Aubiers aujourd'hui même, — reprit Rodolphe continuant de lire la lettre de madame d'Harville, — de trop tristes souvenirs le poursuivraient ici ; quoique sa santé soit chancelante, les distractions d'un voyage de quelques jours, le changement d'air, ne peuvent que lui être favorables, a dit le médecin que le docteur Polidori avait remplacé, et que j'ai fait aussitôt demander à la ville voisine ; mon père a voulu qu'il analysât le contenu du flacon, sans lui dire rien de ce qui s'était passé ; le médecin répondit qu'il ne pouvait s'occuper de cette opération que chez lui, et qu'avant deux heures nous saurions le résultat de l'expérience. Le résultat fut que plusieurs doses de cette liqueur, composée avec un art infernal, pouvaient, en un temps donné, causer la mort sans laisser néanmoins d'autres traces que celles d'une maladie ordinaire que le médecin nomma. Dans quelques heures, monseigneur, je pars avec mon père et ma fille pour Fontainebleau ; nous y resterons quelque temps ; puis, selon le désir de mon père, nous reviendrons à Paris, mais non pas chez moi : il me serait impossible d'y demeurer après le déplorable accident qui s'y est passé.

» Ainsi que je vous l'ai dit, monseigneur, en commençant cette lettre, les faits vous prouvent encore tout ce que je dois encore à votre inépuisable sollicitude... Prévenue par vous, aidée de vos conseils, forte de l'appui de votre courageux et excellent sir Walter, j'ai pu arracher mon père à un péril certain, et je suis assuré du retour de sa tendresse...

» Adieu, monseigneur, il m'est impossible de vous en dire davantage ; mon cœur est trop plein, trop d'émotions l'agitent, je vous exprimerai mal tout ce qu'il ressent...

» D'ORBIGNY D'HARVILLE.

» Je rouvre cette lettre à la hâte, monseigneur, pour réparer un oubli dont je suis confuse : en cherchant, d'après vos nobles inspirations, quelque bien à faire, j'étais allée à la prison de Saint-Lazare visiter de pauvres prisonnières ; j'y ai trouvé une malheureuse enfant à laquelle vous vous êtes intéressé... Sa douceur angélique, sa pieuse résignation, font l'admiration des respectables femmes qui surveillent les détenues... Vous apprendre où est la *Goualeuse* (tel est son surnom, si je ne me trompe), c'est vous mettre à même d'obtenir à l'instant sa liberté ; cette infortunée vous racontera par quel concours de circonstances sinistres, enlevée de l'asile où vous l'aviez placée, elle a été jetée dans cette prison, où du moins elle a su faire apprécier la candeur de son caractère.

» Permettez-moi aussi de vous rappeler mes deux futures protégées, monseigneur, cette malheureuse mère et sa fille... dépouillées par le notaire Ferrand. Où sont-elles ? Avez-vous eu quelques renseignements sur elles ? Oh ! de grâce, tâchez de retrouver leurs traces, et qu'à mon retour à Paris je puisse leur payer la dette que j'ai contractée envers tous les malheureux !... »

— La Goualeuse a donc quitté la ferme de Bouqueval, monseigneur ? — s'écria Murph aussi étonné que Rodolphe de cette nouvelle révélation.

— Tout à l'heure encore on vient de me dire l'avoir vue sortir de Saint-Lazare, — répondit Rodolphe. — Ma tête s'y perd : le silence de madame Georges [1] me confond et m'accable... Pauvre petite Fleur-de-Marie... quels nouveaux malheurs sont donc venus la frapper ? Fais monter un homme à cheval à l'instant, qu'il se rende en hâte à la ferme, et écris à madame Georges que je la prie instamment de venir à Paris. Dis aussi à M. de Graün de m'obtenir une permission pour entrer à Saint-Lazare... d'après ce que me dit madame d'Harville, Fleur-de-Marie y serait détenue... Mais non, — reprit Rodolphe en réfléchissant... — elle n'y est plus prisonnière, car Rigolette l'a vue sortir de cette prison avec une femme âgée. Serait-ce madame Georges ? sinon, quelle est cette femme ? où est allée la Goualeuse ?

— Patience, monseigneur ; avant ce soir vous saurez à quoi vous en tenir ; puis, demain il vous faudra interroger ce misérable Polidori ; il a, dit-il d'importantes révélations à vous faire, mais à vous seul...

— Cette entrevue me sera odieuse, — dit tristement Rodolphe, — car je n'ai pas revu cet homme depuis... le jour... où... j'ai...

Rodolphe ne put achever ; il cacha son front dans sa main.

— Eh ! mordieu ! monseigneur, pourquoi consentir à ce que demande Polidori ? Menacez-le de la justice française ou d'une extradition immédiate ; il faudra bien qu'il se résigne à me révéler ce qu'il ne veut révéler qu'à vous.

— Tu as raison, mon pauvre ami ; car la présence de ce misérable rendrait plus menaçants encore ces souvenirs terribles... auxquels se rattachent tant de douleurs incurables... depuis la mort de mon père... jusqu'à celle de ma pauvre petite fille... Je ne sais, mais plus j'avance dans la vie, plus cette enfant me manque... Combien je l'aurais adorée ! combien il m'eût été cher et précieux, ce fruit charmant de mon premier amour, de mes premières et pures croyances, ou plutôt de mes jeunes illusions !... J'aurais déversé sur cette innocente créature les trésors d'affection dont son odieuse mère est indigne ; et puis il me semble que, telle que je l'avais rêvée... cette enfant, par la beauté de son âme, par le charme de ses qualités, eût adouci, calmé tous les

[1] Le lecteur se souvient que, trompée par l'émissaire de Sarah, qui lui avait dit que Fleur-de-Marie avait quitté Bouqueval par ordre du prince, madame Georges était sans inquiétude sur sa protégée, qu'elle attendait de jour en jour.

chagrins... tous les remords qui se rattachent, hélas! à sa funeste naissance.

— Tenez, monseigneur, je vois avec peine l'empire toujours croissant que prennent sur votre esprit ces regrets aussi stériles que cruels.

Après quelques moments de silence, Rodolphe dit à Murph : — Je puis maintenant te faire un aveu, mon vieil ami : J'aime... oui !... j'aime profondément une femme digne de l'affection la plus noble et la plus dévouée... Eh ! depuis que mon cœur s'est ouvert de nouveau à toutes les douceurs de l'amour, depuis que je suis prédisposé aux émotions tendres, je ressens plus vivement encore la perte de ma fille... J'aurais pour ainsi dire pu craindre qu'un attachement de cœur n'affaiblît l'amertume de mes regrets. Il n'en est rien : toutes mes facultés aimantes ont augmenté... je me sens meilleur, plus charitable, et plus que jamais il m'est cruel de n'avoir pas ma fille à adorer...

— Rien de plus simple, monseigneur, et pardonnez-moi la comparaison ; mais de même que certains hommes ont l'ivresse joyeuse et bienveillante, vous avez l'amour bon et généreux...

— Pourtant ma haine des méchants est aussi devenue plus vivace, mon aversion pour Sarah augmente en raison sans doute du chagrin que me cause la mort de ma fille. Je m'imagine que cette mauvaise mère l'a négligée, qu'une fois ses ambitieuses espérances ruinées par mon mariage, la comtesse, dans son impitoyable égoïsme, aura abandonné notre enfant à des mains mercenaires, et que ma fille sera peut-être morte par le manque de soins... C'est ma faute aussi... je n'ai pas alors senti l'étendue des devoirs sacrés que la paternité impose... Lorsque le véritable caractère de Sarah m'a été tout à coup révélé, j'aurais dû à l'instant lui enlever ma fille, veiller sur elle avec amour et sollicitude. Je devais prévoir que la comtesse ne serait jamais qu'une mère dénaturée... C'est ma faute, vois-tu... c'est ma faute...

— Monseigneur, la douleur vous égare. Pouviez-vous... après l'événement si funeste que vous savez... différer d'un jour le long voyage qui vous était imposé... comme...

— Comme une expiation !... Tu as raison, mon ami, — dit Rodolphe avec accablement.

— Vous n'avez pas entendu parler de la comtesse Sarah depuis mon départ, monseigneur ?

— Non ; depuis ces infâmes délations qui, par deux fois, ont failli perdre madame d'Harville, je n'ai eu d'elle aucune nouvelle... Sa présence ici me pèse, m'obsède ; il me semble que mon mauvais ange est auprès de moi, que quelque nouveau malheur me menace.

— Patience, monseigneur, patience... Heureusement l'Allemagne lui est interdite, et l'Allemagne nous attend.

— Oui... bientôt nous partirons. Au moins, durant mon court séjour à Paris, j'aurai accompli une promesse sacrée, j'aurai fait quelques pas de plus dans cette voie méritante qu'une auguste et miséricordieuse volonté m'a tracée pour ma rédemption... Dès que le fils de madame Georges sera rendu à sa tendresse, innocent et libre ; dès que Jacques Ferrand sera convaincu et puni de ses crimes ; dès que j'aurai assuré l'avenir de toutes les honnêtes et laborieuses créatures qui, par leur résignation, leur courage et leur probité, ont mérité mon intérêt, nous retournerons en Allemagne ; mon voyage n'aura pas été du moins stérile.

— Surtout si vous parvenez à démasquer cet abominable Jacques Ferrand, monseigneur, la pierre angulaire, le pivot de tant de crimes.

— Quoique la fin justifie les moyens... et que les scrupules soient peu de mise envers ce scélérat, quelquefois je regrette de faire intervenir Cecily dans cette réparation juste et vengeresse.

— Elle doit maintenant arriver d'un moment à l'autre.

— Elle est arrivée.

— Cecily ?

— Oui... Je n'ai pas voulu la voir ; de Graün lui a donné des instructions très détaillées ; elle a promis de s'y conformer...

— Tiendra-t-elle sa promesse ?

— D'abord tout l'y engage : l'espoir d'un adoucissement dans son sort à venir, et la crainte d'être immédiatement renvoyée dans sa prison d'Allemagne ; car de Graün ne la quittera pas de vue ; à la moindre incartade il obtiendra son extradition.

— C'est juste... elle est arrivée ici comme évadée ; lorsqu'on saurait quels crimes ont motivé sa détention perpétuelle, on accorderait aussitôt son extradition.

— Et lors même que son intérêt ne l'obligerait pas de servir nos projets, la tâche qu'on lui a imposée ne pouvant se réaliser qu'à force de ruse, de perfidie et de séductions diaboliques, Cecily doit être ravie (et elle l'est, m'a dit le baron), de cette occasion d'employer les détestables avantages dont elle a été si libéralement douée.

— Est-elle toujours bien jolie, monseigneur ?

— De Graün la trouve plus attrayante que jamais ; il a été, m'a-t-il dit, ébloui de sa beauté à laquelle le costume alsacien qu'elle a choisi donnait beaucoup de piquant. Le regard de cette diablesse a toujours, dit-il, la même expression véritablement magique.

— Tenez ! monseigneur, je n'ai jamais été ce qu'on appelle un écervelé, un homme sans cœur et sans mœurs ; eh bien ! à vingt ans, j'aurais rencontré Cecily, qu'alors même que je l'aurais sue aussi dangereuse, aussi perverse qu'elle l'est à cette heure, je n'aurais pas répondu de ma raison, si j'étais resté longtemps sous le feu de ses grands yeux noirs et brûlants qui étincellent au milieu de sa figure pâle et ardente... Oui, par le ciel ! je n'ose songer où aurait pu m'entraîner un si funeste amour.

— Cela ne m'étonne pas, mon digne Murph, car je connais cette femme. Du reste, le baron a été presque effrayé de la sagacité avec laquelle Cecily a compris ou plutôt deviné le rôle à la fois *provoquant* et *platonique* qu'elle doit jouer auprès du notaire.

— Mais s'introduira-t-elle chez lui aussi facilement que vous l'espériez, monseigneur, grâce à l'intervention de madame Pipelet ? Les gens de l'espèce de ce Jacques Ferrand sont si soupçonneux...

— J'avais avec raison compté sur la vue de Cecily pour combattre et vaincre la méfiance du notaire.

— Il l'a déjà vue ?

— Hier. D'après le récit de madame Pipelet, je ne doute pas qu'il n'ait été fasciné par la créole, car il l'a prise aussitôt à son service.

— Allons, monseigneur, notre partie est gagnée.

— Je l'espère : une cupidité féroce, une luxure sauvage, ont conduit le bourreau de Louise Morel aux forfaits les plus odieux. C'est dans sa luxure, c'est dans sa cupidité qu'il trouvera la punition terrible de ses crimes : punition qui surtout ne sera pas stérile pour ses victimes ; car tu sais à quel but doivent tendre tous les efforts de la créole.

— Cecily ! Cecily !... Jamais méchanceté plus grande, jamais corruption plus dangereuse, jamais âme plus noire, n'auront servi à l'accomplissement d'un projet d'une moralité plus haute et d'une fin plus équitable... Et David, monseigneur ?

— Il approuve tout... Au point de mépris et d'horreur où il est arrivé envers cette créature, il ne voit en elle que l'instrument d'une juste vengeance. « Si cette maudite pouvait jamais mériter quelque commisération après tout le mal qu'elle m'a fait, m'a-t-il dit, ce serait en se vouant à l'impitoyable punition de ce scélérat, dont il faut qu'elle soit le démon exterminateur. »

Un huissier ayant légèrement frappé à la porte, Murph sortit, et revint bientôt apportant deux lettres, dont l'une seulement était destinée à Rodolphe..

— C'est un mot de madame Georges !... — s'écria ce dernier en lisant rapidement.

— Eh bien, monseigneur... la Goualeuse ?

— Plus de doute, — s'écria Rodolphe après avoir lu, — il s'agit encore de quelque complot ténébreux. Le soir du jour où cette pauvre enfant a disparu de la ferme, et au moment où madame Georges allait m'instruire de cet événement, un homme qu'elle ne connaît pas, envoyé en exprès et à cheval, est venu de ma part la rassurer, en lui disant que je savais la brusque disparition de Fleur-de-Marie, et que dans quelques jours je la ramènerais à la ferme. Malgré cet avis, madame Georges, inquiète de mon silence au sujet de sa protégée, ne peut, me dit-elle, résister au désir d'avoir des nouvelles de sa fille chérie, ainsi qu'elle appelle cette pauvre enfant.

— Cela est étrange, monseigneur.

— Dans quel but enlever Fleur-de-Marie ?

— Monseigneur, — s'écria tout à coup Murph, — la comtesse Sarah n'est pas étrangère à cet enlèvement...

— Sarah ? Et qui te fait croire...

— Rapprochez cet événement de ses dénonciations contre madame d'Harville.

— Tu as raison, — s'écria Rodolphe, frappé d'une clarté subite; — c'est évident... je comprends maintenant... oui, toujours le même calcul. La comtesse s'opiniâtre à croire qu'en parvenant à briser toutes les affections qu'elle me suppose, elle me fera sentir le besoin de me rapprocher d'elle. Cela est aussi odieux qu'insensé... Il faut pourtant qu'une si indigne persécution ait un terme... Ce n'est pas seulement à moi, mais à tout ce qui mérite respect, intérêt, pitié... que cette femme s'attaque. Tu enverras sur l'heure M. de Graün officiellement chez la comtesse; il lui déclarera que j'ai la certitude de la part qu'elle a prise à l'enlèvement de Fleur-de-Marie, et que si elle ne donne pas les renseignements nécessaires pour retrouver cette malheureuse enfant, je serai sans pitié, et alors c'est à la justice que M. de Graün s'adressera.

— D'après la lettre de madame d'Harville, la Goualeuse serait détenue à Saint-Lazare.

— Oui, mais Rigolette affirme l'avoir vue libre et sortir de prison. Il y a là un mystère qu'il faut éclaircir.

— Je vais à l'instant donner vos ordres au baron de Graün, monseigneur; mais permettez-moi d'ouvrir cette lettre; elle est de mon correspondant de Marseille, à qui j'avais recommandé le Chourineur; il devait faciliter le passage de ce pauvre diable en Algérie.

— Eh bien! est-il parti?...

— Monseigneur, voici qui est singulier!

— Qu'y a-t-il?

— Après avoir longtemps attendu à Marseille un bâtiment en partance pour l'Algérie, le Chourineur, qui semblait de plus en plus triste et soucieux, a subitement déclaré, le jour même fixé pour son embarquement, qu'il préférait retourner à Paris...

— Quelle bizarrerie!

— Bien que mon correspondant eût, ainsi qu'il était convenu, mis une assez forte somme à la disposition du Chourineur, celui-ci n'a pris que ce qui lui était rigoureusement nécessaire pour revenir à Paris, où il ne peut tarder à arriver, me dit-on.

— Alors il nous expliquera lui-même son changement de résolution; mais envoie à l'instant Graün chez la comtesse Mac-Gregor... et va toi-même à Saint-Lazare t'informer de Fleur-de-Marie.

Au bout d'une heure, le baron de Graün revint de chez la comtesse Sarah Mac-Gregor. Malgré son sang-froid habituel et officiel, le diplomate semblait bouleversé; à peine l'huissier l'eut-il introduit que Rodolphe remarqua sa pâleur.

— Eh bien! Graün, qu'avez-vous? Avez-vous vu la comtesse?

— Ah! monseigneur...

— Qu'y a-t-il?

— Que Votre Altesse se prépare à apprendre quelque chose de bien pénible.

20.

— Mais encore...
— Madame la comtesse Mac-Gregor...
— Eh bien !
— Que Votre Altesse me pardonne de lui apprendre si brusquement un événement si funeste, si imprévu, si...
— La comtesse est donc morte ?
— Non, monseigneur... Mais on désespère de ses jours... elle a été frappée d'un coup de poignard.
— Ah !... c'est affreux ! — s'écria Rodolphe, ému de pitié malgré son aversion pour Sarah. — Et qui a commis ce crime ?
— On l'ignore, monseigneur : ce meurtre a été accompagné de vol ; on s'est introduit dans l'appartement de madame la comtesse et on lui a enlevé une grande quantité de pierreries...
— A cette heure, comment va-t-elle ?
— Son état est presque désespéré, monseigneur... elle n'a pas encore repris connaissance... son frère est dans la consternation.
— Il faudra aller chaque jour vous informer de la santé de la comtesse, mon cher Graün...

A ce moment Murph revenait de Saint-Lazare.
— Apprends une triste nouvelle, — lui dit Rodolphe ; — la comtesse Sarah vient d'être assassinée... ses jours sont dans le plus grand danger...
— Ah !... monseigneur... quoiqu'elle soit bien coupable... on ne peut s'empêcher de la plaindre...
— Oui... une telle fin serait épouvantable !... Et la Goualeuse ?...
— Mise en liberté depuis hier, monseigneur, on le suppose, par la protection de madame d'Harville.
— Mais... c'est impossible !... madame d'Harville me prie, au contraire, de faire les démarches nécessaires pour faire sortir de prison cette malheureuse enfant !...
— Sans doute, monseigneur... et pourtant une femme âgée, d'une figure respectable, est venue à Saint-Lazare, apportant l'ordre de remettre Fleur-de-Marie en liberté... Toutes deux ont quitté la prison.
— C'est ce que m'a dit Rigolette ; mais cette femme âgée qui est venue chercher Fleur-de-Marie, qui est-elle ? où sont-elles allées toutes deux ? quel est ce nouveau mystère ? La comtesse Sarah pourrait peut-être seule l'éclaircir, et elle se trouve hors d'état de donner aucun renseignement. Pourvu qu'elle n'emporte pas ce secret dans la tombe !
— Mais son frère, Thomas Seyton, fournirait certainement quelques lumières. De tout temps il a été le conseil de la comtesse.
— Sa sœur est mourante ; s'il s'agit d'une nouvelle trame, il ne parlera pas... Mais... — dit Rodolphe en réfléchissant, — il faut savoir le nom de la personne qui s'est intéressée à Fleur-de-Marie pour la faire sortir de Saint-Lazare ; ainsi l'on apprendra nécessairement quelque chose.
— C'est juste, monseigneur.

— Tâchez donc de connaître et de voir cette personne le plus tôt possible, mon cher Graün ; si vous n'y réussissez pas, mettez votre M. Badinot en campagne... n'épargnez rien pour découvrir les traces de cette pauvre enfant.

— Votre Altesse peut compter sur mon zèle.

— Ma foi, monseigneur, — dit Murph, — il est peut-être bon que le Chourineur nous revienne ; ses services pourront vous être utiles.. pour ces recherches.

— Tu as raison, et maintenant je suis impatient de voir arriver à Paris mon brave sauveur, car je n'oublierai jamais que je lui dois la vie.

CHAPITRE XXIV

L'étude.

Plusieurs jours s'étaient passés depuis que Jacques Ferrand avait pris Cecily à son service. Nous conduirons le lecteur (qui connaît déjà ce lieu) dans l'étude du notaire à l'heure du déjeuner des clercs. Chose inouïe, exorbitante, merveilleuse ! au lieu du maigre et peu attrayant ragoût apporté chaque matin à ces jeunes gens par *feu* madame Séraphin, un énorme dindon froid, servi dans le fond d'un vieux carton à dossiers, trônait au milieu d'une des tables de l'étude, accosté de deux pains tendres, d'un fromage de Hollande et de trois bouteilles de vin cacheté ; une vieille écritoire de plomb, remplie d'un mélange de poivre et de sel, servait de salière : tel était le menu du repas. Chaque clerc, armé de son couteau et d'un formidable appétit, attendait l'heure du festin avec une impatience affamée ; quelques-uns même mâchaient à vide, en maudissant l'absence de M. le maître clerc, sans lequel on ne pouvait hiérarchiquement commencer à déjeuner. Un progrès, ou plutôt un bouleversement si radical dans l'ordinaire des clercs de Jacques Ferrand annonçait une énorme perturbation domestique.

L'entretien suivant, éminemment *béotien* (s'il nous est permis d'emprunter cette expression au très spirituel écrivain qui l'a popularisée [1]), jettera quelque lumière sur cette importante question.

— Voilà un dindon qui ne s'attendait pas, quand il est entré dans la vie, à jamais paraître à déjeuner sur la table des clercs du patron.

— De même que le patron, quand il est entré dans la vie... de notaire, ne s'attendait pas à donner à ses clercs un dindon pour déjeuner.

— Car enfin ce dindon est à nous, — s'écria le *saute-ruisseau* de l'étude avec une gourmande convoitise.

[1] Louis Desnoyers.

— Saute-ruisseau, mon ami, tu t'oublies ; cette volaille doit être pour toi une étrangère.

— Et, comme Français, tu dois avoir la haine de l'étranger.

— Tout ce qu'on pourra faire sera de te donner les pattes.

— Emblème de la vélocité avec laquelle tu fais les courses de l'étude.

— Je croyais avoir au moins droit à la carcasse, dit le saute-ruisseau en murmurant.

— On pourra te l'octroyer... mais tu n'y as pas droit, ainsi qu'il en a été de la Charte de 1814, qui n'était qu'une autre carcasse de liberté, — dit le Mirabeau de l'étude.

— A propos de carcasse, — reprit un des jeunes gens avec une insensibilité brutale, — Dieu veuille avoir l'âme de la mère Séraphin ! car depuis qu'elle s'est noyée dans une partie de campagne, nous ne sommes plus condamnés à ses *ratatouilles forcées* à perpétuité.

— Et depuis une bonne semaine, le patron, au lieu de nous donner à déjeuner...

— Nous alloue à chacun quarante sous par jour...

— C'est ce qui me fait dire : Dieu veuille avoir l'âme de la mère Séraphin !

— Au fait, de son temps, jamais le patron ne nous aurait donné les quarante sous...

— C'est énorme !

— C'est fabuleux !

— Il n'y a pas une étude à Paris...

— En Europe...

— Dans l'univers, où l'on donne quarante sous... à un simple clerc pour son déjeuner.

— A propos de madame Séraphin, qui de vous a vu la servante qui la remplace ?

— Cette Alsacienne que la portière de la maison où habitait cette pauvre Louise a amenée un soir, nous a dit le portier ?

— Oui.

— Je ne l'ai pas encore vue.

— Ni moi.

— Parbleu ! c'est tout bonnement impossible de la voir, puisque le patron est plus féroce que jamais pour nous empêcher d'entrer dans le pavillon de la cour.

— Et puis, c'est le portier qui range l'étude maintenant, comment la verrait-on, cette donzelle ?

— Eh bien ! moi, je l'ai vue.

— Toi ?

— Où cela ?

— Comment est-elle ?

— Grande ou petite ?

— Jeune ou vieille ?

— D'avance, je suis sûr qu'elle n'a pas une figure aussi avenante que cette pauvre Louise... bonne fille !

— Voyons, puisque tu l'as aperçue, comment est-elle, cette nouvelle servante ?

— Quand je dis que je l'ai vue... j'ai vu son bonnet... un drôle de bonnet.

— Ah bah ! et comment ?

— Il était de couleur cerise et en velours, je crois ; une espèce de béguin comme en ont les vendeuses de petits balais.

— Comme les Alsaciennes ? C'est tout simple, puisqu'elle est Alsacienne...

— Tiens... tiens... tiens...

— Parbleu !... qu'est-ce qui vous étonne là dedans ? *Chat échaudé craint l'eau froide.*

— Ah ça, Chalamel, quel rapport ton proverbe a-t-il avec ce bonnet d'Alsacienne ?

— Il n'en a aucun.

— Pourquoi le dis-tu, alors ?

— Parce qu'*un bienfait n'est jamais perdu,* et que *le lézard est l'ami de l'homme.*

— Tiens, si Chalamel commence ses bêtises en proverbes, qui ne riment à rien, il en a pour une heure... Voyons dis-donc ce que tu sais de cette nouvelle servante ?

— Je passais avant-hier dans la cour ; elle était adossée à une des fenêtres du rez-de-chaussée...

— La cour ?

— Quelle bêtise ! non, la servante. Les carreaux d'en bas sont si sales, que je n'ai pu rien voir de l'Alsacienne ; mais, ceux du milieu de la fenêtre étant moins troubles, j'ai vu son bonnet cerise et une profusion de boucles de cheveux noirs comme du jais ; car elle avait l'air d'être coiffée à la Titus.

— Je suis sûr que le patron n'en aura pas vu tant que toi à travers ses lunettes ; car en voilà encore un, comme on dit, que s'il restait seul avec une femme sur la terre, le monde finirait bientôt.

— Cela n'est pas étonnant : *Rira bien qui rira le dernier,* d'autant plus que *l'exactitude est la politesse des rois.*

— Dieu ! que ce Chalamel est assommant quand il s'y met !

— Dame... *Dis moi qui tu hantes; je te dirai qui tu es.*

— Oh ! que c'est joli...

— Moi, j'ai dans l'idée que c'est la superstition qui abrutit de plus en plus le patron.

— C'est peut-être par pénitence qu'il nous donne quarante sous pour notre déjeuner.

— Le fait est qu'il faut qu'il soit fou.

— Ou malade.

— Moi depuis quelques jours, je lui trouve l'air très égaré.

— Ce n'est pas qu'on le voit beaucoup... Lui qui était, pour notre malheur, dans son cabinet... dès le *patron-minet,* et toujours sur notre dos, il reste maintenant des deux jours sans mettre le nez dans l'étude.

— Ce qui fait que le maître clerc est accablé de besogne.

— Et que ce matin nous sommes obligés de mourir de faim en l'attendant.

— En voilà du changement dans l'étude !

— C'est ce pauvre Germain qui serait joliment étonné si on lui disait : « Figure-toi, mon garçon, que le patron nous donne quarante sous pour notre déjeuner. — Ah bas ! c'est impossible ! — C'est si possible que c'est à moi Chalamel, parlant à sa personne, qu'il l'a annoncé. — Tu veux rire ! Voilà comme ça s'est passé : pendant les deux ou trois jours qui ont suivi le décès de la mère Séraphin, nous n'avons pas eu à déjeuner du tout ; nous aimions mieux ça, d'une façon, parce que c'était moins mauvais ; mais, d'une autre, notre réfection nous coûtait de l'argent ; pourtant nous patientions, disant : Le patron n'a plus ni servante ni femme de ménage ; quand il en aura repris une... nous reprendrons notre dégoûtante pâtée. Eh bien ! pas du tout, mon pauvre Germain, le patron a pris une servante, et notre déjeuner a continué à être enseveli dans le fleuve de l'oubli. Alors j'ai été comme qui dirait député pour porter au patron les doléances de nos estomacs. Il était avec le maître clerc. — Je ne veux plus vous nourrir le matin, a-t-il dit d'un ton bourru et comme s'il pensait à autre chose ; ma servante n'a pas le temps de s'occuper de votre déjeuner. — Mais, monsieur, il est convenu que vous nous devez notre repas du matin. — Eh bien, vous ferez venir votre déjeuner du dehors, et je le payerai. Combien vous faut-il ?... Quarante sous chacun ? a-t-il ajouté en ayant l'air de penser de plus en plus à autre chose, et de dire quarante sous comme il aurait dit vingt sous ou cent sous. — Oui, monsieur, quarante sous nous suffiront, m'écriai-je en prenant la balle au bond. — Soit ; le maître clerc se chargera de cette dépense ; je compterai avec lui. — Et là-dessus le patron m'a fermé la porte au nez... Avouez, messieurs, que Germain serait furieusement étonné des libéralités du patron.

— Germain dirait que le patron a bu.

— Et que c'est un abus...

— Chalamel... nous préférons tes proverbes...

— Sérieusement, je crois le patron malade... Depuis dix jours il n'est pas reconnaissable, ses joues sont creuses à y fourrer le poing.

— Et des distractions ! faut voir. L'autre jour il a levé ses lunettes pour lire un acte... il avait les yeux rouges et brûlants comme des charbons ardents.

— Il en avait le droit... *les bons comptes font les bons amis.*

— Laisse-moi donc parler. Je vous dis, messieurs, que c'est très singulier. Je présente donc cet acte à lire au patron... mais il avait la tête en bas.

— Le patron ? Le fait est que c'est très singulier... Qu'est-ce qu'il pouvait donc faire ainsi la tête en bas ? Il devait suffoquer ! à moins que ses habitudes ne soient, comme tu dis, bien changées.

— Oh ! que ce Chalamel est fatigant ! je te dis que je lui ai présenté l'acte à lire à l'envers.

— Ah ! a-t-il dû bougonner !...

— Ah bien, oui ! il ne s'en est pas seulement aperçu ; il a regardé

l'acte pendant dix minutes, ses gros yeux rouges fixés dessus, et puis il me l'a rendu... en me disant : « C'est bien ! »
— Toujours la tête en bas ?
— Toujours...
— Il n'avait donc pas lu l'acte ?
— Pardieu ! à moins qu'il ne lise à l'envers...
— C'est drôle !
— Le patron avait l'air si sombre et si méchant dans ce moment-là que je n'ai osé rien dire, et je m'en suis allé comme si de rien n'était.
— Et moi donc : il y a quatre jours, j'étais dans le bureau du maître clerc ; arrive un client, deux clients, trois clients, auxquels le patron avait donné rendez-vous. Ils s'impatientaient d'attendre ; à leur demande je vais frapper à la porte du cabinet ; on ne me répond pas, j'entre...
— Eh bien ?
— M. Jacques Ferrand avait ses deux bras croisés sur son bureau et son front chauve et peu ragoûtant appuyé sur ses mains ; il ne bougea pas.
— Il dormait ?
— Je le croyais... Je m'approche : « Monsieur, il y a là des clients à qui vous avez donné rendez-vous.. » Il ne bronche pas... « Monsieur !... » Pas de réponse... Enfin je le touche à l'épaule, il se redresse comme si le diable l'avait mordu ; dans ce brusque mouvement, ses grandes lunettes vertes tombent de dessus son nez, et je vois... Vous ne le croirez jamais...
— Eh bien ! que vois tu ?
— Des larmes...
— Ah ! quelle farce !
— En voilà une de sévère !
— Le patron pleurer ? allons donc !
— Quand on verra ça... les hannetons joueront du cornet à piston.
— Et les poules porteront des bottes à revers.
— Ta ta ta ta, vos bêtises n'empêcheront pas que je l'aie vu comme je vous vois.
— Pleurer ?
— Oui, pleurer ; il a eu l'air ensuite si furieux d'être surpris en cet état lacrymatoire, qu'il a rajusté à la hâte ses lunettes, en me criant : « Sortez ! sortez !... — Mais, monsieur... — Sortez !... — Il y a là des clients auxquels vous avez donné rendez-vous, et... — Je n'ai pas le temps, qu'ils s'en aillent au diable et vous avec ! » Là-dessus il s'est levé tout furieux comme pour me mettre à la porte ; je ne l'ai pas attendu, j'ai filé et renvoyé les clients, qui n'avaient pas l'air plus content qu'il ne faut... mais, pour l'honneur de l'étude, je leur ai dit que le patron avait la coqueluche.

Cet intéressant entretien fut interrompu par M. le principal clerc, qui entra tout affairé ; sa venue fut saluée par une acclamation générale et tous les yeux se tournèrent sympathiquement vers le dindon avec une impatiente convoitise.

— Sans reproche, *seigneur*, vous nous faites diablement attendre, — dit Chalamel. — Prenez garde une autre fois... notre appétit ne sera pas aussi subordonné...

— Eh ! messieurs, ce n'est pas faute... je faisais plus de mauvais sang que vous... Ma parole d'honneur, il faut que le patron soit devenu fou !...

— Quand je vous le disais !...

— Mais que cela ne nous empêche pas de manger...

— Au contraire !

— Nous parlerons tout aussi bien la bouche pleine...

— Nous parlerons mieux, — s'écria le saute-ruisseau pendant que Chalamel, dépeçant le dindon, dit au maître clerc : — A propos de quoi donc vous figurez-vous que le patron est fou ?

— Nous avions déjà une velléité de le croire parfaitement abruti lorsqu'il nous a alloué quarante sous par tête pour notre déjeuner... quotidien.

— J'avoue que cela m'a surpris autant que vous, messieurs ; mais cela n'était rien, absolument rien, auprès de ce qui vient de se passer tout à l'heure.

— Ah bah !

— Ah çà ! est-ce que ce malheureux-là deviendrait assez insensé pour nous forcer d'aller dîner tous les jours à ses frais au Cadran-Bleu ?

— Et ensuite au spectacle ?

— Et ensuite au café, finir la soirée par un punch ?

— Et ensuite...

— Messieurs, riez tant que vous voudrez ; mais la scène à laquelle je viens d'assister est plutôt effrayante que plaisante.

— Eh bien, racontez-nous donc la scène.

— Oui, c'est ça, ne vous occupez pas de déjeuner, — dit Chalamel ; — nous voilà tout oreilles...

— Et tout mâchoires, mes gaillards ! Je vous vois venir : pendant que je parlerais, vous joueriez des dents... et le dindon serait fini avant mon histoire... Patience, ce sera pour le désert.

Fut-ce l'aiguillon de la faim ou de la curiosité qui activa les jeunes praticiens, nous ne savons ; mais ils mirent une telle rapidité dans leur opération gastronomique, que le moment du récit du maître clerc arriva presque instantanément. Pour n'être pas surpris par le patron, on envoya en vedette dans la pièce voisine le saute-ruisseau, à qui la carcasse et les pattes de la bête avaient été libéralement dévolues.

M. le maître clerc dit à ses collègues : — D'abord il faut que vous sachiez que depuis quelques jours le portier s'inquiétait de la santé du patron ; comme le bonhomme veille très tard, il avait vu plusieurs fois M. Ferrand descendre dans la nuit, malgré le froid ou la pluie, et s'y promener à grands pas... Il s'est hasardé une fois à sortir de sa niche et à demander à son maître s'il avait besoin de quelque chose. Le patron l'a envoyé se coucher d'un tel ton que, depuis, le portier s'est tenu coi, et qu'il s'y tient toujours, dès qu'il entend le patron descendre au jardin, ce qui arrive presque toutes les nuits... tel temps qu'il fasse.

— Le patron est peut-être somnambule?

— Ça n'est pas probable... mais de pareilles promenades nocturnes annoncent une fameuse agitation... J'arrive à mon histoire... Tout à l'heure je me rends dans le cabinet du patron pour lui demander quelques signatures... Au moment où je mettais la main au bouton de la serrure, il me semble entendre parler... je m'arrête... et je distingue deux ou trois cris sourds ; on eût dit des plaintes étouffées. Après avoir un instant hésité à entrer... ma foi ! craignant quelque malheur... j'ouvre la porte...

— Eh bien?

— Qu'est-ce que je vois?... le patron à genoux... par terre...

— À genoux?... par terre?

— Oui, agenouillé sur le plancher... le front dans ses mains... et les coudes appuyés sur le fond d'un des vieux fauteuils...

— C'est tout simple... sommes-nous bêtes ! Il est si cagot... il faisait une prière d'extra.

— Ce serait une drôle de prière, en tout cas. On n'entendait que des gémissements étouffés ; seulement de temps en temps il murmurait entre ses dents : *Mon Dieu !... Mon Dieu !... Mon Dieu !...* comme un homme au désespoir. Et puis... voilà qui est encore bizarre... dans un mouvement qu'il a fait, comme pour se déchirer la poitrine avec ses ongles, sa chemise s'est entr'ouverte, et j'ai très bien distingué sur sa peau velue un petit portefeuille rouge suspendu à son cou par une chaînette d'acier...

— Tiens... tiens... tiens... Alors?

— Alors... ma foi... voyant ça, je ne savais plus si je devais rester ou sortir.

— Ça aurait été aussi mon opinion politique.

— Je restais donc là... très embarrassé, lorsque le patron se relève et se retourne tout à coup : il avait entre ses dents un vieux mouchoir de poche à carreaux... ses lunettes restèrent sur le fauteuil... Non, non, messieurs,... de ma vie je n'ai vu une figure pareille ; il avait l'air d'un damné... Je me recule effrayé, ma parole d'honneur, effrayé... Alors, lui...

— Vous saute à la gorge?

— Vous n'y êtes pas... Il me regarde d'abord d'un air égaré ; puis, laissant tomber son mouchoir, qu'il avait sans doute rongé, coupé, en grinçant des dents, il s'écrie en se jetant dans mes bras : *Ah ! je suis bien malheureux !*

— Quelle farce !...

— Quelle farce?... Eh bien, ça n'empêche pas que, malgré sa figure de tête de mort, quand il a prononcé ces mots là... sa voix était si déchirante... je dirais presque si douce...

— Si douce... allons donc !... il n'y a pas de crécelle, pas de chat-huant enrhumé dont le cri ne semble de la musique auprès de la voix du patron !

— C'est possible... ça n'empêche pas que dans ce moment sa voix était si plaintive, que je me suis senti presque attendri, d'autant plus que M. Ferrand n'est pas expansif habituellement. « Monsieur, — lui dis-je, — croyez que... — *Laisse-moi ! laisse-*

moi ! me répondit-il en m'interrompant, *cela soulage tant de pouvoir dire à quelqu'un ce que l'on souffre...* » Évidemment il me prenait pour un autre.

— Il vous a tutoyé ?... Alors vous nous devez deux bouteilles de Bordeaux ;

Quand le patron vous a tutoyé
A boire vous devez payer.

c'est le proverbe qui le dit, c'est sacré... les proverbes sont la sagesse des nations.

— Voyons, Chalamel, laissez là vos rébus... Vous comprenez bien, messieurs, qu'en entendant le patron me tutoyer, j'ai tout de suite compris qu'il se méprenait ou qu'il avait une fièvre chaude. Je me suis dégagé en lui disant : Monsieur, calmez-vous !... calmez-vous !... c'est moi. » Alors il m'a regardé d'un air stupide.

— A la bonne heure, vous voilà dans le vrai.

— Ses yeux étaient égarés. — *Hein !* a-t-il répondu, *qu'est-ce ?... qui est là ?... que me voulez-vous ?...* — Et il passait, à chaque question, sa main sur son front, comme pour écarter le nuage qui obscurcissait sa pensée.

— Qui obscurcissait sa pensée... Comme c'est écrit... bravo ! maître clerc, nous ferons un mélodrame ensemble.

Quand on parle si bien, sur mon âme,
On doit écrire un mélodrââââme.

— Mais tais-toi donc, Chalamel.

— Qu'est-ce donc que le patron peut avoir ?

— Ma foi ! je n'en sais rien ; mais ce qu'il y a de sûr, c'est que, lorsqu'il a retrouvé son sang-froid, ça a été une autre chanson : il a froncé les sourcils d'un air terrible, et m'a dit vivement sans me donner le temps de lui répondre : « Que venez-vous faire ici ?... Y a-t-il longtemps que vous êtes là ?... Je ne puis donc pas rester chez moi sans être environné d'espions ?... Qu'ai-je dit ?... Qu'avez-vous entendu ?... Répondez... répondez... » Ma foi, il avait l'air si méchant, que j'ai repris : « Je n'ai rien entendu, monsieur, j'entre ici à l'instant même. — Vous ne me trompez pas ? — Non, monsieur. — Eh bien ! que voulez-vous ? — Vous demander quelques signatures, monsieur... — Donnez. » Et le voilà qui se met à signer, à signer, sans les lire... une demi-douzaine d'actes notariés, lui qui ne mettait jamais son paraphe sur un acte sans l'épeler, pour ainsi dire, lettre par lettre, et deux fois, d'un bout à l'autre. Je remarquais que de temps en temps sa main se ralentissait au milieu de sa signature, comme s'il eût été absorbé par une idée fixe ; et puis il reprenait et signait vite, vite, et comme convulsivement. Quand tout a été signé, il m'a dit de me retirer, et je l'ai entendu descendre par le petit escalier qui communique de son cabinet dans la cour.

— J'en reviens toujours là... qu'est-ce qu'il peut avoir ?

— Messieurs, c'est peut-être madame Séraphin qu'il regrette.

— Ah bien, oui ! lui... regretter quelqu'un !

— Ça me fait penser que le portier a dit que le curé de Bonne-Nouvelle et son vicaire étaient venus plusieurs fois pour voir le patron, et qu'ils n'avaient pas été reçus. C'est ça qui est surprenant ! eux qui ne démarraient pas d'ici.

— Moi, ce qui m'intrigue, c'est de savoir quels travaux il a fait faire au menuisier et au serrurier dans le pavillon.

— Le fait est qu'ils y ont travaillé trois jours de suite.

— Et puis un soir on a apporté des meubles dans une grande tapissière couverte.

— Ma foi, moi, messieurs, trou la la ! je donne ma langue aux chiens, comme dit le cygne de Cambrai.

— C'est peut-être le remords d'avoir fait emprisonner Germain qui le tourmente...

— Des remords, lui !... lui, il est trop dur à cuire et trop culotté pour ça comme dit l'aigle de Meaux !

— Farceur de Chalamel !

— A propos de Germain, il va avoir de fameuses recrues dans sa prison... pauvre garçon !

— Comment cela ?

— J'ai lu dans la *Gazette des Tribunaux* que la bande de voleurs et d'assassins qu'on a arrêtée aux Champs-Élysées, dans un de ces petits cabarets souterrains...

— En voilà de vraies cavernes..

— Que cette bande de scélérats a été écrouée à la Force.

— Pauvre Germain, ça va lui faire une jolie société !

— Louise Morel aura aussi sa part de recrues ; car dans la bande on dit qu'il y a toute une famille de voleurs et d'assassins de père en fils et de mère en fille...

— Alors on enverra les femmes à Saint-Lazare, où est Louise.

— C'est peut-être quelqu'un de cette bande-là qui a assassiné cette comtesse qui demeure près de l'Observatoire, une des clientes du patron. M'a-t-il assez souvent envoyé savoir de ses nouvelles, à cette comtesse ! Il a l'air de s'intéresser joliment à sa santé. Il faut être juste, c'est la seule chose sur laquelle il n'ait pas l'air abruti... Hier encore, il m'a dit d'aller m'informer de l'état de madame Mac-Gregor.

— Eh bien ?

— C'est toujours la même chose ; un jour on espère, le lendemain on désespère, on ne sait jamais si elle passera la journée ; avant-hier on désespérait ; mais hier il y avait, a-t-on dit, une lueur d'espoir ; ce qui complique la chose, c'est qu'elle a une fièvre cérébrale.

— Est-ce que tu as pu entrer dans la maison, et voir l'endroit où l'assassinat s'est commis ?

— Ah bien, oui !... je n'ai pas pu aller plus loin que la porte cochère, et le concierge n'a pas l'air causeur, tant s'en faut...

— Messieurs... à vous, à vous ! voici le patron qui monte, — cria le saute-ruisseau en entrant dans l'étude toujours armé de sa carcasse.

Aussitôt les jeunes gens regagnèrent à la hâte leurs tables res pectives, sur lesquelles ils se courbèrent en agitant leurs plumes, pendant que le saute-ruisseau déposait momentanément le squelette du dindon dans un carton rempli de dossiers.

Jacques Ferrand parut en effet... S'échappant de son vieux bonnet de soie noire, ses cheveux roux, mêlés de mèches grises, tombaient en désordre de chaque côté de ses tempes ; quelques-unes des veines qui marbraient son crâne paraissaient injectées de sang, tandis que sa face camuse et ses joues creuses étaient d'une pâleur blafarde. On ne pouvait voir l'expression de son regard caché sous ses larges lunettes vertes ; mais la profonde altération des traits de cet homme annonçait les ravages d'une passion dévorante. Il traversa lentement l'étude, sans dire un mot à ses clercs, sans même paraître s'apercevoir qu'ils fussent là, entra dans la pièce où se tenait le maître clerc, la traversa ainsi que son cabinet, et redescendit immédiatement par le petit escalier qui conduisait à la cour. Jacques Ferrand ayant laissé derrière lui toutes les portes ouvertes, les clercs purent à bon droit s'étonner de la bizarre évolution de leur patron, qui était monté par un escalier et descendu par un autre, sans s'arrêter dans une seule des chambres qu'il avait traversées machinalement.

CHAPITRE XXV

Luxurieux point ne seras.

Il fait nuit.

Le profond silence qui règne dans le pavillon habité par Jacques Ferrand est interrompu de temps en temps par les gémissements du vent et par les rafales de la pluie qui tombe à torrents. Ces bruits mélancoliques semblent rendre plus complète encore la solitude de cette demeure. Dans une chambre à coucher du premier étage, très confortablement meublée à neuf et garnie d'un épais tapis, une jeune femme se tient debout devant une cheminée où flambe un excellent feu. Chose assez étrange ! au milieu de la porte soigneusement verrouillée qui fait face au lit, on remarque un petit guichet de cinq ou six pouces carrés qui peut s'ouvrir du dehors. Une lampe à réflecteur jette une demi-clarté dans cette chambre, tendue d'un papier grenat ; les rideaux du lit, de la croisée, ainsi que la couverture d'un vaste sofa, sont de damas soie et laine de même couleur.

Nous insistons minutieusement sur ces détails de *demi-luxe* si récemment importé dans l'habitation du notaire, parce que ce demi-luxe annonce une révolution complète dans les habitudes de Jacques Ferrand, jusqu'alors d'une avarice sordide et d'une insouciance de Spartiate (surtout à l'endroit d'autrui) pour tout ce qui touchait au bien-être. C'est donc sur cette tenture grenat, fond vigoureux et chaud de ton, que se dessine la figure de Cecily, que nous allons tâcher de peindre. D'une stature haute et svelte, la créole est dans la fleur et dans l'épanouissement de l'âge. Le développement de ses belles épaules et de ses larges hanches fait paraître sa taille ronde si merveilleusement mince, que l'on croirait que Cecily peut se servir de sa jarretière pour ceinture. Aussi simple que coquet, son costume alsacien est d'un goût bizarre, un peu théâtral, et ainsi d'autant plus approprié à l'effet qu'elle a voulu produire. Son spencer de casimir noir, à demi ouvert sur sa poitrine saillante, très long de corsage, à manches justes, à dos plat, est légèrement brodé de laine pourpre sur les coutures et rehaussé d'une rangée de petits boutons d'argent ciselés. Une courte jupe de mérinos orange, qui semble d'une ampleur exagérée quoiqu'elle colle sur des contours d'une richesse sculpturale, laisse voir à demi le genou charmant de la créole, chaussée de bas écarlates à coins bleus, ainsi que cela se rencontre chez les vieux peintres flamands, qui montrent si complaisamment les jarretières de leurs robustes héroïnes. Jamais artiste n'a rêvé un galbe aussi pur que celui des jambes de Cecily ; nerveuses et fines au-dessous de leur mollet rebondi, elles se terminent par un pied mignon, bien à l'aise et bien cambré dans son tout petit soulier de maroquin noir à boucles d'argent.

Cecily, un peu hanchée sur le côté gauche, est debout en face de la glace qui surmonte la cheminée... L'échancrure de son spencer permet de voir son cou élégant et potelé, d'une blancheur éblouissante, mais sans transparence. Otant son béguin de velours cerise pour le remplacer par un madras, la créole découvrit ses épais et magnifiques cheveux d'un noir bleu, qui, séparés au milieu du front et naturellement frisés, ne descendaient pas plus bas que le *collier de Vénus* qui joignait le col aux épaules. Il faut connaître le goût inimitable avec lequel les créoles *tortillent* autour de leur tête ces mouchoirs aux couleurs tranchantes, pour avoir une idée de la gracieuse coiffure de nuit de Cecily, et du contraste piquant de ce tissu bariolé de pourpre, d'azur et d'orange, avec ses cheveux noirs qui, s'échappant du pli serré du madras, encadrent de leurs mille boucles soyeuses ses joues pâles, mais rondes et fermes... Les deux bras élevés et arrondis au-dessus de sa tête, elle finissait, du bout de ses doigts déliés comme des fuseaux d'ivoire, de *chiffonner* une large rosette placée très bas du côté gauche, presque sur l'oreille.

Les traits de Cecily sont de ceux qu'il est impossible d'oublier jamais. Un front hardi, un peu saillant, surmonte son visage d'un ovale parfait; son teint a la blancheur mate, la fraîcheur satinée d'une feuille de camélia imperceptiblement doré par un rayon de soleil ; ses yeux, d'une grandeur presque démesurée, ont une expression singulière, car leur prunelle, extrêmement large, noire et brillante, laisse à peine apercevoir, aux deux coins des paupières frangées de longs cils, la transparence bleuâtre du globe de l'œil ; son menton est nettement accusé ; son nez, droit et fin, se termine par deux narines mobiles qui se dilatent à la moindre émotion ; sa bouche, insolente et amoureuse, est d'un pourpre vif. Qu'on s'imagine donc cette figure incolore, avec son regard tout noir qui étincelle, et ses deux lèvres rouges, lisses, humides, qui luisent comme du corail mouillé.

Disons-le, cette grande créole, à la fois svelte et charnue, vigoureuse et souple comme une panthère, était le type incarné de la sensualité brûlante qui ne s'allume qu'aux feux des tropiques. Tout le monde a entendu parler de ces filles de couleur pour ainsi dire *mortelles* aux Européens, de ces vampires enchanteurs qui, enivrant leur victime de séductions terribles, pompent jusqu'à sa dernière goutte d'or et de sang, et ne lui laissent, selon l'énergique expression du pays, que *ses larmes à boire, que son cœur à ronger*. Telle est Cecily. Seulement ses détestables instincts, quelque temps contenus par son véritable attachement pour David, ne s'étant développés qu'en Europe, la *civilisation* et l'influence des climats du nord en avaient tempéré la violence, modifié l'expression. Au lieu de se jeter violemment sur sa proie, et de ne songer, comme ses pareilles, qu'à anéantir au plus tôt une vie et une fortune de plus, Cecily, attachant sur ses victimes un regard magnétique, commençait par les attirer peu à peu dans le tourbillon embrasé qui semblait émaner d'elle ; puis, les voyant alors pantelantes, éperdues, souffrant les tortures d'un désir inassouvi, elle se plaisait, par un raffinement de coquetterie féroce, à prolonger leur délire ardent ; puis, revenant à son premier instinct, elle les dévorait dans ses embrassements homicides. Cela était plus horrible encore... Le tigre affamé, qui bondit et emporte la proie qu'il déchire en rugissant, inspire moins d'horreur que le serpent qui la fascine silencieusement, l'aspire peu à peu, l'enlace de ses replis inextricables, l'y broie longuement, la sent palpiter sous ses lentes morsures, et semble se repaître autant de ses douleurs que de son sang.

Cecily, nous l'avons dit, à peine arrivée en Allemagne, ayant d'abord été débauchée par un homme affreusement dépravé, put, à l'insu de David, qui l'aimait avec autant d'idolâtrie que d'aveuglement, déployer et exercer pendant quelque temps ses dangereuses séductions ; mais bientôt le funeste scandale de ses aventures fut dévoilé, on fit d'horribles découvertes, et cette femme dut être condamnée à une prison perpétuelle. Que l'on joigne à ces antécédents un esprit souple, adroit, insinuant une si merveilleuse intelligence qu'en un an elle avait parlé le français et l'allemand avec la plus extrême facilité, quelquefois même avec une éloquence naturelle ; qu'on se figure une corruption digne des princesses courtisanes de l'ancienne Rome, une audace et un courage à toute épreuve, des instincts d'une méchanceté diabolique, et l'on connaîtra à peu près la nouvelle *servante* de Jacques Ferrand... la créature déterminée qui avait osé s'aventurer dans la tanière du loup.

Et pourtant, anomalie singulière ! en apprenant par M. de Graün le rôle provoquant et *platonique* qu'elle devait remplir auprès du notaire et à quelles fins vengeresses devaient aboutir ses séductions, Cecily avait promis de jouer son personnage avec amour, ou plutôt avec une haine terrible contre Jacques Ferrand, s'étant sincèrement indignée au récit des violences infâmes qu'il avait exercées contre Louise, récit qu'il fallut faire à la créole pour la mettre en garde contre les hypocrites tentatives de ce monstre.

Quelques mots rétrospectifs à l'égard de ce dernier sont indispensables. Lorsque Cecily lui avait été présentée par madame Pipelet comme une orpheline sur laquelle elle ne voulait conserver aucun droit, aucune surveillance, le notaire s'était peut-être senti moins encore frappé de la beauté de la créole que fasciné par son regard irrésistible ; regard qui, dès la première entrevue, porta le feu dans les sens de Jacques Ferrand, et le trouble dans sa raison. Car nous l'avons dit, à propos de l'audace insensée de quelques-unes de ses paroles lors de sa conversation avec madame la duchesse de Lucenay, cet homme, ordinairement si maître de soi, si calme, si fin, si rusé, oubliait les froids calculs de sa profonde dissimulation lorsque le démon de la luxure obscurcissait sa pensée.

D'ailleurs, il n'avait pu nullement se défier de la protégée de madame Pipelet. Après son entretien avec cette dernière, madame Séraphin avait proposé à Jacques Ferrand, en remplacement de Louise, une jeune fille presque abandonnée dont elle répondait... Le notaire avait accepté avec empressement, dans l'espoir d'abuser impunément de la condition précaire et isolée de sa nouvelle servante. Enfin, loin d'être prédisposé à la méfiance, Jacques Ferrand trouvait dans la marche des évènements de nouveaux motifs de sécurité. Tout répondait à ses vœux. La mort de madame Séraphin le débarrassait d'une complice dangereuse... La mort de Fleur-de-Marie (il la croyait morte) le délivrait de la preuve vivante d'un de ses premiers crimes. Enfin, grâce à la mort de la Chouette et au meurtre inopiné de la comtesse Mac-Gregor (son état était désespéré), il ne redoutait plus ces deux femmes, dont les révélations et les poursuites auraient pu lui être funestes... Nous le répétons, aucun sentiment de défiance n'étant venu balancer dans l'esprit de Jacques Ferrand l'impression subite, irrésistible qu'il avait ressentie à la vue de Cecily... il saisit avec ardeur l'occasion d'attirer dans sa demeure solitaire la prétendue nièce de madame Pipelet.

Le caractère, les habitudes et les antécédents de Jacques Ferrand connus et posés, la beauté provoquante de la créole acceptée, telle que nous avons tâchée de la peindre, quelques autres faits que nous exposerons plus bas feront comprendre, nous l'espérons, la passion subite, effrénée du notaire pour cette séduisante et dangereuse créature. Et puis, il faut le dire... si elles n'inspirent qu'éloignement, que répugnance aux hommes doués de sentiments tendres et élevés, de goûts délicats et épurés, les femmes de l'espèce de Cecily exercent une action soudaine, une omnipotence magique sur les hommes de sensualité brutale tels que Jacques Ferrand. Du premier regard ils devinent ces femmes, ils les convoitent ; une puissance fatale les attire auprès d'elles, et bientôt des affinités mystérieuses, des sympathies magnétiques sans doute, les enchaînent invinciblement aux pieds de leur monstrueux idéal ; car elles seules peuvent apaiser les feux impurs qu'elles allument. Une fatalité juste, vengeresse rapprochait donc la créole du notaire. Une expiation terrible commençait pour lui. Une luxure féroce l'avait poussé à commettre des attentats odieux, à poursuivre avec un impitoyable acharnement une famille indigente et honnête, à y porter la misère, la folie, la mort... La luxure devait être le formidable châtiment de ce grand coupable. Car l'on dirait que, par une fatale équité, certaines passions faussées, dénaturées, portent en soi leur punition...

Un noble amour, lors même qu'il n'est pas heureux, peut trouver quelques consolations dans les douceurs de l'amitié, dans l'estime qu'une femme digne d'être adorée offre toujours à défaut d'un sentiment plus tendre. Si cette compensation ne calme pas les chagrins de l'amant malheureux, si son désespoir est incurable comme son amour, il peut du moins avouer et presque s'enorgueillir de son amour désespéré... Mais quelles compensations offrir à ces ardeurs sauvages que le seul attrait matériel exalte jusqu'à la frénésie ? Et disons encore que cet attrait matériel est aussi impérieux pour les organisations grossières que l'attrait moral pour les âmes d'élite... Non, les sérieuses passions du cœur ne sont pas les seules subites, aveugles, exclusives, les seules qui, concentrant toutes les facultés sur la personne choisie, rendent impossible toute autre affection, et décident d'une destinée tout entière. La passion physique peut atteindre, comme chez Jacques Ferrand, à une incroyable intensité ; alors tous les phénomènes qui dans l'ordre moral caractérisent l'amour irrésistible, unique, absolu, se reproduisent dans l'ordre matériel.

Quoique Jacques Ferrand ne dût jamais être heureux, la créole s'était bien gardée de lui ôter absolument tout espoir ; mais les vagues et lointaines espérances dont elle le berçait flottaient au gré de tant de caprices, qu'elles lui étaient une torture de plus, et rivaient plus solidement encore la chaîne brûlante qu'il portait. Si l'on s'étonne de ce qu'un homme de cette vigueur et de cette audace n'eût pas eu déjà recours à la ruse ou à la violence pour triompher de la résistance calculée de Cecily, c'est qu'on oublie que Cecily n'est pas une seconde Louise. D'ailleurs, le lendemain de sa présentation au notaire, elle avait, ainsi qu'on va le dire, joué un tout autre rôle que celui à l'aide duquel elle s'était introduite chez *son maître* ; car celui-ci n'eût pas été dupe de sa *servante* deux jours de suite. Instruite du sort de Louise par le baron de Graün, et sachant ensuite par quels abominables moyens la malheureuse fille de Morel le lapidaire était devenue la proie du notaire, la créole en entrant dans cette maison solitaire, avait pris d'excellentes précautions pour y passer sa première nuit en pleine sécurité. Le soir même de son arrivée, restée seule avec Jacques Ferrand, qui, afin de ne pas l'effaroucher, affecta de la regarder à peine et lui ordonna brusquement d'aller se coucher, elle lui avoua naïvement que la nuit elle avait grand'peur des voleurs ; mais qu'elle était forte, résolue et prête à se défendre.

— Avec quoi ? — demanda Jacques Ferrand.

— Avec ceci... — répondit la créole en tirant de l'ample pelisse de laine dont elle était enveloppée un petit stylet parfaitement acéré, dont la vue fit réfléchir le notaire.

Pourtant, persuadé que sa nouvelle servante ne redoutait que les *voleurs*, il la conduisit dans la chambre qu'elle devait occuper (l'ancienne chambre de Louise). Après avoir examiné les localités, Cecily lui dit en tremblant et en baissant les yeux, que, par suite de la même peur, elle passerait la nuit sur une chaise, parce qu'elle ne voyait à la porte ni verrou ni serrure. Jacques Ferrand, déjà complètement sous le charme, mais ne voulant rien compromettre en éveillant les soupçons de Cecily, lui dit d'un ton bourru qu'elle était sotte et folle d'avoir de telles craintes ; mais il lui promit que le lendemain le verrou serait placé. La créole ne se coucha pas. Au matin, le notaire monta chez elle pour la mettre au fait de son service. Il s'était promis de garder pendant les premiers jours une hypocrite réserve à l'égard de sa nouvelle servante, afin de lui inspirer une confiance trompeuse ; mais frappé de sa beauté, qui au grand jour semblait plus éclatante encore, égaré, aveuglé par les désirs qui le transportaient déjà, il balbutia quelques compliments sur la taille et sur la beauté de Cecily.

Celle-ci, d'une rare sagacité, avait jugé, dès sa première entrevue avec le notaire, qu'il était complètement sous le charme ; à l'aveu qu'il lui fit de sa *flamme*, elle crut devoir se dépouiller brusquement de sa feinte timidité, et, ainsi que nous l'avons dit, changer de masque. La créole prit donc tout à coup un air effronté.

Jacques Ferrand s'extasiait de nouveau sur la beauté des traits et sur la taille enchanteresse de sa nouvelle *bonne* :

— Regardez-moi donc bien en face, — lui dit résolûment Cecily. — Quoique vêtue en paysanne alsacienne, est-ce que j'ai l'air d'une servante ?

— Que voulez-vous dire ! — s'écria Jacques Ferrand.

— Voyez cette main... Est-elle accoutumée à de rudes travaux ? — Et elle montra une main blanche, charmante, aux doigts fins et déliés, aux ongles roses et polis comme de l'agate, mais dont la couronne, légèrement bistrée, trahissait le sang mêlé. — Et ce pied, est-ce un pied de servante ? — Et elle avança un ravissant petit pied coquettement chaussé, que le notaire n'avait pas encore remarqué, et qu'il ne quitta des yeux que pour contempler Cecily avec ébahissement. — J'ai dit à ma tante Pipelet ce qui m'a convenu ; elle ignore ma vie passée, elle a pu me croire réduite à une telle condition... par la mort de mes parents, et me prendre pour une servante ; mais vous avez, j'espère, trop de sagacité pour partager son erreur, *cher maître !*

— Et qui êtes-vous donc ? — s'écria Jacques Ferrand de plus en plus surpris de ce langage.

— Ceci est mon secret... Pour des raisons à moi connues, j'ai dû quitter l'Allemagne sous ces habits de paysanne ; je voulais rester cachée à Paris pendant quelque temps le plus secrètement possible. Ma tante, me supposant réduite à la misère, m'a proposé d'entrer chez vous, m'a parlé de la vie solitaire qu'on menait forcément dans votre maison et m'a prévenue que je ne sortirais jamais... J'ai vite accepté. Sans le savoir, ma tante allait au-devant de mon plus vif désir. Qui pourrait me chercher et me découvrir ici ?

— Vous vous cachez !... et qu'avez-vous donc fait pour être obligée de vous cacher ?

— De doux péchés, peut-être... mais ceci est encore mon secret.

— Et quelles sont vos intentions, mademoiselle ?

— Toujours les mêmes. Sans vos compliments significatifs sur ma taille et sur ma beauté, je ne vous aurais peut-être pas fait cet aveu... que votre perspicacité eût d'ailleurs tôt ou tard provoqué... Écoutez-moi donc bien, mon cher maître : j'ai accepté momentanément la condition ou plutôt le rôle de servante ; les circonstances m'y obligent... j'aurai le courage de remplir ce rôle jusqu'au bout... j'en subirai toutes les conséquences... je vous servirai avec zèle, activité, respect, pour conserver ma place... c'est-à-dire une retraite sûre et ignorée. Mais au moindre mot de galanterie, mais à la moindre liberté que vous prendriez avec moi, je vous quitte... non par pruderie... rien en moi, je crois, ne sent la prude... — Et elle darda un regard chargé d'électricité sensuelle jusqu'au fond de l'âme du notaire, qui tressaillit. — Non, je ne suis pas prude, — reprit-elle, avec un sourire provoquant qui laissa voir des dents éblouissantes. — Vive Dieu !... quand l'amour me mord, les bacchantes sont des saintes auprès de moi... Mais soyez juste... et vous conviendrez que votre servante indigne ne peut que vouloir faire honnêtement son métier de servante... Maintenant vous savez mon secret, ou du moins une partie de mon secret. Voudriez-vous, par hasard, agir en gentilhomme ? Me trouvez-vous trop belle pour vous servir ? Désirez-vous changer de rôle, devenir mon esclave ? Soit ! franchement, je préférerais cela... mais toujours à cette condition que je ne sortirais jamais d'ici, et que vous aurez pour moi des attentions toutes paternelles... ce qui ne vous empêchera pas de me trouver charmante : ce sera la récompense de votre dévouement et de votre discrétion...

— La seule ? la seule ? — dit Jacques Ferrand en balbutiant.

— La seule... à moins que la solitude et le diable me rendent folle... ce qui est impossible, car vous me tiendrez compagnie, et en votre qualité de saint homme, vous conjurerez le démon. Voyons, décidez-vous, pas de position mixte... ou je vous servirai ou vous me servirez ; sinon je quitte votre maison... et je prie ma tante de me trouver une *autre place*... Tout ceci doit vous sembler étrange, soit ; mais si vous me prenez pour une aventurière... sans moyen d'existence, vous avez tort... Afin que ma tante fût ma complice sans le savoir, je lui ai laissé croire que j'étais assez pauvre pour ne pas posséder de quoi acheter d'autres vêtements que ceux-ci... J'ai pourtant... vous le voyez, une bourse assez bien garnie ; de ce côté, de l'or... de l'autre, des diamants... (et Cecily montra au notaire une longue bourse de soie rouge remplie d'or, et à travers laquelle on voyait briller quelques pierreries) ; malheureusement tout l'argent du monde ne me donnerait pas une retraite aussi sûre que votre maison, si isolée par l'isolement même où vous vivez... Acceptez donc l'une ou l'autre de mes offres, vous me rendrez service. Vous le voyez, je me mets presque à votre discrétion ; car vous dire : je me cache, c'est vous dire : on me cherche... Mais je suis sûre que vous ne me trahirez pas, dans le cas même où vous sauriez comment me trahir...

Cette confidence romanesque, ce brusque changement de personnage bouleversa les idées de Jacques Ferrand. Quelle était cette femme ? pourquoi se cachait-elle ? Le hasard seul l'avait-il, en effet, amenée chez lui ? Si elle y venait, au contraire, dans un but secret, quel était ce but ? Parmi toutes les hypothèses que cette bizarre aventure souleva dans l'esprit du notaire, le véritable motif de la présence de la créole chez lui ne pouvait venir à sa pensée. Il n'avait, ou plutôt il ne se croyait d'autres ennemis que les victimes de sa luxure et de sa cupidité ; or, toutes se trouvaient dans de telles conditions de malheur ou de détresse, qu'il ne pouvait les soupçonner capables de lui tendre un piège dont Cecily eût été l'appât... Et encore, ce piège, dans quel but le lui tendre ? Non, la soudaine transfiguration de Cecily n'inspirait qu'une crainte à Jacques Ferrand : il pensa que si cette femme ne disait pas la vérité, c'était peut-être une aventurière qui, le croyant riche, s'introduisait dans sa maison pour le circonvenir, l'exploiter, et peut-être se faire épouser par lui. Mais, quoique son avarice et sa cupidité se fussent révoltées à cette idée, il s'aperçut en frémissant que ces soupçons, que ces réflexions étaient trop tardives... car d'un seul mot il pouvait calmer sa méfiance en renvoyant cette femme de chez lui. Ce mot, il ne le dit pas... A peine même ces pensées l'arrachèrent-elles quelques moments à l'ardente extase où le plongeait la vue de cette femme si belle, de cette beauté sensuelle qui avait sur lui tant d'empire... D'ailleurs, depuis la veille, il se sentait dominé, fasciné. Déjà il aimait à sa façon et avec fureur... Déjà l'idée de voir cette séduisante créature quitter sa maison lui semblait inadmissible ; déjà même, ressentant des emportements d'une jalousie féroce en songeant que Cecily pourrait prodiguer à d'autres les trésors de volupté qu'elle lui refuserait peut-être toujours, il éprouvait une sombre consolation à se dire : « Tant qu'elle sera séquestrée chez moi... personne ne la possédera. »

La hardiesse du langage de cette femme, le feu de ses regards, la provoquante liberté de ses manières, révélaient assez qu'elle n'était pas, ainsi qu'elle le disait, une *prude*. Cette conviction, donnant de vagues espérances au notaire, assurait davantage encore l'empire de Cecily. En un mot, la luxure de Jacques Ferrand étouffant la voix de la froide raison, il s'abandonnait en aveugle au torrent des désirs effrénés qui l'emportait.

. . . .

Il fut convenu que Cecily ne serait sa servante qu'en apparence : il n'y aurait pas ainsi de scandale ; de plus, pour assurer davantage encore la sécurité de son *hôtesse*, il ne prendrait pas d'autre domestique, il se résignerait à la servir et à se servir lui-même ; un traiteur voisin apporterait ses repas, il payerait en argent le déjeuner de ses clercs, et le portier se chargerait des soins ménagers de l'étude. Enfin, le notaire ferait promptement meubler au premier une chambre au goût de Cecily ; celle-ci voulait payer les frais... il s'y opposa et dépensa *deux mille francs*... Cette générosité était énorme, et prouvait la violence inouïe de sa passion.

Alors commença pour ce misérable une vie terrible. Renfermé dans la solitude impénétrable de sa maison, inaccessible à tous, de plus en plus sous le joug de son amour effréné, renonçant à pénétrer les secrets de cette femme étrange, de maître il devint esclave ; il fut le valet de Cecily ; il la servait à ses repas, il prenait soin de son appartement. Prévenue par le baron que Louise avait été surprise par un narcotique, la créole ne buvait que de l'eau très limpide, ne mangeait que des mets impossibles à falsifier ; elle avait choisi la chambre qu'elle devait occuper, et s'était assurée que les murailles ne recélaient aucune porte secrète. D'ailleurs, Jacques Ferrand comprit bientôt que Cecily n'était pas une femme qu'il pût surprendre ou violenter impunément. Elle était vigoureuse, agile et dangereusement armée : un délire frénétique aurait donc pu seul le porter à des tentatives désespérées, et elle s'était parfaitement mise à l'abri de ce péril... Néanmoins, pour ne pas lasser et rebuter la passion du notaire, la créole semblait quelquefois touchée de ses soins et flattée de la terrible domination qu'elle exerçait sur lui. Alors, supposant qu'à force de preuves de dévouement et d'abnégation il parviendrait à faire oublier sa laideur et son âge, elle se plaisait à lui peindre, en termes d'une hardiesse brûlante, l'inexprimable volupté dont elle pourrait l'enivrer, si ce miracle de l'amour se réalisait jamais.

A ces paroles d'une femme si jeune et si belle, Jacques Ferrand sentait quelquefois sa raison s'égarer... de dévorantes images le poursuivaient partout ; l'antique symbole de la tunique de Nessus se réalisait pour lui... Au milieu de ces tortures sans nom, il perdait la santé, l'appétit, le sommeil. Tantôt, la nuit, malgré le froid et la pluie, il descendait dans son jardin, et cherchait, par une promenade précipitée, à calmer, à briser ses ardeurs. D'autres fois, pendant des heures entières, il plongeait son regard enflammé dans la chambre de la créole endormie ; car elle avait eu l'infernale complaisance de permettre que sa porte fût percée d'un guichet qu'elle ouvrait souvent... souvent, car Cecily n'avait qu'un but, celui d'irriter incessamment la passion de cet homme sans la satisfaire, de l'exaspérer ainsi presque jusqu'à la déraison, afin de pouvoir alors exécuter les ordres qu'elle avait reçus.

Ce moment semblait approcher. Le châtiment de Jacques Ferrand devenait de jour en jour plus digne de ses attentats... Il souffrait les tourments de l'enfer. Tour à tour absorbé, éperdu, hors de lui, indifférent à ses plus sérieux intérêts, au maintien de sa réputation d'homme austère, grave et pieux, réputation usurpée, mais conquise par de longues années de dissimulation et de ruse, il stupéfiait ses clercs par l'aberration de son esprit, mécontentait ses clients par ses refus de les recevoir, et éloignait brutalement de lui les prêtres qui, trompés par son hypocrisie, avaient été jusqu'alors ses prôneurs les plus fervents. A ses langueurs accablantes qui lui arrachaient des larmes, succédaient de furieux emportements; sa frénésie atteignait-elle son paroxysme, il se prenait à rugir dans la solitude et dans l'ombre comme une bête fauve; ses accès de rage se terminaient-ils par une sorte de brisement douloureux de tout son être, il ne jouissait même pas de ce calme de mort, produit souvent par l'anéantissement de la pensée: l'embrasement du sang de cet homme dans toute la vigoureuse maturité de l'âge ne lui laissait ni trêve ni repos... Un bouillonnement profond, torride, agitait incessamment ses esprits.

. . . .

Nous l'avons dit, Cecily se coiffait de nuit devant une glace. A un léger bruit venant du corridor, elle détourna la tête du côté de la porte. Malgré le bruit qu'elle venait d'entendre, Cecily n'en continua pas moins tranquillement sa toilette de nuit; elle retira de son corsage, où il était à peu près placé comme un busc, un stylet long de cinq à six pouces, enfermé dans un étui de chagrin noir, et emmanché dans une petite poignée d'ébène cerclée de fils d'argent, poignée fort simple, mais parfaitement à la main. Ce n'était pas là une arme de *luxe*. Cecily ôta le stylet de son fourreau avec une excessive précaution, et le posa sur le marbre de la cheminée; la lame, de la meilleure trempe et du plus fin damas, était triangulaire, à arêtes tranchantes; sa pointe, aussi acérée que celle d'une aiguille, eût percé une piastre sans s'émousser. Imprégné d'un venin subtil et persistant, la moindre piqûre de ce poignard devenait mortelle. Jacques Ferrand ayant un jour mis en doute la dangereuse propriété de cette arme, la créole fit devant lui une expérience *in animâ vili*, c'est-à-dire sur l'infortuné chien de la maison, qui, légèrement piqué au nez, tomba et mourut dans d'horribles convulsions. Le stylet déposé sur la cheminée, Cecily, quittant son spencer de drap noir, resta des épaules, le sein et les bras nus, ainsi qu'une femme en toilette de bal. Selon l'habitude de la plupart des filles de couleur, elle portait, au lieu de corset, un second corset de double toile qui lui serrait étroitement la taille; sa jupe orange, restant attachée sous cette sorte de canezou blanc à manches courtes et très décolleté, composait ainsi un costume beaucoup moins sévère que le premier, et s'harmoniait à merveille, avec les bas écarlate et la coiffure de madras si capricieusement chiffonnée autour de la tête. Rien de plus pur, de plus accompli que les contours de ses bras et de ses épaules, auxquelles deux mignonnes fossettes et un petit signe noir, velouté, coquet, donnaient une grâce de plus.

Un soupir profond attira l'attention de Cecily. Elle sourit en roulant autour de l'un de ses doigts effilés quelques boucles de cheveux qui s'échappaient de son madras.

— Cecily!... Cecily... — murmura une voix à la fois rude et plaintive.

Et, à travers l'étroite ouverture du guichet, apparut la face blême et camuse de Jacques Ferrand ; ses prunelles étincelaient dans l'ombre.

Cecily, muette jusqu'alors, commença de chanter doucement un air créole. Les paroles de cette lente mélodie étaient suaves et expressives. Quoique contenu, le mâle contralto de Cecily dominait le bruit des torrents de pluie et les violentes rafales de vent qui semblaient ébranler la vieille maison jusque dans ses fondements.

— Cecily!... Cecily!... — répéta Jacques Ferrand d'un ton suppliant.

La créole s'interrompit tout à coup, tourna brusquement la tête, parut entendre pour la première fois la voix du notaire, et s'approcha nonchalamment de la porte. — Comment! cher maître, (elle l'appelait ainsi par dérision), vous êtes là ? — dit-elle avec un léger accent étranger qui donnait un charme de plus à sa voix mordante et sonore.

— Oh! que vous êtes belle ainsi!... — murmura le notaire.

— Vous trouvez ? — répondit la créole, — ce madras sied bien à mes cheveux noirs, n'est-ce pas ?

— Chaque jour je vous trouve plus belle encore.

— Et mon bras, voyez donc comme il est blanc.

— Monstre... va-t'en !... va-t'en !... — s'écria Jacques Ferrand furieux.

Cecily se mit à rire aux éclats.

— Non, non, c'est trop souffrir! Oh! si je ne craignais la mort !— s'écria sourdement le notaire ; — mais mourir, c'est renoncer à vous voir, et vous êtes si belle... J'aime encore mieux souffrir... et vous regarder.

— Regardez-moi, ce guichet est fait pour cela... et aussi pour que nous puissions causer comme deux amis... et charmer ainsi notre solitude... qui vraiment ne me pèse pas trop... Vous êtes si *bon maître !...* Voilà de ces dangereux aveux que je puis faire à travers cette porte...

— Et cette porte, vous ne voulez pas l'ouvrir? Voyez pourtant comme je suis soumis! ce soir j'aurais pu essayer d'entrer avec vous dans votre chambre.. je ne l'ai pas fait.

— Vous êtes soumis par deux raisons... D'abord, parce que vous savez qu'ayant, par une nécessité de ma vie errante, pris l'habitude de porter un stylet — je manie d'une main ferme ce bijou venimeux, plus acéré que la dent d'une vipère... vous savez aussi que du jour où j'aurais à me plaindre de vous, je quitterais à jamais cette maison, vous laissant mille fois plus épris encore...

puisque vous avez bien voulu faire la grâce à votre indigne servante de vous éprendre d'elle.

— Ma servante ! c'est moi qui suis votre esclave... votre esclave moqué, méprisé...

— C'est assez vrai...

— Et cela ne vous touche pas ?...

— Cela me distrait... Les journées... et surtout les nuits... sont si longues !

— Oh ! la maudite !

— Non, sérieusement, vous avez l'air si complétement égaré, vos traits s'altèrent si sensiblement, que j'en suis flattée... C'est un pauvre triomphe ; mais vous êtes seul ici...

— Entendre cela... et ne pouvoir que se consumer dans une rage impuissante !

— Avez-vous peu d'intelligence !!! jamais peut-être... je ne vous ai rien dit de plus tendre...

— Raillez... raillez...

— Je ne raille pas ; je n'avais pas encore vu d'homme de votre âge... amoureux à votre façon... et, il faut en convenir, un homme jeune et beau serait incapable d'une de ces passions enragées. Un Adonis s'admire autant qu'il nous admire... il aime du bout des dents... et puis, le favoriser, quoi de plus simple ?... cela lui est dû... à peine en est-il reconnaissant ; mais favoriser un homme comme vous, mon maître... oh ! ce serait le ravir de la terre au ciel, ce serait combler ses rêves les plus insensés, ses espérances les plus impossibles ! Car enfin l'être qui vous dirait : « Vous aimez Cecily éperdument ; si je le veux, elle sera à vous dans une seconde... » vous croiriez cet être doué d'une puissance surnaturelle... n'est-ce pas, cher maître ?

— Oui, oh ! oui...

— Eh bien ! si vous saviez me mieux convaincre de votre passion, j'aurais peut-être la bizarre fantaisie de jouer auprès de moi-même, en votre faveur, ce rôle surnaturel. Comprenez-vous ?

— Je comprends que vous me raillez encore... toujours, et sans pitié...

— Peut-être... la solitude fait naître de si étranges fantaisies !...

L'accent de Cecily avait jusqu'alors été sardonique ; mais elle dit ces derniers mots avec une expression sérieuse, réfléchie, et les accompagna d'un long coup d'œil qui fit tressaillir le notaire.

— Taisez-vous, ne me regardez pas ainsi, vous me rendrez fou... j'aimerais mieux que vous me disiez : *Jamais*... au moins je pourrais vous abhorrer, vous chasser de ma maison, — s'écria Jacques Ferrand, qui s'abandonnait encore à une vaine espérance. — Oui, car je n'attendrais rien de vous. Mais, malheur ! malheur ! je vous connais maintenant assez... pour espérer malgré moi, qu'un jour je devrai peut-être à votre désœuvrement ou à un de vos dédaigneux caprices ce que je n'obtiendrai jamais de votre amour... Vous me dites de vous convaincre de ma passion ; ne voyez-vous pas combien je suis malheureux, mon Dieu ! Je fais pourtant tout ce que je peux pour vous plaire. Vous voulez être cachée à tous les yeux, je vous cache à tous les yeux, peut-être au risque de me compromettre gravement ; car enfin, moi, je ne sais pas qui vous êtes... je respecte votre secret... je ne vous en parle jamais... Je vous ai interrogée sur votre vie passée... vous ne m'avez pas répondu...

— Eh bien, j'ai eu tort ; je vais vous donner une marque de confiance aveugle, ô mon maître... écoutez-moi donc.

— Encore une plaisanterie amère, n'est-ce pas ?

— Non... c'est très curieux... Il faut au moins que vous connaissiez la vie de celle à qui vous donnez une si généreuse hospitalité... — Et Cecily ajouta d'un ton de componction hypocrite et larmoyante : — Fille d'un brave soldat, frère de ma tante Pipelet, j'ai reçu une éducation au-dessus de mon état ; j'ai été séduite, puis abandonnée par un jeune homme riche. Alors pour échapper au courroux de mon vieux père, intraitable sur l'honneur, j'ai fui mon pays natal... — Puis éclatant de rire, Cecily ajouta : — Voilà, j'espère, une petite histoire très présentable et surtout très probable, car elle a été très souvent racontée. Amusez toujours votre curiosité avec cela, en attendant quelque révélation plus piquante.

— J'étais bien sûr que c'était une cruelle plaisanterie, — dit le notaire avec une rage concentrée. — Rien ne vous touche... rien... Que faut-il faire ? parlez donc, au moins. Je vous sers comme le dernier des valets ; pour vous je néglige mes plus chers intérêts ; je ne sais plus ce que je fais... je suis un sujet de surprise, de risée pour mes clercs... mes clients hésitent à me laisser leurs affaires... j'ai rompu avec quelques personnes pieuses que je voyais... je n'ose penser à ce que dit le public de ce renversement de toutes mes habitudes... Mais vous ne savez pas, non, vous ne savez pas les funestes conséquences que ma folle passion peut avoir pour moi... Voilà cependant des preuves de dévouement, des sacrifices... En voulez-vous d'autres ?... parlez !... Est-ce de l'or qu'il vous faut ?... On me croit plus riche que je ne le suis... mais je...

— Que voulez-vous que je fasse maintenant de votre or ? — dit Cecily en interrompant le notaire et en haussant les épaules ; — pour habiter cette chambre... à quoi bon de l'or ?... Vous êtes peu inventif !

— Mais ce n'est pas ma faute, à moi, si vous êtes prisonnière... Cette chambre vous déplaît-elle ? la voulez-vous plus magnifique ?... Parlez... ordonnez...

— A quoi bon, encore une fois ?... à quoi bon ?... Oh ! si je devais y attendre un être adoré... brûlant de l'amour qu'il inspire et qu'il partage, je voudrais de l'or, de la soie, des fleurs, des parfums, toutes les merveilles du luxe : rien de trop somptueux, de trop enchanteur pour servir de cadre à mes ardentes amours ! — dit Cecily avec un accent passionné qui fit bondir le notaire.

— Eh bien ! ces merveilles de luxe... dites un mot, et...

— A quoi bon ? à quoi bon ? Que faire d'un cadre sans tableau ?... Et l'être adoré, où serait-il... ô mon maître ?

— C'est vrai !... — s'écria le notaire avec amertume. — Je suis vieux... je suis laid... je ne peux inspirer que le dégoût et l'aversion... Elle m'accable de mépris... elle se joue de moi... et je n'ai pas la force de la chasser... Je n'ai que la force de souffrir.

— Oh ! l'insupportable pleurard, oh ! le niais personnage avec ses doléances ! — s'écria Cecily d'un ton sardonique et méprisant ; — il ne sait que gémir, que se désespérer... et il est depuis dix jours... enfermé seul avec une jeune femme... au fond d'une maison déserte...

— Mais cette femme me dédaigne... mais cette femme est armée... mais cette femme est enfermée !... — s'écria le notaire avec fureur.

— Eh bien, surmonte les dédains de cette femme ; fais tomber son poignard de sa main ; contrains-la à ouvrir cette porte qui te sépare d'elle... et cela non par la force brutale... elle serait impuissante.

— Et comment, alors ?

— Par la force de ta passion...

— La passion... et puis-je en inspirer, mon Dieu ?

— Tiens, tu n'es qu'un notaire doublé de sacristain... tu me fais pitié... Est-ce à moi à t'apprendre ton rôle ?... Tu es laid... sois terrible : on oubliera ta laideur. Tu es vieux, sois énergique : on oubliera ton âge. Tu es repoussant... sois menaçant. Puisque tu ne peux être le noble cheval qui hennit fièrement au milieu de ses cavales amoureuses... ne sois pas du moins le stupide chameau qui plie les genoux et tend le dos... sois tigre... un vieux tigre qui rugit au milieu du carnage a encore sa beauté... sa tigresse lui répond du fond du désert.

A ce langage, qui n'était pas sans une sorte d'éloquence naturelle et hardie, Jacques Ferrand tressaillit, frappé de l'expression sauvage, presque féroce, des traits de Cecily, qui, le sein gonflé, la narine ouverte, la bouche insolente, attachait sur lui ses grands yeux noirs et brûlants.

Jamais elle ne lui avait paru plus belle... — Parlez, parlez encore ! — s'écria-t-il avec exaltation, — vous parlez sérieusement cette fois... Oh ! si je pouvais...

— On peut ce qu'on veut, — dit brusquement Cecily.

— Mais...

— Mais je te dis que, si vieux, si repoussant que tu sois... je voudrais être à ta place, et avoir à séduire une femme belle, ardente et jeune, que la solitude m'aurait livrée, une femme qui comprend tout... parce qu'elle est peut-être capable de tout... oui, je la séduirais. Et, une fois ce but atteint, ce qui aurait été contre moi.. tournerait à mon avantage... Quel orgueil, quel triomphe de se dire : « J'ai su me faire pardonner mon âge et ma laideur : L'amour qu'on me témoigne, je ne le dois pas à la pitié, à un caprice dépravé ; je le dois à mon esprit, à mon audace, à mon énergie... je le dois enfin à ma passion effrénée...Oui, et maintenant il serait là de beaux jeunes gens, brillants de grâce et de charme, que cette femme si belle, que j'ai vaincue par les preuves sans bornes d'une passion effrénée, n'aurait pas un regard pour eux ; non... car elle saurait que ces élégants efféminés craindraient de compromettre le nœud de leur cravate ou une boucle de leur chevelure pour obéir à un de ses ordres fantasques... tandis qu'elle jetterait son mouchoir au milieu des flammes, que sur un signe d'elle, son vieux tigre se précipiterait dans la fournaise avec un rugissement de joie. »

— Oui, je le ferais!... Essayez, essayez ! — s'écria Jacques Ferrand de plus en plus exalté.

Cecily continua en s'approchant davantage du guichet et en attachant sur Jacques Ferrand un regard fixe et pénétrant... — Car cette femme saurait bien qu'elle aurait un caprice exorbitant à satisfaire, que ces beaux-fils regarderaient à leur argent s'ils en avaient, ou, s'ils n'en avaient pas, à une bassesse... tandis que son vieux tigre...

— Ne regarderait à rien... lui... entendez-vous ? à rien... Fortune... honneur... il saurait tout sacrifier, lui !...

— Vrai ?... — dit Cecily en posant ses doigts charmants sur les doigts osseux et velus de Jacques Ferrand, dont les mains crispées, passant au travers du guichet, étreignaient l'épaisseur de la porte.

Pour la première fois il sentait le contact de la peau fraîche et polie de la créole. Il devint plus pâle encore, et poussa une sorte d'aspiration rauque.

— Comment cette femme ne serait-elle pas ardemment passionnée ? — ajouta Cecily. — Aurait-elle un ennemi... que, le désignant du regard à son vieux tigre... elle lui dirait : Frappe... et...

— Et il frapperait !... — s'écria Jacques Ferrand, en tâchant d'approcher du bout des doigts de Cecily ses lèvres desséchées.

— Vrai ?... le vieux tigre frapperait ? — dit la créole, en appuyant doucement sa main sur la main de Jacques Ferrand.

— Pour te posséder ! — s'écria le misérable, — je crois que je commettrais un crime...

— Tiens, maître... — dit tout à coup Cecily, en retirant sa main, — à ton tour, va-t'en... va-t'en... je ne te reconnais plus ; tu ne me parais plus si laid que tout à l'heure... va-t'en.

Elle s'éloigna brusquement du guichet. La détestable créature sut donner à son geste et à ses dernières paroles un accent de vérité si incroyable ; son regard, à la fois surpris, brûlant et courroucé, semblait exprimer si naturellement son dépit d'avoir un moment oublié la laideur de Jacques Ferrand, que celui-ci, transporté d'une espérance frénétique, s'écria en se cramponnant aux barreaux du guichet : — Cecily... reviens... reviens... ordonne... je serai ton tigre...

— Non, non, maître... — dit Cecily en s'éloignant de plus en plus du guichet, — et pour conjurer le diable qui me tente.. je vais chanter une chanson de mon pays... Maître, entends-tu ?... au dehors le vent redouble, la tempête se déchaîne... quelle belle nuit pour deux amants, assis côte à côte auprès d'un bon feu pétillant...

— Cecily... reviens !... — cria Jacques Ferrand d'un ton suppliant.

— Non, non, plus tard... quand je le pourrai sans danger... Mais la lumière de cette lampe blesse ma vue... une douce langueur appesantit mes paupières... je ne sais quelle émotion m'agite... une demi-obscurité me plaira davantage... On dirait que je suis dans le crépuscule du plaisir... — Et Cecily alla vers la cheminée, éteignit la lampe, prit une guitare suspendue au mur, et attisa le feu, dont les flamboyantes lueurs éclairèrent alors cette vaste pièce.

De l'étroit guichet où il se tenait immobile, tel était le tableau qu'apercevait Jacques Ferrand :

Au milieu de la zone lumineuse formée par les tremblantes clartés du foyer, Cecily, dans une pose pleine de mollesse et d'abandon, à demi couchée sur un vaste divan de damas grenat, tenait une guitare dont elle tirait quelques harmonieux préludes. Le foyer embrasé jetait ses reflets vermeils sur la créole, qui apparaissait ainsi vivement éclairée, au milieu de l'obscurité du reste de la chambre Pour compléter l'effet ce tableau, que le lecteur se rappelle l'aspect mystérieux, presque fantastique, d'un appartement où la flamme de la cheminée lutte contre les grandes ombres noires qui tremblent au plafond et sur les murailles...

L'ouragan redoublait de violence, on l'entendait mugir au dehors.

Tout en préludant sur sa guitare, Cecily attachait opiniâtrément son regard magnétique sur Jacques Ferrand, qui, fasciné, ne la quittait pas des yeux.

— Tenez, maître, — dit la créole, — écoutez une chanson de mon pays ; nous ne savons pas faire de vers, nous disons un simple récitatif sans rimes, et entre chaque repos nous improvisons, tant bien que mal, une cantilène appropriée à l'idée du couplet ; c'est très naïf et très pastoral, cela vous plaira, j'en suis sûre, maître... Cette chanson s'appelle *la Femme amoureuse* ; c'est elle qui parle.

Et Cecily commença une sorte de récitatif bien plus accentué par l'expression de la voix que par la modulation du chant. Quelques accords doux et frémissants servaient d'accompagnement. Telle était la chanson de Cecily :

Des fleurs, partout des fleurs...
Mon amant va venir ! L'attente du bonheur et me brise et m'énerve.
Adoucissons l'éclat du jour, la volupté cherche une ombre transparente...
Au frais parfum des fleurs mon amant préfère ma chaude haleine..
L'éclat du jour ne blessera pas ses yeux, car ses paupières, sous mes baisers, resteront closes.
Mon ange, oh ! viens... mon sein bondit, mon sang brûle...
Viens... viens... viens.

Ces paroles, dites avec autant d'ardeur impatiente que si la créole se fût adressée à un amant invisible, furent ensuite pour ainsi dire traduites par elle dans un thème d'une mélodie enchanteresse : ses doigts charmants tiraient de sa guitare, instrument ordinairement peu sonore, des vibrations pleines d'une suave harmonie. La physionomie animée de Cecily, ses yeux voilés, humides, toujours attachés sur ceux de Jacques Ferrand, exprimaient les brûlantes langueurs de l'attente. Paroles amoureuses, musique enivrante, regards enflammés, beauté sensuellement idéale, au dehors le silence, la nuit... tout concourait en ce moment à égarer la raison de Jacques Ferrand. Aussi, éperdu, s'écria-t-il : — Grâce... Cecily !... grâce !... c'est à en perdre la tête !... Tais-toi, c'est à mourir !... Oh ! je voudrais être fou !...

— Écoutez donc le second couplet, maître ! — dit la créole en préludant de nouveau. Et elle continua son récitatif passionné :

Si mon amant était là et que sa main effleurât mon épaule nue, je me sentirai frissonner et mourir...
S'il était là... et que ses cheveux effleurassent ma joue, ma joue si pâle deviendrait pourpre...
Ma joue si pâle serait en feu...
Ame de mon âme, si tu étais là... mes lèvres desséchées, mes lèvres avides ne diraient pas une parole...
Vie de ma vie, si tu étais là, ce n'est pas moi qui, expirante... demanderais grâce...
Ceux que j'aime comme je t'aime... je les tue...
Mon ange, oh ! viens... mon sein bondit... mon sang brûle...
Viens... viens... viens...

Si la créole avait accentué la première strophe avec une langueur voluptueuse... elle mit dans ses dernières paroles tout l'emportement de l'amour antique. Et comme si la musique eût été impuissante à exprimer son fougueux délire, elle jeta sa guitare loin d'elle... et se levant à demi en tendant les bras vers la porte où se tenait Jacques Ferrand, elle répéta d'une voix éperdue, mourante : — *Oh ! viens... viens... viens...*

Peindre le regard électrique dont elle accompagna ces paroles serait impossible... Jacques Ferrand poussa un cri terrible.

— Oh ! la mort... la mort à celui que tu aimerais ainsi... à qui tu dirais ces paroles brûlantes ! — s'écria-t-il, en ébranlant la porte dans un emportement de jalousie et d'ardeur furieuse. — Oh ! ma fortune... ma vie pour une minute de cette volupté dévorante... que tu peins en traits de flamme.

Souple comme une panthère, d'un bond Cecily fut au guichet ; et comme si elle eût difficilement concentré ses feints transports, elle dit à Jacques Ferrand d'une voix basse, concentrée, palpitante : — Eh bien !... je te l'avoue... je me suis embrasée moi-même... aux ardentes paroles de cette chanson. Je ne voulais pas revenir à cette porte... et m'y voilà revenue... malgré moi... car j'entends encore tes paroles de tout à l'heure : *Si tu me disais : Frappe... je frapperais.* Tu m'aimes donc bien ?

— Veux-tu... de l'or... tout mon or ?...

— Non... j'en ai...

— As-tu un ennemi !... je le tue.

— Je n'ai pas d'ennemi...

— Veux-tu être ma femme ?... je t'épouse.

— Je suis mariée !...

— Mais que veux-tu donc alors, mon Dieu !... que veux-tu donc ?...

— Prouve-moi que ta passion pour moi est aveugle, furieuse, que tu lui sacrifierais tout !...

— Tout ! oui, tout ! mais comment ?

— Je ne sais... mais il y a un instant l'éclat de tes yeux m'a éblouie... Si à cette heure tu me donnais une de ces marques d'amour forcené qui exaltent l'imagination d'une femme jusqu'au délire... je ne sais pas de quoi je serais capable !... Hâte-toi ! je suis capricieuse ; demain l'impression de tout à l'heure sera peut-être effacée.

— Mais quelle preuve puis-je te donner ici, à l'instant ? — cria le misérable en se tordant les mains. — C'est un supplice atroce ! Quelle preuve ?... dis, quelle preuve ?

— Tu n'es qu'un sot ! — répondit Cecily, en s'éloignant du guichet avec une apparence de dépit dédaigneux et irrité. — Je me suis trompée ! je te croyais capable d'un dévouement énergique !... Bonsoir... C'est dommage....

— Cecily... oh ! ne t'en va pas... reviens... Mais que faire ?... dis-le moi au moins. Oh ! ma tête s'égare... que faire ? mais que faire ?

— Cherche...

— Mon Dieu ! mon Dieu !

— Je n'étais que trop disposée à me laisser séduire, si tu l'avais voulu... Tu ne retrouveras pas une occasion pareille.

— Mais enfin... on dit ce qu'on veut ! — s'écria le notaire presque insensé.

— Devine...

— Explique-toi... ordonne...

— Eh ! si tu me désirais aussi passionnément que tu le dis... tu trouverais le moyen de me persuader... Bonsoir...

— Cecily !...

— Je vais fermer ce guichet... au lieu d'ouvrir cette porte...

— Grâce ! écoute...

— Un moment j'avais pourtant cru que ma tête se montait... ce foyer s'éteint... l'obscurité serait venue... je n'aurais plus songé qu'à ton dévouement ; alors ce verrou... mais non... tu ne veux pas... Oh ! tu ne sais pas ce que tu perds... Bonsoir, saint homme.

— Cecily... écoute... reste... j'ai trouvé... — s'écria Jacques Ferrand, après un moment de silence et avec une explosion de joie impossible à rendre.

Le misérable fut alors frappé de vertige. Une vapeur impure obscurcit son intelligence ; livré aux appétits aveugles et furieux de la brute, il perdit toute prudence... toute réserve... l'instinct de sa conservation morale l'abandonna...

— Eh bien ! cette preuve de ton amour ? — dit la créole, qui, s'étant rapprochée de la cheminée pour y prendre son poignard, revint lentement près du guichet, doucement éclairée par la lueur du foyer... Puis, sans que le notaire s'en aperçût, elle s'assura du jeu d'une chaînette de fer qui reliait deux pitons, dont l'un était vissé dans la porte, l'autre dans le chambranle.

— Écoute, — dit Jacques Ferrand d'une voix rauque et entrecoupée, — écoute... si je mettais mon honneur... ma fortune... ma vie à ta merci.. là... à l'instant... croirais-tu que je t'aime ? Cette preuve de folle passion te suffirait-elle, dis ?

— Ton honneur... ta fortune... ta vie ?... je ne te comprends pas.

— Si je te livre un secret qui peut me faire monter sur l'échafaud, seras-tu à moi ?

— Toi... criminel ? tu railles... et ton austérité ?

— Mensonge...

— Ta probité ?

— Mensonge...

— Ta pitié ?

— Mensonge...

— Tu passes pour un saint, et tu serais un démon... tu te vantes !... Non, il n'y a pas d'homme assez habilement rusé, assez froidement énergique, assez heureusement audacieux pour capter ainsi la confiance et le respect des hommes... Ce serait un sarcasme infernal, un épouvantable défi jeté à la face de la société !

— Je suis cet homme... J'ai jeté ce sarcasme et ce défi à la face de la société, — s'écria le monstre dans un accès d'épouvantable orgueil.

— Jacques !.. Jacques!... ne parle pas ainsi, — dit Cecily d'une voix stridente et le sein palpitant, — tu me rendrais folle...

— Ma tête pour tes caresses... veux-tu ?

— Ah ! voilà donc de la passion enfin !... — s'écria Cecily. —. Tiens... prends mon poignard... tu me désarmes...

Jacques Ferrand prit, à travers le guichet, l'arme dangereuse avec précaution, et la jeta au loin dans le corridor.

— Cecily... tu me crois donc ? — s'écria-t-il avec transport.

— Si je te crois ! — dit la créole, en appuyant avec force ses deux mains charmantes sur les mains crispées de Jacques Ferrand. — Oui, je te crois... car je retrouve ton regard de tout à l'heure, ce regard qui m'avait fascinée... Tes yeux étincellent d'une ardeur sauvage, Jacques... je les aime... tes yeux !

— Cecily !!!

— Tu dois dire vrai...

— Si je dis vrai !... Oh ! tu vas voir.

— Ton front est menaçant... ta figure redoutable... Tiens, tu es effrayant et beau comme un tigre en fureur... Mais tu dis vrai, n'est-ce pas ?

— J'ai commis bien des crimes, te dis-je !

— Tant mieux... si par leur aveu tu me prouves ta passion...

— Et si je dis tout ?

— Je t'accorde tout... car si tu as cette confiance aveugle, courageuse... vois-tu, Jacques... ce ne serait plus l'amant idéal de la chanson que j'appellerais ; c'est à toi... mon tigre... à toi .. que je dirais : Viens... viens... viens...

En disant ces derniers mots avec une expression avide et ardente, Cecily s'approcha si près, si près du guichet, que Jacques Ferrand sentit sur sa joue le souffle embrasé de la créole, et sur ses doigts velus l'impression électrique de ses lèvres fraîches et fermes.

— Oh ! tu seras à moi... je serai ton tigre, — s'écria-t-il, — et après, si tu le veux, tu me déshonoreras, tu feras tomber ma tête... Mon honneur, ma vie, tout est à toi maintenant...

— Ton honneur ?

— Mon honneur ! Ecoute : il y a dix ans, on m'avait confié une enfant et cent cinquante mille francs qu'on lui destinait ; j'ai abandonné l'enfant, je l'ai fait passer pour morte au moyen d'un faux acte de décès, et j'ai gardé l'argent..

— C'est habile et hardi .. qui aurait cru cela de toi ?

— Ecoute encore ; je haïssais mon caissier... Un soir, il avait pris chez moi un peu d'or qu'il m'a restitué le lendemain ; mais pour perdre ce malheureux, je l'ai accusé de m'avoir volé une somme considérable. On m'a cru, on l'a jeté en prison... Maintenant mon honneur est-il à ta merci ?

— Oh !... tu m'aimes... Jacques... tu m'aimes... Me livrer ainsi tes secrets... quel empire ai-je donc sur toi ?... Je ne serai pas ingrate... donne ce front où sont nées tant d'infernales pensées... que je le baise...

— Oh ! — s'écria le notaire en balbutiant, — l'échafaud serait là... dressé, que je ne reculerais pas... Ecoute encore... Cette enfant, autrefois abandonnée, s'est retrouvée sur mon chemin... elle m'inspirait des craintes... je l'ai fait tuer...

— Toi ?... Et comment ?... où cela ?...

— Il y a peu de jours... près du pont d'Asnières... à l'île du Ravageur... Un nommé Martial l'a noyée dans un bateau à soupape... Voilà-t-il assez de détails ?... me croiras-tu ?...

— Oh ! démon... d'enfer... tu m'épouvantes et pourtant tu m'attires... tu me passionnes... Quel est donc ton pouvoir ?

— Ecoute encore... Avant cela, un homme m'avait confié cent mille écus... Je l'ai fait tomber dans un guet-apens... je lui ai brûlé la cervelle... j'ai prouvé qu'il s'était suicidé, et j'ai nié le dépôt que sa sœur réclamait... Maintenant ma vie est à ta merci... ouvre.

— Jacques.. tiens... je t'adore ! — dit la créole avec exaltation.

— Oh ! viennent mille morts... et je les brave ! — s'écria le notaire dans un enivrement impossible à peindre. — Oui, tu avais raison, je serais jeune, charmant, que je n'éprouverais pas cette joie triomphante... La clef ! jette-moi la clef !... tire le verrou...

La créole ôta la clef de la serrure, fermée en dedans, et la donna au notaire par le guichet, en lui disant éperdument : — Jacques... je suis folle !...

— Tu es à moi, enfin ! — s'écria-t-il avec un rugissement sauvage, en faisant précipitamment tourner le pêne de la serrure.

Mais la porte, fermée au verrou, ne s'ouvrit pas encore.

— Viens, mon tigre ! viens... — dit Cecily d'une voix mourante.

— Le verrou... le verrou !... — s'écria Jacques Ferrand.

— Mais si tu me trompais... — s'écria tout à coup la créole, — si ces secrets... tu les inventais... pour te jouer de moi...

Le notaire resta un moment frappé de stupeur ; il se croyait au terme de ses vœux ; ce dernier temps d'arrêt mit le comble à son impatiente furie. Il porta rapidement la main à sa poitrine, ouvrit son gilet, rompit avec violence une chaînette d'acier à laquelle était suspendu un petit portefeuille rouge, le prit, et le montrant par le guichet à Cecily, il lui dit d'une voix oppressée, haletante :

— Voilà de quoi faire tomber ma tête... tire le verrou... le portefeuille est à toi...

— Donne, mon tigre... — s'écria Cecily. Et tirant brusquement le verrou d'une main, de l'autre elle saisit le portefeuille...

Mais Jacques Ferrand ne le lui abandonna qu'au moment où il sentit la porte céder sous son effort... Mais si la porte céda... elle ne fit que s'entre-bâiller de la largeur d'un demi-pied environ, retenue qu'elle était à la hauteur de la serrure par la chaîne et les pitons. A cet obstacle imprévu, Jacques Ferrand se précipita contre la porte et l'ébranla d'un effort désespéré.

Cecily, avec la rapidité de la pensée, prit le portefeuille entre ses dents, ouvrit la croisée, jeta dans la cour un manteau, et aussi leste que hardie, se servant d'une corde à nœuds fixée à l'avance au balcon, elle se laissa glisser du premier étage dans la cour, rapide et légère comme une flèche qui tombe à terre... Puis, s'enveloppant à la hâte dans le manteau, elle courut à la loge du portier, l'ouvrit, tira le cordon, sortit dans la rue et sauta dans une voiture qui, depuis l'entrée de Cecily chez Jacques Ferrand, venait chaque soir, à tout évènement, par ordre du baron de Graün, stationner à vingt pas de la maison du notaire... Cette voiture partit au grand trot de deux vigoureux chevaux. Elle atteignit le boulevard avant que Jacques Ferrand se fût aperçu de la fuite de Cecily.

Revenons à ce monstre.. Par l'entre-bâillement de la porte, il ne pouvait apercevoir la fenêtre dont la créole s'était servie pour préparer et assurer sa fuite... D'un dernier coup furieux de ses larges épaules, Jacques Ferrand fit éclater la chaîne qui tenait la porte entr'ouverte... Il se précipita dans la chambre... Il ne trouva personne... La corde à nœuds se balançait encore au balcon de la croisée où il se pencha... Alors, de l'autre côté de la cour, à la clarté de la lune qui se dégageait des nuages amoncelés par l'ouragan, il vit, dans l'enfoncement de la voûte d'entrée, la porte cochère ouverte. Jacques Ferrand devina tout... Une dernière lueur d'espoir lui restait. Vigoureux et déterminé, il enjamba le balcon, se laissa glisser à son tour dans la cour au moyen de la corde et sortit en hâte de sa maison... La rue était déserte... Il ne vit personne. Il n'entendit d'autre bruit que le roulement lointain de la voiture qui emportait rapidement la créole. Le notaire pensa que c'était quelque carrosse attardé, et n'attacha aucune attention à cette circonstance.

Ainsi, pour lui aucune chance de retrouver Cecily, qui emportait avec elle la preuve de ses crimes!!! A cette épouvantable certitude, il tomba foudroyé sur une borne placée à sa porte. Il resta longtemps là, muet, immobile, pétrifié. Les yeux fixes, hagards, les dents serrées, la bouche écumante, labourant machinalement de ses ongles sa poitrine qu'il ensanglantait, il sentait sa pensée s'égarer et se perdre dans un abîme sans fond.

Lorsqu'il sortit de sa stupeur, il marchait pesamment et d'un pas mal assuré ; les objets vacillaient à sa vue comme s'il sortait d'une ivresse profonde. Il ferma violemment la porte de la rue et rentra dans sa cour... La pluie avait cessé. Le vent, continuant de souffler avec force, chassait de lourdes nuées grises qui voilaient, sans l'obscurcir, la clarté de la lune dont la lumière blafarde éclairait la maison.

Un peu calmé par l'air vif et froid de la nuit, Jacques Ferrand, espérant combattre son agitation intérieure par la précipitation de sa marche, s'enfonça dans les allées boueuses de son jardin, marchant à pas rapides, saccadés, et de temps à autre portant à son front ses deux poings crispés... Allant ainsi au hasard, il arriva au bout d'une allée, près d'une serre en ruines. Tout à coup il trébucha violemment contre un amas de terre fraîchement remuée. Il se baissa, regarda machinalement et vit quelques linges ensanglantés. Il se trouvait près de la fosse que Louise Morel avait creusée pour y cacher son enfant mort... Son enfant... qui était aussi celui de Jacques Ferrand... Malgré son endurcissement, malgré les effroyables craintes qui l'agitaient... Jacques Ferrand frissonna d'épouvante... Il y avait quelque chose de fatal dans ce rapprochement... Poursuivi par la punition vengeresse de sa LUXURE, le hasard le ramenait sur la fosse de son enfant... malheureux fruit de sa violence et de sa LUXURE.

Dans toute autre circonstance, Jacques Ferrand eût foulé cette sépulture avec une indifférence atroce ; mais ayant épuisé son énergie sauvage dans la scène que nous avons racontée, il se sentit saisi d'une faiblesse et d'une terreur soudaines... Son front s'inonda d'une sueur glacée, ses genoux tremblants se dérobèrent sous lui, et il tomba sans mouvement à côté de cette tombe ouverte.

CHAPITRE XXVI

La Force

Peut-être nous accusera-t-on, à propos de l'extension donnée aux scènes suivantes, de porter atteinte à l'*unité* de notre fable par quelques tableaux épisodiques ; mais il nous semble que dans ce moment surtout, où d'importantes questions pénitentiaires, questions qui touchent au vif de l'état social, sont à la veille d'être, sinon résolues (nos législateurs s'en garderont bien), du moins discutées, il nous semble que l'intérieur d'une prison, effrayant pandémonium, lugubre *thermomètre* de la *civilisation*, serait une étude opportune... En un mot, les physionomies variées des détenus de toutes classes, les relations de famille ou d'affection qui les rattachent encore au monde dont les murs de la prison les séparent, nous ont paru dignes d'intérêt.

On nous excusera donc d'avoir groupé autour de plusieurs prisonniers, personnages connus de cette histoire, d'autres figures secondaires, destinées à mettre en action, en relief, certaines idées critiques, et à compléter cette initiation à la *vie de prison*.

Entrons à la Force. Rien de sombre, rien de sinistre dans l'aspect de cette maison de détention, située rue du Roi de Sicile, au Marais. Au milieu de l'une des premières cours, on voit quelques massifs de terre plantés d'arbustes au pied desquels pointent déjà çà et là les pousses vertes et précoces des primevères et des perce-neige; un perron surmonté d'un porche en treillage, où serpentent les rameaux noueux de la vigne, conduit à l'un des sept ou huit promenoirs destinés aux détenus.

Les vastes bâtiments qui entourent ces cours ressemblent beaucoup à ceux d'une caserne ou d'une manufacture tenue avec un soin extrême. Ce sont de grandes façades de pierre blanche percées de hautes et larges fenêtres où circule abondamment un air vif et pur. Les dalles et le pavé des préaux sont d'une scrupuleuse propreté. Au rez-de-chaussée, de vastes salles chauffées pendant l'hiver, fraîchement aérées pendant l'été, servent durant le jour de lieu de conversation, d'atelier ou de réfectoire aux détenus. Les étages supérieurs sont consacrés à d'immenses dortoirs de dix ou douze pieds d'élévation, au carrelage net et luisant; deux rangées de lit de fer les garnissent, lits excellents, composés d'une paillasse, d'un moelleux et épais matelas, d'un traversin, de draps de toile bien blanche et d'une chaude couverture de laine.

A la vue de ces établissements réunissant toutes les conditions du bien-être et de la salubrité, on reste malgré soi fort surpris, habitué que l'on est à regarder les prisons comme des antres tristes, sordides, malsains et ténébreux. On se trompe. Ce qui est triste, sordide et ténébreux, ce sont des bouges où, comme Morel le lapidaire, tant de pauvres et honnêtes ouvriers languissent épuisés, forcés d'abandonner leur grabat à leur femme infirme, et de laisser avec un impuissant désespoir leurs enfants hâves, affamés, grelotter de froid dans leur paille infecte.

Même contraste entre la physionomie de l'habitant de ces deux demeures. Incessamment préoccupé des besoins de sa famille, auxquels il suffit à peine au jour le jour, voyant une folle concurrence amoindrir son salaire, l'artisan laborieux sera chagrin, abattu; l'heure du repos ne sonnera pas pour lui, une sorte de lassitude somnolente interrompra seule son travail exagéré... Puis, au réveil de ce douloureux assoupissement, il se retrouvera face à face avec les mêmes pensées accablantes sur le présent, avec les mêmes inquiétudes pour le lendemain. Bronzé par le vice, indifférent au passé, heureux de la vie qu'il mène, certain de l'avenir (il peut se l'assurer par un délit ou par un crime), regrettant la liberté sans doute, mais trouvant de larges compensations dans le bien-être matériel dont il jouit, certain d'emporter à sa sortie de prison une bonne somme d'argent, gagnée par un labeur commode et modéré; estimé, c'est-à-dire redouté de ses compagnons en raison de son cynisme et de sa perversité, le condamné, sera toujours insouciant et gai.

Encore une fois, que lui manque-t-il ? Ne trouve-t-il pas en prison un bon abri, un bon lit, bonne nourriture, salaire élevé [1], travail facile, et surtout et avant tout *société de son choix*, société, répétons-le, qui mesure sa considération à la grandeur des forfaits ? Un condamné endurci ne connaît donc ni la misère, ni la faim, ni le froid. Que lui importe l'horreur qu'il inspire aux honnêtes gens ? Il ne les voit pas, il n'en connaît pas. Ses crimes font sa gloire, son influence, sa force auprès des bandits au milieu desquels il passera désormais sa vie. Comment craindrait-il la honte ? Au lieu de graves et charitables remontrances qui pourraient le forcer à rougir et à se repentir du passé, il entend de farouches applaudissements qui l'encouragent au vol et au meurtre. A peine emprisonné, il médite de nouveaux forfaits. Quoi de plus logique ? S'il est découvert, arrêté derechef, il retrouvera le repos, le bien-être matériel de la prison, et ses hardis et joyeux compagnons de crime et de débauche... Sa corruption est-elle moins grande que celle des autres, manifeste-t-il, au contraire, le moindre remords, il est exposé à des railleries atroces, à des huées infernales, à des menaces terribles.

Enfin, chose si rare qu'elle est devenue l'exception de la règle, un condamné sort-il de cet épouvantable pandémonium avec la volonté ferme de revenir au bien par des prodiges de travail, de courage, de patience et d'honnêteté, a-t-il pu cacher son infamant passé ? la rencontre d'un de ses anciens camarades suffit pour renverser cet échafaudage de réhabilitation si péniblement élevé. Voici comment: Un libéré endurci propose une *affaire* à un libéré repentant; celui-ci, malgré de dangereuses menaces, refuse cette criminelle association; aussitôt une délation anonyme dévoile la vie de ce malheureux qui voulait à tout prix cacher et expier une première faute par une conduite honorable. Alors, exposé aux dédains ou au moins à la défiance de ceux dont il avait conquis l'intérêt à force de labeur et de probité, réduit à la détresse, aigri par l'injustice, égaré par le besoin, cédant à de funestes obsessions, cet homme, presque réhabilité, retombera encore et pour toujours au fond de l'abîme d'où il était si difficilement sorti.

Dans les scènes suivantes, nous tâcherons donc de démontrer les monstrueuses et inévitables conséquences *de la réclusion en*

[1] Salaire élevé, si l'on songe que, défrayé de tout, le condamné peut gagner de cinq à dix sous par jour. Combien est-il d'ouvriers qui puissent économiser une telle somme ?

commun. Après des siècles d'épreuves barbares, d'hésitations pernicieuses, on paraît comprendre qu'il est peu raisonnable de réunir dans une atmosphère abominablement viciée des gens qu'un air pur et salubre pourrait seul sauver. Que de siècles pour reconnaître qu'en agglomérant les êtres gangrenés, on redouble l'intensité de leur corruption, qui devient ainsi incurable ! Que de siècles pour reconnaître qu'il n'est, en un mot, qu'un remède à cette lèpre envahissante qui menace le corps social !... L'ISOLEMENT ! Nous nous estimerions heureux si notre faible voix pouvait être, sinon comptée, du moins entendue parmi toutes celles qui, plus imposantes, plus éloquentes que la nôtre, demandent, avec une si juste et si impatiente insistance, l'application complète, absolue, du *système cellulaire*. Un jour aussi, peut-être, la société saura que le mal est une maladie accidentelle et non pas organique ; que les crimes sont presque toujours des faits de subversion d'instincts, de penchants toujours bons dans leur essence, mais faussés, mais maléficiés par l'ignorance, l'égoïsme ou l'incurie des gouvernants, et que la santé de l'âme, comme celle du corps, est invinciblement subordonnée aux lois d'une hygiène salubre et préservatrice. Dieu donne à tous des organes impérieux, des appétits énergiques, le désir du bien-être ; c'est à la société d'équilibrer et de satisfaire ces besoins. L'homme qui n'a en partage que force, bon vouloir et santé, a *droit*, souverainement droit, à un labeur justement rétribué, qui lui assure, non le superflu, mais le nécessaire, mais le moyen de rester sain et robuste, actif et laborieux... partant honnête et bon, parce que sa condition sera heureuse. Les sinistres régions de la misère et de l'ignorance sont peuplées d'êtres morbides, aux cœurs flétris. Assainissez ces cloaques, répandez-y l'instruction, l'attrait du travail, d'équitables salaires, de justes récompenses ; et aussitôt ces visages maladifs, ces âmes étiolées renaîtront au bien, qui est la santé, la vie de l'âme.

. . . .

Nous conduirons le lecteur au parloir de la prison de la Force.
C'est une salle obscure, séparée dans sa longueur en deux parties égales par un étroit couloir à claires-voies. L'une des parties de ce parloir communique à l'intérieur de la prison : elle est destinée aux détenus ; l'autre communique au greffe : elle est destinée aux étrangers admis à visiter les prisonniers. Ces entrevues et ces conversations ont lieu à travers le double grillage de fer du parloir, en présence d'un gardien qui se tient à l'intérieur et à l'extrémité du couloir. L'aspect des prisonniers réunis au parloir ce jour-là offrait de nombreux contrastes : les uns étaient couverts de vêtements misérables, d'autres semblaient appartenir à la classe ouvrière, ceux-ci à la riche bourgeoisie. Les mêmes contrastes de condition se remarquaient parmi les personnes qui venaient voir les détenus : presque toutes sont des femmes. Généralement, les prisonniers ont l'air moins tristes que les visiteurs ; car, chose étrange, funeste et prouvée par l'expérience, il est peu de chagrins, de hontes, qui résistent à trois ou quatre jours *de*

prison passées en commun! Ceux qui s'épouvantent le plus de cette hideuse communion s'y habituent promptement; la contagion les gagne : environnés d'êtres dégradés, n'entendant que des paroles infâmes, une sorte de farouche émulation les entraîne, et, soit pour imposer à leurs compagnons en luttant de cynisme avec eux, soit pour s'étourdir par cette ivresse morale, presque toujours les nouveaux venus affichent autant de dépravation et d'insolente gaieté que les *habitués* de la prison.

Revenons au parloir. Malgré le bourdonnement sonore d'un grand nombre de conversations tenues à demi-voix d'un côté du couloir à l'autre, prisonniers et visiteurs finissaient, après quelque temps de pratique, par pouvoir causer entre eux, à la condition absolue de ne pas se laisser un moment distraire ou occuper par l'entretien de leurs voisins; ce qui créait une sorte de secret au milieu de ce bruyant échange de paroles, chacun étant forcé d'entendre son interlocuteur, mais de ne pas écouter un mot de ce qui se disait autour de lui. Parmi les détenus appelés au parloir par des visiteurs, le plus éloigné de l'endroit où siégeait le gardien était Nicolas Martial. Au morne abattement dont on l'a vu frappé lors de son arrestation avait succédé une assurance cynique. Déjà la contagieuse et détestable influence de la prison *en commun* portait ses fruits. Sans doute, s'il eût été aussitôt transféré dans une cellule solitaire, ce misérable, encore sous le coup de son premier accablement, face à face avec la pensée de ses crimes, épouvanté de la punition qui l'attendait, ce misérable eût éprouvé, sinon du repentir, au moins une frayeur salutaire dont rien ne l'eût distrait. Et qui sait ce que peut produire chez un coupable une méditation incessante, forcée, sur les crimes qu'il a commis et sur leurs châtiments?...

Loin de là, jeté au milieu d'une tourbe de bandits, aux yeux desquels le moindre signe de repentir est une lâcheté, ou plutôt une *trahison* qu'ils font chèrement expier, car, dans leur sauvage endurcissement, dans leur stupide défiance, ils regardent comme capable de les espionner tout homme (s'il s'en trouve) qui, triste et morne, regrettant sa faute, ne partage pas leur audacieuse insouciance et frémit à leur contact. Jeté, disons-nous, au milieu de ces bandits, Nicolas Martial, connaissant dès longtemps et par tradition les mœurs des prisons, surmonta sa faiblesse et voulut paraître digne d'un nom déjà célèbre dans les annales du vol et du meurtre. Quelques vieux repris de justice avaient connu son père le supplicié, d'autres son frère le galérien; il fut reçu et aussitôt patronné par ces vétérans du crime avec un intérêt farouche. Ce fraternel accueil de meurtrier à meurtrier exalta le fils de la veuve; ces louanges données à la perversité héréditaire de sa famille l'enivrèrent. Oubliant bientôt dans ce hideux étourdissement l'avenir qui le menaçait, il ne se souvint de ses forfaits passés que pour s'en glorifier et les exagérer encore aux yeux de ses compagnons.

L'expression de la physionomie de Martial était donc aussi insolente que celle de son visiteur était inquiète et consternée.

Ce visiteur était le père Micou, le recéleur-logeur du passage de la Brasserie, dans la maison duquel madame de Fermont et sa fille, victimes de la cupidité de Jacques Ferrand, avaient été obligées de se retirer. Le père Micou savait de quelles peines il était passible pour avoir maintes fois acquis à vil prix le prix des vols de Nicolas et de bien d'autres. Le fils de la veuve était arrêté, le recéleur se trouvait presque à la discrétion du bandit, qui pouvait le désigner comme son acheteur habituel. Quoique cette accusation ne pût être appuyée de preuves flagrantes, elle n'en était pas moins très dangereuse, très redoutable pour le père Micou; aussi avait-il immédiatement exécuté *les ordres* que Nicolas lui avait fait transmettre par un libéré sortant.

— Eh bien! comment ça va-t-il, père Micou? — lui dit le brigand.

— Pour vous servir, mon brave garçon, — lui répondit le recéleur avec empressement. — Dès que j'ai eu vu la personne que vous m'avez envoyée, tout de suite je me...

— Tiens! Pourquoi donc que vous ne me tutoyez plus, père Micou? — dit Nicolas en l'interrompant d'un air sardonique. — Est-ce que vous me méprisez... parce que je suis dans la peine?

— Non, mon garçon, je ne prise personne... — dit le recéleur, qui ne se souciait pas d'afficher sa familiarité avec ce misérable.

— Eh bien! alors dites-moi *tu*... comme d'habitude, ou je croirai que vous n'avez plus d'amitié pour moi, et ça me fendrait le cœur.

— A la bonne heure, — dit le père Micou en respirant. — Je me suis donc occupé tout de suite de tes petites commissions.

— Voilà qui est parlé, père Micou... Je savais bien que vous n'oublieriez pas les amis. Et mon tabac?

— J'en ai déposé deux livres au greffe, mon garçon.

— Il est bon?

— Tout ce qu'il y a de meilleur.

— Et le jambonneau?

— Aussi déposé avec un pain blanc de quatre livres, j'y ai ajouté une petite surprise à laquelle tu ne t'attendais pas... une demi-douzaine d'œufs durs et une belle *tête* de Hollande...

— C'est ce qui s'appelle se conduire en ami! et du vin?

— Il y a six bouteilles cachetées, mais tu sais qu'on ne t'en délivrera qu'une bouteille par jour.

— Que voulez-vous!... faut bien en passer par là...

— J'espère que tu es content de moi? mon garçon?

— Certainement, et je le serai encore, et je le serai toujours, père Micou, car ce jambonneau, ce fromage, ces œufs et ce vin ne dureront que le temps d'avaler... mais, comme dit l'autre, quand il n'y en aura plus, il y en aura encore, grâce au papa Micou, qui me donnera encore du *nanan* si je suis gentil.

— Comment! tu veux...

— Que dans deux ou trois jours vous me renouveliez mes petites provisions, père Micou.

— Que le diable me brûle si je le fais... c'est bon une fois.

— Bon une fois ? allons donc ! des jambons et du vin, c'est bon toujours, vous savez bien ça.

— C'est possible, mais je ne suis pas chargé de te nourrir de friandises.

— Ah ! père Micou !... c'est mal, c'est injuste ; me refuser du jambon, à moi qui vous ai si souvent porté du *gras-double*[1].

— Tais-toi donc malheureux ! — dit le recéleur effrayé.

— Non, j'en ferai juge le *curieux*[2] ; je lui dirai : Figurez-vous que le père Micou...

— C'est bon, c'est bon, — s'écria le recéleur, voyant avec autant de crainte que de colère Nicolas très disposé à abuser de l'empire que leur donnait leur complicité ; — j'y consens... je te renouvellerai ta provision quand elle sera finie.

— C'est juste... rien que juste... Faudra pas non plus oublier d'envoyer du café à ma mère et à Calebasse, qui sont à Saint-Lazare ; elles prenaient leur tasse tous les matins... ça leur manquerait...

— Encore ! mais tu veux donc me ruiner, gredin !...

— Comme vous voudrez, père Micou... n'en parlons plus... je demanderai au *curieux* si...

— Va donc pour le café... — dit le recéleur en l'interrompant. — Mais que le diable t'emporte !... maudit soit le jour où je t'ai connu !...

— Mon vieux... moi c'est tout le contraire... dans ce moment, je suis ravi de vous connaître... Je vous vénère comme mon père nourricier.

— J'espère que tu n'as rien de plus à m'ordonner ?... — reprit le père Micou avec amertume.

— Si... vous direz à ma mère et à ma sœur que, si j'ai tremblé quand on m'a arrêté, je ne tremble plus, et que je suis maintenant aussi déterminé qu'elles deux.

— Je le leur dirai... Est-ce tout ?

— Attendez donc... J'oubliais de vous demander deux paires de bas de laine bien chauds... vous ne voudriez pas que je m'enrhume, n'est-ce pas ?

— Je voudrais que tu crèves !

— Merci, père Micou, ça sera pour plus tard ; aujourd'hui j'aime autant autre chose... je veux la passer douce... Au moins, si on me raccourcit comme mon père... j'aurai joui de la vie.

— Elle est propre, ta vie.

— Elle est superbe !... depuis que je suis ici je m'amuse comme un roi... S'il y avait eu des lampions et des fusées, on aurait illuminé et tiré des fusées en mon honneur, quand on a su que j'étais le fils du fameux Martial, le guillotiné.

— C'est touchant... belle parenté !

— Tiens ! il y a bien des ducs et des marquis... pourquoi donc

---

1. Du plomb volé. — 2. Le juge.

que nous n'aurions pas notre noblesse, nous autres ! — dit le brigand avec une ironie farouche.

— Oui... c'est *Charlot*[1] qui vous les donne sur la place du Palais, vos lettres de noblesse...

— Bien sûr que ce n'est pas monsieur le curé ; raison de plus ; en prison faut être de la noblesse de *la haute pègre*[2] pour avoir de l'agrément, sans ça on vous regarde comme des rien de tout. Faut voir comme on les arrange, ceux qui ne sont pas *nobles de pègre* et qui font leur tête... Tenez, il y a ici justement un nommé Germain, un petit jeune homme qui fait le dégoûté et qui a l'air de nous mépriser. Gare à sa peau ! c'est un sournois, on le soupçonne d'être un *mouton*. Si ça est, on lui grignotera le nez... en manière d'avis.

— Germain ? ce jeune homme s'appelle Germain ?

— Oui, vous le connaissez ? il est donc de la pègre ? Alors, malgré son air colas...

— Je ne le connais pas... mais s'il est le Germain dont j'ai entendu parler, son compte est bon.

— Comment ?

— Il a déjà manqué de tomber dans un guet-apens que Velu et le Gros Boiteux lui ont tendu il y a quelque temps.

— Pourquoi donc ça ?

— Je n'en sais rien... Ils disaient qu'en province il avait *coqué*[3] quelqu'un de leur bande.

— J'en étais sûr... Germain est un *mouton*... Eh bien ! on en mangera, du mouton... Je vas dire ça aux amis... ça leur donnera de l'appétit... Ah çà ! le Gros-Boiteux fait-il toujours des niches à vos locataires ?

— Dieu merci ! j'en suis débarrassé, de ce vilain gueux-là ! tu le verras ici aujourd'hui ou demain.

— Vive la joie ! nous allons rire ! En voilà encore un qui ne boude pas !

— C'est parce qu'il va retrouver Germain... que je t'ai dit que le compte de ce jeune homme serait bon... si c'est le même...

— Et pourquoi l'a-t-on pincé, le Gros-Boiteux ?

— Pour un vol commis avec un libéré qui voulait rester honnête et travailler ! Ah bien, oui ! le Gros-Boiteux l'a joliment enfoncé... Il a tant de vice, ce gueux-là... Je suis sûr que c'est lui qui a forcé la malle de ces deux femmes qui occupent chez moi le cabinet du quatrième.

— Quelles femmes ? Ah ! oui... deux femmes, dont la plus jeune vous incendiait, vieux brigand, tant vous la trouviez gentille.

---

1. Le bourreau. — 2. Des grands voleurs. — 3. Dénoncé. — On se souvient que Germain, élevé pour le crime par un ami de son père, le Maître d'école, ayant refusé de favoriser un vol que l'on voulait commettre chez un banquier où il était employé à Nantes, avait instruit son patron de ce qu'on tramait contre lui, et s'était réfugié à Paris. Quelque temps après, ayant rencontré dans cette ville le misérable dont il avait refusé d'être le complice à Nantes, Germain, épié par lui, avait manqué d'être victime d'un guet-apens nocturne. C'était pour échapper à de nouveaux dangers qu'il avait quitté la rue du Temple et tenu secret son nouveau domicile.

— Elles n'incendieront plus personne ; car, à l'heure qu'il est, la mère doit être morte, et la fille n'en vaut guère mieux. J'en serai pour une quinzaine de loyer ; mais que le diable me brûle si je donne seulement une loque pour les enterrer !... J'ai fait assez de pertes, sans compter les douceurs que tu me *pries* de donner à toi et à ta famille : ça arrange joliment mes affaires... J'ai la chance cette année...

— Bah ! bah ! vous vous plaignez toujours, père Micou ; vous êtes riche comme un Crésus... Ah çà ! que je ne vous retienne pas !...

— C'est heureux !

— Vous viendrez me donner des nouvelles de ma mère et de Calebasse, en m'apportant d'autres provisions ?

— Oui... il le faut bien...

— Ah ! j'oubliais : pendant que vous y êtes, achetez-moi aussi une casquette neuve, en velours écossais, avec un gland ; la mienne n'est plus mettable.

— Ah çà ! décidément, tu veux rire ?

— Non, père Micou, je veux une casquette en velours écossais... C'est mon idée.

— Mais tu t'acharnes donc à me mettre sur la paille ?

— Voyons, père Micou, ne vous échauffez pas ; c'est oui, ou c'est non. Je ne vous force pas... mais suffit.

Le recéleur, en réfléchissant qu'il était à la merci de Nicolas, se leva, craignant d'être assailli de nouvelles demandes, s'il prolongeait sa visite.

— Tu auras ta casquette, dit-il ; — mais prends garde, si tu me demandes autre chose, je ne te donnerai plus rien ; il en arrivera ce qui pourra, tu y perdras autant que moi.

— Soyez tranquille, père Micou, je ne vous *ferai chanter*[1] qu'autant qu'il en faudra pour que vous ne perdiez pas votre voix ; car ce serait dommage, vous *chantez* bien.

Le recéleur sortit en haussant les épaules avec colère, et le gardien fit rentrer Nicolas dans l'intérieur de la prison. Au moment où le père Micou quittait le parloir destiné aux détenus, Rigolette y entrait.

Le gardien, homme de quarante ans, ancien soldat à figure rude et énergique, était vêtu d'un habit-veste, d'une casquette et d'un pantalon bleu ; deux étoiles d'argent étaient brodées sur le collet et les retroussis de son habit. A la vue de la grisette, la figure de cet homme s'éclaircit et prit une expression d'affectueuse bienveillance : il avait toujours été frappé de la grâce, de la gentillesse et de la bonté touchante avec laquelle Rigolette consolait Germain lorsqu'elle venait au parloir s'entretenir avec lui.

Germain était de son côté un prisonnier peu ordinaire ; sa réserve, sa douceur et sa tristesse inspiraient un vif intérêt aux employés de la prison, intérêt qu'on se gardait d'ailleurs de lui témoigner, de peur de l'exposer aux mauvais traitements de ses

---

[1]. Forcer à donner de l'argent en menaçant de faire certaines révélations.

hideux compagnons, qui nous l'avons dit, le regardaient avec une haine méfiante.

Au dehors il pleuvait à torrents ; mais grâce à ses socques élevés et à son parapluie, Rigolette avait courageusement bravé le vent et la pluie.

— Quel vilain jour, ma pauvre demoiselle ! — lui dit le gardien avec bonté. — Il faut du cœur pour sortir par un temps pareil, au moins !

— Quand on pense toute la route au plaisir qu'on va faire à un pauvre prisonnier, on ne s'inquiète guère du temps, allez, monsieur.

— Je n'ai pas besoin de vous demander qui vous venez voir...

— Sûrement... Et comment va-t-il, mon pauvre Germain ?

— Tenez, ma chère demoiselle, j'en ai bien vu, des détenus ; ils étaient tristes, tristes un jour, deux jours, et puis peu à peu ils se mettaient au train train des autres ; et les plus chagrins dans les premiers temps finissaient souvent par devenir les plus gais de tous... M. Germain, ce n'est pas cela, il a l'air de plus en plus accablé, lui.

— C'est ce qui me désole.

— Quand je suis de service dans les cours, je le regarde du coin de l'œil, il est toujours seul... Je vous l'ai déjà dit, vous devriez lui recommander de ne pas s'isoler ainsi... de prendre sur lui pour parler aux autres ; il finira par être une bête noire... Les préaux sont surveillés ; mais un mauvais coup est bientôt fait.

— Ah ! mon Dieu ! monsieur... est-ce qu'il y a davantage de danger pour lui ? s'écria Rigolette.

— Pas précisément ; mais ces bandits-là voient qu'il n'est pas des leurs, et ils le haïssent parce qu'il a l'air honnête et fier.

— Je lui avais pourtant recommandé de faire ce que vous me dites-là, monsieur, de tâcher de parler aux moins méchants ; mais c'est plus fort que lui, il ne peut surmonter sa répugnance.

— Il a tort... il a tort... une rixe est bien vite engagée.

— Mon Dieu ! mon Dieu ! on ne peut donc pas le séparer d'avec les autres ?

— Depuis deux ou trois jours que je me suis aperçu de leurs mauvaises intentions à son égard, je lui avais conseillé de se mettre ce que nous appelons à la *pistole*, c'est-à-dire en chambre.

— Eh bien ?

— Je n'avais pas pensé à une chose... toute une rangée de cellules est comprise dans les travaux de réparation qu'on fait à la prison, et les autres sont occupées.

— Mais ces mauvais hommes sont capables de le tuer ! — s'écria Rigolette, dont les yeux se remplirent de larmes. Et si par hasard il avait des protecteurs, que pourraient-ils pour lui, monsieur ?

— Rien autre chose que de lui faire obtenir ce qu'obtiennent les détenus qui peuvent la payer, une chambre à la pistole.

— Hélas !... alors il est perdu, s'il est pris en haine à la prison...

— Rassurez-vous, on y veillera de près... Mais, je vous le répète, ma chère demoiselle... conseillez-lui de se familiariser un peu... il n'y a que le premier pas qui coûte !

— Je lui recommande cela de toutes mes forces, monsieur ; mais pour un bon et honnête cœur, c'est dur, voyez-vous, de se familiariser avec des gens pareils.

— De deux maux il faut choisir le moindre. Allons, je vais demander M. Germain. Mais au fait, tenez, j'y pense, — dit le gardien en se ravisant, — il ne reste plus que deux visiteurs.. attendez qu'ils soient partis... il n'en reviendra pas d'autres aujourd'hui... car voilà deux heures... je ferai prévenir M. Germain, vous causerez plus à l'aise... Je pourrai même, quand vous serez seuls, le faire entrer dans le couloir, de façon que vous ne serez séparés que par une grille au lieu de deux : c'est toujours cela.

— Ah ! monsieur, combien vous êtes bon... que je vous remercie !

— Chut ! qu'on ne vous entende pas, ça ferait des jaloux. Asseyez-vous là-bas au bout du banc, et dès que cet homme et cette femme seront partis, j'irai prévenir M. Germain.

Le gardien rentra à son poste dans l'intérieur du couloir ; Rigolette alla tristement se placer à l'extrémité du banc où s'asseyaient les visiteurs.

Pendant que la grisette attend l'arrivée de Germain, nous ferons successivement assister le lecteur à l'entretien des prisonniers qui étaient restés dans le parloir après le départ de Nicolas Martial.

QUATRIÈME PARTIE

CHAPITRE PREMIER

Pique-Vinaigre.

Le détenu qui se trouvait à côté de Barbillon était un homme de quarante-cinq ans environ, grêle, chétif, et d'une physionomie fine, intelligente, joviale et railleuse ; il avait une bouche énorme, presque entièrement édentée ; dès qu'il parlait, il la contournait de droite à gauche, selon l'habitude assez générale des gens accoutumés à s'adresser à la populace des carrefours ; son nez était camard, sa tête démesurément grosse, presque complètement chauve ; il portait un vieux gilet de tricot gris, un pantalon d'une couleur inappréciable, lacéré, rapiécé en mille endroits ; ses pieds nus, rougis par le froid, à demi enveloppés de vieux linges, étaient chaussés de sabots. Cet homme, nommé Fortuné Gobert, dit *Pique-*

Vinaigre, ancien joueur de gobelets, réclusionnaire libéré d'une condamnation pour crime d'émission de fausse monnaie, était prévenu de rupture de ban et de vol commis la nuit avec effraction et escalade. Écroué depuis très peu de jours à la Force, déjà Pique-Vinaigre remplissait, à la satisfaction générale de ses compagnons de prison, le métier de *conteur*.

Aujourd'hui les *conteurs* sont très rares ; mais autrefois chaque chambrée avait généralement, moyennant une légère contribution individuelle, son conteur d'office, qui, par ses improvisations, faisait paraître moins longues les interminables soirées d'hiver, les détenus se couchant à la fin du jour. S'il est assez curieux de signaler ce besoin de fictions, de récits émouvants qui se retrouve chez ces misérables, il est une chose bien plus considérable aux yeux des penseurs : ces gens corrompus jusqu'à la moelle, ces voleurs, ces meurtriers, préfèrent surtout les *histoires* où sont exprimés des sentiments généreux, héroïques, les récits où la faiblesse et la bonté sont vengées d'une oppression farouche. Il en est de même des filles perdues, elles affectionnent singulièrement la lecture des romans naïfs, touchants et élégiaques, et répugnent presque toujours aux lectures obscènes. L'instinct naturel du bien, joint au besoin d'échapper par la pensée à tout ce qui leur rappelle la dégradation où elles vivent, ne cause-t-il pas chez ces malheureuses les sympathies et les répulsions intellectuelles dont nous venons de parler ?

Pique-Vinaigre excellait donc dans ce genre de récits héroïques où la faiblesse après mille traverses, finit par triompher de son persécuteur. Pique-Vinaigre possédait en outre un grand fonds d'ironie qui lui avait valu son sobriquet, ses reparties étant souvent sardoniques ou plaisantes. Il venait d'entrer au parloir. En face de lui, de l'autre côté de la grille, on voyait une femme de trente-cinq ans environ, d'une figure pâle, douce et intéressante, pauvrement, mais proprement vêtue ; elle pleurait amèrement et tenait son mouchoir sur ses yeux.

Pique-Vinaigre la regardait avec un mélange d'impatience et d'affection.

— Voyons donc, Jeanne, — lui dit-il, — ne fais pas l'enfant ; voilà seize ans que nous ne nous sommes vus ; si tu gardes toujours ton mouchoir sur tes yeux, ça n'est pas le moyen de nous reconnaître...

— Mon frère, mon pauvre Fortuné... j'étouffe... je ne peux pas parler.

— Es-tu drôle... va !... Mais qu'est-ce que tu as ?...

Sa sœur, car cette femme était sa sœur contint ses sanglots, essuya ses yeux, et, le regardant avec stupeur, reprit : Ce que j'ai ? Comment ! je te retrouve en prison, toi qui y es déjà resté quinze ans !...

— C'est vrai ; il y a aujourd'hui six mois que je suis sorti de la *centrale* de Melun... sans t'aller voir à Paris, parce que la *capitale* m'était défendue...

— Déjà repris !... Qu'est-ce que tu as donc encore fait, mon

Dieu ? Pourquoi as-tu quitté Beaugency, où on t'avait envoyé en surveillance ?

— Pourquoi ?... Faudrait me demander pourquoi j'y suis allé...

— Tu as raison.

— D'abord, ma pauvre Jeanne, puisque ces grilles sont entre nous deux, figure-toi que je t'ai embrassée, serrée dans mes bras, comme ça se doit quand on revoit sa sœur après une éternité... Maintenant, causons : Un détenu de Melun, qu'on appelait le Gros-Boiteux, m'avait dit qu'il y avait à Beaugency un ancien forçat de sa connaissance qui employait des libérés à une fabrique de blanc de céruse... Sais-tu ce que c'est que fabriquer du blanc de céruse ?

— Non, mon frère.

— C'est un bien joli métier ; ceux qui le font, au bout d'un mois ou deux, attrapent la *colique de plomb*... Sur trois *coliqués*, il y en a un qui crève... Par exemple, faut être juste, les deux autres crèvent aussi... mais à leur aise... ils prennent leur temps... se gobergent et durent environ un an, dix-huit mois au plus... Après ça, le métier n'est pas si mal payé qu'un autre, et il y a des gens nés coiffés qui y résistent deux ou trois ans... Mais ceux-là sont les anciens, les centenaires des *blanc-de-cérusiens*. On en meurt, c'est vrai... mais il n'est pas fatigant.

— Et pourquoi as-tu choisi un état si dangereux qu'on en meurt, mon pauvre Fortuné ?

— Qu'est-ce que tu voulais que je fasse ? Quand je suis entré à Melun pour cette affaire de fausse monnaie, j'étais joueur de gobelets. Comme à la prison il n'y avait pas d'atelier pour mon état, et que je ne suis pas plus fort qu'une puce, on m'a mis à la fabrication des jouets d'enfants. C'était un fabricant de Paris qui trouvait plus avantageux de faire confectionner par les détenus ses pantins, ses trompettes de bois et ses sabres *idem*... Aussi, c'est le cas de dire : *Sabre de bois !* en ai-je affilé, percé et taillé pendant quinze ans, de ces jouets ! je suis sûr que j'en ai défrayé les moutards de tout un quartier de Paris... c'était surtout aux trompettes que je mordais... Et les crécelles, donc !... Avec deux de ces instruments-là on aurait fait grincer les dents à tout un bataillon, je m'en vante... Mon temps de prison fini, me voilà surtout passé maître en fait de trompettes à deux sous. On me donne à choisir pour lieu de ma résidence entre trois ou quatre bourgs, à quarante lieues de Paris ; j'avais pour toute ressource mon savoir-faire en jouets d'enfants... or, en admettant que, depuis les vieillards jusqu'aux marmots, tous les habitants du bourg auraient eu la passion de faire *turlututu* dans mes trompettes, j'aurais eu encore bien de la peine à faire mes frais ; mais je ne pouvais insinuer à toute une bourgade de trompetter du matin au soir... On m'aurait pris pour un intrigant...

— Mon Dieu... tu ris toujours...

— Cela vaut mieux que de pleurer... Finalement, voyant qu'à quarante lieues de Paris mon métier d'escamoteur ne me serait pas plus de ressource que mes trompettes, j'ai demandé la surveillance à Beaugency, voulant m'engager dans les *blanc-de-céru-siens*. C'est une pâtisserie qui vous donne des indigestions de *miserere* ; mais, jusqu'à ce qu'on en crève, on en vit, c'est toujours ça de gagné, et j'aimais autant cet état-là que celui de voleur ; pour voler, je ne suis pas assez brave ni assez fort, et c'est par pur hasard que j'ai commis la *chose* dont je te parlerai tout à l'heure.

— Tu aurais été brave et fort, que par *idée* tu n'aurais pas volé davantage.

— Ah ! tu crois cela, toi ?

— Oui, au fond tu n'es pas méchant ; car dans cette malheureuse affaire de fausse monnaie tu as été entraîné malgré toi, presque forcé, tu le sais bien.

— Oui, ma fille ; mais, vois tu, quinze ans dans une maison centrale... ça vous *culotte* un homme comme mon brûle-gueule que voilà, quand même il serait entré à la geôle blanc comme une pipe neuve ; en sortant de Melun, je me sentais trop poltron pour voler.

— Et tu avais le courage de prendre un métier mortel ! Tiens, Fortuné, je te dis que tu veux te faire plus mauvais que tu ne l'es.

— Attends donc... Tout gringalet que j'étais, j'avais dans l'idée, que le diable m'emporte si je sais pourquoi ! que je ferais la nique à la colique de plomb, que la maladie aurait trop peu à ronger sur moi, et qu'elle irait ailleurs ; enfin, que je deviendrais un des vieux *blanc-de-cérusiens*... En sortant de prison, je commence par fricasser ma masse, bien entendu augmentée de ce que j'avais gagné en contant des histoires le soir à la chambrée.

— Comme tu nous en contais autrefois, mon frère. Ça amusait tant notre pauvre mère, t'en souviens-tu ?

— Pardieu... Bonne femme ! Et elle ne s'est jamais doutée, avant de mourir, que j'étais à Melun ?

— Jamais... jusqu'à son dernier moment elle a cru que tu étais passé aux îles...

— Que veux tu, ma fille, mes bêtises, c'est de la faute de mon père, qui m'avait dressé pour être paillasse, pour l'assister dans ses tours de gobelets, manger de l'étoupe et cracher du feu ; ce qui faisait que je n'avais pas le temps de frayer avec des fils de pairs de France, et j'ai fait de mauvaises connaissances. Mais, pour revenir à Beaugency, une fois sorti de Melun, je fricasse ma masse, comme de juste. Après quinze ans de cage, il faut bien prendre un peu l'air et égayer son existence, d'autant plus que sans être trop gourmand le blanc de céruse pouvait me donner une dernière indigestion ; alors à quoi m'aurait servi mon argent de prison... je te le demande... Finalement, j'arrive à Beaugency à peu près sans le sou ; je demande Velu, l'ami du Gros-Boiteux, le chef de fabrique... Serviteur ! pas plus de fabrique de blanc de céruse que dessus la main ; il y était mort onze personnes dans l'année ; l'ancien forçat avait fermé boutique. Me voilà au milieu de ce bourg, toujours avec mon talent pour le trompettes de bois pour tout potage, et ma cartouche de libéré pour toute recommandation. Je demande à m'employer selon ma force, et comme je n'avais pas de force, tu comprends comme on me reçoit : voleur par-ci, gueux par-là, échappé de prison ! enfin, dès que je paraissais quelque part, chacun mettait ses mains sur ses poches ; je ne pouvais donc pas m'empêcher de crever de faim dans un trou pareil, que je ne devais pas quitter pendant cinq ans. Voyant ça, je romps mon ban pour venir à Paris utiliser mes talents. Comme je n'avais pas de quoi venir en carrosse à quatre chevaux, je suis venu en gueusant et en mendiant tout le long de la route, évitant les gendarmes comme un chien les coups de bâton ; j'avais eu du bonheur, j'étais arrivé sans encombre jusqu'auprès d'Auteuil. J'étais harassé, j'avais une faim d'enfer, j'étais vêtu... comme tu vois, sans luxe... — Et Pique-Vinaigre jeta un coup d'œil goguenard sur ses haillons. — Je ne portais pas un sou sur moi, je pouvais être arrêté comme vagabond... Ma foi, une occasion s'est présentée, le diable m'a tenté, et malgré ma poltronnerie...

— Assez... mon frère, assez... — dit sa sœur, craignant que le gardien, quoiqu'à ce moment assez éloigné de Pique-Vinaigre, n'entendît ce dangereux aveu.

— Tu as peur qu'on n'écoute ? — reprit-il ; — sois tranquille, je ne m'en cache pas, j'ai été pris sur le fait ; il n'y avait pas moyen de nier ; j'ai tout avoué, je sais ce qui m'attend ; mon compte est bon.

— Mon Dieu ! mon Dieu ! — reprit la pauvre femme en pleurant, — avec quel sang-froid tu parles de cela...

— Quand j'en parlerais avec un sang chaud, qu'est-ce que j'y gagnerais ? Voyons... sois donc raisonnable, Jeanne ; faut-il que ce soit moi qui te console ?... — Jeanne essuya ses larmes et soupira. — Pour en revenir à mon affaire, — reprit Pique-Vinaigre, — j'étais arrivé tout près d'Auteuil, à la brune ; je n'en pouvais plus ; je ne voulais entrer dans Paris qu'à la nuit ; je m'étais assis derrière une haie pour me reposer et réfléchir à mon plan de campagne. A force de réfléchir, j'ai fini par m'endormir ; un bruit de voix m'a réveillé ; il faisait tout à fait nuit ; j'écoute... c'était un homme et une femme qui causaient sur la route, de l'autre côté de ma haie ; l'homme disait à la femme : « Qui veux-tu qui pense à venir nous voler ? Est-ce que nous n'avons pas cent fois laissé la maison toute seule ? — Oui, que reprend la femme ; mais nous n'y avions pas cent francs dans notre commode. — Qu'est-ce qui le sait, bête ? dit le mari. — T'as raison, » reprend la femme ; et ils filent. Ma foi ! l'occasion me paraît trop belle pour la manquer ; il n'y avait aucun danger. J'attends que l'homme et la femme soient un peu loin pour sortir de derrière ma haie ; je regarde : à vingt pas de là, je vois une petite maison de paysans ; ça devait être la maison aux cent francs ; il n'y avait que cette bicoque sur la route ; Auteuil était à cinq cents pas de là... Je me dis : Courage, mon vieux ; il n'y a personne, il fait nuit ; s'il n'y a pas de chien de garde (tu sais que j'ai toujours eu peur des chiens), l'affaire est faite... Par bonheur il n'y avait pas de chien. Pour être plus sûr, je cogne à la porte, rien... ça m'encourage. Les volets du rez-de-chaussée étaient fermés ; je passe mon bâton entre eux deux, je les force, j'entre par la fenêtre dans une chambre ; il restait un peu de feu dans la cheminée, ça m'éclaire ; je vois une commode dont la clef était ôtée ; je prends la pincette, je force les tiroirs, et sous un tas de linge je trouve le magot enveloppé dans un vieux bas de laine ; je ne m'amuse pas à prendre autre chose ; je saute par la fenêtre... et je tombe... devine où ?... Voilà une chance !...

— Mon Dieu ! dis donc !

— Sur le dos du garde-champêtre qui rentrait au village.

— Quel malheur !...

— La lune s'était levée ; il me voit sortir par la fenêtre ; il m'empoigne... C'était un camarade qui en aurait mangé dix comme moi... Trop poltron pour résister, je me résigne. Je tenais encore le bas à la main ; il entend sonner l'argent, il prend le tout, le met dans sa gibecière, et me force de le suivre à Auteuil. Nous arrivons chez le maire avec accompagnement de gamins et de gendarmes ; on va attendre les propriétaires chez eux ; à leur retour, ils font leur déclaration... Il n'y avait pas moyen de nier ; j'avoue tout, je signe le procès-verbal ; on me met les menottes... et en route...

— Et te voilà en prison encore... pour longtemps peut-être ?

— Écoute, Jeanne, je ne veux pas te tromper, ma fille : autant te dire cela tout de suite...

— Quoi donc encore, mon Dieu ?

— Voyons, du courage !...

— Mais parle donc !

— Eh bien, il ne s'agit plus de prison...

— Comment cela ?

— A cause de la récidive, de l'effraction et de l'escalade de nuit dans une maison habitée... l'avocat me l'a dit, c'est un compte fait comme des petits pâtés... j'en aurai pour quinze ou vingt ans de bagne et l'exposition par-dessus le marché.

— Aux galères, mais toi si faible, tu y mourras ! — s'écria la malheureuse femme en éclatant en sanglots...

— Et si je m'étais enrôlé dans les *blanc-de-cérusiens* ?...

— Mais les galères, mon Dieu ! les galères !

— C'est la prison au grand air, avec une casaque rouge au lieu d'une brune, et puis j'ai toujours été curieux de voir la mer... Quel badaud de Parisien je fais... hein !

— Mais l'exposition... malheureux !... Être là exposé au mépris de tout le monde... Oh ! mon Dieu ! mon Dieu ! mon pauvre frère !...

Et l'infortunée se reprit à pleurer.

— Voyons, voyons, Jeanne... sois donc raisonnable... c'est un mauvais quart d'heure à passer... et encore je crois qu'on est assis... Et puis, est-ce que je ne suis pas habitué à voir la foule ?

Quand je faisais mes tours de gobelets, j'avais toujours un tas de monde autour de moi ; je me figurerai que j'escamote ; et si ça me fait trop d'effet je fermerai les yeux ; ce sera comme si on ne me voyait pas.

En parlant avec autant de cynisme, ce malheureux voulait moins faire acte d'une criminelle insensibilité que consoler et rassurer sa sœur par cette apparence d'indifférence. Pour un homme habitué aux mœurs des prisons, et chez lequel toute honte est nécessairement morte, le bagne n'est, en effet, qu'un changement de condition, un *changement de casaque*, comme Pique-Vinaigre le disait avec une effrayante vérité. Beaucoup de détenus des prisons centrales, préférant même le bagne, à cause de la vie bruyante qu'on y mène, commettent souvent des tentatives de meurtre pour être envoyés à Brest ou à Toulon. Cela se conçoit avant d'entrer au bagne, ils avaient presque autant de labeur, selon leur profession. La condition des plus honnêtes ouvriers des ports n'est pas moins rude que celle des forçats ; ils entrent aux ateliers et en sortent aux mêmes heures, enfin les grabats où ils reposent leurs membres brisés de fatigue ne sont souvent pas meilleurs que ceux de la chiourme.

Ils sont libres ! dira-t-on. Oui, libres, un jour... le dimanche, et ce jour est aussi un jour de repos pour les forçats. Mais ils n'ont pas la honte, la flétrissure ? Eh ! qu'est-ce que la honte et la flétrissure pour ces misérables qui, chaque jour, se bronzent l'âme dans cette fournaise infernale, qui prennent tous les grades d'infamie dans cet école mutuelle de perdition, où les plus criminels sont les plus considérés ?

Telles sont donc les conséquences du système de pénalité actuelle :

L'incarcération est très recherchée ; le bagne... souvent demandé...

. . . .

— Vingt ans de galères, mon Dieu ! mon Dieu ! — répétait la pauvre sœur de Pique-Vinaigre.

— Mais rassure-toi donc, Jeanne, on ne m'en donnera que pour mon argent ; je suis trop faible pour qu'on me mette aux travaux de force... S'il n'y a pas de fabrique de trompettes et de sabres de bois, comme à Melun, on me mettra au travail doux, on m'emploiera à l'infirmerie ; je ne suis pas récalcitrant, je suis bon enfant, je conterai des histoires comme j'en conte ici, je me ferai *adorer de mes chefs, estimer de mes camarades*, et je t'enverrai des noix de coco gravées et des boîtes de paille pour mes neveux et pour mes nièces. Enfin le vin est tiré, il faut le boire.

— Si tu m'avais seulement écrit que tu venais à Paris, j'aurais tâché de te cacher et de t'héberger en attendant que tu aies trouvé de l'ouvrage.

— Pardieu ! je comptais bien aller chez toi, mais j'aimais mieux y arriver les mains pleines ; car d'ailleurs, à ta mise, je vois que tu ne roules pas non plus carrosse. Ah çà ! et tes enfants ? et ton mari ?

— Ne me parle pas de lui.

— Toujours bambocheur? c'est dommage, bon ouvrier, tout de même.

— Il me fait bien du mal... va... j'avais assez de mes autres peines sans avoir encore celle que tu me fais...

— Comment! ton mari...

— Depuis trois ans il m'a quittée, après avoir vendu tout notre ménage, me laissant avec mes enfants sans rien, avec ma paillasse pour tout mobilier.

— Tu ne m'avais pas dit cela!

— A quoi bon!... ça t'aurait chagriné.

— Pauvre Jeanne! Et comment as-tu fait... toute seule avec tes trois enfants?

— Dame! j'ai eu beaucoup de mal; je travaillais à ma tâche comme frangeuse, tant que je pouvais; les voisines m'aidaient un peu, gardaient mes enfants pendant que j'étais sortie; et puis moi, qui n'ai pas toujours la chance, j'ai eu du bonheur une fois dans ma vie; mais ça ne m'a pas profité, à cause de mon mari...

— Pourquoi donc cela?

— Mon passementier avait parlé de ma peine à une de ses pratiques, lui apprenant comment mon mari m'avait laissée sans rien, après avoir vendu notre ménage, et que malgré ça je travaillais de toutes mes forces pour élever mes enfants. Un jour, en rentrant, qu'est-ce que je trouve? mon ménage remonté à neuf, un bon lit, des meubles, du linge : c'était une charité de la pratique de mon passementier.

— Brave pratique!... pauvre sœur!... Pourquoi diable aussi ne m'as-tu pas écrit pour m'apprendre ta gêne? Au lieu de dépenser ma masse, je t'aurais envoyé de l'argent.

— Moi libre, te demander, à toi prisonnier...

— Justement.. J'étais nourri, chauffé, logé aux frais du gouvernement; ce que je gagnais était tout bénéfice : sachant le beau-frère bon ouvrier, et toi bonne ouvrière ménagère, j'étais tranquille, et j'ai fricassé ma masse les yeux fermés, la bouche ouverte.

— Mon mari était bon ouvrier, c'est vrai; mais il s'est dérangé. Enfin, grâce à ce secours inattendu, j'ai repris bon courage : ma fille aînée commençait à gagner quelque chose; nous étions heureux, sans le chagrin de te savoir à Melun. L'ouvrage allait, mes enfants étaient proprement habillés; ils ne manquaient à peu près de rien, ça me donnait un cœur... un cœur!... j'étais même parvenue à mettre trente-cinq francs de côté, lorsque tout à coup mon mari revient. Je ne l'avais pas vu depuis un an; me trouvant bien emménagée, bien nippée, il n'en fait ni une ni deux, il me prend mon argent, s'installe chez nous sans travailler, se grise tous les jours, et me bat quand je me plains.

— Le gueux!

— Ce n'est pas tout, il avait logé dans un cabinet de notre logement une mauvaise femme avec laquelle il vivait; il fallait encore souffrir cela pour la seconde fois. Il recommença à vendre petit à petit les meubles que j'avais. Prévoyant ce qui allait m'arriver, je vais chez un avocat qui demeurait dans la maison lui demander ce qu'il faut faire pour empêcher mon mari de me mettre encore sur la paille, moi et mes enfants.

— C'était bien simple... il fallait fourrer ton mari à la porte.

— Oui, mais je n'en avais pas le droit. L'avocat me dit que mon mari pouvait disposer de tout comme chef de la communauté, et s'installer à la maison sans rien faire ; que c'était un malheur, mais qu'il fallait m'y soumettre ; que la circonstance de sa maîtresse, qui vivait sous notre toit me donnait le droit de demander la séparation de corps et de biens, comme on appelle cela... d'autant plus que j'avais des témoins que mon mari m'avait battue, que je pouvais plaider contre lui, mais que cela me coûterait me coûterait au moins, au moins quatre ou cinq cents francs pour obtenir ma séparation. Tu juges ! c'est presque tout ce que je peux gagner en une année ! Où trouver une pareille somme à emprunter ?... Et puis ce n'est pas le tout d'emprunter... il faut rendre... Et cinq cents francs... tout d'un coup... c'est une fortune.

— Il y a pourtant un moyen bien simple d'amasser cinq cents francs, — dit Pique-Vinaigre avec amertume, — c'est de mettre son estomac *au croc* pendant un an... de vivre de l'air du temps, et de travailler tout de même. C'est étonnant que l'avocat ne t'ait pas donné ce conseil-là...

— Tu plaisantes toujours...

— Oh ! cette fois, non !... — s'écria Pique-Vinaigre avec indignation ; — car enfin, c'est une infamie, ça... que la loi soit trop chère pour les pauvres gens. Car te voilà, toi, brave et digne mère de famille, travaillant de toutes tes forces pour élever honnêtement tes enfants.. Ton mari est un mauvais sujet fieffé, il te bat, te gruge, te pille, dépense au cabaret l'argent que tu gagnes, tu t'adresses à la justice... pour qu'elle te protége, et que tu puisses mettre à l'abri des griffes de ce fainéant ton pain et celui de tes enfants... Les gens de loi te disent : Oui, vous avez raison, votre mari est un mauvais drôle, on vous fera justice. Mais cette justice-là vous coûtera cinq cents francs. Cinq cents francs !... ce qu'il te faut pour vivre, toi et ta famille pendant un an !... Tiens, vois-tu, Jeanne, tout ça prouve, comme dit le proverbe, qu'il n'y a que deux espèces de gens : ceux qui sont pendus et ceux qui méritent de l'être.

Rigolette, seule et pensive, n'ayant aucun interlocuteur à écouter, n'avait pas perdu un mot des confidences de cette pauvre femme, au malheur de laquelle elle sympathisait vivement. Elle se promit de raconter cette infortune à Rodolphe dès qu'elle le reverrait, ne doutant pas qu'il ne la secourût. Vivement intéressée au triste sort de la sœur de Pique-Vinaigre, elle ne la quittait pas des yeux, et allait tâcher de se rapprocher un peu d'elle, lorsque malheureusement un nouveau visiteur, entrant dans le parloir, demanda un détenu, qu'on alla chercher, et s'assit sur le banc entre Jeanne et la grisette. Celle-ci à la vue de cet homme, ne put retenir un geste de surprise, presque de crainte. Elle reconnaissait en lui l'un des deux recors qui étaient venus arrêter Morel, mettant ainsi à exécution la contrainte par corps obtenue contre le lapidaire par Jacques Ferrand. Cette circonstance, rappelant à Rigolette l'opiniâtre persécuteur de Germain, redoubla sa tristesse, dont elle avait été un peu distraite par les touchantes et pénibles confidences de la sœur de Pique-Vinaigre. S'éloignant autant qu'elle le put de son nouveau voisin, la grisette s'appuya au mur et retomba dans ses affligeantes pensées.

— Tiens, Jeanne, — reprit Pique-Vinaigre, dont la figure joviale et railleuse s'était subitement assombrie, — je ne suis ni fort ni brave ; mais si je m'étais trouvé là pendant que ton mari te faisait ainsi la misère, ça ne se serait pas passé gentiment entre lui et moi... Mais aussi tu étais par trop bonne enfant, toi.

— Que voulais-tu que je fisse ?... j'ai bien été forcée de souffrir ce que je ne pouvais pas empêcher. Tant qu'il y a eu chez nous quelque chose à vendre, mon mari l'a vendu pour aller au cabaret avec sa maîtresse, tout jusqu'à la robe du dimanche de ma petite fille.

— Mais l'argent de tes journées, pourquoi le lui donnais-tu ?... pourquoi ne le cachais-tu pas ?

— Je le cachais, mais il me battait tant... que j'étais bien obligée de lui donner... C'était moins à cause des coups que je lui cédais... que parce que je me disais : à la fin, il n'a qu'à me blesser assez grièvement... pour que je sois hors d'état de travailler de longtemps ; qu'il me casse un bras, je suppose, alors qu'est-ce que je deviendrai ?... qui soignera, qui nourrira mes enfants ?... Si je suis forcée d'aller à l'hospice, ils faudra donc qu'ils meurent de faim pendant ce temps-là ?... Aussi, tu conçois, mon frère, j'aimais encore mieux donner mon argent à mon mari, afin de n'être pas battue, blessée... et de rester *bonne à travailler*...

— Pauvre femme, va !... on parle de martyrs, c'est toi qui l'as été, martyre !...

— Et pourtant je n'ai jamais fait de mal à personne ; je ne demandais qu'à travailler, qu'à soigner mon mari et mes enfants ; mais que veux-tu ! il y a des heureux et des malheureux, comme il y a des bons et des méchants.

— Oui, et c'est étonnant comme les bons sont heureux !... Mais, enfin, en es-tu tout à fait débarrassée de ton gueux de mari ?

— Je l'espère, car il ne m'a quittée qu'après avoir vendu jusqu'à mon bois de lit et au berceau de mes deux petits enfants... Mais quand je pense qu'il voulait bien pis encore.

— Quoi donc ?

— Quand je dis lui, c'était plutôt cette vilaine femme qui le poussait ; c'est pour ça que je t'en parle. Enfin un jour il m'a dit : « Quand dans un ménage il y a une jeune fille de quinze ans comme la nôtre, on est des bêtes de ne pas profiter de sa beauté. »

— Ah! bon, je comprends... après avoir vendu les nippes, il veut vendre les corps!...

— Quand il a dit cela, vois-tu, Fortuné, mon sang n'a fait qu'un tour, et il faut être juste, je l'ai fait rougir de honte par mes reproches; et comme sa mauvaise femme voulait se mêler de notre querelle en soutenant que mon mari pouvait faire de sa fille ce qu'il voulait, je l'ai traitée si mal, cette malheureuse, que mon mari m'a battue, et c'est depuis cette scène-là que je ne les ai plus revus.

— Tiens, vois-tu, Jeanne, il y a des gens condamnés à dix ans de prison qui n'en ont pas autant fait que ton mari... au moins ils ne dépouillaient que des étrangers. C'est un fier gueux!...

— Dans le fond il n'est pourtant pas méchant, vois-tu; c'est de mauvaises connaissances de cabaret qui l'ont dérangé...

— Oui, il ne ferait pas de mal à un enfant; mais à une grande personne, c'est différent...

— Enfin, que veux-tu! il faut bien prendre la vie comme le bon Dieu vous l'envoie... Au moins, mon mari parti, je n'avais plus à craindre d'être estropiée par un mauvais coup; j'ai repris courage... Faute d'avoir de quoi racheter un matelas, car avant tout il faut vivre et payer son terme, et à nous deux ma fille aînée, ma pauvre Catherine, à peine nous gagnions quarante sous par jour, mes deux autres enfants étant trop petits pour rien gagner encore... faute d'un matelas, nous couchions sur une paillasse faite avec de la paille que nous ramassions à la porte d'un emballeur de notre rue.

— Et j'ai mangé ma masse!... et j'ai mangé ma masse!...

— Que veux-tu!... tu ne pouvais pas savoir ma peine, puisque je ne t'en parlais pas; enfin nous avons redoublé de travail, nous deux Catherine... Pauvre enfant, si tu savais comme c'est honnête, et laborieux, et bon! toujours les yeux sur les miens pour savoir ce que je désire qu'elle fasse; jamais une plainte, et pourtant elle en a déjà vu de cette misère, quoiqu'elle n'ait que quinze ans!... Ah! ça console de bien des choses, vois-tu, Fortuné, d'avoir une enfant pareille, — dit Jeanne en essuyant ses yeux.

— C'est tout ton portrait... à ce que je vois; il faut bien que tu aies cette consolation-là, au moins.

— Je t'assure, va, que c'est plus pour elle que je me chagrine que pour moi; car il n'y a pas à dire, vois-tu, depuis deux mois elle ne s'est pas arrêtée de travailler un moment; une fois par semaine elle sort pour aller savonner au bateau du pont au Change, à trois sous l'heure, le peu de linge que mon mari nous a laissé: tout le reste du temps, à l'attache comme un pauvre chien... Vrai, le malheur lui est venu trop tôt; je sais bien qu'il faut toujours qu'il vienne, mais au moins il y en a qui ont une ou deux années de tranquillité... Ce qui me fait aussi beaucoup de chagrin dans tout ça, vois-tu, Fortuné, c'est de ne pouvoir t'aider en presque rien... Pourtant je tâcherai...

— Ah çà ! est-ce que tu crois que j'accepterais ? Au contraire, je demandais un sou par paire d'oreilles pour leur raconter mes fariboles, j'en demanderai deux, ou ils se passeront des contes de Pique-Vinaigre... et ça t'aidera un peu dans ton ménage... Mais, j'y pense, pourquoi ne pas te mettre en garni ? comme ça ton mari ne pourrait rien vendre.

— En garni ? Mais penses-y donc, nous sommes quatre, on nous demanderait au moins vingt sous par jour ; qu'est-ce qui nous resterait pour vivre ? Tandis que notre chambre ne nous coûte que cinquante francs par an.

— Allons, c'est juste, ma fille, — dit Pique-Vinaigre avec une ironie amère, — travaille, éreinte-toi pour refaire un peu ton ménage ; dès que tu auras encore gagné quelque chose, ton mari te pillera de nouveau... et un beau jour il vendra ta fille comme il a vendu tes nippes.

— Oh ! pour ça, par exemple, il me tuerait plutôt... Ma pauvre Catherine !

— Il ne te tuera pas, et il vendra ta pauvre Catherine. Il est ton mari, n'est-ce pas ? Il est le chef de la communauté, comme t'a dit l'avocat, tant que vous ne serez pas séparés par la loi ; et comme tu n'as pas cinq cents francs à donner pour ça, il faut te résigner : ton mari a le droit d'emmener sa fille de chez toi et où il veut... Une fois que lui et sa maîtresse s'acharneront à perdre cette pauvre enfant, est-ce qu'il ne faudra pas qu'elle y passe ?...

— Mon Dieu !... mon Dieu !... Mais si cette infamie était possible... il n'y aurait donc pas de justice !...

— La justice ! — dit Pique-Vinaigre, avec un éclat de rire sardonique, — c'est comme la viande... c'est trop cher pour que les pauvres en mangent... Seulement, entendons-nous, s'il s'agit de les envoyer à Melun, de les mettre au carcan ou de les jeter aux galères, c'est une autre affaire, on leur donne cette justice-là gratis... Si on leur coupe le cou, c'est encore gratis... toujours gratis... Prrrrenez vos billets, — ajouta Pique-Vinaigre avec son accent de bateleur. — Ce n'est pas dix sous, deux sous, un sou, un centime que ça vous coutera... non, messieurs ; ça vous coûtera la bagatelle de... rien du tout... C'est à la portée de tout le monde ; on ne fournit que sa tête... La coupe et la frisure sont aux frais du gouvernement... Voilà la justice gratis... Mais la justice qui empêcherait une honnête mère de famille d'être battue et dépouillée par un gueux de mari qui veut et peut faire argent de sa fille, cette justice là coûte cinq cents francs... et il faudra t'en passer, ma pauvre Jeanne.

— Tiens, Fortuné, — dit la malheureuse mère en fondant en larmes, — tu me mets la mort dans l'âme...

— C'est qu'aussi je l'ai... la mort dans l'âme, en pensant à ton sort... à celui de ta famille, et en reconnaissant que je n'y peux rien... J'ai l'air de toujours rire... mais ne t'y trompe pas, j'ai deux sortes de gaieté, vois-tu, Jeanne, ma gaieté gaie et ma gaieté triste... Je n'ai ni la force ni le courage d'être méchant, colère ou haineux comme les autres... ça s'en va toujours chez moi en paroles plus ou moins farces. Ma poltronnerie et ma faiblesse de corps m'ont empêché de devenir pire que je suis... Il a fallu l'occasion de cette bicoque isolée, où il n'y avait pas un chat, et surtout pas un chien, pour me pousser à voler. Il a fallu encore que par hasard il ait fait un clair de lune superbe ; car la nuit, et seul, j'ai une peur de tous les diables !

— C'est ce qui me fait toujours te dire, mon pauvre Fortuné, que tu es meilleur que tu ne crois... Aussi j'espère que les juges auront pitié de toi...

— Pitié de moi ? un libéré récidiviste ? compte là dessus ! Après ça, je ne leur en veux pas : être ici, là ou ailleurs, ça m'est égal ; et puis tu as raison, je ne suis pas méchant... et ceux qui le sont, je les hais à ma manière, en me moquant d'eux : faut croire qu'à force de conter des histoires où, pour plaire à mes auditeurs, je fais toujours en sorte que ceux qui tourmentent les autres par pure cruauté reçoivent à la fin des raclées indignes... je me serai habitué à sentir comme je raconte.

— Ils aiment des histoires pareilles, ces gens avec qui tu es... mon pauvre frère ? Je n'aurai pas cru cela.

— Minute !... Si je leur contais des récits où un gaillard qui vole ou qui tue pour voler est roulé à la fin, ils ne me laisseraient pas finir ; mais s'il s'agit d'une femme ou d'un enfant, ou, par exemple, d'un pauvre diable comme moi, qu'on jetterait par terre en soufflant dessus, et qu'il soit poursuivi à outrance par une barbe noire qui le persécute seulement pour le plaisir de le persécuter, pour l'honneur, comme on dit ; oh ! alors, ils trépignent de joie quand, à la fin du conte, la barbe noire reçoit sa paye. Tiens, j'ai surtout une histoire intitulée *Gringalet et Coupe en-Deux*, qui faisait les délices de la centrale de Melun, et que je n'ai pas encore racontée ici. Je l'ai promise pour ce soir ; mais il faudra qu'ils mettent crânement à ma tirelire, et tu en profiteras.. Sans compter que je l'écrirai pour tes enfants... *Gringalet et Coupe-en-Deux*, ça les amusera, des religieuses liraient cette histoire-là, ainsi sois tranquille.

— Enfin, mon pauvre Fortuné, ce qui me console un peu, c'est de voir que tu n'es pas aussi malheureux que d'autres, grâce à ton caractère.

— Bien sûr que si j'étais comme un détenu qui est de notre chambrée, je serais malfaisant à moi-même. Pauvre garçon ! j'ai bien peur qu'avant la fin de la journée il ne saigne d'un côté ou d'un autre, ça chauffe à rouge pour lui... il y a un mauvais complot monté pour ce soir à son intention...

— Ah ! mon Dieu ! on veut lui faire du mal ?.. ne te mêle pas de ça, au moins, Fortuné ?...

— Pas si bête !... j'attraperai des éclaboussures... C'est en allant et venant que j'ai entendu jaboter l'un et l'autre... on parlait de bâillon pour l'empêcher de crier... et puis, afin d'empêcher qu'on ne voie son exécution... ils veulent faire cercle autour de lui, en ayant l'air d'écouter un d'eux... qui sera censé lire tout haut un journal ou autre chose.

— Mais pourquoi veut-on le maltraiter ainsi ?...

— Comme il est toujours seul, qu'il ne parle à personne, et qu'il a l'air dégoûté des autres, ils s'imaginent que c'est un mouchard, ce qui est très bête ; car, au contraire, il se faufilerait avec tout le monde s'il voulait moucharder. Mais le fin de la chose est qu'il a l'air d'un monsieur, et que ça les offusque. C'est le capitaine du dortoir, nommé le squelette ambulant, qui est à la tête du complot. Il est comme un vrai désossé après ce pauvre Germain ; leur bête noire s'appelle ainsi. Ma foi, qu'ils s'arrangent, cela les regarde, je n'y peux rien. Mais tu vois, Jeanne, voilà à quoi ça sert d'être triste en prison, tout de suite on vous suspecte ; aussi je ne l'ai jamais été, moi, suspecté. Ah ça, ma fille, assez causé, va-t-en voir chez toi si j'y suis ; tu prends sur ton temps pour venir ici... moi, je n'ai qu'à bavarder... toi, c'est différent... ainsi, bonsoir... Reviens de temps en temps ; tu sais que j'en serai content.

— Mon frère... encore quelques moments je t'en prie...

— Non, non, tes enfants t'attendent... Ah ça, tu ne leur dis pas, j'espère, que leur *nononcle* est pensionnaire ici ?

— Ils te croient aux îles... comme autrefois ma mère... De cette manière, je peux leur parler de toi...

— A la bonne heure... Ah ça ! va-t-en vite, vite.

— Oui, mais écoute, mon pauvre frère ; je n'ai pas grand'chose, pourtant je ne te laisserai pas ainsi. Tu dois avoir si froid, pas de bas... et ce mauvais gilet ! Nous t'arrangerons quelques hardes avec Catherine. Dame ! Fortuné... tu penses, ce n'est pas l'envie de bien faire pour toi qui nous manque...

— De quoi ? de quoi ? des hardes? mais j'en ai plein mes malles... Dès qu'elles vont arriver, j'aurai de quoi m'habiller comme un prince... Allons, ris donc un peu ? Non ? Eh bien, sérieusement, ma fille, ça n'est pas de refus... en attendant que *Gringalet et Coupe-en-Deux* aient rempli ma tirelire. Alors je te rendrai ça... Adieu... ma bonne Jeanne ; la première fois que tu viendras, que je perde mon nom de Pique-Vinaigre si je ne te fais pas rire. Allons, va-t-en... je t'ai déjà trop retenue...

— Mais, mon frère... écoute donc !...

— Mon brave... eh ! mon brave, — cria Pique-Vinaigre au gardien qui était assis à l'autre bout du couloir, — j'ai fini ma conversation, je voudrais rentrer... assez causé.

— Ah ! Fortuné .. ce n'est pas bien.. de me renvoyer ainsi, — dit Jeanne.

— C'est, au contraire, très bien ! Allons, adieu, bon courage, et demain matin dis aux enfants que tu as rêvé de leur oncle qui est aux îles et qu'il t'a priée de les embrasser... Adieu.

— Adieu, Fortuné, — dit la pauvre femme, tout en larmes en voyant son frère rentrer dans l'intérieur de la prison.

Rigolette, depuis que le recors s'était assis à côté d'elle, n'avait pu entendre la conversation de Pique-Vinaigre et de Jeanne, mais elle n'avait pas quitté celle-ci des yeux, pensant au moyen de savoir l'adresse de cette pauvre femme, afin de pouvoir, selon sa première idée, la recommander à Rodolphe.

Lorsque Jeanne se leva du banc pour quitter le parloir, la grisette s'approcha d'elle en lui disant timidement : — Madame, tout à l'heure, sans chercher à vous écouter, j'ai entendu que vous étiez frangeuse-passementière ?

— Oui, mademoiselle, — répondit Jeanne un peu surprise, mais prévenue en faveur de Rigolette par son air gracieux et sa charmante figure.

— Je suis couturière en robes, — reprit la grisette ; — maintenant que les franges et les passementeries sont à la mode, j'ai quelquefois des pratiques qui me demandent des garnitures à leur goût ; j'ai pensé qu'il serait peut-être moins cher de m'adresser à vous qui travaillez en chambre, que de m'adresser à un marchand, et que d'un autre côté je pourrais vous donner plus que ne vous donne votre fabricant.

— C'est vrai, mademoiselle, en prenant de la soie à mon compte cela me ferait un petit bénéfice... Vous êtes bien bonne de penser à moi... je n'en reviens pas...

— Tenez, madame, je vous parlerai franchement : j'attends la personne que je viens voir ; n'ayant à causer avec personne, tout à l'heure, avant que ce monsieur se soit mis entre nous deux, sans le vouloir, je vous assure, je vous ai entendue parler à votre frère de vos chagrins, de vos enfants ; je me suis dit : Entre pauvres gens on doit s'aider. L'idée m'est venue que je pourrais être bonne à quelque chose, puisque vous étiez frangeuse. Si, en effet, ce que je vous propose vous convient, voici mon adresse, donnez-moi la vôtre, de façon que lorsque j'aurai une petite commande à vous faire, je saurai où vous trouver. — Et Rigolette donna une de ses adresses à la sœur de Pique-Vinaigre.

Celle-ci, vivement touchée des procédés de la grisette, dit avec effusion : — Votre figure ne m'avait pas trompée, mademoiselle, et puis, ne prenez pas cela pour de l'orgueil, mais vous avez un faux air de ma fille aînée, ce qui fait qu'en entrant je vous avais regardée par deux fois. Je vous remercie bien ; si vous m'employez, vous serez contente de mon ouvrage, ce sera fait en conscience... Je me nomme Jeanne Duport... Je demeure rue de la Barillerie, numéro 1.

— Numéro 1... Ça n'est pas difficile à retenir. Merci, madame.

— C'est à moi de vous remercier, ma chère demoiselle, c'est si bon à vous d'avoir tout de suite pensé à m'être utile ! Encore une fois, je n'en reviens pas.

— Mais c'est tout simple, madame Duport, — dit Rigolette avec un charmant sourire. Puisque j'ai un faux air de votre fille Catherine, ce que vous appelez ma bonne idée ne doit pas vous étonner.

— Êtes-vous gentille... chère demoiselle ! Tenez, grâce à vous, je m'en irai un peu moins triste que je ne croyais ; et puis peut-être que nous nous retrouverons ici quelquefois, car vous venez comme moi voir un prisonnier ?

— Oui, madame... — répondit Rigolette en soupirant.

— Alors, à revoir... du moins je l'espère, mademoiselle Rigolette, dit Jeanne Duport après avoir jeté les yeux sur l'adresse de la grisette.

— A revoir, madame Duport...

— Au moins, pensa Rigolette en allant se rasseoir sur son banc, je sais maintenant l'adresse de cette pauvre femme, et bien sûr M. Rodolphe s'intéressera à elle quand il saura combien elle est malheureuse, car il m'a toujours dit : « Si vous connaissez quelqu'un de bien à plaindre, adressez-vous à moi... » Et Rigolette, se remettant à sa place, attendit avec impatience la fin de l'entretien de son voisin, afin de pouvoir faire demander Germain.

. . . .

Maintenant, quelques mots sur la scène précédente.

Malheureusement, il faut l'avouer, l'indignation du misérable frère de Jeanne Duport avait été légitime.. Oui... en disant que la loi était *trop chère* pour les pauvres, il disait vrai.

Plaider devant les tribunaux civils entraîne des frais énormes et inaccessibles aux artisans, qui vivent à grand'peine d'un salaire insuffisant. Qu'une mère ou qu'un père de famille appartenant à cette classe toujours sacrifiée, veuille en effet obtenir une séparation de corps, qu'il ait, pour l'obtenir, tous les droits possibles... L'obtiendront-ils ! Non; car il n'y a pas un ouvrier en état de dépenser de quatre à cinq cents francs pour les onéreuses formalités d'un tel jugement.

Pourtant le pauvre n'a d'autre vie que la vie domestique ; la bonne ou mauvaise conduite d'un chef de famille d'artisans n'est pas seulement une question de moralité, c'est une question de PAIN... Le sort d'une femme du peuple, tel que nous venons d'essayer de le peindre, mérite-t-il donc moins d'intérêt, moins de protection que celui d'une femme riche qui souffre des désordres ou des infidélités de son mari ? Rien de plus digne de pitié, sans doute, que les douleurs de l'âme. Mais lorsqu'à ces douleurs se joint, pour une malheureuse mère, la misère de ses enfants, n'est-il pas monstrueux que la pauvreté de cette femme la mette hors la loi, et la livre sans défense, elle et sa famille, aux odieux traitements d'un mari fainéant et corrompu ?

Et cette monstruosité existe. Et un repris de justice peut, dans cette circonstance comme dans d'autres, nier avec droit et logique l'impartialité des institutions au nom desquelles il est condamné. Est-il besoin de dire ce qu'il y a de dangereux pour la société à justifier de pareilles attaques ?

Quelle sera l'influence, l'autorité morale de ces lois, dont l'application est absolument subordonnée à une question d'argent ? La justice civile, comme la justice criminelle, ne devrait-elle pas être accessible à tous ? Lorsque des gens sont trop pauvres pour pouvoir invoquer le bénéfice d'une loi éminemment préservatrice et tutélaire, la société ne devrait-elle pas, à ses frais, en assurer l'application, par respect pour l'honneur et le repos des familles ?

Mais laissons cette femme, qui restera toute sa vie la victime d'un mari brutal et perverti, parce qu'elle est trop pauvre pour faire prononcer sa séparation de corps par la loi. Parlons du frère de Jeanne Duport. Ce réclusionnaire libéré sort d'un antre de corruption pour rentrer dans le monde ; il a subi sa peine, payé sa dette par l'expiation. Quelles précautions la société a-t-elle prises pour l'empêcher de retomber dans le crime ? Aucune... Lui a-t-on, avec une charitable prévoyance, rendu possible le retour au bien, afin de pouvoir sévir, ainsi que l'on sévit d'une manière terrible, s'il se montre incorrigible ? Non... La perversion contagieuse de vos geôles est tellement connue, est si justement redoutée, que celui qui en sort est partout un sujet de mépris, d'aversion et d'épouvante ; serait-il vingt fois homme de bien, il ne trouvera presque nulle part de l'occupation.

De plus, votre surveillance flétrissante l'exile dans de petites localités où ses antécédents doivent être immédiatement connus, et où il n'aura aucun moyen d'exercer les industries exceptionnelles souvent imposées aux détenus par les fermiers du travail des maisons centrales. Si le libéré a le courage de résister aux tentations mauvaises, il se livrera donc à l'un de ces métiers homicides dont nous avons parlé, à la préparation de certains produits chimiques dont l'influence mortelle décime ceux qui exercent ces funestes professions[1], ou bien encore, s'il en a la force, il ira extraire du grès dans la forêt de Fontainebleau, métier auquel on résiste, terme moyen, six ans !!! La condition d'un libéré est donc beaucoup plus fâcheuse, plus pénible, plus difficile, qu'elle ne l'était avant sa première faute : il marche entouré d'entraves, d'écueils ; il lui faut braver la répulsion, les dédains, souvent même la plus profonde misère... Et s'il succombe à toutes ces chances effrayantes de criminalité, et s'il commet un second crime, vous vous montrez mille fois plus sévère envers lui que pour sa première faute...

Cela est injuste... car c'est presque toujours la nécessité que vous lui faites qui le conduit à un second crime. Oui, car il est démontré qu'au lieu de corriger, votre système pénitentiaire déprave. Au lieu d'améliorer... il empire... Au lieu de guérir les légères affections morales, il les rend incurables.

Votre aggravation de peine, impitoyablement appliquée à la récidive, est donc inique, barbare, puisque cette récidive est, pour ainsi dire, une conséquence forcée de vos institutions pénales. Le terrible châtiment qui frappe les récidivistes serait juste et logique, si vos prisons moralisaient, épuraient les détenus, et si, à l'expiration de leur peine, une bonne conduite leur était sinon facile, du moins généralement possible. Si l'on s'étonne de ces contradictions de la loi, que sera-ce donc lorsque l'on comparera certains délits à certains crimes, soit à cause de leurs suites inévitables, soit à cause des disproportions exorbitantes qui existent entre les punitions dont ils sont atteints ?...

L'entretien du prisonnier que venait visiter le recors nous offrira un de ces affligeants contrastes.

[1] On vient de trouver, le moyen de préserver les malheureux ouvriers voués à ces effroyables industries. — (Voir le *Mémoire descriptif d'un nouveau procédé de* FABRICATION DE BLANC DE CÉRUSE, *par M. J. N. Gannal*).

CHAPITRE II
Maître Boulard.

Le détenu qui entra dans le parloir au moment où Pique-Vinaigre en sortait, était un homme de trente ans environ, aux cheveux d'un blond ardent, à la figure joviale, pleine et rubiconde ; sa taille moyenne rendait plus remarquable encore son énorme embonpoint. Ce prisonnier si vermeil et si obèse s'enveloppait dans une longue et chaude redingote de molleton gris, pareille à son pantalon à pieds ; une sorte de casquette-chaperon en velours rouge, dite à la *Périnet-Leclerc*, complétait le costume de ce personnage, qui portait d'excellentes pantoufles fourrées. Quoique la mode des breloques fût passée depuis longtemps, la chaîne d'or de sa montre soutenait bon nombre de cachets montés en pierres fines ; enfin plusieurs bagues, enrichies d'assez belles pierreries, brillaient aux grosses mains blanches de ce détenu, nommé maître Boulard, huissier, prévenu d'*abus de confiance*.

Son interlocuteur était, nous l'avons dit, Pierre Bourdin, l'un des gardes du commerce chargés d'opérer l'arrestation de Morel le lapidaire. Ce recors était ordinairement employé par maître Boulard, huissier de M. Petit-Jean, prête-nom de Jacques Ferrand. Bourdin, aussi petit et aussi replet que l'huissier, se modelait selon ses moyens sur son patron, dont il admirait la magnificence. Affectionnant comme lui les bijoux, il portait ce jour-là une superbe épingle de topaze, et un long jaseron d'or serpentait, paraissait et disparaissait entre les boutonnières de son gilet.

— Bonjour, fidèle Bourdin ; j'étais bien sûr que vous ne manqueriez pas à l'appel, — dit joyeusement maître Boulard d'une petite voix grêle qui contrastait singulièrement avec son gros corps et sa large figure fleurie.

— Manquer à l'appel ! — répondit le recors ; — j'en étais incapable, *mon général*.

C'est ainsi que Bourdin, par une plaisanterie à la fois familière et respectueuse, appelait l'huissier sous les ordres duquel il instrumentait ; cette locution militaire étant d'ailleurs assez souvent usitée parmi certaines classes d'employés et de praticiens civils.

— Je vois avec plaisir que l'amitié reste fidèle à l'infortune, — dit maître Boulard avec une gaieté cordiale ; — pourtant je commençais à m'inquiéter, voilà trois jours que je vous avais écrit, et pas de Bourdin...

— Figurez-vous, mon général, que c'est toute une histoire. Vous vous rappelez bien ce beau vicomte de la rue de Chaillot ?

— Saint-Remy ?

— Justement ! Vous savez comment il se moquait de nos prises de corps ?

— Il en était indécent...

— A qui le dites-vous? nous deux Malicorne, nous en étions comme abrutis, si c'est possible.

— C'est impossible, brave Bourdin.

— Heureusement, mon général ; mais voici le fait : ce beau vicomte a monté en titre.

— Il est devenu comte?

— Non! d'escroc il est devenu voleur.

— Ah bah!

— On est à ses trousses pour des diamants qu'il a effarouchés. Et, par parenthèse, ils appartenaient au joaillier qui employait cette vermine de Morel, le lapidaire que nous allions pincer rue du Temple, lorsqu'un grand mince, à moustaches noires, a payé pour ce meurt-de-faim, et a manqué de nous jeter du haut en bas des escaliers, nous deux Malicorne.

— Ah! oui, oui, je me souviens... vous m'avez raconté cela, mon pauvre Bourdin... C'était fort drôle. Le meilleur de la farce a été que la portière de la maison vous a vidé sur le dos une écuellée de soupe bouillante...

— Y compris l'écuelle, général, qui a éclaté comme une bombe à nos pieds... Vieille sorcière !...

— Ça comptera sur vos états de services et blessures... Mais ce beau vicomte?

— Je vous disais donc que Saint-Remy était poursuivi pour vol... après avoir fait croire à son bon enfant de père qu'il avait voulu se brûler la cervelle. Un agent de police de mes amis, sachant que j'avais longuement traqué ce vicomte, m'a demandé si je ne pourrais pas le renseigner, le mettre sur la trace de ce mirliflor... Justement j'avais su trop tard, lors de la dernière contrainte par corps à laquelle il avait échappé, qu'il s'était *terré* dans une ferme à Arnouville, à cinq lieues de Paris... Mais quand nous y étions arrivés... il n'était plus temps... l'oiseau avait déniché !...

— D'ailleurs il a, le surlendemain, payé cette lettre de change... grâce à certaine grande dame, dit-on.

— Oui, général, mais c'est égal, je connaissais le nid, il s'était déjà une fois caché là... il pouvait bien s'y être caché une seconde... c'est ce que j'ai dit à mon ami l'agent de police... Celui-ci m'a proposé de lui donner un coup de main... en amateur... et de le conduire à la ferme... Je n'avais pas d'occupation... ça me faisait une partie de campagne... j'ai accepté.

— Eh bien! le vicomte?...

— Introuvable !... Après avoir d'abord rôdé autour de la ferme, et nous y être ensuite introduits... nous sommes revenus, Jean comme devant... c'est ce qui fait que je n'ai pas pu me rendre plus tôt à vos ordres, mon général.

— J'étais bien sûr qu'il y avait impossibilité de votre part, mon brave.

— Mais, sans indiscrétion, comment diable vous trouvez-vous ici?

— Des canailles, mon cher... une nuée de canailles, qui, pour une misère d'une soixantaine de mille francs, dont ils se prétendent dépouillés, ont porté plainte contre moi en abus de confiance, et me forcent de me défaire de ma charge...

— Vraiment ! général ?... ah bien, en voilà un malheur ! Comment... nous ne travaillerons plus pour vous ?...

— Je suis à la demi-solde, mon brave Bourdin... me voici sous la remise.

— Mais qui est-ce donc que ces acharnés-là ?

— Figurez-vous qu'un des plus forcenés contre moi est un voleur libéré, qui m'avait donné à recouvrer le montant d'un billet de sept cents mauvais francs, pour lequel il fallait poursuivre... J'ai poursuivi, j'ai été payé, j'ai encaissé l'argent... et parce que, par suite d'opérations qui ne m'ont pas réussi, j'ai fricassé cette somme ainsi que beaucoup d'autres, toute cette canaille a tant piaillé qu'on a lancé contre moi un mandat d'amener, et que vous me voyez ici, mon brave, ni plus ni moins qu'un malfaiteur...

— Si ça ne fait pas suer, mon général... vous !

— Mon Dieu, oui ; mais ce qu'il y a de plus curieux, c'est que ce libéré m'a écrit il y a quelques jours que, cet argent étant sa seule ressource pour les jours mauvais, et que ces jours mauvais étant arrivés... (je ne sais pas ce qu'il entend par là) j'étais responsable des crimes qu'il pourrait commettre pour échapper à la misère.

— C'est charmant, parole d'honneur !

— N'est-ce pas ? rien de plus commode... le drôle est capable de dire cela pour son excuse... Heureusement, la loi ne connaît pas ces complicités-là.

— Après tout, vous n'êtes prévenu que d'abus de confiance, n'est ce pas, mon général ?

— Certainement !... est ce que vous me prendriez pour un voleur, maître Bourdin ?

— Ah ! par exemple, général !... Je voulais dire qu'il n'y avait rien de grave là-dedans ; après tout, il n'y a pas de quoi fouetter un chat

— Est-ce que j'ai l'air désespéré, mon brave ?

— Pas du tout ; je ne vous ai jamais trouvé meilleure mine. Au fait, si vous êtes condamné, vous en aurez pour deux ou trois mois de prison et vingt-cinq francs d'amende... Je connais mon Code.

— Et ces deux ou trois mois de prison... j'obtiendrai, j'en suis sûr, de les passer bien à mon aise dans une maison de santé. J'ai un député dans ma manche.

— Oh ! alors... votre affaire est sûre.

— Tenez, Bourdin, aussi je ne peux m'empêcher de rire ; ces imbéciles qui m'ont fait mettre ici seront bien avancés ! ils ne verront pas davantage un sou de l'argent qu'ils réclament. Ils me forcent de vendre ma charge, ça m'est égal, je suis censé la devoir à mon prédécesseur, comme vous dites. Vous voyez, c'est encore ces *Gogos*-là qui seront les dindons de la farce, comme dit *Robert Macaire*.

— Mais ça me fait cet effet-là, général ; tant pis pour eux.

— Ah çà ! mon brave, venons au sujet qui m'a fait vous prier de venir me voir : il s'agit d'une mission délicate, d'une affaire de femme, — dit maître Boulard avec une fatuité mystérieuse.

— Ah ! scélérat de général, je vous reconnais bien là !... De quoi s'agit-il ? Comptez sur moi.

— Je m'intéresse particulièrement à une jeune artiste des Folies Dramatiques ; je paye son terme, et, en échange, elle me paye de retour, du moins je le crois ; car, mon brave, vous le savez, souvent les absents ont tort. Or, je tiendrais d'autant plus à savoir si *j'ai tort*, qu'Alexandrine (elle s'appelle Alexandrine) m'a fait demander quelques fonds... Je n'ai jamais été chiche avec les femmes ; mais, écoutez donc, je n'aime pas à être dindonné. Ainsi, avant de faire le libéral avec cette chère amie, je voudrais savoir si elle le mérite par sa fidélité. Je sais qu'il n'y a rien de plus rococo, de plus perruque que la fidélité ; mais c'est un faible que j'ai comme ça. Vous me rendriez donc un service d'ami, mon cher camarade, si vous pouviez pendant quelques jours surveiller mes amours et me mettre à même de savoir à quoi m'en tenir, soit en faisant jaser la portière d'Alexandrine, soit...

— Suffit, mon général, — répondit Bourdin en interrompant l'huissier ; — ceci n'est pas plus malin que de surveiller, épier et dépister un débiteur. Reposez-vous sur moi ; je saurai si mademoiselle Alexandrine donne des coups de canif dans le contrat, ce qui ne me paraît guère probable, car sans vous commander, mon général, vous êtes trop bel homme et trop généreux pour qu'on ne vous adore pas.

— J'ai beau être bel homme, je suis absent, mon cher camarade, et c'est un grand tort ; enfin, je compte sur vous pour savoir la vérité.

— Vous la saurez, je vous en réponds.

— Ah ! mon cher camarade, comment vous exprimer ma reconnaissance ?

— Allons donc, mon général !

— Il est bien entendu, mon brave Bourdin, que dans cette circonstance-là vos honoraires seront ce qu'ils seront pour prise de corps.

— Mon général, je ne le souffrirai pas ; tant que j'ai exercé sous vos ordres, ne m'avez-vous pas toujours laissé tondre le débiteur jusqu'au vif, doubler, tripler les frais d'arrestation, frais dont vous poursuiviez ensuite le payement avec autant d'activité que s'ils vous eussent été dus à vous-même ?

— Mais, mon cher camarade, ceci est différent... et à mon tour je ne souffrirai pas...

— Mon général, vous m'humilieriez si vous ne me permettiez pas de vous offrir ces renseignements sur mademoiselle Alexandrine comme une faible preuve de ma reconnaissance...

— A la bonne heure... je ne lutterai pas plus longtemps avec vous de générosité. Au reste, votre dévouement me sera une douce récompense du *moelleux* que j'ai toujours mis dans nos relations d'affaires.

— C'est bien comme cela que je l'entends, mon général ; mais ne pourrai-je pas vous être bon à autre chose ? Vous devez être horriblement mal ici, vous qui tenez tant à vos aises ? Vous êtes à la *pistole* [1], j'espère ?

— Certainement ; et je suis arrivé à temps, car j'ai eu la dernière chambre vacante ; les autres sont comprises dans les réparations qu'on fait à la prison. Je suis installé le mieux possible dans ma cellule ; je n'y suis pas trop mal : j'ai un poêle, j'ai fait venir un bon fauteuil, je fais trois longs repas, je digère, je me promène et je dors. Sauf les inquiétudes que me donne Alexandrine, vous voyez que je ne suis pas trop à plaindre.

— Mais pour vous, qui étiez si gourmand, général, les ressources de la prison sont bien maigres !

— Et le marchand de comestibles qui est dans ma rue, n'a-t-il pas été créé comme qui dirait à mon intention ? Je suis en compte ouvert avec lui, et tous les deux jours il m'envoie une bourriche soignée... Et à ce propos, puisque vous êtes en train de me rendre service, priez donc la marchande, cette brave petite madame Michonneau, qui par parenthèse n'est pas piquée des vers.

— Ah ! scélérat... scélératissime de général...

— Voyons, mon cher camarade, pas de mauvaises pensées, — dit l'huissier avec une nuance de fatuité, — je suis seulement bonne pratique et bon voisin. Donc, priez la chère madame Michonneau de mettre dans mon panier de demain un pâté de thon mariné... c'est la saison, ça me changera et ça fait boire...

— Excellente idée !...

— Et puis, que madame Michonneau me renvoie un panier de vins *composé*, bourgogne, champagne et bordeaux, pareil au dernier ; elle saura ce que ça veut dire... et qu'elle y ajoute deux bouteilles de son vieux cognac de 1817 et une livre de pur moka grillé et frais moulu.

— Je vais écrire la date de l'eau-de-vie pour ne rien oublier, se dit Bourdin en tirant son carnet de sa poche.

— Puisque vous écrivez, mon cher camarade, ayez donc aussi la bonté de noter de demander chez moi mon édredon.

— Tout ceci sera exécuté à la lettre, mon général... soyez tranquille, me voilà un peu rassuré sur votre nourriture... Mais vos promenades, vous les faites pêle-mêle avec ces brigands de détenus ?

— Oui, et c'est très gai, très animé. Je descends de chez moi après déjeuner ; je vais tantôt dans une cour, tantôt dans une autre et, comme vous dites, je m'encanaille... C'est *Régence*... c'est *Porcheron* ! Je vous assure qu'au fond ils paraissent très braves gens ; il y en a de fort amusants. Les plus féroces sont rassemblés

---

[1] En chambre particulière. — Les prévenus qui peuvent faire cette dépense obtiennent cet avantage.

dans ce qu'on appelle la fosse-aux-Lions. Ah! mon cher camarade, quelles figures patibulaires! Il y a entre autres un nommé le *Squelette*... je n'ai jamais rien vu de pareil.

— Quel drôle de nom!

— Il est maigre ou plutôt si décharné, que ça n'est pas un sobriquet; je vous dis qu'il est effrayant; par là-dessus il est prévôt de sa chambrée: c'est bien le plus grand scélérat... Il sort du bagne, et il a encore volé et assassiné; mais son dernier meurtre est si horrible, qu'il sait bien qu'il sera condamné à mort sans rémission; mais il s'en moque comme de colin-tampon.

— Quel bandit!...

— Tous les détenus l'admirent et tremblent devant lui. Je me suis mis tout de suite dans ses bonnes grâces en lui donnant des cigares; aussi il m'a pris en amitié et il m'apprend l'argot! Je fais des progrès.

— Ah! ah! quelle bonne farce! mon général qui apprend l'argot!

— Je vous dis que je m'amuse comme un bossu; ces gaillards-là m'adorent, il y en a même qui me tutoient... Je ne suis pas fier, moi comme un petit monsieur nommé Germain, un va-nu-pieds qui n'a pas seulement le moyen d'être à la pistole, et qui se mêle de faire le dégoûté, le grand seigneur avec eux.

— Mais il doit être enchanté de trouver un homme aussi comme il faut que vous, pour causer avec lui, s'il est dégoûté des autres?

— Bah! il n'a pas eu l'air seulement de remarquer qui j'étais; mais l'eût-il remarqué, que je me serais bien gardé de répondre à ses avances. C'est la bête noire de la prison... Ils lui joueront tôt ou tard un mauvais tour, et je n'ai, pardieu! pas envie de partager l'aversion dont il est l'objet.

— Vous avez bien raison!

— Ça me gâterait ma récréation; car ma promenade avec les détenus est une véritable récréation... Seulement, ces brigands-là n'ont pas grande opinion de moi, *moralement*. Vous comprenez ma prévention de simple abus de confiance... c'est une misère pour des gaillards pareils... Aussi ils me *regardent comme bien peu*, ainsi que dit Arnal.

— En effet, auprès de ces matadores du crime... vous êtes...

— Un véritable agneau pascal, mon cher camarade... Ah ça! puisque vous êtes si obligeant, n'oubliez pas mes commissions.

— Soyez tranquille, mon général: 1º Mademoiselle Alexandrine; 2º le pâté de poisson et le panier de vin; 3º le vieux cognac de 1847, le café en poudre et l'édredon... vous aurez tout cela... Il n'y a pas autre chose?

— Ah!... si, j'oubliais... Vous savez bien où demeure M. Badinot.

— L'agent d'affaires?

— Eh bien, veuillez lui dire que je compte toujours sur son obligeance pour me trouver un avocat comme il me le faut pour ma cause; que je ne regarderai pas à un billet de mille francs.

— Je verrai M. Badinot, soyez tranquille, mon général ; ce soir toutes vos commissions seront faites, et demain vous recevrez ce que vous demandez. A bientôt, et bon courage, mon général.

— Au revoir, mon cher camarade.

Et le détenu quitta le parloir d'un côté, le visiteur de l'autre.

Maintenant, comparez le crime de Pique-Vinaigre récidiviste, au délit de maître Boulard, huissier. Comparez le point de départ de tous deux, et les raisons, les nécessités qui ont pu les pousser au mal. Comparez enfin le châtiment qui les attend.

Sortant de prison, inspirant partout l'éloignement et la crainte, le libéré n'a pu exercer, dans la résidence qu'on lui avait assignée, le métier qu'il savait : il espérait se livrer à une profession dangereuse pour sa vie, mais appropriée à ses forces ; cette ressource lui a manqué. Alors il rompt son ban, revient à Paris, comptant y cacher plus facilement ses antécédents et y trouver du travail. Il arrive épuisé de fatigue, mourant de faim ; par hasard, il découvre qu'une somme d'argent est déposée dans une maison voisine, il cède à une détestable tentation, il force un volet, vole un meuble, vole cent francs, et se sauve. On l'arrête, il est prisonnier... il sera jugé, condamné. Comme récidiviste, quinze ou vingt ans de travaux forcés et l'exposition, voilà ce qui l'attend. Il le sait. Cette peine formidable, il la mérite... La propriété est sacrée. Celui qui, la nuit, brise votre porte pour s'emparer de votre avoir, doit subir un châtiment terrible. En vain le coupable objectera-t-il le manque d'ouvrage, la misère, la position exceptionnelle, difficile, intolérable, le besoin que sa condition de libéré lui impose... Tant pis, la loi est une ; la société, pour son salut et pour son repos, veut et doit être armée d'un pouvoir sans bornes, et impitoyablement réprimer ces attaques audacieuses contre le bien d'autrui.

Oui, ce misérable ignorant et abruti, ce récidiviste corrompu et dédaigné a mérité son sort.

Mais que méritera donc celui qui, intelligent, riche, instruit, entouré de l'estime de tous, revêtu d'un caractère officiel, volera... non pas pour manger... mais pour satisfaire à de fastueux caprices ou pour tenter les chances de l'agiotage ? volera... non pas cent francs... mais volera cent mille francs... un million ?... volera... non pas la nuit, au péril de sa vie... mais volera tranquillement, au grand jour, à la face de tous ?... volera... non pas un inconnu qui aura mis son argent sous la sauvegarde d'une serrure... mais volera un client qui aura mis *forcément* son argent sous la sauvegarde de la probité de l'officier public que la loi *désigne, impose à sa confiance ?...*

Quel châtiment terrible méritera donc celui-là qui, au lieu de voler une petite somme presque par *nécessité*... volera par *luxe* une somme considérable ? Ne serait-ce pas déjà une injustice criante de ne lui appliquer qu'une peine égale à celle qu'on applique au récidiviste poussé à bout par la misère, au vol par le besoin ?

— Allons donc ! dira la loi... Comment appliquer à un homme bien élevé la même peine qu'à un vagabond ? Fi donc !... Comparer un délit de bonne compagnie avec une ignoble effraction ?... Fi donc !...

— Après tout, de quoi s'agit-il ? répondra, par exemple, maître Boulard d'accord avec la loi : En vertu des pouvoirs que me confère mon office, j'ai touché pour vous une somme d'argent ; cette somme, je l'ai dissipée, détournée ; il n'en reste pas une obole... mais n'allez pas croire que la misère m'ait poussé à cette spoliation ! Suis-je un mendiant, un nécessiteux ? Dieu merci, non, j'avais et j'ai de quoi vivre largement. Oh ! rassurez-vous, mes visées étaient plus hautes et plus fières... Muni de votre argent, je me suis audacieusement élancé dans la sphère éblouissante de la spéculation ; je pouvais doubler, tripler la somme à mon profit, si la fortune m'eût souri ; malheureusement elle m'a été contraire, vous voyez bien que j'y perds autant que vous...

— Encore une fois, semble dire la loi, cette spoliation, leste, nette, preste et cavalière, faite au grand soleil, a-t-elle quelque chose de commun avec ces rapines nocturnes, ces bris de serrures, ces effractions de portes, ces fausses clefs, ces leviers, sauvage et grossier appareil de misérables voleurs du plus bas étage ?

Les crimes ne changent-ils pas de pénalité, même de nom, lorsqu'ils sont commis par certains privilégiés ? Un malheureux dérobe un pain chez un boulanger, en cassant un carreau... une servante dérobe un mouchoir ou un louis à ses maîtres : cela, bien et dûment appelé vol avec circonstances aggravantes et infamantes, est du ressort de la cour d'assises.

Et cela est juste, surtout pour le dernier cas. Le serviteur qui vole son maître est doublement coupable : il fait presque partie de la famille, la maison lui est ouverte à toute heure ; il trahit indignement la confiance qu'on a en lui ; c'est cette trahison que la loi frappe d'une condamnation infamante. Encore une fois, rien de plus juste, de plus moral.

Mais qu'un huissier, mais qu'un officier public quelconque, vous dérobe l'argent que vous avez forcément confié à sa qualité officielle, non-seulement ceci n'est plus assimilé au vol domestique ou au vol avec effraction, mais ceci n'est pas même qualifié vol par la loi.

— Comment ?

— Non, sans doute ! vol... ce mot est par trop brutal... il sent trop son mauvais lieu... vol !... fi donc !... *abus de confiance* à la bonne heure ! c'est plus délicat, plus décent et plus en rapport avec la condition sociale, la considération de ceux qui sont exposés à commettre ce... délit ! car cela s'appelle *délit*... Crime serait aussi trop brutal.

Et puis, distinction importante, le crime ressort de la cour d'assises... l'abus de confiance, de la police correctionnelle.

O comble de l'équité ! ô comble de la justice distributive ! Répétons-le : un serviteur vole un louis à son maître, un affamé brise un carreau pour voler un pain... Voilà des crimes... vite aux assises ! Un officier public dissipe ou détourne un million, c'est un *abus de confiance*, un simple tribunal de police correctionnelle doit en connaître. En fait, en droit, en raison, en logique, en humanité, en morale, cette effrayante différence entre les pénalités est-elle justifiée par la dissemblance de criminalité ? En quoi le vol domestique, puni d'une peine infamante, diffère-t-il de l'abus de confiance, puni d'une peine correctionnelle ? Est-ce parce que l'abus de confiance entraîne presque toujours la ruine des familles ? Qu'est-ce donc qu'un abus de confiance, sinon un vol domestique, mille fois aggravé par ses conséquences effrayantes et par le caractère officiel de celui qui le commet ? Ou bien encore, en quoi un vol avec effraction est-il plus coupable qu'un vol avec abus de confiance ?

Comment ! vous osez déclarer que la violation morale du serment de ne jamais forfaire à la confiance que la société est forcée d'avoir en vous, est moins criminelle que la violation matérielle d'une porte ? Oui, on l'ose... Oui, la loi est ainsi faite... Oui, plus les crimes sont graves, plus ils compromettent l'existence des familles, plus ils portent atteinte à la sécurité, à la morale publique... moins ils sont punis.

De sorte que plus les coupables ont de lumières, d'intelligence, de bien-être et de considération, plus la loi se montre indulgente pour eux... De sorte que la loi réserve les peines les plus terribles, les plus infamantes pour des misérables qui ont, nous ne voudrions pas dire pour excuse... mais qui ont du moins pour prétexte l'ignorance, l'abrutissement, la misère où on les laisse plongés.

Cette partialité de la loi est barbare et profondément immorale.

Frappez impitoyablement le pauvre s'il attente au bien d'autrui, mais frappez impitoyablement aussi l'officier public qui attente au bien de ses clients.

Qu'on n'entende donc plus des avocats excuser, défendre et faire absoudre (car c'est absoudre que de condamner à si peu) des gens coupables de spoliations infâmes, par des raisons analogues à celles-ci : — Mon client ne nie pas avoir dissipé les sommes dont il s'agit ; il sait dans quelle détresse affreuse son *abus de confiance* a plongé une honorable famille ; mais que voulez-vous ! mon client a l'esprit aventureux ; il aime à courir les chances des entreprises audacieuses, et une fois qu'il est lancé dans les spéculations, une fois que la fièvre de l'agiotage le saisit, il ne fait plus aucune différence entre ce qui est à lui et ce qui est aux autres.

Ce qui, on le voit, est parfaitement consolant pour ceux qui sont dépouillés et singulièrement rassurant pour ceux qui sont en position de l'être. Il nous semble pourtant qu'un avocat serait assez mal venu en cour d'assises s'il présentait environ cette défense : — Mon client ne nie pas avoir crocheté un secrétaire pour y voler la somme dont il s'agit. Mais... que voulez-vous !... il aime la bonne chère ; il adore les femmes ; il chérit le bien-être et le luxe; or, une fois qu'il est dévoré de cette soif de plaisirs, il ne fait plus aucune différence entre ce qui est à lui et ce qui est aux autres.

Et nous maintenons exacte la comparaison entre le voleur et le spoliateur. Celui-ci n'agiote que dans l'espoir du gain, et il ne désire ce gain que pour augmenter sa fortune ou ses jouissances.

Résumons notre pensée. Nous voudrions que, grâce à une réforme législative, l'abus de confiance commis par un officier public fût qualifié vol, et assimilé, pour le minimum de la peine, au vol domestique, et pour le maximum, au vol avec effraction et récidive. La compagnie à laquelle appartiendrait l'officier public serait responsable des sommes qu'il aurait volées en sa qualité de mandataire forcé et salarié.

Voici, du reste, un rapprochement qui servira de corollaire à cette digression... Après les faits que nous allons citer, tout commentaire devient inutile.

Seulement, on se demande si l'on vit dans une société civilisée ou dans un monde barbare.

On lit dans le *Bulletin des Tribunaux* du 17 février 1843, à propos d'un appel interjeté par un *huissier* condamné pour abus de confiance :

« La Cour, adoptant les motifs des premiers juges.

« Et attendu que les écrits produits pour la première fois devant la Cour, par le prévenu, sont impuissants pour détruire et même pour affaiblir les faits qui ont été constatés devant les premiers juges ;

« Attendu qu'il est prouvé que le prévenu, en sa qualité d'huissier, comme mandataire forcé et salarié, a reçu des sommes d'argent pour trois de ses clients ; que, lorsque des demandes de la part de ceux-ci lui ont été adressées pour les obtenir, il a répondu à tous par des subterfuges et des mensonges ;

« Qu'enfin il a détourné et dissipé des sommes d'argent au préjudice de ses trois clients ; qu'il a abusé de leur confiance, et qu'il a commis le délit prévu et puni par les articles 408 et 406 du Code pénal, etc., etc.

« Confirme la condamnation à deux mois de prison et vingt-cinq francs d'amende. »

Quelques lignes plus bas, dans le même journal, on lisait le même jour :

« Cinquante-trois ans de travaux forcés. — Le 13 septembre dernier, un vol de nuit fut commis avec escalade et effraction dans une maison habitée par les époux Bresson, marchands de vin au village d'Ivry. Des traces récentes attestaient qu'une échelle avait été appliquée contre le mur de la maison, et l'un des volets de la chambre dévalisée, donnant sur la rue, avait cédé sous l'effort d'une effraction vigoureuse.

« Les objets enlevés étaient en eux-mêmes moins considérables par la valeur que par le nombre : c'étaient de mauvaises hardes, de vieux draps de lit, des chaussures éculées, deux casseroles trouées, et, pour tout énumérer, deux bouteilles d'absinthe blanche de Suisse.

« Ces faits, imputés au prévenu *Tellier*, ayant été pleinement justifiés aux débats, M. l'avocat général a requis toute la sévérité de la loi contre l'accusé, à cause surtout de son *état particulier de récidive légale*.

« Aussi, le jury ayant rendu un verdict de culpabilité sur toutes les questions, sans circonstances atténuantes, la cour a condamné Tellier en vingt années de travaux forcés et à l'exposition. »

Ainsi, pour l'officier public spoliateur : — deux mois de prison.

Pour le libéré récidiviste : — VINGT ANS DE TRAVAUX FORCÉS ET L'EXPOSITION.

Qu'ajouter à ces faits ?... Ils parlent d'eux-mêmes. Quelles tristes et sérieuses réflexions (nous l'espérons du moins) ne soulèveront-ils pas !...

. . . .

Fidèle à sa promesse, le vieux gardien avait été chercher Germain. Lorsque l'huissier Boulard fut rentré dans l'intérieur de la prison, la porte du couloir s'ouvrit, Germain y entra, et Rigolette ne fut plus séparée de son pauvre protégé que par un léger grillage de fil de fer.

CHAPITRE III

François Germain.

Les traits de Germain manquaient de régularité, mais on ne pouvait voir une figure plus intéressante ; sa tournure était distinguée, sa taille svelte, ses vêtements simples, mais propres (un pantalon gris et une redingote noire boutonnée jusqu'au cou), ne se ressentaient en rien de l'incurie sordide où s'abandonnent généralement les prisonniers ; ses mains blanches et nettes témoignaient d'un soin pour sa personne qui avait encore augmenté l'aversion des autres détenus à son égard ; car la perversité morale se joint presque toujours à la saleté physique. Ses cheveux châtains, naturellement bouclés, qu'il portait longs et séparés sur le côté du front, selon la mode du temps, encadraient sa figure pâle et abattue ; ses yeux, d'un beau bleu, annonçaient la franchise et la bonté : son sourire, à la fois doux et triste, exprimait la bienveillance et une mélancolie habituelle ; car, quoique bien jeune, ce malheureux avait été déjà cruellement éprouvé. En un mot, rien de plus touchant que cette physionomie souffrante, affectueuse, résignée, comme aussi rien de plus honnête, de plus loyal que le cœur de ce jeune homme. La cause même de son arrestation (en la dépouillant des aggravations calomnieuses dues à la haine de Jacques Ferrand) prouvait la bonté de Germain et n'accusait qu'un moment d'entraînement et d'imprudence coupable sans doute, mais pardonnable, si l'on songe que le fils de madame Georges pouvait remplacer le lendemain matin la somme momentanément prise dans la caisse du notaire pour sauver Morel le lapidaire.

Germain rougit légèrement lorsqu'à travers la grille du parloir il aperçut le frais et charmant visage de Rigolette. Celle-ci, selon sa coutume, voulut paraître joyeuse, pour encourager et égayer un peu son protégé ; mais la pauvre enfant dissimulait mal le chagrin et l'émotion qu'elle ressentait toujours dès son entrée dans la prison. Assise sur un banc de l'autre côté de la grille, elle tenait sur ses genoux son cabas de paille.

Le vieux gardien, au lieu de rester dans le couloir, alla s'établir auprès d'un poêle à l'extrémité de la salle ; au bout de quelques moments, il s'endormit. Germain et Rigolette purent donc causer en liberté.

— Voyons, monsieur Germain, — dit la grisette, en approchant le plus possible son gentil visage de la grille pour mieux examiner les traits de son ami, — voyons si je serai contente de votre figure... Est-elle moins triste ?... Hum ! hum !... comme cela... prenez garde... je me fâcherai...

— Que vous êtes bonne !... Venir encore aujourd'hui !

— Encore !... mais c'est un reproche, cela.

— Ne devrais-je pas, en effet, vous reprocher de tant faire pour moi, pour moi qui ne peux rien... que vous dire merci ?

— Erreur, monsieur ; car je suis aussi heureuse que vous des visites que je vous fais. Ce serait donc à moi de vous dire merci à mon tour. Ah ! ah ! c'est là où je vous prends, monsieur l'injuste... Aussi j'aurais bien envie de vous punir de vos vilaines idées en ne vous donnant pas ce que je vous apporte.

— Encore une attention... Comme vous me gâtez !... Oh ! merci !... Pardon, si je répète si souvent ce mot qui vous fâche !... mais vous ne me laissez que cela à dire.

— D'abord, vous ne savez pas ce que je vous apporte...

— Qu'est-ce que cela me fait ?...

— Eh bien ! vous êtes gentil...

— Quoi que ce soit, cela ne vient-il pas de vous ? Votre bonté touchante ne me remplit-elle pas de reconnaissance et d'...

Germain n'acheva pas et baissa les yeux.

— Et de quoi ?... — reprit Rigolette en rougissant.

— Et de... de dévouement, — balbutia Germain.

— Pourquoi pas de respect tout de suite, comme à la fin d'une lettre... — dit Rigolette avec impatience. — Vous me trompez, ce n'est pas cela que vous vouliez dire... Vous vous êtes arrêté brusquement...

— Je vous assure...

— Vous m'assurez... vous m'assurez.. je vous vois bien rougir à travers la grille... Est-ce que je ne suis pas votre petite amie, votre bonne camarade ? Pourquoi me cacher quelque chose ?... Soyez donc franc avec moi, dites-moi tout, — ajouta timidement la grisette ; car elle n'attendait qu'un aveu de Germain pour lui dire naïvement, loyalement, qu'elle l'aimait.

Honnête et généreux amour que le malheur de Germain avait fait naître.

— Je vous assure, — reprit le prisonnier avec un soupir, — que je n'ai voulu rien dire de plus... que je ne vous cache rien !

— Fi, le menteur ! — s'écria Rigolette en frappant du pied. — Eh bien, vous voyez cette grande cravate de laine blanche que je vous apportais, — elle la tira de son cabas ; — pour vous punir d'être si dissimulé, vous ne l'aurez pas... Je l'avais tricotée pour vous... Je m'étais dit : il doit faire si froid, si humide, dans ces grandes cours de la prison, qu'au moins il sera bien chaudement garanti avec cela... Il est si frileux...

— Comment, vous...

— Oui, monsieur, vous êtes frileux... — dit Rigolette en l'interrompant ; — je me le rappelle bien, peut-être ! ce qui ne vous empêchait pas de vouloir toujours, par délicatesse... m'empêcher de mettre du bois dans mon poêle, quand vous passiez la soirée avec moi... Oh ! j'ai bonne mémoire.

— Et moi aussi... que trop bonne !... — dit Germain d'une voix émue.

Et il passa sa main sur ses yeux.

— Allons, vous voilà encore à vous attrister, quoique je vous le défende.

— Comment voulez-vous que je ne sois pas touché aux larmes quand je songe à tout ce que vous avez fait pour moi depuis mon séjour en prison ?... Et cette nouvelle attention, n'est-elle pas charmante ? Ne sais-je pas enfin que vous prenez sur vos nuits pour avoir le temps de venir me voir ? A cause de moi, vous vous imposez un travail exagéré.

— C'est ça ! plaignez-moi bien vite de faire tous les deux ou trois jours une jolie promenade pour venir visiter mes amis, moi qui adore marcher... C'est si amusant de regarder les boutiques tout le long du chemin !

— Et aujourd'hui, sortir par ce vent, par cette pluie !

— Raison de plus, vous n'avez pas idée des drôles de figures qu'on rencontre !!! Les uns retiennent leur chapeau à deux mains pour que l'ouragan ne l'emporte pas ; les autres, pendant que leur parapluie fait la tulipe, font des grimaces incroyables en fermant les yeux pendant que la pluie leur fouette le visage... Tenez, ce matin, pendant toute ma route, c'était une vraie comédie... Je me promettais de vous faire rire en vous la racontant... mais vous ne voulez pas seulement vous dérider un peu.

— Ce n'est pas ma faute... pardonnez-moi ; mais les bonnes impressions que je vous dois tournent en attendrissement profond... Vous le savez, je n'ai pas le bonheur gai... c'est plus fort que moi.

Rigolette ne voulut pas laisser pénétrer que, malgré son gentil babil, elle était bien près de partager l'émotion de Germain ; elle se hâta de changer de conversation, et reprit : — Vous dites toujours que c'est plus fort que vous ; mais il y a encore bien des choses plus fortes que vous que vous ne faites pas, quoique je vous en aie prié, supplié, — ajouta Rigolette.

— De quoi voulez-vous parler ?

— De votre opiniâtreté à vous isoler toujours des autres prisonniers.. à ne jamais leur parler... Leur gardien vient encore de me dire que, dans votre intérêt, vous devriez prendre cela sur vous.. Je suis sûre que vous n'en faites rien... Vous vous taisez !... Vous voyez bien, c'est toujours la même chose !... Vous ne serez content que lorsque ces affreux hommes vous auront fait du mal !...

— C'est que vous ne savez pas l'horreur qu'ils m'inspirent... vous ne savez pas toutes les raisons personnelles que j'ai de fuir et d'exécrer eux et leurs pareils !

— Hélas ! si, je crois les savoir, ces raisons... j'ai lu ces papiers que vous aviez écrits pour moi, et que j'ai été chercher chez vous après votre emprisonnement... Là, j'ai appris les dangers que vous aviez courus à votre arrivée à Paris, parce que vous vous êtes refusé à vous associer, en province, aux crimes du scélérat qui vous avait élevé... C'est même à la suite du dernier guet-apens qu'il vous a tendu que, pour le dérouter, vous avez quitté la rue du Temple... ne disant qu'à moi où vous alliez demeurer... Dans ces papiers-là... j'ai aussi lu autre chose, — ajouta Rigolette en rougissant de nouveau et en baissant les yeux ; — j'ai lu des choses... que...

— Oh ! que vous auriez toujours ignorées, je vous le jure, — s'écria vivement Germain, — sans le malheur qui me frappe... Mais, je vous en supplie, soyez tout à fait généreuse ; pardonnez-moi ces folies, oubliez-les ; autrefois seulement il m'était permis de me complaire dans ces rêves, quoique bien insensés.

Rigolette venait une seconde fois de tâcher d'amener un aveu sur les lèvres de Germain, en faisant allusion aux pensées remplies de tendresse, de passion que celui-ci avait écrites jadis et dédiées au souvenir de la grisette ; car, nous l'avons dit, il avait toujours ressenti pour elle un vif et sincère amour ; mais pour jouir de l'intimité cordiale de sa gentille voisine, il avait caché cet amour sous les dehors de l'amitié. Rendu par le malheur encore plus défiant et plus timide, il ne pouvait s'imaginer que Rigolette l'aimât d'amour, lui prisonnier, lui flétri d'une accusation terrible, tandis qu'avant les malheurs qui le frappaient elle ne lui témoignait qu'un attachement tout fraternel.

La grisette, se voyant si peu comprise, étouffa un soupir, attendant, espérant une occasion meilleure de dévoiler à Germain le fond de son cœur. Elle reprit donc avec embarras : — Mon Dieu ! je comprends bien que la société de ces vilaines gens vous fasse horreur, mais ce n'est pas une raison pourtant pour braver des dangers inutiles.

— Je vous assure qu'afin de suivre vos recommandations, j'ai plusieurs fois tâché d'adresser la parole à ceux d'entre eux qui me semblaient moins criminels ; mais si vous saviez quel langage ! quels hommes !

26.

— Hélas ! c'est vrai, cela doit être terrible...
— Ce qu'il y a de plus terrible encore, voyez-vous, c'est de m'apercevoir que je m'habitue peu à peu aux affreux entretiens que, malgré moi, j'entends toute la journée ; oui, maintenant j'écoute avec une morne apathie des horreurs qui, pendant les premiers jours, me soulevaient d'indignation ; aussi, tenez, je commence à douter de moi, — s'écria-t-il avec amertume.
— Oh ! monsieur Germain que dites-vous ?
— A force de vivre dans ces horribles lieux, notre esprit finit par s'habituer aux pensées criminelles, comme notre oreille s'habitue aux paroles grossières qui retentissent continuellement autour de nous. Mon Dieu ! je comprends maintenant que l'on puisse entrer ici innocent, quoique accusé, et que l'on en sorte perverti...
— Oui, mais pas vous, pas vous !
— Si, moi, et d'autres valant mille fois mieux que moi. Hélas ! ceux qui, avant le jugement, nous condamnent à cette odieuse fréquentation, ignorent donc ce qu'elle a de douloureux et de funeste !... Ils ignorent donc qu'à la longue l'air que l'on respire ici devient contagieux... mortel à l'honneur...
— Je vous en prie, ne parlez pas ainsi, vous me faites trop de chagrin.
— Vous me demandez la cause de ma tristesse croissante, la voilà... Je ne voulais pas vous la dire... mais je n'ai qu'un moyen de reconnaître votre pitié pour moi.
— Ma pitié... ma pitié...
— Oui, c'est de ne rien vous cacher... Eh bien je vous l'avoue avec effroi... je ne me connais plus... j'ai beau mépriser, fuir ces misérables : leur présence, leur contact agit sur moi... malgré moi... on dirait qu'ils ont la fatale puissance de vicier l'atmosphère où ils vivent... Il me semble que je sens la corruption me gagner par tous les pores... Si l'on m'absolvait de la faute que j'ai commise, la vue, les relations des honnêtes gens me rempliraient de confusion et de honte. Je n'en suis pas encore à me plaire au milieu de mes compagnons ; mais j'en suis à redouter le jour où je me retrouverai au milieu de personnes honorables... Et cela, parce que j'ai la conscience de ma faiblesse.
— De votre faiblesse ?...
— De ma lâcheté...
— De votre lâcheté ?... Mais quels idées injustes avez-vous donc de vous-même, mon Dieu !
— Eh ! n'est-ce pas être lâche et coupable que de composer avec ses devoirs, avec la probité ?... et cela, je l'ai fait.
— Vous ! vous ?
— Moi ! En entrant ici... je ne m'abusais pas sur la grandeur de ma faute... tout excusable qu'elle était peut-être. Eh bien ! maintenant elle me paraît moindre ; à force d'entendre ces voleurs et ces meurtriers parler de leurs crimes avec des railleries cyniques ou un orgueil féroce, je me surprends quelquefois à envier leur audacieuse indifférence et à me railler amèrement des re-

mords dont je suis tourmenté pour un délit insignifiant... comparé à leurs forfaits...

— Mais vous avez raison ! votre action, loin d'être blâmable, est généreuse ; vous étiez sûr de pouvoir le lendemain matin rendre l'argent que vous preniez seulement pour quelques heures, afin de sauver une famille entière de la ruine, de la mort, peut-être.

— Il n'importe, aux yeux de la loi, aux yeux des honnêtes gens, c'est un vol. Sans doute il est moins mal de voler dans un tel but que dans tel autre ; mais voyez-vous, cela est un symptôme funeste que d'être obligé, pour s'excuser à ses propres yeux, de regarder au-dessous de soi... Je ne puis plus m'égaler aux gens sans tache... Me voici déjà forcé de me comparer aux gens dégradés avec lesquels je vis... Aussi, à la longue... je m'en aperçois bien, la conscience s'engourdit, s'endurcit... Demain, je commettrais un vol, non pas avec la certitude de pouvoir restituer la somme que j'aurais dérobée dans un but louable, mais je volerais par cupidité, que je me croirais sans doute encore innocent, en me comparant à celui qui tue pour voler... Et pourtant à cette heure, il y a autant de distance entre moi et un homme irréprochable... Ainsi, parce qu'il est des êtres mille fois plus dégradés que moi, ma dégradation va s'amoindrir à mes yeux ! Au lieu de pouvoir dire comme autrefois : Je suis aussi honnête que le plus honnête homme, je me consolerai en disant : Je suis le moins dégradé des misérables parmi lesquels je suis destiné à vivre toujours !

— Toujours ? Mais une fois sorti d'ici !

— Eh ! j'aurai beau être acquitté, ces gens-là me connaissent ; à leur sortie de prison, s'ils me rencontrent, ils me parleront comme à leur ancien compagnon de geôle. Si l'on ignore la juste accusation qui m'a conduit aux assises, ces misérables me menaceront de la divulguer. Vous le voyez donc bien, des liens maudits et maintenant indissolubles m'attachent à eux... tandis que, enfermé seul dans ma cellule jusqu'au jour de mon jugement, inconnu d'eux comme ils eussent été inconnus de moi, je n'aurais pas été assailli de ces craintes qui peuvent paralyser les meilleures résolutions... Et puis, seul à seul avec la pensée de ma faute, elle eût grandi au lieu de diminuer à mes yeux ; plus elle m'aurait paru grave, plus l'expiation que je me serais imposée dans l'avenir eût été grave... Aussi, plus j'aurais eu à me faire pardonner, plus dans ma pauvre sphère j'aurais tâché de faire le bien... Car il faut cent bonnes actions pour en expier une mauvaise... Mais songerai-je jamais à expier ce qui, à cette heure, me cause à peine un remords ?... Tenez... je le sens, j'obéis à une irrésistible influence, contre laquelle j'ai longtemps lutté de toutes mes forces ; on m'avait élevé pour le mal, je cède à mon destin : après tout, isolé, sans famille... qu'importe que ma destinée s'accomplisse honnête ou criminelle !... Et pourtant... mes intentions étaient bonnes et pures... Par cela même qu'on avait voulu faire de moi un infâme, j'éprouvais une satisfaction profonde à me dire : je n'ai jamais failli à l'honneur, et cela m'a été peut-être plus difficile qu'à tout autre... Et aujourd'hui... Ah ! cela est affreux... affreux... — s'écria le prisonnier avec une explosion de sanglots si déchirants, que Rigolette, profondément émue, ne put retenir ses larmes.

C'est qu'aussi l'expression de la physionomie de Germain était navrante, c'est que l'on ne pouvait s'empêcher de sympathiser à ce désespoir d'un homme de cœur qui se débattait contre les atteintes d'une contagion fatale, dont sa délicatesse exagérait encore le danger si menaçant. Oui, le danger menaçant !

Nous n'oublirons jamais ces paroles d'un homme d'une rare intelligence, auxquelles une expérience de vingt années passées dans l'administration des prisons donnait tant de poids : « En admettant qu'injustement accusé l'on entre complètement pur dans une prison, on en sortira toujours moins honnête qu'on n'y est entré ; ce qu'on pourrait appeler la *première fleur de l'honorabilité disparaît à jamais au seul contact de cet air corrosif...* »

Disons pourtant que Germain, grâce à sa probité saine et robuste, avait longtemps et victorieusement lutté, et qu'il pressentait plutôt les approches de la maladie qu'il ne l'éprouvait réellement. Ses craintes de voir sa faute s'amoindrir à ses propres yeux prouvaient qu'à cette heure encore il en sentait toute la gravité ; mais le trouble, mais l'appréhension, mais les doutes qui agitaient cruellement cette âme honnête et généreuse n'en étaient pas moins des symptômes alarmants.

Guidée par la droiture de son esprit, par sa sagacité de femme et par l'instinct de son amour, Rigolette devina ce que nous venons de dire. Quoique bien convaincue que son ami n'avait encore rien perdu de sa délicate probité, elle craignait que, malgré l'excellence de son naturel, Germain ne fût un jour indifférent à ce qui le tourmentait alors si cruellement. Rigolette, essuyant ses larmes et s'adressant à Germain, dont le front était appuyé sur la grille, lui dit avec un accent touchant, sérieux, presque solennel, qu'il ne lui connaissait pas encore : — Écoutez-moi, Germain, je m'exprimerai peut-être mal, je ne parle pas aussi bien que vous ; mais ce que je vous dirai sera juste et sincère. D'abord, vous avez tort de vous plaindre d'être isolé, abandonné...

— Oh ! ne pensez pas que j'oublie jamais ce que votre pitié pour moi vous inspire !

— Tout à l'heure je ne vous ai pas interrompu quand vous avez parlé de *pitié*... mais puisque vous répétez ce mot... je dois vous dire que ce n'est pas du tout de la pitié que je ressens pour vous... Je vais vous expliquer cela de mon mieux... Quand nous étions voisins, je vous aimais comme un bon frère, comme un bon camarade ; vous me rendiez de petits services, je vous en rendais d'autres ; vous me faisiez partager vos amusements du dimanche, je tâchais d'être bien gaie, bien gentille pour vous en remercier... nous étions quittes.

— Quittes ! oh ! non.., je...

— Laissez-moi parler à mon tour... Quand vous avez été forcé de quitter la maison que nous habitions, votre départ m'a fait plus de peine que celui de mes autres voisins...

— Il serait vrai !...

— Oui, parce qu'eux autres étaient des sans-souci à qui certainement je devais manquer bien moins qu'à vous, et puis ils ne s'étaient résignés à devenir mes camarades qu'après s'être fait cent fois répéter par moi, qu'ils ne seraient jamais autre chose... tandis que vous... vous avez tout de suite deviné ce que nous devions être l'un pour l'autre. Malgré ça, vous passiez auprès de moi tout le temps dont vous pouviez disposer... vous m'avez appris à écrire... vous m'avez donné de bons conseils, un peu sérieux, parce qu'ils étaient bons ; enfin vous avez été le plus dévoué de mes voisins... et le seul qui ne m'ayez rien demandé... pour la peine... Ce n'est pas tout : en quittant la maison, vous m'avez donné une grande preuve de confiance... vous voir confier un secret si important à une petite fille comme moi, dame, ça m'a rendue fière... Aussi, quand je me suis séparée de vous, votre souvenir m'était toujours bien plus présent que celui de mes autres voisins... Ce que je vous dis là est vrai... vous le savez, je ne mens jamais.

— Il serait possible !... vous auriez fait cette différence entre moi... et les autres ?...

— Certainement, je l'ai faite, sinon j'aurais eu un mauvais cœur... Oui, je me disais : il n'y a rien de meilleur que M. Germain ; seulement, il est un peu sérieux... mais c'est égal, si j'avais une amie qui voulut se marier pour être bien, bien heureuse, certainement je lui conseillerais d'épouser M. Germain... car il serait le paradis d'une bonne petite ménagère.

— Vous pensiez à moi... pour une autre... — ne put s'empêcher de dire tristement Germain.

— C'est vrai ; j'aurais été ravie de vous voir faire un heureux mariage, puisque je vous aimais comme un bon camarade. Vous voyez, je suis franche, je vous dis tout.

— Et je vous en remercie du fond de l'âme : c'est une consolation pour moi d'apprendre que parmi vos amis j'étais celui que vous préfériez.

— Voilà où en étaient les choses lorsque vos malheurs sont arrivés... C'est alors que j'ai reçu cette pauvre et bonne lettre où vous m'instruisiez de ce que vous appelez votre faute, faute... que je trouve, moi qui ne suis pas savante, une belle et bonne action ; c'est alors que vous m'avez demandé d'aller chez vous chercher ces papiers qui m'ont appris que vous m'aviez toujours aimée d'amour sans oser me le dire ; ces papiers où j'ai lu, — et Rigolette ne put retenir ses larmes. — que, songeant à mon avenir, qu'une maladie ou le manque d'ouvrage pouvait rendre si pénible, vous me laissiez, si vous mouriez de mort violente, comme vous pouviez le craindre... vous me laissiez le peu que vous aviez acquis à force de travail et d'économie...

— Oui, car si de mon vivant vous vous étiez trouvée sans travail ou malade, c'est à moi plutôt qu'à tout autre que vous vous seriez adressée, n'est-ce pas ? j'y comptais bien ! dites ? dites ?... Je ne me suis pas trompé, n'est-ce pas ?

— Mais c'est tout simple... A qui auriez-vous voulu que je m'adresse ?

— Oh ! tenez, voilà de ces paroles qui font du bien, qui consolent de bien des chagrins !

— Moi, je ne peux pas vous exprimer ce que j'ai éprouvé en lisant... quel triste mot !... ce *testament* dont chaque ligne contenait un souvenir pour moi ou une pensée pour mon avenir ; et pourtant je ne devais connaître ces preuves de votre attachement que lorsque vous n'existeriez plus... Dame, que voulez-vous !... Après une conduite si généreuse, on s'étonne que l'amour vienne tout d'un coup !... C'est pourtant bien naturel... n'est-ce pas, monsieur Germain ?

La jeune fille dit ces derniers mots avec une naïveté si touchante et si franche, en attachant ses grands yeux noirs sur ceux de Germain, que celui-ci ne comprit pas tout d'abord, tant il était loin de se croire aimé d'amour par Rigolette. Pourtant ces paroles étaient si précises, que leur écho retentit au fond de l'âme du prisonnier ; il rougit, pâlit tour à tour, et s'écria : — Que dites-vous ? Je crains... oh ! mon Dieu... je me trompe peut-être... je...

— Je dis que du moment où je vous ai vu si bon pour moi, et où je vous ai vu si malheureux, je vous ai aimé autrement qu'un camarade... et que si maintenant une de mes amies voulait se marier... — dit Rigolette en souriant et en rougissant, — ce n'est plus vous que je lui conseillerais d'épouser... monsieur Germain.

— Vous m'aimez !... vous m'aimez !...

— Il faut bien que je vous le dise de moi-même... puisque vous ne me le demandez pas..

— Il serait possible !

— Ce n'est pourtant pas faute de vous avoir par deux fois mis sur la voie pour vous le faire comprendre... Mais bon, monsieur ne veut pas entendre à demi-mot, il me force à lui avouer ces choses-là... C'est mal peut-être... mais comme il n'y a que vous qui puissiez me gronder de mon effronterie, j'ai moins peur... et puis, — ajouta Rigolette d'un ton plus sérieux et avec une tendre émotion, tout à l'heure vous m'avez paru si accablé, si désespéré, que je n'y ai pas tenu ; j'ai eu l'amour-propre de croire que cet aveu, fait franchement et du fond du cœur, vous empêcherait d'être malheureux à l'avenir. Je me suis dit : jusqu'à présent je n'ai pas eu la chance dans mes efforts pour le distraire ou pour le consoler ; mes friandises lui ôtaient l'appétit, ma gaieté le faisait pleurer ; cette fois, du moins... Ah ! mon Dieu... qu'avez-vous ? — s'écria Rigolette en voyant Germain cacher sa tête dans ses mains. — Là, voyez si ce n'est pas cruel !... — s'écria-t-elle, — quoi que je fasse, quoi que je dise... vous restez aussi malheureux ; c'est être par trop méchant et par trop égoïste aussi !... on dirait qu'il n'y a que vous qui souffriez de vos chagrins !

— Hélas !... quel malheur est le mien !!! — s'écria Germain avec désespoir. — Vous m'aimez... lorsque je ne suis plus digne de vous ?

— Plus digne de moi ? Mais ça n'a pas le bon sens, ce que vous dites là... C'est comme si je disais qu'autrefois je n'étais pas digne de votre amitié, parce que j'avais été en prison... car, après tout, moi aussi j'ai été prisonnière... en suis-je moins honnête fille ?...

— Mais vous êtes allée en prison parce que vous étiez une pauvre enfant abandonnée... tandis que moi !... mon Dieu... quelle différence !

— Enfin, quant à la prison, nous n'avons rien à nous reprocher... toujours ! C'est plutôt moi qui suis une ambitieuse... car, dans mon état, je ne devrais penser qu'à me marier avec un ouvrier. Je suis une enfant trouvée ; je ne possède rien que ma petite chambre et mon bon courage... pourtant je viens hardiment vous proposer de me prendre pour femme !

— Hélas ! autrefois ce sort eût été le rêve, le bonheur de ma vie !... mais à cette heure... moi... sous le coup d'une accusation infamante... j'abuserais de votre admirable générosité... de votre pitié qui vous égare peut-être !... non, non...

— Mais, mon Dieu ! mon Dieu ! s'écria Rigolette avec une impatience douloureuse, — je vous dis que ce n'est pas de la pitié que j'ai pour vous ! c'est de l'amour... Je ne songe qu'à vous ! je ne dors plus, je ne mange plus. Votre triste et doux visage me suit partout... Est-ce de la pitié, cela ?... Maintenant, quand vous me parlez, votre voix, votre regard, me vont au cœur... Il y a mille choses en vous qui, à cette heure, me plaisent à la folie, et que je n'avais pas remarquées... J'aime votre figure, j'aime vos yeux, j'aime votre tournure, j'aime votre esprit, j'aime votre bon cœur... est-ce encore de la pitié cela... Pourquoi, après vous avoir aimé en ami, vous aimé-je en amant ?... je n'en sais rien ! Pourquoi étais-je folle et gaie quand je vous aimais en ami... pourquoi suis-je tout absorbée depuis que je vous aime en amant ?... je n'en sais rien... Pourquoi ai-je attendu si tard pour vous trouver à la fois beau et bon... pour vous aimer à la fois des yeux et du cœur ?... je n'en sais rien... ou plutôt, si... je le sais... c'est que j'ai découvert combien vous m'aimiez sans me l'avoir jamais dit, combien vous étiez généreux et dévoué... Alors l'amour m'a monté du cœur aux yeux, comme y monte une douce larme quand on est attendri.

— Vraiment, je crois rêver en vous entendant parler ainsi...

— Et moi, donc ! je n'aurais jamais cru pouvoir oser vous dire tout cela ; mais votre désespoir m'y a forcée ! Eh bien ! monsieur, maintenant que vous savez que je vous aime comme mon ami ! comme mon amant ! comme mon mari ! direz-vous encore que c'est de la pitié ?

Les généreux scrupules de Germain tombèrent un moment devant un aveu si naïf et si vaillant. Une joie inespérée le ravit à ses douloureuses préoccupations.

— Vous m'aimez ! — s'écria-t-il. — Je vous crois, votre accent, votre regard, tout me le dit ! Je ne veux pas me demander comment j'ai mérité un pareil bonheur. Je m'y abandonne aveuglément. Ma vie, ma vie entière ne suffira pas à m'acquitter envers vous ! Ah ! j'ai bien souffert déjà... mais ce moment efface tout !

— Enfin... vous voilà consolé... Oh ! j'étais bien sûre, moi, que j'y parviendrais ! — s'écria Rigolette avec un élan de joie charmante.

— Et c'est au milieu des horreurs d'une prison, et c'est lorsque tout m'accable, qu'une telle félicité...

Germain ne put achever. Cette pensée lui rappelait la réalité de sa position ; ses scrupules, un moment oubliés, revinrent plus cruels que jamais, et il reprit avec désespoir : — Mais je suis prisonnier... mais je suis accusé de vol... mais je serai condamné, déshonoré peut-être !... Et j'accepterais votre valeureux sacrifice... je profiterais de votre généreuse exaltation... Oh non ! non ! je ne suis pas assez infâme pour cela !

— Que dites-vous ?

— Je puis être condamné... à des années de prison.,.

— Eh bien, — répondit Rigolette avec calme et fermeté ; — on verra que je suis une honnête fille, on ne nous refusera pas de nous marier dans la chapelle de la prison...

— Mais je puis être emprisonné loin de Paris...

— Une fois votre femme, je vous suivrai ; je m'établirai dans la ville où vous serez ; j'y trouverai de l'ouvrage, et je viendrai vous voir tous les jours !

— Mais je serai flétri aux yeux de tous...

— Vous m'aimez plus que tous, n'est-ce pas ?

— Pouvez-vous me le demander ?...

— Alors, que vous importe ?... Loin d'être flétri à mes yeux, je vous regarderai, moi, comme le martyr de votre bon cœur.

— Mais le monde vous accusera, le monde condamnera, calomniera votre choix...

— Le monde ! c'est vous pour moi, et moi pour vous ; nous laisserons dire...

— Enfin, en sortant de prison, ma vie sera précaire, misérable ; repoussé de partout, peut-être ne trouverai-je pas d'emploi !... et puis, cela est horrible à penser, mais si cette corruption que je redoute allait malgré moi me gagner... quel avenir pour vous !

— Vous ne vous corromprez pas ; non, car maintenant vous savez que je vous aime, et cette pensée vous donnera la force de résister aux mauvais exemples... vous songerez qu'alors même que tous vous repousseraient en sortant de prison, votre femme vous accueillera avec amour et reconnaissance, bien certaine que vous serez resté honnête homme... Ce langage vous étonne, n'est-ce pas ? il m'étonne moi-même... Je ne sais pas où je vais chercher ce que je vous dis... c'est au fond de mon âme assurément... et cela doit vous convaincre... sinon, si vous dédaigniez une offre qui vous est faite de tout cœur... si vous ne vouliez pas de l'attachement d'une pauvre fille qui ne...

Germain interrompit Rigolette avec une ivresse passionnée : —
Eh bien, j'accepte... j'accepte ; oui, je le sens, il est quelquefois
lâche de refuser certains sacrifices, c'est reconnaître qu'on en est
indigne... J'accepte, noble et courageuse fille.

— Bien vrai ? bien vrai, cette fois ?

— Je vous le jure... et puis, vous m'avez dit d'ailleurs quelque
chose qui m'a frappé, qui m'a donné le courage qui me manquait.

— Quel bonheur ! et qu'ai-je dit ?

— Que pour vous je devrai désormais rester honnête homme...
Oui, dans cette pensée je trouverai la force de résister aux détestables influences qui m'entourent... Je braverai la contagion, et
je saurai conserver digne de votre amour ce cœur qui vous appartient !

— Ah ! Germain, que je suis heureuse ! si j'ai fait quelque chose
pour vous, comme vous me récompensez !!!

— Et puis, voyez-vous, quoique vous excusiez ma faute, je
n'oublierai pas sa gravité... Ma tâche à l'avenir sera double : expier le passé et mériter le bonheur que je vous dois .. Pour cela,
je ferai le bien... car, si pauvre que l'on soit, l'occasion ne manque
jamais.

— Hélas ! mon Dieu ! c'est vrai ! on trouve toujours plus malheureux que soi...

— A défaut d'argent...

— On donne des larmes, ce que je faisais pour ces pauvres
Morel...

— Et c'est une sainte aumône : *La charité de l'âme vaut bien
celle qui donne du pain.*

— Enfin vous acceptez... vous ne vous dédirez pas ?...

— Oh ! jamais, jamais, mon amie, ma femme ; oui, le courage
me revient, il me semble sortir d'un songe, je ne doute plus de
moi-même ; je m'abusais, heureusement je m'abusais. Mon cœur
ne battrait pas comme il bat, s'il avait perdu de sa noble énergie.

— Oh ! Germain, que vous êtes beau en parlant ainsi ! combien vous me rassurez, non pour moi, mais pour vous-même !
Ainsi, vous me le promettez, n'est-ce pas, maintenant que vous
avez mon amour pour vous défendre, vous ne craindrez plus de
parler à ces méchants hommes, afin de ne pas exciter leur colère
contre vous ?

— Rassurez-vous... En me voyant triste et accablé, ils m'accuseraient sans doute d'être en proie à mes remords ; et en me
voyant fier et joyeux, ils croiront que leur cynisme m'a gagné...

— C'est vrai ; ils ne vous soupçonneront plus, et je serai tranquille... Ainsi, pas d'imprudence... maintenant vous m'appartenez... je suis votre petite femme.

A ce moment le gardien fit un mouvement : il s'éveillait.

— Vite ! — dit tout bas Rigolette, avec un sourire plein de
grâce et de pudique tendresse... — Vite, mon mari, donnez-moi
un beau baiser sur le front à travers la grille... ce seront nos
fiançailles.

Et la jeune fille, rougissant, appuya son front sur le treillis de fer. Germain, profondément ému, effleura de ses lèvres, à travers le grillage, ce front pur et blanc. Une larme du prisonnier y roula comme une perle humide... Touchant baptême de cet amour chaste, mélancolique et charmant !

. . . .

— Oh ! oh ! déjà trois heures ! — dit le gardien en se levant ; — et les visiteurs doivent être parti à deux... Allons, ma chère demoiselle, — ajouta-t-il en s'adressant à la grisette, — c'est dommage, mais il faut partir...

— Oh ! merci, merci, monsieur, de nous avoir laissés causer seuls... J'ai donné bon courage à Germain ; il prendra sur lui pour n'avoir pas l'air si chagrin, et il n'aura plus rien à craindre de ses méchants compagnons. N'est-ce pas, mon ami ?

— Soyez tranquille... — dit Germain en souriant ; — je serai à l'avenir le plus gai de la prison..

— A la bonne heure, alors ils ne feront plus attention à vous, — dit le gardien...

— Voilà une cravate que j'ai apportée à Germain, monsieur, — reprit Rigolette ; — faut-il la déposer au greffe ?

— C'est l'usage ; mais, après tout, pendant que je suis en dehors du règlement, une petite chose de plus ou de moins... Allons, faites la journée complète... donnez-lui vite votre cadeau vous-même.

Et le gardien ouvrit la porte du couloir.

— Ce brave homme a raison, la journée sera complète — dit Germain en recevant la cravate des mains de Rigolette, qu'il serra tendrement. — Adieu, et à bientôt. Maintenant je n'ai plus peur de vous demander de venir me voir le plus tôt possible...

— Ni moi de vous le promettre... Adieu, bon Germain.

— Adieu, ma bonne petite amie.

— Et servez-vous bien de ma cravate, craignez d'avoir froid, il fait si humide !...

— Quelle jolie cravate ! quand je pense que vous l'avez faite pour moi ! Oh ! je ne la quitterai pas, — dit Germain en la portant à ses lèvres...

— Ah çà ! maintenant vous allez avoir de l'appétit, j'espère ? Voulez-vous que je vous fasse mon petit régal ?

— Certainement, et cette fois j'y ferai honneur...

— Soyez tranquille, alors, monsieur le gourmand, vous m'en direz des nouvelles. Allons, encore adieu... Merci, monsieur le gardien : aujourd'hui je m'en vais heureuse et bien rassurée. Adieu Germain...

— Adieu, ma petite femme... à bientôt !...

— A toujours !...

Quelques minutes après, Rigolette, ayant bravement repris ses socques et son parapluie, sortait de la prison plus allègrement qu'elle n'y était entrée.

Pendant l'entretien de Germain et de la grisette, d'autres scènes s'étaient passées dans une des cours de la prison, où nous conduirons le lecteur.

CHAPITRE IV

La Fosse-aux-Lions

Si l'aspect matériel d'une vaste maison de détention, construite dans toutes les conditions de bien-être et de salubrité que réclame l'humanité, n'offre au regard, nous l'avons dit, rien de sinistre, la vue des prisonniers cause une impression contraire.

On est ordinairement saisi de tristesse et de pitié, lorsqu'on se trouve au milieu d'un rassemblement de femmes prisonnières, en songeant que ces infortunées sont presque toujours poussées au mal moins par leur propre volonté que par la pernicieuse influence du premier homme qui les a séduites. Et puis encore les femmes les plus criminelles conservent au fond de l'âme deux cordes saintes que les violents ébranlements des passions les plus fougueuses, ne brisent jamais entièrement... L'AMOUR ET LA MATERNITÉ! Parler d'amour et de maternité, c'est dire que, chez ces misérables créatures, de pures et douces lueurs peuvent encore éclairer ça et là les noires ténèbres d'une corruption profonde...

Mais chez les hommes tels que la prison les fait et les rejette dans le monde, rien de semblable... C'est le crime d'un seul jet... c'est un bloc d'airain qui ne rougit plus qu'au feu des passions infernales. Aussi, à la vue des criminels qui encombrent les prisons, on est d'abord saisi d'un frisson d'épouvante et d'horreur. La réflexion seule vous ramène à des pensées plus pitoyables, mais d'une grande amertume. Oui, d'une grande amertume... car on réfléchit que les sinistres populations des geôles et des bagnes... que la sanglante moisson du bourreau... germent toujours dans la fange de l'ignorance, de la misère et de l'abrutissement. Pour comprendre cette première impression d'horreur et d'épouvante dont nous parlons, que le lecteur nous suive dans la *Fosse-aux-Lions*. L'une des cours de la Force s'appelle ainsi. Là, sont ordinairement réunis les détenus les plus dangereux par leurs antécédents, par leur férocité ou par la gravité des accusations qui pèsent sur eux. Néanmoins on avait été obligé de leur adjoindre temporairement, par suite de travaux d'urgence entrepris dans un des bâtiments de la Force, plusieurs autres prisonniers. Ceux-ci, quoique également justiciables de la cour d'assises, étaient presque des gens de bien, comparés aux hôtes habituels de la Fosse-aux-Lions.

Le ciel, sombre, gris et pluvieux, jetait un jour morne sur la scène que nous allons dépeindre. Elle se passait au milieu d'une cour, assez vaste quadrilatère formé par de hautes murailles blanches, percées çà et là de quelques fenêtres grillées.

A l'un des bouts de cette cour, on voyait une étroite porte guichetée ; à l'autre bout, l'entrée du *chauffoir*, grande salle dallée, au milieu de laquelle était un calorifère de fonte entouré de bancs de bois, où se tenaient paresseusement étendus plusieurs prisonniers devisant entre eux. D'autres, préférant l'exercice au repos, se promenaient dans le préau, marchant en rangs pressés, par quatre ou cinq de front, se tenant par le bras.

Il faudrait posséder l'énergique et sombre pinceau de Salvator ou de Goya pour esquisser ces divers spécimens de laideur physique et morale, pour rendre dans sa hideuse fantaisie la variété de costumes de ces malheureux, couverts pour la plupart de vêtements misérables ; car n'étant que *prévenus*, c'est-à-dire *supposés innocents*, ils ne revêtent pas l'habit uniforme des maisons centrales ; quelques-uns pourtant le portaient ; car à leur entrée en prison, leurs haillons avaient paru si sordides, si infects, qu'après le bain d'usage[1], on leur avait donné la casaque et le pantalon de gros drap gris des condamnés.

Un phrénologiste aurait attentivement observé ces figures hâves et tannées, aux fronts aplatis ou écrasés, aux regards cruels ou insidieux, à la bouche méchante ou stupide, à la nuque énorme ; presque toutes offraient d'effroyables ressemblances hostiles. Sur les traits rusés de celui-là, on retrouvait la perfide subtilité du renard ; chez celui-ci, la rapacité sanguinaire de l'oiseau de proie ; chez cet autre, la férocité du tigre ; ailleurs enfin, l'animale stupidité de la brute. La marche circulaire de cette bande d'êtres silencieux, aux regards hardis et haineux, au rire insolent et cynique, se pressant les uns contre les autres, au fond de cette cour, espèce de puits carré, avait quelque chose d'étrangement sinistre... On frémissait en songeant que cette horde féroce serait, dans un temps donné, de nouveau lâchée parmi ce monde auquel elle avait déclaré une haine implacable. Que de vengeances sanguinaires, que de projets meurtriers couvent toujours sous ces apparences de perversité railleuse et effrontée.

Esquissons quelques-unes des physionomies saillantes de la Fosse-aux-Lions ; laissons les autres sur le second plan.

Pendant qu'un gardien surveillait les promeneurs, une sorte de conciliabule se tenait dans le chauffoir. Parmi les détenus qui y assistaient, nous retrouverons Barbillon et Nicolas Martial, dont nous parlerons seulement pour mémoire. Celui qui paraissait, ainsi que cela se dit, *présider et conduire* la discussion, était un détenu surnommé le *Squelette*[2], dont on a plusieurs fois entendu prononcer le nom chez les Martial, à l'île du Ravageur.

1. Par une excellente mesure hygiénique d'ailleurs, chaque prisonnier est à son arrivée, et ensuite deux fois par mois, conduit à la salle des bains de la prison ; puis on soumet ses vêtements à une fumigation sanitaire. — Pour un artisan, un bain chaud est une recherche d'un luxe inouï.

2. A ce propos nous éprouvons un scrupule. Cette année, un pauvre diable, seulement coupable de vagabondage, et nommé Decure, a été condamné à un mois de prison ; il exerçait en effet, dans une foire, le métier de *squelette ambulant*, vu son état d'incroyable et épouvantable maigreur. Ce type nous a paru curieux, nous l'avons exploité, mais le véritable squelette n'a *moralement* aucun rapport avec notre personnage fictif. Voici un fragment de l'interrogatoire de Decure:

— Le président : Que faisiez-vous dans la commune de Maisons au moment de votre arrestation ?

— R. Je m'y livrais, suivant la profession que j'exerce de *squelette ambu-*

Le Squelette était prévôt, ou capitaine du chauffoir. Cet homme, d'assez haute taille, de quarante ans environ, justifiait son lugubre surnom par une maigreur dont il est impossible de se faire une idée, et que nous appellerions presque ostéologique... Si la physionomie des compagnons du Squelette offrait plus ou moins d'analogie avec celle du tigre, du vautour ou du renard, la forme de son front, fuyant en arrière, et de ses mâchoires osseuses, plates et allongées, supportées par un cou démesurément long, rappelait entièrement la conformation de la tête du serpent. Une calvitie absolue augmentait encore cette hideuse ressemblance; car, sous la peau rugueuse de son front presque plan comme celui d'un reptile, on distinguait les moindres protubérances, les moindres sutures de son crâne; quant à son visage imberbe, qu'on s'imagine du vieux parchemin immédiatement collé sur les os de la face, et seulement quelque peu tendu depuis la saillie de la pommette jusqu'à l'angle de la mâchoire inférieure, dont on voyait distinctement l'attache. Les yeux, petits et louches, étaient si profondément encaissés, l'arcade sourcilière ainsi que la pommette étaient si proéminentes, qu'au fond du front jaunâtre où se jouait la lumière on voyait deux orbites littéralement remplies d'ombre, et qu'à peu de distance les yeux semblaient disparaître au fond de ces deux cavités sombres, de ces deux trous noirs qui donnent un aspect si funèbre à une tête de squelette. Ses longues dents, dont les saillies alvéolaires se dessinaient parfaitement sous la peau tannée des mâchoires osseuses et aplaties, se découvraient presque incessamment par un rictus habituel. Quoique les muscles corrodés de cet homme fussent presque réduits à l'état des tendons, il était d'une force extraordinaire. Les plus robustes résistaient difficilement à l'étreinte de ses longs bras, de ses longs doigts décharnés. On eût dit la formidable étreinte d'un squelette de fer.

Il portait un bourgeron bleu beaucoup trop court, qui laissait voir et il en tirait vanité, ses mains noueuses et la moitié de son avant-bras, ou plutôt deux os (le *radius* et le *cubitus*, qu'on nous pardonne cette anatomie), deux os enveloppés d'une peau rude et noirâtre, séparés entre eux par une profonde rainure où serpentaient quelques veines dures et sèches comme des cordes. Lorsqu'il posait ses mains sur une table, *il semblait*, selon une juste métaphore de Pique-Vinaigre, *y étaler un jeu d'osselets*.

Le Squelette, après avoir passé quinze années de sa vie au bagne pour vol et tentative de meurtre, avait rompu son ban, et avait été pris en flagrant délit de vol et de meurtre. Ce dernier as-

---

tant, à toutes sortes d'exercices pour amuser la jeunesse; je réduis mon corps à l'état de squelette; je déploie mes os et mes muscles à volonté; je mange l'arsenic, le sublimé corrosif, les crapauds, les araignées, et en général tous les insectes; je mange aussi du feu, j'avale de l'huile bouillante, je me lave dedans; je suis au moins une fois par an appelé à Paris par les médecins les plus célèbres, tels que MM. Dubois, Orfila, qui me font faire toutes sortes d'expériences avec mon corps, etc., etc. (*Bulletin des Tribunaux*.)

sassinat avait été commis avec des circonstances d'une telle férocité que, vu la récidive, ce bandit se regardait d'avance et avec raison comme condamné à mort.

L'influence que le Squelette exerçait sur les autres détenus par sa force, par son énergie, par sa perversité, l'avait fait choisir, par le directeur de la prison, comme prévôt de dortoir, c'est-à-dire que le Squelette était chargé de la police de sa chambre, en ce qui touchait l'ordre, l'arrangement et la propreté de la salle et des lits, il s'acquittait parfaitement de ses fonctions, et jamais les détenus n'auraient osé manquer aux soins et aux devoirs dont il avait la surveillance. Chose étrange et significative... les directeurs de prison les plus intelligents, après avoir essayé d'investir des fonctions dont nous parlons les détenus qui se recommandaient encore par quelque honnêteté, ou dont les crimes étaient moins graves, se sont vus forcés de renoncer à ce choix, cependant logique et moral, et de chercher les prévôts parmi les prisonniers les plus corrompus, les plus redoutés, ceux-ci ayant *seuls* une action positive sur leurs compagnons.

Ainsi, répétons-le encore, plus un coupable montrera de cynisme et d'audace, plus il sera compté, et pour ainsi dire *respecté*. Ce fait prouvé par l'expérience, sanctionné par les *choix forcés* dont nous parlons, n'est-il pas un argument irréfragable contre le vice de la réclusion en commun ? Ne démontre-t-il pas, jusqu'à une évidence absolue, l'intensité de la contagion qui atteint mortellement les prisonniers dont on pourrait encore espérer quelque chance de réhabilitation ? Oui, car à quoi bon songer au repentir, à l'amendement, lorsque, dans ce pandémonium où l'on doit passer de longues années, sa vie peut-être, on voit l'influence se mesurer au nombre des forfaits ? Encore une fois, l'on ignore donc que le monde extérieur, que la *société honnête* n'existe plus pour le détenu ? Indifférent aux lois morales qui les régissent, il prend nécessairement les mœurs de ceux qui l'entourent : toutes les distinctions de la geôle étant réservées à la supériorité du crime, inévitablement il tendra toujours vers cette farouche aristocratie.

Revenons au Squelette, prévôt de la chambrée, qui causait avec plusieurs prisonniers, parmi lesquels se trouvaient Barbillon et Nicolas Martial.

— Es-tu bien sûr de ce que tu dis là ? — demanda le Squelette à Martial.

— Oui, oui, cent fois oui... Le père Micou le tient du Gros-Boiteux, qui a déjà voulu le tuer, ce gredin-là... parce qu'il a *mangé* [1] quelqu'un...

— Alors, qu'on lui dévore le nez, et que ça finisse ! — ajouta Barbillon. — Déjà tantôt le Squelette était pour qu'on lui donne une *tournée rouge*, à ce mouton de Germain.

Le prévôt ôta un moment sa pipe de sa bouche et dit d'une voix si basse, si crapuleusement enrouée qu'on l'entendait à

[1] Dénoncé.

peine : — Germain faisait sa tête, il nous gênait, il nous espionnait, car moins l'on parle, plus on écoute ; il fallait le forcer de filer de la Fosse-aux-Lions... une fois que nous l'aurions fait saigner... on l'aurait ôté d'ici...

— Eh bien, alors... — dit Nicolas, — qu'est-ce qu'il y a de changé ?

— Il y a de changé, — reprit le Squelette, que s'il a *mangé*, comme dit le Gros-Boiteux, il n'en sera pas quitte pour saigner...

— A la bonne heure, — dit Barbillon...

— Il faut un exemple... — dit le Squelette en s'animant peu à peu. — Maintenant ce n'est plus la *rousse* [1] qui nous découvre, ce sont les *mangeurs* [2], Jacques et Gauthier, qu'on a guillotinés l'autre jour... *mangés*... Roussillon, qu'on a envoyé aux galères à *perte de vue* [3]... *mangé*.

— Et moi donc ? et ma mère ? et Calebasse ?... et mon frère de Toulon ? — s'écria Nicolas. — Est-ce que nous n'avons pas tous été *mangés* par Bras-Rouge ? C'est sûr maintenant... puisqu'au lieu de l'écrouer ici on l'a envoyé à la Roquette ! On n'a pas osé le mettre avec nous... il sentait donc son tort, le gueux...

— Et moi, — dit Barbillon, est-ce que Bras-Rouge n'a pas aussi *mangé* sur moi ?

— Et sur moi donc ? dit un jeune prisonnier d'une voix grêle en grasseyant d'une manière affectée ; — j'ai été *coqué* [4] par Jobert, un homme qui m'avait proposé une affaire dans la rue Saint-Martin.

Ce dernier personnage à la voix flûtée, à la figure pâle, grasse et efféminée, au regard insidieux et lâche, était vêtu d'une façon singulière : il avait pour coiffure un foulard rouge qui laissait voir deux mèches de cheveux blonds collées sur les tempes ; les deux bouts du mouchoir formaient une rosette bouffante au dessus de son front ; il portait pour cravate un châle de mérinos blanc à palmettes vertes qui se croisait sur sa poitrine ; sa veste de drap marron disparaissait sous l'étroite ceinture d'un ample pantalon en étoffe écossaise à large carreaux de couleurs variées.

— Si ce n'est pas une indignité !... faut-il qu'un homme soit gredin !... reprit ce personnage d'une voix mignarde. — Pour rien au monde, je ne me serais défié de Jobert.

— Je le sais bien, qu'il t'a dénoncé, Javotte, répondit le Squelette qui semblait protéger particulièrement ce prisonnier ; — à preuve qu'on a fait pour ce *mangeur* ce qu'on a fait pour Bras-Rouge... on n'a pas non plus osé laisser Jobert ici... on l'a mis au *clou* à la Conciergerie... Eh bien, il faut que ça finisse... il faut un exemple... les faux frères font la besogne de la police... ils se croient sûrs de la peau parce qu'on les met dans une autre prison... que ceux qu'ils ont mangés...

— C'est vrai !...

— Pour empêcher ça, il faut que les prisonniers regardent

---

1. La police. — 2. Un homme complice ou instigateur d'un crime qu'il dénonce ensuite à l'autorité, est un *mangeur*. L'action de dénoncer se dit *manger*. — 3. A perpétuité. — 4. Trahi.

tout mangeur comme un ennemi à mort ; qu'il ait mangé sur Pierre et sur Jacques, ici ou ailleurs, ça ne fait rien, qu'on tombe sur lui. Quand on en aura refroidi quatre ou cinq dans les préaux... les autres tourneront leur langue deux fois avant de *coquer la pègre* [1].

— T'as raison, Squelette, — dit Nicolas ; — alors il faut que Germain y passe...

— Il y passera, — reprit le prévôt. — Mais attendons que le Gros Boiteux soit arrivé... Quand, pour l'exemple, il aura prouvé à tout le monde que Germain est un *mangeur*, tout sera dit... Le *mouton* ne bêlera plus, on lui supprimera la respiration.

— Et comment faire avec les gardiens qui nous surveillent ? — demanda le détenu que le Squelette appelait Javotte.

— J'ai mon idée... Pique-Vinaigre nous servira.

— Lui ? il est trop poltron.

— Et pas plus fort qu'une puce.

— Suffit, je m'entends... Où est-il ?

— Il était revenu du parloir, mais on vient de venir le demander pour aller *jaspiner* avec son *rat de prison* [2].

— Et Germain, il est toujours au parloir ?

— Oui, avec cette petite fille qui vient le voir.

— Dès qu'il descendra, attention ! Mais il faudra attendre Pique-Vinaigre, nous ne pouvons rien faire sans lui.

— Sans Pique-Vinaigre ?

— Non...

— Et on refroidira Germain ?

— Je m'en charge.

— Mais avec quoi ? on nous ôte nos couteaux !

— Et ces tenailles-là, y mettrais-tu ton cou ? — demanda le Squelette en ouvrant ses longs doigts décharnés et durs comme du fer.

— Tu l'étoufferas ?

— Un peu.

— Mais si on sait que c'est toi ?

— Après ? Est-ce que je suis un *veau à deux têtes*, comme ceux qu'on montre à la foire ?

— C'est vrai... on n'est raccourci qu'une fois, et puisque tu es sûr de l'être...

— Archi-sûr ; le rat de prison me l'a dit encore hier. J'ai été pris la main dans le sac et le couteau dans la gorge du *pante* [3]... Je suis *cheval de retour* [4]... c'est toisé... J'enverrai ma tête voir, dans le panier de Charlot, si c'est vrai qu'il filoute les condamnés et qu'il mette de la sciure de bois dans son mannequin au lieu du son que le gouvernement nous accorde...

— C'est vrai... le guillotiné a droit à du son... Mon père a été volé aussi... j'en rappelle ! — dit Nicolas Martial avec un ricanement féroce.

1. Dénoncer les voleurs. — 2. Causer avec son avocat. — 3. De la victime. — 4. Repris de justice arrêté de nouveau.

Cette abominable plaisanterie fit rire les détenus aux éclats.

Ceci est effrayant... mais, loin d'exagérer, nous affaiblissons l'horreur de ces entretiens si communs en prison. Il faut pourtant bien, nous le répétons, que l'on ait une idée, et encore *affaiblie*, de ce qui se dit, de ce qui se fait dans ces effroyables écoles de perdition, de cynisme, de vol et de meurtre. Il faut que l'on sache avec quel audacieux dédain presque tous les grands criminels parlent des plus terribles châtiments dont la société puisse les frapper. Alors peut-être on comprendra l'urgence de substituer à ces peines impuissantes, à ces réclusions contagieuses, la seule punition, nous allons le démontrer, qui puisse terrifier les scélérats les plus déterminés.

Les détenus du chauffoir s'étaient donc pris à rire aux éclats.

— Mille tonnerres! — s'écria le Squelette, — je voudrais bien qu'ils nous voient blaguer, ce tas de *curieux*[1] qui croient nous faire bouder devant leur guillotine. Ils n'ont qu'à venir à la barrière Saint-Jacques le jour de ma représentation à bénéfice; ils m'entendront faire la nique à la foule, et dire à Charlot d'une voix crâne: *Père Samson, cordon, s'il vous plaît*[2]...

Nouveaux rires...

— Le fait est que la chose dure le temps d'avaler une chique... Charlot, tire le cordon...

Et il vous ouvre la porte du *boulanger*[3], — dit le Squelette en continuant de fumer sa pipe.

— Ah bah!... est-ce qu'il y a un boulanger?

— Imbécile... je dis ça par farce... Il y a un couperet, une tête qu'on met dessous... et voilà. Moi, maintenant que je sais mon chemin et que je dois m'arrêter à *l'abbaye de monte-à-regret*[4], j'aimerais autant partir aujourd'hui que demain, — dit le Squelette avec une exaltation sauvage, — je voudrais déjà y être... le sang m'en vient à la bouche... quand je pense à la foule qui sera là pour me voir... Ils seront bien quatre ou cinq mille qui se bousculeront, qui se battront pour être bien placés; on louera des fenêtres et des chaises comme pour un cortège. Je les entends déjà crier: « Place à louer!... place à louer!... » Et puis il y aura de la troupe, cavalerie et infanterie, tout le tremblement à la voile... et tout ça pour moi, pour le Squelette... c'est pas pour un *pante* qu'on se dérangerait comme ça... hein!... les amis?... Voilà de quoi monter un homme... Quand il serait lâche comme Pique-Vinaigre, il y a de quoi vous faire marcher en déterminé... Tous ces yeux qui vous regardent vous mettent le feu au ventre... et puis... c'est un moment à passer... on meurt en crâne... ça vexe les juges et les *pantes*... et ça encourage la *pègre* à blaguer la *camarle*.

---

1. Juges. — 2. Pour comprendre le sens de cette horrible plaisanterie, il faut savoir que le couperet glisse entre les rainures de la guillotine après avoir été mis en mouvement par la détente d'un ressort au moyen d'un cordon qui y est attaché. — 3. Du diable. — 4. La guillotine.

— C'est vrai, — reprit Barbillon, afin d'imiter l'effroyable forfanterie du Squelette; — on croit nous faire peur et avoir tout dit quand on envoie Charlot monter sa boutique à notre profit.

— Ah! bah! — dit à son tour Nicolas, — on s'en moque pas mal... de la boutique à Charlot! c'est comme de la prison ou du bagne, on s'en moque aussi : pourvu qu'on soit tous unis ensemble, vive la joie à mort!

— Par exemple, — dit le prisonnier à la voix mignarde, ce qu'il y a de sciant, ça serait qu'on nous mette en cellule jour et nuit : on dit qu'on en viendra là.

— En cellule! — s'écria le Squelette avec une sorte d'effroi courroucé. — Ne parle pas de ça... En cellule... Tout seul... Tiens, tais-toi... j'aimerais mieux qu'on me coupe les bras et les jambes. Tout seul, entre quatre murs! Tout seul.. sans avoir des vieux de la *pègre* avec qui rire!... ça ne se peut pas! Je préfère cent fois le bagne à la centrale, parce qu'au bagne, au lieu d'être renfermé, on est dehors, on voit le monde, on va, on vient, on gaudriole avec la chiourme... Eh bien, j'aimerais cent fois mieux être raccourci que d'être mis en cellule seulement pendant un an... Oui, ainsi, à l'heure qu'il est, je suis sûr d'être fauché, n'est-ce pas? Eh bien, on me dirait : Aimes-tu mieux un an de cellule?... je tendrais le cou... Un an tout seul!... mais est-ce que c'est possible? A quoi veulent-ils donc que l'on pense quand on est tout seul?...

— Si l'on t'y mettait de force, en cellule?

— Je n'y resterais pas... je ferais tant des pieds et des mains que je m'évaderais, — dit le Squelette.

— Mais si tu ne pouvais pas... si tu étais sûr de ne pas te sauver?

— Alors je tuerais le premier venu pour être guillotiné.

— Mais si au lieu de condamner les *escarpes*[1] à mort... on les condamnait à être en cellule pendant toute leur vie?...

Le Squelette parut frappé de cette réflexion. Après un moment de silence, il reprit : — Alors je ne sais pas ce que je ferais.. je me briserais la tête contre les murs... Je me laisserais crever de faim plutôt que d'être en cellule... Comment! tout seul!... toute ma vie seul... avec moi, sans l'espoir de me sauver? Je vous dis que c'est pas possible... Tenez, il n'y en a pas de plus crâne que moi, je saignerais un homme pour six blancs... et même pour rien... pour l'honneur... On croit que je n'ai assassiné que deux personnes... mais si les morts parlaient, il y a cinq refroidis qui pourraient dire comment je travaille.

Le brigand *se vantait*. Ces forfanteries sanguinaires sont encore un des traits les plus caractéristiques des scélérats endurcis. Un directeur de prison nous disait : *Si les prétendus meurtres dont ces malheureux se glorifient étaient réels, la population serait décimée.*

— C'est comme moi, — reprit Barbillon pour se vanter à son tour, — on croit que je n'ai *escarpé* que le mari de la laitière de

1. Assassins.

la Cité, mais j'en ai *servi* bien d'autres avec le grand Robert qui a été fauché l'an passé.

— C'était donc pour vous dire, — reprit le Squelette, — que je ne crains ni feu ni diable... Eh bien... si j'étais en cellule... et bien sûr de ne pouvoir jamais me sauver... tonnerre ; je crois que j'aurais peur...

— De quoi ? — demanda Nicolas.

— D'être tout seul, — répondit le prévôt.

— Ainsi, si tu avais à recommencer tes tours de *pègre* et d'*escarpe*, et si, au lieu de centrales, de bagnes et de guillotine... il n'y avait que des cellules, tu bouderais devant le mal ?

— MA FOI...OUI...PEUT ÊTRE...(historique) — répondit le Squelette.

Et il disait vrai... On ne peut s'imaginer l'indicible terreur qu'inspire à de pareils bandits la seule pensée de l'isolement absolu... Cette terreur n'est-elle pas encore un plaidoyer en faveur de cette pénalité ? Ce n'est pas tout : la condamnation à l'isolement, si redoutée par les scélérats, amènera peut-être forcément l'abolition de la peine de mort. Voici comment : la génération criminelle, qui à cette heure peuple les prisons et les bagnes, regardera l'application du système cellulaire comme un supplice intolérable. Habitués à la perverse animation de l'emprisonnement en commun, dont nous venons de tâcher d'esquisser quelques traits *affaiblis*, car nous le répétons, il nous faut reculer devant des monstruosités de toutes sortes ; ces hommes, disons-nous, se voyant menacés, en cas de récidive, d'être mis en cellule seul à seul avec les souvenirs du passé... ces hommes se révolteront à l'idée de cette punition effrayante. Beaucoup préféreront la mort, et pour encourir la peine capitale, ne reculeront pas devant l'assassinat... car, chose étrange, sur dix criminels qui voudront se débarrasser de la vie, il y en a neuf qui tueront... pour être tués... et un seul qui se suicidera. Alors, sans doute, nous le répétons, le suprême vestige d'une législation barbare disparaîtra de nos codes ; afin d'ôter aux meurtriers ce dernier refuge qu'ils croiront trouver dans le néant on abolira forcément la peine de mort. Mais l'isolement cellulaire à perpétuité offrira-t-il une réparation, une punition assez formidable pour quelques grands crimes tels que le parricide, entre autres ? L'on s'évade de la prison la mieux gardée, ou du moins on espère s'évader ; il ne faut laisser aux criminels dont nous parlons ni cette possibilité ni cette espérance.

Aussi la peine de mort, qui n'a d'autre fin que celle de débarrasser la société d'un être nuisible... la peine de mort, qui donne rarement aux condamnés le temps de se repentir, et jamais celui de se réhabiliter par l'expiation... la peine de mort, que ceux-là subissent inanimés, presque sans connaissance, et que ceux-ci bravent avec un épouvantable cynisme, la peine de mort sera peut-être remplacée par un châtiment terrible, mais qui donnera au condamné le temps du repentir, de l'expiation, et qui ne tranchera pas violemment de ce monde une créature de Dieu...

L'*aveuglement*[1] mettra le meurtrier dans l'impossibilité de s'évader et de nuire désormais à personne...

La peine de mort sera donc en ceci, son seul but, efficacement remplacée ;

Car la société ne tue pas au nom de la loi du talion ;

Elle ne tue pas pour faire souffrir, puisqu'elle a choisi celui de tous les supplices qu'elle croit le moins douloureux [2].

Elle tue au nom de sa propre sûreté...

Or, que peut-elle craindre d'un aveugle emprisonné ?

Enfin cet isolement perpétuel, adouci par les charitables entretiens de personnes honnêtes et pieuses qui se voueraient à cette secourable mission, permettrait au meurtrier de racheter son âme par de longues années de remords et de contrition.

. . . .

Un assez grand tumulte et de bruyantes exclamations de joie, poussées par les détenus qui se promenaient dans le préau, interrompirent le conciliabule présidé par le Squelette. Nicolas se leva précipitamment et s'avança sur le pas de la porte du chauffoir, afin de connaître la cause de ce bruit inaccoutumé.

— C'est le Gros-Boiteux ! — s'écria Nicolas en rentrant.

— Le Gros-Boiteux ! — s'écria le prévôt... — Et Germain, est-il descendu au parloir ?

— Pas encore, — dit Barbillon.

— Qu'il se dépêche donc, — dit le Squelette, — que je lui donne un bon pour une bière neuve.

Le Gros-Boiteux, dont l'arrivée était accueillie par les détenus de la Fosse aux-Lions avec une joie bruyante, et dont la dénonciation pouvait être si funeste à Germain, était un homme de taille moyenne ; malgré son embonpoint et son infirmité, il semblait agile et vigoureux. Sa physionomie bestiale, comme la plupart de celles de ses compagnons, se rapprochait beaucoup du type du bouledogue ; son front déprimé, ses petits yeux fauves, ses joues retombantes, ses lourdes mâchoires, dont l'inférieure très saillante était armée de longues dents, ou plutôt de crocs ébréchés, qui çà et là débordaient les lèvres, rendaient cette ressemblance animale plus frappante encore ; il avait pour coiffure un bonnet de loutre, et portait par-dessus ses habits un manteau bleu à collet fourré.

Le Gros-Boiteux était entré dans la prison accompagné d'un homme de trente ans environ, dont la figure brune et hâlée paraissait moins dégradée que celle des autres détenus, quoiqu'il affectât de paraître aussi résolu que son compagnon ; quelquefois son visage s'assombrissait et il souriait amèrement... Le Gros-

---

1. Nous maintenons ce barbarisme, l'expression de cécité s'appliquant à une maladie accidentelle ou à une maladie naturelle, tandis que ce dérivé du verbe aveugler rend mieux notre pensée, l'*action d'aveugler*. — 2. Mon père, le docteur Jean-Joseph Sue, croyait le contraire : une série d'observations intéressantes et profondes, publiées par lui à ce sujet, tendent à prouver que la *pensée survit quelques minutes à la décollation instantanée*. — Cette probabilité seule fait frissonner d'épouvante.

Boiteux se retrouvait, comme on dit vulgairement, *en pays de connaissance*. Il pouvait à peine répondre aux félicitations et aux paroles de bienvenue qu'on lui adressait de toutes parts.

— Te voilà donc enfin, gros réjoui... Tant mieux, nous allons rire...

— Tu nous manquais...

— T'as bien tardé...

— J'ai pourtant fait tout ce qu'il fallait pour revenir voir les amis...c'est pas ma faute si *larousse* n'a pas voulu de moi plus tôt.

— Comme de juste, mon vieux, on ne vient pas se *mettre au clou* soi-même; mais une fois qu'on y est... ça se tire, et faut gaudrioler.

— Tu as la chance, car Pique-Vinaigre est ici.

— Lui aussi ? un ancien de Melun ! fameux !... fameux ! il nous aidera à passer le temps avec ses histoires, et les pratiques ne lui manqueront pas, car je vous annonce des recrues.

— Qui donc ?...

— Tout à l'heure, au greffe.. pendant qu'on m'écrouait, on a encore amené deux cadets... Il y en a un que je ne connais pas... mais l'autre, qui a un bonnet de coton bleu et une blouse grise, m'est resté dans l'œil... j'ai vu cette boule-là quelque part... Il me semble que c'est chez l'ogresse du *Lapin Blanc*... un fort homme...

— Dis donc, Gros-Boiteux... te rappelles-tu, à Melun... que j'avais parié avec toi qu'avant un an tu serais repincé ?

— C'est vrai, tu as gagné ; car j'avais plus de chance pour être *cheval de retour* que pour être couronné rosière ; mais toi... qu'as-tu fait ?

— J'ai *grinchi à l'américaine*.

— Ah ! bon, toujours du même tonneau ?

— Toujours... Je vas mon petit bonhomme de chemin. Ce tour est commun... mais les *sinves* aussi sont communs, et sans une ânerie de mon *collègue* je ne serais pas ici... C'est égal, la leçon me profitera. Quand je recommencerai, je prendrai mes précautions... J'ai mon plan...

— Tiens, voilà *Cardillac*, — dit le boiteux en voyant venir à lui un petit homme misérablement vêtu, à mine basse, méchante et rusée, qui tenait du renard et du loup. — Bonjour, vieux...

— Allons donc, traînard, — répondit gaiement au Gros-Boiteux le détenu surnommé *Cardillac*: on disait tous les jours: Il viendra, il ne viendra pas... Monsieur fait comme les jolies femmes, il faut qu'on le désire...

— Mais oui, mais oui.

— Ah çà ! — reprit Cardillac, — est-ce pour quelque chose d'un peu corsé que tu es ici ?

— Ma foi, mon cher, je me suis passé l'effraction. Avant j'avais fait de très bons coups ; mais le dernier a raté... une affaire superbe... qui d'ailleurs reste encore à faire... Malheureusement nous deux, Frank, que voilà, nous avons *marché dessus*[1].

1. Nous l'avons manquée.

Et le Gros-Boiteux montra son compagnon, sur lequel tous les yeux se tournèrent.

— Tiens, c'est vrai, voilà Frank! — dit Cardillac; — je ne l'aurais pas reconnu à cause de sa barbe... Comment! c'est toi! je te croyais au moins maire de ton endroit à l'heure qu'il est... Tu voulais faire l'honnête!...

— J'étais bête, et j'en ai été puni, — dit brusquement Frank; — mais à tout péché miséricorde... c'est bon une fois; me voilà maintenant dans la *pègre* jusqu'à ce que je crève; gare à ma sortie!

— A la bonne heure, c'est parler.

— Mais qu'est-ce donc qu'il t'est arrivé, Frank?

— Ce qui arrive à tout libéré assez colas pour vouloir, comme tu dis, faire l'honnête... Le sort est si juste!... En sortant de Melun, j'avais une masse de neuf cents et tant de francs...

— C'est vrai, — dit le Gros-Boiteux, — tous ses malheurs viennent de ce qu'il a gardé sa masse au lieu de la fricoter en sortant de prison. Vous allez voir à quoi mène le repentir... et si on fait seulement ses frais.

— On m'a envoyé en surveillance à Etampes, — reprit Frank... — Serrurier de mon état, j'ai été chez un maître de mon métier; je lui ai dit : « Je suis libéré, je sais qu'on n'aime pas à les employer, mais voilà les neuf cents francs de ma masse, donnez-moi de l'ouvrage; mon argent, ça sera votre garantie; je veux travailler et être honnête. »

— Parole d'honneur, il n'y a que ce Frank pour avoir des idées pareilles.

— Il a toujours eu un petit coup de marteau.

— Ah!... comme serrurier!

— Farceur...

— Et vous allez voir comme ça lui a réussi.

— Je propose donc ma masse en garantie au maître serrurier pour qu'il me donne de l'ouvrage. « Je ne suis pas banquier pour prendre de l'argent à intérêt, qu'il me dit, et je ne veux pas de libéré dans ma boutique; je vais travailler dans les maisons, ouvrir les portes dont on perd les clefs, j'ai un état de confiance, et si on savait que j'emploie un libéré parmi mes ouvriers, je perdrais mes pratiques... Bonsoir, voisin. »

— N'est-ce pas, Cardillac, qu'il n'avait que ce qu'il méritait?...

— Bien sûr...

— Enfant! — ajouta le Gros-Boiteux en s'adressant à Frank d'un air paterne, — au lieu de rompre tout de suite ton ban... et de venir à Paris fricoter ta masse, afin de n'avoir plus le sou et de te mettre dans la nécessité de voler. Alors on trouve des idées superbes...

— Quand tu me diras toujours la même chose! — dit Frank avec impatience; — c'est vrai, j'ai eu tort de ne pas dépenser ma masse puisque je n'en ai pas joui. Pour en revenir à ma surveillance, comme il n'y avait que quatre serruriers à Etampes... celui à qui je m'étais adressé le premier avait jasé; quand j'ai été m'adresser aux autres, ils m'ont dit comme leur confrère... *Merci*... Partout la même chanson.

— Voyez-vous, les amis, à quoi ça sert ? Nous sommes marqués pour la vie, allez !!!

— Me voilà en grève sur le pavé d'Étampes; je vis sur ma masse, un mois, deux mois, — reprit Frank; — l'argent s'en allait, l'ouvrage ne venait pas. Malgré ma surveillance, je quitte Étampes.

— C'est ce que tu aurais dû faire tout de suite, colas.

— Je viens à Paris; là je trouve de l'ouvrage; mon bourgeois ne savait pas qui j'étais, je lui dis que j'arrive de province. Il n'y avait pas de meilleur ouvrier que moi. Je place sept cents francs qui me restaient chez un agent d'affaires qui me fait un billet; à l'échéance il ne me paye pas; je mets mon billet chez un huissier... qui poursuit et se fait payer; je laisse l'argent chez lui, et je me dis : c'est une poire pour la soif. Là-dessus je rencontre le Gros-Boiteux.

— Oui, les amis, et c'est moi qui étais la soif, comme vous l'allez voir. Frank était serrurier, fabriquait les clefs; j'avais une *affaire* où il pouvait me servir; je lui propose le coup... J'avais des empreintes, il n'y avait plus qu'à travailler dessus... c'était sa partie. L'enfant me refuse... il voulait redevenir honnête... Je me dis : Il faut faire son bien malgré lui... J'écris une lettre sans signature à son bourgeois, une autre à ses compagnons pour leur apprendre que Frank est un libéré... Le bourgeois le met à la porte et les compagnons lui tournent le dos. Il va chez un autre bourgeois, il y travaille huit jours... même jeu... il aurait été chez dix, que je lui aurais servi toujours de même.

— Et je ne me doutais pas alors que c'était toi qui me dénonçais, — reprit Frank, — sans cela tu aurais passé un mauvais quart d'heure.

— Oui; mais moi pas bête, je t'avais dit que je m'en allais à Lonjumeau voir mon oncle; mais j'étais resté à Paris, et je savais tout ce que tu faisais par le petit Ledru.

— Enfin, on me chasse encore de chez mon dernier maître serrurier comme un gueux bon à pendre. Travaillez donc ! soyez donc paisible, pour qu'on vous dise, non pas : *Que fais-tu ?* mais : *Qu'as-tu fait ?* Une fois sur le pavé, je me dis : Heureusement il me reste ma masse pour attendre. Je vas chez l'huissier, il avait levé le pied, mon argent était flambé, j'étais sans lesou... je n'avais pas seulement de quoi payer une huitaine de mon garni... Fallait voir ma rage !... Là-dessus le Gros-Boiteux a l'air d'arriver de Lonjumeau; il profite de ma colère... Je ne savais à quel clou me pendre... je voyais qu'il n'y avait pas moyen d'être honnête : qu'une fois dans la *pègre* on y était à vie... Ma foi, le Gros-Boiteux me talonne tant...

— Que ce brave Frank ne bonde plus, — reprit le Gros-Boiteux; — il prend son parti en brave, il entre dans l'affaire; elle s'annonçait comme une reine; malheureusement... au moment où nous ouvrions la bouche pour avaler le morceau... pincés...

par la *rousse !* Que veux-tu, garçon, c'est un malheur... le métier serait trop beau sans cela...

— C'est égal... si ce gredin d'huissier ne m'avait pas volé... je ne serais pas ici... dit Frank avec une rage concentrée.

— Eh bien ! Eh bien ! — reprit le Gros-Boiteux, — te voilà bien malade ! Avec ça que tu étais plus heureux quand tu t'échinais à travailler !

— J'étais libre...

— Oui, le dimanche et encore quand l'ouvrage ne pressait pas ; mais le reste de la semaine, enchaîné comme un chien, et jamais sûr de trouver de l'ouvrage... Tiens, tu ne connais pas ton bonheur.

— Tu me l'apprendras — dit Frank avec amertume.

— Après ça, faut être juste, tu as le droit d'être vexé ; c'est dommage que le coup ait manqué, il était superbe, et il le sera encore dans un ou deux mois ; les bourgeois seront rassurés, et ce sera à refaire. C'est une maison riche, riche ! Je serai toujours condamné pour rupture de ban, ainsi je ne pourrai pas reprendre l'affaire ; mais si je trouve un amateur, je la céderai pour pas trop cher... Les empreintes sont chez ma femelle ; il n'y aura qu'à fabriquer de nouvelles fausses clefs ; avec les renseignements que je pourrai donner, ça ira tout seul... Il y avait et il y a encore un coup de dix mille francs à faire : ça doit pourtant te consoler, Frank.

Le complice du Gros-Boiteux secoua la tête, croisa les bras sur sa poitrine et ne répondit pas.

Cardillac prit le Gros-Boiteux par le bras, l'attira dans un coin du préau, et lui dit, après un moment de silence : — L'affaire que tu as manquée est encore bonne ?

— Dans deux mois, aussi bonne qu'une neuve.

— Tu peux le prouver ?

— Pardieu !

— Combien en veux-tu ?

— Cent francs d'avance, et je dirai le mot convenu avec ma femelle pour qu'elle livre les empreintes avec quoi on refera de fausses clefs ; de plus, si le coup réussit, je veux un cinquième du gain, que l'on payera à ma femelle.

— C'est raisonnable.

— Comme je saurai à qui elle aura donné les empreintes, si on me flibustait ma part, je dénoncerais ; tant pis...

— Tu serais dans ton droit, si on t'enfonçait... mais dans la *pègre*... on est honnête... faut bien compter les uns sur les autres... sans cela il n'y aurait pas d'affaires possibles.

Autre anomalie de ces mœurs horribles... Ce misérable disait vrai. Il est assez rare que les voleurs manquent à la parole qu'ils se donnent pour des marchés de cette nature... Ces criminelles transactions s'opèrent généralement avec une sorte de bonne foi, ou plutôt, afin de ne pas prostituer ce mot, disons que la nécessité force ces bandits de tenir leur promesse, car, s'ils y manquaient, ainsi que le disait le compagnon du Gros-Boiteux, il n'y aurait plus d'affaires possibles. Un grand nombre de vols se donnent, s'achètent et se complotent ainsi en prison ; autre détestable conséquence de la réclusion en commun.

— Si ce que tu dis est sûr, — reprit Cardillac, — je pourrai m'arranger de l'affaire... il n'y a pas de preuves contre moi... je suis sûr d'être acquitté ; je passe au tribunal dans une quinzaine, je serai en liberté, mettons dans vingt jours ; le temps de se retourner, de faire faire les fausses clefs, d'aller aux renseignements... c'est un mois, six semaines...

— Juste ce qu'il faut aux bourgeois pour se remettre de l'alerte... Et puis, d'ailleurs, qui a été attaqué une fois, croit ne pas l'être une seconde fois ; tu sais ça...

— Je sais ça ; je prends l'affaire ! c'est convenu...

— Mais auras-tu de quoi me payer ? Je veux des arrhes.

— Tiens, voilà mon dernier bouton ; et quand il n'y en a plus, il y en a encore, — dit Cardillac en arrachant un des boutons recouverts d'étoffe qui garnissaient sa mauvaise redingote bleue... Puis, à l'aide de ses ongles, il déchira l'enveloppe, et montra au Gros-Boiteux qu'au lieu de moule le bouton renfermait une pièce de quarante francs.

— Tu vois, — ajouta-t-il, — que je pourrai te donner des arrhes quand nous aurons causé de l'affaire.

— Alors, touche-là, vieux, — dit le Gros-Boiteux. — Puisque tu sors bientôt et que tu as des fonds pour *travailler*, je pourrai te donner autre chose ; mais ça, c'est du nanan... du vrai nanan, un *petit poupard*[1], que moi et ma femelle nous nourrissions depuis deux mois, et qui ne demande qu'à marcher... Figure-toi une maison isolée, dans un quartier perdu, un rez-de-chaussée donnant de côté sur une rue déserte, de l'autre sur un jardin ; deux vieilles gens qui se couchent comme les poules. Depuis les émeutes, et dans la peur d'être pillés, ils ont caché dans un lambris un grand pot à confitures plein d'or... C'est ma femme qui a dépisté la chose en faisant jaser la servante... Mais, je t'en préviens, cette affaire-là sera plus chère que l'autre, c'est monnayé... c'est tout cuit et bon à manger...

— Nous nous arrangerons, sois tranquille... Mais je vois que t'as pas mal travaillé depuis que tu as quitté la centrale...

— Oui, j'ai eu assez de chance... J'ai raccroché de bric et de brac pour une quinzaine de cents francs ; un de mes meilleurs morceaux a été la grenouille de deux femmes qui logeaient dans le même garni que moi, passage de la Brasserie.

— Chez le père Micou, le recéleur ?

— Juste.

— Et Joséphine, ta femme ?

— Toujours un vrai furet : elle faisait un ménage chez les vieilles gens dont je parle ; c'est elle qui a flairé le pot aux jaunets...

— C'est une fière femme !...

— Je m'en vante... A propos de fière femme, tu connais bien la Chouette ?

1. Vol préparé de longue main.

— Oui, Nicolas m'a dit ça ; le Maître d'école l'a estourbie, et lui, il est devenu fou.

— C'est peut-être d'avoir perdu la vue par je ne sais quel accident... Ah çà ! mon vieux Cardillac, convenu... puisque tu veux t'arranger de mes *poupards*, je n'en parlerai à personne.

— A personne... je les prends en sevrage. Nous en causerons ce soir...

— Ah çà, qu'est-ce qu'on fait, ici ?

— On rit et on bêtise à mort.

— Qu'est-ce qui est le prévôt de la chambrée ?

— Le Squelette.

— En voilà un dur à cuire ! Je l'ai vu chez les Martial, à l'île du Ravageur... Nous avons nocé ensemble avec Joséphine et la Boulotte.

— A propos, Nicolas est ici.

— Je le sais bien, le père Micou me l'a dit... il s'est plaint que Nicolas l'a *fait chanter*, le vieux gueux... je lui ferai aussi dégoiser un petit air... Les recéleurs sont faits pour ça...

— Nous parlions du Squelette... tiens, justement le voilà, — dit Cardillac en montrant à son compagnon le prévôt, qui parut à la porte du chauffoir...

— Cadet... avance à l'appel, — dit le Squelette au Gros-Boiteux.

— Présent... — répondit celui-ci en entrant dans la salle accompagné de Frank, qu'il prit par le bras.

Pendant l'entretien du Gros-Boiteux, de Frank et de Cardillac, Barbillon avait été, par ordre du prévôt, recruter douze ou quinze prisonniers *de choix*. Ceux-ci afin de ne pas éveiller les soupçons du gardien, s'étaient rendus isolément au chauffoir. Les autres détenus restèrent dans le préau ; quelques-uns même, d'après le conseil de Barbillon, parlèrent à voix haute d'un ton assez courroucé pour attirer l'attention du gardien et le distraire ainsi de la surveillance du chauffoir, où se trouvèrent bientôt réunis le Squelette, Barbillon, Nicolas, Frank, Cardillac, le Gros-Boiteux et une quinzaine de détenus, tous attendant avec une impatiente curiosité que le prévôt prît la parole. Barbillon chargé d'épier et d'annoncer l'approche du surveillant, se plaça près de la porte.

Le Squelette, ôtant sa pipe de sa bouche, dit au Gros-Boiteux :

— Connais-tu un petit jeune homme nommé Germain, yeux bleus, cheveux bruns, l'air d'un *pante*[1] ?

— Germain est ici ! — s'écria le Gros-Boiteux, dont les traits exprimèrent aussitôt la surprise, la haine et la colère.

— Tu le connais donc ? — demanda le Squelette.

— Si je le connais !... — reprit le Gros-Boiteux ; — mes amis, je vous le dénonce... c'est un *mangeur*... il faut qu'on le roule...

— Oui, oui, — reprirent les détenus.

— Ah çà ; est-ce bien sûr qu'il ait dénoncé ? — demanda Frank.

— Si on se trompait ?... rouler un homme qui ne le mérite pas...

---

1. Honnête homme.

Cette observation déplut au Squelette, qui se pencha vers le Gros-Boiteux, et lui dit tout bas... — Qu'est-ce que celui-là?

— Un homme avec qui j'ai travaillé.

— En es-tu sûr?

— Oui ; mais ça n'a pas de fiel, c'est mollasse.

— Suffit, j'aurai l'œil dessus.

— Voyons comme quoi Germain est un *mangeur*, — dit un prisonnier.

— Explique-toi, Gros-Boiteux, — reprit le Squelette, qui ne quitta plus Frank du regard.

— Voilà, — dit le Gros-Boiteux, — Un Nantais nommé Velu, ancien libéré, a éduqué le jeune homme, dont on ignore la naissance. Quand il a eu l'âge, il l'a fait entrer à Nantes chez un *banquezingue*, croyant mettre le loup dans sa caisse et se servir de Germain pour empaumer une affaire superbe qu'il mitonnait depuis longtemps ; il avait deux cordes à son arc : un faux et le *soulagement* de la caisse du *banquezingue* : peut-être cent mille francs... à faire en deux coups. Tout était prêt. Velu comptait sur le petit jeune homme comme sur lui-même ; ce galopin-là couchait dans le pavillon où était la caisse. Velu lui dit son plan... Germain ne répond ni oui ni non, dénonce tout à son patron et file le soir même pour Paris.

Les détenus firent entendre de violents murmures d'indignation et des paroles menaçantes : — C'est un *mangeur*... il faut le désosser.

— Si l'on veut, je lui cherche querelle, et je le crève...

— Faut lui signer sur la figure un billet d'hôpital.

— Silence dans la *pègre*! — cria le Squelette d'une voix impérieuse.

Les prisonniers se turent.

— Continue,... — dit le prévôt au Gros-Boiteux. Et il se remit à fumer.

— Croyant que Germain avait dit oui, comptant sur son aide, Velu et deux de ses amis tentent l'affaire la nuit même ; le *banquezingue* était sur ses gardes : un des amis de Velu est pincé en escaladant une fenêtre... et lui a le bonheur de s'évader... Il arrive à Paris, furieux d'avoir été *mangé* par Germain et d'avoir manqué une affaire superbe. Un beau jour il rencontre le petit jeune homme ; il était plein jour, il n'ose rien faire, mais il le *suit* ; il voit où il demeure, et une nuit, nous deux Velu et le petit Ledru, nous tombons sur Germain... Malheureusement il nous échappe... il déniche de la rue du Temple où il demeurait : depuis nous n'avons pu le retrouver ; mais s'il est ici... je demande...

— Tu n'as rien à demander, — dit le Squelette avec autorité.

Le Gros-Boiteux se tut.

— Je prends ton marché, tu me cèdes la peau de Germain, je l'écorche... Je ne m'appelle pas le Squelette pour rien... je suis mort d'avance... mon trou est fait à Clamart, je ne risque rien de travailler pour la *pègre*. Les *mangeurs* nous dévorent encore plus que la police ; on met les *mangeurs* de la Force à la Roquette, et les *mangeurs* de la Roquette à la Conciergerie, ils se croient sauvés. Minute... quand chaque prison aura tué son *mangeur*, n'importe où il ait mangé... ça ôtera l'appétit aux autres... je donne l'exemple... on fera comme moi...

Tous les détenus, admirant la résolution du Squelette, se pressèrent autour de lui... Barbillon lui-même, au lieu de rester auprès de la porte, se joignit au groupe, et ne s'aperçut pas qu'un nouveau détenu entrait dans le parloir. Ce dernier, vêtu d'une blouse grise, et portant un bonnet de coton bleu, brodé de laine rouge, enfoncé jusque sur les yeux, fit un mouvement en entendant prononcer le nom de Germain... puis il alla se mêler parmi les admirateurs du Squelette, et approuva vivement de la voix et du geste la criminelle détermination du prévôt.

— Est-il crâne le Squelette !... — disait l'un, — quelle sorbonne !...

— Le diable en personne ne le ferait pas caner...

— Voilà un homme !...

— Si tous les *pègres* avaient ce front-là... c'est eux qui jugeraient et qui feraient guillotiner les *pantes*...

— Ça serait juste... chacun son tour...

— Oui... mais on ne s'entend pas...

— C'est égal... il rend un fameux service à la *pègre*... En voyant qu'on les refroidit... les *mangeurs* ne *mangeront* plus...

— C'est sûr.

— Et puisque le Squelette est si sûr d'être fauché, ça ne lui coûte rien... de tuer le *mangeur*.

— Moi, je trouve que c'est rude ! — dit Frank, — tuer ce jeune homme...

— De quoi ! de quoi ! reprit le Squelette d'une voix courroucée, — on n'a pas le droit de *buter* un traître ?

— Oui, au fait, c'est un traître ; tant pis pour lui, — dit Frank après un moment de réflexion.

Ces derniers mots et la garantie du Gros-Boiteux calmèrent la défiance que Frank avait un moment soulevée chez les détenus. Le Squelette seul persévéra dans sa méfiance.

— Ah çà ; et comment faire avec le gardien ? Dis donc, Mort-d'avance, car c'est aussi bien ton nom que Squelette... — reprit Nicolas en ricanant.

— Eh bien ! on l'occupera d'un côté, le gardien.

— Non, on le retiendra de force.

— Oui...

— Non...

— Silence dans la *pègre* ! — dit le Squelette.

On fit le plus profond silence.

— Écoutez-moi bien, — reprit le prévôt de sa voix enrouée ; — il n'y a pas moyen de faire le coup pendant que le gardien sera dans le chauffoir ou dans le préau. Je n'ai pas de couteau ; il y aura quelques cris étouffés ; le *mangeur* se débattra.

— Alors, comment !...

— Voilà comment : Pique-Vinaigre nous a promis de nous conter aujourd'hui, après dîner, son histoire de *Gringalet et Coupe-en-Deux*. Voilà la pluie, nous nous retirerons tous ici, et le *mangeur* viendra se mettre là-bas dans le coin à la place où il se met toujours... Nous donnerons quelques sous à Pique-Vinaigre pour qu'il commence son histoire... C'est l'heure du dîner de la geôle... Le gardien nous verra tranquillement occupés à écouter les fariboles de *Gringalet et Coupe-en-Deux*, il ne se défiera pas, ira faire un tour à la cantine... dès qu'il aura quitté la cour... nous avons un quart d'heure à nous, le *mangeur* est refroidi avant que le gardien soit revenu... Je m'en charge... j'en ai étourdi de plus roides que lui... Mais je ne veux pas qu'on m'aide...

— Minute, — s'écria Cardillac, — et l'huissier qui vient toujours blaguer ici avec nous... à l'heure du dîner?... S'il entre dans le chauffoir pour écouter Pique-Vinaigre, et qu'il voie refroidir Germain, il est capable de crier au secours... Ça n'est pas un homme culotté, l'huissier ; c'est un pistolier, il faut s'en défier.

— C'est vrai, — dit le Squelette.

— Il y a un huissier ici ! — s'écria Frank, victime, on le sait, de l'abus de confiance de maître Boulard ; — il y a un huissier ici ! — reprit-il avec étonnement. — Et comment s'appelle-t-il ?

— Boulard, — dit Cardillac.

— C'est mon homme ! — s'écria Frank en serrant les poings ; — c'est lui qui m'a volé ma masse...

— L'huissier ? — demanda le prévôt.

— Oui... sept cent vingt francs qu'il a touchés pour moi.

— Tu le connais ?... il t'a vu ? — demanda le Squelette.

— Je crois bien que je l'ai vu... pour mon malheur... Sans lui, je ne serais pas ici...

Ces regrets sonnèrent mal aux oreilles du Squelette... il attacha longuement ses yeux louches sur Frank, qui répondait à quelques questions de ses camarades ; puis se penchant vers le Gros-Boiteux, il lui dit tout bas : — Voilà un cadet qui est capable d'avertir les gardiens de notre coup.

— Non, j'en réponds, il ne dénoncera personne... mais c'est encore frileux pour le vice... et il serait capable de vouloir défendre Germain... Vaudrait mieux l'éloigner du préau.

— Suffit, — dit le Squelette ; et il reprit tout haut : — Dis donc, Frank, est-ce que tu ne le rouleras pas, ce brigand d'huissier ?

— Laissez faire... qu'il vienne, son compte est bon.

— Il va venir, prépare-toi.

— Je suis tout prêt, il portera mes marques.

— Ça fera une batterie, on renverra l'huissier à sa pistole et Frank au cachot, — dit tout bas le Squelette au Gros-Boiteux, — nous serons débarrassés de tous deux.

— Quelle sorbonne ! — Ce Squelette est-il roué ! — dit le bandit avec admiration. Puis il reprit tout haut : — Ah çà ! préviendra-t-on Pique-Vinaigre qu'on s'aidera de son conte pour engourdir le gardien et escarper le *mangeur* ?

— Non ; Pique-Vinaigre est trop mollasse et trop poltron ; s'il savait ça, il ne voudrait pas conter ; mais, le coup fait, il en prendra son parti.

La cloche du dîner sonna.

A la pâtée, les chiens ! — dit le Squelette ; — Pique-Vinaigre et Germain vont rentrer au préau. Attention, les amis, on m'appelle Mort-d'avance... mais le *mangeur* aussi est mort d'avance.

CHAPITRE V

Le conteur.

Le nouveau détenu dont nous avons parlé, qui portait un bonnet de coton et une blouse grise avait attentivement écouté et énergiquement approuvé le complot qui menaçait la vie de Germain... Cet homme, aux formes athlétiques, sortit du chauffoir avec les autres prisonniers sans avoir été remarqué, et se mêla bientôt aux différents groupes qui se pressaient dans la cour autour des distributeurs d'aliments qui portaient la viande cuite dans des bassines de cuivre et le pain dans des grands paniers.

Chaque détenu recevait un morceau de bœuf bouilli desossé qui avait servi à faire la soupe grasse du matin, trempée avec la moitié d'un pain supérieur en qualité au pain des soldats [1]. Les prisonniers qui possédaient quelque argent pouvaient acheter du vin à la cantine, et y aller boire, en termes de prison, la *gobette*. Ceux enfin qui, comme Nicolas, avaient reçu des vivres du dehors, improvisaient un festin auquel ils invitaient d'autres détenus. Les convives du fils du supplicié furent le Squelette, Barbillon, et, sur l'observation de celui-ci, Pique-Vinaigre, afin de le bien disposer à conter. Le jambonneau, les œufs durs, le fromage et le pain blanc dus à la libéralité forcée de Micou le récéleur furent étalés sur un des bancs du chauffoir, et le Squelette s'apprêta à faire honneur à ce repas, sans s'inquiéter du meurtre qu'il allait froidement commettre. — Va donc voir si Pique-Vinaigre n'arrive pas. En attendant d'étrangler Germain, j'étrangle la faim et la soif ; n'oublie pas de dire au Gros-Boiteux qu'il faut que Frank saute aux crins de l'huissier pour qu'on débarrasse la Fosse-aux-Lions de tous les deux.

— Sois tranquille, Mort-d'avance, si Frank ne roule pas l'huis-

---

1. Tel est le régime alimentaire des prisons : au repas du matin, chaque détenu reçoit une écuellée de soupe maigre ou grasse, trempée avec un demi-litre de bouillon. — Au repas du soir, une portion de bœuf d'un quarteron sans os, ou une portion de légumes, haricots, pommes de terre, etc. ; jamais les mêmes légumes deux jours de suite. — Sans doute les détenus ont droit, au nom de l'humanité, à cette nourriture saine et presque abondante. Mais répétons-le, la plupart des ouvriers les plus laborieux, les plus rangés, ne mangent pas de viande et de soupe grasse dix fois par an.

sier, ça ne sera pas de notre faute... — Et Nicolas sortit du chauffoir.

A ce moment même, maître Boulard entrait dans le préau en fumant un cigare, les mains plongées dans sa longue redingote de molleton gris, sa casquette à bec bien enfoncée sur ses oreilles, la figure souriante, épanouie ; il avisa Nicolas, qui, de son côté, chercha aussitôt Frank des yeux. Frank et le Gros-Boiteux dînaient assis sur un des bancs de la cour ; ils n'avaient pu apercevoir l'huissier, auquel ils tournaient le dos. Fidèle aux recommandations du Squelette, Nicolas, voyant du coin de l'œil maître Boulard venir à lui, n'eut pas l'air de le remarquer, et se rapprocha de Frank et du Gros Boiteux.

— Bonjour, mon brave, — dit l'huissier à Nicolas.

— Ah ! bonjour, monsieur, je ne vous voyais pas ; vous venez faire, comme d'habitude, votre petite promenade ?

— Oui, mon garçon, et aujourd'hui j'ai deux raisons pour la faire... je vas vous dire pourquoi. D'abord, prenez ces cigares... Voyons, sans façon... entre camarades, que diable ! il ne faut pas se gêner.

— Merci, monsieur... Ah çà ? pourquoi avez-vous deux raisons de vous promener ?

— Vous allez le comprendre, mon garçon. Je ne me sens pas en appétit aujourd'hui... je me suis dit : En assistant au dîner de mes gaillards, à force de les voir travailler des mâchoires, la faim me viendra peut-être.

— C'est pas bête, tout de même... Mais tenez, si vous voulez voir deux cadets qui mastiquent crânement... — dit Nicolas en amenant peu à peu l'huissier tout près du banc de Frank qui lui tournait le dos, — regardez-moi ces deux *avale-tout-cru*, la fringale vous galopera comme si vous veniez de manger un bocal de cornichons.

— Ah ! parbleu... voyons donc ce phénomène, — dit maître Boulard.

— Eh ! Gros-Boiteux ! — cria Nicolas.

Le Gros-Boiteux et Frank retournèrent vivement la tête.

L'huissier resta stupéfait, la bouche béante, en reconnaissant celui qu'il avait dépouillé. Frank, jetant son pain et sa viande sur le banc, d'un bond sauta sur maître Boulard, qu'il prit à la gorge en s'écriant : — mon argent !

— Comment ?... quoi ?... Monsieur... vous m'étranglez... je...

— Mon argent !...

— Mon ami... écoutez-moi...

— Mon argent !... Et encore il est trop tard, car c'est ta faute... si je suis ici...

— Mais... je... mais...

— Si je vais aux galères, entends-tu, c'est ta faute ; car si j'avais eu ce que tu m'as volé... je ne me serais pas vu dans la nécessité de voler... je serais resté honnête homme comme je voulais l'être... Et on t'acquittera peut-être... toi... on ne te fera rien ; mais je te ferai quelque chose, moi... tu porteras mes marques...

Ah ! tu as des bijoux, des chaînes d'or, et tu voles le pauvre monde !... Tiens... tiens. En as-tu assez ? Non... tiens, encore !...

— Au secours !... au secours !... — cria l'huissier en roulant sous les pieds de Frank, qui le frappait avec furie.

Les autres détenus, très indifférents à cette rixe, faisaient cercle autour des deux combattants, ou plutôt autour du battant et du battu ; car maître Boulard, essoufflé, épouvanté, ne faisait aucune résistance, et tâchait de parer du mieux qu'il pouvait les coups dont son adversaire l'accablait. Heureusement le surveillant accourut aux cris de l'huissier et le retira des mains de Frank.

Maître Boulard se releva, pâle, épouvanté, un de ses gros yeux contus, et, sans se donner le temps de ramasser sa casquette, il s'écria en courant vers le guichet : — Gardien... ouvrez-moi... je ne veux pas rester une seconde de plus ici... Au secours !...

— Et vous, pour avoir battu monsieur... suivez-moi chez le directeur, — dit le gardien en prenant Frank au collet, — vous en aurez pour deux jours de cachot.

— C'est égal, il a reçu sa paye, — dit Frank.

— Ah çà ! — lui dit tout bas le Gros-Boiteux en ayant l'air de l'aider à se rajuster, — pas un mot de ce qu'on veut faire au *mangeur*.

— Sois tranquille, peut-être que si j'avais été là je l'aurais défendu... car, tuer un homme pour ça... c'est dur ; mais vous dénoncer, jamais.

— Allons, venez-vous ? — dit le gardien.

— Nous voilà débarrassés de l'huissier et de Frank... maintenant chaud pour le *mangeur* ! — dit Nicolas.

Au moment où Frank sortait du préau, Germain et Pique-Vinaigre y rentraient. En entrant dans le préau, Germain n'était plus reconnaissable : sa physionomie, jusqu'alors triste, abattue, était radieuse et fière ; il portait le front haut, et jetait autour de lui un regard joyeux et assuré... il était aimé.. l'horreur de la prison disparaissait à ses yeux. Pique-Vinaigre le suivait d'un air fort embarrassé ; enfin, après avoir hésité deux ou trois fois à l'aborder, il fit un grand effort sur lui-même, et toucha légèrement le bras de Germain avant que celui-ci se fût rapproché des groupes de détenus qui de loin l'examinaient avec une haine sournoise. Leur victime ne pouvait leur échapper. Malgré lui, Germain tressaillit au contact de Pique-Vinaigre ; car la figure et les haillons de l'ancien joueur de gobelets prévenaient peu en faveur de ce malheureux. Mais, se rappelant les recommandations de Rigolette et se trouvant d'ailleurs trop heureux pour n'être pas bienveillant, Germain s'arrêta et dit doucement à Pique-Vinaigre :

— Que voulez-vous ?

— Vous remercier.

— De quoi ?

— De ce que votre jolie petite visiteuse veut faire pour ma pauvre sœur...

— Je ne vous comprends pas... — dit Germain surpris.

— Je vas vous expliquer cela... Tout à l'heure, au greffe, j'ai rencontré le surveillant qui était de garde au parloir...

— Ah ! oui... un bien brave homme...

— Ordinairement les geôliers ne répondent pas à ce nom-là, *brave homme* ; mais le père Roussel, c'est différent... il le mérite... Tout à l'heure il m'a donc glissé dans le tuyau de l'oreille : « Pique-Vinaigre, mon garçon, vous connaissez bien M. Germain ? — Oui... la bête noire du préau, » que je réponds. — Puis, s'interrompant, Pique-Vinaigre dit à Germain : — Pardon, excuse, si je vous ai appelé bête noire... ne faites pas attention... attendez la fin...

— Je vous écoute.

« Oui donc, que je réponds, je connais M. Germain, la bête noire du préau. — Et la vôtre aussi peut-être, Pique-Vinaigre ? me demanda le gardien d'un air sévère. — Mon gardien, je suis trop poltron et trop bon enfant pour me permettre d'avoir aucune espèce de bête noire, blanche ou grise, et encore moins M. Germain que tout autre, car il ne me paraît pas méchant, et on est injuste pour lui. — Eh bien, Pique-Vinaigre, vous avez raison d'être du parti de M. Germain ; car il a été bon pour vous. — Pour moi, gardien ? Comment donc ? — C'est-à-dire, ce n'est pas lui... et ça n'est pas pour vous ; mais, sauf cela, vous lui devez une fière reconnaissance, » me répond le père Roussel.

— Voyons... expliquez-vous un peu plus clairement, — dit Germain en souriant.

— C'est absolument ce que j'ai dit au gardien : « Parlez plus clairement. » Alors il m'a répondu : « Ce n'est pas M. Germain, mais sa jolie petite visiteuse qui a été pleine de bontés pour votre sœur. Elle l'a entendue vous raconter les malheurs de son ménage, et au moment où la pauvre femme sortait du parloir, la jeune fille lui a offert de lui être utile autant qu'elle le pourrait. »

— Bonne Rigolette ! — s'écria Germain attendri... Elle s'est bien gardée de m'en rien dire !

— « Oh! pour lors, que je réponds au gardien, je ne suis qu'une oie : vous aviez raison, M. Germain a été bon pour moi ; car sa visiteuse, c'est comme qui dirait lui ; et ma sœur Jeanne, c'est comme qui dirait moi... et bien plus que moi... »

— Pauvre petite Rigolette ! — reprit Germain, cela ne m'étonne pas... elle a un cœur si généreux, si compatissant !

— Le gardien a repris : « J'ai entendu tout cela sans faire semblant de rien. Vous voilà prévenu maintenant : si vous ne tâchiez pas de rendre service à M. Germain, si vous ne l'avertissiez pas dans le cas où vous sauriez quelque complot, vous seriez un gueux fini, Pique-Vinaigre. — Gardien, je suis un gueux commencé, c'est vrai, mais pas encore un gueux fini... Enfin, puisque la visiteuse de M. Germain a voulu du bien à ma pauvre Jeanne... qui est une brave et honnête femme, celle-là, je m'en vante... je ferai pour M. Germain ce que je pourrai... malheureusement, ce ne sera pas grand'chose...

« — C'est égal, faites toujours ; je vais aussi vous donner une bonne nouvelle à apprendre à M. Germain, je viens de la savoir à l'instant. »

— Quoi donc ? — demanda Germain.

— Il y aura demain matin une cellule vacante à la pistole, le gardien m'a dit de vous en prévenir.

— Il serait vrai !... oh ! quel bonheur ! — s'écria Germain. — Ce brave homme avait raison ; c'est une bonne nouvelle que vous m'apprenez là...

— Sans me flatter, je le crois bien, car votre place n'est pas d'être avec des gens comme nous, monsieur Germain... — Puis, s'interrompant, Pique-Vinaigre se hâta d'ajouter tout bas et rapidement en se baissant comme s'il eût ramassé quelque chose :

— Tenez, monsieur Germain, voilà les autres qui nous regardent, ils sont étonnés de nous voir causer ensemble... je vous laisse... défiez-vous... Si on vous cherche dispute, ne répondez pas ; ils veulent un prétexte pour engager une querelle et vous battre... Barbillon doit engager la dispute... prenez garde à lui ; je tâcherai de les détourner de leur idée. — Et Pique-Vinaigre se releva comme s'il eût trouvé ce qu'il semblait chercher depuis un moment.

— Merci, mon brave homme .. je serai prudent, — dit vivement Germain en se séparant de son compagnon.

Seulement instruit du complot du matin, qui consistait à provoquer une rixe dans laquelle Germain devait être maltraité, afin de forcer ainsi le directeur de la prison à le changer de préau, non-seulement Pique-Vinaigre ignorait le meurtre récemment projeté par le Squelette, mais il ignorait encore que l'on comptait sur son récit de *Gringalet et Coupe-en-Deux* pour tromper et distraire la surveillance du gardien.

— Arrive donc, *feignant*... — dit Nicolas à Pique-Vinaigre en allant à sa rencontre ; — laisse là ta ration de *carne*... Il y a noce et festin... je t'invite !

— Où ça ? au *Panier fleuri* ? au *Petit-Ramponneau* ?

— Farceur !!! Non, dans le chauffoir ; la table est mise... sur un banc. Nous avons un jambonneau, des œufs et du fromage... c'est moi qui paye.

— Ça me va... mais c'est dommage de perdre ma ration, et encore plus dommage que ma sœur n'en profite pas... Ni elle ni ses enfants n'en voient pas souvent... de la viande... à moins que ça ne soit à la porte des bouchers.

— Allons, viens vite, le Squelette s'embête, il est capable de tout dévorer a. Barbillon.

Nicolas et Pique-Vinaigre entrèrent dans le chauffoir ; le Squelette, à cheval sur le bout du banc où étaient étalés les vivres de Nicolas, jurait et maugréait en attendant l'amphitryon.

— Te voilà, colimaçon, traînard ! — s'écria le bandit à la vue du conteur ; — qu'est-ce que tu faisais donc ?

— Il causait avec Germain, — dit Nicolas en dépeçant le jambon.

— Ah ! tu causais avec Germain ? — dit le Squelette en regardant attentivement Pique-Vinaigre sans s'interrompre de manger avec avidité.

— Oui, — répondit le conteur. — En voilà encore un qui n'a pas inventé les tire-bottes et les œufs durs (je dis ça parce que j'adore ce légume). Est-il bête, ce Germain, est-il bête ! Je me suis laissé dire qu'il mouchardait dans la prison : il est joliment trop colas pour ça.

— Ah! tu crois? — dit le Squelette en échangeant un coup d'œil rapide et significatif avec Nicolas et Barbillon.

— J'en suis sûr, comme voilà du jambon ! Et puis comment diable voulez-vous qu'il moucharde ? Il est toujours tout seul ; il ne parle à personne et personne ne lui parle ; il se sauve de nous comme si nous avions le choléra. S'il faut qu'il fasse des rapports avec ça, excusez du peu ! D'ailleurs, il ne mouchardera pas longtemps, il va à la pistole.

— Lui !... — s'écria le Squelette ; — et quand ?

— Demain matin, il y aura une cellule vacante...

— Tu vois bien qu'il faut le tuer tout de suite. Il ne couche pas dans ma chambre ; demain il ne sera plus temps... Aujourd'hui nous n'avons que jusqu'à quatre heures... et voilà qu'il en est bientôt trois, — dit tout bas le Squelette à Nicolas, pendant que Pique-Vinaigre causait avec Barbillon.

— C'est égal, — reprit tout haut Nicolas en ayant l'air de répondre à une observation du Squelette, — Germain a l'air de nous mépriser.

— Au contraire, mes enfants, — reprit Pique-Vinaigre, — vous l'intimidez, ce jeune homme ; il se regarde, auprès de vous, comme le dernier des derniers. Tout à l'heure... savez-vous ce qu'il me disait ?

— Non ! voyons...

— Il me disait : « Vous êtes bien heureux, vous, Pique-Vinaigre, d'oser parler avec ce fameux Squelette (il a dit fameux) comme de pair à compagnon ; moi, j'en meurs d'envie de lui parler, mais il me produit un effet si respectueux... si respectueux... que je verrais M. le préfet de police en chair, en os et en uniforme, que je ne serais pas plus *abalobé*. »

— Il t'a dit cela ? — reprit le Squelette en feignant de croire et d'être sensible à l'impression *d'admiration* qu'il causait à Germain.

— Aussi vrai que tu es le plus grand brigand de la terre, il me l'a dit...

— Alors, c'est différent, — reprit le Squelette. — Je me raccommode avec lui. Barbillon avait envie de lui chercher dispute, il fera aussi bien de le laisser tranquille.

— Il fera mieux, — s'écria Pique-Vinaigre, persuadé d'avoir détourné le danger dont Germain était menacé. — Il fera mieux, car ce pauvre garçon ne mordrait pas à une dispute ; il est dans mon genre, hardi comme un lièvre.

— Malgré ça, c'est dommage, — reprit le Squelette. — Nous comptions sur cette batterie-là pour nous amuser après dîner ; le temps va nous paraître long.

— Oui, qu'est-ce que nous allons faire alors ? — dit Nicolas.

— Puisque c'est comme ça, que Pique-Vinaigre raconte une histoire à la chambrée, je ne chercherai pas querelle à Germain, — dit Barbillon.

— Ça va, ça va, — dit le conteur, — c'est déjà une condition; mais il y en a une autre... et sans les deux, je ne conte pas.

— Voyons ton autre condition ?

— C'est que l'honorable société, qui est empoisonnée de capitalistes, — dit Pique-Vinaigre en reprenant son accent de baleleur, — me fera la bagatelle d'une cotisation de vingt sous... Vingt sous, messieurs ! pour entendre le fameux Pique-Vinaigre, qui a eu l'honneur de travailler devant les *grinches* les plus renommés, devant les *escarpes* les plus fameux de France et de Navarre, et qui est incessamment attendu à Brest et à Toulon, où il se rend par ordre du gouvernement... Vingt sous !... C'est pour rien, messieurs !

— Allons ! on te fera vingt sous... quand tu auras dit tes contes.

— Après ?... Non... avant, — s'écria Pique-Vinaigre.

— Ah çà ! dis donc, est-ce que tu nous crois capables de te filouter vingt sous ? — dit le Squelette d'un air choqué.

— Du tout !... — répondit Pique-Vinaigre ; — j'honore la *pègre* de ma confiance, et c'est pour ménager sa bourse que je demande vingt sous d'avance.

— Ta parole d'honneur ?

— Oui, messieurs ; car après mon conte on sera si satisfait, que ce n'est plus vingt sous, mais vingt francs ! mais cent francs qu'on me forcerait de prendre !... Je me connais... j'aurais la petitesse d'accepter. Vous voyez donc bien que, par économie, vous ferez mieux de me donner vingt sous d'avance !

— Oh ! ce n'est pas la blague qui te manque, à toi...

— Je n'ai que ma langue, faut bien que je m'en serve... Et puis, le fin mot, c'est que ma sœur et ses enfants sont dans une atroce débine... et vingt sous dans un petit ménage... ça se sent.

— Pourquoi qu'elle ne *grinche* pas, ta sœur, et ses *mômes* aussi s'ils ont l'âge ? — dit Nicolas.

— Ne m'en parlez pas... elle me désole, elle me déshonore... je suis trop bon...

— Dis donc trop bête... puisque tu l'encourages...

— C'est vrai, je l'encourage dans le vice d'être honnête... Mais elle n'est bonne qu'à ce métier-là, elle m'en fait pitié, quoi ! Ah çà ! c'est convenu... je vous conterai ma fameuse histoire de *Gringalet et Coupe-en-Deux*.... mais on me fera vingt sous... et Barbillon ne cherchera pas querelle à cet imbécile de Germain.

— On te fera vingt sous, et Barbillon ne cherchera pas querelle à cet imbécile de Germain, dit le Squelette.

— Alors ouvrez vos oreilles, vous allez entendre du *chenu*... Mais voici la pluie qui fait rentrer les pratiques ; il n'y aura pas besoin de les aller chercher.

En effet, la pluie commençait à tomber ; les prisonniers quittèrent la cour et vinrent se réfugier dans le chauffoir, toujours accompagnés d'un gardien. Ce chauffoir était une grande et longue salle dallée, éclairée par trois fenêtres donnant sur la cour ; au milieu se trouvait le calorifère, près duquel se tenaient le Squelette, Barbillon, Nicolas et Pique-Vinaigre. A un signe d'intelligence du prévôt, le Gros-Boiteux vint rejoindre ce groupe. Germain entra l'un des premiers, absorbé dans de délicieuses pensées. Il alla machinalement s'asseoir sur le rebord de la dernière croisée de la salle, place qu'il occupait habituellement et que personne ne lui disputait ; car elle était éloignée du poêle, autour duquel se groupaient les détenus.

Nous l'avons dit, une quinzaine de prisonniers avaient d'abord été instruits et de la trahison que l'on reprochait à Germain, et du meurtre qui devait l'en punir. Mais, bientôt divulgué, ce projet compta autant d'adhérents qu'il y avait de détenus, ces misérables, dans leur aveugle cruauté, regardant cet affreux guet-apens comme une vengeance légitime, et y voyant une garantie certaine contre les futures dénonciations des *mangeurs*. Germain, Pique-Vinaigre et le gardien ignoraient seuls ce qui allait se passer.

L'attention générale se partageait entre le bourreau, la victime et le conteur qui allait innocemment priver Germain du seul secours que ce dernier pût attendre ; car il était presque certain que le gardien, voyant les détenus attentifs au récit de Pique-Vinaigre, croirait sa surveillance inutile et profiterait de ce moment de calme pour aller prendre son repas.

En effet, lorsque tous les détenus furent entrés, le Squelette dit au gardien : — Dites donc, vieux, Pique-Vinaigre a une bonne idée... il va nous conter son conte de *Gringalet et Coupe-en-deux*. Il fait un temps à ne pas mettre un municipal dehors, nous allons attendre tranquillement l'heure d'aller à nos niches.

— Au fait, quand il bavarde vous vous tenez tranquilles ; au moins on n'a pas besoin d'être sur votre dos.

— Oui, répondit le Squelette, mais Pique-Vinaigre demande cher... pour conter... il veut vingt sous.

— Oui... la bagatelle de vingt sous... et c'est pour rien, — s'écria Pique-Vinaigre. — Oui, messieurs, pour rien ; car il ne faudrait pas avoir un liard dans sa poche pour se priver d'entendre le récit des aventures du pauvre petit *Gringalet*, du terrible *Coupe-en-deux* et du scélérat *Gargousse*... c'est à fendre le cœur et à hérisser les cheveux... Or, messieurs, qui est-ce qui ne pourrait pas disposer de la bagatelle de quatre liards, ou, si vous aimez mieux compter en kilomètres, la bagatelle de cinq centimes, pour avoir le cœur fendu et les cheveux hérissés ?...

— Je mets deux sous... — dit le Squelette, — et il jeta sa pièce devant Pique-Vinaigre. — Allons ! est-ce que la *pègre* serait chiche pour un amusement pareil ? — ajouta-t-il en regardant ses complices d'un air significatif.

Plusieurs sous tombèrent de côté et d'autre, à la grande joie de Pique-Vinaigre, qui songeait à sa sœur en faisant sa collecte.

— Huit, neuf, dix, onze, douze et treize ! — s'écria-t-il en ramassant la monnaie ; — allons, messieurs les richards, les capitalistes et autres *banquezingues*, encore un petit effort ; vous ne pouvez pas rester à treize, c'est un mauvais nombre... Il ne faut plus que sept sous... la bagatelle de sept sous ! Comment, messieurs, il sera dit que la *pègre* de la Fosse-aux-Lions ne pourra pas réunir encore sept sous... sept malheureux sous ! Ah ! messieurs, vous feriez croire qu'on vous a mis ici injustement ou que vous avez eu la main bien malheureuse.

La voix perçante et les lazzi de Pique-Vinaigre avaient tiré Germain de sa rêverie ; autant pour suivre les avis de Rigolette en se *popularisant* un peu que pour faire une légère aumône à ce pauvre diable qui avait témoigné quelque désir de lui être utile, il se leva et jeta une pièce de dix sous aux pieds du conteur, qui s'écria en désignant à la foule le généreux donateur : — Dix sous, messieurs ! vous voyez... Je parlais de capitalistes... honneur à monsieur ! il se comporte en *banquezingue*, en ambassadeur, pour être agréable à la société... Oui, monsieur... car c'est à lui que vous devrez la plus grande part de *Gringalet et Coupe-en-Deux*... et vous l'en remercierez. Quand aux trois sous de surplus que fait sa pièce... je les mériterai en imitant la voix des personnages... au lieu de parler comme vous et moi... Ce sera encore une douceur que vous devrez à ce riche capitaliste, que vous devez adorer.

— Allons, ne blague pas tant, et commence, — dit le Squelette.

— Un moment, messieurs, — dit Pique-Vinaigre, — il est de toute justice que le capitaliste qui m'a donné dix sous soit le mieux placé, sauf notre prévôt, qui doit choisir.

Cette proposition servait si bien le projet du Squelette qu'il s'écria : — C'est vrai... après moi, il doit être le mieux placé.

Et le bandit jeta un nouveau regard d'intelligence aux détenus.

— Oui, oui, qu'il s'approche, — dirent-ils.

— Qu'il se mette au premier banc.

— Vous voyez, jeune homme... votre libéralité est récompensée... l'honorable société reconnaît que vous avez droit aux premières places, — dit Pique-Vinaigre à Germain.

Croyant que sa *libéralité* avait réellement mieux disposé ses odieux compagnons en sa faveur, enchanté de suivre en cela les recommandations de Rigolette, Germain, malgré une assez vive répugnance, quitta sa place de prédilection et se rapprocha du conteur. Celui-ci, aidé de Nicolas et de Barbillon, ayant rangé autour du poêle les quatre ou cinq bancs du chauffoir, dit avec emphase : — Voici les premières loges !... à tout seigneur tout honneur... d'abord le capitaliste... Maintenant, que ceux qui ont payé s'asseyent sur les bancs, — ajouta gaiement Pique-Vinaigre, croyant fermement que Germain n'avait plus, grâce à lui, aucun péril à redouter. Et ceux qui n'ont pas payé, — ajouta-t-il, — s'assoiront par terre ou se tiendront debout, à leur choix.

Résumons la disposition matérielle de cette scène.

Pique-Vinaigre, debout auprès du poêle, se préparait à conter. Près de lui, le Squelette, aussi debout, et couvant Germain des yeux, prêt à s'élancer sur lui au moment où le gardien quitterait la salle. A quelque distance de Germain, Nicolas, Barbillon, Cardillac et d'autres détenus, parmi lesquels on remarquait l'homme au bonnet de coton bleu et à la blouse grise, occupaient les derniers bancs. Le plus grand nombre des prisonniers, groupés çà et là, les uns assis par terre, d'autres debout et adossés aux murailles, composaient les plans secondaires de ce tableau, éclairé à la Rembrandt par les trois fenêtres latérales, qui jetaient de vives lumières et de vigoureuses ombres sur ces figures si diversement caractérisées et si durement accentuées. Disons enfin que le gardien, qui devait, à son insu, et par son départ, donner le signal du meurtre de Germain, se tenait auprès de la porte entr'ouverte.

— Y sommes-nous? — demanda Pique-Vinaigre au Squelette.

— Silence dans la *pègre*... — dit celui-ci en se retournant à demi ; puis, s'adressant à Pique-Vinaigre : — Maintenant, commence ton conte, on t'écoute.

On fit un profond silence.

CHAPITRE VI

Gringalet et Coupe-en-Deux.

Avant d'entamer le récit de Pique-Vinaigre, nous rappellerons au lecteur que, par un contraste bizarre, la majorité des détenus, malgré leur cynique perversité, affectionnent presque toujours les récits naïfs, nous ne voudrions pas dire puérils, où l'on voit, selon les lois d'une inexorable fatalité, l'opprimé vengé de son tyran après des épreuves et des traverses sans nombre.

Loin de nous la pensée d'établir d'ailleurs le moindre parallèle entre des gens corrompus et la masse honnête et pauvre ; mais ne sait-on pas avec quels applaudissements frénétiques le populaire des théâtres du boulevard accueille la délivrance de la victime et de quelles malédictions passionnées il poursuit le méchant ou le traître? On raille ordinairement ces incultes témoignages de sympathie pour ce qui est bon, faible et persécuté... d'aversion pour ce qui est puissant, injuste et cruel. On a tort, ce nous semble. Rien de plus consolant en soi que ces ressentiments de la foule. N'est-il pas évident que ces instincts salutaires pourraient devenir des principes arrêtés chez les infortunés que l'ignorance et la pauvreté exposent incessamment à la subversive obsession du mal? Comment ne pas tout espérer d'un peuple dont le bon sens moral se manifeste si invariablement? d'un peuple qui, malgré les prestiges de l'art, ne permettrait jamais qu'une œuvre dramatique fût dénouée par le triomphe du scélérat et par le supplice du juste? Ce fait, dédaigné, moqué, nous paraît très considérable en raison des tendances qu'il constate, et qui souvent même se retrouvent, nous le répétons, parmi les êtres les plus corrompus, lorsqu'ils sont pour ainsi dire *au repos* et à l'abri des instigations ou des nécessités criminelles. En un mot, puisque les gens endurcis dans le crime sympathisent encore quelquefois au récit et à l'expression des sentiments élevés, ne doit-on pas penser que tous les hommes ont plus ou moins en eux l'amour du beau, du bien, du juste, mais que la misère, mais que l'abrutissement, en faussant, en étouffant ces divins instincts, sont les causes premières de la dépravation humaine? N'est-il pas évident qu'on ne devient généralement méchant que parce qu'on est malheureux, et qu'arracher l'homme aux terribles tentations du besoin par l'équitable amélioration de sa condition matérielle, c'est lui rendre praticables les vertus dont il a conscience?...

L'impression causée par le récit de Pique-Vinaigre démontrera, ou plutôt exposera, nous l'espérons, quelques-unes des idées que nous venons d'émettre.

Pique-Vinaigre commença donc son récit en ces termes, au milieu du profond silence de son auditoire:

« Il y a déjà pas mal de temps que s'est passée l'histoire que je vais raconter à l'honorable société. Ce qu'on appelait la *Petite-Pologne* n'était pas encore détruit. L'honorable société sait ou ne sait pas ce que c'était que la Petite-Pologne? »

— Connu, — dit le détenu au bonnet bleu et à la blouse grise, — c'étaient des cassines du côté de la rue du Rocher et de la rue de la Pépinière.

« Justement, mon garçon, — reprit Pique-Vinaigre, — et le quartier de la Cité, qui n'est pourtant pas composé de palais, serait comme qui dirait la rue de la Paix ou la rue de Rivoli, auprès de la Petite-Pologne; quelle *turne*! mais, du reste, fameux repaire pour la *pègre*; il n'y avait pas de rues, mais des ruelles; pas de maisons, mais des masures; pas de pavé, mais un petit tapis de boue et de fumier, ce qui faisait que le bruit des voitures ne vous aurait pas incommodé s'il en avait passé; mais il n'en passait pas. Du matin jusqu'au soir, et surtout du soir jusqu'au matin, ce qu'on ne cessait pas d'entendre, c'était des cris: *A la garde! au secours! au meurtre!* mais la garde ne se dérangeait pas. Tant plus il y avait d'assommés dans la Petite-Pologne, tant moins il y avait de gens à arrêter! Ça grouillait donc de monde là-dedans, fallait voir: il y logeait peu de bijoutiers, d'orfèvres et de banquiers; mais, en revanche, il y avait des tas de joueurs d'orgue, de paillasses, de polichinelles ou de montreurs de bêtes curieuses. Parmi ceux-là, il y en avait un qu'on nommait *Coupe-en-Deux*, tant il était méchant, mais il était surtout méchant pour les enfants. On l'appelait Coupe-en-Deux parce qu'on disait que d'un coup de hache il avait coupé en deux un petit Savoyard. »

A ce passage du récit de Pique-Vinaigre, l'horloge de la prison sonna trois heures un quart. Les détenus rentrant dans les dortoirs à quatre heures, le crime du Squelette devait être consommé avant ce moment.

— Mille tonnerres !... le gardien ne s'en va pas, — dit-il tout bas au Gros-Boiteux.

— Sois tranquille, une fois l'histoire en train, il filera...

Pique-Vinaigre continua son récit :

« On ne savait pas d'où venait Coupe-en-deux ; les uns disaient qu'il était Italien, d'autres Bohémien, d'autres Turc, d'autres Africain ; les bonnes femmes disaient magicien, quoiqu'un magicien dans ce temps-ci paraisse drôle ; moi, je serais assez tenté de dire comme les bonnes femmes. Ce qui faisait croire ça, c'est qu'il avait toujours avec lui un grand singe roux appelé *Gargousse*, et qui était si malin et si méchant qu'on aurait dit qu'il avait le diable dans le ventre. Tout à l'heure je vous reparlerai de Gargousse... Quant à Coupe-en-Deux, je vais vous le dévisager : il avait le teint couleur de revers de botte, les cheveux rouges comme les poils de son singe, les yeux verts, et ce qui ferait croire, comme les bonnes femmes, qu'il était magicien... c'est qu'il avait la langue noire. »

— La langue noire ? — dit Barbillon.

— Noire comme de l'encre ! — répondit Pique-Vinaigre.

— Et pourquoi ça ?

« Parce qu'étant grosse, sa mère avait probablement parlé d'un nègre, — reprit Pique-Vinaigre avec une assurance modeste. — A cet agrément-là, Coupe-en-Deux joignait le métier d'avoir je ne sais combien de tortues, de singes, de cochons d'Inde, de souris blanches, de renards et de marmottes, qui correspondaient à un nombre égal de petits Savoyards ou d'enfants abandonnés. Tous les matins, il distribuait à chacun sa bête et un morceau de pain noir, et en route... pour demander *un petit sou* ou faire danser la *Catarina*. Ceux qui le soir ne rapportaient pas au moins quinze sous étaient battus, mais battus ! que dans les premiers temps on entendait les enfants crier d'un bout de la Petite-Pologne à l'autre. Faut vous dire aussi qu'il y avait dans la Petite-Pologne un homme qu'on appelait le *doyen*, parce que c'était le plus ancien de cette espèce de quartier, et qu'il en était comme qui dirait le maire, le prévôt, le juge de paix ou plutôt de guerre, car c'était dans sa cour (il était marchand de vin gargotier) qu'on allait se peigner devant lui, quand il n'y avait que ce moyen de s'entendre et de s'arranger. Quoique déjà vieux, le doyen était fort comme un Hercule et très craint ; on ne jurait que par lui dans la Petite-Pologne ; quand il disait : C'est bien, tout le monde disait : C'est très bien ; C'est mal, tout le monde disait : C'est mal. Il était brave homme au fond, mais terrible ; quand, par exemple, des gens forts faisaient la misère à de plus faibles qu'eux... alors, gare dessous !... Comme il était le voisin de Coupe-en-Deux, il avait dans le commencement entendu les enfants crier, à cause des coups que le montreur de bêtes leur donnait, mais il lui avait dit : — Si j'entends encore les enfants crier, je te fais crier à mon tour, et, comme tu as la voix plus forte, je taperai plus fort. »

— Farceur de doyen !... j'aime le doyen, moi ! dit le détenu à bonnet bleu.

— Et moi aussi, — ajouta le gardien en se rapprochant du groupe.

Le Squelette ne put contenir un mouvement d'impatience courroucée.

Pique-Vinaigre continua :

« Grâce au doyen, qui avait menacé Coupe-en-Deux, on n'entendait donc plus les enfants crier la nuit dans la Petite-Pologne ; mais les pauvres petits malheureux n'en souffraient pas moins, car s'ils ne criaient plus quand leur maître les battait, c'est qu'ils craignaient d'être battus encore plus fort... Quant à aller se plaindre au doyen, ils n'en avaient pas seulement l'idée. Moyennant les quinze sous que chaque petit montreur de bêtes devait lui rapporter, Coupe-en-Deux les logeait, les nourrissait et les habillait. Le soir, un morceau de pain noir, comme à déjeuner... voilà pour la nourriture ; il ne leur donnait jamais d'habits... voilà pour l'habillement ; et il les enfermait la nuit pêle-mêle avec leurs bêtes, sur la même paille, dans un grenier où on montait par une échelle et par une trappe... voilà pour le logement. Une fois bêtes et enfants rentrés au complet, il retirait l'échelle et fermait la trappe à clef. Vous jugez la vie et le vacarme que ces singes, ces cochons d'Inde, ces renards, ces souris, ces tortues, ces marmottes et ces enfants faisaient sans lumière dans ce grenier, qui était grand comme rien. Coupe-en-Deux couchait dans une chambre au-dessous, ayant son grand singe Gargousse attaché au pied de son lit. Quand ça grouillait et que ça criait trop fort dans le grenier, le montreur de bêtes se levait sans lumière, prenait un grand fouet, montait à l'échelle, ouvrait la trappe, et sans y voir fouaillait à tour de bras. Comme il avait toujours une quinzaine d'enfants, et que quelques-uns lui rapportaient, les innocents, quelquefois jusqu'à vingt sous par jour, Coupe-en-Deux, ses frais faits, et ils n'étaient pas gros, avait pour lui environ quatre francs ou cent sous par jour ; avec ça il ribottait, car notez bien que c'était aussi le plus grand soûlard de la terre, et qu'il était régulièrement mort-ivre une fois par jour... C'était son régime, il prétendit que sans cela il aurait eu mal à la tête toute la journée ; faut dire aussi que sur son gain il achetait des cœurs de mouton à Gargousse, car son grand singe mangeait de de la viande crue comme un vorace. Mais je vois que l'honorable société me demande Gringalet ; le voici, messieurs... »

— Ah ! voyons Gringalet, et puis je m'en vas manger ma soupe, — dit le gardien.

Le Squelette échangea un regard de satisfaction féroce avec le Gros-Boiteux.

« Parmi les enfants à qui Coupe-en-Deux distribuait ses bêtes, — reprit Pique-Vinaigre, — il y avait un pauvre petit diable surnommé Gringalet. Sans père ni mère, sans frère ni sœur, sans feu ni lieu, il se trouvait seul... tout seul dans le monde, où il n'avait pas demandé à venir, et d'où il pouvait partir sans que personne y prît garde. Il ne se nommait pas Gringalet pour son plaisir, allez ! il était chétif, et malingre, et souffreteux, que c'était pitié ; on lui aurait donné au plus sept ou huit ans, et il en avait treize ; mais s'il ne paraissait que la moitié de son âge, ce n'était pas mauvaise volonté... car il n'avait environ mangé que de deux jours l'un, et encore si peu et si peu... si mal et si mal... qu'il faisait grandement les choses en paraissant avoir sept ans. »

— Pauvre moutard, il me semble le voir ! — dit le détenu au bonnet bleu, — il y en a tant d'enfants comme ça... sur le pavé de Paris, des petits crève-de-faim.

— Faut bien qu'ils commencent jeunes à apprendre cet état-là pour qu'ils puissent s'y faire, — reprit Pique-Vinaigre en souriant avec amertume.

— Allons, va donc, dépêche-toi donc, — dit brusquement le Squelette, — le gardien s'impatiente, sa soupe se refroidit.

— Ah bah ! c'est égal, — reprit le surveillant, — je veux encore faire un peu connaissance avec Gringalet, c'est amusant.

— Vraiment, c'est très intéressant, — ajouta Germain, attentif à ce récit.

— Ah ! merci de ce que vous me dites là, mon capitaliste, — répondit Pique-Vinaigre, — ça me fait plus de plaisir encore que votre pièce de dix sous...

— Tonnerre de lambin ! — s'écria le Squelette, — finiras-tu de nous faire languir ?

— Voilà, — reprit Pique-Vinaigre.

« Un jour, Coupe-en-Deux avait ramassé Gringalet dans la rue, mourant de froid et de faim ; il aurait aussi bien fait de le laisser mourir. Comme Gringalet était faible, il était peureux ; et comme il était peureux il était devenu la risée et le pâtiras des autres petits montreurs de bêtes, qui le battaient et lui faisaient tant et tant de misère qu'il en serait devenu méchant, si la force et le courage ne lui avaient manqué. Mais non... quand on l'avait beaucoup battu, il pleurait en disant : — Je n'ai fait de mal à personne, et tout le monde me fait du mal... c'est injuste... Oh ! si j'étais fort... et hardi !... — Vous croyez peut-être que Gringalet allait ajouter : — Je rendrais aux autres le mal qu'on m'a fait. — Eh bien ! pas du tout... il disait : — oh ! si j'étais fort et hardi, je défendrais les faibles contre les forts ; car je suis faible, et les forts m'ont fait souffrir !... — En attendant, comme il était trop puceron pour empêcher les forts de molester les faibles, à commencer par lui-même, il empêchait les grosses bêtes de manger les petites... »

— En voilà-t-il une drôle d'idée ! — dit le détenu au bonnet bleu.

« Et ce qu'il y a de plus farce, — reprit le conteur, — c'est qu'on aurait dit qu'avec cette idée-là Gringalet se consolait d'être battu... ce qui prouve qu'il n'avait pas un mauvais cœur... »

— Pardieu, je crois bien... au contraire... — dit le gardien. — Diable de Pique-Vinaigre, est-il amusant !

A ce moment, trois heures et demie sonnèrent. Le bourreau de Germain et le Gros-Boiteux échangèrent un coup d'œil significatif. L'heure avançait, le surveillant ne s'en allait pas, et quelques-uns des détenus, les moins endurcis, semblaient presque oublier les sinistres projets du Squelette contre Germain pour écouter avec avidité le récit de Pique-Vinaigre :

« Quand je dis, — reprit celui-ci, — que Gringalet empêchait les grosses bêtes de manger les petites, vous entendez bien que Gringalet n'allait pas se mêler des affaires des tigres, des lions, des loups, ou même des renards et des singes de la ménagerie de Coupe-en-Deux, il était trop peureux pour cela ; mais dès qu'il voyait, par exemple, une araignée embusquée dans sa toile pour y prendre une pauvre folle de mouche qui volait gaiement au soleil du bon Dieu, sans nuire à personne, crac ! Gringalet donnait un coup de bâton dans la toile, délivrait la mouche, et écrasait l'araignée en vrai César... Oui ! en vrai César... car il devenait blanc comme un linge en touchant à ces vilaines bêtes ; il lui fallait donc de la résolution... à lui qui avait peur d'un hanneton, et qui avait été très longtemps à se familiariser avec la tortue que Coupe-en-Deux lui distribuait tous les matins. Aussi Gringalet, en surmontant la frayeur que lui causaient les araignées, afin d'empêcher les mouches d'être mangées, se montrait... »

— Se montrait aussi crâne dans son espèce qu'un homme qui aurait attaqué un loup pour lui ôter un mouton de la gueule, — dit le détenu au bonnet bleu...

— Ou qu'un homme qui aurait attaqué Coupe-en-Deux pour lui arracher Gringalet des pattes, — ajouta Barbillon aussi vivement intéressé.

« Comme vous dites, — reprit Pique-Vinaigre. — De sorte qu'après ces beaux coups-là, Gringalet ne se sentait plus si malheureux... Lui, qui ne riait jamais, il souriait, il faisait le crâne, mettait son bonnet de travers (quand il avait un bonnet), et chantonnait la *Marseillaise* d'un air vainqueur... Dans ce moment-là, il n'y avait pas une araignée capable de le regarder en face... Une autre fois, c'était un cri-cri qui se noyait et se débattait dans un ruisseau... Vite Gringalet jetait bravement deux de ses doigts à la nage, et rattrapait le cri-cri, qu'il déposait ensuite sur un brin d'herbe... Un maître nageur médailliste, qui aurait repêché son dixième noyé à cinquante francs par tête, n'aurait pas été plus fier que Gringalet quand il voyait son cri-cri gigotter et se sauver... Et pourtant le cri-cri ne lui donnait ni argent ni médaille, et ne lui disait pas seulement merci, non plus que la mouche... Mais alors, Pique-Vinaigre, mon ami, me dira l'honorable société, quel diable de plaisir Gringalet, que tout le monde battait, trouvait-il donc à être le libérateur des cri-cris et le bourreau des araignées ? Puisqu'on lui faisait du mal, pourquoi qu'il ne se revengeait pas en faisant du mal selon sa force, par exemple en faisant manger des mouches par des araignées, ou en laissant les cri-cris se noyer, ou même en en noyant exprès... des cri-cris?... »

— Oui... au fait... pourquoi ne se revengeait-il pas comme ça ?... — dit Nicolas.

— A quoi ça lui aurait-il servi ? — dit un autre.

— Tiens... à faire du mal, puisqu'on lui en faisait !

— Non ! eh bien, moi, je comprends ça, qu'il aimait à sauver des mouches... ce pauvre petit moutard ! — reprit l'homme au bonnet bleu. — Il se disait peut-être : Qui sait si on ne me sauvera pas tout de même !

— Le camarade a raison ! — s'écria Pique-Vinaigre ; — il a lu dans le cœur ce que j'allais dégoiser à l'honorable société.

— Gringalet n'était pas malin ; il n'y voyait pas plus loin que le bout de son nez ; mais il s'était dit : Coupe-en-Deux est mon araignée ; peut-être bien qu'un jour quelqu'un fera pour moi ce que je fais pour les autres pauvres moucherons, qu'on lui démolira sa toile et qu'on m'ôtera de ses griffes ; car jusqu'alors, pour rien au monde, il n'aurait osé se sauver de chez son maître : il se serait cru mort. Pourtant un jour que lui ni sa tortue n'avaient eu la chance, et qu'ils n'avaient gagné à eux deux que trois sous, Coupe-en-Deux se mit à battre le pauvre enfant si fort, si fort, que, ma foi, Gringalet n'y tint plus ; lassé d'être le rebut et le martyr de tout le monde, il guette le moment où la trappe du grenier est ouverte, et, pendant que Coupe-en-Deux donnait la pâtée à ses bêtes, il se laisse glisser le long de l'échelle... »

— Ah... tant mieux ! dit un détenu.

— Mais pourquoi qu'il n'allait pas se plaindre au doyen ? — dit le bonnet bleu ; — il aurait donné sa rincée à Coupe-en-Deux.

« Oui, mais il n'osait pas... il avait trop peur, il aimait mieux tâcher de se sauver. Malheureusement Coupe-en-Deux l'avait vu ; il vous l'empoigne par le cou et le remonte dans le grenier... Cette fois-là, Gringalet, en pensant à ce qui l'attendait, frémit de tout son corps, car il n'était pas au bout de ses peines... A propos des peines de Gringalet, il faut que je vous parle de *Gargousse*, le grand singe favori de Coupe-en-Deux ; ce méchant animal était, ma foi, plus grand que Gringalet, jugez quelle taille pour un singe !... Maintenant je vais vous dire pourquoi on ne le menait pas se montrer dans les rues comme les autres bêtes de la ménagerie : c'est que Gargousse était si méchant et si fort, qu'il n'y avait eu, parmi tous les enfants, qu'un Auvergnat de quatorze ans, gaillard résolu qui, après s'être plusieurs fois colleté et battu avec Gargousse, avait fini par pouvoir le mater, l'emmener et le tenir à la chaîne, et encore bien souvent il y avait eu des batailles où Gargousse avait mis son conducteur en sang. Embêté de ça, le petit Auvergnat s'était dit un beau jour :

— Bon, bon, je me vengerai de toi, gredin de singe ! — Un matin donc il part avec sa bête comme à l'ordinaire ; pour l'amorcer, il achète un cœur de mouton : pendant que Gargousse mange, il passe une corde dans le bout de sa chaîne attache la corde à un arbre, et une fois que le gueux de singe est bien amarré, il vous lui flanque une dégelée de coups de bâton... mais une dégelée que le feu y aurait pris. »

— Ah! c'est bien fait! — Bravo! l'Auvergnat. — Tape dessus! mon garçon. — Éreinte-moi ce scélérat de Gargousse! — dirent les détenus.

« Et il tapait de bon cœur, allez, — reprit Pique-Vinaigre. — Il fallait voir comme Gargousse criait, grinçait des dents, sautait, gambadait et de ci et de là ; mais l'Auvergnat lui ripostait avec son bâton, en veux-tu ! en voilà !... Malheureusement les singes sont comme les chats, ils ont la vie dure... Gargousse était aussi malin que méchant ; quand il avait vu, c'est le cas de le dire, de quel bois ça chauffait pour lui, au plus beau moment de la dégelée il avait fait une dernière cabriole, était retombé à plat au pied de l'arbre, avait gigotté un moment, et puis fait le mort, ne bougeant pas plus qu'une bûche. L'Auvergnat n'en voulait pas davantage ; croyant le singe assommé, il file pour ne jamais remettre les pieds chez Coupe-en-Deux. Mais le gueux de Gargousse le guettait du coin de l'œil ; tout roué de coups qu'il était, dès qu'il se voit seul et que l'Auvergnat est loin, il coupe avec ses dents la corde qui attachait sa chaîne à l'arbre. Le boulevard Monceaux, où il avait reçu sa danse, était tout près de la Petite-Pologne ; le singe connaissait son chemin comme son *Pater* : il détale donc en traînant la gigue, et arrive chez son maître, qui rugit, qui écume de voir son singe arrangé ainsi. Mais ça n'est pas tout, depuis ce moment-là Gargousse avait gardé une si furieuse rancune contre les enfants en général, que Coupe-en-Deux, qui n'était pourtant pas tendre, n'avait plus osé le donner à conduire à personne. . de peur d'un malheur ; car Gargousse aurait été capable d'étrangler ou de dévorer un enfant ; et tous les petits montreurs de bêtes, sachant cela, se seraient plutôt laissé écharper par Coupe-en-Deux que d'approcher du singe. »

— Il faut décidément que j'aille manger ma soupe, — dit le gardien en faisant un pas vers la porte, — ce diable de Pique-Vinaigre ferait descendre les oiseaux des arbres pour l'entendre... Je ne sais pas où il va pêcher ce qu'il raconte.

— Enfin, le gardien s'en va, — dit tout bas le Squelette au Gros-Boiteux ; — je suis en nage, j'en ai la fièvre... tant je rage en dedans... Attention seulement à faire le mur autour du *mangeur*... je me charge du reste...

— Ah çà ! soyez sages, dit le gardien en se dirigeant vers la porte.

— Sages comme des images, — répondit le Squelette en se rapprochant de Germain, pendant que le Gros-Boiteux et Nicolas, après s'être concertés d'un signe, firent deux pas dans la même direction.

— Ah ! respectable gardien... vous vous en allez au beau moment, — dit Pique-Vinaigre d'un air de reproche.

Sans le Gros-Boiteux qui prévint son mouvement en le saisissant rapidement par le bras, le Squelette s'élançait sur Pique-Vinaigre.

— Comment ! au plus beau moment ? — répondit le gardien en se retournant vers le conteur.

— Je crois bien, — dit Pique-Vinaigre, — vous ne savez pas tout ce que vous allez perdre... Voilà ce qu'il y a de plus charmant dans mon histoire qui va commencer...

— Ne l'écoutez donc pas, — dit le Squelette en contenant à peine sa fureur, — il n'est pas en train aujourd'hui ; moi je trouve que son conte est bête comme tout...

— Mon conte est bête comme tout ? — s'écria Pique-Vinaigre froissé dans son amour-propre de narrateur. — Eh bien, gardien... je vous en prie, je vous en supplie... restez jusqu'à la fin... j'en ai au plus encore pour un bon quart d'heure... D'ailleurs votre soupe est froide... maintenant qu'est-ce que vous risquez? Je vas chauffer le récit pour que vous ayez encore le temps d'aller manger avant que nous remontions à nos dortoirs.

— Allons, je reste, mais dépêchez-vous... — dit le gardien en se rapprochant.

— Et vous avez raison de rester, gardien ; sans me vanter, vous n'auriez rien entendu de pareil, surtout à la fin : il y a le triomphe du singe et de Gringalet... escortés de tous les petits montreurs de bêtes et des habitants de la Petite-Pologne. Ma parole d'honneur, ça n'est pas pour faire le fier, mais c'est vraiment superbe.

— Alors, contez vite, mon garçon, — dit le gardien en revenant auprès du poêle.

Le Squelette frémissait de rage... Il désespérait presque d'accomplir son crime. Une fois l'heure du coucher arrivée, Germain était sauvé, car il n'habitait pas le même dortoir que son implacable ennemi, et le lendemain, nous l'avons dit, il devait occuper l'une des cellules vacantes à la pistole. Puis enfin le Squelette reconnaissait, aux interruptions de plusieurs détenus, qu'ils se trouvaient, grâce au récit de Pique-Vinaigre, transportés dans un milieu d'idées presque pitoyables ; peut-être alors n'assisteraient-ils pas avec une féroce indifférence au meurtre affreux dont leur impassibilité devait les rendre complices. Le Squelette pouvait empêcher le conteur de terminer son histoire, mais alors s'évanouissait sa dernière espérance de voir le gardien s'éloigner avant l'heure où Germain serait en sûreté.

— Ah ! c'est bête comme tout ! — reprit Pique-Vinaigre ; — eh bien, l'honorable société va juger de la chose...

« Il n'y avait pas d'animal plus méchant que le grand singe Gargousse, qui était surtout aussi acharné que son maître après les enfants... Qu'est-ce que fait Coupe-en-Deux pour punir Gringalet d'avoir voulu se sauver ?... ça... vous le saurez tout à l'heure... En attendant, il rattrape donc l'enfant, le refourre dans le grenier pour la nuit, en lui disant : — Demain matin, quand tous tes camarades seront partis, je t'empoignerai, et tu verras ce que je fais à ceux qui veulent s'ensauver d'ici... — Je vous laisse à penser la terrible nuit que passa Gringalet. Il ne ferma presque pas l'œil ; il se demandait ce que Coupe-en-Deux voulait lui faire... A force de se demander ça, il finit par s'endormir... Mais quel sommeil ! Par là-dessus il eut un rêve... un rêve affreux... c'est-à-dire le commencement... vous allez voir... Il rêva qu'il était une de ces pauvres mouches comme il en avait tant fait sauver des toiles d'araignées, et qu'à son tour il tombait dans une grande et forte toile où il se débattait, se débattait de toutes ses forces sans pouvoir s'en dépêtrer ; alors il voyait venir vers lui, doucement, traîtreusement, une espèce de monstre qui avait la figure de Coupe-en-Deux sur un corps d'araignée... Mon pauvre Gringalet recommençait à se débattre, comme vous pensez... mais plus il faisait d'efforts, plus il s'enchevêtrait dans la toile, ainsi que font les pauvres mouches... Enfin l'araignée s'approche... le touche, et il sent les grandes pattes froides et velues de l'horrible bête l'attirer, l'enlacer... pour le dévorer... il se croit mort... Mais voilà que tout à coup il entend une espèce de bourdonnement clair, sonore, aigu, et il voit un joli moucheron d'or, qui avait une espèce de dard fin et brillant comme une aiguille de diamant, voltiger autour de l'araignée d'un air furieux, et une voix (quand je dis une voix, figurez-vous la voix d'un moucheron !) une voix qui lui disait : *Pauvre petite mouche... tu as sauvé des mouches... l'araignée ne...* Malheureusement Gringalet s'éveilla en sursaut... et il ne vit pas la fin du rêve ; malgré ça, il fut d'abord un peu rassuré en se disant : peut-être que le moucheron d'or au dard de diamant aurait tué l'araignée, si j'avais vu la fin du songe. Mais Gringalet avait beau se bercer de cela pour se rassurer et se consoler ; à mesure que la nuit finissait, sa peur revenait si forte qu'à la fin il oublia le rêve, ou plutôt il n'en retint que ce qui était effrayant : la grande toile où il avait été enlacé et l'araignée à figure de Coupe-en-Deux... Vous jugez quels frissons de peur il devait avoir... Dame ! jugez donc, seul... tout seul... sans personne qui voulût le défendre ! Sur le matin, quand il vit le jour petit à petit paraître par la lucarne du grenier, sa frayeur redoubla ; le moment approchait où il allait se trouver seul avec Coupe-en-Deux. Alors il se jeta à genoux au milieu du grenier ; et, pleurant à chaudes larmes, il supplia ses camarades de demander grâce pour lui à Coupe-en-Deux, ou bien de l'aider à se sauver s'il y avait moyen. Ah bien, oui ! les uns par peur du maître, les autres par insouciance, les autres par méchanceté, refusèrent au pauvre Gringalet le service qu'il leur demandait. »

— Mauvais galopins ! dit le prisonnier au bonnet bleu ; — ils n'avaient donc ni cœur ni ventre !

— C'est vrai, — reprit un autre ; — c'est tannant de voir ce petit abandonné de la nature entière.

— Et seul et sans défense encore, — reprit le prisonnier au bonnet bleu ; — car quelqu'un qui ne peut que tendre le cou sans se regimber, ça fait toujours pitié. Quand on a des dents pour mordre... alors c'est différent... Ma foi... tu as des crocs ?... eh bien, montre-les et défends ta queue, mon cadet !

— C'est vrai ! — dirent plusieurs détenus.

— Ah çà ! — s'écria le Squelette ne pouvant plus dissimuler sa rage et s'adressant au bonnet bleu, — est-ce que tu ne te tairas pas, toi ? est-ce que je n'ai pas dit : Silence dans la *pègre* !... Suis-je ou non le prévôt ici ?...

Pour toute réponse, le bonnet bleu regarda le Squelette en face, puis il fit ce geste gouailleur parfaitement connu des gamins, qui consiste à appuyer sur le bout du nez le pouce de la main droite ouverte en éventail, et à appuyer son petit doigt sur le pouce de la main gauche, étendue de la même manière. Il accompagna cette *réponse* muette d'une mine si grotesque que plusieurs détenus rirent aux éclats, tandis que d'autres, au contraire, restèrent stupéfaits de l'audace du nouveau prisonnier, tant le Squelette était redouté.

Ce dernier montra le poing au bonnet bleu, et lui dit en grinçant des dents : — Nous compterons demain ..

— Et je ferai l'addition sur ta frimousse... je poserai dix-sept calottes et je ne retiendrai rien...

De crainte que le gardien n'eût une nouvelle raison de rester afin de prévenir une rixe possible, le Squelette répondit avec calme : — Il ne s'agit pas de ça : j'ai la police du chauffoir et l'on doit m'écouter, n'est-ce pas, gardien ?

— C'est vrai, — dit le surveillant. — N'interrompez pas. Et toi, continue, Pique-Vinaigre ; mais dépêche-toi, mon garçon.

« Pour lors donc, — reprit Pique-Vinaigre continuant son récit, — Gringalet, se voyant abandonné de tout le monde, se résigne à son malheureux sort. Le grand jour vient, et tous les enfants s'apprêtent à décaniller avec leurs bêtes. Coupe-en-Deux ouvre la trappe et fait l'appel pour donner à chacun son morceau de pain ; tous descendent par l'échelle, et Gringalet, plus mort que vif, rencogné dans un coin du grenier avec sa tortue, ne bougeait pas plus qu'elle ; il regardait ses compagnons s'en aller les uns après les autres ; il aurait donné bien des choses pour pouvoir faire comme eux... Enfin le dernier quitte le grenier. Le cœur battait bien fort au pauvre enfant, il espérait que peut-être son maître l'oublierait. Ah bien, oui ! voilà qu'il entend Coupe-en-Deux, qui était resté au pied de l'échelle, crier d'une grosse voix : — Gringalet !... Gringalet !... — Me voilà, mon maître. — Descends tout de suite, où je te vais chercher, reprend Coupe-en-Deux. Pour le coup, Gringalet se croit à son dernier jour.

« — Allons, qu'il se dit en tremblant de tous ses membres et en se souvenant de son rêve, te voilà dans la toile, petit moucheron ; l'araignée va te manger. Après avoir déposé tout doucement sa tortue par terre, il lui dit comme un adieu, car il avait fini par s'attacher à cette bête ; il s'approcha de la trappe. Il mettait le pied sur le haut de l'échelle pour descendre, quand Coupe-en-Deux, le prenant par sa pauvre jambe maigre comme un fuseau, le tira si fort, si brusquement, que Gringalet dégringola et se rabota toute la figure le long de l'échelle. »

— Quel dommage que le doyen de la Petite-Pologne ne se soit pas trouvé là... quelle danse à Coupe-en-Deux ! — dit le bonnet bleu ; — c'est dans ces moments-là qu'il est bon d'être fort...!

« Oui, mon garçon ; mais malheureusement le doyen ne se

trouvait pas là !... Coupe-en-Deux vous prend donc l'enfant par la peau de son pantalon et l'emporte dans son chenil, où il gardait le grand singe attaché au pied de son lit. Rien qu'à voir seulement l'enfant, voilà la mauvaise bête qui se met à bondir, à grincer des dents comme un furieux, à s'élancer de toute la longueur de sa chaîne à l'encontre de Gringalet, comme pour le dévorer. »

— Pauvre Gringalet, comment te tirer de là ?
— Mais s'il tombe dans les pattes du singe, il est étranglé net !
— Tonnerre !... ça donne la petite mort, — dit le bonnet bleu ; — moi, dans ce moment-ci, je ne ferais pas de mal à une puce... Et vous, les amis ?
— Ma foi, ni moi non plus.

A ce moment la pendule de la prison sonna le troisième quart de trois heures.

Le Squelette, craignant de plus en plus que le temps ne lui manquât, s'écria, furieux de ces interruptions qui semblaient annoncer que plusieurs détenus s'apitoyaient réellement : — Silence donc dans la *pègre !*... Il n'en finira jamais, ce conteur de malheur, si vous parlez autant que lui !

Les interrupteurs se turent. Pique-Vinaigre continua :

« Quand on pense que Gringalet avait eu toutes les peines du monde à s'habituer à sa tortue, et que les plus courageux de ses camarades tremblaient au seul nom de Gargousse, on se figure sa terreur quand il se voit apporter par son maître tout près de ce gueux de singe. — Grâce... mon maître ! criait-il en claquant ses deux mâchoires l'une contre l'autre, comme s'il avait eu la fièvre, grâce, mon maître, je ne le ferai plus, je vous le promets !... — Le pauvre petit criait : — Je ne le ferai plus ! sans savoir ce qu'il disait, car il n'avait rien à se reprocher. Mais Coupe-en-Deux se moquait bien de ça... Malgré les cris de l'enfant, qui se débattait, il le met à la portée de Gargousse, qui saute dessus et l'empoigne... »

Une sorte de frémissement circula dans l'auditoire de plus en plus attentif.

— Comme j'aurais été bête de m'en aller, — dit le gardien en se rapprochant davantage des groupes.

« Et ça n'est rien encore, le plus beau n'est pas là, — reprit Pique-Vinaigre. Dès que Gringalet sentit les pattes froides et velues du grand singe qui le saisissait par le cou et par la tête, il se crut dévoré, eut comme le délire, et se mit à crier avec des gémissements qui aurait attendri un tigre : — L'araignée de mon rêve, mon bon Dieu !... l'araignée de mon rêve... Petit moucheron d'or... à mon secours ! — Veux-tu te taire... veux-tu te taire !... — lui disait Coupe-en-Deux en lui donnant de grands coups de pied, car il avait peur qu'on entendît ses cris ; mais au bout d'une minute il n'y avait plus de risque, allez ! le pauvre Gringalet ne criait plus, ne se débattait plus : à genoux, et blanc comme un linge, il fermait les yeux et grelottait de tous ses membres ni plus ni moins que par un froid de janvier ; pendant ce temps-là, le singe le battait, lui tirait les cheveux et l'égratignait ; et puis de temps en temps la méchante bête s'arrêtait pour regarder son maître, absolument comme s'ils s'étaient entendus ensemble. Coupe-en-Deux, lui, riait si fort ! si fort ! que si Gringalet eût crié, les éclats de rire de son maître auraient couvert ses cris. On aurait dit que ça encourageait Gargousse, qui s'acharnait de plus belle après l'enfant. »

— Ah ! gredin de singe ! — s'écria le bonnet bleu. — Si je t'avais tenu par la queue, j'aurais mouliné avec toi comme avec une fronde, et je t'aurais cassé la tête sur un pavé.

— Gueux de singe ! il était méchant comme un homme !

— Il n'y a pas d'homme si méchant que ça !

« Pas si méchant ! reprit Pique-Vinaigre. — Et Coupe-en-Deux donc ? Jugez-en... voilà ce qu'il fait après : il détache du pied de son lit la chaîne de Gargousse, qui était très longue ; il retire un moment de ses pattes l'enfant plus mort que vif, et l'enchaîne de l'autre côté, de façon que Gringalet était au bout de la chaîne et Gargousse de l'autre, tous les deux attachés par le milieu des reins, et séparés entre eux par environ trois pieds de distance. »

— Voilà-t-il une invention !

— C'est vrai, il y a des hommes plus méchants que les plus méchantes bêtes.

« Quand Coupe-en-Deux a fait ce coup-là, il dit à son singe, qui avait l'air de le comprendre, car ils méritaient bien de s'entendre : — Attention, Gargousse ! on t'a montré, c'est toi qui à ton tour montreras Gringalet ; il sera ton singe. Allons, houp ! debout, Gringalet, ou je dis à Gargousse de piller sur toi. — Le pauvre enfant était retombé à genoux, joignant les mains, mais ne pouvant plus parler ; on n'entendait que ces dents claquer.

« — Tiens, fais-le marcher, Gargousse, se mit à dire Coupe-en-Deux à son singe, et s'il rechigne, fais-lui comme moi...

« Et en même temps il donne à l'enfant une dégelée de coups de houssine, puis il remet la baguette au singe. Vous savez comme ces animaux sont imitateurs de leur nature, mais Gargousse l'était plus que non pas un ; le voilà donc qui prend sa houssine d'une main et tombe sur Gringalet, qui est bien obligé de se lever. Une fois debout, il était, ma foi, à peu près de la même taille que le singe ; alors, Coupe-en-Deux sort de sa chambre et descend l'escalier en appelant Gargousse, et Gargousse le suit en chassant Gringalet devant lui à grands coups de houssine, comme s'il avait été son esclave. Ils arrivent ainsi dans la petite cour de la masure de Coupe-en-Deux. C'est là où il comptait s'amuser ; il ferme la porte de la ruelle, et fait signe à Gargousse de faire courir l'enfant tout autour de la cour à grands coups de houssine. Le singe obéit, et se met à *courser* ainsi Gringalet en le battant, pendant que Coupe-en-Deux se tenait les côtes de rire. Vous croyez que cette méchanceté-là devait lui suffire ? Ah bien, oui !... ce n'était rien encore. Gringalet en avait été quitte jusque-là pour des égratignures, des coups de houssine et une peur horrible.

Voilà ce qu'imagina Coupe-en-Deux : pour rendre le singe furieux contre l'enfant, qui tout essoufflé était déjà plus mort que vif, il prend Gringalet par les cheveux, fait semblant de l'accabler de coups et de le mordre, et il le rend à Gargousse en lui criant : Pille... pille... et ensuite il lui montre un morceau de cœur de mouton comme pour lui dire : Ça sera ta récompense...

« Oh ! alors, vraiment, c'était un spectacle terrible .. Figurez-vous un grand singe roux à museau noir, grinçant des dents comme un possédé, et se jetant furieux, quasi enragé sur ce pauvre petit malheureux, qui, ne pouvant pas se défendre, avait été renversé du premier coup et s'était jeté à plat ventre, la face contre terre, pour ne pas être dévisagé. Voyant ça, Gargousse, que son maître aguichait toujours contre l'enfant, monte sur son dos, le prend par le cou, et commence à lui mordre au sang le derrière de la tête.

« — Oh ! l'araignée de mon rêve !... l'araignée !... criait Gringalet d'une voix étouffée, se croyant bien mort cette fois.

« Tout à coup on entend frapper à la porte. Pan !... pan !... pan !... »

— Ah ! le doyen !... — s'écria les prisonniers avec joie.

« Oui, cette fois, c'était lui, mes amis ; il criait à travers la porte :

« — Ouvriras-tu, Coupe-en-Deux ? ouvriras-tu ?... Ne fais pas le sourd, car je te vois... par le trou de la serrure !

« Le montreur de bêtes, forcé de répondre, s'en va tout grognant ouvrir au doyen, qui était un gaillard solide comme un pont, malgré ses cinquante ans, et avec lequel il ne fallait pas badiner quand il se fâchait. — Qu'est-ce que vous me voulez ? lui dit Coupe-en-Deux en entre-bâillant la porte.

« — Je veux te parler, dit le doyen qui entra presque de force dans la petite cour ; puis, voyant le singe toujours acharné après Gringalet, il court, vous empoigne Gargousse par la peau du cou, veut l'arracher de dessus l'enfant et le jeter à dix pas ; mais il s'aperçoit seulement alors que l'enfant était enchaîné au singe... Voyant ça, le doyen regarde Coupe-en-Deux d'un air terrible, et lui crie : — Viens tout de suite désenchaîner ce petit malheureux !

« Vous jugez de la joie, de la surprise de Gringalet, qui, à demi mort de frayeur, se voit sauvé si à propos... et comme par miracle. Aussi il ne put s'empêcher de se souvenir du moucheron d'or de son rêve, quoique le doyen n'eût pas l'air d'un moucheron, le gaillard, tant s'en faut... »

— Allons, — dit le gardien en faisant un pas vers la porte, — voilà Gringalet sauvé, je vais manger ma soupe.

— Sauvé ! — s'écria Pique Vinaigre ; — ah bien oui, sauvé ! il n'est pas au bout de ses peines, allez, le pauvre Gringalet.

— Vraiment ? — dirent quelques détenus avec intérêt.

— Mais qu'est-ce donc qui va lui arriver ? — reprit le gardien en se rapprochant.

— Restez, gardien, vous le saurez, — reprit le conteur.

— Diable de Pique-Vinaigre ! il vous fait faire tout ce qu'il veut, — dit le gardien ; — ma foi, je reste encore un peu.

Le Squelette, muet, écumait de rage. Pique-Vinaigre continua :

« Coupe-en-Deux, qui craignait le doyen comme le feu, avait, tout en grognant, détaché l'enfant de la chaîne ; quand c'est fait, le doyen jette Gargousse en l'air, le reçoit au bout d'un grandissime coup de pied dans les reins, et l'envoie rouler à dix pas... Le singe crie comme un brûlé, grince des dents, mais il se sauve lestement et va se réfugier au faîte d'un petit hangar d'où il montre le poing au doyen.

« — Pourquoi battez-vous mon singe ? dit Coupe-en-Deux au doyen.

« — Tu devrais me demander plutôt pourquoi je ne te bats pas toi-même... Faire ainsi souffrir cet enfant ! Tu t'es donc soûlé de bien bonne heure ?

« — Je ne suis pas plus soûl que vous ; j'apprenais un tour à mon singe ; je veux donner une représentation où lui et Gringalet paraîtront ensemble ; je fais mon état, de quoi vous mêlez-vous ?

« — Je me mêle de ce qui me regarde. Ce matin, en ne voyant pas Gringalet passer devant ma porte avec les autres enfants, je leur ai demandé où il était ; ils ne m'ont pas répondu, ils avaient l'air embarrassé ; je te connais, j'ai deviné que tu ferais quelque mauvais coup sur lui, et je ne me suis pas trompé. Écoute-moi bien : toutes les fois que je ne verrai pas Gringalet passer devant ma porte avec les autres le matin, j'arriverai ici dare-dare, et il faudra que tu me le montres, ou sinon... je t'assomme...

« — Je ferai ce que je voudrai, je n'ai pas d'ordre à recevoir de vous, lui répondit Coupe-en-Deux, irrité de cette menace de surveillance. Vous n'assommerez rien du tout, et si vous ne vous en allez d'ici, ou si vous revenez... je vous...

« — Vli, Vlan, fit le doyen en interrompant Coupe-en-Deux par un duo de calottes à assommer un rhinocéros ; voilà ce que tu mérites pour répondre ainsi au doyen de la Petite-Pologne. »

— Deux calottes, c'était bien maigre, — dit le bonnet bleu ; — à la place du doyen, je lui aurais trempé une drôle de soupe grasse.

« Le doyen, — reprit Pique-Vinaigre, — en aurait mangé dix comme Coupe-en-Deux. Le montreur de bêtes fut donc obligé de mettre les calottes dans son sac ; mais il n'en était pas moins furieux d'être battu, et surtout d'être battu devant Gringalet. Aussi, à ce moment même, il se promit de s'en venger, et il lui vint une idée qui ne pouvait venir qu'à un démon de méchanceté comme lui. Pendant qu'il ruminait cette idée diabolique en se frottant les oreilles, le doyen lui dit : — Rappelle-toi que si tu t'avises de faire encore souffrir cet enfant, je te forcerai à filer de la Petite-Pologne, toi et tes bêtes, sans quoi j'ameuterai tout le monde contre toi ; tu sais qu'on te déteste déjà : aussi, on te fera une *conduite* dont ton dos se souviendra, je t'en réponds. — En traître qu'il était, et pour pouvoir exécuter son idée scélérate, au lieu de continuer à se fâcher contre le doyen, Coupe-en-Deux fait le bon chien et dit d'un air câlin : — Fol d'homme, doyen, vous avez tort de m'avoir battu, et de croire que je veux du mal à Gringalet ; au contraire, je vous répète que j'apprenais un nouveau tour à mon singe ; il n'est pas commode quand il se rebiffe, et, dans la bagarre, le petit a été mordu, j'en suis fâché.

« — Hum !... fit le doyen en le regardant de travers, est-ce bien vrai, ce que tu me dis là ? D'ailleurs, si tu veux apprendre un tour à ton singe, pourquoi l'attaches-tu à Gringalet ?

« — Parce que Gringalet doit être aussi du tour. Voilà ce que je veux faire ; j'habillerai Gargousse avec un habit rouge et un chapeau à plumes comme un marchand de vulnéraire suisse ; j'assoirai Gringalet dans une petite chaise d'enfant ; puis je lui mettrai une petite serviette au cou, et le singe, avec un grand rasoir de bois, aura l'air de lui faire la barbe.

« Le doyen ne put s'empêcher de rire à cette idée.

« — N'est-ce pas que c'est farce, reprit Coupe-en-Deux d'un air sournois.

« — Le fait est que c'est farce, dit le doyen ; d'autant plus qu'on dit ton gueux de singe assez adroit et assez malin pour jouer une parade pareille.

« — Je le crois bien... quand il m'aura vu cinq ou six fois faire semblant de raser Gringalet, il m'imitera avec son grand rasoir de bois ; mais pour ça il faut qu'il s'habitue à l'enfant ; aussi je les avais attachés ensemble.

« — Mais pourquoi as-tu choisi Gringalet plutôt qu'un autre ?

« — Parce qu'il est le plus petit de tous, et qu'étant assis, Gargousse sera plus grand que lui ; d'ailleurs je voudrais donner la moitié de la recette à Gringalet.

« — Si c'est comme cela, dit le doyen rassuré par l'hypocrisie du montreur de bêtes, je regrette la tournée que je t'ai donnée ; alors mets que c'est une avance...

« Pendant le temps que son maître parlait avec le doyen, Gringalet, lui, n'osait pas souffler ; il tremblait comme la feuille, et mourait d'envie de se jeter aux pieds du doyen pour le supplier de l'emmener de chez le montreur de bêtes ; mais le courage lui manquait, et il recommençait à se désespérer tout bas en disant : — Je serai comme la pauvre mouche de mon rêve, l'araignée me dévorera ; j'avais tort de croire que le moucheron d'or me sauverait.

« — Allons, mon garçon, puisque le père Coupe-en-Deux te donne la moitié de la recette, ça doit t'encourager à t'habituer au singe... Bah ! bah ! tu t'y feras, et si la recette est bonne tu n'auras pas à te plaindre.

« — Lui ! se plaindre ! Est-ce que tu as à te plaindre ? lui demanda son maître en le regardant à la dérobée d'un air si terrible, que l'enfant aurait voulu être à cent pieds sous terre.

« — Non... non... mon maître, répondit-il en balbutiant.

« — Vous voyez bien, doyen, dit Coupe-en-Deux ; il n'a jamais eu à se plaindre ; je ne veux que son bien après tout. Si Gargousse l'a égratigné une première fois, cela n'arrive plus, je vous le promets, j'y veillerai.

« — A la bonne heure ! Ainsi, tout le monde sera content.

« — Gringalet tout le premier, dit Coupe-en-Deux. N'est-ce pas, que tu seras content ?

« — Oui, oui... mon maître... dit l'enfant tout en pleurant.

« — Et pour te consoler de tes égratignures, je te donnerai ta part d'un bon déjeuner, car le doyen va m'envoyer un plat de côtelettes aux cornichons, quatre bouteilles de vin et un demi-setier d'eau-de-vie.

« — A ton service, Coupe-en-Deux, ma cave et ma cuisine luisent pour tout le monde.

« Au fond, le doyen était brave homme, mais il n'était pas malin, et il aimait à vendre son vin et son fricot aussi. Le gueux de Coupe-en-Deux le savait bien ; vous voyez qu'il le renvoyait content de lui vendre à boire et à manger, et rassuré sur le sort de Gringalet. Voilà donc ce pauvre petit retombé au pouvoir de son maître. Dès que le doyen a les talons tournés, Coupe-en-Deux montre l'escalier à son pâtiras et lui ordonne de remonter vite dans son grenier ; l'enfant ne se fait pas dire deux fois, il s'en va tout effrayé.

« — Mon bon Dieu ! je suis perdu ! s'écria-t-il en se jetant sur la paille à côté de sa tortue, en pleurant à chaudes larmes.

« Il était là depuis une bonne heure à sangloter, lorsqu'il entend la grosse voix de Coupe-en-Deux qui l'appelait... Ce qui augmentait encore la peur de Gringalet, c'est qu'il lui semblait que la voix de son maître n'était pas comme à l'ordinaire.

« — Descendras-tu bientôt ? reprend le montreur de bêtes avec un tonnerre de jurements.

« L'enfant se dépêche vite de descendre par l'échelle ; à peine a-t-il mis le pied par terre, que son maître le prend et l'emporte dans sa chambre, en trébuchant à chaque pas ; car Coupe-en-Deux avait tant bu, tant bu, qu'il était soûl comme une grive et qu'il tenait à peine sur ses jambes ; son corps se penchait tantôt en avant, tantôt en arrière, et il regardait Gringalet en roulant des yeux d'un air féroce, mais sans parler ; il avait, comme on dit, la bouche trop épaisse ; jamais l'enfant n'en avait eu plus peur. Gargousse était enchaîné au pied du lit. Au milieu de la chambre il y avait une chaise, avec une corde pendante au dossier.. — Ass..., assis-toi... là, continua Pique-Vinaigre en imitant, jusqu'à la fin de ce récit, le bégayement empâté d'un homme ivre, lorsqu'il faisait parler Coupe-en-Deux. — Gringalet s'assied tout tremblant ; alors Coupe-en-Deux, toujours sans parler, l'entortille de la grande corde et l'attache sur la chaise, et cela pas facilement ; car, quoique le montreur de bêtes eût encore un peu de vue et de connaissance, vous pensez qu'il faisait les nœuds doubles. Enfin, voilà Gringalet solidement amarré sur sa chaise.
— Mon bon Dieu ! mon bon Dieu ! murmura-t-il, cette fois personne ne viendra me délivrer. — Pauvre petit, il avait raison, personne ne pouvait, ne devait venir, comme vous allez le voir ;

le doyen était parti rassuré; Coupe-en-Deux avait fermé la porte de sa cour en dedans à double tour, mis le verrou ; personne ne pouvait donc venir au secours de Gringalet. »

— Oh! pour cette fois, — se dirent les prisonniers impressionnés par ce récit, — Gringalet, tu es perdu... — Pauvre petit... — Quel dommage!

— S'il ne fallait que donner vingt sous pour le sauver, je les donnerais.

— Moi aussi. — Gueux de Coupe-en-Deux ! — Qu'est-ce qu'il va lui faire?

Pique-Vinaigre continua : « Quand Gringalet fut bien attaché sur sa chaise, son maître lui dit, — et le conteur imita de nouveau l'accent d'un homme ivre; — Ah!... gredin... c'est toi... qui as été cause que j'ai été battu par le doyen... Tu...vas mou... mourir... — Et il tire de sa poche un grand rasoir tout fraîchement repassé, l'ouvre, et prend d'une main Gringalet par les cheveux...

« A la vue du rasoir, l'enfant se mit à crier; Grâce ! mon maître... grâce, ne me tuez pas !... — Va, crie... crie... môme... tu ne crieras pas longtemps, répondit Coupe-en-Deux. — Moucheron d'or! moucheron d'or! à mon secours! — cria le pauvre Gringalet presque en délire, en se rappelant son rêve qui l'avait tant frappé; voilà l'araignée qui va me tuer! — Ah ! tu m'app... tu m'appelles... araignée, toi... dit Coupe-en-Deux. A cause de ça... et d'autres. . d'autres choses, tu vas mourir... entends tu... mais... pas de ma main.. parce que,.. la... chose .. et puis qu'on me guillotinerait... je dirai... et... prou... prouverai que c'est... le singe... J'ai... tantôt... préparé la chose... a... a... enfin n'importe, — dit Coupe-en-Deux en se soutenant à peine ; puis appelant son singe, qui, au bout de sa chaîne, la tendait de toutes ses forces en grinçant des dents et en regardant tour à tour son maître et l'enfant : — Tiens, Gargousse, lui dit-il en lui montrant le rasoir et Gringalet qu'il tenait par les cheveux, tu vas ici faire comme ça... vois-tu ?... Et passant à plusieurs reprises le dos du rasoir sur le cou de Gringalet, il fit comme s'il lui coupait le cou.

« Le gueux de singe était si imitateur, si méchant et si malin qu'il comprit ce que son maître voulait ; et, comme pour le prouver, il se prit le menton avec la patte gauche, renversa sa tête en arrière, et avec sa patte droite il fit mine de se couper le cou.

« — C'est ça, Gargousse... ça y est, — dit Coupe-en-Deux en balbutiant, en fermant les yeux à demi et en trébuchant si fort, qu'il manqua de tomber avec Gringalet et la chaise... — Oui, ça y est... je vas te... dé... détacher, et tu... lui couperas le sifflet, n'est-ce pas, Gargousse?

« Le singe cria en grinçant des dents, comme pour dire oui, et avança la patte pour prendre le rasoir que Coupe-en-Deux lui tendait.

« Moucheron d'or, à mon secours! murmura Gringalet d'une pauvre voix mourante, certain cette fois d'être à sa dernière heure.

« Hélas ! il appelait le moucheron d'or à son secours sans y compter et sans l'espérer; mais il disait cela comme on dit : Mon Dieu ! mon Dieu ! quand on se noie...

« Eh bien ! pas du tout. Voilà-t-il pas qu'à ce moment-là Gringalet voit entrer par la fenêtre ouverte une de ces petites mouches vert et or, comme il y en a tant; on aurait dit une étincelle de feu qui voltigeait, voltigeait ; et, juste à l'instant où Coupe-en-Deux venait de donner le rasoir à Gargousse, le moucheron d'or s'en va se *ploquer* droit dans l'œil de ce méchant brigand. Une mouche dans l'œil, ça n'est pas grand'chose ; mais, dans le moment, ça cuit comme une piqûre d'épingle ; aussi, Coupe-en-Deux qui se soutenait à peine, porta vivement la main à son œil et ça par un mouvement si brusque, qu'il trébucha; tomba tout de son long et roula comme une masse au pied du lit où était enchaîné Gargousse.

« — Moucheron d'or, merci... tu m'as sauvé ! cria Gringalet ; car toujours assis et attaché sur sa chaise, il avait tout vu. »

— C'est, ma foi, vrai pourtant, le moucheron d'or l'a empêché d'avoir le cou coupé, — s'écrièrent les détenus transportés de joie.

— Vive le moucheron d'or ! — cria le bonnet bleu.
— Oui, vive le moucheron d'or ! — répétèrent plusieurs voix.
— Vive Pique-Vinaigre et ses contes ! — dit un autre.

« Attendez donc, — reprit le conteur, — voici le plus beau et le plus terrible de l'histoire que je vous avais promise : Coupe-en-Deux avait tombé par terre comme un plomb ; il était si soûl qu'il ne remuait pas plus qu'une bûche... il était ivre-mort... quoi ! et sans connaissance de rien ; mais en tombant il avait manqué d'écraser Gargousse, et lui avait presque cassé une patte de derrière. Vous savez comme ce vilain animal était rancunier et malicieux. Il n'avait pas lâché le rasoir que son maître lui avait donné pour couper le cou à Gringalet. Qu'est-ce que fait mon gueux de singe, quand il voit son maître étendu sur le dos et bien à sa portée ? il saute sur lui, il s'accroupit sur sa poitrine, d'une de ses pattes il lui tend la peau du cou, et de l'autre... crac... il vous coupe le sifflet net comme verre... juste comme Coupe-en-Deux avait enseigné à le faire sur Gringalet. »

— Bravo !... — C'est bien fait !... — Vive Gargousse !... — crièrent les détenus avec enthousiasme.

— Vive le petit moucheron d'or !
— Vive Gringalet ! — Vive Gargousse !
— Eh bien ! mes amis, — s'écria Pique-Vinaigre, — ce que vous criez là, toute la Petite-Pologne le criait une heure plus tard.

— Comment cela... comment ?

« Je vous ai dit que pour faire son mauvais coup tout à son aise, le gueux de Coupe-en-Deux avait fermé sa porte en dedans. A la brune, voilà les enfants qui arrivent les uns après les autres avec leurs bêtes ; les premiers cognent; personne ne répond ; enfin, quand ils sont tous rassemblés, ils recognent... rien... L'un d'eux s'en va trouver le doyen et lui dire qu'ils avaient beau frapper, et que leur maître ne leur ouvrait pas. »

— Le gredin se sera soûlé comme un Anglais, dit-il ; je lui ai envoyé du vin tantôt ; faut enfoncer la porte, ces enfants ne peuvent pas passer la nuit dehors.

« On enfonce la porte à coups de merlin ; on ouvre, on monte, on arrive dans la chambre ; et qu'est-ce qu'on voit ? Gargousse enchaîné et accroupi sur le corps de son maître, et jouant avec le rasoir ; le pauvre Gringalet, heureusement hors de la portée de la chaîne de Gargousse, toujours assis et attaché sur sa chaise, n'osant pas lever les yeux sur le corps de Coupe-en-Deux, et regardant, devinez quoi ? la petite mouche d'or, qui, après avoir voleté autour de l'enfant comme pour le féliciter, était enfin venue se poser sur sa petite main. Gringalet raconta tout au doyen et à la foule qui l'avait suivi ; ça paraissait vraiment, comme on dit, un coup du ciel ; aussi le doyen s'écrie : — Un triomphe à Gringalet !... un triomphe à Gargousse, qui a tué ce mauvais brigand de Coupe-en-Deux ! il coupait les autres... c'était son tour d'être coupé. — Oui ! oui ! dit la foule ; car le montreur de bêtes était détesté de tout le monde. Un triomphe à Gargousse ! Un triomphe à Gringalet !

« Il faisait nuit ; on allume des torches de paille, on attache Gargousse sur un banc que quatre gamins portaient sur leurs épaules ; le gredin de singe n'avait pas l'air de trouver ça trop beau pour lui, et il prenait des airs de triomphateur en montrant les dents à la foule. Après le singe venait le doyen, portant Gringalet dans ses bras ; tous les petits montreurs de bêtes, chacun avec la sienne, entouraient le doyen, l'un portait son renard, l'autre sa marmotte, l'autre son cochon d'Inde ; ceux qui jouaient de la vielle jouaient de la vielle ; il y avait des charbonniers auvergnats avec leur musette, qui en jouaient aussi ; c'était enfin un tintamarre, une joie, une fête qu'on ne peut s'imaginer ! Derrière les musiciens et les montreurs de bêtes venaient tous les habitants de la Petite-Pologne, hommes, femmes, enfants ; presque tous tenaient à la main des torches de paille, et criaient comme des enragés : Vive Gringalet ! vive Gargousse !... Le cortége fait dans cet ordre-là le tour de la cassine de Coupe-en-Deux. C'était un drôle de spectacle, allez, que ces vieilles masures et toutes ces figures éclairées par la lueur rouge des feux de paille qui flamboyaient... flamboyaient !... Quant à Gringalet, la première chose qu'il avait faite, une fois en liberté, ça avait été de mettre la petite mouche d'or dans un cornet de papier, et il répétait tout le temps de son triomphe :

« — Petits moucherons, j'ai bien fait d'empêcher les araignées de vous manger, car... » La fin de Pique-Vinaigre fut interrompue.

— Eh ! père Roussel, — cria une voix du dehors, — viens donc manger ta soupe ; quatre heures vont sonner dans dix minutes.

— Ma foi ! l'histoire est à peu près finie, j'y vais. Merci, mon garçon, tu m'as joliment amusé, tu peux t'en vanter, — dit le surveillant à Pique-Vinaigre en allant vers la porte... Puis, s'arrêtant : — Ah çà ! soyez sages... — dit-il aux détenus en se retournant.

— Nous allons entendre la fin de l'histoire, — dit le Squelette haletant de fureur contrainte. Puis il dit tout bas au Gros-Boiteux : — Va sur le pas de la porte, suis le gardien des yeux, et quand tu l'auras vu sortir de la cour, crie *Gargousse* ! et le *mangeur* est mort.

— Ça y est, — dit le Gros-Boiteux qui accompagna le gardien, et resta debout à la porte du chauffoir, l'épiant du regard.

« Je vous disais donc, — reprit Pique-Vinaigre, que Gringalet, tout le temps de son triomphe, se disait : — Petits moucherons, j'ai... »

— Gargousse ! — s'écria le Gros-Boiteux en se retournant. Il venait de voir le surveillant quitter la cour.

— A moi ! Gringalet... je serai ton araignée ! — s'écria aussitôt le Squelette en se précipitant si brusquement sur Germain, que celui-ci ne put faire un mouvement ni pousser un cri. Sa voix expira sous la formidable étreinte des longs doigts de fer du Squelette.

— Si tu es l'araignée, moi je serai le moucheron d'or, Squelette de malheur. — cria une voix au moment où Germain, surpris par la violente et soudaine attaque de son implacable ennemi, tombait renversé sur son banc, livré à la merci du brigand, qui, un genou sur sa poitrine, le tenait par le cou.

— Oui, je serai le moucheron, et un fameux moucheron encore ! — répéta l'homme au bonnet bleu dont nous avons parlé ; puis, d'un bond furieux, renversant trois ou quatre prisonniers, il s'élança sur le Squelette et lui asséna sur le crâne et entre les deux yeux une grêle de coups de poing si précipités, qu'on eût dit la batterie sonore d'un marteau sur une enclume.

L'homme au bonnet bleu, qui n'était autre que le Chourineur, ajouta en redoublant la rapidité de son *martelage* sur la tête du Squelette : — C'est la grêle de coups de poing que M. Rodolphe m'a tambourinés sur la boule !... je les ai retenus !...

A cette agression inattendue, les détenus restèrent frappés de surprise, sans prendre parti pour ou contre le Chourineur. Plusieurs d'entre eux, encore sous la salutaire impression du conte de Pique-Vinaigre, furent même satisfaits de cet incident qui pouvait sauver Germain. Le Squelette, d'abord étourdi, chancelant comme un bœuf sous la masse de fer du boucher, étendit machinalement les mains en avant pour parer les coups de son ennemi ; Germain put se dégager de la mortelle étreinte du Squelette et se relever à demi.

— Mais qu'est-ce qu'il a ? à qui en a-t-il donc, ce brigand-là ? — s'écria le Gros-Boiteux ; et, s'élançant sur le Chourineur, il tâcha de lui saisir les bras par derrière, pendant que celui-ci faisait de violents efforts pour maintenir le Squelette sur le banc. Le défenseur de Germain répondit à l'attaque du Gros-Boiteux par une espèce de ruade si violente qu'il l'envoya rouler à l'extrémité du cercle formé par les détenus.

Germain, d'une pâleur livide et violacée, à demi suffoqué, à genoux auprès du banc, ne paraissait pas avoir la conscience de ce qui se passait autour de lui. La strangulation avait été si violente, qu'il respirait à peine.

Après son premier étourdissement, le Squelette, par un effort désespéré, parvint à se débarrasser du Chourineur et à se remettre sur ses pieds. Haletant, ivre de rage et de haine, il était épouvantable... Sa face cadavéreuse ruisselait de sang, sa lèvre supérieure, retroussée comme celle d'un loup furieux, laissait voir ses dents serrées les unes contre les autres. Enfin, il s'écria d'une voix palpitante de colère et de fatigue, car sa lutte contre le Chourineur avait été violente : — Escarpez-le donc !... ce brigand-là !... tas de frileux... qui me laissez prendre en traître... sinon le *mangeur* va nous échapper !

Durant cette espèce de trêve, le Chourineur, enlevant Germain à demi évanoui, avait assez habilement manœuvré pour se rapprocher peu à peu de l'angle d'un mur, où il déposa son protégé. Profitant de cette excellente position de défense, il pouvait alors, sans crainte d'être pris à dos, tenir assez longtemps contre les détenus, auxquels le courage et la force herculéenne qu'il venait de déployer imposaient beaucoup.

Pique-Vinaigre, épouvanté, disparut pendant le tumulte, sans qu'on s'aperçût de son absence.

Voyant l'hésitation de la plupart des prisonniers, le Squelette s'écria : — A moi donc !... estourbissons-les tous les deux... le gros et le petit !

— Prends garde ! — répondit le Chourineur en se préparant au combat, les deux mains en avant et carrément campé sur ses robustes reins. — Gare à toi, Squelette ! Si tu veux faire encore le Coupe-en-Deux... moi, je ferai comme Gargousse, je te couperai le sifflet...

— Mais tombez donc dessus ! — cria le Gros-Boiteux en se relevant. — Pourquoi cet enragé défend-il le *mangeur* ?... A mort le *mangeur* !... et lui aussi ! S'il défend Germain, c'est un traître !

— Oui ! oui !... A mort le *mangeur* !... A mort !

— Oui ! à mort le traître qui le soutient !

Tels furent les cris des plus endurcis détenus.

Un parti plus pitoyable s'écria : — Non ! avant, qu'il parle !...

— Oui ! qu'il s'explique ! — On ne tue pas un homme sans l'entendre !

— Et sans défense !... — Faudrait être de vrais Coupe-en-Deux !

— Tant mieux ! — reprirent le Gros-Boiteux et les partisans du Squelette.

— On ne saurait trop en faire à un *mangeur*... — A mort !

— Tombons dessus ! — Soutenons le Squelette !

— Oui ! oui !... charivari pour le bonnet bleu !

— Non !... soutenons le bonnet bleu !... charivari pour le Squelette ! — riposta le parti du Chourineur.

— Non !... à bas le bonnet bleu ! — A bas le Squelette !

— Bravo !... mes cadets !... — s'écria le Chourineur en s'adressant aux détenus qui se rangeaient de son côté. — Vous avez du cœur... vous ne voudriez pas massacrer un homme à demi mort !... il n'y a que des lâches capables de ça... Le Squelette s'en moque pas mal... il est condamné d'avance, c'est pour cela qu'il vous pousse... Mais si vous aidez à tuer Germain, vous serez durement pincés. D'ailleurs, je propose une chose, moi !... le Squelette veut achever ce jeune homme... eh bien ! qu'il vienne donc me le prendre, s'il en a le toupet !... ça se passera entre nous deux ; nous nous crocherons... et on verra... Mais il n'ose pas, il est comme Coupe-en-Deux, fort avec les faibles...

La vigueur, l'énergie, la rude figure du Chourineur devaient avoir une puissante action sur les détenus ; aussi un assez grand nombre d'entre eux se rangèrent de son côté et entourèrent Germain. Le parti du Squelette se groupa autour de ce bandit.

Une sanglante mêlée allait s'engager, lorsqu'on entendit dans la cour le pas sonore et mesuré du piquet d'infanterie toujours de garde à la prison. Pique-Vinaigre, profitant du bruit et de l'émotion générale, avait gagné la cour et était allé frapper au guichet de la porte d'entrée, afin d'avertir les gardiens de ce qui se passait dans le chauffoir. L'arrivée des soldats mit fin à cette scène.

Germain, le Squelette et le Chourineur furent conduits auprès du directeur de la Force. Le premier devait déposer sa plainte, les deux autres répondre à une prévention de rixe dans l'intérieur de la prison.

La terreur et la souffrance de Germain avaient été si vives, sa faiblesse était si grande, qu'il lui fallut s'appuyer sur deux gardiens pour arriver jusqu'à une chambre voisine du cabinet du directeur, où on le conduisait. Là, il se trouva mal ; son cou, excorié, portait l'empreinte livide et sanglante des doigts de fer du Squelette. Quelques secondes de plus, le fiancé de Rigolette aurait été étranglé. Le gardien chargé de la surveillance du parloir, et qui, nous l'avons dit, s'était toujours intéressé à Germain, lui donna les premiers secours. Lorsque celui-ci revint à lui, lorsque la réflexion succéda aux émotions rapides et terribles qui lui avaient à peine laissé l'exercice de sa raison, sa première pensée fut pour son sauveur. — Merci de vos bons soins, monsieur, — dit-il au gardien, — sans cet homme courageux j'étais perdu.

— Comment vous trouvez-vous ?

— Mieux... Ah ! tout ce qui vient de se passer me semble un songe horrible !... Et celui qui m'a sauvé, où est-il ?

— Dans le cabinet du directeur. Il lui raconte comment la rixe est arrivée. Il paraît que sans lui...

— J'étais mort, monsieur... Oh ! dites-moi son nom... Qui est-il ?

— Son nom... je n'en sais rien, il est surnommé le Chourineur ; c'est un ancien forçat.

— Et le crime qui l'amène ici... n'est pas grave peut-être ?...

— Très grave !... Vol avec effraction, la nuit... dans une maison habitée, dit le gardien. — Il aura probablement la même dose que Pique-Vinaigre : quinze ou vingt ans de travaux forcés et l'exposition, vu la récidive.

31.

Germain tressaillit ; il eût préféré être lié par la reconnaissance à un homme moins criminel. — Ah ! c'est affreux ! dit-il. — Et pourtant cet homme, sans me connaître, a pris ma défense. Tant de courage, tant de générosité...

— Que voulez-vous, monsieur, quelquefois il y a encore un peu de bon chez ces gens-là. L'important, c'est que vous voilà sauvé : demain vous aurez votre cellule à la pistole, et pour cette nuit vous coucherez à l'infirmerie. Allons, courage, monsieur ! Le mauvais temps est passé ; quand votre petite visiteuse viendra vous voir, vous pourrez la rassurer ; car une fois en cellule vous ferez bien, je crois, de ne pas lui parler de la scène de tout à l'heure. Elle en tomberait malade de peur.

— Oh ! non, sans doute, je ne lui en parlerai pas ; mais je voudrais pourtant remercier mon défenseur... Si coupable qu'il soit aux yeux de la loi, il ne m'en a pas moins sauvé la vie.

— Tenez, justement je l'entends qui sort de chez M. le directeur, qui va maintenant interroger le Squelette ; je les reconduirai ensemble tout à l'heure, le Squelette au cachot... et le Chourineur à la Fosse-aux-Lions. Il sera d'ailleurs un peu récompensé de ce qu'il a fait pour vous ; car, comme c'est un gaillard solide et déterminé, tel qu'il faut être pour mener les autres, il est probable qu'il remplacera le Squelette comme prévôt...

Le Chourineur, ayant traversé un petit couloir sur lequel s'ouvrait la porte du cabinet du directeur, entra dans la chambre où se trouvait Germain.

— Attendez-moi là, — dit le gardien au Chourineur ; — je vais aller savoir de M. le directeur ce qu'il décide du Squelette, et je reviendrai vous prendre... Voilà notre jeune homme tout à fait remis ; il veut vous remercier, et il y a de quoi, car sans vous c'était fini de lui. — Le gardien sortit.

La physionomie du Chourineur était radieuse. Il s'avança joyeusement en disant : — Tonnerre ! que je suis content ! que je suis donc content de vous avoir sauvé ! — Et il tendit la main à Germain.

Celui ci, par un sentiment de répulsion involontaire, se recula d'abord légèrement, au lieu de prendre la main que le Chourineur lui offrait ; puis, se rappelant qu'après tout il devait la vie à cet homme, il voulut réparer ce premier mouvement de répugnance. Mais le Chourineur s'en était aperçu ; ses traits s'assombrirent, et en reculant à son tour, il dit avec une tristesse amère : — Ah ! c'est juste... pardon... monsieur...

— Non, c'est moi qui dois vous demander pardon... Ne suis-je pas prisonnier comme vous ? Je ne dois songer qu'au service que vous m'avez rendu... vous m'avez sauvé la vie. Votre main, monsieur.. je vous en prie... de grâce... votre main.

— Merci... maintenant c'est inutile. Le premier mouvement est tout.. Si vous m'aviez d'abord donné une poignée de main, cela m'aurait fait plaisir... Mais, en y réfléchissant, c'est à moi de ne plus vouloir... non parce que je suis prisonnier comme vous ; mais, — ajouta-t-il d'un air sombre et en hésitant, parce qu'avant d'être ici... j'ai été...

— Ce gardien m'a tout dit, — reprit Germain en l'interrompant ; — mais vous ne m'avez pas moins sauvé la vie.

— Je ne fais que mon devoir et mon plaisir ; car je sais que vous êtes... monsieur Germain.

— Vous me connaissez ?

— Un peu, mon neveu ! que je vous répondrais si j'étais votre oncle, — dit le Chourineur en reprenant son ton d'insouciance habituelle, — et vous auriez pardieu bien tort de mettre mon arrivée à la Force sur le dos du hasard... Si je ne vous avais pas connu... je ne serais pas en prison.

Germain regarda le Chourineur avec une surprise profonde.

— Comment... c'est parce que vous m'avez connu...

— Que je suis ici... prisonnier à la Force...

— Je voudrais vous croire... mais.

— Mais vous ne me croyez pas.

— Je veux dire qu'il m'est impossible de comprendre comment il se fait que je sois pour quelque chose dans votre emprisonnement.

— Pour quelque chose ? Vous y êtes pour tout.

— J'aurais eu ce malheur ?...

— Un malheur !... au contraire... c'est moi qui vous redois... et crânement encore...

— A moi ! vous me devez ?

— Une fière chandelle, pour m'avoir procuré l'avantage de faire un tour à la Force...

— En vérité, — dit Germain en passant la main sur son front, — je ne sais si la terrible secousse de tout à l'heure affaiblit ma raison, mais il m'est impossible de vous comprendre... Le gardien vient de me dire que vous étiez ici comme prévenu... de... de... — Et Germain hésitait.

— De vol.. pardieu !... allez donc... oui, de vol avec effraction... avec escalade... et la nuit, par-dessus le marché !... tout le tremblement à la voile, quoi ! — s'écria le Chourineur en éclatant de rire. — Rien n'y manque... c'est du chenu... Mon vol a toutes les herbes de Saint-Jean, comme on dit...

Germain, péniblement ému du cynisme audacieux du Chourineur, ne put s'empêcher de lui dire ; — Comment vous, vous si brave... si généreux, parlez-vous ainsi ?... Ne savez-vous pas à quelle terrible punition vous êtes exposé ?

— Une vingtaine d'années de galères et le carcan !... connu... Je suis un crâne scélérat, hein ! de prendre ça en blague ?... Mais que voulez-vous une fois qu'on y est... Et dire pourtant que c'est vous, monsieur Germain, ajouta le Chourineur en poussant un énorme soupir, d'un air plaisamment contrit, — que c'est vous qui êtes cause de mon malheur !

— Quand vous vous expliquerez plus clairement, je vous entendrai... Raillez tant qu'il vous plaira, ma reconnaissance pour le service que vous m'avez rendu n'en subsistera pas moins, — dit Germain tristement.

— Tenez, pardon, monsieur Germain, — répondit le Chourineur en devenant sérieux, — vous n'aimez pas à me voir rire de cela... n'en parlons plus. Il faut que je me rabiboche avec vous, et que je vous force peut-être bien à me tendre encore la main...

— Je n'en doute pas ; car, malgré le crime dont on vous accuse et dont vous vous accusez vous-même, tout en vous annonce le courage, la franchise. Je suis sûr que vous êtes injustement soupçonné... de graves apparences peut-être vous compromettent... mais voilà tout...

— Oh ! quant à cela, vous vous trompez, monsieur Germain, — dit le Chourineur sérieusement cette fois. Foi d'homme, aussi vrai que j'ai un protecteur (le chourineur ôta son bonnet), qui est pour moi ce que le bon Dieu est pour les bons prêtres, j'ai volé la nuit en enfonçant un volet, j'ai été arrêté sur le fait, et encore nanti de tout ce que je venais d'emporter...

— Mais le besoin... la faim... vous poussaient donc à cette extrémité ?

— La faim ? J'avais cent vingt francs à moi quand on m'a arrêté, le restant d'un billet de mille francs, sans compter que le protecteur dont je vous parle, et qui, par exemple, ne sait pas que je suis ici, ne me laissera jamais manquer de rien... Mais puisque je vous ai parlé de mon protecteur, vous devez croire que ça devient sérieux, parce que, voyez-vous, celui-là, c'est à se mettre à genoux devant... Ainsi, tenez, la grêle de coups de poing dont j'ai tambouriné le Squelette... c'est une manière à lui que j'ai copiée d'après nature... L'idée du vol, c'est à cause de lui qu'elle m'est venue. Enfin, si vous êtes là, au lieu d'être étranglé par le Squelette, c'est encore grâce à lui...

— Mais ce protecteur ?

— Est aussi le vôtre.

— Le mien ?

— Oui... M. Rodolphe vous protège... Quand je dis monsieur... c'est monseigneur... que je devrais dire... car c'est au moins un prince... mais j'ai l'habitude de l'appeler M. Rodolphe, et il me le permet.

— Vous vous trompez, — dit Germain, de plus en plus surpris, — je ne connais pas de prince...

— Oui, mais il vous connaît, lui... Vous ne vous en doutez pas ? C'est possible, c'est sa manière. Il sait qu'il y a un brave homme dans la peine, crac, le brave homme est soulagé ; et, ni vu ni connu, je t'embrouille ; le bonheur lui tombe des nues comme une tuile sur la tête. Aussi, patience, un jour ou l'autre vous recevrez votre tuile...

— En vérité, ce que vous me dites me confond...

— Vous en apprendrez bien d'autres ! Pour en revenir à mon protecteur, il y a quelque temps, après un service qu'il prétendait que je lui avais rendu, il me procure une position superbe ; je n'ai pas besoin de vous dire laquelle, ce serait trop long ; enfin il m'envoie à Marseille pour m'embarquer et aller rejoindre en Algérie ma superbe position... Je pars de Paris... content comme un gueux ; mais bientôt ça change... Une supposition : mettons que je sois parti par un beau soleil, n'est-ce pas ? Eh bien, le lendemain, voilà le temps qui se couvre, le surlendemain il devient tout gris, et ainsi de suite, de plus en plus sombre à mesure que je m'éloignais, jusqu'à ce qu'enfin il devienne noir comme le diable... Comprenez-vous ?

— Pas absolument...

— Eh bien, voyons... avez-vous eu un chien ?

— Quelle singulière question !

— Avez-vous eu un chien qui vous aimât bien et qui se soit perdu ?...

— Non.

— Alors je vous dirais tout uniment qu'une fois loin de M. Rodolphe, j'étais inquiet, abruti, effaré comme un chien qui aurait perdu son maître... C'était bête ; mais les chiens aussi sont bêtes, ce qui ne les empêche pas d'être dévoués et de se souvenir au moins autant des bons morceaux que des coups de bâton ; et M. Rodolphe m'avait donné mieux que des bons morceaux ; car, voyez-vous, pour moi M. Rodolphe c'est tout. D'un vaurien, brutal, sauvage et tapageur, il a fait une espèce d'honnête homme, en me disant seulement deux mots... Mais ces deux mots-là, voyez-vous, c'est comme de la magie...

— Et ces mots quels sont-ils ? Que vous a-t-il dit ?

— Il m'a dit que j'avais encore *du cœur et de l'honneur*, quoique j'aie été au bagne, non pour avoir volé... c'est vrai..., oh ! ça, jamais... mais pour ce qui est pis... peut-être... pour avoir tué... Oui, — dit le Chourineur d'une voix sombre, — oui, tué, dans un moment de colère... parce que, autrefois, élevé comme une bête brute, ou plutôt comme un *voyou* sans père ni mère, abandonné sur le pavé de Paris, je ne connaissais ni Dieu ni diable, ni bien ni mal. Quelquefois le sang me montait aux yeux... je voyais rouge... et si j'avais un couteau à la main, je chourinais... je chourinais... j'étais comme un vrai loup, quoi !.... Je ne pouvais pas fréquenter autre chose que des gueux et des bandits ; je n'en mettais pas un crêpe à mon chapeau pour cela ; fallait vivre dans la boue... je vivais rondement dans la boue... je ne m'apercevais pas seulement que j'y étais... Mais quand M. Rodolphe m'a eu dit que, puisque, malgré les mépris de tout le monde et la misère, au lieu de voler comme d'autres, j'avais préféré travailler tant que je pouvais et à quoi je pouvais, ça montrait que j'avais encore du cœur et de l'honneur... tonnerre !... voyez-vous... ces deux mots-là, ça m'a fait le même effet que si on m'avait empoigné par la crinière pour m'enlever à mille pieds en l'air au-dessus de la vermine où je pataugeais, et me montrer dans quelle crapule je vivais... Comme de juste, alors j'ai dit : Merci ! j'en ai assez. Alors le cœur m'a battu autrement que de colère, et je me suis juré d'avoir toujours de cet honneur dont parlait M. Rodolphe... Vous voyez, monsieur Germain, en me disant avec bonté que je n'étais pas si pire que je me croyais, M. Rodolphe m'a encouragé, et, grâce à lui, je suis devenu meilleur que je n'étais...

En entendant ce langage, Germain comprenait de moins en moins que le Chourineur eût commis le vol dont il s'accusait. — Non, — pensait-il, — c'est impossible ; cet homme qui s'exalte ainsi aux seuls mots d'*honneur* et de *cœur*, ne peut avoir commis ce vol dont il parle avec tant de cynisme.

Le Chourineur continua sans remarquer l'étonnement de Germain : — Finalement, ce qui fait que je suis à M. Rodolphe comme un chien est à son maître, c'est qu'il m'a relevé à mes propres yeux. Avant de le connaître, je n'avais rien ressenti qu'à la peau ; mais lui, il m'a remué en dedans... et bien à fond... allez... Une fois loin de lui et de l'endroit qu'il habitait, je me suis trouvé comme un corps sans âme. A mesure que je m'éloignais, je me disais : il mène une si drôle de vie ! il se mêle à de si grandes canailles (j'en sais quelque chose), qu'il risque vingt fois sa peau par jour... et c'est dans une de ces circonstances-là que je pourrai faire le chien pour lui et défendre mon maître, car j'ai bonne gueule... Mais, d'un autre côté, il m'avait dit : « Il faut, mon garçon, vous rendre utile aux autres, aller là où vous pouvez servir à quelque chose. » Moi, j'avais bien envie de lui répondre : « Pour moi, il n'y a pas d'autres à servir que vous, monsieur Rodolphe. » Mais je n'osais pas, il me disait : « Allez.. » j'allais... et j'ai été tant que j'ai pu. Mais, tonnerre !... quand il a fallu monter dans le sabot, quitter la France, et mettre la mer entre moi et M. Rodolphe... sans espoir de le revoir jamais... vrai, je n'en ai pas eu le courage. Il avait fait dire à son correspondant de me donner de l'argent gros comme moi quand je m'embarquerais. J'ai été trouver le monsieur. Je lui ai dit : « Impossible pour le quart d'heure, j'aime mieux le plancher des vaches... Donnez-moi de quoi faire la route à pied... j'ai de bonnes jambes, je retourne à Paris... je ne peux pas y tenir... M. Rodolphe se fâchera, il ne voudra plus me voir... possible... Mais je le verrai, moi, je saurai où il est... et s'il continue la vie qu'il mène... tôt ou tard, j'arriverai peut-être à temps pour me mettre entre un coup de couteau et lui... Et puis enfin je ne peux pas m'en aller si loin de lui, moi !... Je sens je ne sais quoi qui me tire du côté où il est. » Enfin, on me donne de quoi faire ma route... j'arrive à Paris... Je ne boude devant guère de chose... mais, une fois de retour, voilà la peur qui me galope... Qu'est-ce que je pourrai dire à M. Rodolphe pour m'excuser ?... Bah ! après tout, il ne me mangera pas... il en sera ce qu'il en sera... Je m'en vas trouver son ami... un gros grand chauve... encore une crème, celui-là... Tonnerre ! quand M. Murph est entré.. j'ai dit : « Mon sort va se décider. » Je me suis senti le gosier sec, mon cœur battait la breloque... Je m'attendais à être bousculé drôlement... Ah bien, oui ! le digne homme me reçoit comme s'il m'avait quitté la veille, il me dit que M. Rodolphe, loin d'être fâché, veut me voir tout de suite... En effet il me fait entrer chez mon protecteur... Tonnerre ! quand je me suis trouvé en face à face avec lui... lui qui a une si bonne poigne et un si bon cœur... lui qui est terrible comme un lion et doux comme un enfant... lui qui est un prince, et qui a mis une blouse comme moi... pour avoir la circonstance (que je bénis) de m'allonger une grêle de coups de poing, où je n'ai vu que du feu... tenez, monsieur Germain, en pensant à tous ces agréments qu'il possède, je me suis senti bouleversé... j'ai pleuré comme une biche... Eh bien ! au lieu d'en rire, car figurez-vous ma balle quand je pleurniche... M. Rodolphe me dit sérieusement : « Vous voilà donc de retour, mon garçon ?

« — Oui, monsieur Rodolphe; pardon si j'ai eu tort, mais je n'y tenais pas... Faites-moi faire une niche dans un coin de votre cour, donnez-moi la pâtée ou laissez moi la gagner ici, voilà tout ce que je vous demande, et surtout ne m'en voulez pas d'être revenu.

« — Je vous en veux d'autant moins, mon garçon, que vous revenez à temps pour me rendre service.

« — Moi, monsieur Rodolphe, il serait possible ! Eh bien ! voyez-vous qu'il faut, comme vous me le disiez, qu'il y ait quelque chose... là-haut; sans ça, comment expliquer que j'arrive ici... juste au moment où vous avez besoin de moi ? Et qu'est-ce que je pourrais donc faire pour vous, monsieur Rodolphe ? piquer une tête du haut des tours Notre-Dame ?

« — Moins que cela, mon garçon... Un honnête et excellent jeune homme, auquel je m'intéresse comme à un fils, est injustement accusé de vol et détenu à la Force; il se nomme Germain; il est d'un caractère doux et timide; les scélérats avec lesquels il est emprisonné l'ont pris en aversion, il peut courir de grands dangers; vous qui avez malheureusement connu la vie de prison et un grand nombre de prisonniers, ne pourriez-vous pas, dans le cas où quelques-uns de vos anciens camarades seraient à la Force (on trouverait moyen de le savoir), ne pourriez-vous pas les aller voir, et, par des promesses d'argent qui seraient tenues, les engager à protéger ce malheureux jeune homme ?

— Mais quel est donc l'homme généreux et inconnu qui prend tant d'intérêt à mon sort ? dit Germain, de plus en plus surpris.

— Vous le saurez peut-être; quant à moi, j'en ignore. Pour revenir à ma conversation avec M. Rodolphe, pendant qu'il me parlait, il m'était venu une idée, mais une idée si farce, si farce, que je n'ai pas pu m'empêcher de rire devant lui. « Qu'avez-vous donc, mon garçon ? me dit-il.

« — Dame, monsieur Rodolphe, je ris parce que je suis content; et je suis content parce que j'ai le moyen de mettre votre Germain à l'abri d'un mauvais coup des prisonniers, de lui donner un protecteur qui le défendra crânement; car une fois le jeune homme sous l'aile du cadet dont je vous parle, il n'y en aura pas un qui osera venir lui regarder sous le nez.

« — Très bien, c'est sans doute un de vos anciens compagnons ?

« — Juste, monsieur Rodolphe; il est entré à la Force, il y a quelques jours, j'ai su ça en arrivant; mais il faudra de l'argent.

« — Combien faut-il ?

« — Un billet de mille francs.

« — Le voilà.

« — Merci, monsieur Rodolphe ; dans deux jours vous aurez de ses nouvelles. » Tonnerre, le roi n'était pas mon maître, je pouvais rendre service à M. Rodolphe en passant par vous... c'est ça qui serait fameux !

— Je commence à comprendre... ou plutôt je tremble de comprendre, — s'écria Germain ; — pour venir me protéger dans cette prison, vous avez peut-être commis un vol ? Oh ! ce serait le remords de toute ma vie...

— Minute !... M. Rodolphe m'a dit que j'avais du cœur et de l'honneur... ces mots-là... sont ma loi, à moi, voyez-vous... et il pourrait encore me les dire, car si je ne suis pas meilleur qu'autrefois, du moins je ne suis pas pire.

— Mais ce vol ?... Si vous ne l'avez pas commis, comment êtes-vous ici ?

— Attendez donc. Voilà la farce : avec mes mille francs, je m'en vas acheter une perruque noire ; je rase mes favoris, je mets des lunettes bleues, je me fourre un oreiller dans le dos, et roule la bosse ; je me mets à chercher une ou deux chambres à louer de suite, au rez-de-chaussée, dans un quartier bien vivant. Je trouve mon affaire rue de Provence, je paye un terme d'avance sous le nom de M. Grégoire. Le lendemain, je vas acheter au Temple de quoi meubler les deux chambres, toujours avec ma perruque noire, ma bosse et mes lunettes bleues, afin qu'on me reconnaisse bien... j'envoie les effets rue de Provence, et, de plus, six couverts d'argent que j'achète boulevard Saint-Denis, toujours avec mon déguisement de bossu. Je reviens mettre tout en ordre dans mon domicile. Je dis au portier que je ne coucherai chez moi que le surlendemain, et j'emporte ma clef. Les fenêtres des deux chambres étaient fermés par de forts volets. Avant de m'en aller, j'en avais exprès laissé un sans y mettre le crochet du dedans. La nuit venue, je me débarrasse de ma perruque, de mes lunettes, de ma bosse et des habits avec lesquels j'avais été faire mes achats et louer ma chambre ; je mets cette défroque dans une malle que j'envoie à l'adresse de M. Murph, l'ami de M. Rodolphe, en le priant de garder ces nippes ; j'achète la blouse que voilà, le bonnet bleu que voilà, une barre de fer de deux pieds de long, et à une heure du matin je viens rôder dans la rue de Provence, devant mon logement, attendant le moment où une patrouille passerait pour me dépêcher de me voler, de m'escalader et de m'effractionner moi-même, afin de me faire empoigner.

Et le Chourineur ne put s'empêcher de rire encore aux éclats.

— Ah ! je comprends... — s'écria Germain.

— Mais vous allez voir si je n'ai pas du guignon ; il ne passait pas de patrouille !... J'aurais pu vingt fois me dévaliser tout à mon aise. Enfin, sur les deux heures du matin j'entends piétiner les tourlourous : je finis d'ouvrir mon volet, je casse deux ou trois carreaux pour faire un tapage d'enfer, j'enfonce la fenêtre, je saute dans la chambre, j'empoigne la boîte d'argenterie... quelques nippes. Heureusement la patrouille avait entendu le drelindindin des carreaux... car, juste comme je ressortais par la fenêtre, je suis pincé par la garde, qui, au bruit des carreaux cassés, avait pris le pas de course. On frappe, le portier ouvre ; on va chercher le commissaire ; il arrive ; le portier dit que les deux chambres dévalisées ont été louées la veille par un monsieur bossu, à cheveux noirs et portant des lunettes bleues, et qui s'appelait Grégoire... J'avais la crinière de filasse que vous me voyez, j'ouvrais l'œil comme un lièvre au gîte, j'étais droit comme un Russe au port d'armes, on ne pouvait donc pas me prendre pour le bossu à lunettes bleues et à crins noirs. J'avoue tout, on m'arrête, on me conduit au dépôt, du dépôt ici, et j'arrive au bon moment, juste pour arracher des pattes du Squelette le jeune homme dont M. Rodolphe m'avait dit : « Je m'y intéresse comme à mon fils. »

— Ah ! monsieur, que ne vous dois-je pas... pour tant de dévouement !

— Ce n'est pas à moi... c'est à M. Rodolphe que vous devez...

— Mais la cause de son intérêt pour moi ?

— Il vous la dira, à moins qu'il ne vous la dise pas ; car souvent il se contente de vous faire du bien, et si vous lui demandez pourquoi, il ne se gêne pas pour vous répondre : « Mêlez-vous de ce qui vous regarde. »

— Et M. Rodolphe sait-il que vous êtes ici ?

— Pas si bête de lui avoir dit mon idée, il ne m'aurait peut-être pas permis cette farce... et, sans me vanter, hein ! elle est fameuse ?

— Mais que de risques avez-vous courus... vous courez encore !...

— Qu'est-ce que je risquais ? de ne pas être conduit à la Force où vous étiez, c'est vrai... Mais je comptais sur la protection de M. Rodolphe pour me faire changer de prison et vous rejoindre. Et une fois que j'aurais été coffré, il aurait autant aimé que ça vous serve à quelque chose.

— Mais au jour de votre jugement ?

— Eh bien, je prierai M. Murph de m'envoyer la malle ; je reprendrai devant le juge ma perruque noire, mes lunettes bleues, ma bosse, et je redeviendrai M. Grégoire pour le portier qui m'a loué la chambre, pour les marchands qui m'ont vendu, voilà pour le volé... Si on veut revoir le voleur, je quitterai ma défroque, et il sera clair comme le jour que voleur ou volé ça fait au total le Chourineur, ni plus ni moins. Alors, que diable voulez-vous qu'on me fasse, quand il sera prouvé que je me volais moi-même ?

— En effet, — dit Germain plus rassuré. — Mais puisque vous me portiez tant d'intérêt, pourquoi ne m'avez-vous rien dit en entrant dans la prison ?

— J'ai tout de suite su le complot qu'on avait fait contre vous ; j'aurais pu le dénoncer avant que Pique-Vinaigre eût commencé ou fini son histoire ; mais dénoncer même des bandits pareils, ça ne m'allait pas... j'ai mieux aimé ne m'en fier qu'à ma poigne... pour vous arracher des pattes du Squelette. Et puis, quand je l'ai vu, ce brigand-là, je me suis dit : Voilà une fameuse occasion de me rappeler la grêle de coups de poing de M. Rodolphe, auxquels j'ai dû l'honneur de sa connaissance.

— Mais si tous les détenus avaient pris parti contre vous seul, qu'auriez-vous pu faire ?

— Alors j'aurais crié comme un aigle et appelé au secours ! Mais ça m'allait mieux de faire ma petite cuisine moi-même, pour pouvoir dire à M. Rodolphe : Il n'y a que moi qui me suis mêlé de la chose... j'ai défendu et je défendrai votre jeune homme, soyez tranquille.

A ce moment le gardien rentra brusquement dans la chambre.

— Monsieur Germain, venez vite, vite, chez M. le Directeur... il veut vous parler à l'instant même... Et vous, Chourineur, mon garçon, descendez à la Fosse-aux-Lions. Vous serez prévôt, si cela vous convient, car vous avez tout ce qu'il faut pour remplir ces fonctions, et les détenus ne badineront pas avec un gaillard de votre espèce.

— Ça me va tout de même : autant être capitaine que soldat.

— Refuserez-vous encore ma main ? — dit cordialement Germain.

— Ma foi, non... monsieur Germain, ma foi non ; je crois que maintenant je peux me permettre ce plaisir-là, et je vous la serre de bon cœur.

— Nous nous reverrons... car me voici sous votre protection... je n'aurai plus rien à craindre, et de ma cellule je descendrai chaque jour au préau.

— Soyez calme, si je le veux on ne vous parlera qu'à quatre pattes... Mais j'y songe, vous savez écrire... mettez sur le papier ce que je viens de vous raconter, et envoyez l'histoire à M. Rodolphe ; il saura qu'il n'a plus à être inquiet de vous, et que je suis ici pour le *bon motif* ; car s'il apprenait autrement que le Chourineur a volé, et qu'il ne connaisse pas le dessous des cartes !... tonnerre !... ça ne m'irait pas...

— Soyez tranquille. Ce soir même je vais écrire à mon protecteur inconnu ; demain vous me donnerez son adresse, et la lettre partira. Adieu encore !... Merci, mon brave !...

— Adieu, monsieur Germain ; je vas retourner auprès de ces tas de gueux. Il faudra qu'ils marchent droit, ou, sinon, gare dessous !...

— Quand je songe qu'à cause de moi vous allez vivre quelque temps encore avec ces misérables !...

— Qu'est-ce que ça me fait ? Maintenant, il n'y a pas de risque qu'ils déteignent sur moi... M. Rodolphe m'a trop bien lessivé... je suis assuré contre l'incendie ! — Et le Chourineur suivit le gardien.

Germain entra chez le directeur. Quelle fut sa surprise !... il y trouva Rigolette... Rigolette pâle, émue, les yeux baignés de larmes, et pourtant souriant à travers ses pleurs ; sa physionomie exprimait un ressentiment de joie, de bonheur inexprimable.

— J'ai une bonne nouvelle à vous apprendre, monsieur, — dit le directeur à Germain. — La justice vient de déclarer qu'il n'y avait pas lieu à suivre contre vous... Par suite du désistement et surtout des explications de la partie civile, je reçois l'ordre de vous mettre immédiatement en liberté.

— Monsieur... que dites-vous ?... il serait possible !...

Rigolette voulut parler, sa trop vive émotion l'en empêcha ; elle ne put que faire à Germain un signe de tête affirmatif en joignant les mains.

— Mademoiselle est arrivée ici peu de temps après que j'ai reçu l'ordre de vous mettre en liberté, — ajouta le directeur. — Une lettre de toute-puissante recommandation, qu'elle m'apportait, m'a appris le touchant dévouement qu'elle vous a témoigné pendant votre séjour en prison, monsieur. C'est donc avec un vif plaisir que je vous ai envoyé chercher, certain que vous serez très heureux de donner votre bras à mademoiselle pour sortir d'ici.

— Un rêve !... non, c'est un rêve ! — dit Germain. — Ah ! monsieur... que de bontés !... Pardonnez-moi si la surprise... la joie, m'empêchent de vous remercier comme je le devrais...

— Et moi donc, monsieur Germain, je ne trouve pas un mot à dire, — reprit Rigolette ; — jugez de mon bonheur : en vous quittant, je trouve l'ami de M. Rodolphe qui m'attendait.

— Encore M. Rodolphe ! — dit Germain étonné.

— Oui, maintenant on peut tout vous dire, vous saurez cela ; M. Murph me dit donc : « Germain est libre, voilà une lettre pour M. le directeur de la prison ; quand vous arriverez, il aura reçu l'ordre de mettre Germain en liberté, et vous pourrez l'emmener. » Je ne pouvais croire ce que j'entendais, et pourtant c'était vrai. Vite, vite, je prends un fiacre... j'arrive... et il est en bas qui nous attend...

. . . .

Nous renonçons à peindre le ravissement des deux amants lorsqu'ils sortirent de la Force, la soirée qu'ils passèrent dans la petite chambre de Rigolette, que Germain quitta à onze heures pour gagner un modeste logement garni.

. . . .

Résumons en peu de mots les idées pratiques ou théoriques que nous avons tâché de mettre en relief dans cet épisode de la *vie de prison*.

Nous nous estimerions très heureux d'avoir démontré :

L'insuffisance, l'impuissance et le danger de la réclusion en commun...

Les disproportions qui existent entre l'appréciation et la punition de certains crimes (*le vol domestique, le vol avec effraction*), et celle de certains délits (*les abus de confiance*)...

Et enfin l'impossibilité matérielle où sont les classes pauvres de jouir du bénéfice des lois civiles.

CHAPITRE VII

Punition

Nous conduirons de nouveau le lecteur dans l'étude du notaire Jacques Ferrand. Grâce à la loquacité habituelle des clercs, presque incessamment occupés des bizarreries croissantes de leur patron, nous exposerons ainsi les faits accomplis depuis la disparition de Cecily.

— Cent sous contre dix que, si son dépérissement continue, avant un mois le patron aura crevé comme un mousquet !

— Le fait est que, depuis que la servante qui avait l'air d'une Alsacienne a quitté la maison, il n'a plus que la peau sur les os... Et quelle peau !

— Ah çà ! il était donc amoureux de l'Alsacienne, alors, puisque c'est depuis son départ qu'il se racornit ainsi ?

— Lui, le patron, amoureux ? quelle farce !

— Au contraire, il se remet à revoir des prêtres plus que jamais !

— Sans compter que le curé de la paroisse, un homme bien respectable, il faut être juste, s'en est allé hier (je l'ai entendu), en disant à un autre prêtre qui l'accompagnait : « C'est admirable !... M. Jacques Ferrand est l'idéal de la charité et de la générosité sur la terre... »

— Le curé a dit ça ? de lui-même ? et sans effort ?

— Que le patron était l'idéal de la charité et de la générosité sur la terre ?...

— Oui ! je l'ai entendu...

— Alors, je n'y comprends plus rien ; le curé a la réputation, et il la mérite, d'être ce qu'on appelle un vrai bon pasteur... Il est aussi bon et aussi charitable que le *Petit-Manteau-Bleu*[1]... et quand on dit ça d'un homme, il est jugé. Pour le Petit-Manteau-Bleu comme pour le bon prêtre, les pauvres n'ont qu'un cri... et un brave cri du cœur.

— Alors j'en reviens à mon idée ; quand le curé affirme une chose, il faut y croire, vu qu'il est incapable de mentir et pourtant, croire que le patron est charitable et généreux... ça me gêne dans les *entournures* de ma croyance.

— Sérieusement, j'aime autant croire à cela qu'à un miracle... Ce n'est pas difficile.

— M. Ferrand généreux, lui !... lui... qui tondrait sur un œuf !

— Pourtant, messieurs, les quarante sous de notre déjeuner ?

— Belle preuve ! c'est comme lorsqu'on a par hasard un bouton sur le nez... c'est un accident.

---

1. Qu'on nous permette de mentionner ici avec une vénération profonde le nom de ce grand homme de bien, M. Champion, dont tous les pauvres de Paris parlent avec autant de respect que de reconnaissance.

— Oui, mais, d'un autre côté! le maître clerc m'a dit que depuis trois jours le patron a réalisé une énorme somme en bons du Trésor, et que...
— Eh bien ?
— Parle donc...
— C'est que c'est un secret.
— Raison de plus... Ce secret ?
— Votre parole d'honneur que vous n'en direz rien ?...
— Sur la tête de nos enfants, nous la donnons.
— Que ma tante Messidor fasse des folies de son corps si je bavarde !
— Et puis, messieurs, rapportons-nous en à ce que disait majestueusement le grand roi Louis XIV au doge de Venise, devant sa cour assemblée :

Lorsqu'un secret est possédé par un clerc,
Ce secret, il doit le dire, c'est clair.

— Allons... bon, voilà Chalamel avec ses proverbes !
— Les proverbes sont la sagesse des nations, c'est à ce titre que j'exige ton secret.
— Voyons, pas de bêtise... je vous dis que le maître clerc m'a fait promettre de ne le dire à personne...
— Oui, mais il ne t'a pas défendu de le dire à tout le monde ?
— Il meurt d'envie de nous le dire, son secret.
— Eh bien ! le patron vend sa charge ; à l'heure qu'il est, c'est peut-être fait !...
— Ah bah !
— Voilà une drôle de nouvelle !...
— C'est renversant !
— Éblouissant !
— Voyons, sans charge, qui se charge de la charge dont il se décharge ?
— Dieu, que ce Chalamel est insupportable avec ses rébus !
— Est-ce que je sais à qui il la vend !
— S'il la vend, c'est qu'il veut peut-être se lancer, donner des fêtes... des *routes*, comme dit le beau monde.
— Après tout, il a de quoi.
— Et pas la queue d'une famille.
— Je crois bien qu'il a de quoi ! Le maître clerc parle de plus d'un million, y compris la valeur de la charge.
— Plus d'un million, c'est caressant.
— On dit qu'il a joué à la Bourse en catimini, et qu'il a gagné beaucoup d'argent.
— Sans compter qu'il vivait comme un ladre.
— Oui, mais ces ladrichons-là, une fois qu'ils se mettent à dépenser, deviennent plus prodigues que les autres. Aussi je suis comme Chalamel, je croirais assez que maintenant le patron veut la passer douce.
— Et il aurait joliment tort de ne pas s'abîmer de voluptés et de ne pas se plonger dans les délices de Golconde... s'il en a le

moyen... car, comme dit le vaporeux Ossian dans la grotte de Fingal;

> Tout notaire qui bambochera,
> S'il a du quibus, raison aura.

— C'est absurde ! le patron a joliment l'air de penser à s'amuser..

— Moi, ce qui m'étonne, c'est cet ami intime qui lui est comme tombé des nues, et qui ne le quitte pas plus que son ombre...

— Je serais assez porté à induire que cet intrus est le fruit d'un faux pas qu'aurait fait M. Ferrand à son aurore ; car... comme le disait l'aigle de Meaux à propos de la prise de voile de la tendre la Vallière :

> Qu'on aime jeune homme ou vieux bibard,
> Souvent la fin est un moutard.

— Quelle bêtise ! Dire que cet inconnu est le fils du patron... il est plus âgé que lui, on le voit bien.

— Eh bien, à la grande rigueur, qu'est-ce que ça ferait ?

— Comment ? qu'est-ce que ça ferait : que le fils soit plus âgé que le père ?

— C'est tout simple; dans ce cas-là, l'intrus aurait fait le faux pas, et serait père de M° Ferrand au lieu d'être son fils.

— Ne l'écoutez donc pas ; vous savez qu'une fois qu'il est en train de dire des bêtises, il en a pour une heure...

— Ce qui est certain, c'est que cet intrus a une mauvaise figure, et ne quitte pas M° Ferrand d'un moment.

— Il est toujours avec lui dans son cabinet, ils mangent ensemble, ils ne peuvent faire un pas l'un sans l'autre.

— Moi, il me semble que je l'ai déjà vu ici, l'intrus.

— Dites donc, messieurs, est-ce que vous n'avez pas aussi remarqué que depuis quelques jours il vient régulièrement presque toutes les deux heures un homme à grandes moustaches blondes, tournure militaire, faire demander l'intrus... par le portier ?... L'intrus descend, cause une minute avec l'homme à moustaches : après quoi celui-là fait demi-tour comme un automate, pour revenir deux heures après.

— C'est vrai, je l'ai remarqué... Il m'a semblé aussi rencontrer dans la rue, en m'en allant, des hommes qui avaient l'air de surveiller la maison...

— A ce sujet, le maître clerc en sait peut-être plus que nous ! Mais il fait le diplomate...

— Tiens, au fait ! où est-il donc depuis tantôt ?...

— Il est chez cette comtesse Mac-Grégor, qui a été assassinée ; il paraît qu'elle est maintenant hors d'affaire. Ce matin elle avait fait demander le patron dare-dare, mais il lui a envoyé le maître clerc à sa place.

— En a-t-il, de la besogne, le maître clerc ! en a-t-il maintenant qu'il remplace Germain comme caissier !

— A propos de Germain, en voilà encore une drôle de chose ! Le patron, pour le faire remettre en liberté, a déclaré que c'était lui qui avait fait erreur de compte et qu'il avait retrouvé l'argent qu'il réclamait de Germain.

— Moi je ne trouve pas cela drôle, mais juste : vous vous le rappelez, je disais toujours : Germain est incapable de voler.

— C'est néanmoins très ennuyeux pour lui d'avoir été arrêté comme voleur. A sa place je demanderais des dommages et intérêts à M. Ferrand.

— Au fait, il aurait dû au moins le reprendre pour caissier, afin de prouver que Germain n'était pas coupable...

— Ah! messieurs, une voiture! — dit Chalamel, en se penchant vers la fenêtre. — Dame! ce n'est pas un fringant équipage comme celui de ce fameux vicomte, ce flambant Saint-Remy avec son chasseur chamarré d'argent et son gros cocher à perruque blanche! C'est tout bonnement un *sapin*, une citadine.

— Et qui en descend?

— Attendez donc !... Ah ! une robe noire.

— Une femme! une femme!... oh! voyons voir...

— Dieu! que ce saute ruisseau est indécemment charnel pour son âge! Il ne pense qu'aux femmes ; il faudra finir par l'enchaîner, ou il enlèvera des Sabines en pleine rue ; car, comme dit le cygne de Cambrai dans son *Traité d'éducation* pour le Dauphin.

> Défiez-vous du saute-ruisseau
> Au beau sexe qui donne l'assaut.

— Dame !... monsieur Chalamel, vous dites... une robe noire... moi je croyais...

— C'est monsieur le curé, imbécile !... Que ça te serve d'exemple.

— Le curé de la paroisse ? le bon pasteur ?

— Voilà un digne homme ! Ce n'est pas un jésuite, celui-là... Si tous les prêtres lui ressemblaient... il n'y aurait que des gens dévots.

— Silence! on tourne le bouton de la porte.

— A vous !... à vous!... c'est lui ! — Et tous les clercs, se courbant sur leurs pupitres, se mirent à griffonner avec une ardeur apparente, faisant bruyamment crier leurs plumes sur le papier.

La pâle figure de ce prêtre était à la fois douce et grave, intelligente et vénérable ; son regard rempli de mansuétude et de sérénité. Une petite calotte noire cachait sa tonsure ; ses cheveux gris, assez longs, flottaient sur le collet de sa redingote marron. Hâtons-nous d'ajouter que, grâce à une confiance des plus candides, cet excellent prêtre avait toujours été et était encore dupe de l'habile et profonde hypocrisie de Jacques Ferrand.

— Votre digne patron est-il dans son cabinet, mes enfants? — demanda le curé.

— Oui, monsieur l'abbé, — dit Chalamel en se levant respectueusement. Et il ouvrit au prêtre la porte d'une chambre voisine de l'étude.

Entendant parler avec véhémence dans le cabinet de Ferrand, l'abbé ne voulant pas écouter malgré lui, marcha rapidement vers la porte et y frappa.

— Entrez, — dit une voix avec un accent italien assez prononcé.

Le prêtre se trouva en face de Polidori et de Jacques Ferrand. Les clercs ne semblaient pas s'être trompés en assignant un terme prochain à la mort de leur patron. Il était devenu presque méconnaissable. Quoique son visage fût d'une maigreur effrayante, d'une lividité cadavéreuse, une rougeur fébrile colorait ses pommettes saillantes; un tremblement nerveux, interrompu çà et là par quelques soubresauts convulsifs, l'agitait presque continuellement; ses mains décharnées étaient sales et brûlantes; ses larges lunettes vertes cachaient ses yeux injectés de sang, qui brillaient du sombre feu d'une fièvre dévorante; en un mot, ce masque sinistre trahissait les ravages d'une consomption sourde et incessante.

La physionomie de Polidori contrastait avec celle du notaire; rien de plus amèrement, de plus froidement ironique que l'expression des traits de cet autre scélérat; une forêt de cheveux d'un roux ardent, mélangés de quelques mèches argentées, couronnait son front blême et ridé; ses yeux pénétrants, transparents et verts comme l'aigue-marine, étaient très rapprochés de son nez crochu; sa bouche, aux lèvres minces, rentrées, exprimait le sarcasme et la méchanceté. Polidori, complètement vêtu de noir, était assis auprès du bureau de Jacques Ferrand.

A la vue du prêtre tous deux se levèrent.

— Eh bien! comment allez-vous, mon digne monsieur Ferrand? — dit l'abbé avec sollicitude. — Vous trouvez-vous un peu mieux?

— Je suis toujours dans le même état, monsieur le curé; la fièvre ne me quitte pas, — répondit le notaire; — les insomnies me tuent... Que la volonté de Dieu soit faite!

— Voyez, monsieur l'abbé, — ajouta Polidori avec componction, — quelle pieuse résignation! Mon pauvre ami est toujours le même; il ne trouve quelque adoucissement à ses maux que dans le bien qu'il fait...

— Je ne mérite pas ces louanges, veuillez m'en dispenser, — dit sèchement le notaire, en dissimulant à peine un ressentiment de colère et de haine contraintes. — Au Seigneur seul appartient l'appréciation du bien et du mal; je ne suis qu'un misérable pécheur...

— Nous sommes tous pécheurs, — reprit doucement l'abbé; — mais nous n'avons pas tous la charité qui vous distingue, mon respectable ami. Bien rares ceux qui, comme vous, se détachent assez des biens terrestres pour songer à les employer de leur vivant d'une façon si chrétienne... Persistez-vous toujours à vous défaire de votre charge, afin de vous livrer plus entièrement aux pratiques de la religion?

— Depuis avant-hier, ma charge est vendue, monsieur le curé; quelques concessions m'ont permis d'en réaliser, chose bien rare, le prix comptant; cette somme, ajoutée à d'autres, me servira à fonder l'institution dont je vous ai parlé et dont j'ai définitivement arrêté le plan, que je vais vous soumettre...

— Ah! mon digne ami! — dit le curé avec une profonde et sainte admiration; — faire tant de bien, si simplement, si naturellement!... Je le répète, les gens comme vous sont rares, il n'y a pas assez de bénédictions pour eux.

— C'est que bien peu de personnes réunissent, comme Jacques, la richesse à la pitié, l'intelligence à la charité, — dit Polidori avec un sourire ironique qui échappa au bon abbé.

A ce nouvel et sarcastique éloge, la main du notaire se crispa involontairement; il lança, sous ses lunettes, un regard de rage infernale à Polidori.

— Vous voyez, monsieur l'abbé, — se hâta de dire l'*ami intime* de Jacques Ferrand; — toujours ses soubresauts nerveux, et il ne veut rien faire... Il me désole... il est son propre bourreau... Oui, j'aurai le courage de le dire devant M. l'abbé, tu es ton propre bourreau, mon pauvre ami!...

A ces mots de Polidori, le notaire tressaillit encore convulsivement, mais il se calma. Un homme moins naïf que l'abbé eût remarqué, pendant cet entretien, et surtout pendant celui qui va suivre, l'accent contraint et courroucé de Jacques Ferrand; car il est inutile de dire qu'une volonté supérieure à la sienne, que la volonté de Rodolphe, en un mot, imposait à cet homme des paroles et des actes diamétralement opposés à son véritable caractère. Aussi quelquefois, poussé à bout, le notaire paraissait hésiter à obéir à cette toute puissante et invisible autorité; mais un regard de Polidori mettait un terme à cette indécision; alors, concentrant avec un soupir de fureur les plus violents ressentiments, Jacques Ferrand subissait le joug qu'il ne pouvait briser.

— Hélas! monsieur l'abbé, — reprit Polidori, qui semblait prendre à tâche de torturer son complice, comme on dit vulgairement, *à coups d'épingles*, — mon pauvre ami néglige trop sa santé... Dites-lui donc, avec moi, qu'il se soigne, sinon pour lui, pour ses amis, du moins pour les malheureux dont il est l'espoir et le soutien....

— Assez!... assez!... — murmura le notaire d'une voix sourde.

— Non, ce n'est pas assez, — dit le prêtre avec émotion; — on ne saurait trop vous répéter que vous ne vous appartenez pas, et qu'il est mal de négliger ainsi votre santé. Depuis dix ans que je vous connais, je ne vous ai jamais vu malade; mais depuis un mois environ vous n'êtes plus reconnaissable. Je suis d'autant plus frappé de l'altération de vos traits, que j'étais resté quelque temps sans vous voir. Aussi, lors de notre première entrevue, je n'ai pu vous cacher ma surprise; mais le changement que je remarque en vous depuis plusieurs jours est bien plus grave : vous dépérissez à vue d'œil, vous nous inquiétez sérieusement... Je vous en conjure, songez à votre santé...

— Je vous suis reconnaissant de votre intérêt, monsieur le curé; mais je vous assure que ma position n'est pas aussi alarmante que vous le croyez.

— Puisque tu t'opiniâtres ainsi, — reprit Polidori, — je vais tout dire à M. l'abbé, moi : il t'aime, il t'estime, il t'honore beaucoup ; que sera ce donc lorsqu'il saura tes nouveaux mérites ? lorsqu'il saura la véritable cause de ton dépérissement ?

— Monsieur le curé, — dit le notaire avec impatience, — je vous ai prié de vouloir bien venir me visiter pour vous communiquer des projets d'une haute importance, et non pour m'entendre ridiculement louanger par *mon ami*.

— Tu sais, Jacques, que de moi il faut se résigner à tout entendre, — dit Polidori en regardant fixement le notaire.

Celui-ci baissa les yeux et se tut. Polidori continua : — Vous avez peut-être remarqué, monsieur l'abbé, que les premiers symptômes de la maladie nerveuse de Jacques ont eu lieu peu de temps après l'abominable scandale que Louise Morel a causé dans cette maison.

Le notaire frissonna.

— Vous savez donc le crime de cette malheureuse fille, monsieur ? — demanda le prêtre étonné. — Je ne vous croyais arrivé à Paris que depuis peu de jours ?

— Sans doute, monsieur l'abbé ; mais Jacques m'a tout raconté comme à son ami, comme à son médecin ; car il attribue presque à l'indignation que lui a fait éprouver le crime de Louise l'ébranlement nerveux dont il se ressent aujourd'hui... Ce n'est rien encore ; mon pauvre ami devait, hélas ! endurer de nouveaux coups, qui ont, vous le voyez, altéré sa santé... Une vieille servante, qui depuis bien des années lui était attachée par la reconnaissance...

— Madame Séraphin, — dit le curé en interrompant Polidori ; — j'ai su la mort de cette infortunée, noyée par une malheureuse imprudence, et je comprends le chagrin de M. Ferrand : on n'oublie pas ainsi dix ans de loyaux services... de tels regrets honorent autant le maître que le serviteur...

— Monsieur le curé, — dit le notaire, — je vous en supplie, ne parlez pas de mes vertus... vous me rendez confus... cela m'est pénible.

— Et qui en parlera donc ? sera-ce toi ? — reprit affectueusement Polidori. — Mais vous allez avoir à le louer bien davantage, monsieur l'abbé : vous ignorez peut-être quelle est la servante qui a remplacé chez Jacques, Louise Morel et madame Séraphin ? Vous ignorez enfin ce qu'il a fait pour cette pauvre Cecily... car cette nouvelle servante s'appelait Cecily, monsieur l'abbé.

Le notaire, malgré lui, fit un bond sur son siège ; ses yeux flamboyèrent sous ses lunettes, une rougeur brûlante empourpra ses traits valides.

— Tais-toi... tais-toi !... — s'écria-t-il en se levant à demi. — Pas un mot de plus, je te le défends !...

— Allons, allons, calmez-vous, — dit l'abbé en souriant avec mansuétude ; — quelque généreuse action à révéler encore ?... Quant à moi, j'approuve fort l'indiscrétion de votre ami... Je ne connais pas, en effet, cette servante, car c'est justement peu de jours après son entrée chez notre digne M. Ferrand, qu'accablé d'occupations il a été obligé, à mon grand regret, d'interrompre momentanément nos relations.

— C'était pour vous cacher la nouvelle bonne œuvre qu'il méditait, monsieur l'abbé; aussi, quoique sa modestie se révolte, il faudra bien qu'il m'entende, et vous allez tout savoir, — reprit Polidori en souriant.

Jacques Ferrand se tut, s'accouda sur son bureau et cacha son front dans ses mains.

— Imaginez-vous donc, monsieur l'abbé, reprit Polidori en s'adressant au curé, mais en accentuant, pour ainsi dire, chaque phrase par un coup d'œil ironique jeté à Jacques Ferrand; — imaginez-vous que mon ami trouva dans sa nouvelle servante les meilleures qualités... une grande modestie... une douceur angélique... et surtout beaucoup de piété. Ce n'est pas tout. Jacques s'aperçut bientôt que cette jeune femme... car elle était jeune et fort jolie, n'était pas faite pour l'état de servante, et qu'à des principes vertueusement austères elle joignait une instruction solide et des connaissances très variées

— J'ignorais ces circonstances, — dit le curé fort intéressé. — Mais qu'avez-vous, mon bon monsieur Ferrand? vous semblez plus souffrant.

— En effet, — dit le notaire en essuyant la sueur froide qui coulait sur son front, car la contrainte qu'il s'imposait était atroce. — j'ai un peu de migraine; mais cela passera.

Polidori haussa les épaules en souriant.

— Remarquez, monsieur l'abbé, que Jacques est toujours ainsi lorsqu'il s'agit de dévoiler quelqu'une de ses charités cachées; heureusement me voici, justice éclatante lui sera rendue. Revenons à Cecily. A son tour, elle eut bientôt deviné l'excellence du cœur de Jacques; et lorsque celui-ci l'interrogea sur le passé, elle lui avoua naïvement qu'étrangère, sans ressources, et réduite, par l'inconduite de son mari, à la plus humble des conditions, elle avait regardé comme un coup du ciel de pouvoir entrer dans la maison d'un homme aussi vénérable que M. Ferrand. A la vue de tant de malheur... de résignation, Jacques n'hésita pas; il écrivit au pays de cette infortunée pour avoir sur elle quelques renseignements; ils furent parfaits et confirmèrent la réalité de tout ce qu'elle avait raconté à notre ami; alors, sûr de placer justement son bienfait, Jacques bénit Cecily comme un père... la renvoya dans son pays avec une somme d'argent qui lui permettait d'attendre des jours meilleurs et l'occasion de trouver une condition favorable. Je n'ajouterai pas un mot de louange pour Jacques... les faits sont plus éloquents que mes paroles.

— Bien, très bien!... — s'écria le curé attendri.

— Monsieur le curé, — dit Jacques Ferrand d'une voix sourde et brève, — je ne voudrais pas abuser de vos précieux moments, ne parlons plus de moi, je vous en conjure, mais du projet pour lequel je vous ai prié de venir ici, et à propos duquel je vous ai demandé votre bienveillant concours.

— Je conçois que les louanges de votre ami blessent votre modestin; occupons-nous donc de vos nouvelles bonnes œuvres, et oublions que vous en êtes l'auteur; mais avant parlons de l'affaire dont vous m'avez chargé. J'ai, selon votre désir, déposé à la Banque de France, et sous mon nom, la somme de cent mille écus destinée à la restitution dont vous êtes l'intermédiaire, et qui doit s'opérer par mes mains... Vous avez préféré que ce dépôt ne restât pas chez vous, quoique pourtant il y eût été, ce me semble, aussi sûrement placé qu'à la Banque.

— En cela, monsieur le curé, je me suis conformé aux intentions de l'auteur inconnu de cette restitution; il agit ainsi pour le repos de sa conscience... D'après ses vœux, j'ai dû vous confier cette somme, et vous prier de la remettre à madame veuve de Fermont... née de Ronneville... (la voix du notaire trembla légèrement en prononçant ces noms), lorsque cette dame se présentera chez vous en justifiant de sa possession d'état.

— J'accomplirai la mission dont vous me chargez, — dit le prêtre.

— Ce n'est pas la dernière, monsieur l'abbé.

— Tant mieux, si les autres ressemblent à celle-ci; car, sans vouloir rechercher les motifs qui l'imposent, je suis toujours touché d'une restitution volontaire; ces arrêts souverains, que la seule conscience dicte et qu'on exécute fidèlement et librement dans son for intérieur, sont toujours l'indice d'un repentir sincère, et ce n'est pas une expiation stérile que celle-là.

— N'est-ce pas, monsieur l'abbé? cent mille écus restitués d'un coup, c'est rare; moi, j'ai été plus curieux que vous; mais que pouvait ma curiosité contre l'inébranlable discrétion de Jacques? Aussi, j'ignore encore le nom de l'honnête homme qui faisait cette noble restitution. Ce n'est pas tout, monsieur l'abbé, — reprit Polidori en regardant Jacques Ferrand d'un air significatif, — vous allez voir jusqu'où vont les généreux scrupules de l'auteur inconnu de cette restitution; et, s'il faut tout dire, je soupçonne fort notre ami de n'avoir pas peu contribué à éveiller ces scrupules, et à trouver moyen de les calmer.

— Comment cela? — demanda le prêtre.

— Que voulez-vous dire? — ajouta le notaire.

— Et les Morel, cette brave et honnête famille?

— Ah! oui... oui... en effet... j'oubliais... — dit Jacques Ferrand d'une voix sourde.

— Figurez-vous, monsieur l'abbé, — reprit Polidori, — que l'auteur de cette restitution, sans doute conseillée par Jacques, non content de rendre cette somme considérable, veut encore... Mais je laisse parler ce digne ami... c'est un plaisir que je ne veux pas lui ravir.

— Je vous écoute, mon cher monsieur Ferrand, — dit le prêtre.

— Vous savez, — reprit Jacques Ferrand, avec une componction hypocrite mêlée çà et là de mouvements de révolte involontaire contre le rôle qui lui était imposé, mouvements que trahissaient fréquemment l'altération de sa voix et l'hésitation de sa parole,

— vous savez, monsieur le curé, que l'inconduite de Louise Morel... a porté un coup si terrible à son père qu'il est devenu fou... La nombreuse famille de cet artisan courait risque de mourir de misère, privée de son seul soutien. Heureusement la Providence est venue à son secours... et... la... personne qui fait la restitution volontaire dont vous voulez bien être l'intermédiaire n'a pas cru avoir suffisamment expié un... grand abus... de confiance... Elle m'a donc demandé si je ne connaîtrais pas une intéressante infortune à soulager. J'ai dû signaler à sa générosité la famille Morel, et l'on m'a prié, en me donnant les fonds nécessaires, que je vous remettrai tout à l'heure, de vous charger de constituer une rente de deux mille francs sur la tête de Morel, réversible sur sa femme et sur ses enfants...

— Mais, en vérité, — dit l'abbé, — tout en acceptant cette nouvelle mission, bien respectable sans doute, je m'étonne qu'on ne vous en ait pas chargé vous-même.

— La personne inconnue a pensé que ses bonnes œuvres acquerraient un nouveau prix... seraient pour ainsi dire sanctifiées... en passant par des mains aussi pieuses que les vôtres... monsieur le curé...

— A cela je n'ai rien à répondre ; je constituerai la rente de deux mille francs sur la tête de Morel, le digne et malheureux père de Louise... Mais je crois, comme votre ami, que vous n'avez pas été étranger à la résolution qui a dicté ce nouveau don expiatoire...

— J'ai désigné la famille Morel... rien de plus, je vous prie de le croire, monsieur le curé, — répondit Jacques Ferrand.

— Maintenant, — dit Polidori, — vous allez voir, monsieur l'abbé, à quelle hauteur de vues philanthropiques mon bon Jacques s'est élevé à propos de l'établissement charitable dont nous nous sommes déjà entretenus ; il va nous lire le plan qu'il a définitivement arrêté ; l'argent nécessaire pour la fondation des rentes est là, dans sa caisse ; mais depuis hier il lui est survenu un scrupule, et s'il n'ose vous le dire, je m'en charge...

— C'est inutile, — reprit Jacques Ferrand, qui quelquefois aimait encore mieux s'étourdir par ses propres paroles que d'être forcé de subir en silence les louanges ironiques de son complice. — Voici le fait, monsieur le curé : J'ai réfléchi... qu'il serait d'une humilité... plus chrétienne... que cet établissement ne fût pas institué sous mon nom.

— Mais cette humilité est exagérée, — s'écria le prêtre. — Vous pouvez, vous devez légitimement vous enorgueillir de votre charitable fondation ; c'est un droit, presque un devoir pour vous d'y attacher votre nom.

— Je préfère cependant, monsieur le curé, garder l'incognito, j'y suis résolu... Et je compte assez sur votre bonté pour espérer que vous voudrez bien remplir pour moi, en me gardant le plus profond secret, les dernières formalités, et choisir les employés inférieurs de cet établissement ; je me suis seulement réservé la nomination du directeur et d'un gardien.

— Lors même que je n'aurais pas un vrai plaisir à concourir à cette œuvre, qui est la vôtre, il serait de mon devoir d'accepter... J'accepte donc.

— Maintenant, monsieur l'abbé, si vous le voulez bien, mon ami va vous lire le plan qu'il a définitivement arrêté.

— Puisque vous êtes si obligeant, mon ami... — dit Jacques Ferrand avec amertume, — lisez vous-même... épargnez-moi cette peine... je vous en prie...

— Non, non, — répondit Polidori, — je me fais un plaisir de t'entendre exprimer toi-même les nobles sentiments qui t'ont guidé dans cette fondation philanthropique.

— Soit, je lirai, — dit brusquement le notaire.

Polidori, depuis longtemps complice de Jacques Ferrand, connaissait les crimes et les secrètes pensées de ce misérable : aussi ne put-il retenir un sourire cruel en le voyant forcé de lire cette note dictée par Rodolphe.

On le voit, le prince se montrait d'une logique inexorable dans la punition qu'il infligeait au notaire. Luxurieux, il le torturait par la luxure ; cupide... par la cupidité ; hypocrite... par l'hypocrisie. Car si Rodolphe avait choisi le prêtre vénérable dont il est question pour être l'agent des restitutions et de l'expiation imposées à Jacques Ferrand, c'est qu'il voulait doublement punir celui-ci d'avoir, par sa détestable hypocrisie, surpris sa naïve estime et l'affection candide du bon curé. N'était-ce pas, en effet, une grande punition pour ce hideux imposteur, pour ce criminel endurci, que d'être contraint de pratiquer enfin les vertus chrétiennes qu'il avait si souvent simulées, et cette fois de mériter, en frémissant d'une rage impuissante, les justes éloges d'un prêtre respectable dont il avait jusqu'alors fait sa dupe ? Jacques Ferrand lut donc la note suivante avec les ressentiments cachés qu'on peut lui supposer.

ÉTABLISSEMENT DE LA BANQUE DES TRAVAILLEURS SANS OUVRAGE

« *Aimons-nous les uns les autres*, a dit le Christ. Ces divines paroles contiennent le germe de tous devoirs, de toutes vertus, de toutes charités. Elles ont inspiré l'humble fondateur de cette institution. Au Christ seul appartient le bien qu'il aura fait. Limité quant aux moyens d'action, le fondateur a voulu du moins faire participer le plus grand nombre possible de ses frères aux secours qu'il leur offre. Il s'adresse d'abord aux ouvriers honnêtes, laborieux et chargés de famille, que le *manque de travail* réduit souvent à de cruelles extrémités.

« Ce n'est pas une aumône dégradante qu'il fait à ses frères, c'est un prêt gratuit qui leur offre. Puisse ce prêt, comme il l'espère, les empêcher souvent de grever indéfiniment leur avenir par ces emprunts écrasants qu'ils sont forcés de contracter afin d'attendre le retour du travail, leur seule ressource, et de soutenir la famille dont ils sont l'unique appui !

« Pour garantie de ce prêt, il ne demande à ses frères qu'un *engagement d'honneur et une solidarité de parole jurés*.

« Il affecte un revenu annuel de douze mille francs à faire la première année, jusqu'à la concurrence de cette somme, *des prêts de secours de vingt à quarante francs, sans intérêts*, en faveur des ouvriers mariés et sans ouvrage, domiciliés dans le septième arrondissement. On a choisi ce quartier comme étant l'un de ceux où la classe ouvrière est la plus nombreuse.

« Ces prêts ne seront accordés qu'aux ouvriers ou ouvrières porteurs d'un certificat de bonne conduite, délivré par leur dernier patron, qui indiquera la cause et la date de suspension du travail. Ces prêts seront remboursables mensuellement par sixième ou par douzième, au choix de l'emprunteur, *à partir du jour où il aura retrouvé de l'emploi*. Il souscrira un simple *engagement d'honneur* de rembourser le prêt aux époques fixées. A cet engagement adhéreront, comme garants, deux de ses camarades, afin de développer et d'étendre, par la solidarité, la religion de la promesse jurée.

« L'ouvrier qui ne rembourserait pas la somme empruntée par lui ne pourrait, ainsi que ses deux garants, prétendre désormais à un nouveau prêt; car il aurait forfait à un engagement sacré, et surtout privé successivement plusieurs de ses frères de l'avantage dont il a joui, la somme qu'il ne rendrait pas étant perdue pour la Banque des pauvres. Ces sommes prêtées étant, au contraire, scrupuleusement remboursées, les *prêts-secours* augmenteront d'année en année de nombre et de quotité, et un jour il sera possible de faire participer d'autres arrondissements aux mêmes bienfaits.

« Ne pas dégrader l'homme par l'aumône... Ne pas encourager la paresse par un don stérile... Exalter les sentiments d'honneur et de probité naturels aux classes laborieuses... Venir fraternellement en aide au travailleur qui, vivant déjà difficilement au jour le jour, grâce à l'insuffisance des salaires, ne peut, quand vient le chômage, *suspendre* ses besoins ni ceux de sa famille parce qu'on *suspend* les travaux...

« Telles sont les pensées qui ont présidé à cette institution [1].

« Que celui qui a dit : *Aimons-nous les uns les autres...* en soit seul glorifié. »

— Ah ! monsieur, — s'écria l'abbé, quelle idée charitable ! combien je comprends votre émotion en lisant ces lignes d'une si touchante simplicité !

En effet, en achevant cette lecture, la voix de Jacques Ferrand était altérée; sa patience et son courage étaient à bout; mais, surveillé par Polidori, il n'osait, il ne pouvait enfreindre les moindres ordres de Rodolphe. Que l'on juge de la rage du notaire, forcé de disposer si libéralement, si charitablement de sa fortune

---

[1]. Notre projet, sur lequel nous avons consulté plusieurs ouvriers aussi honorables qu'éclairés, est bien imparfait sans doute ; mais nous le livrons aux réflexions des personnes qui s'intéressent aux classes ouvrières, espérant que le germe d'utilité qu'il renferme pourra être fécondé par un esprit plus puissant que le nôtre.

en faveur d'une classe qu'il avait impitoyablement poursuivie dans la personne de Morel le lapidaire.

— N'est-ce pas, monsieur l'abbé, que l'idée de Jacques est excellente? — reprit Polidori.

— Ah! monsieur, moi qui connais toutes les misères, je suis plus à même que personne de comprendre de quelle importance peut être, pour de pauvres ouvriers sans travail, ce prêt qui semblerait bien modique aux heureux du monde... Hélas! que de bien ils feraient s'ils savaient qu'avec une somme si minime, qu'avec trente ou quarante francs qui leur seraient *scrupuleusement rendus*, mais sans intérêt... ils pourraient souvent sauver l'avenir, quelquefois l'honneur d'une famille que le manque d'ouvrage met aux prises avec les effrayantes obsessions de la misère et du besoin! L'indigence sans travail ne trouve jamais de crédit, ou, si l'on consent à lui prêter de petites sommes sans nantissement, c'est au prix d'intérêts usuraires monstrueux; elle empruntera trente sous pour huit jours, et il faudra qu'elle en rende quarante, et encore ces prêts modiques sont rares et difficiles. Les prêts du mont-de-piété eux-mêmes coûtent, dans certaines circonstances, près de trois cents pour cent[1]. L'artisan sans travail y dépose souvent pour quarante sous l'unique couverture qui, dans les nuits d'hiver, défend lui et les siens de la rigueur du froid. Mais, — ajouta l'abbé avec enthousiasme, — un prêt de trente à quarante francs sans intérêts, et remboursable par douzième quand l'ouvrage revient... mais pour d'honnêtes ouvriers c'est le salut, c'est l'espérance, c'est la vie... Et avec quelle fidélité ils s'acquitteront! Ah! monsieur, ce n'est pas là que vous trouverez des faillites... C'est une dette sacrée que celle que l'on a contractée pour donner du pain à sa femme et à ses enfants!

— Combien les éloges de M. l'abbé doivent t'être précieux, Jacques, — dit Polidori, — et combien il va t'en adresser encore...

1. Nous empruntons les renseignements suivants à un éloquent et excellent travail publié par M. Alphonse Esquiros dans la *Revue de Paris* du 11 juin 1843 : « La moyenne des articles engagés pour *trois francs* chez les commissionnaires des VIIIe et XIIe arrondissements est au moins de *cinq cents* dans un jour. La population ouvrière, réduite à d'aussi faibles ressources, ne retire donc du mont-de-piété que des avances insignifiantes en comparaison de ses besoins. — Aujourd'hui les droits du mont-de-piété s'élèvent dans les cas ordinaires à 13 0/0; mais ces droits augmentent dans une proportion effrayante si le prêt, au lieu d'être annuel, est fait pour un temps moins long. Or, comme les articles déposés par la classe pauvre sont en général des objets de première nécessité, il résulte qu'on les apporte et qu'on les retire presque aussitôt; il est des effets qui sont régulièrement engagés et dégagés une fois par semaine. Dans cette circonstance, supposons un prêt de 3 francs; l'intérêt payé par l'emprunteur sera alors calculé sur le taux de 291 0/0 — par an. — L'argent qui s'amasse, chaque année, dans la caisse du mont-de-piété tombe incontinent dans celle des hospices; cette somme est très considérable. En 1840, année de détresse, les bénéfices se sont élevés à 422,215 francs. — On ne peut nier, — dit en terminant M. Esquiros avec une haute raison, — que cette somme n'ait une destination louable, puisque venant de la misère elle retourne à la misère; mais on se fait néanmoins cette question grave: *Si c'est bien au pauvre qu'il appartient de venir au secours du pauvre.* » Disons enfin que M. Esquiros, tout en réclamant de grandes améliorations à établir dans l'exercice du mont-de-piété, rend hommage au zèle du directeur actuel, M. Delaroche, qui a déjà entrepris d'utiles réformes.

pour la fondation du mont-de-piété gratuit! Car Jacques n'a pas oublié cette question, qui est pour ainsi dire une annexe de sa Banque des pauvres.

— Il serait vrai! — s'écria le prêtre en joignant les mains avec admiration.

Le notaire continua d'une voix rapide; car cette scène lui était odieuse:

« Les prêts-secours ont pour but de remédier à l'un des plus graves accidents de la vie ouvrière, *l'interruption du travail*. Ils ne seront absolument accordés qu'aux artisans qui manqueront d'ouvrage.

« Mais il reste à prévoir d'autres cruels embarras, qui atteignent même le travailleur occupé. Souvent un chômage d'un ou deux jours, nécessité par la fatigue, par les soins à donner à une femme ou un enfant malades, par un déménagement forcé, prive l'ouvrier de sa ressource quotidienne... Alors il a recours au mont-de-piété, dont l'argent est à un taux énorme, ou à des prêteurs sur gages, qui prêtent à des intérêts monstrueux. Voulant, autant que possible, alléger le fardeau de ses frères, le fondateur de la Banque des pauvres affecte un revenu de vingt-cinq mille francs par an à des prêts sur gages, qui ne pourront s'élever au delà de dix francs pour chaque prêt.

« Les emprunteurs ne payeront ni frais ni intérêts, mais ils devront prouver qu'ils exercent une profession honorable, et fournir une déclaration de leurs patrons, qui justifiera de leur moralité.

« Au bout de deux années, on vendra sans frais les effets qui n'auront pas été dégagés; le montant du surplus de cette vente sera placé à cinq pour cent d'intérêts au profit de l'engagiste.

« Au bout de cinq ans, s'il n'a pas réclamé cette somme, elle sera acquise à la Banque des pauvres, et, jointe aux rentrées successives, elle permettra d'augmenter successivement le nombre des prêts[1].

« L'administration et le bureau des prêts de la Banque des pauvres seront placés rue du Temple, n° 17, dans une maison achetée à cet effet au sein de ce quartier populeux. Un revenu de dix mille francs sera affecté aux frais et à l'administration de la Banque des pauvres, dont le directeur à vie sera... »

Polidori interrompit le notaire et dit au prêtre: — Vous allez voir, monsieur l'abbé, par le choix du directeur de cette administration, si Jacques sait réparer le mal qu'il a fait involontairement. Vous savez, que par une erreur qu'il déplore, il avait faussement accusé son caissier du détournement d'une somme qui s'est ensuite retrouvée... Eh bien, c'est à cet honnête garçon, nommé François Germain, que Jacques accorde la direction à vie de cette Banque, avec des appointements de quatre mille francs. N'est-ce pas admirable, monsieur l'abbé?

1. Nous avons dit que dans quelques petits États d'Italie il existe des monts-de-piété gratuits, fondations charitables qui ont beaucoup d'analogie avec l'établissement que nous supposons.

— Rien ne m'étonne plus maintenant, ou plutôt rien ne m'a étonné jusqu'ici, — dit le prêtre... — La fervente piété, les vertus de notre digne ami devaient tôt ou tard avoir un résultat pareil... Consacrer toute sa fortune à une si belle institution, ah ! c'est admirable !

— Plus d'un million, monsieur l'abbé ! — dit Polidori, — plus d'un million amassé à force d'ordre, d'économie et de probité !... Il y avait pourtant des misérables capables d'accuser Jacques d'avarice !... Comment ! disaient-ils, son étude lui rapporte cinquante ou soixante mille francs par an, et il vit de privations !

— A ceux-là, — reprit le curé avec enthousiasme, — je répondrais : Pendant quinze ans il a vécu comme un indigent... afin de pouvoir un jour magnifiquement soulager les indigents.

— Mais sois donc au moins fier et joyeux du bien que tu fais ! — s'écria Polidori en s'adressant à Jacques Ferrand, qui, sombre, abattu, le regard fixe, semblait absorbé dans une méditation profonde.

— Hélas ! — dit tristement l'abbé, — ce n'est pas dans ce monde que l'on reçoit la récompense de tant de vertus, on a une ambition plus haute...

— Jacques, — dit Polidori en touchant légèrement l'épaule du notaire, — finis donc ta lecture.

Le notaire tressaillit, passa sa main sur son front ; puis s'adressant au prêtre, il lui dit : — Pardon, monsieur le curé, mais je songeais... je songeais à l'immense extension que pourra prendre cette Banque des pauvres par la seule accumulation des revenus, si les prêts de chaque année, régulièrement remboursés, ne les entamaient pas... Au bout de quatre ans, elle pourrait déjà faire pour environ cinquante mille écus de prêts gratuits ou sur gages... C'est énorme... énorme... et je m'en félicite, ajouta-t-il en songeant, avec une rage cachée, à la valeur du sacrifice qu'on lui imposait. Il reprit :

« Un revenu de dix mille francs sera affecté aux frais et à l'administration de la *Banque des travailleurs sans ouvrage*, dont le directeur à vie sera François Germain, et dont le gardien sera le portier actuel de la maison, nommé Pipelet. M. l'abbé Dumont, auquel les fonds nécessaires à la fondation de l'œuvre seront remis, instituera un conseil supérieur de surveillance, composé du maire et du juge de paix de l'arrondissement, qui s'adjoindront les personnes qu'ils jugeront utiles au patronage et à l'extension de la Banque des pauvres ; car le fondateur s'estimerait mille fois payé du peu qu'il fait, si quelques personnes charitables concouraient à son œuvre.

« On annoncera l'ouverture de cette Banque par tous les moyens de publicité possible...

« Le fondateur répète, en finissant, qu'il n'a aucun mérite à faire ce qu'il fait pour ses frères. Sa pensée n'est que l'écho de cette pensée divine :

« AIMONS-NOUS LES UNS LES AUTRES... »

— Et votre place sera marquée dans le ciel auprès de celui qui a prononcé ces paroles immortelles ! s'écria l'abbé en venant serrer avec effusion les mains de Jacques Ferrand dans les siennes.

Le notaire était à bout... Sans répondre aux félicitations de l'abbé, il se hâta de lui remettre en bons du Trésor la somme considérable nécessaire à la fondation de cette œuvre, et de la rente de Morel le lapidaire, et lui dit : — J'ose croire, monsieur le curé, que vous ne refuserez pas cette nouvelle mission confiée à votre charité. Du reste, un étranger... nommé sir Walter Murph... qui m'a donné quelques avis... sur la rédaction de ce projet, allégera quelque peu votre fardeau... et ira aujourd'hui même causer avec vous de la pratique de l'œuvre et se mettre à votre disposition, s'il peut vous être utile. Excepté pour lui, je vous prie donc de me garder le plus profond secret.

— Vous avez raison... Dieu sait ce que vous faites pour vos frères... qu'importe le reste ?... Mais qu'avez-vous ? vous pâlissez... Souffrez-vous ?

— Un peu, monsieur le curé... Cette longue lecture, l'émotion que me causent vos bienveillantes paroles... le malaise que j'éprouve depuis quelques jours... Pardonnez ma faiblesse, — dit Jacques Ferrand en s'asseyant péniblement ; — cela n'a rien de grave sans doute, mais je suis épuisé.

— Peut-être ferez-vous bien de vous mettre au lit ? — dit le prêtre avec un vif intérêt, de faire mander votre médecin...

— Je suis médecin, monsieur l'abbé, — dit Polidori. — L'état de Jacques demande de grands soins, je les lui donnerai.

Le notaire tressaillit.

— Un peu de repos vous remettra, je l'espère, — dit le curé. — Je vous laisse ; mais avant je vais vous donner le reçu de cette somme.

Pendant que le prêtre écrivait le reçu, Jacques Ferrand et Polidori échangèrent un regard impossible à rendre.

— Allons, bon courage, bon espoir ! — dit le prêtre en remettant le reçu à Jacques Ferrand. — D'ici à bien longtemps, Dieu ne permettra pas qu'un de ses meilleurs serviteurs quitte une vie si utilement, si religieusement employée. Demain je reviendrai vous voir... adieu, mon ami.. mon digne et saint ami...

Le prêtre sortit. Jacques Ferrand et Polidori restèrent seuls.

A peine l'abbé fut-il parti, que Jacques Ferrand poussa une imprécation terrible. Son désespoir et sa rage, si longtemps comprimés, éclatèrent avec furie ; haletant, la figure crispée, l'œil égaré, il marchait à pas précipités, allant et venant dans son cabinet comme une bête féroce tenue à la chaîne. Polidori, conservant le plus grand calme, l'observait attentivement.

— Tonnerre et sang ! — s'écria enfin Jacques Ferrand d'une voix éclatante de courroux, — ma fortune entière engloutie dans ces stupides bonnes œuvres ! moi fonder des établissements philanthropiques... m'y voir forcé... par des moyens infernaux !... Mais c'est donc le démon que ton maître ? s'écria-t-il exaspéré, en s'arrêtant brusquement devant Polidori.

— Je n'ai pas de maître, — répondit froidement celui-ci. — Ainsi que toi... j'ai un juge...

— Obéir comme un niais aux moindres ordres de cet homme ! — reprit Jacques Ferrand, dont la rage redoublait. — Et me contraindre !... toujours me contraindre !

— Sinon l'échafaud...

— Oh ! ne pouvoir échapper à cette domination fatale !... enfin voilà plus d'un million que j'abandonne... S'il me reste avec cette maison cent mille francs, c'est tout au plus... Que peut-on vouloir encore ?

— Tu n'es pas au bout... Le prince sait par Badinot que ton homme de paille, Petit-Jean, n'était que ton prête-nom pour les prêts usuraires faits au comte de Saint-Remy, que tu as si rudement rançonné pour ses faux. Les sommes que Saint-Remy a payées lui avaient été prêtées par une grande dame... probablement encore une restitution qui t'attend... Mais on l'ajourne sans doute parce qu'elle est plus délicate.

— Enchaîné... enchaîné ici !...

— Aussi solidement qu'avec un câble de fer...

— Toi... mon geôlier... misérable !

— Que veux-tu !... selon le système du prince, rien de plus logique ; il punit le crime par le crime, le complice par le complice.

— Oh ! rage !

— Et malheureusement rage impuissante !... car, tant qu'il ne m'aura pas fait dire : « Jacques Ferrand est libre de quitter sa maison... » je resterai à tes côtés comme ton ombre... Ainsi que toi je mérite l'échafaud. Si je manque aux ordres que j'ai reçus comme ton geôlier... ma tête tombe... Tu ne pouvais donc avoir un gardien plus incorruptible... Quant à fuir tous deux... impossible... nous ne pourrions faire un pas hors d'ici sans tomber entre les mains des gens qui veillent jour et nuit à la porte de ce logis.

— Mort et furie !... je le sais.

— Résigne-toi donc alors ; car, réussit-elle, cette fuite ne nous offrirait que des chances de salut plus que douteuses : on mettrait la police à nos trousses. Au contraire, toi en obéissant et moi en surveillant l'exactitude de ton obéissance, nous sommes certains de ne pas avoir le cou coupé...

— Ne m'exaspère pas par cet ironique sang-froid... ou bien...

— Ou bien quoi ?... Je ne te crains pas, je suis sur mes gardes, je suis armé, et lors même que tu aurais retrouvé pour me tuer le stylet empoisonné de Cecily, cela ne t'avancerait à rien... tu sais que toutes les deux heures il faut que je donne *à qui de droit* un bulletin de ta précieuse santé... En ne me voyant pas paraître, on se douterait du meurtre, tu serais arrêté. Mais je te fais injure en te supposant capable de ce crime... Tu as sacrifié plus d'un million pour avoir la vie sauve, et tu risquerais ta tête... pour le sot et stérile plaisir de me tuer par vengeance !... Allons donc ; tu n'es pas assez bête pour cela.

— Oh ! malheur ! malheur inextricable ! de quel côté que je me tourne, c'est la ruine, c'est le déshonneur, c'est la mort ! Et dire que maintenant ce que je redoute le plus au monde... c'est le néant ! Malédiction sur moi, sur toi, sur la terre entière !

— Ta misanthropie est plus large que ta philanthropie... L'une embrasse le monde... l'autre un arrondissement de Paris.

— Va... raille-moi, monstre !...

— Aimes-tu mieux que je t'écrase de reproches ? A qui la faute si nous sommes réduits à cette position ? à toi. Pour conserver à ton cou, pendue comme une relique, cette lettre de moi, relative à ce meurtre qui t'a valu cent mille écus, ce meurtre que nous avions fait passer pour un suicide ?

— Pourquoi ? misérable ! Ne t'avais-je pas donné cinquante mille francs pour ta coopération à ce crime et pour cette lettre que j'ai exigée, afin d'avoir une garantie contre toi ?... Car ainsi tu ne pouvais me dénoncer sans te livrer toi-même... Ma vie et ma fortune étaient donc attachées à cette lettre... voilà pourquoi je la portais toujours si précieusement sur moi...

— C'est vrai, c'était habile de ta part, car je ne gagnais rien à te dénoncer, que le plaisir d'aller à l'échafaud avec toi... Et pourtant ton habileté nous a perdus, lorsque la mienne nous avait jusqu'ici assuré l'impunité...

— L'impunité... tu le vois...

— Qui pouvait deviner ce qui se passe ? Mais dans la marche ordinaire des choses, notre crime devait être et a été impuni, grâce à moi.

— Grâce à toi ?

— Oui, lorsque nous eûmes tué cet homme... tu voulais simplement contrefaire son écriture et écrire à sa sœur que, ruiné complètement, il se tuait par désespoir... Tu croyais faire montre de grande finesse en ne parlant pas dans cette lettre du dépôt qu'il t'avait confié.. C'était absurde. Ce dépôt étant connu de la sœur, elle l'eût nécessairement réclamé. Il fallait donc au contraire, ainsi que nous avons fait, le mentionner, ce dépôt, afin que si par hasard l'on avait des doutes sur la réalité du suicide, tu fusses la dernière personne soupçonnée. Comment supposer que, tuant un homme pour t'emparer d'une somme qu'il t'avait confiée, tu serais assez sot pour parler de ce dépôt dans la fausse lettre que tu lui attribuerais ? Aussi, qu'est-il arrivé ? On a cru au suicide. Grâce à ta réputation de probité, tu as pu nier le dépôt et on a cru que le frère s'était tué après avoir dissipé la fortune de sa sœur.

— Mais qu'importe tout cela aujourd'hui ! le crime est découvert.

— Et grâce à qui ? Etait-ce ma faute si ma lettre était une arme à deux tranchants ? Pourquoi as-tu été assez faible, assez niais pour livrer cette arme terrible... à cette infernale Cecily ?

— Tais-toi... ne prononce pas ce nom ! — s'écria Jacques Ferrand avec une expression effrayante.

— Soit... je ne veux pas te rendre épileptique... Tu vois bien qu'en ne comptant que sur la justice ordinaire... nos précautions mutuelles étaient suffisantes... Mais la justice extraordinaire de celui qui nous tient en son pouvoir redoutable procède autrement... Il croit, lui, que couper la tête aux criminels ne répare pas suffisamment le mal qu'ils ont fait... Avec les preuves qu'il a en mains, il nous livrait tous deux aux tribunaux. Qu'en résultait-il ? Deux cadavres tout au plus bons à engraisser l'herbe du cimetière.

— Oh ! oui... ce sont des larmes, des angoisses, des tortures qu'il lui faut, à ce prince... à ce démon... Mais je ne le connais pas, moi ; mais je ne lui ai jamais fait de mal. Pourquoi s'acharne-t-il ainsi sur moi ?

— D'abord, il prétend se ressentir du bien et du mal qu'on fait aux autres hommes, qu'il appelle naïvement ses frères... et puis il connaît, lui, ceux à qui tu as fait du mal, et il te punit à sa manière...

— Mais de quel droit ?

— Voyons, Jacques, entre nous ne parlons pas de droit : il avait le pouvoir de te faire judiciairement couper la tête... Qu'en serait-il résulté ? Tes deux seuls parents sont morts... l'État profitait de ta fortune au détriment de ceux que tu avais dépouillés... Au contraire, en mettant ta vie au prix de ta fortune... Morel, le père de Louise, que tu as déshonoré, se trouve, lui et sa famille, désormais à l'abri du besoin... Madame de Fermont, la sœur de Renneville, prétendu suicidé, retrouve ses cent mille écus ; Germain, que tu avais faussement accusé de vol, est réhabilité et mis en possession d'une place honorable à la tête de la *Banque des travailleurs sans ouvrage*, qu'on te force de fonder pour réparer et expier tes outrages contre la société. Franchement, au point de vue de celui qui nous tient entre ses serres, la société n'aurait rien gagné à ta mort... elle gagne beaucoup à ta vie.

— Et c'est cela qui cause ma rage... et ce n'est pas là ma seule torture !

— Le prince le sait bien... Maintenant que va-t-il décider de nous ? Je l'ignore... Il nous a promis la vie sauve si nous exécutions aveuglement ses ordres... Mais s'il ne croit pas nos crimes suffisamment expiés, il saura bien faire que la mort soit mille fois préférable à la vie qu'il nous laisse... Tu ne le connais pas... Quand il se croit autorisé à être inexorable, il n'est pas de bourreau plus féroce... Il faut qu'il ait le diable à ses ordres pour avoir découvert... ce que j'étais allé faire en Normandie. Du reste... il a plus d'un démon à son service... car cette Cecily... que la foudre écrase !...

— Encore une fois, tais-toi... pas ce nom... pas ce nom.

— Si, si... que la foudre écrase celle qui porte ce nom !... c'est elle qui a tout perdu. Notre tête serait en sûreté sur nos épaules... sans ton imbécile amour pour cette créature.

Au lieu de s'emporter, Jacques Ferrand répondit avec un profond abattement. — La connais-tu... cette femme ?... Dis !... l'as-tu jamais vue ?..

— Jamais... On la dit belle... je le sais...

— Belle... répondit le notaire en haussant les épaules. —

PUNITION

Tiens, — ajouta-t-il avec une sorte d'amertume désespérée, — tais-toi... ne parle pas de ce que tu ignores... Ce que j'ai fait... tu l'aurais fait à ma place....

— Moi ! mettre ma vie à la merci d'une femme !...

— De celle-là... oui... et je le ferais de nouveau... si j'avais à espérer... ce qu'un moment j'ai espéré...

— Par l'enfer !... il est encore sous le charme, — s'écria Polidori stupéfait.

— Ecoute, — reprit le notaire d'une voix calme, basse et accentuée çà et là par des élans de désespoir incurable, — écoute... tu sais si j'aime l'or ? tu sais ce que j'ai bravé pour en acquérir ? Compter dans ma pensée les sommes que je possédais... les voir se doubler par mon avarice, me savoir maître d'un trésor... c'était ma joie, mon bonheur... Oui, posséder... non pour dépenser, non pour jouir... mais pour thésauriser, c'était ma vie... Il y a un mois, si l'on m'eût dit : — Entre ta fortune et ta tête, choisis, — j'aurais livré ma tête.

— Mais à quoi bon posséder, quand on va mourir ?

— A mourir en possédant !... à jouir jusqu'au dernier moment de la jouissance qui vous a fait tout braver, privations, infamie, échafaud... à dire encore, la tête sur le billot : *Je possède !!!* Oh ! vois-tu, la mort est douce, comparée aux tourments que l'on endure en se voyant, de son vivant, dépossédé comme je suis, dépossédé de ce qu'on a amassé au prix de tant de peines, de tant de dangers !... C'est atroce ! c'est mourir, non pas chaque jour mais c'est mourir à chaque minute du jour... Oui, à cette horrible agonie qui doit durer des années peut-être, j'aurais préféré mille fois la mort rapide et sûre qui vous atteint avant qu'une parcelle de votre trésor vous ait été enlevée ; encore une fois, au moins je serais mort en disant : Je possède...

Polidori regarda son complice avec un profond étonnement.

— Je ne te comprends plus... Alors pourquoi as-tu obéi aux ordres de celui qui n'a qu'à dire un mot pour que ta tête tombe ? Pourquoi as-tu préféré la vie sans ton trésor... si cette vie te semble si horrible ?

— C'est que, vois-tu, — ajouta le notaire, d'une voix de plus en plus basse, — mourir, c'est ne plus penser... mourir, c'est le néant... — Et Cecily ?

— Et tu espères ?... — s'écria Polidori stupéfait.

— Je n'espère pas, je possède...

— Quoi ?

— Le souvenir.

— Mais tu ne dois jamais la revoir, mais elle a livré ta tête.

— Mais je l'aime toujours, et plus frénétiquement que jamais... moi ! — s'écria Jacques Ferrand avec une explosion de larmes, de sanglots, qui contrastèrent avec le calme morne de ses dernières paroles. — Oui, — reprit-il dans une effrayante exaltation, — je l'aime toujours, et je ne veux pas mourir, afin de pouvoir me plonger et me replonger encore avec un atroce plaisir dans cette fournaise, où je me consume à petit feu... Car, tu ne sais pas...

cette nuit... où je l'ai vue si belle... si passionnée, si enivrante... cette nuit est toujours présente à mon souvenir... Ce tableau d'une volupté terrible est là, toujours là... devant mes yeux... Qu'ils soient ouverts ou fermés par un assoupissement fébrile ou par une insomnie ardente, je vois toujours son regard noir et enflammé qui fait bouillir la moelle de mes os... Je sens toujours son souffle sur mon front... J'entends toujours sa voix...

— Mais ce sont là d'épouvantables tourments !

— Épouvantables ! oui, épouvantables !... Mais la mort, mais le néant ! mais perdre pour toujours ce souvenir aussi vivant que la réalité, mais renoncer à ces souvenirs qui me déchirent, me dévorent et m'embrasent !... Non !... non !... non !... Vivre !... vivre !... pauvre, méprisé, flétri... vivre au bagne... mais vivre !... pour que la pensée me reste... puisque cette créature infernale a toute ma pensée... est toute ma pensée !...

— Jacques, — dit Polidori, d'un ton grave qui contrasta avec son amère ironie habituelle, — j'ai vu bien des souffrances ; mais jamais tortures n'approchèrent des tiennes... Celui qui nous tient en sa puissance ne pouvait être plus impitoyable... Il t'a condamné à vivre... ou plutôt à attendre la mort dans des angoisses terribles... car cet aveu m'explique les symptômes alarmants qui chaque jour se développent en toi... et dont je cherchais en vain la cause...

— Mais ces symptômes n'ont rien de grave ! c'est de l'épuisement... c'est la réaction de mes chagrins !... Je ne suis pas en danger... n'est-ce pas ?

— Non... non... mais ta position est grave... il est certaines pensées qu'il faudra chasser... Sans cela... tu courrais de grands dangers...

— Je ferai ce que tu voudras, pourvu que je vive... car je ne veux pas mourir. Oh ! les prêtres parlent de damnés !... jamais ils n'ont imaginé pour eux un supplice égal au mien. Torturé par la passion et la cupidité, j'ai deux plaies vives au lieu d'une... et je les sens également toutes deux... La perte de ma fortune m'est affreuse... mais la mort me serait plus affreuse encore... J'ai voulu vivre... Ma vie peut n'être qu'une torture sans fin... sans issue, et je n'ose appeler la mort... car la mort anéantit mon funeste bonheur... ce mirage de ma pensée... où m'apparaît incessamment Cecily...

— Tu as du moins la consolation, — dit Polidori en reprenant son sang-froid ordinaire, — de songer au bien que tu as fait pour expier tes crimes...

— Oui, raille, tu as raison... retourne-moi sur des charbons ardents... Tu sais bien, misérable, que je hais l'humanité ; tu sais bien que ces expiations que l'on m'impose ne m'inspirent que haine et fureur contre ceux qui m'y obligent et contre ceux qui en profitent... Tonnerre et meurtre ! Songer que pendant que je traînerai une vie épouvantable... n'existant que pour jouir de souffrances qui effrayeraient les plus intrépides... ces hommes que j'exècre verront, grâce aux biens dont on m'a dépouillé, leur misère s'alléger !... Et ce prêtre !... ce prêtre qui me bénissait, quand mon cœur nageait dans le fiel et dans le sang, je l'aurais poignardé !... Oh ! c'en est trop !... — s'écria-t-il en appuyant sur son front ses deux mains crispées, — ma tête éclate, à la fin... mes idées se troublent... Je ne résisterai pas à de tels accès de rage impuissante... à ces tortures toujours renaissantes... Et tout cela pour toi !... Cecily... Cecily !... Le sais-tu, au moins, que je souffre autant ?... le sais-tu, Cecily... démon sorti de l'enfer ?

Et Ferrand, épuisé par cette effroyable exaltation, retomba haletant sur son siège et se tordit les bras en poussant des rugissements sourds et inarticulés.

Cet accès de rage convulsive et désespérée n'étonna pas Polidori. Possédant une expérience médicale consommée, il reconnut facilement que chez Jacques Ferrand la rage de se voir dépossédé de sa fortune, jointe à sa passion pour Cecily, avait allumé chez ce misérable une fièvre dévorante. Ce n'était pas tout... dans l'accès auquel Jacques Ferrand était alors en proie, Polidori remarquait avec inquiétude certains pronostics d'une des plus effrayantes maladies qui aient jamais épouvanté l'humanité, et dont Paulus et Arétée, aussi grands observateurs que grands moralistes, ont si admirablement tracé le foudroyant tableau. . .

. . . .

Tout à coup on frappa précipitamment à la porte du cabinet. Polidori alla ouvrir la porte, il vit le maître clerc de l'étude qui, pâle et la figure bouleversée, s'écria : — Il faut que je parle à l'instant à M. Ferrand.

— Silence... il est dans ce moment très souffrant... — dit Polidori à voix basse, et, sortant du cabinet du notaire, il en ferma la porte.

— Ah ! monsieur, — s'écria le maître clerc, — vous, le meilleur ami de M. Ferrand, venez à son secours, il n'y a pas un moment à perdre...

— Que voulez-vous dire ?

— D'après les ordres de M. Ferrand, j'étais allé dire à madame la comtesse Mac-Gregor qu'il ne pouvait se rendre chez elle aujourd'hui, ainsi qu'elle le désirait... Cette dame, qui paraît maintenant hors de danger, m'a fait entrer dans sa chambre. Elle s'est écriée d'un ton menaçant : « Retournez dire à M. Ferrand que s'il n'est pas ici, chez moi, dans une demi-heure... avant la fin du jour il sera arrêté comme faussaire... car l'enfant qu'il a fait passer pour morte ne l'est pas... je sais à qui il l'a livrée, je sais où elle est... [1] »

— Cette femme délirait, — répondit Polidori en haussant les épaules.

— Je l'avais pensé d'abord ; mais l'assurance de madame la comtesse...

— Sa tête aura sans doute été affaiblie par la maladie... et les visionnaires croient toujours à leurs visions.

[1]. Le lecteur sait que Sarah croyait encore Fleur-de-Marie enfermée à Saint-Lazare, d'après ce que la Chouette lui avait dit avant de la frapper.

— Je dois vous dire aussi, monsieur, qu'au moment où je quittais la chambre de madame la comtesse, une de ses femmes est entrée précipitamment en disant : « Son *Altesse* sera ici dans une heure... »

— Cette femme a dit cela ? — s'écria Polidori.

— Oui, monsieur, et j'ai été très-étonné, ne sachant pas de quelle Altesse il pouvait être question...

— Plus de doute, c'est le prince, — se dit Polidori. — Lui chez la comtesse Sarah, qu'il ne devait jamais revoir... Je ne sais, mais je n'aime pas ce rapprochement... il peut empirer notre position. Puis, s'adressant au maître clerc, il ajouta : — Encore une fois, monsieur, ceci n'a rien de grave ; c'est une folle imagination de malade : d'ailleurs, je ferai part tout à l'heure à M. Ferrand de ce que vous venez de m'apprendre.

Maintenant, nous conduirons le lecteur chez la comtesse Sarah Mac-Gregor.

CHAPITRE VIII

Rodolphe et Sarah.

Une crise salutaire venait d'arracher la comtesse Mac-Gregor au délire et aux souffrances qui, pendant plusieurs jours, avaient donné pour sa vie les craintes les plus sérieuses.

Le jour commençait à baisser... Sarah, assise dans un grand fauteuil et soutenue par son frère Thomas Seyton, se regardait avec une profonde attention dans un miroir que lui présentait une de ses femmes agenouillée devant elle. Cette scène se passait dans le salon où la Chouette avait commis sa tentative d'assassinat. La comtesse était d'une pâleur de marbre, que faisait ressortir encore le noir foncé de ses yeux, de ses sourcils et de ses cheveux ; un grand peignoir de mousseline blanche l'enveloppait entièrement. — Donnez-moi le bandeau de corail, — dit-elle à une de ses femmes, d'une voix faible, mais impérieuse et brève.

— Betty vous l'attachera... — reprit Thomas Seyton, — vous allez vous fatiguer. . Il est déjà d'une si grande imprudence de...

— Le bandeau ! le bandeau !... — répéta impatiemment Sarah, qui prit ce bijou et le posa à son gré sur son front. — Maintenant, attachez-le... et laissez-moi... — dit-elle à ses femmes.

Au moment où celles-ci se retiraient, elle ajouta : — On fera entrer M. Ferrand dans le petit salon bleu... puis, — reprit-elle avec une expression d'orgueil mal dissimulé, — dès que son Altesse Royale le grand-duc de Gerolstein arrivera, on l'introduira ici... — Enfin ! — dit Sarah, dès qu'elle fut seule avec son frère,

— enfin je touche à cette couronne... le rêve de ma vie... La prédiction va donc s'accomplir !

— Sarah, calmez votre exaltation, — lui dit son frère. — Hier encore on désespérait de votre vie ; une dernière déception vous porterait un coup mortel.

— Vous avez raison, Tom... la chute serait affreuse... car mes espérances n'ont jamais été plus près de se réaliser ! J'en suis certaine, ce qui m'a empêchée de succomber à mes souffrances a été ma pensée constante de profiter de la toute-puissante révélation que m'a faite cette femme au moment de m'assassiner.

— De même pendant votre délire... vous reveniez sans cesse à cette idée.

— Parce que cette idée seule soutenait ma vie chancelante. Quel espoir !... princesse souveraine... presque reine ! ajouta-t-elle avec enivrement.

— Encore une fois, Sarah, pas de rêves insensés ; le réveil serait terrible.

— Des rêves insensés ?... Comment ! lorsque Rodolphe saura que cette jeune fille, aujourd'hui prisonnière à Saint-Lazare et autrefois confiée au notaire qui l'a fait passer pour morte, est notre enfant, vous croyez que...

Seyton interrompit sa sœur ; — Je crois, — reprit-il avec amertume, — que les princes mettent les raisons d'État, les convenances politiques avant les devoirs naturels.

— Comptez-vous donc si peu sur mon adresse ?

— Le prince n'est plus l'adolescent candide et passionné que vous avez autrefois séduit ; ce temps est bien loin de lui... et de vous, ma sœur.

Sarah haussa légèrement les épaules et dit : — Savez-vous pourquoi j'ai voulu orner mes cheveux de ce bandeau de corail ? pourquoi j'ai mis cette robe blanche ? C'est que la première fois que Rodolphe m'a vue... à la cour de Gerolstein... j'étais vêtue de blanc... et je portais ce même bandeau de corail dans mes cheveux...

— Comment ! — dit Thomas Seyton en regardant sa sœur avec surprise, — vous voulez évoquer ces souvenirs ? vous n'en redoutez pas au contraire l'influence ?

— Je connais Rodolphe mieux que vous... Sans doute mes traits, aujourd'hui changés par l'âge et la souffrance, ne sont plus ceux de la jeune fille de seize ans qu'il a éperdument aimée... qu'il a seule aimée... car j'étais son premier amour... et cet amour, unique dans la vie de l'homme, laisse toujours dans son cœur des traces ineffaçables... Aussi, croyez-moi, mon frère, la vue de cette parure éveillera chez Rodolphe, non-seulement les souvenirs de son amour, mais encore ceux de sa jeunesse... Et pour les hommes, ces derniers souvenirs sont toujours doux et précieux...

— Mais à ces doux souvenirs s'en joignent de terribles : et le sinistre dénouement de votre amour ? et l'odieuse conduite du père du prince envers vous ? et votre silence obstiné lorsque Rodolphe, après votre mariage avec le comte Mac Gregor, vous re demandait votre fille alors tout enfant? votre fille, dont une froide lettre de vous lui a appris la mort, il y a dix ans... Oubliez-vous donc que depuis ce temps le prince n'a eu pour vous que mépris et haine?

— La pitié a remplacé la haine... Depuis qu'il m'a sue mourante... chaque jour il a envoyé le baron de Graün s'informer de mes nouvelles. Tout à l'heure... il m'a fait répondre...qu'il allait venir ici... Cette concession est immense, mon frère.

— Il vous croit expirante... il suppose qu'il s'agit d'un dernier adieu, et il vient... Vous avez eu tort de ne pas lui écrire la révélation que vous allez lui faire.

— Je sais pourquoi j'agis ainsi. Cette révélation le comblera de surprise, de joie... et je serai là pour profiter de son premier élan d'attendrissement. Aujourd'hui, ou jamais, il me dira : *Un mariage doit légitimer la naissance de notre enfant.* S'il le dit, sa parole est sacrée, et l'espoir de toute ma vie est enfin réalisé...

— S'il vous fait cette promesse... oui.

— Et pour qu'il la fasse, rien n'est à négliger dans cette circonstance décisive... Je connais Rodolphe; une fois certain d'avoir retrouvé sa fille... il surmontera son aversion pour moi, et ne reculera devant aucun sacrifice pour assurer à son enfant le sort le plus enviable, pour la rendre aussi magnifiquement heureuse qu'elle aura été jusqu'alors infortunée.

— Qu'il assure le sort le plus brillant à votre fille, soit... mais entre cette réparation et la résolution de vous épouser afin de légitimer la naissance de cette enfant... il y a un abîme.

— Son amour de père comblera cet abîme...

— Mais cette infortunée a sans doute vécu jusqu'ici dans un état précaire ou misérable.

— Rodolphe voudra d'autant plus l'élever qu'elle aura été plus abaissée.

— Songez-y donc, la faire asseoir au rang des familles souveraines de l'Europe! la reconnaître pour sa fille aux yeux de ces princes, de ces rois dont il est le parent ou l'allié!...

— Ne connaissez-vous pas son caractère étrange, impétueux et résolu, son exagération chevaleresque à propos de ce qu'il regarde comme juste et commandé par le devoir?

— Mais cette malheureuse enfant a peut-être été si viciée par la misère où elle doit avoir vécu, que le prince, au lieu d'éprouver de l'attrait pour elle...

— Que dites-vous? — s'écria Sarah en interrompant son frère.

— N'est-elle pas aussi belle jeune fille qu'elle était ravissante enfant? Rodolphe, sans la connaître, ne s'était-il pas assez intéressé à elle pour vouloir se charger de son avenir? ne l'avait-il pas envoyé à sa ferme de Bouqueval dont nous l'avons fait enlever...

— Oui, grâce à votre persistance à vouloir rompre tous les liens d'affection du prince... dans l'espoir insensé de le ramener un jour à vous.

— Et cependant, sans cet espoir insensé... je n'aurais pas découvert au prix de ma vie le secret de l'existence de ma fille... N'est-ce pas enfin par cette femme qui l'avait arrachée de la ferme que j'ai connu l'indigne fourberie du notaire Ferrand?

— Il est fâcheux qu'on m'ait refusé ce matin l'entrée de Saint-Lazare, où se trouve, vous a-t-on dit, cette malheureuse enfant ; malgré ma vive insistance, on n'a voulu répondre à aucun des renseignements que je demandais, parce que je n'avais pas de lettre d'introduction auprès du directeur de la prison... J'ai écrit au préfet en votre nom... mais je n'aurai sans doute sa réponse que demain, et le prince va être ici tout à l'heure. Encore une fois, je regrette que vous ne puissiez lui présenter vous-même votre fille... Il eut mieux valu attendre sa sortie de prison, avant de mander le grand duc ici...

— Attendre!... Et sais-je seulement si la crise salutaire où je me trouve durera jusqu'à demain? Peut-être suis-je passagèrement soutenue par la seule énergie de mon ambition.

— Mais quelles preuves donnerez-vous au prince? Vous croira-t-il?

— Il me croira lorsqu'il aura lu le commencement de la révélation que j'écrivais sous la dictée de cette femme quand elle m'a frappée, révélation dont heureusement je n'ai oublié aucune circonstance; il me croira lorsqu'il aura lu votre correspondance avec madame Séraphin et Jacques Ferrand jusqu'à la mort supposée de l'enfant; il me croira lorsqu'il aura entendu les aveux du notaire, qui, épouvanté de mes menaces, sera ici tout à l'heure ; il me croira lorsqu'il verra le portrait de ma fille à l'âge de six ans, portrait qui, m'a dit cette femme, est encore à cette heure d'une ressemblance frappante. Tant de preuves suffiront pour montrer au prince que je dis vrai, et pour décider chez lui ce premier mouvement qui peut faire de moi... presque une reine... Ah! ne fût-ce qu'un jour... une heure... au moins je mourrais contente.

A ce moment on entendit le bruit d'une voiture qui entrait dans la cour.

— C'est lui... c'est Rodolphe... — s'écria Sarah.

Thomas Seyton s'approcha précipitamment d'un rideau, le souleva et répondit : — Oui, c'est le prince... il descend de voiture.

— Laissez-moi seule, voici le moment décisif, — dit Sarah avec un sang froid inaltérable, car une ambition monstrueuse, un égoïsme impitoyable avait toujours été et était encore l'unique mobile de cette femme. Dans l'espèce de résurrection miraculeuse de sa fille, elle ne voyait que le moyen de parvenir enfin au but constant de toute sa vie.

Après avoir un moment hésité à quitter l'appartement, Thomas Seyton, se rapprochant tout à coup de sa sœur, lui dit : — C'est moi qui apprendrai au prince comment votre fille, qu'on avait crue morte, a été sauvée. Cet entretien serait dangereux pour vous... une émotion violente vous tuerait, et après une séparation si longue... la vue du prince... les souvenirs de ce temps...

— Votre main, mon frère, — dit Sarah. Puis, appuyant sur

son cœur impassible la main de Thomas Seyton, elle ajouta avec un sourire glacial : — Suis-je émue ?

— Non... rien... rien... pas un battement précipité, — dit Seyton avec stupeur ; — je sais quel empire vous avez sur vous-même... mais dans un tel moment... mais quand il s'agit pour vous ou d'une couronne ou de la mort... car la perte de cette dernière espérance vous serait mortelle... en vérité, votre calme me confond !

— Pourquoi cet étonnement, mon frère ?... Jusqu'ici, ne le savez-vous pas ! rien... non, rien n'a jamais fait battre ce cœur de marbre... Il ne palpitera que le jour où je sentirai poser sur mon front la couronne souveraine... J'entends Rodolphe... laissez-moi...

Lorsque Rodolphe entra dans le salon, son regard exprimait la pitié ; mais, voyant Sarah assise dans un fauteuil et presque parée, il recula de surprise, sa physionomie devint aussitôt sombre et méfiante... La comtesse, devinant sa pensée, lui dit d'une voix douce et faible : — Vous croyiez me trouver expirante... vous veniez pour recevoir mes derniers adieux ?...

— J'ai toujours regardé comme sacrés les derniers vœux des mourants... mais s'il s'agit d'une tromperie sacrilège .

— Rassurez-vous, — dit Sarah en interrompant Rodolphe, — rassurez-vous, je ne vous ai pas trompé... il me reste, je crois, peu d'heures à vivre. Pardonnez-moi une dernière coquetterie... J'ai voulu vous épargner le sinistre entourage qui accompagne ordinairement l'agonie... j'ai voulu mourir vêtue comme je l'étais la première fois où je vous vis... Hélas ! après dix années de séparation, vous voilà donc enfin !... Merci !... oh ! merci !.. Mais, à votre tour, rendez grâces à Dieu de vous avoir inspiré la pensée d'écouter ma dernière prière. Si vous m'aviez refusée... j'emportais avec moi un secret qui va faire la joie... le bonheur de votre vie... Joie mêlée de quelque tristesse... bonheur mêlé de quelques larmes... comme toute félicité humaine ; mais cette félicité, vous l'achèteriez encore au prix de la moitié des jours qui vous restent à vivre !...

— Que voulez-vous dire ? — lui demanda le prince avec surprise.

— Oui, Rodolphe, si vous n'étiez pas venu... ce secret m'aurait suivie dans la tombe... c'eût été ma seule vengeance .. Et encore... non, non... je n'aurais pas eu ce terrible courage... Quoique vous m'ayez bien fait souffrir, j'aurais partagé avec vous ce suprême bonheur dont, plus heureux que moi, vous jouirez longtemps, bien longtemps, je l'espère...

— Mais encore, madame, de quoi s'agit-il ?

— Lorsque vous le saurez... vous ne pourrez comprendre la lenteur que je mets à vous en instruire, car vous regarderez cette révélation comme un miracle du ciel... Mais chose étrange, moi qui d'un mot peut vous causer le plus grand bonheur que vous ayez peut-être jamais ressenti... j'éprouve, quoique maintenant les minutes de ma vie soient comptées, j'éprouve une satisfaction indéfinissable à prolonger votre attente... Et puis... je connais votre cœur.. et, malgré la fermeté de votre caractère, je craindrais de vous annoncer sans préparation une découverte aussi incroyable... les émotions d'une joie foudroyante ont aussi leurs dangers...

— Votre pâleur augmente... vous contenez à peine une violente agitation, — dit Rodolphe ; — tout ceci est, je le crois, grave et solennel...

— Grave et solennel, — reprit Sarah d'une voix émue ; car, malgré son impassibilité habituelle, en songeant à l'immense portée de la révélation qu'elle allait faire à Rodolphe, elle se sentait plus troublée qu'elle n'avait cru l'être ; aussi, ne pouvant se contraindre plus longtemps, elle s'écria : — Rodolphe... notre fille existe...

— Notre fille !...

— Elle vit ! vous dis-je...

Ces mots, l'accent de vérité avec lequel ils furent prononcés, remuèrent le prince jusqu'au fond des entrailles. — Notre enfant !... — répéta-t-il en se rapprochant précipitamment du fauteuil de Sarah. — notre enfant ! ma fille !

— Elle n'est pas morte ; j'en ai des preuves irrécusables... je sais où elle est... Demain, vous la reverrez.

— Ma fille !... ma fille !... — répéta Rodolphe avec stupeur ; — il se pourrait ! elle vivrait ! — Puis tout à coup, réfléchissant à l'invraisemblance de cet événement, et craignant d'être dupe d'une nouvelle fourberie de Sarah, il s'écria : — Non... non... c'est un rêve !... c'est impossible !... vous me trompez... c'est une ruse, un mensonge indigne !... Je connais votre ambition... je sais de quoi vous êtes capable, je devine le but de cette tromperie !

— Eh bien ! vous dites vrai... je suis capable de tout... Oui, j'avais voulu vous abuser... oui, quelques jours avant d'être frappée d'un coup mortel, j'avais voulu trouver une jeune fille... que je vous aurais présentée à la place de notre enfant... Après cet aveu, vous me croirez peut-être... ou plutôt vous serez bien forcé de vous rendre à l'évidence. Oui, Rodolphe... je le répète... j'avais voulu substituer une jeune fille obscure à celle que nous pleurions ; mais Dieu a voulu, lui, qu'au moment où je faisais ce marché sacrilège .. je fusse frappée à mort...

— Vous... à ce moment !...

— Dieu a voulu encore qu'on me proposât... pour jouer ce rôle... de mensonge... savez-vous qui ? notre fille...

— Êtes-vous en délire... au nom du ciel.

— Je ne suis pas en délire... Rodolphe... Dans cette cassette, avec des papiers et un portrait qui vous prouveront la vérité de ce que je vous dis, vous trouverez un papier taché de mon sang...

— De votre sang ?

— La femme qui m'a appris que notre fille vivait encore me dictait cette révélation... lorsque j'ai été frappée d'un coup de poignard.

— Et qui était-elle ? comment savait-elle ?...

— C'est à elle qu'on avait livré notre fille... tout enfant... après l'avoir fait passer pour morte.

— Mais cette femme... son nom ?... peut-on le croire ? où l'avez-vous connue ?

— Je vous dis, Rodolphe, que tout ceci est fatal, providentiel... Il y a quelques mois... vous aviez tiré une jeune fille de la misère pour l'envoyer à la campagne... La jalousie, la haine, m'égaraient... J'ai fait enlever cette jeune fille par la femme... dont je vous parle...

— Et on a conduit la malheureuse enfant à Saint-Lazare.

— Où elle est encore...

— Elle n'y est plus... Ah ! vous ne savez pas, madame, le mal affreux que vous avez fait... en arrachant cette infortunée de la retraite où je l'avais placée... mais...

— Cette jeune fille n'est plus à Saint-Lazare ! — s'écria Sarah avec épouvante, — et vous parlez d'un malheur affreux !

— Un monstre de cupidité avait intérêt à sa perte. Ils l'ont noyée, madame... mais répondez... vous dites que...

— Ma fille !... — répéta Sarah en interrompant Rodolphe et se levant droite, immobile comme une statue de marbre.

— Que dit-elle ? mon Dieu ! — s'écria Rodolphe.

— Ma fille !... répéta Sarah dont le visage devint livide et effrayant de désespoir ; — ils ont tué ma fille ! ..

— La Goualeuse, votre fille !!!... — répéta Rodolphe en se reculant avec horreur.

— La Goualeuse... oui... c'est le nom que m'a dit cette femme surnommée la Chouette... Morte... morte !... reprit Sarah toujours immobile, toujours le regard fixe ; — ils l'ont tuée...

— Sarah ! — reprit Rodolphe aussi pâle, aussi effrayant que la comtesse, — revenez à vous... répondez-moi... la Goualeuse... la jeune fille que vous avez fait enlever par la Chouette à Bouqueval était...

— Notre fille !...

— Elle !!!

— Et ils l'ont tuée !...

— Oh ! non... non... vous délirez... cela ne peut pas être... Vous ne savez pas, non, vous ne savez pas combien cela serait affreux... Sarah ! revenez à vous... parlez-moi tranquillement. Asseyez-vous... Calmez-vous... Souvent il y a des ressemblances, des apparences qui trompent ; on est si enclin à croire ce qu'on désire... Ce n'est pas un reproche que je vous fais... mais expliquez-moi bien... dites-moi bien toutes les raisons qui vous portent à penser cela, car cela ne peut pas être... non, non ! il ne faut pas que cela soit !... cela n'est pas !

Après un moment de silence, la comtesse rassembla ses pensées et dit à Rodolphe d'une voix défaillante : — Apprenant votre mariage, pensant à me marier moi-même, je n'ai pas pu garder notre fille auprès de moi, elle avait quatre ans alors...

— Mais à cette époque je vous l'ai demandée, moi... avec

prières... s'écria Rodolphe d'un ton déchirant, — et mes lettres sont restées sans réponse... La seule que vous m'ayez écrite m'annonçait sa mort!

— Je voulais me venger de vos mépris en vous refusant votre enfant... Cela était indigne. Mais écoutez-moi... je le sens... la vie m'échappe, ce dernier coup m'accable...

— Non! non! je ne vous crois pas... je ne veux pas vous croire... La Goualeuse... ma fille!... Oh! mon Dieu, vous ne voudriez pas cela!

— Écoutez-moi, vous dis-je. Lorsqu'elle eut quatre ans, mon frère chargea madame Séraphin, veuve d'un ancien serviteur à lui, d'élever l'enfant jusqu'à ce qu'elle fût en âge d'entrer en pension. La somme destinée à assurer l'avenir de notre fille fut déposée par mon frère chez un notaire cité pour sa probité. Les lettres de cet homme et de madame Séraphin, adressées à cette époque à moi et à mon frère, sont là... dans cette cassette... Au bout d'un an, on m'écrivit que la santé de ma fille s'altérait... huit mois après, qu'elle était morte, et l'on m'envoya son acte de décès. A cette époque, madame Séraphin est entrée au service de Jacques Ferrand, après avoir livré notre fille à la Chouette, par l'intermédiaire d'un misérable actuellement au bagne de Rochefort. Je commençais à écrire cette déclaration de la Chouette, lorsqu'elle m'a frappée. Ce papier est là... avec un portrait de notre fille à l'âge de quatre ans. Examinez tout, lettres, déclaration, portrait; et vous, qui l'avez vue... cette malheureuse enfant... jugez...

Après ces mots qui épuisèrent ses forces, Sarah tomba défaillante dans son fauteuil.

Rodolphe resta foudroyé par cette révélation. Il est de ces malheurs si imprévus, si abominables, qu'on tâche de ne pas y croire jusqu'à ce qu'une évidence écrasante vous y contraigne... Rodolphe, persuadé de la mort de Fleur-de-Marie, n'avait plus qu'un espoir celui de se convaincre qu'elle n'était pas sa fille. Avec un calme effrayant qui épouvanta Sarah, il s'approcha de la table, ouvrit la cassette et se mit à lire les lettres une à une, à examiner avec une attention scrupuleuse les papiers qui les accompagnaient. Ces lettres, timbrées et datées par la poste, écrites à Sarah et à son frère par le notaire et par madame Séraphin, étaient relatives à l'enfance de Fleur-de-Marie et au placement des fonds qu'on lui destinait... Rodolphe ne pouvait douter de l'authenticité de cette correspondance.

La déclaration de la Chouette se trouvait confirmée par les renseignements pris par ordre de Rodolphe, et qui signalaient un nommé Pierre Tournemine, forçat alors à Rochefort, comme l'homme qui avait reçu Fleur-de-Marie des mains de madame Séraphin pour la livrer à la Chouette... à la Chouette, que la malheureuse enfant avait elle-même reconnue plus tard devant Rodolphe au tapis-franc de l'ogresse. L'acte de décès paraissait en règle; mais Ferrand avait lui-même avoué à Cecily que ce faux acte avait servi à la spoliation d'une somme considérable, autrefois placée en viager sur la tête de la jeune fille qu'il avait fait noyer par Martial à l'île du Ravageur. Ce fut donc avec une croissante et épouvantable angoisse que Rodolphe acquit, malgré lui, cette terrible conviction, que la Goualeuse était sa fille et qu'elle était morte. Malheureusement pour lui... tout semblait confirmer cette créance. Avant de condamner Jacques Ferrand sur les preuves données par le notaire lui-même à Cecily, le prince dans son vif intérêt pour la Goualeuse, ayant fait prendre des informations à Asnières, avait appris qu'en effet deux femmes, l'une vieille et l'autre jeune, vêtues en paysanne, s'étaient noyées en se rendant à l'île du Ravageur, et que le bruit public accusait les Martial de ce nouveau crime.

Disons enfin que, malgré les soins du docteur Griffon, du comte de Saint-Remy et de la Louve, Fleur-de-Marie, longtemps dans un état désespéré, entrait à peine en convalescence ; et que sa faiblesse morale et physique était encore telle, qu'elle n'avait pu jusqu'alors prévenir ni madame Georges ni Rodolphe de sa position.

Ce concours de circonstances ne pouvait laisser le moindre espoir au prince. Une dernière épreuve lui était réservée. Il jeta enfin les yeux sur le portrait qu'il avait presque craint de regarder... Ce coup fut affreux... Dans cette figure enfantine et charmante, déjà belle de cette beauté divine que l'on prête aux chérubins, il retrouva d'une manière saisissante les traits de Fleur-de-Marie... son nez fin et droit, son noble front, sa petite bouche déjà un peu sérieuse... Car, disait madame Séraphin à Sarah dans une des lettres que Rodolphe venait de lire : *L'enfant demande toujours sa mère et est bien triste.* C'étaient encore ses grands yeux d'un bleu si pur et si doux... d'un *bleu de bluet*, avait dit la Chouette à Sarah, en reconnaissant dans cette miniature les traits de l'infortunée qu'elle avait poursuivie enfant sous le nom de Pégriotte, jeune fille sous le nom de Goualeuse.

A la vue de ce portrait, les tumultueux et violents sentiments de Rodolphe furent étouffés par les larmes. Il retomba brisé dans un fauteuil et cacha sa figure dans ses mains en sanglotant. Pendant que Rodolphe pleurait amèrement, les traits de Sarah se décomposaient d'une manière sensible. Au moment de voir se réaliser le rêve de son ambitieuse vie, la dernière espérance qui l'avait jusqu'alors soutenue lui échappait à jamais. Cette affreuse déception devait avoir sur sa santé momentanément améliorée une réaction mortelle. Renversée dans son fauteuil, agitée d'un tremblement fiévreux, ses deux mains croisées et crispées sur ses genoux, le regard fixe, elle attendit avec effroi la première parole de Rodolphe. Connaissant l'impétuosité du caractère du prince, elle pressentait qu'au brisement douloureux qui arrachait tant de pleurs à cet homme aussi résolu qu'inflexible succéderait quelque emportement terrible.

Tout à coup Rodolphe redressa la tête, essuya ses larmes, se leva debout, et s'approchant de Sarah, les bras croisés sur sa poitrine, l'air menaçant, impitoyable... il la contempla quelques moments en silence, puis il dit d'une voix sourde : — Cela devait être... j'ai tiré l'épée contre mon père... je suis frappé dans mon enfant... Juste punition du parricide... Écoutez-moi, madame... il faut que vous sachiez, dans ce moment suprême, tous les maux causés par votre implacable ambition, par votre féroce égoïsme... Entendez-vous, femme sans cœur et sans foi ? Entendez-vous, mère dénaturée ?...

— Grâce !... Rodolphe...

— Pas de grâce pour vous... qui autrefois, sans pitié pour un amour sincère, exploitiez froidement, dans l'intérêt de votre exécrable orgueil, une passion généreuse et dévouée que vous feigniez de partager... Pas de grâce pour vous qui avez armé le fils contre le père !... Pas de grâce pour vous qui, au lieu de veiller pieusement sur votre enfant, l'avez abandonnée à des mains mercenaires afin de satisfaire votre cupidité par un riche mariage... comme vous aviez jadis assouvi votre ambition effrénée en m'amenant à vous épouser... Pas de grâce pour vous qui, après avoir refusé mon enfant à ma tendresse, venez de causer sa mort par vos fourberies sacriléges !... Malédiction sur vous... vous... mon mauvais génie et celui de ma race !...

— Oh !... mon Dieu !... il est sans pitié !... Laissez-moi !... laissez-moi !

— Vous m'entendrez... vous dis-je !... Vous souvenez-vous du dernier jour où je vous ai vue... il y a dix-sept ans de cela ?... vous ne pouviez plus cacher les suites de notre secrète union, que, comme vous, je croyais indissoluble... Je connaissais le caractère inflexible de mon père... je savais quel mariage politique il projetait pour moi.. Bravant son indignation, je lui déclarai que vous étiez ma femme devant Dieu et devant les hommes... que dans peu de temps vous mettriez au monde un enfant, fruit de notre amour... La colère de mon père fut terrible... Il me menaça de son courroux si je me permettais de lui parler encore d'une semblable folie... Alors je vous aimais comme un insensé... Dupe de vos séductions... je croyais que votre cœur d'airain avait battu pour moi... Je répondis à mon père que jamais je n'aurais d'autre femme que vous... A ces mots, son emportement n'eut plus de bornes ; il vous prodigua les noms les plus outrageants, s'écria que notre mariage était nul, que pour vous punir de votre audace il vous ferait attacher au pilori de la ville... Cédant à ma folle passion... à la violence de mon caractère.. j'osai le menacer. Exaspéré par cette insulte, mon père leva la main sur moi ; la rage m'aveugla... je tirai l'épée... je me précipitai sur lui... Sans Murph qui survint et détourna le coup... j'étais parricide !... Et pour vous défendre... vous !...

— Hélas ! j'ignorais ce malheur !...

— En vain j'avais cru jusqu'ici expier mon crime... le coup qui me frappe aujourd'hui est ma punition...

— Mais moi, n'ai-je pas aussi bien souffert de la dureté de votre père qui a rompu notre mariage ? Pourquoi m'accuser de ne pas vous avoir aimé...

— Pourquoi ?... s'écria Rodolphe en jetant sur elle un regard de mépris écrasant. — Sachez-le donc, et ne vous étonnez plus de l'horreur que vous m'inspirez... Après cette scène funeste dans laquelle j'avais menacé mon père... je rendis mon épée. Je fus mis au secret le plus absolu. Polidori, par les soins de qui notre mariage avait été conclu, fut arrêté : il prouva que cette union était nulle, que le ministre qui l'avait bénie était un ministre supposé, et que vous, votre frère et moi, nous avions été trompés. Pour désarmer la colère de mon père à son égard, Polidori fit plus : il lui remit une de vos lettres à votre frère, interceptée lors d'un voyage que fit Seyton.

— Ciel !... il serait possible ?

— Vous expliquerez-vous mes mépris maintenant ?

— Oh ! assez... assez...

— Dans cette lettre, vous dévoiliez vos projets ambitieux avec un cynisme révoltant... Vous me traitiez avec un dédain glacial, je n'étais que l'instrument de la fortune souveraine qu'on vous avait prédite... vous trouviez enfin... que mon père vivait bien longtemps...

— Malheureuse que je suis !... A cette heure je comprends tout.

— Et pour vous défendre... j'avais menacé la vie de mon père... Lorsque le lendemain sans m'adresser un seul reproche, il me montra cette lettre qui à chaque ligne révélait la noirceur de votre âme, je ne pus que tomber à genoux et demander grâce. Depuis ce jour, j'ai été poursuivie par un remord inexorable. Bientôt je quittai l'Allemagne pour de longs voyages ; alors commença l'expiation que je me suis imposée... Elle ne finira qu'avec ma vie... Récompenser le bien, poursuivre le mal, soulager ceux qui souffrent, sonder toutes les plaies de l'humanité pour tâcher d'arracher quelques âmes à la perdition... telle est la tâche que je me suis donnée.

— Elle est noble et sainte... elle est digne de vous...

— Si je vous parle de ce vœu, — reprit Rodolphe avec dédain, — de ce vœu que j'ai accompli, selon mon pouvoir, partout où je me suis trouvé, ce n'est pas pour être loué par vous... Écoutez moi donc ; dernièrement, j'arrive en France ; mon séjour dans ce pays ne devait pas être perdu pour l'expiation. Tout en voulant secourir d'honnêtes infortunes, je voulus aussi connaître ces classes que la misère écrase, abrutit et déprave, sachant qu'un secours donné à propos, que quelques généreuses paroles, suffisent souvent à sauver un malheureux de l'abîme... Afin de juger par moi-même, je pris l'extérieur et le langage des gens que je désirais observer... Ce fut lors d'une de ces explorations... que... pour la première fois... je.. je... rencontrai... — Puis, comme s'il eût reculé devant une révélation terrible, Rodolphe ajouta, après un moment d'hésitation : — Non... non ; je n'en ai pas le courage...

— Qu'avez-vous donc à m'apprendre encore, mon Dieu ?

— Vous ne le saurez que trop tôt... mais, — reprit-il avec une sanglante ironie, — vous portez au passé un si vif intérêt que je dois vous parler des événements qui ont précédé mon retour en France... Après de longs voyages, je revins en Allemagne ; je m'empressai d'obéir aux volontés de mon père... j'épousai une princesse de Prusse... Pendant mon absence, vous aviez été chassée du grand duché. Apprenant plus tard que vous étiez mariée au comte Mac-Gregor, je vous redemandai ma fille avec instance: vous ne me répondîtes pas; malgré toutes mes informations, je ne pus jamais savoir où vous aviez envoyé cette malheureuse enfant, au sort de laquelle mon père avait libéralement pourvu... Il y a dix ans seulement, une lettre de vous m'apprit que notre fille était morte... Hélas ! plût à Dieu qu'elle fût morte alors,.. j'aurais ignoré l'incurable douleur qui va désormais désespérer ma vie.

— Maintenant, dit Sarah d'une voix faible, — je ne m'étonne plus de l'aversion que je vous ai inspirée... Je le sens, je ne survivrai pas à ce dernier coup... Eh bien, oui... l'orgueil et l'ambition m'ont perdue ! Ne sachant pas combien vous aviez le droit de me mépriser, de me haïr... mes folles espérances étaient revenues plus ardentes que jamais... Depuis qu'un double veuvage nous rendait libres tous deux, j'avais repris une nouvelle créance à cette prédiction qui me promettait une couronne... et lorsque le hasard m'a fait retrouver ma fille... il m'a semblé voir dans cette fortune inespérée une volonté providentielle !... Oui... j'allai jusqu'à croire que votre aversion pour moi céderait à votre amour pour votre enfant... et que vous me donneriez votre main, afin de lui rendre le rang qui lui était dû...

— Eh bien ! que votre exécrable ambition soit donc satisfaite et punie ! Oui ! malgré l'horreur que vous m'inspirez ; oui, par attachement, que dis-je ? par respect pour les affreux malheurs de mon enfant... j'aurais, quoique décidé à vivre ensuite séparé de vous... j'aurais, par un mariage qui eut légitimé la naissance de notre fille, rendu sa position aussi éclatante, aussi haute, qu'elle avait été misérable !...

— Je ne m'étais donc pas trompée !... Malheur !... malheur !... il est trop tard !...

— Oh ! je le sais ! ce n'est pas la mort de votre fille que vous pleurez, c'est la perte de ce rang que vous aviez poursuivi avec une inflexible opiniâtreté !... Eh bien ! que ces regrets infâmes soient votre dernier châtiment !...

— Le dernier... car je n'y survivrai pas...

— Mais avant de mourir vous saurez... quelle a été l'existence de votre fille depuis que vous l'avez abandonnée. Vous souvenez-vous de cette nuit où vous et votre frère vous m'avez suivi dans un repaire de la Cité ?

— Je m'en souviens ; mais pourquoi cette question ?... votre regard me glace.

— En venant dans ce repaire, vous avez vu, n'est-ce pas ? au coin de ces rues ignobles, de... malheureuses créatures... qui... Mais non... non... je n'ose pas, — dit Rodolphe en cachant son visage dans ses mains, je n'ose pas... mes paroles m'épouvantent.

— Moi aussi, elles m'épouvantent... qu'est-ce donc encore, mon Dieu ?

— Vous les avez vues, n'est-ce pas ? — reprit Rodolphe en faisant sur lui-même un effort terrible. — Vous les avez vues, ces femmes, la honte de leur sexe ?... Eh bien !... parmi elles... avez-vous remarqué une jeune fille de seize ans, belle... oh ! belle... comme on peint les anges... une pauvre enfant qui, au milieu de la dégradation où on l'avait plongée depuis quelques semaines, conservait une physionomie si candide, si virginale et si pure, que les voleurs et les assassins qui la tutoyaient... madame... l'avaient surnommée *Fleur-de-Marie*... l'avez-vous remarquée, cette jeune fille... dites ? dites, tendre mère ?

— Non... je ne l'ai pas remarquée, — dit Sarah presque machinalement, se sentant oppressée par une vague terreur.

— Vraiment ? — s'écria Rodolphe avec un éclat sardonique. — C'est étrange... je l'ai remarquée, moi...Voici à quelle occasion... écoutez bien : Lors d'une de ces explorations dont je vous ai parlé tout à l'heure, je me trouvais dans la Cité ; non loin du repaire où vous m'avez suivi, un homme voulait battre une de ces malheureuses créatures ; je la défendis contre la brutalité de cet homme... Vous ne devinez pas qui était cette créature... dites, mère sainte et prévoyante, dites ?... vous ne devinez pas ?

— Non... je ne... devine pas... Oh ! laissez-moi... laissez-moi...

— Cette malheureuse était Fleur-de-Marie...

— Oh ! mon Dieu !...

— Et vous ne devinez pas... qui était Fleur-de-Marie... mère irréprochable ?

— Tuez-moi... oh ! tuez-moi...

— C'était la Goualeuse... c'était votre fille !... — s'écria Rodolphe avec une explosion déchirante. — Oui, cette infortunée que j'ai arrachée des mains d'un ancien forçat, c'était mon enfant, à moi .. à moi... Rodolphe de Gerolstein ! Oh ! il y avait dans cette rencontre avec mon enfant que je sauvais sans la connaître quelque chose de fatal... de providentiel... une récompense pour l'homme qui cherche à secourir ses frères... une punition pour le parricide.

— Je meurs maudite et damnée. . — murmura Sarah en se renversant dans son fauteuil et en cachant son visage dans ses mains.

— Alors, — continua Rodolphe, dominant à peine ses ressentiments et voulant en vain comprimer les sanglots qui de temps en temps étouffaient sa voix, — quand je l'ai eue soustraite aux mauvais traitements dont on la menaçait, frappé de la douceur inexprimable de son accent... de l'angélique expression de ses traits... il m'a été impossible de ne pas m'intéresser à elle... Avec quelle émotion profonde j'ai écouté le naïf et poignant récit de cette vie d'abandon, de douleur et de misère ! car, voyez-vous, c'est quelque chose d'épouvantable que la vie de votre fille... Oh ! il faut que vous sachiez les tortures de votre enfant ; oui, madame la comtesse... pendant qu'au milieu de votre opulence vous rêviez une couronne... votre fille, toute petite, couverte de haillons, allait le soir mendier dans les rues, souffrant du froid et de la faim... durant les nuits d'hiver elle grelottait sur un peu de paille dans le coin d'un grenier, et puis, quand l'horrible femme qui la torturait était lasse de battre la pauvre petite, ne sachant qu'imaginer pour la faire souffrir, savez-vous ce qu'elle faisait, madame ?... Elle lui arrachait les dents !...

— Oh ! je voudrais mourir !... c'est une atroce agonie !

— Écoutez encore... S'échappant enfin des mains de la Chouette : errant sans pain, sans asile, âgée de huit ans à peine, on l'arrêta comme vagabonde, on la met en prison... Ah ! cela a été le meilleur temps de la vie de votre fille... madame... Oui, dans sa geôle, chaque soir elle remerciait Dieu de ne plus souffrir du froid, de la faim, et de ne plus être battue. Et c'est dans une prison qu'elle a passé les années les plus précieuses de la vie d'une jeune fille, ces années qu'une tendre mère entoure toujours d'une sollicitude si pieuse et si jalouse ; oui, au lieu d'atteindre ses seize ans environnée de soins tutélaires, de nobles enseignements, votre fille n'a connu que la brutale indifférence des geôliers ; et puis, un jour, dans sa féroce insouciance, la société l'a jetée, innocente et pure, belle et candide, au milieu de la fange de la grande ville... Malheureuse enfant... abandonnée... sans soutien, sans conseil, livrée à tous les hasards de la misère et du vice !... Oh ! — s'écria Rodolphe en donnant un libre cours aux sanglots qui l'étouffaient, votre cœur est endurci, votre égoïsme impitoyable ; mais vous auriez pleuré... oui... vous auriez pleuré, en entendant le récit déchirant de votre fille !... Pauvre enfant, souillée mais non corrompue, chaste encore au milieu de cette horrible dégradation qui était pour elle un songe affreux ; car chaque mot disait son horreur pour cette vie où elle était fatalement enchaînée ; oh ! si vous saviez comme à chaque instant il se révélait en elle d'adorables instincts... Que de bonté... que de charité touchante ! oui, car c'était pour soulager une infortune plus grande encore que la sienne que la pauvre petite avait dépensé le peu d'argent qui lui restait et qui la séparait de l'abîme d'infamie où on l'a plongée... Oui ! car il est venu un jour... un jour affreux... où, sans travail, sans pain, sans asile... d'horribles femmes l'ont rencontrée exténuée de faiblesse... de besoin... l'ont enivrée... et...

Rodolphe ne put achever ; il poussa un cri déchirant en s'écriant : — Et c'était ma fille !... ma fille !...

— Malédiction sur moi ! — murmura Sarah en cachant sa figure dans ses mains comme si elle eût redouté de voir le jour.

— Oui ! s'écria Rodolphe, — malédiction sur vous ! car c'est votre abandon qui a causé toutes ses horreurs... Malédiction sur vous ! car lorsque, la retirant de cette fange, je l'avais placée dans une paisible retraite, vous l'en avez fait arracher par vos misérables complices... Malédiction sur vous ! car cet enlèvement l'a remise au pouvoir de Jacques Ferrand...

A ce nom, Rodolphe se tut brusquement... Il tressaillit comme s'il l'eût prononcé pour la première fois. C'est que, pour la première fois aussi, il prononçait ce nom depuis qu'il savait que sa fille était la victime de ce monstre... Les traits du prince prirent alors une effrayante expression de rage et de haine. Muet, immobile, il restait comme écrasé par cette pensée : que le meurtrier de sa fille vivait encore...

Sarah, malgré sa faiblesse croissante et le bouleversement que venait de lui causer l'entretien de Rodolphe, fut frappée de son air sinistre ; elle eut peur pour elle... — Hélas ! qu'avez-vous ? — murmura-t-elle d'une voix tremblante. — N'est-ce pas assez de souffrances, mon Dieu ?...

— Non, ce n'est pas assez !... ce n'est pas assez !... — dit Rodolphe en se parlant à lui-même et répondant à sa propre pensée, — je n'avais jamais éprouvé cela... jamais !... Quelle ardeur de vengeance ! quelle soif de sang !... Quand je ne savais pas qu'une des victimes du monstre était mon enfant... je me disais : La mort de cet homme serait stérile... tandis que sa vie serait féconde, si, pour la racheter, il acceptait les conditions que je lui impose... Le condamner à la charité, pour expier ses crimes, me paraissait juste... Et puis la vie sans or, la vie sans l'assouvissement de sa sensualité frénétique, devait être une longue et double torture... Mais c'est ma fille qu'il a livrée enfant à toutes les horreurs de la misère... jeune fille à toutes les horreurs de l'infamie ! — s'écria Rodolphe en s'animant un peu, — mais c'est ma fille qu'il a fait assassiner !... Je tuerai cet homme !... — Et le prince s'élança vers la porte.

— Où allez-vous ? Ne m'abandonnez pas !... — s'écria Sarah se levant à demi et étendant vers Rodolphe ses mains suppliantes. — Ne me laissez pas seule !... je vais mourir...

— Seule !... non !... je vous laisse avec le spectre de votre fille, dont vous avez causé la mort !...

Sarah, éperdue, se jeta à genoux en poussant un cri d'effroi, comme si un fantôme effrayant lui eût apparu. — Pitié !... je meurs !...

— Mourez donc, maudite !... — reprit Rodolphe effrayant de fureur. — Maintenant il me faut la vie de votre complice... car c'est vous qui avez livré votre fille à son bourreau !...

Et Rodolphe se fit rapidement conduire chez Jacques Ferrand.

CHAPITRE IX

Furens amoris

La nuit était venue pendant que Rodolphe se rendait chez le notaire. Le pavillon occupé par Jacques Ferrand est plongé dans une obscurité profonde. Le vent gémit, la pluie tombe... Le vent gémissait, la pluie tombait aussi pendant cette nuit sinistre où Cecily, avant de quitter pour jamais la maison du notaire, avait exalté la brutale passion de cet homme jusqu'à la frénésie.

Étendu sur le lit de sa chambre à coucher, faiblement éclairée par une lampe, Jacques Ferrand est vêtu d'un pantalon et d'un gilet noirs ; une des manches de sa chemise est relevée, tachée de sang ; une ligature de drap rouge, que l'on aperçoit à son bras nerveux, annonce qu'il vient d'être saigné par Polidori. Celui-ci, debout auprès du lit, s'appuie d'une main au chevet, et semble contempler les traits de son complice avec inquiétude. Rien de plus hideusement effrayant que la figure de Jacques Ferrand, alors plongé dans cette torpeur somnolente qui succède ordinairement aux crises violentes. D'une pâleur violacée, son visage, inondé d'une sueur froide, a atteint le dernier degré du marasme ; ses paupières fermées sont tellement gonflées, injectées de sang, qu'elles apparaissent comme deux lobes rougeâtres au milieu de cette face d'une lividité cadavéreuse.

— Encore un accès aussi violent, et il est mort ! — dit Polidori à voix basse. — Arêtée l'a dit[1], la plupart de ceux qui sont atteints de cette étrange et effroyable maladie périssent presque toujours le septième jour... et il y a aujourd'hui six jours que l'infernale créole a allumé le feu inextinguible qui dévore cet homme...

Après quelques moments de silence méditatif, Polidori s'éloigna du lit et se promena lentement dans la chambre.

— Tout à l'heure, — reprit-il en s'arrêtant, — pendant la crise qui a failli emporter Jacques, je me croyais sous l'obsession d'un rêve en l'entendant décrire une à une, et d'une voix haletante, les monstrueuses hallucinations qui traversaient son cerveau... Terrible... terrible maladie !... Tour à tour elle soumet chaque organe à des phénomènes qui déconcertent la science... épouvantent la nature. Ainsi tout à l'heure l'ouïe de Jacques était d'une sensibilité si incroyablement douloureuse, que, quoique je lui parlasse aussi bas que possible, mes paroles brisaient à ce point son tympan, qu'il lui semblait, disait-il, que son crâne était une cloche, et qu'un énorme battant d'airain, mis en branle au moindre son, lui martelait la tête d'une tempe à l'autre avec un fracas étourdissant et des élancements atroces.

Polidori resta de nouveau pensif devant le lit de Ferrand. La tempête grondait au dehors ; elle éclata bientôt en longs sifflements, en violentes rafales de vent et de pluie qui ébranlèrent toutes les fenêtres de cette maison délabrée... Malgré son audacieuse scélératesse, Polidori était superstitieux ; de noirs pressentiments l'agitaient ; il éprouvait un malaise indéfinissable ; les mugissements de l'ouragan qui troublaient seul le morne silence de la nuit lui inspiraient une vague frayeur contre laquelle

---

[1]. *Nam plerumque in septimo die hominem consumit* (Arêtée). Voir la traduction de Baldasar (*Cas. med.*, lib. III. *Salacitas nitro curata*) Voir aussi les admirables pages d'Ambroise Paré sur le *satyriasis*, cette étrange et effrayante maladie, qui ressemble tant, dit-il, à un *châtiment de Dieu*.

il voulait en vain se roidir. Pour se distraire de ses sombres pensées, il se mit à examiner les traits de Ferrand. — Maintenant, — dit-il en se penchant vers lui, — ses paupières s'injectent. On dirait que son sang calciné y afflue et s'y concentre. L'organe de la vue va, comme tout à l'heure celui de l'ouïe, offrir sans doute quelque phénomène extraordinaire... Quelles souffrances!... comme elles durent!... comme elles sont variées!... Oh! — ajouta-t-il avec un rire amer, — quand la nature se mêle d'être cruelle et de jouer le rôle de tourmenteur, elle défie les plus féroces combinaisons des hommes. Ainsi, dans cette maladie, causée par une frénésie érotique, elle soumet chaque sens à des tortures inouïes, surhumaines. Elle développe la sensibilité de chaque organe jusqu'à l'idéal pour que l'atrocité des douleurs soit idéale aussi.

Après avoir contemplé les traits de son complice, il tressaillit de dégoût, se recula et dit : — Ah! ce masque est affreux. Ces frémissements rapides qui le parcourent et le rident parfois le rendent effrayant.

Au dehors l'ouragan redoublait de furie...

— Quel orage! — reprit Polidori en tombant assis dans un fauteuil et en appuyant son front dans ses mains. — Quelle nuit! quelle nuit! Il ne peut y en avoir de plus funeste pour l'état de Jacques.

Après un long silence il reprit : — Je ne sais si le prince, instruit de l'infernale puissance des séductions de Cecily et de la fougue des sens de Jacques, a prévu que chez un homme d'une trempe si énergique, d'une organisation si vigoureuse, l'ardeur d'une passion brûlante et inassouvie, compliquée d'une sorte de rage cupide, développerait l'effroyable névrose dont Jacques est victime... mais cette conséquence était normale, forcée... Quel contraste étrange dans cet homme! assez tendrement charitable pour imaginer la banque des *travailleurs sans ouvrage*, assez féroce pour arracher Jacques à la mort, afin de le livrer à toutes les furies vengeresses de la luxure... Rien d'ailleurs de plus orthodoxe, — ajouta Polidori avec une sombre ironie. — Parmi les peintures que Michel-Ange a faites des sept péchés capitaux dans son *Jugement dernier* de la chapelle Sixtine, j'ai vu la punition terrifiante dont il frappe la luxure[1]; mais les masques hideux, convulsifs de ces damnés de la chair qui se tordaient sous la morsure aiguë des serpents, étaient moins effrayants que la face de Jacques pendant son accès de tout à l'heure... il m'a fait peur!

Et Polidori frissonna comme s'il avait encore devant les yeux cette vision formidable.

— Oh! oui, reprit-il avec un abattement rempli de frayeur, —

---

1. Emporté par son sujet, l'imagination égarée par huit ans de méditations continues sur un jour si horrible pour un croyant; Michel-Ange élevé à la dignité de prédicateur, et ne songeant plus qu'à son salut, a voulu punir de la manière la plus frappante le vice alors le plus à la mode. L'horreur de ce supplice me semble arriver au vrai sublime du genre. (Stendhal, *Histoire de la peinture en Italie*, p. 354).

le prince est impitoyable... Mieux vaudrait mille fois, pour Ferrand, avoir porté sa tête sur l'échafaud ; mieux vaudrait le feu, la roue, le plomb qui brûle et troue les membres, que le supplice que ce misérable endure. A force de le voir souffrir, je finis par m'épouvanter pour mon propre sort... Que va-t-on décider de moi ? que me réserve-t-on, à moi le complice de Jacques ? Être son geôlier ne peut suffire à la vengeance du prince... il ne m'a pas fait grâce de l'échafaud .. pour me laisser vivre... Peut-être une prison éternelle m'attend-elle en Allemagne... Mieux vaudrait cela que la mort... Pourtant je le sais, la parole du prince est sacrée... mais moi qui ai tant de fois violé les lois divines et humaines, pourrais-je invoquer la promesse jurée ? Il n'importe !... De même s'il était de mon intérêt que Jacques ne s'échappât pas, il serait aussi de mon intérêt de prolonger ses jours... Mais à chaque instant les symptômes de sa maladie s'aggravent... il faudrait presque un miracle pour le sauver... Que faire ? que faire ?...

A ce moment la tempête était dans toute sa fureur, une cheminée presque croulante de vétusté, renversée par la violence du vent, tomba sur le toit et dans la cour avec le fracas retentissant de la foudre. Jacques Ferrand, brusquement arraché à sa torpeur somnolente, fit un mouvement sur son lit.

Polidori se sentit de plus en plus sous l'obsession de la vague terreur qui le dominait. — C'est une sottise de croire aux pressentiments, — dit-il d'une voix troublée, — mais cette nuit me semble devoir être sinistre...

Un sourd gémissement du notaire attira l'attention de Polidori. — Il sort de sa stupeur... — se dit-il en se rapprochant lentement du lit ; — peut-être va-t-il tomber dans une nouvelle crise...

— Polidori... — murmura Jacques Ferrand toujours étendu sur son lit, et tenant ses yeux fermés, — Polidori... quel est ce bruit ?...

— Une cheminée qui s'écroule... — répondit Polidori à voix basse, craignant de frapper trop vivement l'ouïe de son complice ; — un affreux ouragan ébranle la maison jusque dans ses fondements... la nuit est horrible...

Le notaire ne l'entendit pas, et reprit en tournant à demi la tête : — Polidori, tu n'es donc pas là ?

— Si... si... je suis là, — dit Polidori d'une voix plus haute, — mais je t'ai répondu doucement de peur de te causer, comme tout à l'heure, de nouvelles douleurs en parlant haut...

— Non... maintenant ta voix arrive à mon oreille... sans me faire éprouver ces atroces douleurs de tantôt... car il me semblait au moindre bruit que la foudre éclatait dans mon crâne... et pourtant... au milieu de ce fracas, de ces souffrances sans nom, je distinguais la voix passionnée de Cecily qui m'appelait...

— Toujours... cette femme infernale... toujours... Mais chasse donc ces pensées... elles te tueront.

— Ces pensées sont ma vie... comme ma vie, elles résistent à mes tortures.

— Mais, insensé que tu es, ce sont ces pensées seules qui causent tes tortures, te dis-je ! Ta maladie n'est autre chose que ta frénésie sensuelle arrivée à sa dernière exaspération... Encore une fois, chasse de ton cerveau ces images mortellement lascives, ou tu périras...

— Chasser ces images ! — s'écria Jacques Ferrand avec exaltation, — oh ! jamais, jamais !... Toute ma crainte est que ma pensée s'épuise à les évoquer. Mais, par l'enfer ! elle ne s'épuise pas... Plus cet ardent mirage m'apparaît, plus il ressemble à la réalité... Dès que la douleur me laisse un moment de repos... dès que je suis lié aux idées, Cecily, ce démon que je chéris et que je maudis, surgit à mes yeux...

— Quel fureur indomptable !.. Il m'épouvante.

— Tiens... maintenant... — dit le notaire d'une voix stridente et les yeux obstinément attachés sur un point obscur de son alcôve, — je vois déjà... comme une forme indécise et blanche se dessiner... là... là. — Et il étendait son doigt velu et décharné dans la direction de sa vision.

— Tais-toi... malheureux...

— Ah !... la voilà...

— Jacques... c'est la mort.

— Oh ! je la vois, — ajouta Ferrand les dents serrées, sans répondre à Polidori, la voilà ! qu'elle est belle !... Comme ses cheveux noirs flottent en désordre sur ses épaules !... Et ses petites dents qu'on aperçoit entre ses lèvres entr'ouvertes... ses lèvres si rouges et si humides ! quelles perles !... Oh ! ses grands yeux semblent tour à tour étinceler et mourir... Cecily ! — ajouta-t-il avec une exaltation inexprimable, — Cecily ! je t'adore !... Oh !... la damnation éternelle ! et la voir ainsi pendant l'éternité !...

— Jacques n'excite pas ta vue sur ces fantômes...

— Ce n'est pas un fantôme...

— Prends garde... tout à l'heure... tu sais... tu te figurais aussi entendre les chants voluptueux de cette femme, et ton ouïe a été tout à coup frappée d'une douleur effroyable... Prends garde !

— Laisse-moi... laisse-moi !... A quoi bon l'ouïe, sinon pour l'entendre ?... la vue, sinon pour la voir ?...

— Mais les tortures qui s'ensuivent, misérable fou !...

— Je puis braver les tortures pour un mirage !... j'ai bravé la mort pour une réalité... Que m'importe, d'ailleurs ? Cette ardente image est pour moi la réalité... Oh ! Cecily ! es-tu belle !... Tu le sais bien, monstre, que tu es enivrante... A quoi bon cette coquetterie infernale qui m'embrase encore ! Oh ! l'exécrable furie... tu veux donc que je meure ?... Cesse... cesse... ou je t'étrangle !... — s'écria le notaire en délire.

— Mais tu te tues, misérable ! — s'écria Polidori en secouant rudement le notaire pour l'arracher à son extase. Efforts inutiles !... Jacques continua avec une nouvelle exaltation : — O reine chérie... démon de volupté ! jamais je n'ai vu...

Le notaire n'acheva pas, il poussa un brusque cri de douleur en se rejetant en arrière.

— Qu'as-tu? — lui demanda Polidori avec étonnement.

— Éteins cette lumière, son éclat devient trop vif... je ne puis le supporter, il me blesse...

— Comment? — dit Polidori de plus en plus surpris, — il n'y a qu'une lampe recouverte de son abat-jour, et sa lueur est très faible...

— Je te dis que la clarté augmente ici. Tiens... encore... encore... oh! c'est trop... cela devient intolérable, — ajouta Jacques Ferrand en fermant les yeux avec une expression de souffrance croissante.

— Tu es fou, cette chambre est à peine éclairée, te dis-je ; je viens au contraire, d'abaisser la lampe... ouvre les yeux... tu verras.

— Ouvrir les yeux ! mais je serais aveuglé par les torrents de clarté flamboyante dont cette pièce est de plus en plus inondée... ici... là... partout... ce sont des gerbes de feu... des milliers d'étincelles éblouissantes !... s'écria le notaire en se levant sur son séant ; puis, poussant un nouveau cri de douleur atroce, il porta les deux mains sur ses yeux : — Mais je suis aveuglé... cette lumière torride traverse mes paupières fermées... elle me brûle... elle me dévore... Ah! maintenant mes mains me garantissent un peu !... Mais éteins cette lampe, elle jette une flamme infernale !...

— Plus de doute... — dit Polidori, — sa vue est frappée de l'exorbitante sensibilité dont son ouïe avait été frappée tout à l'heure ; puis une crise d'hallucination... il est perdu... Le saigner de nouveau dans cet état serait mortel,... il est perdu...

Un nouveau cri aigu, terrible, de Jacques Ferrand, retentit dans la chambre : — Bourreau ! éteins donc cette lampe !... son éclat embrasé pénètre à travers mes mains qu'il rend transparentes... Je vois le sang circuler dans le réseau de mes veines. J'ai beau clore mes paupières de toutes mes forces, cette lave ardente s'y infiltre... Oh ! quelle torture !... ce sont des élancements éblouissants comme si on m'enfonçait au fond des orbites un fer aigu chauffé à blanc... Au secours ! mon Dieu ! au secours !... — s'écria-t-il en se tordant sur son lit, en proie à d'horribles convulsions de douleur.

Polidori, effrayé de la violence de cet accès, éteignit brusquement la lumière. Et tous deux se trouvèrent dans une obscurité profonde.

A ce moment on entendit le bruit d'une voiture à la porte de la rue...

Lorsque les ténèbres eurent envahi la chambre où il se trouvait avec Polidori, les douleurs aiguës de Jacques Ferrand cessèrent peu à peu.

— Pourquoi as-tu tant tardé à éteindre cette lampe ? — dit Jacques Ferrand. — Etait-ce pour me faire endurer les tourments de l'enfer ? Oh ! que j'ai souffert... mon Dieu, que j'ai souffert !...

— Je te l'avais dit, dès que le souvenir de cette femme excitera l'un de tes sens... presque à l'instant ce sens sera frappé par un de ces terribles phénomènes qui déconcertent la science, et que les croyants pourraient prendre pour une terrible punition de Dieu.

— Ne me parle pas de Dieu !.. — s'écria le monstre en grinçant les dents.

— Je t'en parlais... pour mémoire... mais puisque tu tiens à ta vie, si misérable qu'elle soit... songe bien, je te le répète, que tu seras emporté pendant une de ces crises furieuses, si tu les provoques encore...

— Je tiens à la vie... parce que le souvenir de Cecily est toute ma vie...

— Mais ce souvenir te tue, t'épuise, te consume !

— Je ne puis ni ne veux m'y soustraire... Je suis incarné à Cecily comme le sang l'est au corps. Cet homme m'a pris toute ma fortune... il n'a pu me ravir l'ardente et impérissable image de cette enchanteresse. Cette image est à moi ; à toute heure elle est là comme mon esclave... elle dit ce que je veux... elle me regarde comme je veux... elle m'adore comme je veux ! — s'écria le notaire dans un nouvel accès de passion frénétique.

— Jacques... ne t'exalte pas... souviens-toi de la crise de tout à l'heure.

Le notaire n'entendit pas son complice, qui prévit une nouvelle hallucination. En effet, Jacques Ferrand reprit en poussant un éclat de rire convulsif : — M'enlever Cecily ! Mais ils ne savent donc pas qu'on arrive à l'impossible en concentrant la puissance de toutes ses facultés sur un objet ? Je... vais monter dans la chambre de Cecily, où je n'ai pas osé aller depuis son départ... Oh ! voir, toucher les vêtements qui lui ont appartenu... la glace devant laquelle elle s'habillait... ce sera la voir elle-même !... Oui, en attachant énergiquement mes yeux sur cette glace... bientôt j'y verrai apparaître Cecily ; ce ne sera pas une illusion, un mirage ; ce sera bien elle, je la trouverai là... comme le statuaire trouve la statue dans le bloc de marbre... Mais, par tous les feux de l'enfer, dont je brûle, ce ne sera pas une pâle et froide Galatée...

— Où vas-tu ?... — dit tout d'un coup Polidori en entendant Jacques Ferrand se lever, car l'obscurité la plus profonde régnait toujours dans cette pièce.

— Je vais trouver Cecily...

— Tu n'iras pas... l'aspect de cette chambre te tuerait.

— Cecily m'attend là-haut.

— Tu n'iras pas ; je te tiens, je ne te lâche pas, — dit Polidori en saisissant le notaire par le bras.

Jacques Ferrand, arrivé au dernier degré de l'épuisement, ne pouvait lutter contre Polidori qui l'étreignait d'une main vigoureuse. — Tu veux m'empêcher d'aller trouver Cecily ?

— Oui... et d'ailleurs... il y a une lampe allumée dans la salle voisine ; tu sais quel effet la lumière a tout à l'heure produit sur ta vue ?

— Cecily est en haut... elle m'attend... je traverserais une fournaise ardente pour aller la rejoindre... Laisse-moi... elle m'a dit que j'étais son vieux tigre... Prends garde, mes griffes sont tranchantes.

— Tu ne sortiras pas... je t'attacherai plutôt sur ton lit comme un fou furieux.

— Polidori, écoute, je ne suis pas fou, j'ai toute ma raison, je sais bien que Cecily n'est pas matériellement là-haut... mais, pour moi, les fantômes de mon imagination valent des réalités...

— Silence !... — s'écria tout à coup Polidori en prêtant l'oreille; — tout à l'heure j'avais cru entendre une voiture s'arrêter à la porte... je ne m'étais pas trompé... j'entends maintenant un bruit de voix... dans la cour...

— Tu veux me distraire de ma pensée... le piège est grossier.

— J'entends parler, te dis-je, et je crois reconnaître...

Tu veux m'abuser, — dit Jacques Ferrand interrompant Polidori ; — je ne suis pas ta dupe...

— Mais, misérable... écoute donc... écoute... tiens, n'entends-tu pas ?...

— Laisse-moi, Cecily est là-haut ; elle m'appelle... ne me mets pas en fureur... à mon tour je te dis : Prends garde... entends-tu ? prends garde...

— Tu ne sortiras pas...

— Prends garde...

— Tu ne sortiras pas d'ici, mon intérêt veut que tu restes...

— Tu m'empêches d'aller retrouver Cecily, mon intérêt veut que tu meures... Tiens donc ! — dit le notaire d'une voix sourde...

Polidori poussa un cri.

— Scélérat ! tu m'as frappé au bras ; mais ta main était mal affermie ; la blessure est légère, tu ne m'empêcheras pas...

— Ta blessure est mortelle... c'est le stylet empoisonné de Cecily qui t'a frappé ; je le portais toujours sur moi : attends l'effet du poison... Ah ! tu me lâches, enfin tu vas mourir... Il ne fallait pas m'empêcher d'aller là-haut retrouver Cecily... — ajouta Jacques Ferrand en cherchant à tâtons dans l'obscurité à ouvrir la porte.

— Oh !... — murmura Polidori ; — mon bras s'engourdit... un froid mortel me saisit... mes genoux tremblent sous moi.. mon sang se fige dans mes veines... un vertige me saisit... Au secours !... — cria le complice de Jacques Ferrand en rassemblant ses forces dans un dernier cri ; — au secours !... je meurs !!!

Et il s'affaissa sur lui-même.

Le fracas d'une porte vitrée, ouverte avec tant de violence que plusieurs carreaux se brisèrent en éclats, la voix retentissante de Rodolphe, et un bruit de pas précipités, semblèrent répondre au cri d'angoisse de Polidori.

Jacques Ferrand, ayant enfin trouvé la serrure dans l'obscurité, ouvrit brusquement la porte de la pièce voisine, et s'y précipita, son dangereux stylet à la main. Au même instant... menaçant et formidable comme le génie de la vengeance, le prince entrait dans cette pièce par le côté opposé : — Monstre ! — s'écria-t-il en s'avançant vers Jacques Ferrand ; — c'est ma fille que tu as tude !... tu vas... — Le prince n'acheva pas, il recula épouvanté.

On eût dit que ses paroles avaient foudroyé Jacques Ferrand... Jetant son stylet et portant ses deux mains à ses yeux, le misérable tomba la face contre terre en poussant un cri qui n'avait rien d'humain.

Par suite du phénomène dont nous avons parlé et dont une obscurité profonde avait suspendu l'action, lorsque Jacques Ferrand entra dans cette chambre vivement éclairée, il fut frappé d'éblouissements plus vertigineux, plus intolérables que s'il eût été jeté au milieu d'un torrent de lumière aussi incandescente que celle du disque du soleil. Et ce fut un épouvantable spectacle que l'agonie de cet homme qui se tordait dans d'affreuses convulsions, éraillant le parquet avec ses ongles, comme s'il eût voulu se creuser un trou pour échapper aux tortures atroces que lui causait cette flamboyante clarté.

Rodolphe, un de ses gens et le portier de la maison, qui avait été forcé de conduire le prince jusqu'à la porte de cette pièce, restaient frappés d'horreur. Malgré sa juste haine, Rodolphe ressentit un mouvement de pitié pour les souffrances inouïes de Jacques Ferrand, il ordonna de le porter sur un canapé. On y parvint non sans peine, car, de crainte de se trouver soumis à l'action directe de la lampe, le notaire se débattit violemment ; mais lorsqu'il eut la face inondée de lumière il poussa un nouveau cri... un cri qui glaça Rodolphe de terreur.

Après de nouvelles et longues tortures, le phénomène cessa par sa violence même. Ayant atteint les dernières limites du possible sans que la mort s'ensuivît, la douleur visuelle cessa... mais, suivant la marche normale de cette maladie, une hallucination délirante vint succéder à cette crise.

Tout à coup Jacques Ferrand se roidit comme un cataleptique ; ses paupières, jusqu'alors obstinément fermées, s'ouvrirent brusquement ; au lieu de fuir la lumière, ses yeux s'y attachèrent invinciblement ; ses prunelles, dans un état de dilatation et de fixité extraordinaires, semblaient phosphorescentes et intérieurement illuminées. Jacques Ferrand paraissait plongé dans une sorte de contemplation extatique ; son corps et ses membres restèrent d'abord dans une immobilité complète, ses traits seuls furent incessamment agités par des tressaillements nerveux. Son hideux visage ainsi contracté, contourné, n'avait plus rien d'humain ; on eût dit que les appétits de la bête, en étouffant l'intelligence de l'homme, imprimaient à la physionomie de ce misérable un caractère absolument bestial. Arrivé à la période mortelle de son délire, à travers cette suprême hallucination, il se souvenait encore des paroles de Cecily qui l'avait appelé son tigre; peu à peu sa raison s'égara. Il s'imagina être un tigre. Ses paroles entrecoupées, haletantes, peignaient le désordre de son cerveau et l'étrange aberration qui s'en était emparée. Peu à peu ses membres, jusqu'alors roides et immobiles, se détendirent : un brusque mouvement le fit choir du canapé ; il voulut se relever et marcher, mais les forces lui manquant, il fut réduit, tantôt à ramper comme un reptile, tantôt à se traîner sur ses mains et sur ses genoux... allant, venant, deçà de là, selon que ses visions le poussaient et le possédaient.

Tapi dans l'un des angles de la chambre, comme un tigre dans son repaire, ses cris rauques, furieux, ses grincements de dents, la torsion convulsive des muscles de son front et de sa face, son regard flamboyant lui donnaient parfois quelque vague et effrayante ressemblance avec cette bête féroce.

— Tigre.. tigre... tigre que je suis, — disait-il d'une voix saccadée, en se ramassant sur lui-même; — oui, tigre... Que de sang!... Dans ma caverne... cadavres... déchirés!... La Goualeuse... le frère de cette veuve... un petit enfant... le fils de Louise... voilà des cadavres... ma tigresse Cecily prendra sa part... — Puis, regardant ses doigts décharnés, dont les ongles avaient démesurément poussé pendant sa maladie, il ajouta ces mots entrecoupés : — Oh! mes ongles tranchants... tranchants et aigus... Un vieux tigre, moi, mais plus souple, plus fort, plus hardi... on n'oserait pas me disputer ma tigresse Cecily... Ah! elle appelle!... elle appelle! — dit-il en avançant son monstrueux visage et prêtant l'oreille.

Après un moment de silence, il se tapit de nouveau le long du mur en disant : — Non j'avais cru l'entendre... elle n'est pas là... mais je la vois... Oh! toujours, toujours!... Oh! la voilà.. Elle m'appelle, elle rugit, rugit là-bas... me voilà... me voilà...
— Et Jacques Ferrand se traîna vers le milieu de la chambre sur ses genoux et sur ses mains. Quoique ses forces fussent épuisées, de temps à autre il avançait par un tremblement convulsif, puis il s'arrêtait semblant écouter attentivement. — Où est-elle?... où est-elle?... j'approche, elle s'éloigne... Ah! là-bas... oh!... elle m'attend... va... va... mords le sable en poussant des rugissements plaintifs... Ah! ses grands yeux féroces... ils deviennent languissants, ils implorent... Cecily, ton vieux tigre est à toi, — s'écria-t-il. Et d'un dernier élan il eut la force de se soulever et de se redresser sur ses genoux.

Mais tout à coup, se renversant en arrière avec épouvante, le corps affaissé sur ses talons, les cheveux hérissés le regard effaré la bouche contournée de terreur, les deux mains tendues en avant, il sembla lutter avec rage contre un objet invisible, prononçant des paroles sans suite, s'écriant d'une voix entrecoupée :
— Quelle morsure... au secours... nœuds glacés... mes bras brisés... je ne peux pas l'ôter... dents aiguës... Non, non, oh! pas les yeux... au secours... un serpent noir... oh! sa tête plate... ses prunelles de feu... Il me regarde... c'est le démon... Ah! il me reconnaît.. Jacques Ferrand... à l'église... saint homme... toujours à l'église... va-t'en... au signe de la croix... va-t'en... — Et le notaire se redressant un peu, s'appuyant d'une main sur le parquet, tâcha de l'autre de se signer...

Son front livide était inondé de sueur froide, ses yeux commençaient à perdre de leur transparence... ils devenaient ternes... glauques... Tous les symptômes d'une mort prochaine se manifestaient.

36

Rodolphe et les autres témoins de cette scène restaient immobiles et muets comme s'ils eussent été sous l'obsession d'un rêve abominable.

— Ah!... — reprit Jacques Ferrand toujours à demi étendu sur le parquet et se soutenant d'une main; — le démon... disparu... je vais à l'église... je suis un saint homme... je prie... Hein? on ne le saura pas... tu crois? non, non, tentateur... bien sûr!... le secret?... Eh bien! qu'elles viennent, ces femmes... toutes! oui, toutes... si on ne sait pas!

Et sur la hideuse physionomie de ce martyr damné de la luxure, on put suivre les dernières convulsions de l'agonie sensuelle... les deux pieds dans la tombe que la passion frénétique avait ouverte, obsédé par un fougueux délire, il évoquait encore des images d'une volupté mortelle.

— Ah! — reprit-il d'une voix haletante, — ces femmes... ces femmes... Mais le secret!... Je suis un saint homme!... Le secret!... Ah! les voilà!... trois... Elles sont trois!... Que dit celle-ci?... Je suis Louise Morel... Ah!... oui, Louise Morel... je sais. Je ne suis qu'une fille du peuple. Vois, Jacques, quelle forêt de cheveux bruns se déploie sur mes épaules... Tu trouvais mon visage beau... Tiens... prends... garde-le... Que me donne-t-elle? Sa tête... coupée... par le bourreau... Cette tête morte, elle me regarde... Cette tête morte, elle me parle... Ses lèvres violettes, elles remuent... *Viens! viens! viens!...* Comme Cecily... non, je ne veux pas... je ne veux pas... démon... laisse-moi... va-t'en!... va-t'en!... Et cette autre femme!... oh! belle! belle! Jacques... Je suis la duchesse.., de Lucenay... Vois ma taille de déesse... mon sourire... mes yeux effrontés... Viens! viens! Oui, je viens... mais attends!... Et celle-ci... qui retourne son visage!... Oh! Cecily!... Cecily... Oui... Jacques... je suis Cecily... Tu vois les trois Grâces... Louise... la duchesse et moi... choisis... Beauté du peuple... beauté parisienne... beauté sauvage des tropiques... L'enfer avec nous... Viens viens!... — L'enfer avec vous!... s'écria Jacques Ferrand en se soulevant sur ses genoux et en étendant ses bras pour saisir ces fantômes.

Ce dernier élan convulsif fut suivi d'une commotion mortelle. Il retomba aussitôt en arrière, roide et inanimé; ses yeux semblaient sortir de leur orbite; d'atroces convulsions imprimaient à ses traits des contorsions naturelles, pareilles à celles que la pile voltaïque arrache au visage des cadavres; une écume sanglante inondait ses lèvres; sa voix était sifflante, stranglée comme celle d'un hydrophobe, car dans son dernier paroxysme cette maladie épouvantable... épouvantable punition de la luxure offre les mêmes symptômes que la rage. La vie du monstre s'éteignit au milieu d'une dernière et horrible vision, car il balbutia ces mots: — Nuit noire!... noire... spectres... squelettes d'airain rougi au feu... m'enlacent... leurs doigts brûlants... ma chair fume... ma moelle se calcine... spectre acharné... non!... non... Cecily!... le feu... Cecily!...

Tels furent les derniers mots de Jacques Ferrand... Rodolphe sortit épouvanté.

CHAPITRE X

L'hospice.

On se souvient que Fleur-de-Marie, sauvée par la Louve, avait été transportée, non loin de l'île du Ravageur, dans la maison de campagne du docteur Griffon, l'un des médecins de l'hospice civil où nous conduirons le lecteur. Ce savant docteur, qui avait obtenu, par de hautes protections, un *service* dans cet hôpital, regardait ses salles comme une espèce de lieu d'essai où il expérimentait sur les pauvres les traitements qu'il appliquait ensuite à ses riches clients, ne hasardant jamais sur ceux-ci un nouveau moyen curatif avant d'en avoir ainsi plusieurs fois tenté et répété l'application *in anima vili*, comme il le disait avec cette sorte de barbarie naïve où peut conduire la passion aveugle de l'art, et surtout l'habitude et la puissance d'exercer sans crainte et sans contrôle, sur une créature de Dieu, toutes les capricieuses tentatives, toutes les savantes fantaisies d'un esprit inventeur. Ainsi, par exemple, le docteur voulait-il s'assurer de l'effet comparatif d'une médication nouvelle assez hasardée, afin de pouvoir déduire des conséquences favorables à tel ou tel système : il prenait un certain nombre de malades... traitait ceux-ci selon la nouvelle méthode... ceux-là par l'ancienne... dans quelques circonstances abandonnait les autres aux seules forces de la nature... Après quoi il comptait les survivants. Ces terribles expériences étaient, à bien dire, un sacrifice humain fait sur l'autel de la science. Le docteur Griffon n'y songeait même pas. Aux yeux de ce *prince de la science*, comme on dit de nos jours, les malades de son hôpital n'étaient que de la matière à étude, à expérimentation ; et comme, après tout, il résultait parfois de ses essais un fait utile ou une découverte acquise à la science, le docteur se montrait aussi ingénument satisfait et triomphant qu'un général après une victoire assez *coûteuse* en soldats.

L'homœopathie n'avait pas eu d'adversaire plus acharné que le docteur Griffon. Il traitait cette méthode d'absurde, de funeste, d'homicide ; aussi, voulant mettre les homœopathes, comme on dit, au *pied du mur*, il aurait voulu leur offrir, avec une loyauté

---

1. Le nom que j'ai l'honneur de porter, et que mon père, mon grand-père, mon grand-oncle et mon bisaïeul (l'un des hommes les plus érudits du dix-septième siècle) ont rendu célèbre par de beaux et de grands travaux pratiques et théoriques sur toutes les branches de l'art de guérir, m'interdirait la moindre attaque ou allusion irréfléchie à propos des *médecins*, lors même que la gravité du sujet que je traite et la juste et immense célébrité de l'école médicale française ne s'y opposeraient pas ; par la création du docteur Griffon j'ai seulement voulu personnifier un de ces hommes, respectables d'ailleurs, mais qui peuvent se laisser quelquefois entraîner, par la passion de l'art des *expériences*, à *de grands abus du pouvoir médical*, s'il est permis de s'exprimer ainsi, oubliant qu'il est quelque chose encore de plus sacré que la science, *l'humanité*.

chevaleresque, un certain nombre de malades sur lesquels l'homœopathe instrumenterait à son gré, sûr d'avance que, de vingt malades soumis à ce traitement, cinq au plus survivraient... Mais la lettre de l'Académie de médecine qui refusait les expériences provoquées par le ministère lui-même, sur la demande de la Société de médecine homœopathique, réprima cet excès de zèle, et par esprit de corps, il ne voulut pas faire de son autorité privée ce que ses supérieurs hiérarchiques avaient repoussé. Seulement il continua avec la même inconséquence que ses collègues à déclarer à la fois les doses homœopathiques sans aucune action et très dangereuses, sans réfléchir que ce qui est inerte ne peut en même temps être venimeux ; mais les préjugés des savants ne sont pas moins tenaces que ceux du vulgaire, et il fallut bien des années avant qu'un médecin consciencieux osât expérimenter, dans un hôpital de Paris, la médecine des petites doses, et sauver, avec des globules, des centaines de pneumoniques que la saignée eût envoyée dans l'autre monde.

Quant au docteur Griffon, qui déclarait si cavalièrement homicides les millionièmes de grains, il continua d'ingurgiter sans pitié à ses patients l'iode, la strychnine et l'arsenic jusqu'aux limites extrêmes de la *tolérance physiologique*, ou pour mieux dire jusqu'à l'extinction de la vie. On eût stupéfié le docteur Griffon en lui disant, à propos de cette libre et autocratique disposition de ses *sujets* :

« Un tel état de choses ferait regretter la barbarie de ces temps où les condamnés à mort étaient exposés à subir des opérations chirurgicales récemment découvertes... mais que l'on n'osait encore pratiquer sur le vivant... L'opération réussissait-elle, le condamné était gracié.

« Comparée à ce que vous faites, cette barbarie était de la charité, monsieur. Après tout, on donnait ainsi une chance de vie à un misérable que le bourreau attendait, et l'on rendait possible une expérience peut-être utile au salut de tous.

« Les homœopathes, que vous accablez de vos sarcasmes, ont essayé préalablement sur eux-mêmes tous les médicaments dont ils se servent pour combattre les maladies. Plusieurs ont succombé dans ces essais téméraires, mais leur mort doit être inscrite en lettres d'or dans le martyrologe de la science. N'est-ce pas à de semblables expériences que vous devriez convier vos élèves ?

« Mais leur indiquer la population d'un hôpital, comme une vile matière destinée à la manipulation thérapeutique, comme une espèce de chair à canon destinée à supporter les premières bordées de la mitraille médicale, plus meurtrière que celle du canon ; mais tenter vos aventureuses médications sur de malheureux artisans dont l'hospice est le seul refuge lorsque la maladie les accable... mais *essayer* un traitement peut-être funeste sur des gens que la misère vous livre confiants et désarmés.. à vous leur seul espoir, à vous qui ne répondez de leur vie qu'à Dieu.. Savez-vous que cela serait pousser l'amour de la science jusqu'à l'inhumanité, monsieur ? Comment! les classes pauvres peuplent déjà les ateliers, les champs, l'armée; de ce monde elles ne connaissent que misères et privations, et lorsqu'à bout de fatigues et de souffrances elles tombent exténuées... et demi-mortes... la maladie même ne les préserverait pas d'une dernière et sacrilège exploitation ? J'en appelle à votre cœur, monsieur, cela ne serait-il pas injuste et cruel ? »

Hélas! le docteur Griffon aurait été touché peut-être par ces paroles sévères, mais non convaincu. L'homme est fait de la sorte : le capitaine s'habitue aussi à ne plus considérer ses soldats que comme les pions de ce jeu sanglant qu'on appelle une bataille. Et c'est parce que l'homme est ainsi fait que la société doit protection à ceux que le sort expose à subir la réaction de ces nécessités humaines. Or, le caractère du docteur Griffon une fois admis (et on peut l'admettre sans trop d'hyperbole), la population de son hospice n'avait aucune garantie, aucun recours contre la barbarie scientifique de ses expériences; car il existe une fâcheuse lacune dans l'organisation des hôpitaux civils. Nous la signalons ici... puissions-nous être entendu!...

Les hôpitaux militaires sont chaque jour visités par un officier supérieur chargé d'accueillir les plaintes des soldats malades et d'y donner suite si elles lui semblent être raisonnables. Cette surveillance contradictoire, complètement distincte de l'administration et du service de santé, est excellente; elle a toujours produit les meilleurs résultats. Il est d'ailleurs impossible de voir des établissements mieux tenus que les hôpitaux militaires : les soldats y sont soignés avec une douceur extrême, et traités nous dirions presque avec une commisération respectueuse. Pourquoi une surveillance analogue à celle que les officiers exercent dans les hôpitaux militaires n'est-elle pas exercée dans les hôpitaux civils par des hommes complètement indépendants de l'administration et du service de santé, par une commission choisie peut-être parmi les maires, leurs adjoints, parmi tous ceux enfin qui exercent les diverses charges de l'édilité parisienne, charges toujours si ardemment briguées ? Les réclamations fondées du pauvre auraient ainsi un organe impartial, tandis que, nous le répétons, cet organe manque absolument; il n'existe aucun *contrôle contradictoire* du service des hospices... Cela nous semble exorbitant...

Ainsi, la porte des salles du docteur Griffon une fois refermée sur un malade, ce dernier appartenait corps et âme à la science... Aucune oreille amie ou désintéressée ne pouvait entendre ses doléances... On lui disait nettement qu'étant admis à l'hospice par charité, il faisait désormais partie du domaine expérimental du docteur, et que malade et maladie devaient servir de sujet et d'observation, d'analyse ou d'enseignement aux jeunes élèves. En effet, bientôt le *sujet* avait à répondre aux interrogatoires souvent les plus pénibles, les plus douloureux; et cela non pas seul avec le médecin, qui comme le prêtre, remplit un sacerdoce et a le droit de tout savoir ; non, il lui fallait répondre, à voix haute, devant une foule avide et curieuse. Oui, dans ce pandémonium de la science, vieillard ou jeune homme, fille ou femme, étaient obligé d'abjurer tout sentiment de pudeur ou de honte, et de faire les révélations les plus intimes, de se soumettre aux investigations les plus pénibles devant un nombreux public, et presque toujours ces cruelles formalités aggravaient les maladies. Et cela n'était ni humain ni juste : c'est parce que la pauvre entre à l'hospice au nom saint et sacré de la *charité* qu'il doit être traité avec compassion, avec respect ; car le malheur à sa majesté.

En lisant les lignes suivantes, on comprendre pourquoi nous les avons fait précéder de quelques réflexions.

Rien de plus attristant que l'aspect nocturne de la vaste salle d'hôpital où nous introduirons le lecteur. Le long de ses grands murs sombres, percés çà et là de fenêtres grillagées, comme celles des prisons, s'étendent deux rangées de lits parallèles, vaguement éclairés par la lueur sépulcrale d'un réverbère suspendu au plafond. L'atmosphère est si nauséabonde, si lourde, que les nouveaux malades ne s'y *acclimatent* souvent pas sans danger ; ce surcroît de souffrances est une sorte de *prime* que tout nouvel arrivant paye inévitablement au sinistre séjour de l'hospice. Au bout de quelque temps une certaine lividité morbide annonce que le malade a subi la première influence de ce milieu délétère, et qu'il est, nous l'avons dit, acclimaté [1]. Çà et là le silence de la nuit est interrompu tantôt par des gémissements plaintifs, tantôt par de profonds soupirs arrachés par l'insomnie fébrile... puis tout se tait, et l'on entend plus que le balancement monotone et régulier du pendule d'une grosse horloge qui sonne ces heures si longues, si longues pour la douleur qui veille.

Une des extrémités de cette salle était presque plongée dans l'obscurité. Tout à coup il se fit à cet endroit une sorte de tumulte et de bruit de pas précipités ; une porte s'ouvrit et se referma plusieurs fois ; une sœur de charité, dont on distinguait le vaste bonnet blanc et le vêtement noir à la clarté d'une lumière qu'elle portait, s'approcha d'un des derniers lits de la rangée de droite.

Quelques-unes des malades, éveillées en sursaut, se levèrent sur leur séant, attentives à ce qui se passait. Bientôt les deux battants de la porte s'ouvrirent. Un prêtre entra portant un crucifix... les sœurs s'agenouillèrent. A la clarté de la lumière qui entourait ce lit d'une pâle auréole, tandis que les autres parties de la salle restaient dans l'ombre, on put voir l'aumônier de l'hospice se pencher vers la couche de misère en prononçant quelques paroles dont le son affaibli se perdit dans le silence de la nuit. Au bout d'un quart d'heure le prêtre souleva l'extrémité d'un drap dont il recouvrit complétement le chevet du lit... Puis il sortit... Une des sœurs agenouillées se releva, ferma les rideaux qui crièrent sur leurs tringles, et se remit à prier auprès de sa

---

1. A moins de circonstances très urgentes, on ne pratique jamais de graves opérations chirurgicales avant que le malade soit *acclimaté*.

compagne. Puis tout redevint silencieux. Une des malades venait de mourir... Parmi les femmes qui ne dormaient pas et qui avaient assister à cette scène muette, se trouvaient trois personnes dont le nom a été prononcé dans le cours de cette histoire.

Mademoiselle de Fermont, fille de la malheureuse veuve ruinée par la cupidité de Jacques Ferrand; la Lorraine, pauvre blanchisseuse, à qui Fleur-de-Marie avait autrefois donné le peu d'argent qui lui restait, et Jeanne Duport, sœur de Pique-Vinaigre, le conteur de la Force.

Nous connaissons mademoiselle de Fermont et la sœur du conteur de la Force... Quant à la Lorraine, c'était une femme de vingt ans environ, d'une figure douce et régulière, mais d'une pâleur et d'une maigreur extrêmes; elle était phthisique au dernier degré, il ne restait aucun espoir de la sauver; elle le savait et s'éteignait lentement.

— En voilà encore une qui s'en va, — dit à demi-voix la Lorraine, en songeant à la morte et en se parlant à elle-même. — Elle ne souffrira plus!... elle est bien heureuse!...

— Elle est bien heureuse... si elle n'a pas d'enfant... — ajouta Jeanne.

— Tiens... vous ne dormez pas... ma voisine?... — lui dit la Lorraine. — Comment ça va-t-il pour votre première nuit ici? Hier soir, dès en entrant, on vous a fait vous coucher... et je n'ai pas osé ensuite vous parler, je vous entendais sangloter.

— Oh! oui... j'ai bien pleuré...

— Vous avez donc grand mal?

— Oui, mais je suis dure au mal; c'est de chagrin que je pleurais... Enfin j'avais fini par m'endormir, je sommeillais quand le bruit des portes m'a éveillée.. Lorsque le prêtre est entré et que les bonnes sœurs se sont agenouillées, j'ai bien vu que c'était une femme qui se mourait... Alors j'ai dit en moi-même un *Pater* et un *Ave* pour elle...

— Moi aussi... et, comme j'ai la même maladie que la femme qui vient de mourir, je n'ai pu m'empêcher de m'écrier: « En voilà une qui ne souffre plus; elle est bien heureuse!... »

— Oui... comme je vous le disais... si elle n'a pas d'enfant!...

— Vous en avez donc... vous, des enfants?

— Trois... — dit la sœur de Pique-Vinaigre avec un soupir. — Et vous?

— J'ai eu une petite fille... mais je ne l'ai pas gardée longtemps... La pauvre enfant avait été frappée d'avance; j'avais eu trop de misère pendant ma grossesse... Je suis blanchisseuse au bateau; j'avais travaillé tant que j'ai pu aller... Mais tout a une fin; quand la force m'a manqué, le pain m'a manqué aussi... On m'a renvoyé de mon garni; je ne sais pas ce que je serais devenue, sans une pauvre femme qui m'a prise avec elle dans une cave où elle se cachait pour se sauver de son homme qui voulait la tuer. C'est là que j'ai accouché sur la paille; mais, par bonheur, cette femme connaissait une jeune fille, belle et charitable comme un ange du bon Dieu; cette jeune fille avait un peu d'argent ; elle m'a retirée de ma cave, m'a bien établie dans un cabinet garni dont elle a payé un mois d'avance... me donnant en outre un berceau d'osier pour mon enfant, et quarante francs pour moi avec un peu de linge... Grâce à elle, j'ai pu me remettre sur pied et reprendre mon ouvrage.

— Bonne petite fille... Tenez, moi aussi, j'ai rencontré par hasard comme qui dirait sa pareille... une jeune ouvrière bien serviable. J'étais allée... voir mon pauvre frère qui est prisonnier... — dit Jeanne après un moment d'hésitation, — et j'ai rencontré au parloir cette ouvrière ; m'ayant entendu dire à mon frère que je n'étais pas heureuse, elle est venue à moi, bien embarrassée, pour m'offrir de m'être utile selon ses moyens, la pauvre enfant... — J'ai accepté : elle m'a donné son adresse, et deux jours après, cette chère petite mademoiselle Rigolette... elle s'appelle Rigolette... m'avait fait une commande.

— Rigolette ! — s'écria la Lorraine, — voyez donc comme ça se rencontre ! la jeune fille qui a été si généreuse pour moi a plusieurs fois prononcé devant moi le nom de mademoiselle Rigolette, elles étaient unies ensemble...

— Eh bien, — dit Jeanne en souriant tristement, — puisque nous sommes voisines de lit, nous devrions être unies comme nos deux bienfaitrices.

— Bien volontiers ; moi, je m'appelle Annette Gerbier, dite la Lorraine, blanchisseuse.

— Et moi, Jeanne Duport, ouvrière frangeuse... Ah ! c'est si bon, à l'hospice, de pouvoir trouver quelqu'un qui ne vous soit pas tout à fait étranger, surtout quand on y vient pour la première fois, et qu'on a beaucoup de chagrins !... Mais je ne veux pas penser à cela... Dites-moi, la Lorraine, et comment s'appelait la jeune fille qui a été si bonne pour vous ?

— Elle s'appelait la Goualeuse. Elle était jolie comme une sainte Vierge, avec de beaux cheveux blonds et des yeux bleus si doux, si doux.. Malheureusement, malgré son secours, mon pauvre enfant est mort... à deux mois ; il était si chétif, il n'avait que le souffle... Et la Lorraine essuya une larme.

— Et votre mari ?

— Je ne suis pas mariée... je blanchissais à la journée chez une riche bourgeoise de mon pays ; j'avais toujours été sage, mais je m'en suis laissé conter par le fils de la maison, et alors... quand j'ai vu l'état où je me trouvais, je n'ai pas osé rester au pays ; M. Jules, c'était le fils de la riche bourgeoise, m'a donné cinquante francs pour venir à Paris, disant qu'il me ferait passer vingt francs tous les mois pour ma layette et pour mes couches ; mais, depuis mon départ de chez nous, je n'ai rien reçu de lui, pas seulement de ses nouvelles ; je lui ai écrit une fois, il ne m'a pas répondu... Je n'ai pas osé recommencer, je voyais bien qu'il ne voulait plus entendre parler de moi..

— Mais au moins... il n'aurait pas dû vous oublier, à cause de son enfant.

— C'est au contraire cela, voyez-vous, qui l'aura rendu mal

pour moi ; il m'en aura voulu d'être enceinte, parce que je lui devenais un embarras. Je regrette mon enfant, pour moi, mais pas pour elle ; pauvre chère petite ! elle aurait eu trop de misère et aurait été orpheline de trop bonne heure... car je n'en ai pas pour longtemps à vivre...

— On ne doit pas avoir de ces idées-là à votre âge. Est-ce qu'il y a beaucoup de temps que vous êtes malade ?

— Bientôt trois mois... Dame... quand j'ai eu à gagner pour moi et mon enfant, j'ai redoublé de travail, j'ai repris trop vite mon ouvrage à mon bateau ; l'hiver était très froid, j'ai gagné une fluxion de poitrine : c'est à ce moment-là que j'ai perdu ma petite fille. En la veillant j'ai négligé de me soigner... et puis par là dessus le chagrin... Enfin je suis poitrinaire... condamnée... comme l'était l'actrice qui vient de mourir.

— A votre âge il y a toujours de l'espoir.

— L'actrice n'avait que deux ans de plus que moi, et vous voyez.

— Celle que les bonnes sœurs veillent maintenant, c'était donc une actrice ?

— Mon Dieu, oui, voyez le sort... elle avait été belle comme un jour. Elle avait eu beaucoup d'argent, des équipages, des diamants : mais, par malheur, la petite vérole l'a défigurée ; alors la gêne est venue, puis la misère, enfin la voilà morte à l'hospice. Jamais personne n'est venu la voir ; pourtant, il y a quatre ou cinq jours, elle nous disait qu'elle avait écrit au monsieur qu'elle avait connu autrefois dans son beau temps, et qui l'avait bien aimée ; elle lui écrivait pour le prier de venir réclamer son corps, parce que cela lui faisait mal de penser qu'elle serait disséquée... coupée en morceaux.

— Et ce monsieur... il est venu ?...

— Non. A chaque instant la pauvre femme demandait après lui... disant toujours : « Oh ! il viendra, oh ! il va venir, bien sûr... » et pourtant elle est morte sans qu'il soit venu... et ce qu'elle craignait tant arrivera à son pauvre corps... Après avoir été riche, heureuse, mourir ici. . c'est triste ! Au moins, nous ne changeons que de misères...

— A propos de ça, — reprit la Lorraine après un moment d'hésitation, — je voudrais bien que vous me rendiez un service.

— Parlez...

— Si je mourais, comme c'est probable, avant que vous sortiez d'ici, je voudrais que vous réclamiez mon corps... J'ai la même peur que l'actrice... et j'ai mis là le peu d'argent qui me reste pour me faire enterrer.

— N'ayez donc pas de ces idées-là.

— C'est égal, me le promettez-vous ?

— Enfin, Dieu merci, ça n'arrivera pas.

— Oui, mais si cela arrive, je n'aurai pas, grâce à vous, le même malheur que l'actrice.

— Pauvre dame, après avoir été riche, finir ainsi !

— Il n'y a pas que l'actrice dans cette salle qui ait été riche.

— Qui donc encore... a été riche aussi ?

— Une jeune personne de quinze ans au plus, qu'on a amenée ici hier soir. Elle était si faible qu'on était obligée de la porter... La sœur dit que cette jeune personne et sa mère sont des gens très comme il faut, qui ont été ruinés...

— Sa mère est ici aussi ?

— Non, la mère était si mal, qu'on n'a pu la transporter... La pauvre fille ne voulait pas la quitter, on a profité de son évanouissement pour l'emmener... C'est le propriétaire d'un méchant garni où elles logeaient qui, de peur qu'elles ne meurent chez lui, a été faire sa déclaration au commissaire. Elle est là... dans le lit en face de vous...

— Et elle a quinze ans ? L'âge de ma fille aînée !...

Jeanne Duport, à la pensée de sa fille s'était mise à pleurer amèrement.

— Pardon, — dit la Lorraine, — si je vous ai fait de la peine sans le vouloir en vous parlant de vos enfants... Ils sont peut-être malades aussi ?

— Hélas, mon Dieu !... je ne sais pas ce qu'ils vont devenir si je reste ici plus de huit jours.

— Et votre mari ?

— Puisque nous sommes amies ensemble, la Lorraine, je peux vous dire mes peines, comme vous m'avez dit les vôtres... cela me soulagera... Mon mari était un bon ouvrier ; il s'est dérangé, puis il m'a abandonnée, moi et mes enfants, après avoir vendu tout ce que nous possédions ; je me suis remise au travail, de bonnes âmes m'ont aidée, je commençais à être un peu à flot, j'élevais ma petite famille du mieux que je pouvais, quand mon mari est revenu avec une mauvaise femme qui était sa maîtresse, me reprendre le peu que je possédais, et ça été encore à recommencer.

— Pauvre femme, vous ne pouvez pas empêcher cela ?

— Il aurait fallu me séparer devant la loi ; mais la loi est trop chère, comme dit mon frère... Hélas ! mon Dieu... vous allez voir ce que ça fait que la loi soit trop chère pour nous, pauvres gens : il y a quelques jours je retourne voir mon frère... il me donne trois francs qu'il avait ramassés à conter des histoires aux autres prisonniers.

— On voit que vous êtes bien bons cœurs dans votre famille, — dit la Lorraine, qui, par une rare délicatesse d'instinct, n'interrogea pas Jeanne sur la cause de l'emprisonnement de son frère.

— Je reprends donc courage, je croyais que mon mari ne reviendrait pas de longtemps, car il avait pris chez moi tout ce qu'il pouvait prendre. Non, je me trompe,... — ajouta la malheureuse en frissonnant... — il lui restait à prendre ma fille... ma pauvre Catherine...

— Votre fille ?

— Vous allez voir... vous allez voir. Il y a trois jours, j'étais à travailler avec mes enfants autour de moi ; mon mari entre...

Rien qu'à son air, je m'aperçois tout de suite qu'il a bu. « Je viens chercher Catherine, » qu'il me dit. Malgré moi, je prends le bras de ma fille et je réponds à Duport : « Où veux-tu l'emmener ? — Ça ne te regarde pas, c'est ma fille ; qu'elle fasse son paquet et qu'elle me suive. » A ces mots-là, mon sang ne fait qu'un tour ; car, figurez-vous, la Lorraine, que cette mauvaise femme qui est avec mon mari... ça fait frémir à dire, mais enfin... c'est ainsi... elle le pousse depuis longtemps à tirer parti de notre fille, qui est jeune et jolie...

» — Emmener Catherine ! que je réponds à Duport, jamais ; je sais ce que ta mauvaise femme voudrait en faire. — Tiens, me dit mon mari dont les lèvres étaient déjà toutes blanches de colère, ne m'obstine pas, ou je t'assomme. « Là-dessus il prend ma fille par le bras en lui disant : « En route Catherine. » La pauvre petite me saute au cou en fondant en larmes et criant : « Je veux rester avec maman ! » Voyant ça, Duport devient furieux ; il arrache ma fille d'après moi, me donne un coup de poing dans l'estomac qui me renverse par terre, et une fois par terre... Mais voyez-vous, la Lorraine, bien sûr, il n'a été si méchant que parce qu'il avait bu... enfin il trépigne sur moi en m'accablant de sottises... Mes pauvres enfants se jettent à ses genoux en demandant grâce, Catherine aussi ; alors il dit à ma fille, en jurant comme un furieux : « Si tu ne viens pas avec moi, j'achève ta mère !... » Je vomissais le sang... je me sentais à moitié morte... je ne pouvais pas faire un mouvement... mais je crie à Catherine : « Laisse-moi tuer plutôt !... mais ne suis pas ton père !... — Tu ne te tairas donc pas, » me dit Duport en me donnant un nouveau coup de pied qui me fit perdre connaissance. Quand je suis revenue à moi, j'ai retrouvé mes deux petits garçons qui pleuraient.

— Et votre fille ?...

— Partie !... — s'écria la malheureuse mère avec des sanglots déchirants, — oui... partie... Mes autres enfants m'ont dit que leur père l'avait battue... la menaçant, en outre, de m'achever sur la place... Alors la pauvre enfant a perdu la tête... elle s'est jetée sur moi pour m'embrasser... elle a aussi embrassé ses frères en pleurant... et puis mon mari l'a entraînée !... Ah !... sa mauvaise femme l'attendait dans l'escalier... j'en suis bien sûre !...

— Et vous ne pouviez pas vous plaindre au commissaire ?

— Dans le premier moment, je n'étais qu'au chagrin de savoir Catherine partie... mais j'ai senti bientôt de grandes douleurs dans tout le corps... je ne pouvais pas marcher... Hélas ! mon Dieu ! ce que j'avais tant redouté était arrivé. Oui, je l'avais dit à mon frère... un jour mon mari me battra si fort... si fort... que je serai obligée d'aller à l'hospice... Alors... mes enfants... qu'est-ce qu'ils deviendront ?... Et aujourd'hui, m'y voilà, à l'hospice, et... je dis : Qu'est-ce qu'ils deviendront, mes enfants ?...

— Mais il n'y a donc pas de justice, mon Dieu ! pour les pauvres gens ?

— Trop cher, trop cher pour nous, comme dit mon frère, — reprit Jeanne Duport avec amertume. — Les voisins avaient été chercher le commissaire... son greffier est venu... ça me répugnait de dénoncer Duport... mais à cause de ma fille, il l'a fallu... Seulement j'ai dit que dans une querelle que je lui faisais, parce qu'il voulait emmener ma fille, il m'avait *poussée*... que cela ne serait rien... mais que je voulais ravoir Catherine, parce que je craignais qu'une mauvaise femme, avec qui vivait mon mari, ne la débauchât.

— Et qu'est-ce qu'il vous a dit, le greffier ?

— Que mon mari était dans son droit d'emmener sa fille, n'étant pas séparé d'avec moi ; que ce serait un malheur si ma fille tournait mal par de mauvais conseils, mais que ce n'étaient que des suppositions, et que ça ne suffisait pas pour porter plainte contre votre mari. « Vous n'avez qu'un moyen, plaidez au civil, demandez une séparation de corps, et alors les coups que vous a donnés votre mari, sa conduite avec une vilaine femme, seront en votre faveur, et on le forcera de vous rendre votre fille ; sans cela, il est dans son droit de la garder avec lui. — Mais, plaider ! je n'ai pas de quoi, mon Dieu ! j'ai mes enfants à nourrir. — Que voulez-vous que j'y fasse ? a dit le greffier... c'est comme ça... »

— Oui, — reprit Jeanne en sanglotant, — il avait raison... c'est comme ça... et parce que... c'est comme ça... dans trois mois ma fille sera peut-être une créature des rues !... tandis que si j'avais eu de quoi plaider pour me séparer de mon mari, cela ne serait pas arrivé.

— Mais cela n'arrivera pas, votre fille doit tant vous aimer...

— Mais elle est si jeune ! à cet âge-là on n'a pas de défense ; et puis la peur, les mauvais conseils, les mauvais exemples, l'acharnement qu'on mettra peut-être à lui faire faire mal ! Mon pauvre frère avait prévu tout ce qui arrive, lui ; il me disait : Est-ce que tu crois que si cette mauvaise femme et ton mari s'acharnent à perdre cette enfant, il ne faudra pas qu'elle y passe[1] ? » Mon Dieu ! mon Dieu ! pauvre Catherine, si douce, si aimante !

— Ah ! vous avez bien de la peine ! Et moi qui me plaignais, — dit la Lorraine en essuyant ses yeux. — Et vos autres enfants ?

— A cause d'eux, j'ai fait ce que j'ai pu pour vaincre la douleur et ne pas entrer à l'hôpital, mais je n'ai pu résister... Je vomis le sang trois ou quatre fois par jour ; j'ai une fièvre qui me casse les bras et les jambes, je suis hors d'état de travailler... En étant vite guérie, je pourrai retourner auprès de mes enfants... si avant ils ne sont pas morts de faim ou emprisonnés comme mendiants... Moi ici... qui voulez-vous qui prenne soin d'eux, qui les nourrisse ?

— Oh ! c'est terrible... Vous n'avez donc pas de bons voisins ?

— Ils sont aussi pauvres que moi... et ils ont cinq enfants déjà. Aussi deux enfants de plus !... c'est lourd ; pourtant ils m'ont promis de les nourrir... *un peu*... pendant huit jours... c'est tout ce qu'ils peuvent.... et encore en prenant sur leur pain, et ils n'en ont pas déjà de trop : il faut donc que je sois guérie

---

1. Nous rappellerons au lecteur que le père ou la mère sont admis à faire inscrire leur fille sur le livre de prostitution, au bureau des mœurs.

L'HOSPICE

dans huit jours ; oh ! oui, guérie ou non, je sortirai tout de même.

— Mais, j'y pense, comment n'avez-vous pas songé à cette bonne petite ouvrière, mademoiselle Rigolette, que vous avez rencontrée en prison ?... elle les aurait gardés, bien sûr, elle.

— J'y ai pensé... et quoique la pauvre petite ait peut-être aussi bien du mal à vivre... je lui ai fait dire ma peine par une voisine ; malheureusement elle est à la campagne, où elle va se marier, a dit la portière de sa maison.

— Ainsi dans huit jours... vos pauvres enfants... Mais non, vos voisins n'auront pas le cœur de les renvoyer...

— Mais que voulez-vous qu'ils fassent ? ils ne mangent pas déjà selon leur faim, et il faudra encore qu'ils retirent aux leurs pour donner aux miens... Non, non, voyez-vous, il faut que je sois guérie dans huit jours... je l'ai demandé à tous les médecins qui m'ont interrogée depuis hier, mais ils me répondaient en riant : « C'est au médecin en chef qu'il faut s'adresser pour cela. » Quand viendra-t-il donc, le médecin en chef, la Lorraine ?

— Chut... je crois que le voilà... il ne faut pas parler pendant qu'il fait sa visite, — répondit tout bas la Lorraine.

En effet, pendant l'entretien des deux femmes, le jour était venu peu à peu. Un mouvement tumultueux annonça l'arrivée du docteur Griffon, qui entra bientôt dans la salle, accompagné de son ami le comte de Saint-Remy, lequel, portant, on le sait, un vif intérêt à madame de Fermont et à sa fille, était loin de s'attendre à trouver cette malheureuse jeune fille à l'hôpital.

En entrant dans la salle, les traits froids et sévères du docteur Griffon semblèrent s'épanouir. Jetant autour de lui un regard de satisfaction et d'autorité, il répondit d'un signe de tête protecteur à l'accueil empressé des sœurs. La rude et austère physionomie du vieux comte de Saint Remy était empreinte d'une profonde tristesse. La vanité de ses tentatives pour retrouver les traces de madame de Fermont, l'ignominieuse lâcheté du vicomte, qui avait préféré à la mort une vie infâme, l'écrasaient de chagrin.

— Eh bien ! — dit au comte le docteur Griffon d'un air triomphant, — que pensez-vous de mon hôpital ?

— En vérité, — répondit M. de Saint-Remy, — je ne sais pourquoi j'ai cédé à votre désir ; rien n'est plus navrant que l'aspect de ces salles remplies de malades. Depuis mon entrée ici, mon cœur est cruellement serré.

— Bah ! bah ! dans un quart d'heure vous n'y penserez plus ; vous, qui êtes philosophe, vous trouverez ample matière à observations ; et puis enfin il était honteux que vous, un de mes vieux amis, vous ne connussiez pas le théâtre de ma gloire, de mes travaux, et que vous ne m'eussiez pas encore vu à l'œuvre. Je mets mon orgueil dans ma profession... est-ce un tort ?

— Non certes ; et après vos excellents soins pour Fleur-de-Marie, que vous avez sauvée, je ne pouvais rien vous refuser.

— Ah ça ; vous n'avez rien appris de nouveau sur le sort de madame de Fermont et de sa fille ?

— Rien, — dit M. de Saint-Remy en soupirant. — Mes constantes recherches n'ont eu aucun résultat. Je n'ai plus d'espoir que dans madame d'Harville, qui s'intéresse vivement aussi à ces deux infortunées ; peut-être a-t-elle quelques renseignements qui pourront me mettre sur la voie. Il y a trois jours, je suis allé chez elle ; on m'a dit qu'elle arriverait d'un moment à l'autre. Je lui ai écrit à ce sujet, la priant de me répondre le plus tôt possible.

Pendant l'entretien de M. de Saint-Remy et du docteur Griffon, plusieurs groupes s'étaient peu à peu formés autour d'une grande table occupant le milieu de la salle ; sur cette table était un registre où les élèves attachés à l'hôpital, et que l'on reconnaissait à leurs longs tabliers blancs, venaient tour à tour signer la *feuille de présence*. Un grand nombre de jeunes étudiants studieux et empressés arrivaient successivement du dehors pour grossir le cortège scientifique du docteur Griffon, qui, ayant devancé de quelques minutes l'heure habituelle de sa visite, attendait qu'elle sonnât.

— Vous voyez, mon cher Saint-Remy, que mon état-major est assez considérable, — dit le docteur Griffon avec orgueil, en montrant la foule qui venait assister à ses enseignements pratiques.

— Et ces jeunes gens vous suivent au lit de chaque malade ?

— Ils ne viennent que pour cela...

— Mais tous ces lits sont occupés par des femmes !

— Eh bien ?

— La présence de tant d'hommes doit leur inspirer une confusion pénible !

— Allons donc, un malade n'a pas de sexe...

— A vos yeux, peut-être ; mais aux siens... la pudeur, la honte...

— Il faut laisser ces belles choses-là à la porte, mon cher Alceste ; ici nous commençons sur le vivant des expériences et des études que nous finissons à l'amphithéâtre sur le cadavre.

— Tenez, docteur, vous êtes le meilleur et le plus honnête des hommes, je vous dois la vie, je reconnais vos excellentes qualités ; mais l'habitude et l'amour de votre art vous font envisager certaines questions d'une manière qui me révolte... je vous laisse... Il est des choses qui me navrent et m'indignent ; je prévois que ce serait un supplice pour moi que d'assister à votre visite... Je vous attends ici... près de cette table.

— Quel homme vous êtes avec vos scrupules !... Mais je ne vous tiens pas quitte. J'admets qu'il serait fastidieux pour vous d'aller de lit en lit ; restez donc là, je vous appellerai pour deux ou trois cas assez curieux.

— Allons, messieurs, — dit le docteur Griffon, et il commença sa visite suivi d'un nombreux auditoire.

En arrivant au premier lit de la rangée de droite, dont les rideaux étaient fermés, la sœur dit au docteur : — Monsieur, le numéro 10 est mort cette nuit à quatre heures et demie du matin.

— Si tard ? cela m'étonne ; hier matin je ne lui aurais pas donné la journée. A-t-on réclamé le corps ?

— Non, monsieur le docteur.

— Tant mieux, il est beau, on ne pratiquera pas d'autopsie ; je vais faire un heureux. — Puis, s'adressant à un des élèves de sa suite : — Mon cher Dunoyer, il y a longtemps que vous désirez un sujet ; vous êtes inscrit le premier, celui-ci est à vous.

— Ah ! monsieur, que de bonté !

— Je voudrais plus souvent récompenser votre zèle, mon cher ami ; mais marquez le sujet, prenez possession... il y a tant de gaillards âpres à la curée !

Et le docteur passa outre. L'élève, à l'aide d'un scapel, incisa très délicatement un F et un D (François Dunoyer) sur le bras de l'actrice défunte, pour prendre possession, comme disait le docteur. Et la visite continua.

— La Lorraine, — dit tout bas Jeanne Duport à sa voisine, — qu'est-ce donc que tout ce monde qui suit le médecin ?

— Ce sont des élèves et des étudiants...

— O mon Dieu ! est-ce que tous ces jeunes gens seront là lorsque le médecin va m'interroger et me regarder ?

— Hélas ! oui.

— Mais c'est à la poitrine que j'ai mal... On ne m'examinera pas devant tous ces hommes ?

— Si, si, il le faut... J'ai assez pleuré la première fois, je mourais de honte... Je résistais, on m'a menacée de me renvoyer... Il a bien fallu me décider ; mais cela m'a fait une telle révolution, que j'en ai été plus malade... Jugez donc... presque nue... devant tant de monde... c'est bien pénible, allez...

— Devant le médecin lui seul... je comprends ça... si c'est nécessaire, et encore ça coûte beaucoup... Mais pourquoi devant tous ces jeunes gens ?

— Ils apprennent, et on leur enseigne sur nous... Que voulez-vous ? nous sommes ici pour ça... c'est à cette condition qu'on nous reçoit à l'hospice.

— Ah ! je comprends, dit Jeanne Duport avec amertume, — on ne nous donne rien pour rien, à nous autres.. Mais pourtant... il y a des occasions où ça ne peut pas être... Ainsi, ma pauvre fille Catherine, qui a quinze ans, viendrait à l'hospice... est-ce qu'on oserait vouloir que devant tous ces jeunes gens ?... Oh ! non, je crois que j'aimerais mieux la voir mourir chez nous.

— Si elle venait ici, il faudrait bien qu'elle se résignât comme les autres, comme vous, comme moi. Mais taisons-nous, — dit la Lorraine. — Si cette pauvre demoiselle qui est là en face vous entendait... elle qui, dit-on, était riche... elle n'a peut-être jamais quitté sa mère, ça va être son tour... Jugez comme elle va être confuse et malheureuse.

— Mon Dieu ! je frissonne rien que d'y penser... Pauvre enfant !

— Silence, Jeanne, voilà le médecin ! — dit la Lorraine.

Après avoir rapidement visité plusieurs malades qui ne lui offraient rien de curieux, le docteur arriva enfin auprès de Jeanne. A la vue de cette foule empressée qui, avide de voir et de savoir, se pressait autour de son lit, la malheureuse femme, saisie de crainte et de honte, s'enveloppa étroitement dans ses couvertures. La figure sévère et méditative du docteur, son regard pénétrant, son sourcil toujours froncé par l'habitude de la réflexion, sa parole brusque, impatiente et brève, augmentaient encore l'effroi de Jeanne.

— Un nouveau *sujet* ! — dit le docteur en parcourant la pancarte où était inscrit le genre de maladie de *l'entrante*, et il jeta sur Jeanne un long coup d'œil investigateur. Il se fit un profond silence pendant lequel les assistants, à l'imitation du *prince de la science*, attachèrent curieusement leurs regards sur la malade.

Après plusieurs minutes d'attention, le docteur remarquant quelque chose d'anormal dans la teinte jaunâtre du globe de l'œil de la patiente, s'approcha plus près d'elle, et du bout du doigt lui retroussant la paupière, il examina silencieusement le cristallin. Puis plusieurs élèves, répondant à une sorte d'invitation muette de leur professeur, allèrent tour à tour observer l'œil de Jeanne. Ensuite le docteur procéda à cet interrogatoire :

— Votre nom ?

— Jeanne Duport... — murmura la malade de plus en plus effrayée.

— Votre âge ?

— Trente-six ans et demi.

— Plus haut donc... le lieu de votre naissance ?

— Paris.

— Votre état ?

— Ouvrière frangeuse.

— Êtes-vous mariée ?

— Hélas, oui !... monsieur, — répondit Jeanne avec un profond soupir.

— Depuis quand ?

— Depuis dix-huit ans.

— Avez-vous des enfants ?

Ici, au lieu de répondre, la pauvre mère donna cours à ses larmes longtemps contenues.

— Il ne s'agit pas de pleurer, mais de répondre. Avez-vous des enfants ?

— Oui, monsieur... deux petits garçons et une fille de seize ans.

Ici plusieurs questions qu'il nous est impossible de répéter, mais auxquelles Jeanne ne satisfit qu'en balbutiant et après plusieurs injonctions sévères du docteur ; la malheureuse femme se mourait de honte, obligée qu'elle était de répondre tout haut à de telles demandes devant ce nombreux auditoire.

Le docteur, complètement absorbé par sa préoccupation scientifique, ne songea pas le moins du monde à la cruelle confusion de Jeanne et reprit : — Depuis combien de temps êtes-vous malade ?

— Depuis quatre jours, monsieur, — dit Jeanne en essuyant ses larmes.

— Racontez-nous comment votre maladie vous est survenue.

— Monsieur... c'est que... il y a tant de monde... je n'ose...
— Ah çà ! mais d'où sortez-vous, ma chère amie, dit impatiemment le docteur. — Ne voulez-vous pas que je fasse apporter ici un confessionnal ?... voyons... parlez... et dépêchez-vous...
— Mon Dieu ! monsieur, c'est que ce sont des choses de famille...
— Soyez donc tranquille, nous sommes ici en famille... en nombreuse famille, vous le voyez, — ajouta le prince de la science, qui était ce jour-là fort en gaieté. — Voyons, finissons.

De plus en plus intimidée, Jeanne dit en balbutiant et en hésitant à chaque mot : — J'avais eu... une querelle avec mon mari... au sujet de mes enfants... je veux dire de ma fille aînée... il voulait l'emmener... Moi je ne voulais pas, à cause d'une vilaine femme avec qui il vivait, et qui pouvait donner de mauvais exemples à ma fille ; alors mon mari, qui était gris... oh ! oui, monsieur.. sans cela... il ne l'aurait pas fait... mon mari m'a poussée très fort... je suis tombée, et puis peu de temps après, j'ai commencé à vomir le sang.
— Ta, ta, ta, votre mari vous a poussée, et vous êtes tombée... vous nous la donnez belle... il a certainement fait mieux que vous pousser... il doit vous avoir parfaitement bien frappée dans l'estomac, à plusieurs reprises... Peut-être même vous aura-t-il foulée aux pieds... Voyons, répondez ! dites la vérité.
— Ah ! monsieur, je vous assure qu'il était gris... sans cela, il n'aurait pas été si méchant.
— Bon ou méchant, gris ou noir, il ne s'agit pas de ça, ma brave femme ; je ne suis pas juge d'instruction, moi ; je tiens tout bonnement à préciser un fait : vous avez été renversée et foulée aux pieds avec fureur, n'est-ce pas ?
— Hélas ! oui, — dit Jeanne en fondant en larmes, — et pourtant je ne lui ai jamais donné un sujet de plainte... je travaille autant que je peux, et je...
— L'épigastre doit être douloureux ! vous devez y ressentir une grande chaleur ? vous devez éprouver du malaise, de la lassitude, des nausées ?
— Oui, monsieur... Je ne suis venue ici qu'à la dernière extrémité, quand la force m'a tout à fait manqué ; sans cela, je n'aurais pas abandonné mes enfants... dont je vais être si inquiète, car ils n'ont que moi... Et puis Catherine... ah ! c'est elle surtout qui me tourmente, monsieur... si vous saviez...
— Votre langue ? — dit le docteur, interrompant de nouveau la malade.

Cet ordre parut si étrange à Jeanne, qui avait cru apitoyer le docteur, qu'elle ne lui répondit pas tout d'abord et le regarda avec ébahissement.
— Voyons donc cette langue dont vous vous servez si bien, — dit le docteur en souriant, et il baissa du bout du doigt la mâchoire inférieure de Jeanne. Après avoir fait successivement et longuement tâter et examiner par ses élèves la langue du sujet, afin d'en constater la couleur et la sécheresse, il se recueillit un

moment, Jeanne, surmontant sa crainte, s'écria d'une voix tremblante :

— Monsieur, je vais vous dire... des voisins aussi pauvres que moi ont bien voulu se charger de deux de mes enfants, mais pendant huit jours seulement. C'est déjà beaucoup... Au bout de ce temps, il faut que je retourne chez moi. Aussi, je vous en supplie, pour l'amour de Dieu! guérissez-moi le plus vite possible... ou à peu près... que je puisse seulement me lever et travailler, je n'ai que huit jours devant moi... car...

— Face décolorée, état de prostration complète; cependant pouls assez fort, dur et fréquent, — dit imperturbablement le docteur en désignant Jeanne. — Remarquez-le bien, messieurs : oppression, chaleur à l'épigastre ; tous ces symptômes annoncent certainement une *hématémèse*... probablement compliquée d'une hépatite causée par les chagrins domestiques, ainsi que l'indique la coloration jaunâtre du globe de l'œil ; le sujet a reçu des coups violents dans les régions de l'épigastre et de l'abdomen ; le vomissement de sang est nécessairement causé par quelque lésion organique de certains viscères .. A ce propos, j'appellerai votre attention sur un point très curieux; fort curieux : les ouvertures cadavériques de ceux qui sont morts de l'affection dont le sujet est atteint offrent des résultats singulièrement variables ; souvent la maladie, très aiguë et très grave, emporte le malade en peu de jours, et l'on ne trouve aucune trace de son existence ; d'autres fois, la rate, le foie, le pancréas, offrent des lésions plus profondes... Il est probable que le sujet dont nous nous occupons a souffert quelques-unes de ces lésions ; nous allons donc tâcher de nous en assurer, et vous vous en assurerez vous-même par un examen attentif du malade... — Et d'un mouvement rapide, le docteur Griffon, rejetant la couverture au pied du lit, découvrit presque entièrement Jeanne.

Nous répugnons à peindre l'espèce de lutte douloureuse de cette infortunée, qui sanglotait, éperdue de honte, implorant le docteur et son auditoire. Mais à cette menace : *On va vous mettre dehors de l'hospice si vous ne vous soumettez pas aux usages établis*, menace si écrasante pour ceux dont l'hospice est l'unique et dernier refuge, Jeanne se soumit à une investigation publique qui dura longtemps... très longtemps... car le docteur Griffon analysait, expliquait chaque symptôme, et les plus studieux des assistants voulurent ensuite joindre la pratique à la théorie et s'assurer par eux-mêmes de l'état physique du sujet. Ensuite de cette scène cruelle, Jeanne éprouva une émotion si violente qu'elle tomba dans une crise nerveuse pour laquelle le docteur Griffon donna une prescription supplémentaire.

La visite continua. Le docteur arriva bientôt auprès du lit de mademoiselle Claire de Fermont, victime comme sa mère de la cupidité de Jacques Ferrand. Mademoiselle de Fermont, coiffée du bonnet de toile de l'hôpital, appuyait languissamment sa tête sur le traversin de son lit ; à travers les ravages de la maladie, on retrouvait sur ce candide et doux visage les traces d'une beauté pleine de distinction. Après une nuit de douleurs aiguës, la pauvre enfant était tombée dans une sorte d'assoupissement fébrile, et lorsque le docteur et son cortége scientifique étaient entrés dans la salle, le bruit de la visite ne l'avait pas réveillée.

— Encore un sujet nouveau, messieurs ! — dit le prince de la science. — Maladie... *fièvre lente nerveuse*... Peste ! — s'écria le docteur avec une satisfaction profonde, — si l'interne de service ne s'est pas trompé dans son diagnostic, c'est une excellente aubaine ; il y a fort longtemps que je désirais une fièvre lente nerveuse, car ce n'est généralement pas une maladie de pauvres... Ces affections naissent presque toujours à la suite de graves perturbations dans la position sociale du sujet... et il va sans dire que plus la position est élevée, plus la perturbation est profonde. C'est du reste une affection des plus remarquables par ses caractères particuliers. Elle remonte à la plus haute antiquité ; les écrits d'Hippocrate ne laissent aucun doute à cet égard, et c'est tout simple ; cette fièvre, je l'ai dit, a presque toujours pour cause les chagrins les plus violents... Or, le chagrin est vieux comme le monde... Pourtant chose singulière, avant le dix-huitième siècle, cette maladie n'avait été exactement décrite par aucun auteur ; c'est Huxham, qui honore à tant de titres la médecine de cette époque ; c'est Huxham, dis-je, qui, le premier, a donné une monographie de la fièvre nerveuse, monographie devenue classique... et pourtant, c'était une maladie de vieille roche, — ajouta le docteur en riant. — Eh, eh, eh !... elle appartient à cette grande, antique et illustre famille *febris*, dont l'origine se perd dans la nuit des temps... Mais ne nous réjouissons pas trop... voyons si en effet nous avons le bonheur de posséder un échantillon de cette curieuse affection... Cela se trouverait doublement désirable, car il y a très longtemps que j'ai envie d'essayer l'usage interne du phosphore... Oui, messieurs, — reprit le docteur en entendant dans son auditoire une sorte de frémissement de curiosité, — oui, messieurs, du phosphore... c'est une expérience fort curieuse que je veux tenter... elle est audacieuse ! mais *audaces fortuna juvat*... et l'occasion sera excellente. Nous allons d'abord examiner si le sujet nous offrira sur toutes les parties du corps, et principalement sur la poitrine, cette éruption miliaire si symptomatique selon Huxham... et vous vous assurerez vous-mêmes, en palpant le sujet, de l'espèce de rugosité que cette éruption entraîne... Mais ne vendons pas la peau de l'ours avant de l'avoir mis par terre, — ajouta le prince de la science, qui se trouvait décidément fort en gaieté.

Et il secoua légèrement l'épaule de mademoiselle de Fermont pour l'éveiller... La jeune fille tressaillit et ouvrit ses grands yeux creusés par la maladie. Que l'on juge de sa stupeur, de son épouvante. Pendant qu'une foule d'hommes entouraient son lit et la couvaient des yeux, elle sentit la main du docteur écarter sa couverture et se glisser dans son lit, afin de lui tâter le pouls. Mademoiselle de Fermont, rassemblant toutes ses forces dans un cri d'angoisse et de terreur, s'écria : — Ma mère !... au secours !... ma mère !...

Par un hasard presque providentiel, au moment où les cris de mademoiselle de Fermont faisaient bondir le vieux comte de Saint-Remy sur sa chaise, car il reconnaissait cette voix, la porte de la salle s'ouvrit, et une jeune femme vêtue de deuil, entra précipitamment, accompagnée du directeur de l'hospice. Cette femme était la marquise d'Harville...

— De grâce, monsieur, — dit elle au directeur avec la plus grande anxiété, — conduisez-moi auprès de mademoiselle de Fermont.

— Veuillez vous donner la peine de me suivre, madame la marquise, — répondit respectueusement le directeur. — Cette demoiselle est au numéro 17.

— Malheureuse enfant !... ici, ici... — dit madame d'Harville en essuyant ses larmes, — ah ! c'est affreux...

La marquise, précédée du directeur, s'approchait rapidement du groupe rassemblé auprès du lit de mademoiselle de Fermont, lorsqu'on entendit ces mots prononcés avec indignation : — Je vous dis que cela est un meurtre infâme ; vous la tuerez, monsieur.

— Mais, mon cher Saint-Remy, écoutez moi donc...

— Je vous répète, monsieur, que votre conduite est atroce. Je regarde mademoiselle de Fermont comme ma fille, je vous défends d'en approcher, je vais la faire immédiatement transporter hors d'ici.

— Mais, mon cher ami, c'est un cas de fièvre lente nerveuse, très rare... Je voulais essayer du phosphore... C'était une occasion unique. Promettez moi au moins que je la soignerai, n'importe où vous l'emmeniez, puisque vous privez ma clinique d'un sujet aussi précieux...

— Si vous n'étiez pas un fou... vous seriez un monstre, — reprit le comte.

Clémence écoutait ces mots avec une angoisse croissante ; mais la foule était si compacte autour du lit, qu'il fallut que le directeur dit à voix haute : — Place, messieurs, s'il vous plaît... place à madame la marquise d'Harville, qui vient voir le numéro 17.

A ces mots, les élèves se rangèrent avec autant d'empressement que de respectueuse admiration, en voyant la charmante figure de Clémence, que l'émotion colorait des plus vives couleurs.

— Madame d'Harville ! — s'écria le comte de Saint-Remy en écartant rudement le docteur, et en se précipitant vers Clémence. — Ah ! c'est Dieu... qui envoie ici un de ses anges... Madame... je savais que vous vous intéressiez à ces deux infortunées... Plus heureuse que moi, vous les avez trouvées ; tandis que moi, c'est... le hasard... qui m'a conduit ici... et pour assister à une scène d'une barbarie inouïe... Malheureuse enfant !... Voyez, madame... Et vous, messieurs... au nom de vos filles ou de vos sœurs, ayez pitié d'une enfant de seize ans, je vous en supplie... laissez-la seule avec madame et ces bonnes religieuses. Lorsqu'elle aura repris ses sens... je la ferai transporter hors d'ici.

— Soit... je signerai sa sortie, — s'écria le docteur ; — mais je m'attacherai à ses pas... mais je me cramponnerai à vous. C'est un sujet qui m'appartient ; et vous aurez beau faire... je la soignerai... Je ne risquerai pas le phosphore, bien entendu ; mais je passerai les nuits s'il le faut... comme je les ai passées auprès de vous, ingrat Saint-Remy... car cette fièvre est aussi curieuse que l'était la vôtre... Ce sont deux sœurs qui ont le même droit à mon intérêt.

— Maudit homme, pourquoi avez-vous tant de science ! — dit le comte, sachant qu'en effet il ne pourrait confier mademoiselle de Fermont à des mains plus habiles.

— Eh ! mon Dieu, c'est tout simple ! — lui dit le docteur à l'oreille, — j'ai beaucoup de science parce que j'étudie, parce que j'essaye, parce que je risque et pratique beaucoup sur mes *sujets* soit dit sans calembour... Ah çà, j'aurai donc ma fièvre lente, vilain bourru ?

— Oui..., mais cette jeune fille est-elle transportable ?

— Certainement.

— Alors, pour Dieu ! retirez vous...

— Allons, messieurs, — dit le prince de la science, — notre clinique sera privée d'une étude précieuse... mais je vous tiendrai au courant. — Et le docteur Griffon, accompagné de son auditoire, continua sa visite, laissant M. de Saint-Remy et madame d'Harville auprès de mademoiselle de Fermont.

Pendant cette scène, mademoiselle de Fermont, toujours évanouie, était restée livrée aux soins empressés de Clémence et des deux religieuses ; l'une d'elle soutenait la tête pâle et appesantie de la jeune fille, pendant que madame d'Harville, penchée sur le lit, essuyait avec son mouchoir la sueur glacée qui inondait le front de la malade.

Profondément ému, M. de Saint-Remy contemplait ce tableau touchant, lorsqu'une funeste pensée lui traversant tout à coup l'esprit, il s'approcha de Clémence et lui dit à voix basse : — Et la mère de cette infortunée, madame ?...

La marquise lui répondit avec une tristesse navrante : — Cette enfant... n'a plus de mère... monsieur... J'ai appris seulement hier soir, à mon retour, l'adresse de madame de Fermont... et son état désespéré... A une heure du matin, j'étais chez elle avec mon médecin... Ah ! monsieur !... quel tableau !... la misère dans toute son horreur... et aucun espoir de sauver cette pauvre mère expirante ! Son dernier mot a été : « Ma fille ! »

— Quelle mort... grand Dieu !... Elle, mère si tendre, si dévouée... C'est épouvantable !...

Une des religieuses vint interrompre cet entretien en disant à madame d'Harville : — La jeune demoiselle est bien faible... elle entend à peine ; tout à l'heure peut-être elle reprendra un peu de connaissance... cette secousse l'a brisée.... Si vous ne craigniez pas, madame, de rester là... en attendant que la malade revienne tout à fait à elle, je vous offrirais ma chaise.

— Donnez... donnez, — dit Clémence en s'asseyant auprès du

lit ; — je ne quitterai pas mademoiselle de Fermont ; je veux qu'elle voie au moins une figure amie lorsqu'elle ouvrira les yeux... ensuite je l'emmènerai avec moi, puisque le médecin heureusement trouve qu'on peut la transporter sans danger...

— Ah ! madame, soyez bénie pour le bien que vous faites, — dit M. de Saint-Remy ; — mais pardonnez-moi de ne pas vous avoir encore dit mon nom ; tant de chagrins... tant d'émotions... Je suis le comte de Saint-Remy, madame., le mari de madame de Fermont était mon ami le plus intime... J'habitais Angers... j'ai quitté cette ville dans mon inquiétude de ne recevoir aucune nouvelle de ces deux nobles et dignes femmes ; elles avaient jusqu'alors habité cette ville, et on les disait complétement ruinées ; leur position était d'autant plus pénible que jusqu'alors elles avaient vécu dans l'aisance.

— Ah ! monsieur... vous ne savez pas tout... madame de Fermont a été indignement dépouillée...

— Par son notaire, peut-être ? Un moment j'en avais eu le soupçon.

— Cet homme était un monstre, monsieur... Hélas ! ce crime n'est pas le seul qu'il ait commis... Mais heureusement, — dit Clémence avec exaltation, en songeant à Rodolphe, un génie providentiel en a fait justice, et j'ai pu fermer les yeux de madame de Fermont en la rassurant sur l'avenir de sa fille... Sa mort a été ainsi moins cruelle...

— Je le comprends ; sachant à sa fille un appui tel que le vôtre, madame, ma pauvre amie a dû mourir tranquille...

— Non-seulement mon vif intérêt est à tout jamais acquis à mademoiselle de Fermont... mais sa fortune lui sera rendue...

— Sa fortune !.. Comment ?... Le notaire ?..

— A été forcé de restituer la somme... qu'il s'était appropriée par un crime horrible... Cet homme avait assassiné le frère de madame de Fermont pour faire croire que ce malheureux s'était suicidé après avoir dissipé la fortune de sa sœur.

— C'est horrible !... Mais c'est à n'y pas croire... et pourtant par suite de mes soupçons sur le notaire, j'avais conservé de vagues doutes sur la réalité de ce suicide... car Renneville était l'honneur, la loyauté même. Et la somme que le notaire a restituée ?...

— Elle est déposée chez un prêtre vénérable, M. le curé de Bonne-Nouvelle : elle sera remise à mademoiselle de Fermont.

— Cette restitution ne suffit pas à la justice des hommes, madame !... L'échafaud réclame ce notaire... car il n'a pas commis un meurtre... mais deux meurtres... La mort de madame de Fermont, les souffrances que sa fille endure sur ce lit d'hôpital ont été causées par l'infâme abus de confiance de ce misérable !

— Et ce misérable a commis un autre meurtre aussi affreux... aussi atrocement combiné.

— Que dites-vous, madame ?

— S'il s'est défait du frère de madame de Fermont par un prétendu suicide, afin de s'assurer l'impunité, il y a peu de jours il s'est défait d'une malheureuse jeune fille qu'il avait tout intérêt à perdre en la faisant noyer... certain qu'on attribuerait cette mort à un accident.

M. de Saint-Remy tressaillit, regarda madame d'Harville avec surprise en songeant à Fleur-de-Marie, et s'écria : — Ah ! mon Dieu, madame, quel étrange rapport !... Cette jeune fille... où a-t-il voulu la noyer ?

— Dans la Seine., près d'Asnières, m'a-t-on dit...

— C'est elle !... c'est elle !... — s'écria M. de Saint-Remy.

— De qui parlez-vous, monsieur ?

— De la jeune fille que ce monstre avait intérêt à perdre...

— Fleur-de-Marie !!!

— Vous la connaissez, madame ?

— Pauvre enfant... je l'aimais tendrement... Ah ! si vous saviez, monsieur, combien elle était belle et touchante... Mais comment se fait-il...

— Le docteur Griffon et moi nous lui avons donné les premiers secours...

— Les premiers secours ? à elle ?... et où cela ?

— A l'île du Ravageur... quand on l'a eu sauvée...

— Sauvée ! Fleur-de-Marie !... sauvée ?...

— Par une brave créature qui, au risque de sa vie, l'a retirée de la Seine... Mais qu'avez-vous, madame ?...

— Ah ! monsieur, je n'ose croire à tant de bonheur... mais je crains encore être dupe d'une erreur... Je vous en supplie, dites-moi, cette jeune fille... comment est-elle ?

— D'une admirable beauté... une figure d'ange...

— De grands yeux bleus... des cheveux blonds ?

— Oui, madame.

— Et quand on l'a noyée... elle était avec une femme âgée ?

— En effet, depuis hier seulement qu'elle a pu parler (car elle est encore bien faible), elle nous a dit cette circonstance... Une femme âgée l'accompagnait.

— Dieu soit béni ! — s'écria Clémence en joignant les mains avec ferveur, je pourrai *lui* apprendre que sa protégée vit encore [1]. Quelle joie pour lui, qui, dans sa dernière lettre, me parlait de cette pauvre enfant avec des regrets si pénibles !... Pardon, monsieur, mais si vous saviez combien ce que vous m'apprenez me rend heureuse... et pour moi, et pour une personne... qui, plus que moi encore, a aimé et protégé Fleur-de-Marie !... Mais de grâce, à cette heure... où est-elle ?

— Près d'Asnières... dans la maison de l'un des médecins de cet hôpital... le docteur Griffon, qui, malgré des travers que je déplore, a d'excellentes qualités... car c'est chez lui que Fleur-

---

[1]. Madame d'Harville, arrivée seulement de la veille, ignorait que Rodolphe avait découvert que la Goualeuse (qu'il croyait morte) était sa fille. Quelques jours auparavant le prince, en écrivant à la marquise, lui avait appris les nouveaux crimes du notaire ainsi que les restitutions qu'il l'avait obligé à faire. Il lui avait en même temps donné l'adresse de madame de Fermont, découverte par Badinot.

de-Marie a été transportée ; et depuis il lui a prodigué les soins les plus constants.

— Et elle est hors de danger ?

— Oui, madame, depuis deux ou trois jours seulement. Et aujourd'hui on lui permettra d'écrire à ses protecteurs.

— Oh ! c'est moi, monsieur... c'est moi qui me chargerai de ce soin... ou plutôt c'est moi qui aurai la joie de la conduire auprès de ceux qui, la croyant morte, la regrettent si amèrement.

— Je comprends ces regrets, madame... car il est impossible de connaître Fleur-de-Marie sans rester sous le charme de cette angélique créature : sa grâce et sa douceur exercent sur tous ceux qui l'approchent un empire indéfinissable... La femme qui l'a sauvée, et qui depuis l'a veillée jour et nuit comme elle aurait veillé son enfant, est une personne courageuse et dévouée, mais d'un caractère si habituellement emporté qu'on l'a surnommée la Louve... jugez !... Eh bien ! un mot de Fleur-de-Marie la bouleverse... je l'ai vue sangloter, pousser des cris de désespoir, lorsque, à la suite d'une crise fâcheuse, le docteur Griffon avait presque désespéré de la vie de Fleur-de-Marie.

— Cela ne m'étonne pas... je connais la Louve.

— Vous, madame ? — dit M. de Saint-Remy, surpris, — vous connaissez la Louve ?

— En effet, cela doit vous étonner, monsieur, — dit la marquise en souriant doucement ; car Clémence était heureuse...oh ! bien heureuse... en songeant à la douce surprise qu'elle ménageait au prince. Quel eût été son enivrement, si elle avait su que c'était une fille qu'il croyait morte... qu'elle allait ramener à Rodolphe !... — Ah ! monsieur, — dit-elle à M. de Saint-Remy, — ce jour est si beau... pour moi... que je voudrais qu'il le fût aussi pour d'autres ; il me semble qu'il doit y avoir bien des infortunes honnêtes à soulager, ce serait une digne manière de célébrer l'excellente nouvelle que vous me donnez. — Puis s'adressant à la religieuse qui venait de faire boire quelques cuillerées d'une potion à mademoiselle de Fermont : — Eh bien... ma sœur, reprend-elle ses sens ?

— Pas encore... madame... elle est si faible ! Pauvre demoiselle ! à peine si l'on sent les battements de son pouls.

— J'attendrai pour l'emmener qu'elle soit en état d'être transportée dans ma voiture... Mais, dites-moi, ma sœur, parmi toutes ces malheureuses malades, n'en connaîtriez-vous pas qui méritassent particulièrement l'intérêt et la pitié, et à qui je pourrais être utile avant de quitter cet hospice ?

— Ah ! madame... c'est Dieu qui vous envoie... — dit la sœur; — il y a là, — ajouta-t-elle en montrant le lit de la sœur de Pique-Vinaigre, — une pauvre femme très malade et très à plaindre : elle n'est entrée ici qu'à bout de ces forces ; elle se désole sans cesse parce qu'elle a été obligée d'abandonner deux petits enfants qui n'ont qu'elle au monde pour soutien... Elle disait tout à l'heure à M. le docteur qu'elle voulait sortir, guérie ou non, dans huit jours, parce que ses voisins lui avaient promis de garder ses enfants seulement une semaine... et qu'après ce temps ils ne pourraient plus s'en charger.

— Conduisez-moi à son lit, je vous prie, ma sœur, — dit madame d'Harville en se levant et en suivant la religieuse.

Jeanne Duport, à peine remise de la crise violente que lui avaient causée les investigations du docteur Griffon, ne s'était pas aperçue de l'entrée de madame d'Harville. Quel fut donc son étonnement lorsque la marquise, soulevant les rideaux de son lit, lui dit en attachant sur elle un regard rempli de commisération et de bonté : — Ma bonne mère... il ne faut plus être inquiète de vos enfants, j'en aurai soin ; ne songez donc qu'à vous guérir pour les aller bien vite retrouver !

Jeanne Duport croyait rêver. A cette même place, où le docteur Griffon et son studieux auditoire lui avaient fait subir une cruelle inquisition, elle voyait une jeune femme d'une ravissante beauté venir à elle avec des paroles de pitié, de consolation et d'espérance. Son émotion était si grande qu'elle ne put prononcer une parole ; elle joignit seulement les mains comme si elle eût prié, en regardant sa bienfaitrice inconnue avec adoration.

— Encore une fois rassurez-vous, ma bonne mère... n'ayez aucune inquiétude, — reprit la marquise en pressant dans ses petites mains délicates et blanches la main brûlante de Jeanne Duport... — Rassurez-vous... ne soyez plus inquiète de vos enfants... et même, si vous le préférez, vous sortirez aujourd'hui de l'hospice, on vous soignera chez vous... rien ne vous manquera... de la sorte vous ne quitterez pas vos chers enfants... Si votre logement est insalubre ou trop petit, on vous en trouvera tout de suite un plus convenable... afin que vous soyez, vous dans une chambre, et vos enfants dans une autre... Vous aurez une bonne garde-malade qui les surveillera tout en vous soignant... Enfin, lorsque vous serez rétablie, si vous manquez d'ouvrage, je vous mettrai à même d'attendre qu'il vous en arrive... et dès aujourd'hui je me charge de l'avenir de vos enfants...

— Ah ! mon Dieu ! qu'est-ce que j'entends ? Les chérubins descendent donc du ciel comme dans les livres d'église ! — dit Jeanne Duport tremblante, égarée, osant à peine regarder sa bienfaitrice. — Pourquoi tant de bontés pour moi ? qu'ai-je fait pour cela ?... Ça n'est pas possible ! Moi sortir de l'hospice, où j'ai tant pleuré, tant souffert ! ne plus quitter mes enfants !... avoir une garde-malade !... mais c'est comme un miracle du bon Dieu !

Et la pauvre femme disait vrai. Si l'on savait combien il est doux et facile de faire souvent et à peu de frais de ces *miracles !* Hélas ! pour certaines infortunes abandonnées ou repoussées de tous... un salut immédiat, inespéré, accompagné de paroles bienveillantes, d'égards tendrement charitables, ne doit-il pas avoir, n'a-t-il pas l'apparence naturelle d'un *miracle ?*...

— Ce n'est pas un miracle, ma bonne mère, — répondit Clémence vivement émue ; — ce que je fais pour vous, — ajouta-t-elle en rougissant légèrement au souvenir de Rodolphe ; — ce que je fais pour vous m'est inspiré par un généreux esprit qui m'a appris à compatir au malheur... c'est lui qu'il faut remercier et bénir...

— Ah ! madame... je bénirai vous et les vôtres !... — dit Jeanne Duport en pleurant. — Je vous demande pardon de m'exprimer si mal... mais je n'ai pas l'habitude de ces grandes joies... c'est la première fois que cela m'arrive !...

— Eh bien !... voyez-vous, Jeanne, — dit la Lorraine attendrie, — il y a aussi parmi les riches des Rigolettes et des Goualeuses... en grand... il est vrai... mais quant au bon cœur... c'est la même chose !

Madame d'Harville se retourna toute surprise vers la Lorraine en lui entendant prononcer ces deux noms. — Vous connaissez la Goualeuse et une jeune ouvrière nommée Rigolette ? — demanda-t-elle à la Lorraine.

— Oui, madame... la Goualeuse... bon petit ange, a fait l'an passer pour moi, mais, dame ! selon ses pauvres moyens, ce que vous faites pour Jeanne... Oui, madame... oh ! ça me fait du bien à dire et à répéter à tout le monde, la Goualeuse m'a retirée d'une cave où je venais d'accoucher sur la paille... et le cher petit ange m'a établie, moi et mon enfant, dans une chambre où il y avait un bon lit et un berceau... La Goualeuse avait fait ces dépenses-là par pure charité... car elle me connaissait à peine et était pauvre elle même... C'est beau, cela, n'est-ce pas, madame ? — dit la Lorraine avec exaltation.

— Oh !... oui... la charité du pauvre envers le pauvre est grande et sainte, — dit Clémence, les yeux mouillés de douces larmes.

— Il en a été de même de mademoiselle Rigolette, qui, selon ses moyens de petite ouvrière, — reprit la Lorraine, — avait, il y a quelques jours, offert ses services à Jeanne.

— Quel singulier rapprochement ! — se dit Clémence de plus en plus émue, car chacun de ces deux noms, la Goualeuse et Rigolette, lui rappelait une noble action de Rodolphe. — Et vous, mon enfant, que puis-je pour vous ? — dit-elle à la Lorraine. — Je voudrais que les noms que vous venez de prononcer avec tant de reconnaissance vous portassent aussi bonheur.

— Merci, madame, — dit la Lorraine avec un sourire de résignation amère ; — j'avais un enfant... il est mort... je suis poitrinaire condamnée... je n'ai plus besoin de rien.

— Quelle idée sinistre ! A votre âge... si jeune, il y a toujours de la ressource.

— Oh ! non, madame... je sais mon sort... je ne me plains pas... j'ai vu encore cette nuit mourir une poitrinaire dans la salle... on meurt bien doucement... allez... Je vous remercie toujours de vos bontés.

— Vous vous exagérez votre état...

— Je ne me trompe pas, madame... je le sens bien... Mais puisque vous êtes si bonne .. une grande dame comme vous est toute-puissante...

— Parlez... dites... que voulez-vous ?
— J'avais demandé un service à Jeanne... mais puisque, grâce à Dieu et à vous, elle s'en va...
— Eh bien ! ce service... ne puis-je vous le rendre ?...
— Certainement, madame... un mot de vous aux sœurs ou au médecin arrangerait tout.
— Ce mot, je le dirai, soyez-en sûre... De quoi s'agit-il ?
— Depuis que j'ai vu l'actrice qui est morte si tourmentée de la crainte d'être coupée en morceaux après sa mort, j'ai la même peur... Jeanne m'avait promis de réclamer mon corps et de me faire enterrer.
— Ah ! c'est affreux ! — dit Clémence en frissonnant d'épouvante ; — il faut venir ici pour savoir qu'il est encore pour les pauvres des misères et des terreurs même au delà de la tombe...
— Pardon, madame, — dit timidement la Lorraine ; — pour une grande dame riche et heureuse comme vous méritez de l'être, cette demande est bien triste... je n'aurais pas dû la faire !...
— Je vous en remercie au contraire, mon enfant ; elle m'apprend une misère que j'ignorais, et cette science ne sera pas stérile. Soyez tranquille, quoique ce moment fatal soit bien éloigné d'ici... quand il arrivera vous serez sûre de reposer en terre sainte.
— Oh ! merci, madame, — s'écria la Lorraine ; — si j'osais vous demander la permission de baiser votre main...
Clémence présenta sa main aux mains desséchées de la Lorraine.
— Oh ! merci... madame, — j'aurai quelqu'un à aimer et à bénir jusqu'à la fin... avec la Goualeuse... et je ne serai plus attristée... pour après ma mort.
Ce détachement de la vie et ses craintes d'outre-tombe avaient péniblement affecté madame d'Harville ; se penchant à l'oreille de la sœur qui venait l'avertir que mademoiselle de Fermont avait complètement repris connaissance, elle lui dit : — Est-ce que réellement l'état de cette jeune femme est désespéré ? — Et, d'un signe, elle lui indiqua le lit de la Lorraine.
— Hélas ; oui, madame, la Lorraine est condamnée... elle n'a peut-être pas huit jours à vivre.
Une demi-heure après, madame d'Harville, accompagnée de M. de Saint-Remy, emmenait chez elle la jeune orpheline à qui elle avait caché la mort de sa mère.
Le jour même un homme de confiance de madame d'Harville, après avoir été visiter, rue de la Barillerie, la misérable demeure de Jeanne Duport, et avoir recueilli sur cette digne femme les meilleurs renseignements, loua aussitôt sur le quai de l'École deux grandes chambres et un cabinet bien aéré, meubla en deux heures ce modeste mais salubre logis, et, grâce aux ressources instantanées du Temple, le soir même Jeanne Duport fut transportée dans cette demeure, où elle trouva ses enfants et une excellente garde-malade. Le même homme de confiance fut chargé de réclamer et de faire enterrer le corps de la Lorraine lorsqu'elle succomberait à sa maladie.

Après avoir conduit et installé chez elle mademoiselle de Fermont, madame d'Harville partit aussitôt pour Asnières, accompagnée de M. de Saint Remy, afin d'aller chercher Fleur-de-Marie et de la conduire chez Rodolphe.

CHAPITRE XI

Espérance

Les premiers jours du printemps approchaient, le soleil commençait à prendre un peu de force, le ciel était pur, l'air tiède... Fleur-de-Marie, appuyée sur le bras de la Louve, essayait ses forces en se promenant dans le jardin de la petite maison du docteur Griffon. La chaleur vivifiante du soleil et le mouvement de la promenade coloraient d'une teinte rosée les traits pâles et amaigris de la Goualeuse ; ses vêtements de paysanne ayant été déchirés dans la précipitation des premiers secours qu'on lui avait donnés, elle portait une robe de mérinos d'un bleu foncé, faite en blouse et seulement serrée autour de sa taille délicate et fine par une cordelière de laine.

— Quel bon soleil ! — dit-elle à la Louve, en s'arrêtant au pied d'une charmille d'arbres verts exposés au midi, et qui s'arrondissaient autour d'un banc de pierre. — Voulez-vous que nous nous asseyions un moment ici... la Louve ?

— Est-ce que vous avez besoin de me demander si je veux ? — répondit brusquement la femme de Martial en haussant les épaules. Puis, ôtant de son cou un châle de bourre de soie, elle le ploya en quatre, s'agenouilla, le posa sur le sable un peu humide de l'allée, et dit à la Goualeuse : — Mettez vos pieds là-dessus.

— Mais, la Louve, — dit Fleur-de-Marie, qui s'était aperçue trop tard du dessein de sa compagne pour l'empêcher de l'exécuter ; mais, la Louve, vous allez abîmer votre châle...

— Pas tant de raisons !... la terre est fraîche, — dit la Louve ; et, prenant d'autorité les petits pieds de Fleur-de-Marie, elle les posa sur le châle.

— Comme vous me gâtez, la Louve...

— Hum ! vous ne le méritez guère ; toujours à vous débattre contre ce que je veux faire pour votre bien... Vous n'êtes pas fatiguée ? Voilà une bonne demi-heure que nous marchons... Midi vient de sonner à Asnières.

— Je suis un peu lasse... mais je sens que cette promenade m'a fait du bien.

— Vous voyez... vous étiez lasse... vous ne pouviez pas me demander plus tôt de vous asseoir ?

— Ne me grondez pas, je ne m'apercevais pas de ma lassitude... C'est si bon de marcher quand on a été longtemps alitée... de voir le soleil, les arbres, la campagne quand on a cru ne les revoir jamais!

— Le fait est que vous avez été dans un état désespéré durant deux jours, pauvre Goualeuse !... oui, on peut vous dire cela maintenant... on désespérait de vous...

— Et puis, figurez-vous, la Louve, que, me voyant sous l'eau... malgré moi je me suis rappelé qu'une méchante femme, qui m'avait tourmentée quand j'étais petite, me menaçait toujours de me jeter aux poissons... Plus tard elle avait encore voulu me noyer¹. Alors je me suis dit : Je n'ai pas de bonheur, c'est une fatalité, je n'y échapperai pas...

— Pauvre Goualeuse... ç'a été votre dernière idée quand vous vous êtes crue perdue ?

— Oh! non... — dit Fleur-de-Marie avec exaltation ; — quand je me suis sentie mourir... ma dernière pensée a été pour celui que je regarde comme mon Dieu; de même qu'en me sentant renaître, ma première pensée s'est élevée vers lui...

— C'est plaisir de vous faire du bien, à vous... vous n'oubliez pas.

— Oh! non, c'est si bon de s'endormir avec sa reconnaissance et de s'éveiller avec elle !

— Aussi on se mettrait dans le feu pour vous.

— Bonne Louve !... Tenez, je vous assure qu'une des causes qui me rendent heureuse de vivre... c'est l'espoir de vous porter bonheur, d'accomplir ma promesse... vous savez, nos châteaux en Espagne de Saint-Lazare ?

— Quant à cela, il y a du temps de reste ; vous voilà sur pied, j'ai fait mes frais... comme dit mon homme.

— Pourvu que M. le comte de Saint-Remy me dise tantôt que le médecin me permet d'écrire à madame Georges !... elle doit être si inquiète ! et peut-être M. Rodolphe aussi ! — ajouta Fleur-de-Marie en baissant les yeux et en rougissant de nouveau à la pensée de *son Dieu*. — Peut-être ils me croient morte !

— Comme le croient aussi ceux qui vous ont fait noyer, pauvre petite... Oh! les brigands !

— Vous supposez donc toujours que ce n'est pas un accident, la Louve ?

— Un accident ?... Oui, les Martial appellent ça des accidents... Quand je dis les Martial... c'est sans compter mon homme... car il n'est pas de la famille, lui... pas plus que n'en seront jamais François et Amandine...

— Mais quel intérêt pouvait-on avoir à ma mort ? Je n'ai jamais fait de mal à personne... personne ne me connaît.

— C'est égal... si les Martial sont assez scélérats pour noyer quelqu'un, ils ne sont pas assez bêtes pour le faire sans y avoir un intérêt... Quelques mots que la veuve a dit à mon homme dans la prison le prouvent bien...

— Il a donc été voir sa mère, cette femme terrible ?

---

1. Dans une des caves submergées de Bras-Rouge aux Champs-Élysées.

— Oui, il n'y a plus d'espoir pour elle, ni pour Calebasse, ni pour Nicolas. On avait découvert bien des choses ; mais ce gueux de Nicolas, dans l'espoir d'avoir la vie sauve, a dénoncé sa mère et sa sœur pour un autre assassinat. Ça fait qu'ils y passeront tous... l'avocat n'espère plus rien, les gens de la justice disent qu'il faut un exemple.

— Ah ! c'est affreux ! presque toute une famille.

— Oui, à moins que Nicolas ne s'évade ; il est dans la même prison qu'un monstre de bandit appelé le Squelette, qui machine un complot pour se sauver, lui et d'autres ; c'est Nicolas qui a fait dire cela à Martial par un prisonnier sortant ; car mon homme a été encore assez faible pour aller voir son gueux de frère à la Force. Alors encouragé par cette visite, ce misérable, que l'enfer confonde ! a eu le front de faire dire à mon homme que d'un moment à l'autre il pourrait s'échapper, et que Martial lui tienne prêts chez le père Micou de l'argent et des habits pour se déguiser.

— Votre Martial a si bon cœur !

— Bon cœur tant que vous voudrez, la Goualeuse ; mais que le diable me brûle si je laisse mon homme aider un assassin qui a voulu le tuer ! Martial ne dénoncera pas le complot d'évasion, c'est déjà beaucoup... D'ailleurs, maintenant que vous voilà en santé, la Goualeuse, nous allons partir, moi, mon homme et les enfants, pour notre tour de France ; nous ne remettrons jamais les pieds à Paris : c'était bien assez pénible à Martial d'être appelé fils de guillotiné... Qu'est-ce que cela serait donc lorsque mère, frère et sœur y auraient passé ?...

— Vous attendrez au moins que j'aie parlé de vous à M. Rodolphe, si je le revois... Vous êtes revenue au bien, j'ai dit que je vous en ferai récompenser, je veux tenir ma parole. Sans cela, comment m'acquitterais-je envers vous ? Vous m'avez sauvé la vie... et pendant ma maladie vous m'avez comblée de soins...

— Justement ! maintenant j'aurais l'air intéressée, si je vous laissais demander quelque chose pour moi à vos protecteurs. Vous êtes sauvée... je vous répète que j'ai fait mes frais...

— Bonne Louve... rassurez-vous... ce n'est pas vous qui serez intéressée, c'est moi qui serai reconnaissante.

— Écoutez-donc ! — dit tout d'un coup la Louve en se levant ; — on dirait le bruit d'une voiture. Oui... oui, elle approche ; tenez la voilà, l'avez-vous vue passer devant la grille ? il y a une femme dedans.

— Oh ! mon Dieu !... s'écria Fleur-de-Marie avec émotion ; — il m'a semblé reconnaître...

— Qui donc ?

— Une jeune et jolie dame que j'ai vue à Saint-Lazare, et qui a été bien bonne pour moi...

— Elle sait donc que vous êtes ici ?

— Je l'ignore ; mais elle connaît la personne dont je vous parlais toujours, et qui, si elle le veut, et elle le voudra, je l'espère, pourra réaliser nos châteaux en Espagne de la prison...

— Une place de garde-chasse pour mon homme avec une ca-

bane pour nous au milieu des bois...—dit la Louve en soupirant.—
Tout ça c'est des féeries... c'est trop beau, ça ne peut pas arriver...

Un bruit de pas précipités se fit entendre derrière la charmille ; François et Amandine, qui, grâce aux bontés du comte de Saint-Remy, n'avaient pas quitté la Louve, arrivèrent essoufflés en criant : — La Louve, voici une belle dame avec M. de Saint-Remy ; ils demandent tout de suite à voir Fleur-de-Marie.

— Je ne m'étais pas trompée !... — dit la Goualeuse.

Presque au même instant parut M. de Saint-Remy accompagné de madame d'Harville.

À peine celle-ci eut-elle aperçu Fleur-de-Marie, qu'elle s'écria en courant à elle et en la serrant tendrement dans ses bras : — Pauvre chère enfant... vous voilà... Ah ! sauvée !... sauvée miraculeusement d'une horrible mort. Avec quel bonheur je vous retrouve... moi qui, ainsi que vos amis, vous avais crue perdue... vous avais tant regrettée !

— Je suis aussi bien heureuse de vous revoir, madame ; car je n'ai jamais oublié vos bontés pour moi, — dit Fleur-de-Marie, en répondant aux tendresses de madame d'Harvillle avec une grâce et une modestie charmantes.

— Ah ! vous ne savez pas quelle sera la surprise, la folle joie de vos amis qui, à cette heure, vous pleurent si amèrement.

Fleur-de-Marie, prenant par la main la Louve qui s'était retirée à l'écart, dit à madame d'Harville en la lui présentant : — Puisque mon salut est si cher à mes bienfaiteurs, madame, permettez-moi de vous demander leurs bontés pour ma compagne, qui m'a sauvée au risque de sa vie...

— Soyez tranquille, mon enfant... vos amis prouveront à la brave Louve qu'ils savent que c'est à elle qu'ils doivent le bonheur de vous revoir.

La Louve, rouge, confuse, n'osant ni répondre ni lever les yeux sur madame d'Harville, tant la présence d'une femme de cette dignité lui imposait, n'avait pu cacher son étonnement en entendant Clémence prononcer son nom.

— Mais il n'y a pas un moment à perdre, — reprit la marquise. — Je meurs d'impatience de vous emmener, Fleur-de-Marie ; j'ai apporté dans ma voiture un châle, un manteau bien chaud ; venez, venez, mon enfant... — Puis, s'adressant au comte : — Serez-vous assez bon, monsieur, pour donner mon adresse à cette courageuse femme, afin qu'elle puisse demain faire ses adieux à Fleur-de-Marie ?... De la sorte vous serez bien forcée de venir nous voir, — ajouta madame d'Harville en s'adressant à la Louve.

— Oh ! madame, j'irai, bien sûr, — répondit celle-ci ; — puisque ce sera pour dire adieu à la Goualeuse ; j'aurais trop de chagrin de ne pouvoir pas l'embrasser encore une fois.

Quelques minutes après, madame d'Harville et la Goualeuse étaient sur la route de Paris.

Rodolphe, après avoir assisté à la mort de Jacques Ferrand si terriblement puni de ses crimes, était rentré chez lui dans un accablement inexprimable. Ensuite d'une longue et pénible nuit d'insomnie, il avait mandé près de lui sir Walter Murph, pour confier à ce vieux et fidèle ami l'écrasante découverte de la veille au sujet de Fleur-de-Marie. Le digne squire fut atterré ; mieux que personne il pouvait comprendre et partager l'immensité de la douleur du prince. Celui-ci, pâle, abattu, les yeux rougis par des larmes récentes, venait de faire à Murph cette poignante révélation.

— Du courage !... — dit le squire en essuyant ses yeux ; car, malgré son flegme, il avait aussi pleuré. — Oui, du courage !... monseigneur !... beaucoup de courage !... Pas de vaines consolations... ce chagrin doit être incurable...

— Tu as raison... Ce que je ressentais hier n'est rien auprès de ce que je ressens aujourd'hui...

— Hier, monseigneur... vous éprouviez l'étourdissement de ce coup, mais sa réaction vous sera de jour en jour plus douloureuse. Ainsi donc, du courage !... L'avenir est triste... bien triste...

— Et puis hier... le mépris et l'horreur que m'inspirait cette femme... mais que Dieu en ait pitié !... elle est à cette heure devant lui... hier enfin, la surprise, la haine, l'effroi, tant de passions violentes refoulaient en moi ces élans de tendresse désespérée... qu'à présent je ne contiens plus... A peine si je pouvais pleurer... Au moins maintenant... auprès de toi... je le peux... Tiens, tu vois... je suis sans forces... je suis lâche, pardonne-moi... Des larmes... encore... toujours... Ô mon enfant !... mon pauvre enfant !...

— Pleurez, pleurez, monseigneur... hélas ! la perte est irréparable.

— Et tant d'atroces misères à lui faire oublier, — s'écria Rodolphe avec un accent déchirant, — après ce qu'elle a souffert !... Songe au sort qui l'attendait !...

— Peut-être cette transition eût-elle été trop brusque pour cette infortunée, déjà si cruellement éprouvée ?

— Oh ! non... non !... va... si tu savais avec quels ménagements... avec quelle réserve je lui aurais appris sa naissance !... comme je l'aurais doucement préparée à cette révélation... C'était si simple... si facile... Oh ! s'il ne s'était agi que de cela, vois-tu, — ajouta le prince avec un sourire navrant, — j'aurais été bien tranquille et pas embarrassé. Me mettant à genoux devant cette enfant idolâtrée, je lui aurais dit : « Toi qui a été jusqu'ici si torturée... sois enfin heureuse... et pour toujours heureuse... Tu es ma fille... » Mais non, — dit Rodolphe en se reprenant, — non... cela aurait été trop brusque, trop imprévu... Oui ! je me serais donc bien contenu, et je lui aurais dit d'un air calme : « Mon enfant, il faut que je vous apprenne une chose qui va bien vous étonner. . Mon Dieu ! oui... figurez-vous qu'on a retrouvé les traces de vos parents... Votre père existe... et votre père... c'est moi. » Ici le prince s'interrompit de nouveau. — Non ! non, c'est encore trop brusque, trop prompt ; mais ce n'est pas ma faute, cette révélation me vient tout de suite aux lèvres !

c'est qu'il faut tant d'empire sur soi ! Tu comprends, mon ami, tu comprends, être là, devant sa fille, et se contraindre !... — Puis, se laissant emporter à un nouvel accès de désespoir, Rodolphe s'écria : — Mais à quoi bon, à quoi bon ces vaines paroles ? Je n'aurai plus jamais rien à lui dire. Oh ! ce qui est affreux, affreux à penser, vois-tu... c'est de penser que j'ai eu ma fille près de moi... pendant tout un jour... Oui, pendant ce jour à jamais maudit et sacré où je l'ai conduite à la ferme, ce jour où les trésors de son âme angélique se sont révélés à moi dans toute leur pureté ! J'assistais au réveil de cette nature adorable... et rien dans mon cœur ne me disait : C'est ta fille... Rien, rien... Oh ! aveugle, barbare, stupide que j'étais !... Je ne devinais pas.. Oh ! j'étais indigne d'être père !

— Mais, monseigneur...

— Mais enfin... — s'écria le prince, — a-t-il dépendu de moi, oui ou non, de ne jamais la quitter ? Pourquoi ne l'ai-je pas adoptée, moi qui pleurais tant ma fille ? Pourquoi, au lieu d'envoyer cette malheureuse enfant chez madame Georges, ne l'ai-je pas gardée, près de moi ?... Aujourd'hui je n'aurais qu'à lui tendre les bras... Pourquoi n'ai-je pas fait cela ? pourquoi ? Ah ! parce qu'on ne fait jamais le bien qu'à demi, parce qu'on n'apprécie les merveilles que lorsqu'elles ont lui et disparu pour toujours... parce qu'au lieu d'élever tout de suite à sa véritable hauteur cette admirable jeune fille qui, malgré la misère, l'abandon, était, par l'esprit et le cœur, plus grande, plus noble peut-être qu'elle ne le fût jamais devenue par les avantages de la naissance et de l'éducation... j'ai cru faire beaucoup pour elle en la plaçant dans une ferme... auprès de bonnes gens... comme j'aurais fait pour la première mendiante intéressante qui se serait trouvée sur ma route... C'est ma faute. Si j'avais fait cela, elle ne serait pas morte... Oh ! si.... je suis bien puni... je l'ai mérité... mauvais fils... mauvais père...

Murph savait que de pareilles douleurs sont inconsolables ; il se tut.

Après un assez long silence, Rodolphe reprit d'une voix altérée :
— Je ne resterai pas ici. Paris m'est odieux... demain, je pars...

— Vous avez raison, monseigneur.

— Nous ferons un détour, je m'arrêterai à la ferme de Bouqueval... J'irai m'enfermer quelques heures dans la chambre où ma fille a passé les seuls jours heureux de sa triste vie... Là on recueillera avec religion tout ce qui reste d'elle... les livres où elle commençait à lire... les cahiers où elle a écrit... les vêtements qu'elle a portés... tout... jusqu'aux meubles, jusqu'aux tentures de cette chambre... dont je prendrai moi-même un dessin exact... Et à Gerolstein... dans le parc réservé où j'ai fait élever un monument à la mémoire de mon père outragé... je ferai construire une petite maison où se trouvera cette chambre... là, j'irai pleurer ma fille... De ces deux funèbres monuments, l'un me rappellera mon crime envers mon père, l'autre le châtiment qui m'a frappé dans mon enfant... — Après un nouveau silence, Rodolphe ajouta : — Ainsi donc, que tout soit prêt... demain matin..

Murph, voulant essayer de distraire un moment le prince de ses sinistres pensées, lui dit : — Tout sera prêt, monseigneur ; seulement vous oubliez que demain doit avoir lieu à Bouqueval le mariage du fils de madame Georges et de Rigolette. Non-seulement vous avez assuré l'avenir de Germain et doté magnifiquement sa fiancée... mais vous leur avez promis d'assister à leur mariage comme témoin... Alors seulement ils devaient savoir le nom de leur bienfaiteur.

— Il est vrai, j'ai promis cela... Ils sont à la ferme... et je ne puis y aller demain... sans assister à cette fête .. et, je l'avoue, je n'aurai pas ce courage...

— La vue du bonheur de ces jeunes gens calmerait peut-être un peu votre chagrin.

— Non, non, la douleur est solitaire et égoïste... Demain, tu iras m'excuser et me représenter auprès d'eux, tu prieras madame Georges de rassembler tout ce qui a appartenu à ma fille... On fera faire le dessin de sa chambre et on me l'enverra en Allemagne.

— Partirez-vous donc aussi, monseigneur, sans voir madame la marquise d'Harville.

Au souvenir de Clémence, Rodolphe tressaillit... ce sincère amour vivait toujours en lui, ardent et profond... mais dans ce moment il était pour ainsi dire noyé sous le flot d'amertume dont son cœur était inondé... Par une contradiction bizarre, le prince sentait que la tendre affection de madame d'Harville aurait pu seule lui aider à supporter le malheur qui le frappait, et il se reprochait cette pensée comme indigne de la rigidité de sa douleur paternelle.

— Je partirai sans voir madame d'Harville, répondit Rodolphe. — Il y a peu de jours, je lui écrivais la peine que me causait la mort de Fleur-de-Marie... Quand elle saura que Fleur-de-Marie était ma fille... elle comprendra qu'il est de ces douleurs ou plutôt de ces punitions fatales qu'il faut avoir le courage de subir seul... oui, seul... pour qu'elles soient expiatoires... et elle est terrible, l'expiation que la fatalité m'impose... terrible !... car elle commence... pour moi... à l'heure où le déclin de la vie commence aussi.

On frappa légèrement et discrètement à la porte du cabinet de Rodolphe, qui fit un mouvement d'impatience chagrine. Murph se leva et alla ouvrir.

A travers la porte entre-bâillée, un aide de camp du prince dit au squire quelques mots à voix basse. Celui-ci répondit par un signe de tête, et, se retournant vers Rodolphe : — Monseigneur me permet-il de m'absenter un moment ? Quelqu'un vient me parler à l'instant pour le service de Votre Altesse Royale.

— Va... — répondit le prince.

A peine Murph fut-il parti que Rodolphe, cachant sa figure dans ses mains, poussa un long gémissement.

— Oh ! — s'écria-t-il, — ce que je ressens m'épouvante... Mon âme déborde de fiel et de haine; la présence de mon meilleur ami me pèse... le souvenir d'un noble et pur amour m'importune et me trouble, et puis... cela est lâche et indigne... mais hier soir j'ai appris avec une joie barbare la mort de Sarah... de cette mère dénaturée qui a causé la perte de ma fille; je me plais à retracer l'horrible agonie du monstre qui a fait tuer mon enfant. O rage! je suis arrivé trop tard..., — s'écria-t-il en bondissant sur son fauteuil. — Pourtant... hier, je ne souffrais pas cela et hier comme aujourd'hui je savais ma fille morte... Oh! oui, mais je ne disais pas ces mots qui désormais empoisonneront ma vie; j'ai vu ma fille... je lui ai parlé... j'ai admiré tout ce qu'il y avait d'adorable en elle... Oh! que de temps j'ai perdu à cette ferme!... Quand je songe que je n'y suis allé que trois fois!... oui, pas plus... Et je pouvais y aller tous les jours... voir ma fille tous les jours... que dis-je? la garder à jamais près de moi... Oh! tel sera mon supplice... de me répéter cela toujours... toujours!

Et le malheureux trouvait une volupté cruelle à revenir à cette pensée désolante et sans issue; car le propre des grandes douleurs est de s'aviver incessamment par de terribles redites. Tout à coup la porte du cabinet s'ouvrit et Murph entra très pâle, si pâle, que le prince se leva à demi et s'écria : — Murph... qu'as-tu?...

— Rien, monseigneur...

— Tu es bien pâle... pourtant.

— C'est l'étonnement.

— Quel étonnement?

— Madame d'Harville!...

— Madame d'Harville... grand Dieu! un nouveau malheur?...

— Non, non, monseigneur, rassurez-vous... elle est... là... dans le salon.

— Elle... ici... elle chez moi... c'est impossible!...

— Aussi, monseigneur... vous dis-je... la surprise...

— Une telle démarche de sa part... Mais qu'y a-t-il donc, au nom du ciel?

— Je ne sais... mais je ne puis me rendre compte de ce que j'éprouve...

— Tu me caches quelque chose!

— Sur l'honneur, monseigneur... sur l'honneur... non... je ne sais que ce que madame la marquise m'a dit.

— Mais que t'a-t-elle dit?

— « Sir Walter, — et sa voix était émue, mais son regard rayonnait de joie, — ma présence ici doit vous étonner beaucoup... Mais il est certaines circonstances si impérieuses qu'elles laissent peu le temps de songer aux convenances. Priez Son Altesse de m'accorder à l'instant quelques moments d'entretien en votre présence... car je sais que le prince n'a pas au monde de meilleur ami que vous. J'aurais pu lui demander de me faire la grâce de venir chez moi; mais c'eût été un retard d'une heure peut-être, et le prince me saura gré de n'avoir pas retardé d'une minute cette entrevue... » a-t-elle ajouté avec une expression qui m'a fait tressaillir.

— Mais... — dit Rodolphe d'une voix altérée, et devenant malgré lui plus pâle encore que Murph, — je ne devine pas encore la cause de ton trouble... de... ton émotion.. de... ta pâleur... il y a autre chose... cette entrevue...

— Sur l'honneur, je ne... sais rien de plus... Ces seuls mots de la marquise m'ont bouleversé. Pourquoi ? je l'ignore... Mais vous-même... vous êtes bien pâle, monseigneur...

— Moi ?... dit Rodolphe en s'appuyant sur son fauteuil, car il sentait ses genoux se dérober sous lui.

— Je vous dis, monseigneur, que vous êtes aussi bouleversé que moi... Qu'avez-vous ?

— Dussé-je mourir sur le coup... prie madame d'Harville d'entrer, — s'écria le prince.

Par une sympathie étrange, la visite si inattendue, si extraordinaire de madame d'Harville avait éveillé chez Murph et chez Rodolphe une même vague et folle espérance ; mais cet espoir leur semblait si insensé, que ni l'un ni l'autre n'avait voulu se l'avouer.

Madame d'Harville, suivie de Murph, entra dans le cabinet du prince.

CHAPITRE XII

Le père et la fille.

Ignorant que Fleur-de-Marie fût la fille du prince, madame d'Harville, toute à la joie de lui ramener sa protégée, avait cru pouvoir la lui présenter presque sans ménagements ; seulement elle l'avait laissée dans sa voiture, ignorant si Rodolphe voulait se faire connaître à cette jeune fille et la recevoir chez lui. Mais, s'apercevant de la profonde altération des traits de Rodolphe, qui trahissaient un morne désespoir ; remarquant dans ses yeux les traces récentes de quelques larmes, Clémence pensa qu'il avait été frappé par un malheur bien plus cruel pour lui que la mort de la Goualeuse ; aussi, oubliant l'objet de la visite, elle s'écria : — Grand Dieu !... monseigneur... qu'avez-vous ?

— Vous l'ignorez, madame ?... Ah ! tout espoir est perdu... Votre empressement..., l'entretien que vous m'avez si instamment demandé... j'avais cru...

— Oh ! je vous en prie, ne parlons pas du sujet qui m'amenait ici... monseigneur... Au nom de mon père, dont vous avez sauvé la vie... j'ai presque droit de vous demander la cause de la désolation où vous êtes plongé... Votre abattement, votre pâleur, m'épouvantent... Oh ! parlez, monseigneur... soyez généreux... parlez, ayez pitié de mes angoisses...

— A quoi bon, madame ? ma blessure est incurable...

— Ces mots redoublent mon effroi... monseigneur, expliquez-vous... Sir Walter... mon Dieu, qu'y a-t il ?

— Eh bien... — dit Rodolphe d'une voix entrecoupée, en faisant un violent effort sur lui-même, — depuis que je vous ai instruite de la mort de Fleur-de-Marie... j'ai appris qu'elle était ma fille...

— Fleur-de-Marie !... votre fille ?... — s'écria Clémence avec un accent impossible à rendre.

— Oui... Et tout à l'heure, quand vous m'avez fait dire que vous vouliez me voir à l'instant... pour m'apprendre une nouvelle qui me comblerait de joie... ayez pitié de ma faiblesse... mais un père fou de douleur d'avoir perdu son enfant est capable des plus folles espérances Un moment j'avais cru... que... Mais non, non, je le vois... je m'étais trompé... Pardonnez-moi... je ne suis qu'un misérable insensé...

Rodolphe, épuisé par le contre-coup d'un fugitif espoir et d'une déception écrasante, retomba sur son siège en cachant sa figure dans ses mains.

Madame d'Harville restait stupéfaite, immobile, muette, respirant à peine, tour à tour en proie à une joie enivrante, à la crainte de l'effet foudroyant de la révélation qu'elle devait faire au prince ; exaltée enfin par une religieuse reconnaissance envers la Providence, qui la chargeait, elle... elle... d'annoncer à Rodolphe que sa fille vivait... et qu'elle la lui ramenait... agitée par ces émotions si violentes, si diverses, elle ne pouvait trouver une parole... Tout à coup la marquise, cédant à un mouvement subit, involontaire, oubliant la présence de Murph et de Rodolphe, s'agenouilla, joignit les mains et s'écria avec l'expression d'une piété fervente et d'une gratitude ineffable : — Merci !... mon Dieu... soyez béni !... je reconnais votre volonté toute-puissante... merci encore, car vous m'avez choisie... pour lui apprendre que sa fille est sauvée !...

Quoique dits à voix basse, ces mots, prononcés avec un accent de sincérité et de pieuse exaltation, arrivèrent aux oreilles de Murph et du prince. Celui-ci redressa vivement la tête au moment où Clémence se relevait. Il est impossible de dire le regard, le geste, l'expression de la physionomie de Rodolphe en contemplant madame d'Harville, dont les traits adorables, empreints d'une joie céleste, rayonnaient en ce moment d'une beauté surhumaine.

Appuyée d'une main sur le marbre d'une console, et comprimant sous son autre main les battements précipités de son sein, elle répondit par un signe de tête affirmatif à un regard de Rodolphe qu'il faut encore renoncer à rendre.

— Et... où est-elle ?... — dit le prince en tremblant comme la feuille.

— En bas... dans ma voiture.

Sans Murph, qui, prompt comme l'éclair, se jeta au-devant de Rodolphe, celui-ci sortait éperdu.

— Monseigneur... vous la tueriez !!!... — s'écria le squire en retenant le prince.

— D'hier seulement elle est convalescente... Au nom de sa vie... pas d'imprudence, monseigneur... — ajouta Clémence.

— Vous avez raison, — dit Rodolphe en se soutenant à peine... — vous avez raison... je serai calme... je ne la verrai pas encore... j'attendrai... que ma première émotion soit apaisée... Ah!... c'est trop... trop en un jour!... — ajouta-t-il d'une voix altérée. Puis, s'adressant à madame d'Harville, et lui tendant la main, il s'écria, dans une effusion de reconnaissance indicible :
— Je suis pardonné... Vous êtes l'ange de rédemption.

— Monseigneur... vous m'avez rendu mon père... Dieu veut que je vous ramène votre enfant... — répondit Clémence. — Mais, à mon tour... je vous demande pardon de ma faiblesse... Cette révélation si subite... si inattendue... m'a bouleversée... J'avoue que je n'aurais pas le courage d'aller chercher Fleur-de-Marie... mon émotion l'effrayerait.

— Et comment l'a-t-on sauvée? qui l'a sauvée? — s'écria Rodolphe. — Voyez mon ingratitude... je ne vous ai pas encore fait cette question.

— Au moment où elle se noyait, elle a été retirée de l'eau par une femme courageuse.

— Vous la connaissez?

— Demain elle viendra chez moi...

— La dette est immense... — dit le prince, — mais je saurai l'acquitter.

— Comme j'ai été bien inspirée, mon Dieu... en n'amenant pas Fleur-de-Marie avec moi, — dit la marquise ; — cette scène lui eût été funeste...

— Il est vrai, madame, — dit Murph, — c'est un hasard providentiel qu'elle ne soit pas ici.

— J'ignorais si monseigneur désirait être connu d'elle, et je n'ai pas voulu la lui présenter sans le consulter.

— Maintenant, — dit le prince, qui avait passé pour ainsi dire quelques minutes à combattre, à vaincre son agitation, et dont les traits semblaient presque calmes, — maintenant... je suis maître de moi, je vous l'assure... Murph... va chercher *ma fille*. — Ces mots, *ma fille*, furent prononcés par le prince avec un accent que nous ne saurions non plus exprimer.

— Monseigneur... êtes-vous bien sûr de vous ? — dit Clémence. — Pas d'imprudence...

— Oh! soyez tranquille... je sais le danger qu'il y aurait pour elle, je ne l'y exposerai pas. Mon bon Murph... je t'en supplie... va... va!

— Rassurez-vous, madame, — reprit le squire qui avait attentivement observé le prince, — elle peut venir... monseigneur se contiendra...

— Alors... va... va donc vite... mon vieil ami.

— Oui, monseigneur... Je vous demande seulement une minute... on n'est pas de fer... — dit le brave gentleman en essuyant la trace de ses larmes ; — il ne faut pas qu'elle voie que j'ai pleuré... Allons, allons, m'y voilà... je ne voulais pas traverser le salon de service éploré comme une Madeleine. — Et le squire fit un pas pour sortir ; puis se ravisant : — Mais, monseigneur, que lui dirai-je ?

— Oui.. que dira-t-il ? — demanda le prince à Clémence.

— Que M. Rodolphe désire la voir... rien de plus, ce me semble ?

— Sans doute : que M. Rodolphe... désire la voir... allons, va... va...

— C'est certainement... ce qu'il y a de mieux à lui dire, — reprit le squire, qui se sentait au moins aussi impressionné que madame d'Harville. — Je lui dirai simplement que M. Rodolphe... désire la voir... Cela ne lui fera rien préjuger... rien prévoir... c'est ce qu'il y a de plus raisonnable, en effet.

Et Murph ne bougeait pas.

— Sir Walter, — lui dit Clémence en souriant, — vous avez peur.

— C'est vrai, madame la marquise... malgré mes six pieds et mon épaisse enveloppe, je suis encore sous le coup d'une émotion profonde.

— Mon ami.. prends garde, — lui dit Rodolphe, — attends plutôt un moment encore, si tu n'es pas sûr de toi...

— Allons, allons, cette fois, monseigneur, j'ai pris le dessus, — dit le squire après avoir passé sur ses yeux ses deux poings d'Hercule ; — il est évident qu'à mon âge cette faiblesse est parfaitement ridicule... Ne craignez rien, monseigneur... — Et Murph sortit d'un pas ferme, le visage impassible...

Un moment de silence suivit son départ. Alors Clémence songea en rougissant qu'elle était chez Rodolphe, seule avec lui. Le prince s'approcha d'elle et lui dit presque timidement : — Si je choisis ce jour... ce moment... pour vous faire un aveu sincère... c'est que la solennité de ce jour, de ce moment, ajoutera encore à la gravité de cet aveu... Depuis que je vous ai vue... je vous aime... Tant que j'ai dû cacher cet amour... je l'ai caché... maintenant vous êtes libre, vous m'avez rendu ma fille... voulez-vous être sa mère ?

— Moi... monseigneur ! — s'écria madame d'Harville. — Que dites-vous ?

— Je vous en supplie... ne me refusez pas, faites que ce jour décide du bonheur de toute ma vie, — reprit tendrement Rodolphe.

Clémence aussi aimait le prince depuis longtemps... avec passion ; elle croyait rêver ; l'aveu de Rodolphe, cet aveu à la fois si simple, si grave et si touchant, fait dans une telle circonstance, la transportait d'un bonheur inespéré ; elle répondit en hésitant : — Monseigneur c'est à moi... de vous rappeler... la distance de nos conditions... l'intérêt... de votre souveraineté.

— Laissez-moi songer avant tout à l'intérêt de mon cœur... à celui de ma fille chérie... rendez-nous bien heureux... oh ! bien heureux, elle et moi... faites que moi... qui tout à l'heure étais sans famille... je puisse maintenant dire... ma femme... ma fille... faites enfin que cette pauvre enfant... qui, elle aussi, tout à l'heure était sans famille... puisse dire... mon père... ma mère... ma sœur... car vous avez une fille qui deviendra la mienne.

— Ah ! monseigneur... à de si nobles paroles... on ne peut répondre que par des larmes de reconnaissance !... — s'écria Clémence. Puis, se contraignant, elle ajouta : — Monseigneur... on vient, c'est... votre fille...

— Oh !... ne me refusez pas... — reprit Rodolphe d'une voix émue et suppliante, — au nom de mon amour, dites... *notre* fille...

— Eh bien... notre fille... — murmura Clémence, au moment où Murph, ouvrant la porte, introduisit Fleur-de-Marie dans le salon du prince.

La jeune fille, descendue de la voiture de la marquise devant le péristyle de cet immense hôtel, avait traversé une première antichambre remplie de valets de pied en grand livrée, une salle d'attente où se tenaient des valets de chambre, puis le salon des huissiers, et enfin le salon de service, occupé par un chambellan et les aides de camp du prince en grand uniforme. Qu'on juge de l'étonnement de la pauvre Goualeuse, qui ne connaissait pas d'autres splendeurs que celle de la ferme de Bouqueval, en traversant ces appartements princiers, étincelants d'or et de peintures. Dès qu'elle parut, madame d'Harville courut à elle, la prit par la main, et, l'entourant d'un de ses bras comme pour la soutenir, la conduisit à Rodolphe, qui debout près de la cheminée, n'avait pu faire un pas. Murph, après avoir confié Fleur-de-Marie à madame d'Harville, s'était hâté de disparaître derrière un des immenses rideaux de la fenêtre, ne se trouvant pas suffisamment *sûr de lui*.

A la vue de son bienfaiteur, de son sauveur, de *son Dieu*... qui la contemplait dans une muette extase, Fleur-de-Marie déjà si troublée se mit à trembler.

— Rassurez-vous, mon enfant, — lui dit madame d'Harville, — voilà votre ami... M. Rodolphe, qui vous attendait impatiemment... il a été bien inquiet de vous...

— Oh !... oui... bien... bien inquiet... — balbutia Rodolphe toujours immobile et dont le cœur se fondait en larmes à l'aspect du pâle et doux visage de sa fille. Aussi, malgré sa résolution, le prince fut-il un moment obligé de détourner la tête pour cacher son attendrissement.

— Mon enfant, vous êtes encore bien faible, asseyez-vous là, — dit Clémence pour détourner l'attention de Fleur-de-Marie ; et elle la conduisit vers un grand fauteuil de bois doré dans lequel la Goualeuse s'assit avec précaution.

Son trouble augmentait de plus en plus ; elle était oppressée, la voix lui manquait ; elle se désolait de n'avoir encore pu dire un mot de gratitude à Rodolphe.

Enfin, sur un signe de madame d'Harville, qui, accoudée au dossier du fauteuil, était penchée vers Fleur-de-Marie et tenait une de ses mains dans les siennes, le prince s'approcha doucement de l'autre côté du siège. Plus maître de lui, il dit alors à Fleur-de-Marie, qui tourna vers lui son visage enchanteur : — Enfin, mon enfant, vous voilà pour jamais réunie à vos amis!... Vous ne les quitterez plus... Il faut surtout maintenant oublier ce que vous avez souffert...

— Oui, mon enfant, le meilleur moyen de nous prouver que vous nous aimez, — ajouta Clémence, — c'est d'oublier ce triste passé.

— Croyez, monsieur Rodolphe... croyez madame, que si j'y songeais quelquefois malgré moi, ce serait pour me dire que sans vous... je serais encore bien malheureuse.

— Oui ; mais nous ferons en sorte que vous n'ayez plus ces sombres pensées. Notre tendresse ne vous en laissera pas le temps, ma chère Marie... — reprit Rodolphe, — car vous savez que je vous ai donné ce nom... à la ferme.

— Oui, monsieur Rodolphe... Et madame Georges, qui m'avait permis de l'appeler... ma mère... se porte-t-elle bien ?

— Très bien, mon enfant... Mais j'ai d'importantes nouvelles à vous apprendre. Depuis que je vous ai vue... on a fait de grandes découvertes sur... sur... votre naissance...

— Sur ma naissance ?

— On a su quels étaient vos parents... On connaît votre père...

Rodolphe avait tant de larmes dans la voix en prononçant ces mots, que Fleur-de-Marie, très émue, se retourna vivement vers lui; heureusement qu'il put détourner la tête. Un autre accident semi-burlesque vint encore distraire la Goualeuse et l'empêcher de trop remarquer l'émotion de son père : le digne squire, qui ne sortait pas de derrière son rideau et semblait attentivement regarder le jardin de l'hôtel, ne put s'empêcher de se moucher avec un bruit formidable, car il pleurait comme un enfant.

— Oui, ma chère Marie, se hâta de dire Clémence, — on connaît votre père... il existe.

— Mon père ! — s'écria la Goualeuse avec une expression qui mit le courage de Rodolphe à une nouvelle épreuve.

Et un jour... — reprit Clémence, — bientôt peut-être...vous le verrez... Ce qui vous étonnera, sans doute, c'est qu'il est d'une haute condition... d'une grande naissance.

— Et ma mère, madame, la verrai-je ?

— Votre père répondra à votre question, mon enfant... mais ne serez-vous pas bien heureuse de le voir ?

— Oh! oui, madame, — répondit Fleur-de-Marie en baissant les yeux.

— Combien vous l'aimerez, quand vous le connaîtrez ! — dit la marquise.

— De ce jour-là... une nouvelle vie commencera pour vous, n'est-ce pas, Marie ? — ajouta le prince.

— Oh! non, monsieur Rodolphe, répondit naïvement la Goualeuse. — Ma nouvelle vie a commencé du jour où vous avez eu pitié de moi... où vous m'avez envoyée à la ferme.

— Mais votre père... vous chérit... — dit le prince.

— Je ne le connais pas... et je vous dois tout... monsieur Rodolphe.

— Ainsi... vous... m'aimez... autant... plus peut-être que vous n'aimeriez votre père ?

— Je vous bénis et je vous respecte comme Dieu, monsieur Rodolphe, parce que vous avez fait pour moi ce que Dieu seul aurait pu faire, — répondit la Goualeuse avec exaltation, oubliant sa timidité habituelle. — Quand madame a eu la bonté de me parler à la prison, je le lui ai dit, ainsi que je le disais à tout le monde... Oui, monsieur Rodolphe, aux personnes qui étaient bien malheureuses... je disais : Espérez, M. Rodolphe soulage les malheureux. A celles qui hésitaient entre le bien et le mal, je disais : Courage, soyez bonnes, M. Rodolphe récompense ceux qui sont bons. A celles qui étaient méchantes, je disais : Prenez garde, M. Rodolphe punit les méchants... Enfin, quand j'ai cru mourir, je me suis dit : Dieu aura pitié de moi, car M. Rodolphe m'a jugée digne de son intérêt. — Fleur-de-Marie, entraînée par sa reconnaissance envers son bienfaiteur, avait surmonté sa crainte, un léger incarnat colorait ses joues, et ses beaux yeux bleus, qu'elle levait au ciel comme si elle eût prié, brillaient du plus doux éclat.

Un silence de quelques secondes succéda aux paroles enthousiastes de Fleur-de-Marie ; l'émotion des acteurs de cette scène était profonde.

— Je vois, mon enfant, — reprit Rodolphe, pouvant à peine contenir sa joie, — que dans votre cœur j'ai à peu près la place de votre père.

— Ce n'est pas ma faute, monsieur Rodolphe. C'est peut-être mal à moi... mais je vous l'ai dit, je vous connais et je ne connais pas mon père. — Et elle ajouta en baissant la tête avec confusion : — Et puis, enfin, vous savez le passé... monsieur Rodolphe... et malgré cela vous m'avez comblé de bontés ; mais mon père ne le sait pas, lui .. ce passé... Peut-être regrettera-t-il de m'avoir retrouvée, — ajouta la malheureuse enfant en frissonnant, — et puisqu'il est, comme le dit madame... d'une grande naissance... sans doute il aura honte... il rougira de moi...

— Rougir de vous !... - s'écria Rodolphe en se redressant le front altier, le regard orgueilleux. — Rassurez-vous, pauvre enfant, votre père vous fera une position si brillante, si haute, que les plus grands parmi les grands de ce monde ne vous regarderont désormais qu'avec un profond respect... Rougir de vous ?... non... non... Après les reines, auxquelles vous êtes alliée par le sang... vous marcherez de pair avec les plus nobles princesses de l'Europe...

— Monseigneur !... s'écrièrent à la fois Murph et Clémence effrayés de l'exaltation de Rodolphe et de la pâleur croissante de Fleur-de-Marie, qui regardait son père avec stupeur.

— Rougir de toi ?... — continua-t-il. — oh ! si j'ai jamais été heureux et fier de mon rang souverain... c'est parce que, grâce à ce rang, je puis t'élever autant que tu as été abaissée... entends-tu, mon enfant chérie... ma fille adorée ?... Car c'est moi... c'est moi qui suis ton père !... — Et le prince, ne pouvant vaincre plus longtemps son émotion, se jeta aux pieds de Fleur-de-Marie, qu'il couvrit de larmes et de caresses.

— Soyez béni, mon Dieu, — s'écria Fleur-de-Marie en joignant les mains. — Il m'était permis d'aimer mon bienfaiteur autant que je l'aimais... C'est mon père... je pourrai le chérir sans remords... Soyez... béni .. mon...— Elle ne put achever,.. la secousse était trop violente ; Fleur-de-Marie s'évanouit entre les bras du prince.

Murph courut à la porte du salon de service, l'ouvrit et dit : — Le docteur David... à l'instant... pour Son Altesse... Quelqu'un se trouve mal.

— Malédiction sur moi !... je l'ai tuée... — s'écria Rodolphe en sanglotant agenouillé devant sa fille. — Marie... mon enfant... écoute-moi... c'est ton père... Pardon... oh ! pardon !... de n'avoir pu retenir plus longtemps ce secret... je l'ai tuée... mon Dieu ! je l'ai tuée !...

— Calmez-vous, monseigneur, — dit Clémence ; — il n'y a sans doute aucun danger... Voyez... ses joues sont colorées... c'est le saisissement... seulement le saisissement.

— Mais à peine convalescente... elle en mourra... Malheur ! oh ! malheur sur moi !

A ce moment, David, le médecin nègre, entra précipitamment, tenant à la main une caisse remplie de flacons, et un papier qu'il remit à Murph.

— David... ma fille se meurt... Je t'ai sauvé la vie. . tu dois sauver mon enfant ! — s'écria Rodolphe.

Quoique stupéfait de ces paroles du prince, qui parlait de sa fille, le docteur courut à Fleur-de-Marie, que madame d'Harville tenait dans ses bras, prit le pouls de la jeune fille, lui posa la main sur le front, et, se retournant vers Rodolphe, qui, pâle, épouvanté attendait son arrêt : — Il n'y a aucun danger... que Votre Altesse se rassure.

— Tu dis vrai... aucun danger. . aucun ?...

— Aucun, monseigneur... Quelques gouttes d'éther... et cette crise aura cessé...

— Oh ! merci... David... mon bon David !!! — s'écria le prince avec effusion. — Puis, s'adressant à Clémence, Rodolphe ajouta : — Elle vit... notre fille... vivra...

Murph venait de jeter les yeux sur le billet que lui avait remis David en entrant ; il tressaillit et regarda le prince avec effroi.

— Oui, mon vieil ami... — reprit Rodolphe, — dans peu de temps ma fille pourra dire à madame d'Harville... Ma mère.

— Monseigneur, — dit Murph en tremblant, — la nouvelle d'hier était fausse.

— Que dis-tu ?...

— Une crise violente, suivie d'une syncope, avait fait croire à la mort de la comtesse Sarah...

— La comtesse !...

— Ce matin... on espère la sauver...

— O mon Dieu !... mon Dieu ! — s'écria le prince atterré pendant que Clémence le regardait avec stupeur, ne comprenant pas encore.

— Monseigneur, — dit David toujours occupé de Fleur-de-Marie, — il n'y a pas la moindre inquiétude à avoir... Mais le grand air serait urgent ; on pourrait rouler le fauteuil sur la terrasse en ouvrant la porte du jardin... l'évanouissement cesserait complétement.

Aussitôt Murph courut ouvrir la porte vitrée qui donnait sur un immense perron formant terrasse ; puis, aidé de David, il roula doucement le fauteuil où se trouvait la Goualeuse, toujours sans connaissance.

Rodolphe et Clémence restèrent seuls.

— Ah ! madame !... — s'écria Rodolphe dès que Murph et David furent éloignés, — vous ne savez pas ce que c'est que la comtesse Sarah ?.. c'est la mère de Fleur-de-Marie !...

— Grand Dieu !...

— Et je la croyais morte !...

Il y eut un moment de profond silence. Madame d'Harville pâlit beaucoup... son cœur se brisa.

— Ce que vous ignorez encore... — reprit Rodolphe avec amertume, — c'est que cette femme aussi égoïste qu'ambitieuse, n'aimant en moi que le prince, m'avait, dans ma première jeunesse, amené à une union plus tard rompue. Voulant alors se remarier, la comtesse a causé tous les malheurs de son enfant en l'abandonnant à des mains mercenaires.

— Ah ! maintenant, monseigneur, je comprends l'aversion que vous aviez pour elle...

— Vous comprenez aussi pourquoi, deux fois, elle a voulu vous perdre par d'infâmes délations !... Toujours en proie à une implacable ambition, elle croyait me forcer de revenir à elle en m'isolant de toute affection.

— Oh ! quel calcul affreux !...

— Et elle n'est pas morte !...

— Monseigneur... ce regret n'est pas digne de vous !...

— C'est que vous ignorez tous les maux qu'elle a causés !... En ce moment encore... alors que, retrouvant ma fille... j'allais lui donner une mère digne d'elle... Oh ! non... cette femme est un démon vengeur attaché à mes pas...

— Allons, monseigneur... du courage... — dit Clémence en essuyant ses larmes qui coulaient malgré elle, — vous avez un grand et saint devoir à remplir... Vous l'avez dit vous-même dans un juste et généreux élan d'amour paternel... désormais le sort de votre fille doit être aussi heureux qu'il a été misérable... Elle doit être aussi élevée qu'elle a été abaissée... Pour cela... il faut légitimer sa naissance... pour cela... il faut épouser la comtesse Mac-Gregor.

— Jamais... jamais... Ce serait récompenser le parjure, l'égoïsme et la féroce ambition de cette mère dénaturée... Je reconnaîtrai ma fille... vous l'adopterez, et, ainsi que je l'espérais, elle trouvera en vous une affection maternelle...

— Non, monseigneur, vous ne ferez pas cela... non, vous ne laisserez pas dans l'ombre la naissance de votre enfant... La comtesse Sarah est de noble et ancienne maison ; pour vous, sans doute, cette alliance est disproportionnée... mais elle est honorable... Par ce mariage... votre fille ne sera pas légitimée... mais légitime... et ainsi, quel que soit l'avenir qui l'attende, elle pourra se glorifier de son père et avouer hautement sa mère...

— Mais renoncer à vous, mon Dieu... c'est impossible... Ah ! vous ne songez pas ce qu'aurait été pour moi cette vie partagée entre vous et ma fille, mes deux seuls amours de ce monde...

— Il vous reste votre enfant, monseigneur... Dieu vous l'a miraculeusement rendue... Trouver votre bonheur incomplet serait de l'ingratitude !...

— Ah ! vous ne m'aimez pas comme je vous aime...

— Croyez cela, monseigneur... croyez-le... le sacrifice que vous faites à vos devoirs vous semblera moins pénible..

— Mais si vous m'aimez... mais si vos regrets sont aussi amers que les miens, vous serez affreusement malheureuse... Que vous restera-t-il ?

— La charité... monseigneur !!! cet admirable sentiment que vous avez éveillé dans mon cœur... ce sentiment qui jusqu'ici m'a fait oublier bien des chagrins, et à qui j'ai dû de bien douces consolations.

— De grâce, écoutez-moi... Soit, j'épouserai cette femme ; mais, une fois le sacrifice accompli, est-ce qu'il me sera possible de vivre auprès d'elle ? d'elle, qui ne m'inspire qu'aversion et mépris ? Non, non, nous resterons à jamais séparés l'un de l'autre, jamais elle ne verra ma fille... Ainsi Fleur-de-Marie... perdra en vous la plus tendre des mères...

— Il lui restera le plus tendre des pères... Par ce mariage, elle sera la fille légitime d'un prince souverain de l'Europe, et, ainsi que vous l'avez dit, monseigneur, sa position sera aussi éclatante qu'elle était obscure.

— Vous êtes impitoyable... je suis bien malheureux !

— Osez-vous parler ainsi... vous si grand, si juste... vous qui comprenez si noblement le devoir, le dévouement et l'abnégation ?... Tout à l'heure, avant cette révélation providentielle, quand vous pleuriez votre enfant avec des sanglots si déchirants, si l'on vous eût dit : Faites un vœu, un seul... et il sera réalisé... vous vous seriez écrié : Ma fille... oh ! ma fille... qu'elle vive !... Ce prodige s'accomplit... votre fille vous est rendue... et vous vous dites malheureux... Ah ! monseigneur, que Fleur-de-Marie ne vous entende pas !...

— Vous avez raison, — dit Rodolphe après un long silence, — tant de bonheur... c'eût été le ciel... sur la terre... et je ne mérite pas cela... Je ferai ce que je dois... Je ne regrette pas mon hésitation... je lui ai dû une nouvelle preuve de la beauté de votre âme...

— Cette âme, c'est vous qui l'avez agrandie, élevée... Si ce que je fais est bien, c'est vous que j'en glorifie... ainsi que je vous ai toujours glorifié des bonnes pensées que j'ai eues... Courage, monseigneur... Dès que Fleur-de-Marie pourra soutenir ce voyage, emmenez-la... Une fois en Allemagne, dans ce pays si calme et si grave, sa transformation sera complète... et le passé ne sera plus pour elle qu'un songe triste et lointain.

— Mais vous ? mais vous ?

— Moi... je puis bien vous dire cela maintenant... parce que je pourrai le dire toujours avec joie et orgueil... mon amour pour vous sera mon ange gardien, mon sauveur, ma vertu, mon avenir... Tout ce que je ferai de bien viendra de lui et retournera à lui... Chaque jour je vous écrirai... pardonnez-moi cette exigence... c'est la seule que je me permette... Vous, monseigneur, vous me répondrez quelquefois .. pour me donner des nouvelles de celle qu'un moment au moins j'ai appelée ma fille, — dit Clémence sans pouvoir retenir ses pleurs, — et qui le sera toujours dans ma pensée ; enfin, lorsque les années nous auront donné le droit d'avouer hautement l'inaltérable affection qui nous lie... eh bien, je vous le jure sur votre fille. . si vous le désirez, j'irai vivre en Allemagne, dans la même ville que vous... pour ne plus nous quitter... et terminer ainsi une vie qui aurait pu être plus selon nos passions... mais qui aura du moins été honorable et digne...

— Monseigneur ! — s'écria Murph en entrant précipitamment, — celle que Dieu vous a rendue a repris ses sens, elle renaît. Son premier mot a été : « Mon père !... » Elle demande à vous voir...

Peu d'instants après, madame d'Harville avait quitté l'hôtel du prince, et celui-ci se rendait en hâte chez la comtesse Mac-Gregor, accompagné de Murph, du baron de Graün et d'un aide de camp.

CHAPITRE XIII

Le Mariage.

Depuis que Rodolphe lui avait appris le meurtre de Fleur-de-Marie, la comtesse Sarah Mac-Gregor, écrasée par cette révélation qui ruinait toutes ses espérances, torturée par un remords tardif, avait été en proie à de violentes crises nerveuses, à un effrayant délire ; sa blessure à demi cicatrisée s'était rouverte, et une longue syncope avait momentanément fait croire à sa mort. Pourtant, grâce à la force de sa constitution, elle ne succomba pas à cette rude atteinte ; une nouvelle lueur de vie vint la ranimer encore. Assise dans un fauteuil afin de se soustraire aux oppressions qui la suffoquaient, Sarah était depuis quelques moments plongée dans des réflexions accablantes, regrettant presque la mort à laquelle elle venait d'échapper.

Tout à coup Thomas Seyton entra dans la chambre de la comtesse ; il contenait difficilement une émotion profonde ; d'un signe il éloigna les deux femmes de Sarah ; celle-ci parut à peine s'apercevoir de la présence de son frère.

— Comment vous trouvez-vous ? — lui dit-il.

— Dans le même état... j'éprouve une grande faiblesse... et de temps à autre des suffocations douloureuses... Pourquoi Dieu ne m'a-t-il pas retirée du monde... dans ma dernière crise !...

— Sarah, — reprit Thomas Seyton après un moment de silence, — vous êtes entre la vie et la mort... une émotion violente pourrait vous tuer comme elle pourrait vous sauver.

— Je n'ai plus d'émotions à éprouver... mon frère...

— Peut-être...

— La mort de Rodolphe me trouverait indifférente... le spectre de ma fille noyée... noyée par ma faute... est là... toujours là devant moi. Ce n'est pas une émotion... c'est un remords incessant... Je suis réellement mère depuis que je n'ai plus d'enfant...

— J'aimerais mieux retrouver en vous cette froide ambition... qui vous faisait regarder votre fille comme un moyen de réaliser le rêve de votre vie.

— Les effrayants reproches du prince ont tué cette ambition... le sentiment maternel s'est éveillé en moi... au tableau des atroces misères de ma fille...

— Et... — dit Seyton en hésitant et en pesant pour ainsi dire sur chaque parole, — si par hasard... supposons une chose impossible... un miracle... vous appreniez que votre fille vit encore... comment supporteriez-vous une telle découverte ?...

— Je mourrais de honte et de désespoir à sa vue.

— Ne croyez pas cela... vous seriez trop enivrée du triomphe de votre ambition !... Car enfin... si votre fille avait vécu... le prince vous épousait...

— En admettant cette supposition insensée... il me semble que je n'aurais pas le droit de vivre... Après avoir reçu la main du prince... mon devoir serait de le délivrer... d'une épouse indigne... ma fille d'une mère dénaturée...

L'embarras de Thomas Seyton augmentait à chaque instant. Chargé par Rodolphe, qui était dans une pièce voisine, d'apprendre à Sarah que Fleur-de-Marie vivait, il ne savait que résoudre. La vie de la comtesse était si chancelante qu'elle pouvait s'éteindre d'un moment à l'autre ; il n'y avait donc aucun retard à apporter au mariage *in extremis* qui devait légitimer la naissance de Fleur-de-Marie. Pour cette triste cérémonie, le prince s'était fait accompagner d'un ministre, de Murph et du baron de Graün comme témoins ; le duc de Lucenay et lord Douglas, prévenus à la hâte par Seyton, devaient servir de témoins à la comtesse, et venaient d'arriver à l'instant même. Les moments pressaient ; mais les remords empreints de la tendresse maternelle qui remplaçaient alors chez Sarah une impitoyable ambition, rendaient la tâche de Seyton plus difficile encore. Tout son espoir était que sa sœur le trompait ou se trompait elle-même, et que l'orgueil de cette femme se réveillerait dès qu'elle toucherait à cette couronne si longtemps rêvée.

— Ma sœur... — dit Thomas Seyton d'une voix grave et solennelle, — je suis dans une terrible perplexité... Un mot de moi va peut-être vous rendre à la vie... va peut-être vous tuer...

— Je vous l'ai dit... je n'ai plus d'émotions à redouter...

— Une seule... pourtant...

— Laquelle ?

— S'il s'agissait... de votre fille ?...

— Ma fille est morte..

— Si elle ne l'était pas !

— Nous avons épuisé cette supposition tout à l'heure... Assez, mon frère... mes remords me suffisent..

— Mais si ce n'était pas une supposition ?... Mais si, par un hasard incroyable... inespéré... votre fille avait été arrachée à la mort... mais si... elle vivait ?...

— Vous me faites mal... ne me parlez pas ainsi.

— Eh bien donc ! que Dieu me pardonne et vous juge !... elle vit encore...

— Ma fille ?

— Elle vit... vous dis-je... Le prince est là... avec un ministre... J'ai fait prévenir deux de vos amis pour vous servir de témoins... Le vœu de votre vie est enfin réalisé... La prédiction s'accomplit... Vous êtes souveraine...

Thomas Seyton avait prononcé ces mots en attachant sur sa sœur un regard rempli d'angoisse, épiant sur son visage chaque signe d'émotion. A son grand étonnement, les traits de Sarah restèrent presque impassibles : elle porta seulement ses deux mains à son cœur en se renversant dans son fauteuil, étouffa un léger cri qui parut lui être arraché par une douleur subite et profonde... puis sa figure redevint calme.

— Qu'avez-vous, ma sœur ?...

— Rien... la surprise... une joie inespérée... Enfin, mes vœux sont comblés !...

— Je ne m'étais pas trompé ! pensa Thomas Seyton. — L'ambition domine... elle est sauvée... Eh bien, ma sœur, que vous disais-je ?

— Vous aviez raison... — reprit-elle avec un sourire amer et devinant la pensée de son frère, — l'ambition a encore une fois étouffé en moi la maternité...

— Vous vivrez ! et vous aimerez votre fille...

— Je n'en doute pas... je vivrai... voyez comme je suis calme...

— Et ce calme est réel ?

— Abattue, brisée comme je le suis... aurais-je la force de feindre ?...

— Vous comprenez maintenant mon hésitation de tout à l'heure ?

— Non, je m'en étonne ; car vous connaissez mon ambition... Où est le prince ?

— Il est ici.

— Je voudrais le voir... avant la cérémonie... — Puis elle ajouta avec une indifférence affectée : — Ma fille est là... sans doute ?

— Non... vous la verrez plus tard.
— En effet... j'ai le temps.... Faites, je vous prie, venir le prince.
— Ma sœur... je ne sais... mais votre air est étrange... sinistre.

Malgré lui Seyton était inquiet du calme de Sarah. Un moment il crut voir dans ses yeux des larmes contenues ; après une nouvelle hésitation, il ouvrit une porte, qu'il laissa ouverte, et sortit.

— Maintenant, — dit Sarah, — pourvu que je voie .. que j'embrasse ma fille, je serai satisfaite... Ce sera bien difficile à obtenir... Rodolphe, pour me punir, me refusera... Mais j'y parviendrai... oh ! j'y parviendrai... Le voici.

Rodolphe entra et ferma la porte.

— Votre frère vous a tout dit ? — demanda froidement le prince à Sarah.
— Tout...
— Votre... ambition... est satisfaite ?
— Elle est... satisfaite...
— Le ministre... et les témoins... sont là...
— Je le sais...
— Ils peuvent entrer... je pense ?...
— Un mot... monseigneur...
— Parlez... madame...
— Je voudrais... voir ma fille...
— C'est impossible...
— Je vous dis, monseigneur, que je veux voir ma fille !...
— Elle est à peine convalescente... elle a éprouvé déjà ce matin une violente secousse... cette entrevue lui serait funeste...
— Mais au moins... elle embrassera sa mère ..
— A quoi bon ? Vous voici princesse souveraine...
— Pas encore... je ne le serai qu'après avoir embrassé ma fille...

Rodolphe regarda la comtesse avec un profond étonnement. — Comment, — s'écria-t-il ; — vous soumettez la satisfaction de votre orgueil...
— A la satisfaction... de ma tendresse maternelle... Cela vous surprend... monseigneur ?...
— Hélas !... oui.
— Verrai-je ma fille ?...
— Mais...
— Prenez garde, monseigneur... les moments sont peut-être comptés... Ainsi que l'a dit mon frère... cette crise peut me sauver comme elle peut me tuer... Dans ce moment... je rassemble toutes mes forces... toute mon énergie... et il m'en faut beaucoup... pour lutter contre le saisissement d'une telle découverte... Je veux voir ma fille... ou sinon... je refuse votre main... et si je meurs... sa naissance ne sera pas légitimée...
— Fleur-de-Marie... n'est pas ici... Il faudrait l'envoyer chercher...
— Envoyez-la chercher un instant... et je consens à tout. Comme les moments... sont peut-être comptés... je vous l'ai dit... je me

riage se fera... pendant le temps que Fleur-de-Marie mettra à se rendre ici...

— Quoique ce sentiment m'étonne de votre part... il est trop louable pour que je n'y aie pas égard... Vous verrez Fleur-de-Marie... je vais lui écrire...

— Là... sur ce bureau... où j'ai été frappée...

Pendant que Rodolphe écrivait quelques mots à la hâte, la comtesse essuya la sueur glacée qui coulait de son front, ses traits jusqu'alors calmes trahirent une souffrance violente et cachée : on eût dit que Sarah, en cessant de se contraindre, se reposait d'une dissimulation douloureuse.

Sa lettre écrite, Rodolphe se leva et dit à la comtesse : — Je vais envoyer cette lettre à ma fille par un de mes aides de camp. Elle sera ici dans une demi-heure... puis-je rentrer avec le ministre et les témoins ?...

— Vous le pouvez... ou plutôt... je vous en prie, sonnez... ne me laissez pas seule... Chargez sir Walter de cette commission... il ramènera les témoins et le ministre....

Rodolphe sonna, une des femmes de Sarah parut.

— Priez mon frère d'envoyer ici sir Walter Murph, — dit la comtesse.

La femme de chambre sortit.

— Cette union... est triste... Rodolphe... — dit amèrement la comtesse. — Triste pour moi... Pour vous elle sera heureuse...

Le prince fit un mouvement.

— Elle sera heureuse pour vous, Rodolphe... car je n'y survivrai pas.

A ce moment Murph entra.

— Mon ami... — lui dit Rodolphe, — envoie à l'instant cette lettre à ma fille... par le colonel ; il la ramènera dans ma voiture... Prie le ministre et les témoins d'entrer dans la salle voisine.

— Mon Dieu... — s'écria Sarah d'un ton suppliant lorsque le squire eut disparu, — faites qu'il me reste assez de forces pour la voir... que je ne meure pas avant son arrivée !...

— Ah ! que n'avez-vous toujours été aussi bonne mère !...

— Grâce à vous, du moins, je connais le repentir... le dévouement... l'abnégation... Oui, tout à l'heure... quand mon frère m'a appris que notre fille vivait... laissez-moi dire notre fille, je ne le dirai pas longtemps... j'ai senti au cœur un coup affreux... J'ai senti que j'étais frappée à mort, j'ai caché cela... mais j'étais heureuse... La naissance de notre enfant serait légitimée... et je mourrai ensuite...

— Ne parlez pas ainsi...

— Oh ! cette fois... je ne vous trompe pas... vous verrez...

— Et aucun vestige de cette ambition implacable qui vous a perdue !... Pourquoi la fatalité a-t-elle voulu que votre repentir fût si tardif ?

— Il est tardif, mais profond, mais sincère, je vous le jure. A ce moment solennel... si je remercie Dieu... de me retirer de ce monde... c'est que ma vie vous eût été un horrible fardeau...

— Sarah... de grâce...

— Rodolphe... une dernière prière... votre main.

Le prince tendit sa main à la comtesse, qui la prit vivement entre les siennes. — Ah! les vôtres sont glacées... — s'écria Rodolphe avec effroi.

— Oui, je me sens mourir... Peut-être, par une dernière punition... Dieu ne voudra-t-il pas que j'embrasse ma fille...

— Oh! si.. si... il sera touché de vos remords...

— Et vous... mon ami... en êtes-vous touché?... me pardonnez-vous?... Oh! de grâce... dites-le... Tout à l'heure... quand notre fille sera là, si elle arrive à temps, vous ne pourrez pas me pardonner devant elle... ce serait lui apprendre... combien j'ai été coupable... et cela... vous ne le voudrez pas... Une fois que je serai morte... qu'est-ce que cela vous fait qu'elle m'aime?...

— Rassurez-vous... elle ne saura rien...

— Rodolphe... pardon!... oh! pardon... Serez-vous sans pitié?... Ne suis-je pas assez malheureuse?...

— Eh bien! que Dieu vous pardonne le mal que vous avez fait à votre enfant... comme je vous pardonne celui que vous m'avez fait... malheureuse femme!

— Vous me pardonnez... du fond du cœur?...

— Du fond du cœur!... dit le prince d'une voix émue.

La comtesse pressa vivement la main de Rodolphe contre ses lèvres défaillantes avec un élan de joie et de reconnaissance, puis elle dit: — Faites entrer le ministre... mon ami... et dites-lui... qu'ensuite il ne s'éloigne pas... Je me sens bien faible...

Cette scène était déchirante; Rodolphe ouvrit les deux battants de la porte du fond; le ministre entra suivi de Murph et du baron de Graün, témoins de Rodolphe, et du duc de Lucenay et de lord Douglas, témoins de la comtesse; Thomas Seyton venait ensuite. Tous les acteurs de cette scène douloureuse étaient graves, tristes et recueillis; M. de Lucenay lui-même avait oublié sa pétulance habituelle.

Le contrat de mariage entre très haut et très puissant prince Son Altesse Royale Gustave-Rodolphe V, grand-duc régnant de Gerolstein, et Sarah Seyton de Halsbury, comtesse Mac-Gregor, (contrat qui légitimait la naissance de Fleur-de-Marie), avait été préparé par les soins du baron de Graün; il fut lu par lui, et signé par les époux et leurs témoins.

Malgré le repentir de la comtesse, lorsque le ministre dit d'une voix solennelle à Rodolphe: Votre Altesse Royale consent-elle à prendre pour épouse madame Sarah Seyton de Halsbury, comtesse Mac-Gregor, » et que le prince eut répondu: « Oui! » d'une voix haute et ferme, le regard mourant de Sarah étincela; une rapide et fugitive expression d'orgueilleux triomphe passa sur ses traits livides: c'était le dernier éclair de l'ambition qui mourait avec elle.

Durant cette triste et imposante cérémonie, aucune parole ne fut échangée entre les assistants. Lorsqu'elle fut accomplie, les témoins de Sarah, M. le duc de Lucenay et lord Douglas, vinrent en silence saluer profondément le prince, puis sortirent. Sur un signe de Rodolphe, Murph et M. de Graün les suivirent.

— Mon frère... — dit tout bas Sarah, — priez le ministre de vous accompagner dans la pièce voisine... et d'avoir la bonté d'y attendre un moment.

— Comment vous trouvez-vous... ma sœur?... Vous êtes bien pâle...

— Je suis sûre de vivre... maintenant... ne suis-je pas grande-duchesse de Gerolstein ?... — ajouta-t-elle avec un sourire amer.

Restée seule avec Rodolphe, Sarah murmura d'une voix épuisée, pendant que ses traits se décomposaient d'une manière effrayante : — Mes forces sont à bout... je me sens... mourir... je ne la verrai pas...

— Si... si... rassurez-vous... Sarah. . vous la verrez.

— Je ne l'espère plus... cette contrainte... Oh ! il fallait... une force surhumaine... Ma vue se trouble... déjà.

— Sarah !... — dit le prince en s'approchant de la la comtesse et prenant ses mains dans les siennes, — elle va venir... maintenant elle ne peut tarder...

— Dieu ne voudra pas m'accorder... cette dernière consolation.

— Sarah... écoutez... écoutez... Il me semble entendre une voiture... Oui, c'est elle... voilà votre fille !

— Rodolphe... vous ne lui direz pas... que j'étais une mauvaise mère, articula lentement la comtesse, qui déjà n'entendait plus.

Le bruit d'une voiture retentit sur les pavés sonores de la cour. La comtesse ne s'en aperçut pas. Ses paroles devinrent de plus en plus incohérentes ; Rodolphe était penché vers elle avec anxiété ; il vit ses yeux se voiler...

— Pardon... ma fille... voir ma fille... pardon... au moins... après ma mort... les honneurs de mon rang... — murmura-t-elle enfin. Ce furent les derniers mots intelligibles de Sarah... L'idée fixe, dominante de toute sa vie, revenait encore malgré son repentir sincère.

Tout à coup Murph entra.

— Monseigneur... la princesse Marie...

— Non... qu'elle n'entre pas... Dis à Seyton d'amener le ministre. Puis, montrant Sarah qui s'éteignait dans une lente agonie, Rodolphe ajouta : — Dieu lui refuse la consolation suprême d'embrasser son enfant...

Une demi-heure après, la comtese Sarah Mac-Gregor avait cessé de vivre.

CHAPITRE XIV

Bicêtre

Quinze jours s'étaient passés depuis la mort de Sarah. C'était le jour de la mi-carême. Cette date établie, nous conduirons le lecteur à Bicêtre. Cet immense établissement, destiné, ainsi que chacun sait, au traitement des aliénés, sert aussi de lieu de refuge à sept ou huit cents vieillards pauvres, qui sont admis à cette espèce de maison d'invalides civils lorsqu'ils sont âgés de soixante-dix ans ou atteints d'infirmités très graves. En arrivant à Bicêtre, on entre d'abord dans une vaste cour plantée de grands arbres, coupée de pelouses vertes ornées en été de plates-bandes de fleurs. Rien de plus riant, de plus calme, de plus salubre que ce promenoir spécialement destiné aux vieillards indigents dont nous avons parlé; il entoure les bâtiments où se trouvent, au premier étage, de spacieux dortoirs bien aérés, garnis de bons lits, et au rez-de-chaussée des réfectoires d'une admirable propreté où les pensionnaires de Bicêtre prennent en commun une nourriture saine, abondante, agréable et préparée avec un soin extrême, grâce à la paternelle sollicitude des administrateurs de ce bel établissement. Un tel asile serait le rêve de l'artisan veuf ou célibataire qui, après une longue vie de privations, de travail et de probité, trouverait là le repos, le bien-être qu'il n'a jamais connus. Malheureusement le favoritisme qui de nos jours s'étend à tout, envahit tout, s'est emparé des bourses de Bicêtre, et ce sont en grande partie d'anciens domestiques qui jouissent de ces retraites, grâce à l'influence de leurs derniers maîtres.

Ceci nous semble un abus révoltant. Rien de plus méritoire que les longs et honnêtes services domestiques, rien de plus digne de récompense que ces serviteurs qui, éprouvés par des années de dévouement, finissaient autrefois par faire presque partie de la famille; mais, si louables que soient de pareils antécédents, c'est le maître qui en a profité, et non l'État, qui doit les rémunérer. Ne serait-il donc pas juste, moral, humain, que les places de Bicêtre et celles d'autres établissements semblables appartinssent *de droit* à des artisans choisis parmi ceux qui justifieraient de la meilleure conduite et de la plus grande infortune? Pour eux, si limité que fût leur nombre, ces retraites seraient au moins une lointaine espérance qui allégerait un peu leur fatigue, leur misère de chaque jour... salutaire espoir qui les encouragerait au bien, en leur montrant dans un avenir éloigné sans doute, mais enfin certain, un peu de calme, de bonheur pour récompense... Et comme ils ne pourraient prétendre à ces retraites que par une conduite irréprochable, leur moralisation deviendrait pour ainsi dire forcée... Est-ce donc trop de demander que le petit nombre de travailleurs qui atteignent un âge très avancé à travers des privations de toutes sortes, aient au moins la chance d'obtenir un jour à Bicêtre du pain, du repos, un abri pour leur vieillesse épuisée ? Il est vrai qu'une telle mesure exclurait à l'avenir, de cet établissement, les gens de lettres, les savants, les artistes d'un grand âge, qui n'ont pas d'autre refuge... Oui, de nos jours, des hommes dont les talents, dont la science, dont l'intelligence ont été estimés de leur temps, obtiennent à grand'peine une place parmi ces vieux serviteurs que le crédit de leur maître envoie à Bicêtre.

Au nom de ceux-là qui ont concouru au renom, aux plaisirs de la France, de ceux-là dont la réputation a été consacrée par la voix populaire, est-ce trop de vouloir pour leur extrême vieillesse une retraite modeste, mais digne ? Sans doute c'est trop... et pourtant citons un exemple entre mille : on a dépensé huit ou dix millions pour le monument de la Madeleine, qui n'est ni un temple ni une église ; avec cette somme énorme, que de bien à faire ! fonder, je suppose, une maison d'asile où deux cent cinquante ou trois cents personnes, jadis remarquables comme savants, poètes, musiciens, administrateurs, médecins, avocats, etc., etc. (car presque toutes ces professions ont successivement leurs représentants parmi les pensionnaires de Bicêtre), auraient trouvé une retraite honorable. Sans doute c'était là une question d'humanité, de pudeur, de dignité nationale pour un pays qui prétend marcher à la tête des arts, de l'intelligence et de la civilisation ; mais l'on n'y a pas songé... Car Hégésippe Moreau et tant d'autres rares génies sont morts à l'hospice ou dans l'indigence... Car de nobles intelligences, qui ont autrefois rayonné d'un pur et vif éclat, portent aujourd'hui à Bicêtre la houppelande de bons pauvres...

Car il n'y a pas ici, comme à Londres, un établissement charitable [1] où un étranger sans ressources trouve, au moins pour une nuit, un toit, un lit et un morceau de pain... Car les ouvriers qui vont *en Grève* chercher du travail et attendre les *embauchements*, n'ont pas même pour se garantir des intempéries des saisons un hangar pareil à celui qui, dans les marchés, abrite le bétail en vente. Pourtant la place de Grève est la *Bourse* des travailleurs sans ouvrage... et à cette Bourse-là il ne se fait que d'honnêtes transactions.. car elles n'ont pour fin que d'obtenir un rude labeur et un salaire souvent insuffisant.

Car... Mais l'on ne cesserait pas si l'on voulait compter tout ce que l'on a sacrifié d'utiles fondations à cette grotesque imagination de temple grec, enfin destiné au culte catholique. . .

Revenons à Bicêtre et disons, pour complétement énumérer les différentes destinations de cet établissement, qu'à l'époque de ce récit les condamnés à mort y étaient conduits après leur jugement. C'est dans un des cabanons de cette maison que la veuve Martial et Calebasse attendaient le moment de leur exécution, fixée au lendemain ; la mère et la fille n'avaient voulu se pourvoir ni en grâce ni en cassation. Nicolas, le Squelette et plusieurs

1. *Société de bienfaisance* fondée à Londres par un de nos compatriotes, le comte d'Orsay.

autres scélérats étaient parvenus à s'évader la veille de leur transfèrement à Bicêtre.

Nous l'avons dit, rien de plus riant que l'abord de cet édifice lorsqu'en venant de Paris on y entrait par la cour des Pauvres. Grâce à un printemps hâtif, les ormes et les tilleuls se couvraient déjà de pousses verdoyantes; les grandes pelouses de gazon étaient d'une fraîcheur extrême, et çà et là les plates-bandes s'émaillaient de perce-neige, de primevères, d'oreilles-d'ours aux couleurs vives et variées; le soleil dorait le sable brillant des allées. Les vieillards pensionnaires, vêtus de houppelandes grises, se promenaient çà et là, ou devisaient, assis sur des bancs: leur physionomie sereine annonçait généralement le calme, la quiétude ou une sorte d'insouciance tranquille.

Onze heures venaient de sonner à l'horloge lorsque deux fiacres s'arrêtèrent devant la grille extérieure: de la première voiture descendirent madame Georges, Germain et Rigolette; de la seconde Louise Morel et sa mère. Germain et Rigolette étaient mariés depuis quinze jours. Nous laissons le lecteur s'imaginer la pétulante gaieté, le bonheur turbulent qui rayonnait sur le frais visage de la grisette, dont les lèvres fleuries ne s'ouvraient que pour rire, sourire ou embrasser madame Georges, qu'elle appelait sa mère. Les traits de Germain exprimaient une félicité plus calme, plus réfléchie, plus grave... il s'y mêlait un sentiment de reconnaissance profonde, presque du respect pour cette bonne et vaillante jeune fille qui lui avait apporté en prison des consolations si secourables, si charmantes... ce dont Rigolette n'avait pas l'air de se souvenir le moins du monde; aussi, dès que son *petit Germain* mettait l'entretien sur ce sujet, elle parlait aussitôt d'autre chose, prétextant que ces souvenirs l'attristaient. Quoiqu'elle fût devenue *madame Germain* et que Rodolphe l'eût dotée de quarante mille francs, Rigolette n'avait pas voulu, et son mari avait été de cet avis, changer sa coiffure de grisette contre un chapeau. Certes, jamais l'humilité ne servit mieux une innocente coquetterie; car rien n'est plus gracieux, plus élégant que son petit bonnet à barbes plates, un peu à la paysanne, orné de chaque côté de gros nœuds orange, qui faisait encore valoir le noir éclatant de ses jolis cheveux qu'elle portait noirs et bouclés, depuis qu'elle avait le *temps* de mettre des papillotes; un col richement brodé entourait le cou charmant de la jeune mariée; une écharpe de cachemire français, de la même nuance que les rubans du bonnet, cachait à demi sa taille souple et fine, et quoiqu'elle n'eût pas de corset, selon son habitude (bien qu'elle eût aussi le *temps* de se lacer), sa robe montante de taffetas mauve ne faisait pas le plus léger pli sur son corsage svelte, arrondi, comme celui de la Galatée de marbre.

Madame Georges contemplait son fils et Rigolette avec un bonheur profond, toujours nouveau.

Louise Morel, après une instruction minutieuse et l'autopsie de son enfant, avait été mise en liberté; les beaux traits de la fille du lapidaire, creusés par le chagrin, annonçaient une sorte de résignation douce et triste. Grâce à la générosité de Rodolphe et aux soins qu'il lui avait fait donner, la mère de Louise Morel, qui l'accompagnait avait retrouvé la santé.

Le concierge de la porte extérieure ayant demandé à madame Georges ce qu'elle désirait, celle-ci lui répondit que l'un des médecins des salles d'aliénés lui avait donné rendez-vous à onze heures et demie, ainsi qu'aux personnes qui l'accompagnaient ; madame Georges eut le choix d'attendre le docteur, soit dans un bureau qu'on lui indiqua, soit dans la grande cour plantée dont nous avons parlé. Elle prit ce dernier parti, s'appuya sur le bras de son fils, et, continuant de causer avec la femme du lapidaire, elle parcourut les allées du jardin ; Louise et Rigolette les suivaient à peu de distance.

— Que je suis donc contente de vous revoir, chère Louise ! — dit la grisette. — Tout à l'heure, quand nous avons été vous chercher, à notre arrivée de Bouqueval, je voulais monter chez vous ; mais *mon mari* n'a pas voulu, disant que c'était trop haut ; j'ai attendu dans le fiacre. Votre voiture a suivi la nôtre, ça fait que je vous retrouve pour la première fois depuis que...

— Depuis que vous êtes venue me consoler en prison... Ah ! mademoiselle Rigolette, — s'écria Louise avec attendrissement, — quel bon cœur... quel...

— D'abord, ma bonne Louise, — dit la grisette en interrompant gaiement la fille du lapidaire, afin d'échapper à ses remerciments, — je ne suis plus mademoiselle Rigolette, mais *madame Germain*. Je ne sais pas si vous le savez...

— Oui... je vous savais... mariée... Mais laissez-moi vous remercier encore.

— Ce que vous ignorez certainement, ma bonne Louise, — reprit madame Germain en interrompant de nouveau la fille de Morel ; — ce que vous ignorez, c'est que je me suis mariée, grâce à la générosité de celui qui a été notre providence à tous, à vous, à votre famille, à moi, à Germain, à sa mère !

— M. Rodolphe ! Oh ! nous le bénissons chaque jour !... Lorsque je suis sortie de prison, l'avocat qui était venu de sa part me voir, me conseiller et m'encourager, m'a dit que, grâce à M. Rodolphe, qui avait déjà tant fait pour nous, M. Ferrand... — et la malheureuse ne put prononcer ce nom sans frissonner, — M. Ferrand, pour réparer ses cruautés, avait assuré une rente à moi et une à mon pauvre père... qui est toujours ici, lui... mais qui, grâce à Dieu, va de mieux en mieux...

— Et qui reviendra aujourd'hui avec vous à Paris... si l'espérance de ce digne médecin se réalise. Il pense maintenant qu'il faut frapper un grand coup, et que la présence imprévue des personnes que votre père avait l'habitude de voir presque chaque jour avant de perdre la raison... pourra terminer sa guérison... Moi, dans mon petit jugement... cela me paraît certain...

— Je n'ose encore y croire, mademoiselle.

— Madame Germain... madame Germain, si ça vous est égal, ma bonne Louise... Mais, pour en revenir à ce que je vous disais, vous ne savez pas ce que c'est que M. Rodolphe ?

— C'est la providence des malheureux.

— D'abord... et puis encore ? vous l'ignorez... Eh bien, je vais vous le dire... — Puis, s'adressant à son mari qui marchait devant elle, donnait le bras à madame Georges et causait avec la femme du lapidaire, Rigolette s'écria : — Ne va donc pas si vite, mon ami... tu fatigues notre bonne mère... et puis j'aime à t'avoir plus près de moi.

Germain se retourna, ralentit un peu sa marche, et sourit à Rigolette, qui lui envoya furtivement un baiser.

— Comme il est gentil, mon petit Germain ! n'est-ce pas, Louise ? Avec ça l'air si distingué !... une si jolie taille ! Avais-je raison de le trouver mieux que mes autres voisins, M. Giraudeau, le commis-voyageur, et M. Cabrion !... Ah ! mon Dieu ! à propos de Cabrion... M. Pipelet et sa femme, où sont-ils donc ? Le médecin avait dit qu'ils devaient venir aussi, parce que votre père avait souvent prononcé leur nom...

— Ils ne tarderont pas. Quand j'ai quitté la maison, ils étaient partis depuis longtemps.

— Oh ! alors ils ne manqueront pas au rendez-vous ; pour l'exactitude, M. Pipelet est une vraie pendule... Mais revenons à mon mariage et à M. Rodolphe. Figurez-vous, Louise, que c'est d'abord lui qui m'a envoyée porter à Germain l'ordre qui le rendait libre. Vous pensez notre joie en sortant de cette maudite prison ! Nous arrivons chez moi, et là, aidée de Germain, je fais une dînette... mais une dînette de vrais gourmands. Il est vrai que ça ne nous a pas servi à grand'chose ; car, quand elle a été finie, nous n'avons mangé ni l'un ni l'autre, nous étions trop contents. A onze heures Germain s'en va ; nous nous donnons rendez-vous pour le lendemain matin. A cinq heures j'étais debout et à l'ouvrage, car j'étais au moins de deux jours de travail en retard. A huit heures on frappe, j'ouvre ; qui est-ce qui entre ? M. Rodolphe... D'abord, je commence à le remercier du fond du cœur pour ce qu'il a fait pour Germain ; il ne me laisse pas finir. « Ma voisine, me dit-il, Germain va venir, vous lui remettrez cette lettre. Vous et lui prendrez un fiacre ; vous vous rendrez tout de suite à un petit village appelé Bouqueval, près d'Écouen, route de Saint-Denis. Une fois là, vous demanderez madame Georges... et bien du plaisir. — Monsieur Rodolphe, je vais vous dire, c'est ce que sera encore une journée de perdue, et, sans reproche, ça fera trois. — Rassurez-vous, ma voisine, vous trouverez de l'ouvrage chez madame Georges ; c'est une excellente pratique que je vous donne. — Si c'est comme ça, à la bonne heure, monsieur Rodolphe. — Adieu, ma voisine. — Adieu et merci, mon voisin. » Il part et Germain arrive, je lui conte la chose ; M. Rodolphe ne pouvait pas nous tromper ; nous montons en voiture gais comme des fous, nous si tristes la veille... Jugez... nous arrivons... Ah ! ma bonne Louise, tenez, malgré moi, les larmes m'en viennent encore aux yeux... Cette madame Georges, que voilà devant nous, c'était la mère de Germain.

— Sa mère !

— Mon Dieu, oui, sa mère, à qui on l'avait enlevé tout enfant. Vous pensez leur bonheur à tous deux. Quand madame Georges a eu bien pleuré, bien embrassé son fils, ç'a été mon tour. M. Rodolphe lui avait sans doute écrit de bonnes choses de moi, car elle m'a dit, en me serrant dans ses bras, qu'elle savait ma conduite pour son fils. « Et si vous le voulez, ma mère, dit Germain, Rigolette sera votre fille aussi. — Si je le veux, mes enfants! de tout mon cœur; je le sais, jamais tu ne trouveras une meilleure ni une plus gentille femme. » Nous voilà donc installés dans une belle ferme avec Germain, sa mère et mes oiseaux, que j'avais fait venir, pauvres petites bêtes! pour qu'ils soient aussi de la partie. Quoique je n'aime pas la campagne, les jours passaient si vite que c'était comme un rêve; je ne travaillais que pour mon plaisir, j'aidais madame Georges, je me promenais avec Germain, je chantais, je sautais, c'était à en devenir folle... Enfin, notre mariage est arrêté pour il y a eu hier quinze jours... La surveille, qui est-ce qui arrive dans une belle voiture? Un grand gros monsieur chauve, l'air excellent, qui m'apporte, de la part de M. Rodolphe, une corbeille de mariage. Figurez-vous, Louise, un grand coffre de bois rose, avec ces mots écrits dessus en lettres d'or sur une plaque de porcelaine bleue : *Travail et Sagesse, Amour et Bonheur.* J'ouvre le coffre, qu'est-ce que je trouve ? des petits bonnets de dentelles comme celui que je porte, des robes en pièces, des bijoux, des gants, cette écharpe, un beau châle; enfin c'était comme un conte de fées.

— C'est vrai au moins que c'est comme un conte de fées; mais voyez comme ça vous a porté bonheur... d'être si bonne, si laborieuse.

— Quant à être bonne et laborieuse, ma chère Louise, je ne l'ai pas fait exprès... ça s'est trouvé ainsi; tant mieux pour moi.. mais ça n'est pas tout : au fond du coffret je découvre un joli portefeuille avec ces mots : *Le voisin à sa voisine.* Je l'ouvre : il y avait deux enveloppes, l'une pour Germain, l'autre pour moi ; dans celle de Germain je trouve un papier qui le nommait directeur d'une banque pour les pauvres avec quatre mille francs d'appointements ; lui, dans l'enveloppe qui m'était destinée, trouve un bon de quarante mille francs sur le... sur le Trésor... Oui, c'est cela, c'était ma dot... Je veux le refuser, mais madame Georges me dit : « Mon enfant, vous pouvez, vous devez accepter ; c'est la récompense de votre sagesse, de votre travail et de votre dévouement à ceux qui souffrent. Car c'est en prenant sur vos nuits, au risque de vous rendre malade et de perdre ainsi vos seuls moyens d'existence, que vous êtes allée consoler vos amis malheureux... »

— Oh! ça, c'est bien vrai, — s'écria Louise, — il n'y en a pas une autre comme vous au moins... mademoi... madame Germain.

— A la bonne heure! Moi, je dis au grand monsieur chauve que ce que j'ai fait c'est par plaisir; il me répond : « C'est égal, M. Rodolphe est immensément riche, votre dot est de sa part un gage d'estime, d'amitié ; votre refus lui causerait un grand chagrin ; il assistera d'ailleurs à votre mariage, et il vous forcera bien d'accepter. »

— Quel bonheur que tant de richesse tombe à une personne aussi charitable !

— Sans doute il est bien riche, mais s'il n'était que cela. Ah ! ma bonne Louise, si vous saviez ce que c'est que M. Rodolphe !... Et moi qui lui ai fait porter mes paquets ! Mais patience..., vous allez voir... La veille du mariage, le soir très tard, le grand monsieur chauve arrive au poste ; M. Rodolphe ne pouvait pas venir... il était souffrant, mais le grand monsieur chauve venait le remplacer... C'est seulement alors, ma bonne Louise, que nous avons appris que votre bienfaiteur... que le nôtre... était, devinez quoi ?... un prince ! Qu'est ce que je dis, un prince ?... une Altesse Royale, un grand-duc régnant, un roi en petit... Germain m'a expliqué ça.

— M. Rodolphe !...

— Hein, ma pauvre Louise ! Et moi qui lui avais demandé de m'aider à cirer ma chambre !... Vous comprenez ma confusion. Aussi, voyant que c'était presque un roi, je n'ai pas osé refuser la dot. Nous avons été mariés... Il y a huit jours, M. Rodolphe nous a fait dire, à nous deux Germain et à madame Georges, qu'il serait très content que nous lui fissions une visite de noces ; nous y allons. Dame ! vous comprenez, le cœur me battait fort ; nous arrivons rue Plumet, nous entrons dans un palais ; nous traversons des salons remplis de domestiques galonnés, de messieurs en noir avec des chaînes d'argent au cou et l'épée au côté, d'officiers en uniforme ; que sais-je, moi ? et puis des dorures, des dorures partout, qu'on en était ébloui. Enfin nous trouvons le monsieur chauve dans un salon avec d'autres messieurs tout chamarrés de broderies ; il nous introduit dans une grande pièce, où nous trouvons M. Rodolphe... c'est-à-dire le prince, vêtu très simplement et l'air si bon, si franc, si peu fier... enfin *l'air si M. Rodolphe d'autrefois*, que je me suis sentie tout de suite à mon aise, en me rappelant que je lui avais fait m'attacher mon châle, me tailler des plumes et me donner le bras dans la rue.

— Vous n'avez plus eu peur ? Oh ! moi, comme j'aurais tremblé !

— Eh bien, moi, non. Après avoir reçu madame Georges avec une bonté sans pareille et offert sa main à Germain, le prince m'a dit en souriant : « Eh bien, ma voisine, comment vont papa Crétu et Ramonette ? (C'est le nom de mes oiseaux ; faut-il qu'il soit aimable pour s'en être souvenu !) Je suis sûr, a-t-il ajouté, que maintenant vous et Germain vous luttez de chants joyeux avec vos jolis oiseaux ? — Oui, monseigneur (madame Georges nous avait fait là leçon toute la route, à nous deux Germain, nous disant qu'il fallait appeler le prince monseigneur). Oui, monseigneur, notre bonheur est grand, et il nous semble plus doux et plus grand encore parce que nous vous le devons. — Ce n'est pas à moi que vous le devez, mon enfant, mais à vos excellentes qualités et à celles de Germain. » Et cætera, et cætera, je passe le reste de ses compliments. Enfin, nous avons quitté ce seigneur le cœur un peu gros, car nous ne le verrons plus... Il nous a dit qu'il retournait en Allemagne sous peu de jours ; peut-être qu'il est déjà parti ; mais, parti ou non, son souvenir sera toujours avec nous.

— Puisqu'il a des sujets, ils doivent être bien heureux !

— Jugez ! il nous a fait tant de bien, à nous qui ne lui sommes rien... J'oubliais de vous dire que c'était à cette ferme-là qu'avait habité une de mes anciennes compagnes de prison, une bien bonne et bien honnête petite fille qui, pour son bonheur, avait aussi rencontré M. Rodolphe ; mais madame Georges m'avait bien recommandé de n'en pas parler au prince, je ne sais pas pourquoi... sans doute parce qu'il n'aime pas qu'on lui parle du bien qu'il fait... Ce qui est sûr, c'est qu'il paraît que cette chère Goualeuse a retrouvé ses parents, qui l'ont emmenée avec eux, bien loin, bien loin ; tout ce que je regrette, c'est de ne l'avoir pas embrassée avant son départ. Mais pardon, ma bonne Louise, pardon... je suis égoïste ; je ne vous parle que de bonheur... à vous qui avez tant de raison d'être encore chagrine.

— Si mon enfant m'était resté, — dit tristement Louise en interrompant Rigolette, — cela m'aurait consolée ; car maintenant quel est l'honnête homme qui voudra de moi quoique j'aie de l'argent ?

— Au contraire, Louise, moi je dis qu'il n'y a qu'un honnête homme capable de comprendre votre position ; oui... lorsqu'il saura tout, lorsqu'il vous connaîtra, il ne pourra que vous plaindre, vous estimer... et il sera bien sûr d'avoir en vous une brave et digne femme.

— Vous dites cela pour me consoler.

— Non, je dis cela parce que c'est vrai.

— Enfin, vrai ou non, ça me fait du bien, toujours... et je vous en remercie... Mais qui donc vient là ? Tiens, c'est M. Pipelet et sa femme !... Mon Dieu, comme il a l'air content ! lui qui, dans les derniers temps, était toujours si malheureux à cause des plaisanteries de M. Cabrion.

En effet, M. et madame Pipelet s'avançaient allègrement ; Alfred, toujours coiffé de son inamovible chapeau tromblon, portait un habit vert-pré encore tout dans son lustre ; sa cravate, à coins brodés, laissait dépasser un col de chemise formidable qui lui cachait la moitié des joues ; un grand gilet fond jaune vif, à larges bandes marron, un pantalon noir un peu court, des bas d'une éblouissante blancheur, et des souliers cirés à l'œuf complétaient son accoutrement. Anastasie se prélassait dans une robe de mérinos amarante sur laquelle tranchait vivement un châle foncé. Elle exposait orgueilleusement à tous les regards sa perruque fraîchement bouclée, et tenait son bonnet suspendu à son bras par des brides de ruban vert en manière de *ridicule*. La physionomie d'Alfred, ordinairement si grave, si recueillie et dernièrement si abattue, était rayonnante, jubilante, rutilante ; du plus loin qu'il aperçut Louise et Rigolette, il accourut en s'écriant de sa voix de basse : — Délivré !... Parti !

— Ah ! mon Dieu ! monsieur Pipelet, — dit Rigolette, — comme vous avez l'air joyeux ! qu'avez-vous donc !

— Parti... mademoiselle, ou plutôt madame, veux-je, puis-je, dois-je dire, car maintenant vous êtes exactement semblable à Anastasie, grâce au *conjungo*... de même que votre mari, M. Germain, est exactement semblable à moi...

— Vous êtes bien honnête, Monsieur Pipelet, mais qui est donc parti ?

— Cabrion ! — s'écria M. Pipelet en respirant et en aspirant l'air avec une indicible satisfaction, comme s'il eût été dégagé d'un poids énorme, il quitte la France à jamais, à toujours, à perpétuité... Enfin il est parti.

— Vous en êtes bien sûr ?

— Je l'ai vu... de mes yeux vu monter en diligence... route de Strasbourg, lui, tous ses bagages... et tous ses effets, c'est-à-dire un étui à chapeau, un appui-main et une boîte à couleurs.

— Qu'est-ce qu'il vous chante-là, ce vieux chéri, — dit Anastasie en arrivant essoufflée, car elle avait difficilement suivi la course précipitée d'Alfred. — Je parie qu'il vous parle du départ de Cabrion ? Il n'a fait qu'en rabâcher toute la route...

— C'est-à-dire que je ne tiens pas sur terre... Avant, il me semblait que mon chapeau était doublé de plomb ; maintenant on dirait que je me soulève vers le firmament ! Parti... enfin... parti !!! et il ne reviendra plus !...

— Heureusement... le gredin !

— Anastasie, ménagez les absents... le bonheur me rend clément ; je dirai simplement que c'était un indigne polisson.

— Et comment avez-vous su qu'il allait en Allemagne ?.., — demanda Rigolette.

— Par un ami de mon roi des locataires... A propos de ce cher homme, vous ne savez pas ?... Grâce aux bons renseignements qu'il a donnés de nous Alfred est nommé concierge-gardien d'un mont-de-piété et d'une banque charitable, fondés dans notre maison par une bonne âme qui me fait l'effet d'être celle dont M. Rodolphe était le commis voyageur en bonnes actions !

— Cela se trouve bien, — reprit Rigolette, — c'est mon mari qui est le directeur de cette banque, aussi par le crédit de M. Rodolphe.

— Et alllllez donc !... — s'écria gaiement madame Pipelet. — Tant mieux ! mieux vaut des connaissances que des intrus, mieux vaut des anciens visages que des nouveaux... Mais, pour en revenir à Cabrion, figurez-vous qu'un grand gros monsieur chauve, en venant nous apprendre la nomination d'Alfred, nous a demandé si un peintre de beaucoup de talent, nommé Cabrion, n'avait pas demeuré chez nous. Au nom de Cabrion, voilà mon chéri qui lève sa botte en l'air et qui a la petite mort. Heureusement le gros grand chauve ajouta : « Ce jeune peintre va partir pour l'Allemagne ; une personne riche l'y emmène pour des travaux qui l'y retiendront pendant des années... peut-être même se fixera-t-il tout à fait à l'étranger. » En foi de quoi le particulier donna à mon vieux chéri la date du départ de Cabrion et l'adresse des messageries.

— Et j'ai le bonheur inespéré de lire sur le registre : *M. Cabrion, artiste peintre, départ pour Strasbourg et l'étranger par correspondance.* Le départ était fixé à ce matin... Je me rends dans la cour avec mon épouse...

— Nous voyons le gredin monter sur l'impériale à côté du conducteur.

— Au moment où la voiture s'ébranle, Cabrion m'aperçoit, me reconnaît, se retourne, et me crie : *Je pars pour toujours... à toi pour la vie !* Heureusement la trompette du conducteur étouffa presque ces derniers mots et ce tutoiement indécent que je méprise... car enfin, Dieu soit loué, il est parti !

— Et parti pour toujours, croyez-le, monsieur Pipelet, — dit Rigolette en contraignant une violente envie de rire. Mais ce que vous ne savez pas, et ce qui va bien vous étonner... c'est que M. Rodolphe était... un prince déguisé... une Altesse Royale.

— Allons donc, quelle farce ! — dit Anastasie.

— Je vous le jure sur mon mari... — dit très sérieusement Rigolette.

— Mon roi des locataires... une Altesse Royale ! — s'écria Anastasie. — Allliiiez donc !... Et moi qui l'ai prié de garder ma loge ! Pardon... pardon... pardon... — Et elle remit machinalement son bonnet, comme si cette coiffure eût été plus convenable pour parler d'un prince.

Par une manifestation diamétralement opposée quand à la forme, mais toute semblable quand au fond, Alfred, contre son habitude, se décoiffa complètement, et salua profondément le vide en s'écriant : — Un prince... une Altesse dans notre loge !... Et il m'a vu sous le linge quand j'étais au lit par suite des indignités de Cabrion !

A ce moment madame Georges se retourna, et dit à son fils et à Rigolette : — Mes enfants, voici M. le docteur.

Le docteur Herbin, homme d'un âge mûr, avait une physionomie infiniment spirituelle et distinguée, un regard d'une profondeur, d'une sagacité remarquables, et un sourire d'une bonté extrême. Sa voix, naturellement harmonieuse, devenait presque caressante lorsqu'il s'adressait aux aliénés ; aussi la suavité de son accent, la mansuétude de ses paroles semblaient souvent calmer l'irritabilité naturelle de ces infortunés. L'un des premiers il avait substitué, dans le traitement de la folie, la commisération et la bienveillance aux terribles moyens coercitifs employés autrefois : plus de chaînes, plus de coups, plus de douches, *plus d'isolement* surtout (sauf quelques cas exceptionnels). Sa haute intelligence avait compris que la monomanie, que l'insanité, que la fureur, s'exaltent par la séquestration et par les brutalités : qu'en soumettant au contraire les aliénés à la vie commune, mille distractions, mille incidents, de tous les moments, les empêchent de s'absorber dans une idée fixe, d'autant plus funeste qu'elle est plus concentrée par la solitude et par l'intimidation. Ainsi, l'expérience prouve que, pour les aliénés, l'*isolement* est aussi funeste qu'il est salutaire pour les détenus criminels... la perturbation mentale des premiers s'accroissant dans la solitude, de même que la perturbation ou plutôt la submersion morale des seconds s'augmente et devient incurable par la fréquentation de leurs pairs en corruption. Sans doute, dans plusieurs années, le système pénitentiaire actuel, avec ses prisons en commun, véritables écoles d'infamie, avec ses chaînes, ses piloris et ses échafauds, paraîtra aussi vicieux, aussi sauvage, aussi atroce que l'ancien traitement qu'on infligeait aux aliénés paraît à cette heure absurde et atroce.

— Monsieur, — dit madame Georges à M. Herbin, — j'ai cru pouvoir accompagner mon fils et ma belle-fille, quoique je ne connaisse pas M. Morel. La position de cet excellent homme m'a paru si intéressante, que je n'ai pu résister au désir d'assister avec mes enfants au réveil complet de sa raison, qui, vous l'espérez, nous a-t-on dit, lui reviendra ensuite de l'épreuve à laquelle vous allez le soumettre.

— Je compte beaucoup, madame, sur l'impression favorable que doit lui causer la présence de sa fille et des personnes qu'il avait l'habitude de voir.

— Lorsqu'on est venu arrêter mon mari, — dit la femme de Morel avec émotion, en montrant Rigolette au docteur, — notre bonne petite voisine était occupée à me secourir moi et mes enfants...

— Mon père connaissait M. Germain, qui a toujours eu beaucoup de bontés pour nous, — ajouta Louise. Puis, désignant Alfred et Anastasie, elle reprit : — Monsieur et madame sont les portiers de notre maison... ils ont bien des fois aidé notre famille dans son malheur, autant qu'ils l'ont pu.

— Je vous remercie, monsieur, — dit le docteur à Alfred, — de vous être dérangé pour venir ici ; mais je vois que cette visite ne doit pas vous coûter ?

— Môssieur, — dit M. Pipelet en s'inclinant gravement, — l'homme doit s'entr'aider ici bas... il est frère... sans compter que le père Morel était la crème des honnêtes gens... avant qu'il ait perdu la raison par suite de son arrestation et de celle de cette chère mademoiselle Louise.

— Si vous ne craignez pas, madame, dit le docteur Herbin à la mère de Germain, — la vue des aliénés, nous traverserons plusieurs cours pour nous rendre au bâtiment où j'ai jugé à propos de faire conduire Morel ; et j'ai donné l'ordre ce matin qu'on ne le menât pas à la ferme comme à l'ordinaire.

— A la ferme, monsieur ? — dit madame Georges, — il y a une ferme ici ?

— Cela vous surprend, madame ? je le conçois. Oui, nous avons ici une ferme dont les produits sont d'une très grande ressource pour la maison, et qui est mise en valeur par des aliénés [1].

1. Cette ferme, admirable institution curative, est située à très peu de distance de Bicêtre.

— Ils travaillent... en liberté, monsieur ?

— Sans doute ; et le travail, le calme des champs, la vue de la nature, est un de nos meilleurs moyens curatifs... Un seul gardien les y conduit, et il n'y a presque jamais eu d'exemple d'évasion ; ils s'y rendent avec une satisfaction véritable... et le petit salaire qu'ils gagnent sert à améliorer leur sort... à leur procurer de petites douceurs. Mais nous voici arrivés à la porte d'une des cours... — Puis, voyant une légère nuance d'appréhension sur les traits de madame Georges, le docteur ajouta : — Ne craignez rien, madame... dans quelques minutes vous serez aussi rassurée que moi.

— Je vous suis, monsieur... Venez, mes enfants.

— Anastasie, dit tout bas M. Pipelet, — quand je songe que si l'infernale poursuite de Cabrion eût duré... ton Alfred devenait fou, et, comme tel, était relégué parmi ces malheureux que nous allons voir vêtus des costumes les plus baroques, enchaînés par le milieu du corps, ou enfermés dans des loges comme des bêtes féroces du jardin des Plantes !

— Ne m'en parle pas, vieux chéri... On dit que les fous par amour sont comme de vrais singes dès qu'ils aperçoivent une femme... Ils se jettent aux barreaux de leurs cages en poussant des roucoulements affreux... Il faut que leurs gardiens les apaisent à grands coups de fouet, et en leur lâchant sur la tête des immenses robinets d'eau glacée qui tombent de cent pieds de haut... et ça n'est pas de trop pour les rafraîchir.

— Anastasie, ne vous approchez pas des cages de ces insensés... — dit gravement Alfred ; — un malheur est si vite arrivé !

— Et ça ne serait pas généreux de ma part d'avoir l'air de les narguer ; car, après tout, — ajouta Anastasie avec mélancolie, — c'est nos attraits qui rendent les hommes comme ça. Tiens, je frémis, mon Alfred, quand je pense que si je t'avais refusé ton bonheur, tu serais probablement, à l'heure qu'il est, fou d'amour comme un de ces enragés... que tu serais à te cramponner aux barreaux de la cage aussitôt que tu verrais une femme, et à rugir après, pauvre vieux chéri... toi qui, au contraire, t'ensauves dès qu'elles t'agacent.

— Ma pudeur est ombrageuse, c'est vrai, et je ne m'en suis pas mal trouvé.. Mais, Anastasie, la porte s'ouvre, je frissonne... Nous allons voir d'abominables figures, entendre des bruits de chaînes et des grincements de dents...

M. et madame Pipelet, n'ayant pas, ainsi qu'on le voit, entendu la conversation du docteur Herbin, partageaient les préjugés populaires qui existent encore à l'endroit des hospices d'aliénés, préjugés qui, du reste, il y a quarante ans, étaient d'effroyables réalités. La porte de la cour s'ouvrit. Cette cour, formant un long parallélogramme, était plantée d'arbres, garnie de bancs ; de chaque côté régnait une galerie d'une élégante construction ; des cellules largement aérées avaient accès sur cette galerie ; une cinquantaine d'hommes, uniformément vêtus de gris, se promenaient, causaient, ou restaient silencieux et contemplatifs, assis au soleil. Rien ne contrastait davantage avec l'idée qu'on se fait ordinairement des excentricités de costume et de la singularité physiognomonique des aliénés ; il fallait même une longue habitude d'observation pour découvrir sur beaucoup de ces visages les indices certains de la folie. A l'arrivée du docteur Herbin, un grand nombre d'aliénés se pressèrent autour de lui, joyeux et empressés, en lui tendant leurs mains avec une touchante expression de confiance et de gratitude, à laquelle il répondit cordialement en leur disant. — Bonjour, bonjour, mes enfants.

Quelques-uns de ces malheureux, trop éloignés du docteur pour lui prendre la main, vinrent l'offrir avec une sorte d'hésitation craintive aux personnes qui l'accompagnaient. — Bonjour, mes amis, — leur dit Germain en leur serrant la main avec une bonté qui semblait les ravir.

— Monsieur, — dit madame Georges, — est-ce que ce sont des fous ?

— Ce sont à peu près les plus dangereux de la maison, — dit le docteur en souriant. — On les laisse ensemble le jour; seulement, la nuit, on les renferme dans ces cellules dont vous voyez les portes ouvertes...

— Comment... ces gens sont complétement fous ?... Mais quand sont-ils donc furieux ?...

— D'abord... dès le début de leur maladie, quand on les amène ici ; puis peu à peu le traitement agit, la vue de leurs compagnons les calme, les distrait... la douceur les apaise, et leurs crises violentes, d'abord fréquentes, deviennent de plus en plus rares,... Tenez, en voici un des plus méchants.

C'était un homme robuste et nerveux, de quarante ans environ, aux longs cheveux noirs, au grand front, au teint bilieux, au regard profond, à la physionomie des plus intelligentes. Il s'approcha gravement du docteur, et lui dit d'un ton d'exquise politesse, quoique se contraignant un peu : — Monsieur le docteur, je dois avoir à mon tour le droit d'entretenir et de promener l'aveugle ; j'aurai l'honneur de vous faire observer qu'il y a une injustice flagrante à priver ce malheureux de ma conversation pour le livrer (et le fou sourit avec une dédaigneuse amertume) aux stupides divagations d'un idiot complétement étranger, je crois ne rien hasarder, complétement étranger aux moindres notions d'une science quelconque, tandis que ma conversation distrairait l'aveugle. Ainsi, — ajouta-t-il avec une extrême volubilité, — je lui aurais dit mon avis sur les surfaces isothermes et orthogonales, lui faisant remarquer que les équations aux différences particielles, dont l'interprétation géométrique se résume en deux faces orthogonales, ne peuvent être intégrées généralement à cause de leur complication... Je lui aurais prouvé que les surfaces conjuguées sont nécessairement toutes isothermes, et nous aurions cherché ensemble quelles sont les surfaces capables de composer un système triplement isotherme... Si je ne me fais pas illusion, comparez cette récréation aux stupidités dont on entretient l'aveugle, — ajouta l'aliéné en reprenant haleine ; — et dites-moi si ce n'est pas un meurtre de le priver de mon entretien?

— Ne prenez pas ce qu'il vient de dire, madame, pour les élucubrations d'un fou, — dit tout bas le docteur ; — il aborde ainsi parfois les plus hautes questions de géométrie ou d'astronomie avec une sagacité qui ferait honneur aux savants les plus illustres. Son savoir est immense. Il parle toutes les langues vivantes ; mais il est, hélas ! martyr du désir et de l'orgueil du savoir ; il se figure qu'il a absorbé toutes les connaissances humaines en lui seul, et qu'on le retenant ici on replonge l'humanité dans les ténèbres de l'ignorance.

Le docteur reprit tout haut à l'aliéné, qui semblait attendre sa réponse avec une respectueuse anxiété : — Mon cher monsieur Charles, votre réclamation me semble juste, et ce pauvre aveugle, qui est muet, mais heureusement n'est pas sourd, goûterait un charme infini à la conversation d'un homme aussi érudit que vous... Je vais m'occuper de vous faire rendre justice.

— Du reste... vous persistez toujours, en me retenant ici, à priver l'univers de toutes les connaissances humaines que je me suis appropriées en me les assimilant, — dit le fou en s'animant peu à peu et en commençant à gesticuler avec une extrême agitation.

— Allons, allons, calmez-vous, mon bon monsieur Charles ; heureusement l'univers ne s'est pas encore aperçu de ce qui lui manquait ; dès qu'il réclamera, nous nous empresserons de satisfaire à sa réclamation ; en tout état de cause, un homme de votre capacité, de votre savoir, peut toujours rendre de grands services...

— Mais je suis pour la science ce qu'était l'arche de Noé pour la nature physique, — s'écria-t-il en grinçant des dents et l'œil égaré.

— Je le sais, mon cher ami...

— Vous voulez mettre la lumière sous le boisseau ! — s'écria-t-il en fermant les poings. — Mais alors je vous briserais comme un verre, — ajouta-t-il d'un air menaçant, le visage empourpré de colère et les veines gonflées à se rompre.

— Ah ! monsieur Charles, — répondit le docteur en attachant sur l'insensé un regard calme, fixe, perçant, et donnant à sa voix un accent caressant et flatteur, — je croyais que vous étiez le plus grand savant des temps passés.. présents.

— Et futurs... — ajouta le fou avec fierté.

— Oh ! le vilain bavard qui m'interrompt toujours, — dit le docteur en souriant et en lui frappant amicalement sur l'épaule.
— Ne dirait-on pas que j'ignore toute l'admiration que vous inspirez et que vous méritez !... Voyons, allons voir l'aveugle... conduisez-moi près de lui.

— Docteur, vous êtes un brave homme ; venez, venez, vous allez voir ce qu'on l'oblige d'écouter, quand je pourrais lui dire de si belles choses, — reprit le fou complètement calmé en marchant devant le docteur d'un air satisfait.

— Je vous l'avoue, monsieur, — dit Germain, qui s'était rapproché de sa mère et de sa femme, dont il avait remarqué l'effroi lorsque le fou avait parlé et gesticulé violemment, — un moment j'ai craint une crise.

— Eh! monsieur, autrefois, au premier mot d'exaltation, au premier geste de menace de ce malheureux, les gardiens se fussent jetés sur lui ; on l'eût garrotté, battu, inondé de douches, une des plus atroces tortures que l'on puisse rêver. Jugez de l'effet d'un tel traitement sur une organisation énergique et irritable, dont la force d'expansion est d'autant plus violente qu'elle est plus comprimée. Alors il serait tombé dans un de ces accès de rage effroyables qui défiaient les étreintes les plus puissantes... s'exaspéraient par leur fréquence, et devenaient presque incurables ; tandis que, vous le voyez, en ne comprimant pas d'abord cette effervescence momentanée, ou en la détournant à l'aide de l'excessive mobilité d'esprit que l'on remarque chez beaucoup d'insensés, ces bouillonnements éphémères s'apaisent aussi vite qu'ils s'élèvent.

— Et quel est donc cet aveugle dont il parle, monsieur ? est-ce une illusion de son esprit ? — demanda madame Georges.

— Non, madame, c'est une histoire fort étrange, — répondit le docteur. — Cet aveugle a été pris dans un repaire des Champs-Elysées, où l'on a arrêté une bande de voleurs et d'assassins ; on a trouvé cet homme enchaîné au milieu d'un caveau souterrain, à côté du cadavre d'une femme si horriblement mutilée qu'on n'a pu la reconnaître...

— Ah! c'est affreux... — dit madame Georges en frissonnant[1]...

— Cet homme est d'une épouvantable laideur, toute sa figure est corrodée par le vitriol... Depuis son arrivée ici, il n'a pas prononcé une parole. Je ne sais s'il est réellement muet, ou s'il affecte le mutisme... Par un singulier hasard, les seules crises qu'il ait eues se sont passées pendant mon absence et toujours la nuit. Malheureusement toutes les demandes qu'on lui adresse restent sans réponse, et il est impossible d'avoir aucun renseignement sur sa position ; ses accès semblent causés par une fureur dont la cause est impénétrable, car il ne prononce pas une parole. Les autres aliénés ont pour lui beaucoup d'attentions, ils guident sa marche et ils se plaisent à l'entretenir, hélas ! selon le degré de leur intelligence... Tenez... le voici...

Toutes les personnes qui accompagnaient le médecin reculèrent d'horreur à la vue du Maître d'école, car c'était lui. Il n'était pas fou, mais il contrefaisait le muet et l'insensé.. Il avait massacré la Chouette non dans un accès de folie, mais dans un accès de fièvre chaude pareil à celui dont il avait déjà été frappé lors de sa terrible vision à la ferme de Bouqueval. Ensuite de son arrestation à la taverne des Champs-Elysées, sortant de son délire passager, le Maître d'école s'était éveillé dans une des cellules du dépôt de la Conciergerie où l'on enferme provisoirement les

[1]. Rodolphe avait toujours laissé ignorer à madame Georges le sort du Maître d'école depuis que celui-ci s'était évadé du bagne de Rochefort.

insensés. Entendant dire autour de lui : « C'est un fou furieux! » il résolut de continuer de jouer ce rôle, et s'imposa un mutisme complet afin de ne pas se compromettre par ses réponses, dans le cas où l'on douterait de son insanité prétendue. Ce stratagème lui réussit. Conduit à Bicêtre, il simula de temps à autre de violents accès de fureur, ayant toujours soin de choisir la nuit pour ces manifestations, afin d'échapper à la pénétrante observation du médecin en chef, le chirurgien de garde, éveillé et appelé à la hâte, n'arrivant presque jamais qu'à l'issue ou à la fin de la crise... Le très petit nombre des complices du Maître d'école qui savaient son véritable nom et son évasion du bagne de Rochefort ignoraient ce qu'il était devenu, et n'avaient d'ailleurs aucun intérêt à le dénoncer ; on ne pouvait ainsi constater son identité. Il espérait donc rester toujours à Bicêtre, en continuant son rôle de fou et de muet.

Oui, toujours... tel était l'unique vœu, le seul désir de cet homme, grâce à l'impuissance de nuire qui paralysait ses méchants instincts. Dans l'isolement profond où il avait vécu dans le caveau de Bras-Rouge, le remords s'était peu à peu emparé de cette âme de fer... A force de concentrer son esprit dans une incessante méditation, — le souvenir de ses crimes, — privé de toute communication avec le monde extérieur, ses idées finissaient souvent par prendre un corps, par *s'imager* dans son cerveau, ainsi qu'il l'avait dit à la Chouette ; alors lui apparaissaient les traits de ses victimes ; mais ce n'était pas là de la folie : c'était la puissance du souvenir porté à sa dernière expression. Ainsi cet homme, encore dans la force de l'âge, d'une constitution athlétique, cet homme qui devait sans doute vivre encore de longues années, cet homme qui jouissait de toute la plénitude de sa raison, devait passer ces longues années parmi les fous, dans un mutisme complet... sinon, s'il était découvert, on le conduisait à l'échafaud pour ses nouveaux meurtres, ou on le condamnait à une réclusion perpétuelle parmi des scélérats pour lesquels il ressentait une horreur qui s'augmentait en raison de son repentir.

Le Maître d'école était assis sur un banc ; une forêt de cheveux grisonnants couvraient sa tête hideuse et énorme ; accoudé sur un de ses genoux, il appuyait son menton dans sa main. Quoique ce masque affreux fût privé de regard, que deux trous remplaçassent son nez, que sa bouche fût difforme, un désespoir écrasant, incurable, se manifestait encore sur ce visage monstrueux. Un aliéné d'une figure triste, bienveillante et juvénile, agenouillé devant le Maître d'école, tenait sa robuste main entre les siennes, le regardait avec bonté, et d'une voix douce répétait incessamment ces seuls mots : *Des fraises... des fraises... des fraises...*

— Voilà pourtant, — dit gravement le fou savant, — la seule conversation que cet idiot sache tenir à l'aveugle... Si chez lui les yeux du corps sont fermés, ceux de l'esprit sont sans doute ouverts... et il me saura gré de me mettre en communication avec lui.

— Je n'en doute pas, — dit le docteur pendant que le pauvre

insensé à figure mélancolique contemplait l'abominable figure du Maître d'école avec compassion et répétait de sa voix douce : — Des fraises... des fraises... des fraises...

— Mon Dieu, ma mère, dit Germain à madame Georges, — combien ce malheureux aveugle paraît accablé...

— C'est vrai, mon enfant, — répondit madame Georges ; — malgré moi mon cœur se serre... sa vue me fait mal... Oh! qu'il est triste de voir l'humanité sous ce sinistre aspect !

A peine madame Georges eut-elle prononcé ces mots, que le Maître d'école tressaillit, son visage couturé devint pâle sous ses cicatrices, il leva et tourna si vivement la tête du côté de la mère de Germain, que celle-ci ne put retenir un cri d'effroi, quoiqu'elle ignorât quel était ce misérable. Le Maître d'école avait reconnu la voix de sa femme, et les paroles de madame Georges lui disaient qu'elle parlait à son fils.

— Qu'avez-vous, ma mère ?... — s'écria Germain.

— Rien, mon enfant... mais le mouvement de cet homme... l'expression de sa figure... tout cela m'a effrayée... Tenez, monsieur, pardonnez à ma faiblesse, — ajouta-t-elle en s'adressant au docteur, — je regrette presque d'avoir cédé à ma curiosité en accompagnant mon fils.

— Oh ! pour une fois... ma mère... il n'y a rien à regretter...

— Bien certainement que notre bonne mère ne reviendra plus jamais ici, ni nous non plus, n'est-ce pas, mon petit Germain ? dit Rigolette ; — c'est si triste... ça navre le cœur.

— Allons, vous êtes une petite peureuse... N'est-ce pas, monsieur le docteur, — dit Germain, — n'est-ce pas que ma femme est une peureuse ?

— J'avoue, — répondit le médecin, — que la vue de ce malheureux aveugle et muet m'a impressionné... moi qui ai vu bien des misères.

— Quelle frimousse... hein ! vieux chéri ? — dit tout bas Anastasie... — Eh bien ! auprès de toi... tous les hommes me paraissent aussi laids que cet affreux bonhomme... C'est pour ça que personne ne peut se vanter de... tu comprends, mon Alfred ?...

— Anastasie, je rêverai de cette figure-là... j'en aurai le cauchemar...

— Mon ami, — dit le docteur au Maître d'école, — comment vous trouvez-vous ?... — Le Maître d'école resta muet. — Vous ne m'entendez donc pas ? — reprit le docteur en lui frappant légèrement sur l'épaule.

Le Maître d'école ne répondit rien, il baissa la tête ; au bout de de quelques instants... de ses yeux sans regards il tomba une larme...

— Il pleure... — dit le docteur.

— Pauvre homme ! — ajouta Germain avec compassion.

Le Maître d'école frissonna ; il entendait de nouveau la voix de son fils... Son fils éprouvait pour lui un sentiment de compassion.

— Qu'avez-vous ? Quel chagrin vous afflige ? — demanda le docteur.

Le Maître d'école, sans répondre, cacha son visage dans ses mains.

— Nous n'en obtiendrons rien, — dit le docteur.

— Laissez-moi faire, je vais le consoler, — reprit le fou savant d'un air grave et prétentieux. — Je vais lui démontrer que tous les genres de surfaces orthogonales dans lesquelles les trois systèmes sont isothermes, sont : 1° ceux des surfaces du second ordre ; 2° ceux des ellipsoïdes de révolution autour du petit axe et du grand axe ; 3° ceux... Mais, au fait, non, — reprit le fou en se ravisant et réfléchissant, — je l'entretiendrai du système planétaire. — Puis, s'adressant au jeune aliéné toujours agenouillé devant le Maître d'école : — Ote-toi de là... avec tes fraises...

— Mon garçon, — dit le docteur au jeune fou, — il faut que chacun de vous conduise et entretienne à son tour ce pauvre homme... Laissez votre camarade prendre votre place...

Le jeune aliéné obéit aussitôt, se leva, regarda timidement le docteur de ses deux grands yeux bleus, lui témoigna sa déférence par un salut, fit un signe d'adieu au Maître d'école, et s'éloigna en répétant d'une voix plaintive : — Des fraises... des fraises...

Le docteur, s'apercevant de la pénible impression que cette scène causait à madame Georges, lui dit : — Heureusement, madame, nous allons trouver Morel, et si mon espérance se réalise, votre âme s'épanouira en voyant cet excellent homme rendu à la tendresse de sa digne femme et de sa digne fille. — Et le médecin s'éloigna suivi des personnes qui l'accompagnaient.

Le Maître d'école resta seul avec le fou de science, qui commença de lui expliquer, d'ailleurs très savamment, très éloquemment, la marche imposante des astres, qui décrivent silencieusement leur courbe immense dans le ciel, dont l'état normal est la nuit... Mais le Maître d'école n'écoutait pas... Il songeait avec un profond désespoir qu'il n'entendrait plus jamais la voix de son fils et de sa femme. Certain de la juste horreur qu'il leur inspirait, du malheur, de la honte, de l'épouvante où les aurait plongés la révélation de son nom, il eût plutôt enduré mille morts que de se découvrir à eux... Une seule, une dernière consolation lui restait, un moment il avait inspiré quelque pitié à son fils. Et malgré lui, il se rappelait ces mots que Rodolphe lui avait dits avant de lui infliger un châtiment terrible.

« Chacune de tes paroles est un blasphème, chacune de tes paroles sera une prière ; tu es audacieux et cruel parce que tu es fort, tu seras doux et humble parce que tu seras faible. Ton cœur est fermé au repentir... un jour tu pleureras tes victimes... D'homme tu t'es fait bête féroce... un jour ton intelligence se relèvera par l'expiation. Tu n'as pas même respecté ce que respectent les bêtes sauvages, leur femelle et leurs petits... après une longue vie consacrée à la rédemption de tes crimes, ta dernière prière sera pour supplier Dieu de t'accorder le bonheur inespéré de mourir entre ta femme et ton fils... » . . . .

— Nous allons passer devant la cour des idiots et arriver au bâtiment où se trouve Morel, — dit le docteur en sortant de la cour où était le Maître d'école.

Malgré la tristesse que lui avait inspirée la vue des aliénés, madame Georges ne put s'empêcher de s'arrêter un moment en passant devant une cour grillée où étaient enfermés les idiots incurables. Pauvres êtres, qui souvent n'ont pas même l'instinct de la bête, et dont on ignore presque toujours l'origine ; inconnus de tous et d'eux-mêmes, ils traversent ainsi la vie, absolument étrangers aux sentiments, à la pensée, éprouvant seulement les besoins animaux les plus limités... Le hideux accouplement de la misère et de la débauche, au plus profond des bouges les plus infects, cause ordinairement cet effroyable abâtardissement de l'espèce qui atteint les classes pauvres... Si généralement la folie ne se révèle pas tout d'abord à l'observateur superficiel par la seule inspection de la physionomie de l'aliéné, il n'est que trop facile de reconnaître les caractères physiques de l'idiotisme. Le docteur Herbin n'eut pas besoin de faire remarquer à madame Georges l'expression d'abrutissement sauvage, d'insensibilité stupide ou d'ébahissement imbécile qui donnait aux traits de ces malheureux une expression à la fois hideuse et pénible à voir. Presque tous étaient vêtus de longues souquenilles sordides en lambeaux ; car, malgré toute la surveillance possible, on ne peut empêcher ces êtres, absolument privés d'instinct et de raison, de lacérer, de souiller leurs vêtements en rampant, en se roulant comme des bêtes dans la fange des cours [1] où ils restent pendant le jour.

Les uns, accroupis dans les coins les plus obscurs d'un hangar qui les abritait, pelotonnés, ramassés sur eux-mêmes comme des animaux dans leurs tanières, faisaient entendre une sorte de râlement sourd et continuel. D'autres, adossés au mur, debout, immobiles, muets, regardaient fixement le soleil. Un vieillard d'une obésité difforme, assis sur une chaise de bois, dévorait sa pitance avec une voracité animale, en jetant de côté et d'autre des regards obliques et courroucés. Ceux-ci marchaient circulairement et en hâte dans un tout petit espace qu'ils se limitaient ; cet étrange exercice durait des heures entières sans interruption. Ceux-là, assis par terre, se balançaient incessamment en jetant alternativement le haut de leur corps en avant et en arrière, n'interrompant ce mouvement d'une monotonie vertigineuse que

---

1. Disons à ce propos qu'il est impossible de voir sans une profonde admiration pour les intelligences charitables qui ont combiné ces recherches de propreté hygiénique, de voir, disons-nous, les dortoirs et les lits consacrés aux idiots. Quand on pense qu'autrefois ces malheureux croupissaient dans une paille infecte, et qu'à cette heure ils ont des lits excellents, maintenus dans un état de salubrité parfaite par des moyens vraiment merveilleux, on ne peut, encore une fois, que glorifier ceux qui se sont voués à l'adoucissement de telles misères. Là nulle reconnaissance à attendre, pas même la gratitude de l'animal pour son maître. C'est donc le bien seulement fait pour le bien au saint nom de l'humanité ; et cela n'en est que plus digne, que plus grand On ne saurait donc trop louer les administrateurs et médecins de Bicêtre, dignement soutenus d'ailleurs par la haute et juste autorité du célèbre docteur Ferrus, chargé de l'inspection générale des hospices d'aliénés, et auquel on doit l'excellente *loi sur les aliénés*, loi basée sur ses savantes et profondes observations.

pour rire aux éclats, de ce rire strident, guttural, de l'idiotisme. D'autres enfin, dans un complet anéantissement, n'ouvraient les yeux qu'aux heures du repas, et restaient inertes, inanimés, sourds, muets, aveugles, sans qu'un cri, sans qu'un geste annonçât leur vitalité...

L'absence complète de communication verbale ou intelligente est un des caractères les plus sinistres d'une réunion d'idiots. Au moins, malgré l'incohérence de leur parole et de leur pensée, les fous se parlent, se reconnaissent, se recherchent; mais entre les idiots, il règne une indifférence stupide, un isolement farouche... Jamais on ne les entend prononcer une parole articulée, ce sont de temps à autre quelques rires sauvages ou des gémissements et des cris qui n'ont rien d'humain... à peine un très petit nombre d'entre eux reconnaissent-ils leurs gardiens... Et pourtant, répétons-le avec admiration, ces infortunés qui semblent ne plus appartenir à notre espèce, et pas même à l'espèce animale, par le complet anéantissement de leurs facultés intellectuelles; ces êtres incurablement frappés, tenant plus du mollusque que de l'être animé, et qui traversent ainsi tous les âges d'une longue carrière, sont entourés de soins recherchés et d'un bien-être dont ils n'ont pas même la conscience... Sans doute, il est beau de respecter ainsi le principe de la dignité humaine jusque dans ces malheureux qui de l'homme n'ont plus que l'enveloppe... mais, répétons-le toujours, on devrait songer aussi à la dignité de ceux qui, doués de toute leur intelligence, remplis de zèle, d'activité, sont la force vive de la nation; leur donner conscience de cette dignité en l'encourageant, en la récompensant lorsqu'elle s'est manifestée par l'amour du travail, par la résignation, par la probité; ne pas dire enfin, avec un égoïsme semi-orthodoxe : — Punissons ici-bas, Dieu récompensera là-haut. . . . . . .

— Pauvres gens! — dit madame Georges, — qu'il est triste de songer qu'il n'y a aucun remède à leurs maux!

— Hélas! aucun, madame, — répondit le docteur, — surtout arrivés à cet âge; car, maintenant, grâce aux progrès de la science, les enfants idiots reçoivent une sorte d'éducation qui développe au moins l'atome d'intelligence incomplète dont ils sont quelquefois doués. Nous avons ici une école [1] dirigée avec autant de persévérance que de patience éclairée, qui offre déjà des résultats on ne peut plus satisfaisants; par des moyens très ingénieux et exclusivement appropriés à leur état, on exerce à la fois le physique et le moral de ces pauvres enfants, et beaucoup parviennent à connaître les lettres, les chiffres, à se rendre compte des couleurs; on est même arrivé à leur apprendre à chanter en chœur, et je vous assure, madame, qu'il y a une sorte de charme étrange, à la fois triste et touchant, à entendre ces voix étonnées, plaintives, quelquefois douloureuses, s'élever vers le ciel dans un cantique dont presque tous les mots, quoique français,

1. Cette école est encore une des institutions les plus curieuses et les plus intéressantes.

leur sont inconnus... Mais nous voici arrivés au bâtiment où se trouve Morel. J'ai recommandé qu'on le laissât seul ce matin, afin que l'effet que j'espère produire sur lui eût une plus grande action.

— Et quelle est donc sa folie, monsieur ? — dit tout bas madame Georges au docteur, afin de n'être pas entendue de Louise.

— Il s'imagine que s'il n'a pas gagné treize cents francs dans sa journée pour payer une dette contractée envers un notaire nommé Ferrand, Louise doit mourir sur l'échafaud pour crime d'infanticide.

— Ah ! monsieur, ce notaire était un monstre ! — s'écria madame Georges. — Louise Morel... son père... ne sont pas ses seules victimes... il a poursuivi mon fils avec un impitoyable acharnement.

— Louise Morel m'a tout dit, madame, — répondit le docteur ; — Dieu merci, ce misérable a cessé de vivre... Mais veuillez m'attendre un moment avec ces braves gens... je vais voir comment se trouve Morel. — Puis, s'adressant à la fille du lapidaire : — Je vous en prie, Louise, soyez bien attentive : au moment où je crierai : *Venez !* paraissez aussitôt, mais seule... Quand je dirai une seconde fois : *Venez...* les autres personnes entreront avec vous.

— Ah ! monsieur, le cœur me manque, — dit Louise en essuyant ses larmes ; — pauvre père... si cette épreuve était inutile !...

— J'espère qu'elle le sauvera. Depuis longtemps, je la ménage... Allons, rassurez-vous, et songez à mes recommandations... — Et le docteur, quittant les personnes qui l'accompagnaient, entra dans une chambre dont les fenêtres grillées ouvraient sur un jardin.

Grâce au repos, à un régime salubre, aux soins dont on l'entourait, les traits de Morel le lapidaire n'étaient plus pâles, hâves et creusés par une maigreur maladive ; son visage plein, légèrement coloré, annonçait le retour de la santé ; mais un sourire mélancolique, une certaine fixité qui souvent encore immobilisait son regard, annonçaient que sa raison n'était pas encore complètement rétablie.

Lorsque le docteur entra, Morel, assis et courbé devant une table, simulait l'exercice de son métier de lapidaire en disant : — Treize cents francs, treize cents francs... ou sinon Louise sur l'échafaud... treize cents francs... travaillons... travaillons... travaillons...

Cette aberration dont les accès étaient d'ailleurs de moins en moins fréquents, avait toujours été le symptôme primordial de sa folie. Le médecin, d'abord contrarié de trouver Morel en ce moment sous l'influence de sa monomanie, espéra bientôt faire servir cette circonstance à son projet ; il prit dans sa poche une bourse contenant soixante-cinq louis qu'il y avait placés d'avance, versa cet or dans sa main, et dit brusquement à Morel qui, absorbé par son simulacre de travail, ne s'était pas aperçu de l'arrivée du docteur : — Mon brave Morel..., assez travaillé... vous avez enfin gagné les treize cents francs qu'il vous faut pour sauver Louise... les voilà... — Et le docteur jeta sur la table la poignée d'or.

— Louise est sauvée !... — s'écria le lapidaire en ramassant l'or avec avidité. — Je cours chez le notaire ; — et se levant précipitamment, il courut vers la porte.

— *Venez*... — cria le docteur avec une vive angoisse, car la guérison instantanée du lapidaire pouvait dépendre de cette première impression.

A peine eut-il dit : *Venez*, que Louise parut à la porte au moment même où son père s'y présentait. Morel, stupéfait, recula deux pas en arrière et laissa tomber l'or qu'il tenait... Pendant quelques minutes il contempla Louise dans un ébahissement profond, ne la reconnaissant pas encore. Il semblait pourtant tâcher de rappeler ses souvenirs ; puis, se rapprochant d'elle peu à peu, il la regarda avec une curiosité inquiète et craintive... Louise, tremblante d'émotion, contenait difficilement ses larmes, pendant que le docteur, lui recommandant par un geste de rester muette, épiait, attentif et silencieux, les moindres mouvements de la physionomie du lapidaire.

Celui-ci, toujours penché vers sa fille, commença à pâlir ; il passa ses deux mains sur son front inondé de sueur ; puis, faisant un nouveau pas vers elle, il voulut lui parler ; mais sa voix expira sur ses lèvres, sa pâleur augmenta, et il regarda autour de lui avec surprise, comme s'il sortait peu à peu d'un songe.

— Bien... bien... — dit tout bas le docteur à Louise, — c'est bon signe... quand je dirai : *Venez*, jetez-vous dans ses bras en l'appelant votre père.

Le lapidaire porta les mains sur sa poitrine en se regardant, si cela se peut dire, des pieds à la tête, comme pour se bien convaincre de son identité. Ses traits exprimaient une incertitude douloureuse ; au lieu d'attacher ses yeux sur sa fille, il semblait vouloir se dérober à sa vue. Alors il se dit à voix basse d'une voix entrecoupée : — Non !... non !... un songe... où suis-je ?... impossible !... un songe.. ce n'est pas elle... — Puis, voyant les pièces d'or éparses sur le plancher : — Et cet or... je ne me rappelle pas.. Je m'éveille donc ?... la tête me tourne.. je n'ose pas regarder... j'ai honte... ce n'est pas Louise...

— *Venez*, — dit le docteur à voix haute.

— Mon père... reconnaissez-moi donc, je suis Louise... votre fille !... — s'écria-t-elle fondant en larmes et en se jetant dans les bras du lapidaire, au moment où entraient la femme de Morel, Rigolette, madame Georges, Germain et les Pipelet.

— Oh ! mon Dieu, — disait Morel, que Louise accablait de caresses, — où suis-je ?... que me veut-on ?... que s'est-il passé ?... je ne peux pas croire... — Puis, après quelques instants de silence, il prit brusquement entre ses deux mains la tête de Louise, la regarda fixement et s'écria, après avec une émotion croissante : — Louise !...

— Il est sauvé, — dit le docteur.

— Mon mari... mon pauvre Morel !... — s'écria la femme du lapidaire en venant se joindre à Louise.

— Ma femme ! — reprit Morel, — ma femme et ma fille !

— Et moi aussi, monsieur Morel... — dit Rigolette, — tous vos amis se sont donné rendez-vous ici.

— Tous vos amis !... vous voyez, monsieur Morel, — ajouta Germain.

— Mademoiselle Rigolette !... monsieur Germain !... — dit le lapidaire en reconnaissant chaque personnage avec un nouvel étonnement.

— Et les vieux amis de la loge, donc !... — dit Anastasie en s'approchant à son tour avec Alfred, — les voilà, les Pipelet... les vieux Pipelet... amis à mort... et alllllez donc... père Morel... voilà une bonne journée...

— M. Pipelet et sa femme !... tant de monde autour de moi ! il me semble qu'il y a si longtemps !... Et... mais... mais enfin... c'est toi, Louise, n'est-ce pas ?... — s'écria-t-il avec entraînement en serrant sa fille dans ses bras. — C'est toi, Louise ? bien sûr ?...

— Mon pauvre père... oui... c'est moi... c'est ma mère... ce sont tous vos amis... vous ne nous quitterez plus... vous n'aurez plus de chagrin... nous serons heureux maintenant, tous heureux...

— Tous heureux... attendez donc que je me souvienne... tous heureux ; il me semble pourtant qu'on était venu te chercher pour te conduire en prison, Louise.

— Oui... mon père... mais j'en suis sortie... acquittée... vous le voyez... me voici... près de vous...

— Attendez encore... attendez... voilà la mémoire qui me revient... — Puis le lapidaire reprit avec effroi : — Et le notaire ?

— Mort... Il est mort, mon père... — murmura Louise.

— Mort !... lui !... alors... je vous crois... nous pouvons être heureux... Mais où suis-je ? comment suis-je ici.. depuis combien de temps... et pourquoi ? je ne me rappelle pas bien...

— Vous avez été si malade, — lui dit le docteur, — qu'on vous a transporté ici... à la campagne... Vous avez eu une fièvre... très violente... le délire...

— Oui... oui... je me souviens... de la dernière chose... avant ma maladie j'étais à parler avec ma fille... et... qui donc... qui donc ?... Ah ! un homme bien généreux, M. Rodolphe... il m'avait empêché d'être arrêté... Depuis... par exemple... je ne me souviens de rien...

— Votre maladie... s'était compliquée d'une absence de mémoire, — dit le médecin. — La vue de votre fille, de votre femme, de vos amis vous l'a rendue...

— Et chez qui suis-je donc ici ?

— Chez un ami... de M. Rodolphe, — se hâta de dire Germain ; — on avait songé que le changement d'air vous serait utile.

— A merveille, — dit tout bas le docteur, et s'adressant à un surveillant il ajouta : — Envoyez le fiacre au bout de la ruelle du jardin, afin qu'il n'ait pas à traverser les cours et à sortir par la grande porte.

Ainsi que cela arrive quelquefois dans les cas de folie, Morel n'avait aucunement le souvenir et la conscience de l'aliénation dont il avait été atteint.

Quelques moments après, appuyé sur le bras de sa femme, de sa fille, et accompagné d'un élève chirurgien que, pour plus de prudence, le docteur avait commis à sa surveillance jusqu'à Paris, Morel montait en fiacre et quittait Bicêtre sans soupçonner qu'il y avait été enfermé comme fou. . . . . .

— Vous croyez ce pauvre homme complètement guéri ? — disait madame Georges au docteur, qui la reconduisait jusqu'à la grande porte de Bicêtre.

— Je le crois, madame, et j'ai voulu exprès le laisser sous l'heureuse influence de ce rapprochement avec sa famille ; j'aurais craint de l'en séparer. Du reste, un de mes élèves ne le quittera pas et indiquera le régime à suivre. Tous les jours j'irai le visiter jusqu'à ce que sa guérison soit tout à fait consolidée ; car non seulement il m'intéresse beaucoup, mais il m'a encore été très particulièrement recommandé, à son entrée à Bicêtre, par le chargé d'affaires du grand-duc de Gerolstein.

Germain et sa mère échangèrent un coup d'œil significatif.

— Je vous remercie, monsieur, — dit madame Georges, — de la bonté avec laquelle vous avez bien voulu me faire visiter ce bel établissement, et je me félicite d'avoir assisté à la scène touchante que votre savoir avait si habilement prévue et annoncée.

— Et moi, madame, je me félicite doublement de ce succès qui rend un si excellent homme à la tendresse de sa famille. . .

Encore tout émus de ce qu'ils venaient de voir, madame Georges, Rigolette et Germain reprirent le chemin de Paris, ainsi que M. et madame Pipelet.

Au moment où le docteur Herbin rentrait dans les cours, il rencontra un employé supérieur de la maison qui lui dit : — Ah ! mon cher monsieur Herbin, vous ne sauriez vous imaginer à quelle scène je viens d'assister... Pour un observateur comme vous, c'eût été une source inépuisable.

— Comment donc ? quelle scène ?

— Vous savez que nous avons ici deux femmes condamnées à mort... la mère et la fille... qui seront exécutées demain ?

— Sans doute.

— Eh bien ! de ma vie je n'ai vu une audace et un sang-froid pareil à celui de la mère... C'est une femme infernale.

— N'est-ce pas cette veuve Martial... qui a montré tant de cynisme dans les débats ?

— Elle-même.

— Et qu'a-t-elle fait encore ?

— Elle avait demandé à être enfermée dans le même cabanon

que sa fille... jusqu'au moment de leur exécution. On avait accédé à sa demande. Sa fille, beaucoup moins endurcie qu'elle, paraît s'amollir à mesure que le moment fatal approche, tandis que l'assurance diabolique de la veuve augmente encore, s'il est possible... Tout à l'heure le vénérable aumônier de la prison est entré dans leur cachot pour leur offrir les consolations de la religion... La fille se préparait à les accepter, lorsque sa mère, sans perdre un moment son sang-froid glacial, l'a accablée, elle et l'aumônier, de si indignes sarcasmes, que ce vénérable prêtre a dû quitter le cachot après avoir tenté de faire entendre quelques saintes paroles à cette femme indomptable.

— A la veille de monter sur l'échafaud!... une telle audace est vraiment effrayante, — dit le docteur.

— Du reste, on dirait une de ces familles poursuivies par la fatalité antique... Le père est mort sur l'échafaud... un autre fils est au bagne... un autre aussi, condamné à mort, s'est dernièrement évadé... Le fils aîné seul et deux jeunes enfants ont échappé à cette épouvantable contagion... Pourtant cette femme a fait demander à ce fils aîné... le seul honnête homme de cette exécrable race... de venir demain matin recevoir ses dernières volontés !...

— Quelle entrevue !...

— Vous n'êtes pas curieux d'y assister ?

— Franchement, non... Vous connaissez mes principes au sujet de la peine de mort... et je n'ai pas besoin d'un si affreux spectacle pour m'affermir encore dans ma manière de voir... Si cette horrible femme porte son caractère indomptable jusque sur l'échafaud, quel déplorable exemple pour le peuple !

— Il y a encore quelque chose dans cette double exécution qui me paraît très singulier, c'est le jour qu'on a choisi pour la faire.

— Comment ?

— C'est aujourd'hui la mi-carême !

— Eh bien ?

— Demain, l'exécution a lieu à sept heures.. Or, des bandes de gens déguisés, qui auront passé cette nuit dans les bals de barrières... se croiseront nécessairement, en rentrant dans Paris, avec le funèbre cortège...

— Vous avez raison... ce sera un contraste hideux.

— Sans compter que de la place de l'exécution.. *barrière Saint-Jacques*, on entend au loin la musique des guinguettes environnantes, car, pour fêter le dernier jour du carnaval, on danse dans ces cabarets jusqu'à dix et onze heures du matin.

. . . .

Le lendemain, le soleil se leva radieux, éblouissant.

A quatre heures du matin, plusieurs piquets d'infanterie et de cavalerie vinrent entourer et garder les abords de Bicêtre.

Nous conduirons le lecteur dans le cabanon où se trouvaient réunies la veuve du supplicié et sa fille Calebasse.

CHAPITRE XV

La toilette

A Bicêtre, un sombre corridor percé çà et là de quelques fenêtres grillées, sorte de soupiraux situés un peu au-dessus du sol d'une cour supérieure, conduisait au cachot des condamnés à mort... Ce cachot ne prenait de jour que par un large guichet pratiqué à la partie supérieure de la porte, qui ouvrait sur le passage à peine éclairé dont nous avons parlé. Dans ce cabanon au plafond écrasé, aux murs humides et verdâtres, au sol dallé de pierres froides comme les pierres du sépulcre, sont renfermées la femme Martial et sa fille Calebasse. La figure anguleuse de la veuve du supplicié se détache, dure, impassible et blafarde comme un masque de marbre au milieu de la demi-obscurité qui règne dans le cachot. Privée de l'usage de ses mains, car pardessus sa robe noire, elle porte la camisole de force, sorte de longue casaque de grosse toile grise lacée derrière le dos et dont les manches se terminent et se ferment en forme de sac, elle demande qu'on lui ôte son bonnet, se plaignant d'une vive chaleur à la tête... Ses cheveux gris tombent épars sur ses épaules. Assise au bord de son lit, ses pieds reposent sur la dalle; elle regarde fixement sa fille Calebasse, séparée d'elle par la largeur du cachot. Celle-ci, à demi couchée et vêtue aussi de la camisole de force, s'adosse au mur. Elle a la tête baissée sur sa poitrine, l'œil fixe, la respiration saccadée. Un léger tremblement convulsif de temps à autre agite sa mâchoire inférieure; ses traits paraissent assez calmes, malgré leur pâleur livide. Dans l'intérieur et à l'extrémité du cachot, au-dessous du guichet ouvert, un vétéran décoré, à figure rude et basanée, au crâne chauve, aux longues moustaches grises, est assis sur une chaise. Il garde à vue les condamnés.

— Il fait un froid glacial ici !... et pourtant les yeux me brûlent... et puis j'ai soif... toujours soif... — dit Calebasse au bout de quelques instants. Puis, s'adressant au vétéran, elle ajouta : — De l'eau, s'il vous plaît, monsieur...

Le vieux soldat se leva, prit sur un escabeau un broc d'étain plein d'eau, en remplit un verre, s'approcha de la Calebasse et la fit boire lentement, la camisole de force empêchant la condamnée de se servir de ses mains.

Après avoir bu avec avidité, elle dit : — Merci, monsieur.

— Voulez-vous boire ?... — demanda le soldat à la veuve.

Celle-ci répondit par un signe négatif. Le vétéran alla se rasseoir.

— Quelle heure est-il, monsieur ? — demanda Calebasse.

— Bientôt quatre heure et demie... — dit le soldat.

— Dans trois heures ! — reprit Calebasse avec un sourire sardonique et sinistre, faisant allusion au moment fixé pour son exécution, — dans trois heures !... — Elle n'osa pas achever.

La veuve haussa les épaules... Sa fille comprit sa pensée, et reprit : — Vous avez plus de courage que moi... ma mère... Vous ne faibliriez jamais... vous...

— Jamais !...

— Je le sais bien.. je le vois bien... Votre figure est aussi tranquille que si vous étiez assise au coin du feu de notre cuisine... occupée à coudre... Ah ! il est loin, ce bon temps-là !... il est loin !...

— Bavarde !

— C'est vrai... au lieu de rester là à penser... sans rien dire... j'aime mieux parler... j'aime mieux...

— T'étourdir... poltronne !

— Quand cela serait, ma mère, tout le monde n'a pas votre courage, non plus... J'ai fait ce que j'ai pu pour vous imiter ; je n'ai pas écouté le prêtre, parce que vous ne le vouliez pas. Ça n'empêche pas que j'ai peut-être eu tort, car enfin, — ajouta la condamnée en frissonnant, — *après*... qui sait? et après... c'est bientôt... c'est... dans..

— Dans trois heures.

— Comme vous dites cela froidement, ma mère ! Mon Dieu ! mon Dieu ! c'est pourtant vrai... dire que nous sommes là, toutes les deux... que nous ne sommes pas malades, que nous ne voudrions pas mourir, et que pourtant, dans trois heures...

— Dans trois heures tu auras fini en vraie Martial... *Tu auras vu noir*... voilà tout... Hardi, ma fille !

— Cela n'est pas beau de parler ainsi à votre fille, — dit le vieux soldat d'une voix grave ; — vous auriez mieux fait de lui laisser écouter le prêtre.

La veuve haussa de nouveau les épaules avec un dédain farouche, et reprit en s'adressant à Calebasse, sans seulement tourner la tête du côté du vétéran : — Courage, ma fille, nous montrerons des femmes ont plus de cœur que ces hommes... avec leurs prêtres. Les lâches !

— Le commandant Leblond était le plus brave officier du 3e chasseurs à pied. Je l'ai vu criblé de blessures à la brèche de Saragosse... mourir en faisant le signe de la croix... dit le vétéran.

— Vous étiez donc son sacristain ? — lui demanda la veuve, en poussant un éclat de rire sauvage.

— J'étais son soldat, — répondit doucement le vétéran. — C'était seulement pour vous dire qu'on peut, au moment de mourir, prier sans être lâche...

Calebasse regarda attentivement cet homme au visage basané, type parfait et populaire du soldat de l'empire ; une profonde cicatrice sillonnait sa joue gauche et se perdait dans sa large moustache grise. Les simples paroles de ce vétéran, dont les traits, les blessures et le ruban rouge semblaient annoncer la bravoure calme et éprouvée par les batailles, frappèrent profondément la fille de la veuve. Elle avait refusé les consolations du prêtre encore plus par fausse honte et par crainte des sarcasmes de sa mère que par endurcissement. Dans sa pensée incertaine et mourante, elle opposa aux railleries sacrilèges de la veuve l'assentiment du soldat. Forte de ce témoignage, elle crut pouvoir écouter sans lâcheté des instincts religieux auxquels des hommes intrépides avaient obéi. — Au fait, — reprit-elle avec angoisse, — pourquoi n'ai-je pas voulu entendre le prêtre? Il n'y avait pas de faiblesse à cela... D'ailleurs, ça m'aurait étourdie... et puis... enfin... *après*... qui sait?

— Encore! — dit la veuve d'un ton de mépris écrasant. — Le temps manque... c'est dommage... tu serais religieuse. L'arrivée de ton frère Martial achèvera ta conversion... Mais il ne viendra pas, l'honnête homme, le bon fils!

Au moment où la veuve prononçait ces paroles, l'énorme serrure de la prison retentit bruyamment, et la porte s'ouvrit.

— Déjà! — s'écria Calebasse en faisant un bond convulsif. — Oh! mon Dieu... on a avancé l'heure! On nous trompait! — Et ses traits commençaient à se décomposer d'une manière effrayante.

— Tant mieux... si la montre du bourreau avance... tes béguineries ne me déshonoreront pas.

— Madame, — dit un employé de la prison avec cette sorte de commisération doucereuse qui *sent la mort*, — votre fils est là... voulez-vous le voir?

— Oui, — répondit la veuve sans tourner la tête.

Martial entra. Le vétéran resta dans le cachot, dont on laissa, pour plus de précaution, la porte ouverte. A travers la pénombre du corridor à demi éclairé par le jour naissant et par un réverbère, on voyait plusieurs soldats et gardiens, les uns assis sur un banc, les autres debout.

Martial était aussi livide que sa mère; ses traits exprimaient une angoisse, une horreur profonde; ses genoux tremblaient sous lui. Malgré les crimes de cette femme, malgré l'aversion qu'elle lui avait toujours témoignée, il s'était cru obligé d'obéir à sa dernière volonté. Dès qu'il entra dans le cachot, la veuve jeta sur lui un regard perçant, et lui dit d'une voix sourdement courroucée et comme pour éveiller dans l'âme de son fils une haine profonde : — Tu vois... ce qu'on va faire... de ta mère... de ta sœur!...

— Ah! ma mère... c'est affreux... mais je vous l'avais dit, hélas!...

La veuve serra ses lèvres blanches avec colère; son fils ne la comprenait pas; cependant elle reprit : — On va nous tuer... comme on a tué ton père.

— Mon Dieu!... mon Dieu!... et je n'y puis rien... c'est fini. Maintenant, que voulez-vous que je fasse?... pourquoi ne pas m'avoir écouté... ni vous ni ma sœur?... vous n'en seriez pas là...

— Ah!... c'est ainsi.. — reprit la veuve avec son habituelle et farouche ironie, — tu trouves cela bien?

— Ma mère!...

— Te voilà content... tu pourras dire, sans mentir, que ta mère est morte ; tu ne rougiras plus d'elle.

— Si j'étais mauvais fils, — répondit brusquement Martial, révolté de l'injuste dureté de sa mère, — je ne serais pas ici.

— Tu viens... par curiosité...

— Je viens pour vous obéir...

— Ah! si je t'avais écouté, Martial, au lieu d'écouter ma mère... je ne serais pas ici, — s'écria Calebasse d'une voix déchirante et cédant enfin à ses angoisses, à ses terreurs, jusqu'alors contenues par l'influence de la veuve. — C'est votre faute... Soyez maudite, ma mère !

— Elle se repent... elle m'accuse... Tu dois jouir, hein ? — dit la veuve à son fils avec un éclat de rire diabolique.

Sans lui répondre, Martial se rapprocha de Calebasse, dont l'agonie commençait, et lui dit avec compassion : — Pauvre sœur... il est trop tard maintenant...

— Jamais trop tard... pour être lâche ! — dit la mère avec une fureur froide. — Oh ! quelle race !... Heureusement Nicolas est évadé... François et Amandine t'échapperont. Ils ont déjà du vice... la misère les achèvera !...

— Ah ! Martial !... veille bien sur eux... ou ils finiront... comme nous deux ma mère... On leur coupera aussi la tête ! — s'écria Calebasse en poussant de sourds gémissements.

— Il aura beau veiller sur eux, — s'écria la veuve avec une exaltation féroce, — le vice et la misère seront plus forts que lui... et un jour... ils vengeront père, mère et sœur...

— Votre horrible espérance sera trompée, ma mère, — répondit Martial indigné. — Ni eux ni moi, nous n'aurons jamais la misère à craindre... La Louve a sauvé la jeune fille que Nicolas voulait noyer... les parents de cette jeune fille nous ont proposé ou beaucoup d'argent, ou moins d'argent et des terres en Algérie. Nous avons préféré les terres. Demain nous partirons avec les enfants, et de notre vie nous ne reviendrons en Europe...

— Ce que tu dis là est vrai ? — demanda la veuve à Martial d'un ton de surprise irritée.

— Je ne mens jamais.

— Tu mens aujourd'hui pour me mettre en colère.

— En colère ! parce que le sort de ces enfants est assuré ?

— Oui... de louveteaux on en fera des agneaux... Le sang de ton père, de ta sœur, le mien ne sera pas vengé...

— A ce moment... ne parlez pas ainsi.

— J'ai tué... on me tue... je suis quitte.

— Ma mère... le repentir...

La veuve poussa un nouvel éclat de rire.

— Je vis depuis trente ans dans le crime... et pour me repentir de trente ans... on me donne trois jours... avec la mort au bout... Est-ce que j'aurais le temps ?... Non, non ; quand ma tête tombera... elle grincera de rage et de haine

— Mon frère, au secours... emmène-moi d'ici... ils vont venir... murmura Calebasse d'une voix défaillante, car la misérable commençait à délirer.

— Veux-tu te taire... — dit la veuve exaspérée par la faiblesse de Calebasse; veux-tu te taire!... Oh! l'infâme... et c'est ma fille!

— Ma mère! ma mère! — s'écria Martial déchiré par cette horrible scène, — pourquoi m'avez-vous fait venir ici?...

— Parce que je croyais te donner du cœur et de la haine... mais qui n'a pas l'un... n'a pas l'autre... lâche!

— Ma mère!...

— Lâche... lâche... lâche!...

A ce moment il se fit un assez grand bruit de pas dans le corridor. Le vétéran tira sa montre et regarda l'heure. Le soleil se levant au dehors, éblouissant et radieux, jeta tout à coup une nappe de clarté dorée par le soupirail pratiqué dans le corridor en face de la porte du cachot... Cette porte s'ouvrit, et l'entrée du cabanon se trouva vivement éclairée. Au milieu de cette zone lumineuse, des gardiens apportèrent deux chaises[1], puis le greffier vint dire à la veuve d'une voix émue : — Madame... il est temps...

La condamnée se leva droite, impassible, Calebasse poussa des cris aigus.

Quatre hommes entrèrent... Trois d'entre eux, assez mal vêtus, tenaient à la main de petits paquets de corde très déliée, mais très forte. Le plus grand de ces quatre hommes, correctement habillé de noir, portant un chapeau rond et une cravate blanche, remit au greffier un papier. Cet homme était le bourreau... Ce papier était un reçu des deux femmes bonnes à guillotiner... Le bourreau prenait possession de ces deux créatures de Dieu; désormais il en répondait seul.

A l'effroi désespéré de Calebasse avait succédé une torpeur hébétée. Deux aides du bourreau furent obligés de l'asseoir sur son lit et de l'y soutenir. Ses mâchoires serrées par une convulsion tétanique, lui permettaient à peine de prononcer quelques mots sans suite... Elle roulait autour d'elle des yeux déjà ternes et sans regards... son menton touchait à sa poitrine, et, sans l'appui des deux aides, son corps serait tombé comme une masse inerte...

Martial, après avoir une dernière fois embrassé cette malheureuse, restait immobile, épouvanté, n'osant, ne pouvant faire un pas, et comme fasciné par cette terrible scène.

La froide audace de la veuve ne se démentait pas : la tête haute et droite, elle aidait elle-même à se dépouiller de la camisole de force qui emprisonnait ses mouvements. Cette toile tomba; elle se trouva vêtue d'une vieille robe de laine noire.

— Où faut-il me mettre? demanda-t-elle d'une voix ferme.

— Ayez la bonté de vous asseoir sur une de ces chaises... — lui dit le bourreau, en lui indiquant un des deux sièges placés à l'entrée du cachot.

La porte était restée ouverte, on voyait dans le corridor plusieurs gardiens, le directeur de la prison et quelques curieux privilégiés.

---

[1]. Ordinairement la toilette des condamnés a lieu dans l'avant-greffe, mais quelques réparations indispensables obligeaient de faire dans le cachot les sinistres apprêts.

La veuve se dirigeait d'un pas hardi vers la place qu'on lui avait indiquée ; lorsqu'elle passa devant sa fille... elle s'arrêta, s'approcha d'elle, et lui dit d'une voix légèrement émue : — Ma fille, embrasse-moi...

A la voix de sa mère, Calebasse sortit de son apathie, se dressa sur son séant, et, avec un geste de malédiction, elle s'écria : — S'il y a un enfer... descendez-y, maudite !...

— Ma fille !... embrasse-moi !... — dit encore la veuve en faisant un pas.

— Ne m'approchez pas !... vous m'avez perdue !... — murmura la malheureuse en jetant ses mains en avant pour repousser sa mère.

— Pardonne-moi !...

— Non ! non !... — dit Calebasse d'une voix convulsive, et cet effort ayant épuisé ses forces, elle retomba presque sans connaissance entre les bras des aides. Un nuage passa sur le front indomptable de la veuve ; un instant ses yeux secs et ardents devinrent humides. Elle rencontra le regard de son fils. Après un moment d'hésitation, et comme si elle eût cédé à l'effort d'une lutte intérieure, elle lui dit : — Et toi ?...

Martial se précipita en sanglotant dans les bras de sa mère.

— Assez !... — dit la veuve en surmontant son émotion et en se dégageant des étreintes de son fils, — monsieur attend... — ajouta-t-elle, montrant le bourreau. Puis elle marcha rapidement vers la chaise, où elle s'assit résolument. La lueur de sensibilité maternelle qui avait un moment éclairé les noires profondeurs de cette âme abominable s'éteignit tout à coup.

— Monsieur, — dit le vétéran à Martial, en s'approchant de lui avec intérêt, — ne restez pas ici... Venez... venez...

Martial égaré par l'horreur et par l'épouvante suivit machinalement le soldat.

Deux aides avaient apporté sur la chaise Calebasse agonisante ; l'un maintenait ce corps déjà presque privé de vie, pendant que l'autre, au moyen de cordes de fouet très minces et très longues, lui attachait les mains derrière le dos par des nœuds inextricables, et lui nouait aux chevilles une corde assez longue pour que la marche à petits pas fût possible.

Cette opération était à la fois étrange et horrible ; on eût dit que les longues cordes minces qu'on distinguait à peine dans l'ombre, et dont ces hommes entouraient, garrottaient la condamnée avec autant de rapidité que de dextérité, sortaient de leurs mains comme les fils ténus dont les araignées enveloppent aussi leur victime avant de la dévorer. Le bourreau et son autre aide enchevêtraient la veuve avec agilité, sans que les traits de cette femme offrissent la moindre altération. Seulement de temps à autre elle toussait légèrement. Lorsque la condamnée fut ainsi mise dans l'impossibilité de faire un mouvement, le bourreau, tirant de sa poche une longue paire de ciseaux, lui dit avec politesse : — Ayez la complaisance de baisser la tête, madame...

La veuve baissa la tête en disant : — Nous sommes de bonnes

pratiques ; vous avez eu mon mari... maintenant voilà sa femme et sa fille...

Sans répondre, le bourreau ramassa dans sa main gauche les longs cheveux gris de la condamnée, et se mit à les couper très ras... surtout à la nuque.

— Ça fait que j'aurai été coiffée trois fois dans ma vie, — dit la veuve avec un ricanement sinistre ; — le jour de ma première communion, quand on m'a mis le voile, le jour de mon mariage, quand on m'a mis la fleur d'oranger... et puis aujourd'hui, n'est-ce pas... coiffeur de la mort ?

Le bourreau resta muet. Les cheveux de la condamnée étant épais et rudes, l'opération fut si longue, que la chevelure de Calebasse tombait entièrement sur les dalles alors que celle de sa mère n'était coupée qu'à demi.

— Vous ne savez pas à quoi je pense ? — dit la veuve au bourreau après avoir de nouveau contemplé sa fille.

Le bourreau continua de garder le silence.

On n'entendait que le grincement sonore des ciseaux et que l'espèce de hoquet et de râle qui de temps à autre soulevait la poitrine de Calebasse. A ce moment on vit dans le corridor un prêtre à figure vénérable s'approcher du directeur de la prison et causer à voix basse avec lui. Ce saint ministre venait tenter une dernière fois d'arracher l'âme de la veuve à l'endurcissement.

— Je pense, — reprit la veuve en voyant que le bourreau ne lui répondait pas, — je pense qu'à cinq ans... ma fille,... à qui on va couper la tête.... était le plus joli enfant qu'on puisse voir... Elle avait des cheveux blonds et des joues roses et blanches... Alors... qu'est-ce qui lui aurait dit... que...— Puis, à la suite d'un nouveau silence, elle s'écria avec un éclat de rire et une expression impossible à rendre : — Quelle comédie que le sort !!!

A ce moment, les dernières mèches de la chevelure de la condamnée tombèrent sur ses épaules. — C'est fini, madame, — dit poliment le bourreau.

— Merci... je vous recommande mon fils Nicolas, — dit la veuve, — vous le coifferez un de ces jours !...

Un gardien vint dire quelques mots tout bas à la condamnée.

— Non... je vous ai dit que non... — répondit-elle brusquement.

Le prêtre entendit ces mots, leva les yeux au ciel, joignit les mains, et disparut.

— Madame... nous allons partir... Vous ne voulez rien prendre ? — dit obséquieusement le bourreau.

— Merci... ce soir je prendrai une gorgée de terre...

Et la veuve, après ce nouveau sarcasme, se leva droite ; ses mains étaient attachées derrière son dos, et un lien assez lâche pour qu'elle pût marcher la garrottait d'une cheville à l'autre. Quoique son pas fût ferme et résolu, le bourreau et un aide voulurent obligeamment la soutenir ; elle fit un geste d'impatience, et dit d'une voix impérieuse et émue : — Ne me touchez pas, j'ai bon pied, bon œil... Sur l'échafaud on verra si j'ai une bonne voix, et si je dis des paroles de repentance... — Et la veuve, accostée du bourreau et d'un aide, sortant du cachot, entra dans le corridor. Les deux autres aides furent obligés de transporter Calebasse sur sa chaise ; elle était mourante.

Après avoir traversé le long corridor, le funèbre cortége monta un escalier de pierre qui conduisait à une cour extérieure.

Le soleil inondait de sa lumière chaude et dorée le faîte des hautes murailles blanches qui entouraient la cour et se découpaient sur un ciel d'un bleu splendide... l'air était doux et tiède... jamais journée de printemps ne fut plus riante, plus magnifique. Dans cette cour on voyait un piquet de gendarmerie départementale, un fiacre et une voiture longue, étroite, à caisse jaune, attelée de trois chevaux de poste qui hennissaient gaiement en faisant tinter leurs grelots retentissants. On montait dans cette voiture comme dans un omnibus, par une portière située à l'arrière. Cette ressemblance inspira une dernière raillerie à la veuve.

— Le conducteur ne dira pas... *Complet* !... — dit-elle. Et elle gravit le marchepied aussi lestement que le lui permettaient ses entraves.

Calebasse, expirante et soutenue par un aide, fut placée dans la voiture en face de sa mère... puis on ferma la portière.

Le cocher du fiacre s'était endormi, le bourreau le secoua... — Excusez, bourgeois, — dit le cocher, en se réveillant et en descendant pesamment de son siège ; — mais une nuit de mi-carême, c'est rude... Je venais justement de conduire aux *Vendanges de Bourgogne* une tapée de débardeurs et de débardeuses qui chantaient la Mère Godichon, quand vous m'avez pris à l'heure...

— Allons, c'est bon. Suivez cette voiture... et *boulevard Saint-Jacques*.

— Excusez, bourgeois... il y a une heure aux *Vendanges*... maintenant à la guillotine !... Ça prouve que les courses se suivent et ne se ressemblent pas, comme dit c't autre !

Les deux voitures, précédées et suivies du piquet de gendarmerie, sortirent de la porte extérieure de Bicêtre, et prirent au grand trot la route de Paris.

. . . .

Nous avons présenté le tableau de *la toilette* des condamnés dans toute son effroyable vérité, parce qu'il nous semble qu'il ressort de cette peinture de puissants arguments :

Contre la peine de mort ; contre la manière dont cette peine est appliquée ; contre l'effet qu'on en attend comme exemple donné aux populations.

Quoique dépouillée de cet appareil à la fois formidable et religieux dont devraient être entourés tous les actes du suprême châtiment que la loi inflige au nom de la vindicte publique, *la toilette* est ce qu'il y a de plus terrifiant dans l'exécution de l'arrêt de mort, et c'est cela que l'on cache à la multitude.

Au contraire, en Espagne, par exemple, le condamné reste exposé pendant trois jours dans une chapelle ardente, son cercueil est continuellement sous ses yeux ; les prêtres disent les prières des agonisants, les cloches de l'église tintent jour et nuit un glas funèbre.

On conçoit que cette espèce d'initiation à une mort prochaine puisse épouvanter les criminels les plus endurcis, et inspirer une terreur salutaire à la foule qui se presse aux grilles de la chapelle mortuaire. Puis, le jour du supplice est un jour de deuil public : les cloches de toutes les paroisses sonnent les *trépassés* ; le condamné est lentement conduit à l'échafaud avec une pompe imposante, lugubre, son cercueil toujours porté devant lui ; les prêtres, chantant les prières des morts, marchent à ses côtés ; viennent ensuite les confréries religieuses, et enfin des frères quêteurs demandant à la foule de quoi dire des messes pour le repos de l'âme du supplicié... Jamais la foule ne reste sourde à cet appel. Sans doute tout cela est épouvantable, mais cela est logique, mais cela est imposant, mais cela montre que l'on ne retranche pas de ce monde une créature de Dieu pleine de vie et de force comme on égorge un bœuf... Mais cela donne à penser à la multitude, qui juge toujours de la grandeur du crime par la grandeur de la peine... que l'homicide est un forfait bien abominable, puisque son châtiment ébranle, attriste, émeut toute une ville. Ce redoutable spectacle peut faire naître de graves réflexions, inspirer un utile effroi... et ce qu'il y a de barbare dans ce sacrifice humain est au moins couvert par la terrible majesté de son exécution. Mais, nous le demandons, les choses se passant exactement comme nous les avons rapportées (et quelquefois même *moins gravement*), de quel exemple cela peut-il être ?

De grand matin on prend le condamné, on le garrotte, on le jette dans une voiture fermée, le postillon fouette, *touche* à l'échafaud, la bascule joue, et une tête tombe dans un panier... au milieu des railleries atroces de ce qu'il y a de plus corrompu dans la populace !... Dans cette exécution rapide et furtive, où est l'exemple ? où est l'épouvante ? L'exécution ayant lieu pour ainsi dire à huis clos, dans un endroit parfaitement écarté, avec une précipitation sournoise, toute la ville ignore cet acte sanglant et solennel ; rien ne lui annonce que ce jour-là on *tue un homme*... les théâtres rient et chantent... la foule bourdonne insoucieuse et bruyante... Au point de vue de la société, de la religion, de l'humanité, c'est pourtant quelque chose qui doit importer *à tous* que cet homicide juridique commis au nom de *l'intérêt de tous*...

Enfin, disons-le encore, disons-le toujours, voici le glaive, mais où est la couronne ? A côté de la punition montrez la récompense ; alors seulement la leçon sera complète et féconde... Si le lendemain de ce jour de deuil et de mort, le peuple, qui a vu la veille le sang d'un grand criminel rougir l'échafaud, voyait rémunérer et exalter un grand homme de bien, il redouterait d'autant plus le supplice du premier, qu'il ambitionnerait davantage le triomphe du second ; la terreur empêche à peine le crime, jamais elle n'inspire la vertu.

Considère-t-on l'effet de la peine de mort sur les condamnés eux-mêmes :

Ou ils la bravent avec un cynisme audacieux... ou ils la subissent inanimés, à demi morts d'épouvante... ou ils offrent leur tête avec un repentir sincère...

Or, la peine est insuffisante pour ceux qui la narguent... inutile pour ceux qui sont déjà morts moralement... exagérée pour ceux qui se repentent...

La société ne tue pas le meurtrier ni pour le faire souffrir ni pour lui infliger la loi du talion... Elle le tue pour le mettre dans l'impossibilité de nuire.. elle le tue pour que l'exemple de sa punition serve de frein aux meurtriers à venir...

Nous croyons, nous, que la peine est trop barbare, et qu'elle n'épouvante pas assez... Nous croyons, nous, que dans quelques crimes tels que le parricide ou autres forfaits qualifiés, l'*aveuglement* et un isolement perpétuel mettraient un condamné dans l'impossibilité de nuire, et le puniraient d'une manière mille fois plus redoutable, tout en lui laissant le temps du repentir et de la rédemption... — Si l'on doutait de cette assertion, nous rappellerions beaucoup de faits constatant l'horreur invincible des criminels endurcis pour l'isolement... Ne sait-on pas que quelques-uns ont commis des meurtres pour être condamnés à mort, préférant ce supplice à une cellule?... Quelle serait donc leur terreur lorsque l'*aveuglement* joint à l'isolement ôterait au condamné l'espoir de s'évader, espoir qu'il conserve et qu'il réalise quelquefois même en cellule et chargé de fers?... Nous pensons aussi que l'abolition des condamnations capitales serait une des conséquences forcées de l'isolement pénitentiaire, l'effroi que cet isolement inspire à la génération qui peuple à cette heure les prisons et les bagnes étant tel que beaucoup de ces incurables préféreront encourir le dernier supplice à l'emprisonnement cellulaire, alors il faudra sans doute supprimer la peine de mort pour leur enlever cette dernière et épouvantable alternative.

CHAPITRE XVI

Martial et le Chourineur.

Avant de poursuivre notre récit, disons quelques mots des relations récemment établies entre le Chourineur et Martial.

Une fois Germain sorti de prison, le Chourineur prouva facilement qu'il s'était volé lui-même, avoua au juge d'instruction le but de cette singulière mystification, et fut mis en liberté après avoir été sévèrement admonesté. Voulant récompenser le Chourineur de ce nouvel acte de dévouement, Rodolphe, pour combler les vœux de son rude protégé, l'avait logé à l'hôtel de la rue Plumet, lui promettant de l'emmener lorsqu'il retournerait en Allemagne. Le Chourineur éprouvait pour Rodolphe l'attachement aveugle, obstiné du chien pour son maître. Demeurer sous le même toit que le prince, le voir quelquefois, attendre une nouvelle occasion de se sacrifier à lui ou aux siens, là se bornaient l'ambition et le bonheur du Chourineur, qui préférait mille fois cette condition à l'argent et à la ferme que Rodolphe lui avait offerts.

Mais lorsque le prince eut retrouvé sa fille, tout changea ; malgré sa vive reconnaissance pour l'homme qui lui avait sauvé la vie, il ne put se résoudre à emmener avec lui en Allemagne ce témoin de la première honte de Fleur-de-Marie... Bien décidé, d'ailleurs, à combler tous les désirs du Chourineur, il le fit venir une dernière fois, et lui dit qu'il attendait de son attachement un nouveau service. A ces mots, la physionomie du Chourineur rayonna ; mais elle devint bientôt consternée lorsqu'il apprit que non seulement il ne pourrait suivre le prince en Allemagne, mais qu'il faudrait quitter l'hôtel le jour même. Il est inutile de dire les compensations brillantes que Rodolphe offrit au Chourineur : — l'argent qui lui était destiné, — le contrat de vente de la ferme en Algérie, — plus encore, s'il le voulait... Le Chourineur, frappé au cœur, refusa, et, pour la première fois de sa vie peut-être, cet homme pleura... Il fallut l'insistance de Rodolphe pour le décider à accepter ses bienfaits.

Le lendemain, le prince fit venir la Louve et Martial, et leur demanda ce qu'il pouvait faire pour eux. Se souvenant de ce que Fleur-de-Marie lui avait dit des goûts un peu sauvages de la Louve et de son mari, il proposa au hardi ménage ou une somme d'argent considérable, ou bien la moitié de cette somme et des terres en plein rapport dépendant d'une ferme voisine de celle qu'il avait fait acheter pour le Chourineur. En faisant cette offre, le prince avait encore songé que Martial et le Chourineur, tous deux rudes, énergiques, tous deux doués de bons et valeureux instincts, sympathiseraient d'autant mieux qu'ils avaient aussi tous deux des raisons de rechercher la solitude, l'un à cause de son passé, l'autre à cause des crimes de sa famille. Il ne se trompait pas. Martial et la Louve acceptèrent avec transport ; puis, ayant été mis en rapport avec le Chourineur, tous trois se félicitèrent bientôt des relations que promettait leur voisinage en Algérie.

Le Chourineur, touché des avances cordiales de Martial et de sa femme, y répondit avec effusion. Bientôt une amitié sincère unit les futurs colons ; les gens de cette trempe se jugent vite et s'aiment de même... Instruit de la pénible entrevue à laquelle Martial devait se rendre pour obéir aux volontés de sa mère, le Chourineur voulut accompagner son nouvel ami jusqu'à la porte de Bicêtre. Il l'attendit dans le fiacre qui les avait amenés, et qui les reconduisait à Paris après que Martial, épouvanté, eut quitté le cachot où l'on faisait les terribles préparatifs de l'exécution de sa mère et de sa sœur.

La physionomie du Chourineur était complétement changée, l'expression d'audace et de bonne humeur qui caractérisait ordinairement sa mâle figure avait fait place à un morne abattement ;

sa voix même avait perdu quelque chose de sa rudesse : une douleur de l'âme, douleur jusqu'alors inconnue de lui, avait rompu, brisé cette nature énergique. Il regardait Martial avec compassion. — Courage ! — lui disait le Chourineur, — vous avez fait tout ce qu'un brave garçon pouvait faire... C'est fini... Songez à votre femme, à ces enfants que vous avez empêchés d'être des gueux comme père et mère... Et puis enfin... ce soir nous aurons quitté Paris pour n'y plus revenir, et vous n'entendrez plus jamais parler de ce qui vous afflige.

— C'est égal... après tout, c'est ma mère... c'est ma sœur...

— Enfin, que voulez-vous... ça est... et quand les choses sont... il faut bien s'y soumettre... — dit le Chourineur en étouffant un soupir.

Après un moment de silence, Martial lui dit cordialement : — Moi aussi je devrais vous consoler, pauvre garçon... toujours cette tristesse... Enfin... moi et ma femme, nous comptons qu'une fois hors de Paris... ça vous passera...

— Oui, — dit le Chourineur presque en frémissant, — si je sors de Paris...

— Puisque... nous partons ce soir...

— C'est-à-dire *vous autres*... vous partez ce soir...

— Et vous donc ? Est-ce que vous changez d'idée maintenant ?

— Non... Tenez, Martial... vous allez hausser les épaules... mais j'aime autant tout vous dire... S'il m'arrive quelque chose, au moins ça prouvera que je ne me suis pas trompé. Quand... M. Rodolphe... nous a fait demander s'il vous conviendrait de partir ensemble pour Alger et d'y être voisins, je n'ai pas voulu vous tromper... je vous ai dit... ce que j'avais été...

— Ne parlons plus de cela... Vous avez subi votre peine... vous êtes aussi bon et aussi brave que pas un... mais je conçois que, comme moi, vous aimiez mieux aller vivre au loin... que de rester ici, où, si honnêtes que nous soyons, on nous reprocherait toujours, à vous un méfait que vous avez payé et dont vous vous repentez pourtant encore... à moi les crimes de mes parents... dont je ne suis pas responsable... Mais de vous à nous... le passé est passé... et bien passé... Soyez tranquille... nous comptons sur vous comme vous pouvez compter sur nous...

— De vous à moi... peut-être... le passé est passé ; mais, voyez-vous, Martial... il y a quelque chose là-haut... et j'ai tué un homme...

— C'est un grand malheur ; mais enfin, dans ce moment-là vous ne vous connaissiez plus... vous étiez comme fou.. et puis enfin vous avez sauvé la vie d'autres personnes... et ça doit vous compter.

— Si je vous reparle de mon malheur... voilà pourquoi... Autrefois j'avais souvent un rêve... dans lequel je voyais... le sergent que j'ai tué... Depuis longtemps... je ne l'avais plus... ce rêve... et cette nuit... je l'ai eu... ça m'annonce un malheur pour aujourd'hui... J'ai un pressentiment que je ne sortirai pas de Paris...

— Votre chagrin de quitter notre bienfaiteur... la pensée de me conduire aujourd'hui à Bicêtre... où de si tristes choses m'attendaient... tout cela vous aura agité cette nuit; alors naturellement votre rêve... vous sera revenu...

Le Chourineur secoua tristement la tête. — Il m'est revenu juste la veille du départ de M. Rodolphe... car c'est aujourd'hui qu'il part... Hier, j'ai envoyé un commissionnaire à son hôtel... n'osant pas y aller moi-même... On a dit que le prince partait ce matin à onze heures... par la barrière de Charenton... Aussi, une fois que nous allons être arrivés à Paris... je me posterai là... pour tâcher de le voir; ça sera la dernière fois!... la dernière!...

— Il paraît si bon que je comprends bien que vous l'aimiez...

— L'aimer!... — dit le Chourineur avec une émotion profonde et concentrée; — Oh! oui... allez.. Voyez-vous, Martial... coucher par terre, manger du pain noir... être son chien... mais être où il aurait été, je ne demandais pas plus... C'était trop.. il n'a pas voulu.

— Il a été si généreux pour vous!

— Ce n'est pas ça qui fait que je l'aime tant... c'est parce qu'il m'a dit que j'avais du cœur et de l'honneur... Oui, et dans un temps où j'étais farouche comme une bête brute, où je me méprisais comme le rebut de la canaille... lui m'avait fait comprendre qu'il y avait encore du bon en moi, puisque, ma peine faite, je m'étais repenti, et qu'après avoir souffert la misère des misères sans voler, j'avais travaillé avec courage pour gagner honnêtement ma vie... sans vouloir de mal à personne. quoique tout le monde m'ait regardé comme un brigand fini, ce qui n'était pas encourageant. Aussi, quand M. Rodolphe me les a eu dits, ces mots, dame! voyez-vous, le cœur m'a battu haut et fier... Depuis ce temps-là, je me mettrais dans le feu pour le bien...

— C'est justement parce que vous êtes meilleur que vous n'étiez que vous ne devez pas avoir de mauvais pressentiments... Votre rêve ne signifie rien.

— Nous verrons... C'est pas que je cherche un malheur exprès... il n'y en a pas pour moi de plus grand que celui qui m'arrive... ne plus le voir... M. Rodolphe! moi qui croyais ne plus le quitter... Dans mon espèce, bien entendu... j'aurais été là, à lui corps et âme, toujours prêt... C'est égal, il a peut-être tort... Tenez, Martial, je ne suis qu'un ver de terre auprès de lui... eh bien! quelquefois il arrive que les plus petits peuvent être utiles aux plus grands. Si ça devait être je ne lui pardonnerais de ma vie de s'être privé de moi.

— Qui sait?... un jour peut-être vous le reverrez...

— Oh non! il m'a dit : « Mon garçon, il faut que tu promettes de ne jamais chercher à me revoir, cela me rendra service ». Vous comprenez, Martial, j'ai promis... Foi d'homme, je tiendrai... mais c'est dur...

— Une fois là-bas, vous oublierez peu à peu ce qui vous chagrine Nous travaillerons, nous vivrons seuls, tranquilles, comme de bons fermiers, sauf à faire quelquefois le coup de fusil avec les Arabes... Tant mieux ! ça nous ira à nous deux ma femme ; car elle est crâne, allez, la Louve !

— S'il s'agit de coups de fusil, ça me regardera, Martial ! — dit le Chourineur un peu moins accablé. — Je suis garçon, et j'ai été troupier.

— Et moi braconnier !

— Mais vous... vous avez votre femme, et ces deux enfants dont vous êtes comme le père... Moi, je n'ai que ma peau..., et, puisqu'elle ne peut plus être bonne à faire un paravent à M. Rodolphe, je n'y tiens guère. Ainsi, s'il y a un coup de peigne à se donner, ça me regardera.

— Ça nous regardera tous les deux.

— Non, moi seul... tonnerre !... A moi les Bédouins !

— A la bonne heure, j'aime mieux vous entendre parler ainsi que comme tout à l'heure... Allez, Chourineur... nous serons de vrais frères ; et puis vous pourrez nous entretenir de vos chagrins, s'ils durent encore, car j'aurai les miens. La journée d'aujourd'hui comptera longtemps dans ma vie, allez... On ne voit pas sa mère, sa sœur... comme je les ai vues..., sans que ça vous revienne à l'esprit... Nous nous ressemblons, vous et moi, dans trop de choses pour qu'il ne nous soit pas bon d'être ensemble. Nous ne boudons au danger ni l'un ni l'autre, eh bien ! nous serons moitié fermiers, moitié soldats... Il y a de la chasse là-bas... nous chasserons... Si vous voulez vivre seul chez vous, vous y vivrez et nous voisinerons... sinon nous logerons tous ensemble. Nous élèverons les enfants comme de braves gens, et vous serez quasi leur oncle... puisque nous serons frères. Ça vous va-t-il ? — dit Martial en tendant la main au Chourineur.

— Ça me va, mon brave Martial... et puis enfin... le chagrin me tuera ou le tuerai... comme on dit.

— Il ne vous tuera pas... nous vieillirons ensemble, et tous les soirs nous dirons : *Frère... merci à M. Rodolphe...* ça sera notre prière pour lui.

— Tenez, Martial.. vous me mettez du baume dans le sang...

— A la bonne heure... Ce bête de rêve... vous n'y pensez plus, j'espère ?...

— Je tâcherai...

— Ah çà ! vous venez nous prendre à quatre heures ? la diligence part à cinq.

— C'est convenu .. Mais nous voici bientôt à Paris ; je vais arrêter le fiacre, j'irai à pied jusqu'à la barrière de Charenton ; j'attendrai M. Rodolphe pour le voir passer.

La voiture s'arrêta, le Chourineur descendit.

CHAPITRE XVII

Le doigt de Dieu

Le Chourineur avait oublié qu'on était au lendemain de la mi-carême ; aussi fut-il étrangement surpris du spectacle à la fois bizarre et hideux qui s'offrit à sa vue lorsqu'il eut parcouru une partie du boulevard extérieur, qu'il suivait pour se rendre à la barrière de Charenton. Au bout de quelques instants, il se trouvait emporté malgré lui par une foule compacte, torrent populaire qui, descendant des cabarets du faubourg de la Glacière, s'amoncelait aux abords de cette barrière, pour se répandre ensuite sur le boulevard Saint-Jacques, où allait avoir lieu l'exécution. Quoiqu'il fît grand jour, on entendait encore au loin la musique retentissante de l'orchestre des guinguettes, où éclataient surtout les vibrations sonores des cornets à pistons.

Il faudrait le pinceau de Callot, de Rembrandt ou de Goya, pour rendre l'aspect bizarre, hideux, presque fantastique de cette multitude. Presque tous, hommes, femmes, enfants, étaient vêtus de vieux costumes de mascarades ; ceux qui n'avaient pu s'élever jusqu'à ce luxe portaient sur leurs vêtements des guenilles de couleurs tranchantes ; quelques jeunes gens étaient affublés de robes de femme à demi déchirées et souillées de boue ; tous ces visages, flétris par la débauche et par le vice, marbrés par l'ivresse, étincelaient d'une joie sauvage en songeant qu'après une nuit de crapuleuse orgie ils allaient voir mettre à mort deux femmes dont l'échafaud était dressé[1]. Écume fangeuse et fétide de la population de Paris, cette immense cohue se composait de bandits et de femmes perdues qui demandent chaque jour au crime le pain de la journée... et qui chaque soir rentrent largement repus dans leurs tanières[2]. Le boulevard extérieur étant fort resserré à cet endroit, la foule entassée refluait et entravait absolument la circulation. Malgré sa force athlétique, le Chourineur fut obligé de rester presque immobile au milieu de cette masse compacte... Il se résigna... Le prince, partant de la rue Plumet à dix heures, lui avait-on dit, ne devait passer à la barrière de Charenton qu'à onze heures environ, et il n'était pas sept heures.

Quoiqu'il eût naguère forcément fréquenté les classes dégradées auxquelles appartenait cette populace, le Chourineur, en se retrouvant au milieu d'elles, éprouvait un dégoût invincible. Poussé par le reflux de la foule jusqu'auprès d'une des guinguettes dont fourmillent ces boulevards, il assista malgré lui à un spec-

---

1. L'exécution de Norbert et de Desprès a eu lieu le lendemain de la mi-carême... — 2. Selon M. Frégier, l'excellent historien des classes dangereuses de la société, il existe à Paris environ trente mille personnes qui n'ont d'autres moyens d'existence que le vol.

tacle étrange... Dans une vaste salle basse, occupée à l'une de ses extrémités par les musiciens, entourée de bancs et de tables chargées de débris de repas, d'assiettes cassées, de bouteilles renversées, une douzaine d'hommes et de femmes déguisés, à moitié ivres, se livraient avec emportement à cette danse folle et obscène appelée *la chahut*, à laquelle un petit nombre d'habitués de ces lieux ne s'abandonnent qu'à la fin du *bal*, alors que les gardes municipaux en surveillance se sont retirés. Parmi les ignobles couples qui figuraient dans cette saturnale, le Chourineur en remarqua deux qui se faisaient surtout applaudir par le cynisme révoltant de leurs poses, de leurs gestes et de leurs paroles. Le premier couple se composait d'un homme à peu près déguisé en ours au moyen d'une veste et d'un pantalon de peau de mouton noir. La tête de l'animal, sans doute trop gênante à porter, avait été remplacée par une sorte de capuce à longs poils qui recouvrait entièrement le visage ; deux trous à la hauteur des yeux, une large fente à la hauteur de la bouche, permettaient de voir, de parler et de respirer. Cet homme masqué, l'un des principaux évadés de la Force (parmi lesquels se trouvaient aussi Barbillon et les deux meurtriers arrêtés chez l'ogresse du tapis-franc au commencement de ce récit) ; cet homme masqué était Nicolas Martial, le fils, le frère des deux femmes dont l'échafaud était dressé à quelques pas... Entraîné dans cet acte d'insensibilité atroce, d'audacieuse forfanterie, par un de ses compagnons, ce misérable osait, à l'aide de ce travestissement, se livrer aux dernières joies du carnaval... La femme qui dansait avec lui, costumée en vivandière, portait un chapeau de cuir bouilli bossué, à rubans déchirés, une sorte de justaucorps de drap rouge passé, orné de trois rangs de boutons de cuivre, une jupe verte et des pantalons de calicot blanc ; ses cheveux noirs tombaient en désordre sur son front ; ses traits hâves et plombés respiraient l'effronterie et l'impudeur.

Le *vis-à-vis* de ces danseurs était non moins ignoble. L'homme, d'une très grande taille, déguisé en *Robert Macaire*, avait tellement barbouillé de suie sa figure osseuse, qu'il était méconnaissable ; d'ailleurs un large bandeau couvrait son œil gauche, et le blanc mat du globe de l'œil droit, se détachant sur cette face noire, la rendait plus hideuse encore. Le bas du visage du *Squelette* (on l'a déjà reconnu sans doute) disparaissait entièrement dans une haute cravate faite d'un vieux châle rouge. Coiffé, selon la tradition, d'un chapeau gris râpé, aplati, sordide et sans fond ; vêtu d'un habit vert en lambeaux et d'un pantalon garance rapiécé en mille endroits, et attaché aux chevilles avec des ficelles, cet assassin, outrant les poses les plus grotesques et les plus cyniques de *la chahut*, lançant de droite, de gauche, en avant, en arrière, ses longs membres durs comme du fer, les pliait et les repliait avec tant de vigueur et d'élasticité, qu'on les eût dit mis en mouvement par des ressorts d'acier... Digne coryphée de cette immonde saturnale, sa danseuse, grande, et leste créature au visage impudent et aviné, costumée en débardeur, coiffée d'un bonnet de police incliné sur une perruque poudrée, à grosse queue, portait une veste et un pantalon de velours vert éraillé, assujetti à la taille par une écharpe orange aux longs bouts flottant derrière le dos.

Une grosse femme, ignoble et hommasse, l'ogresse du tapis-franc, assise sur un des bancs, tenait sur ses genoux les manteaux de tartan de cette créature et de la vivandière, pendant qu'elles rivalisaient toutes deux de bonds et de postures cyniques avec le Squelette et Nicolas Martial.

Parmi les autres danseurs, on remarquait encore un enfant boiteux habillé en diable au moyen d'un tricot noir beaucoup trop grand pour lui, d'un caleçon rouge, et d'un masque vert horrible et grimaçant. Malgré son infirmité, ce petit monstre était d'une agilité surprenante ; sa dépravation précoce atteignait, si elle ne la dépassait pas, celle de ses affreux compagnons, et il gambadait aussi effrontément que pas un devant une grosse femme déguisée en bergère, qui excitait encore le dévergondage de son partenaire par ses éclats de rire. Aucune charge ne s'étant élevée contre Tortillard (on l'a déjà reconnu), et Bras-Rouge ayant été provisoirement laissé en prison, l'enfant, à la demande de son père, avait été réclamé par Micou, le recéleur du passage de la Brasserie, que ses complices n'avaient pas dénoncé.

Comme figures secondaires du tableau que nous essayons de peindre, qu'on s'imagine tout ce qu'il y a de plus bas, de plus honteux, de plus monstrueux dans cette crapule oisive, audacieuse, rapace, sanguinaire, qui se montre de plus en plus hostile à l'ordre social, et sur laquelle nous avons voulu rappeler l'attention des penseurs en terminant ce récit... Puisse cette dernière et horrible scène symboliser le péril imminent qui menace incessamment la société !... Oui, que l'on y songe, la cohésion, l'augmentation inquiétante de cette race de voleurs et de meurtriers est une sorte de protestation vivante contre le vice des lois répressives et surtout contre l'absence des *mesures préventives*, d'une *législation prévoyante*, de *larges institutions préservatrices*, destinées à surveiller, à moraliser dès l'enfance cette foule de malheureux, abandonnés ou pervertis par d'effroyables exemples. Encore une fois, ces êtres déshérités que Dieu n'a faits ni plus mauvais ni meilleurs que ses autres créatures, ne se vicient, ne se gangrènent ainsi incurablement que dans la fange de misère, d'ignorance et d'abrutissement où ils se traînent en naissant...

Encore excités par les rires, par les bravos de la foule pressée aux fenêtres, les acteurs de l'abominable orgie que nous racontons crièrent à l'orchestre de jouer un dernier galop. Les musiciens, ravis de toucher à la fin d'une séance si pénible pour leurs poumons, se rendirent au vœu général, et jouèrent avec énergie un air de galop d'une mesure entraînante et précipitée. A ces accords vibrants des instruments de cuivre, l'exaltation redoubla ; tous les couples s'étreignirent, s'ébranlèrent, et, suivant le Squelette et sa danseuse, commencèrent une ronde infernale en poussant des hurlements sauvages. Une poussière épaisse, soulevée par ces piétinements furieux, s'éleva du plancher de la salle et jeta une sorte de nuage roux et sinistre sur ce tourbillon d'hommes et de femmes enlacés, qui tournoyaient avec une rapidité vertigineuse. Bientôt, pour ces têtes exaspérées par le vin, par le mouvement, par leurs propres cris, ce ne fut plus même de l'ivresse, ce fut du délire, de la frénésie ; l'espace leur manqua.. Le Squelette cria d'une voix haletante : — Gare !.. la porte !... Nous allons sortir... sur le boulevard...

— Oui... oui !... — cria la foule entassée aux fenêtres, — un galop jusqu'à la barrière Saint-Jacques !

— Voilà bientôt l'heure où l'on va raccourcir les deux *largues*.

— Le bourreau fait coup double : c'est drôle !

— Avec accompagnement de cornets à pistons.

— Nous danserons la contredanse de *la guillotine !*

— En avant la femme sans tête !... — cria Tortillard.

— Ça égayera les condamnées J'invite la veuve...

— Moi, la fille.. Ça mettra le vieux Charlot en gaieté...

— Il chahutera sur sa boutique avec ses employés.

— Mort aux *pantes !* vivent les *grinches* et les *escarpes !!!* — cria le Squelette d'une voix frémissante.

Ces railleries, ces menaces de cannibales, accompagnées de chants obscènes, de cris, de sifflets, de huées, augmentèrent encore lorsque la bande du Squelette eut fait, par la violence impétueuse de son impulsion, une large trouée au milieu de cette foule compacte. Ce fut alors une mêlée épouvantable ; on entendit des rugissements, des imprécations, des éclats de rire qui n'avaient plus rien d'humain.

Le tumulte fut tout à coup porté à son comble par deux nouveaux incidents.

La voiture renfermant les condamnées, accompagnée de son escorte de cavalerie, parut au loin à l'angle du boulevard ; alors toute cette populace se rua dans cette direction en poussant un hurlement de satisfaction féroce. A ce moment aussi la foule fut rejointe par un courrier venant du boulevard des Invalides et se dirigeant au galop vers la barrière de Charenton. Il était vêtu d'une veste bleu clair à collet jaune, doublement galonnée d'argent sur toutes les coutures ; mais en signe de grand deuil il portait des culottes noires avec ses bottes fortes ; sa casquette, aussi largement bordée d'argent, était entourée d'un crêpe ; enfin, sur les œillères de la bride à collier de grelots, on voyait en relief les armes souveraines de Gerolstein. Le courrier mit son cheval au pas ; mais, sa marche devenant de plus en plus embarrassée, il fut presque obligé de s'arrêter lorsqu'il se trouva au milieu du flot de populace dont nous avons parlé... Quoiqu'il criât : Gare !... et qu'il conduisit sa monture avec la plus grande précaution, des cris, des injures et des menaces s'élevèrent bientôt contre lui.

— Est-ce qu'il veut nous monter sur le dos avec son chameau... celui-là ?...

— Que ça de plat d'argent sur le corps... merci ! — cria Tortillard sous son masque vert à langue rouge.

— S'il nous embête... mettons-le à pied... et on lui décondra les *galuches* de sa veste pour les fondre... — dit Nicolas.

— Et on te décondra le ventre, si tu n'es pas content, mauvaise valetaille... — ajouta le Squelette en s'adressant au courrier et en saisissant la bride de son cheval ; car la foule était devenue si compacte, que le bandit avait renoncé à son projet de danse jusqu'à la barrière.

Le courrier, homme vigoureux et résolu, dit au Squelette en levant le manche de son fouet : — Si tu ne lâches pas la bride de mon cheval, je te coupe la figure.

— Toi... méchant mufle ?

— Oui... Je vais au pas, je crie gare ; tu n'as pas le droit de m'arrêter. La voiture de monseigneur arrive derrière moi... J'entends déjà les fouets... Laissez-moi passer.

— Ton seigneur ? — dit le Squelette. — Qu'est-ce que ça me fait, à moi, ton seigneur... Je l'*estourbirai* si ça me plaît. Je n'en ai jamais refroidi, de seigneurs... et ça m'en donne l'envie

— Il n'y a plus de seigneurs... *Vive la charte !* — cria Tortillard ; et tout en fredonnant ces vers de *la Parisienne* : « En avant, marchons contre leurs canons, » il se cramponna brusquement à une des bottes du courrier, y pesa de tout son poids, et le fit trébucher sur sa selle. Un coup de manche de fouet rudement asséné sur la tête de Tortillard le punit de son audace. Mais aussitôt la populace en fureur se précipita sur le courrier ; il eut beau mettre ses éperons dans le ventre de son cheval pour le porter en avant et se dégager, il n'y put parvenir. Démonté, renversé au milieu de cris et de huées enragés, il allait être assommé sans l'arrivée de la voiture de Rodolphe, qui fit diversion à l'emportement stupide de ces misérables.

Depuis quelque temps le coupé du prince, attelé de quatre chevaux de poste, n'allait qu'au pas, et un des deux valets de pied, assis sur le siège de derrière, était même prudemment descendu, se tenant à une des portières, la voiture étant très basse. Les postillons criaient : Gare ! et avançaient avec précaution.

Rodolphe, vêtu de grand deuil comme sa fille, dont il tenait une des mains dans les siennes, la regardait avec bonheur et attendrissement. La douce et charmante figure de Fleur-de-Marie s'encadrait dans une petite capote de crêpe noir qui faisait ressortir encore la blancheur éblouissante de son teint et les reflets brillants de ses jolis cheveux blonds ; on eût dit que l'azur de ce beau jour se reflétait dans ses grands yeux, qui n'avaient jamais été d'un bleu plus limpide et plus doux... Quoique sa figure, doucement souriante, exprimât le calme, le bonheur, lorsqu'elle regardait son père, une teinte de mélancolie, quelquefois même de tristesse indéfinissable, jetait souvent son ombre sur ses traits quand les yeux de son père n'étaient plus attachés sur elle.

— Tu ne m'en veux pas de t'avoir fait lever de si bonne heure... et d'avoir ainsi avancé le moment de notre départ ? — lui dit Rodolphe en souriant.

— Oh ! non, mon père ; cette matinée est si belle !...

— C'est que j'ai pensé, vois-tu, que notre journée serait mieux occupée en partant de bonne heure... et que tu serais moins fatiguée... Murph, mes aides de camp et la voiture de suite, où sont les femmes, nous rejoindront à notre première halte, où tu te reposeras.

— Bon père... c'est moi... toujours moi qui vous préoccupe...

— Oui, mademoiselle... et sans reproche... il m'est impossible d'avoir aucune autre pensée... — dit le prince en souriant ; puis il ajouta avec un élan de tendresse : — Oh ! je t'aime tant... je t'aime tant... ton front... vite...

Fleur-de-Marie s'inclina vers son père, et Rodolphe posa ses lèvres avec délices sur son front charmant.

C'était à cet instant que la voiture, approchant de la foule, avait commencé de marcher très lentement. Rodolphe, étonné, baissa la glace, et il dit en allemand au valet de pied qui se tenait près de la portière : — Eh bien ! Frantz... qu'y a-t-il ? quel est ce tumulte ?

— Monseigneur... il y a tant de foule... que les chevaux ne peuvent plus avancer.

— Et pourquoi cette foule ?

— Monseigneur...

— Eh bien ?..

— C'est que, Votre Altesse...

— Parle donc...

— Je viens d'entendre dire qu'il y a là-bas... une exécution à mort.

— Ah ! c'est affreux ! — s'écria Rodolphe en se rejetant au fond de la voiture.

— Qu'avez-vous, mon père ? — dit vivement Fleur-de-Marie avec inquiétude.

— Rien... rien.. mon enfant.

— Mais ces cris menaçants... entendez-vous ? ils approchent... Qu'est-ce que cela, mon Dieu ?

— Frantz, ordonne aux postillons de retourner et de gagner Charenton par un autre chemin... quel qu'il soit, — dit Rodolphe.

— Monseigneur, il est trop tard... nous voilà dans la foule... On arrête les chevaux... des gens de mauvaise mine...

Le valet de pied ne put parler davantage. La foule, exaspérée par les forfanteries sanguinaires du Squelette et de Nicolas, entoura tout à coup la voiture en vociférant. Malgré les efforts, les menaces des postillons, les chevaux furent arrêtés, et Rodolphe ne vit de tous côtés, au niveau des portières, que des visages horribles, furieux, menaçants, et, les dominant de sa grande taille, le Squelette, qui s'avança à la portière.

— Mon père... prenez garde !... — s'écria Fleur-de-Marie en jetant ses bras autour du cou de Rodolphe.

— C'est donc vous qui êtes le seigneur ? — dit le Squelette en avançant sa tête hideuse jusque dans la voiture.

À cette insolence, Rodolphe, sans la présence de sa fille, se fût livré à la violence de son caractère ; mais il se contint et répondit froidement : — Que voulez-vous ?... Pourquoi arrêtez-vous ma voiture ?...

— Parce que ça nous plaît, — dit le Squelette en mettant ses mains osseuses sur le rebord de la portière. — Chacun son tour... hier tu écrasais la canaille... aujourd'hui la canaille t'écrasera si tu bouges...

— Mon père, nous sommes perdus !... — murmura Fleur-de-Marie.

— Rassure-toi... je comprends... — dit le prince, - c'est le dernier jour du carnaval... ces gens sont ivres... je vais m'en débarrasser.

— Il faut le faire descendre... et sa *largue* aussi... — cria Nicolas. — Pourquoi qu'ils écrasent le pauvre monde ?

— Vous me paraissez avoir déjà beaucoup bu, et avoir envie de boire encore, — dit Rodolphe en tirant une bourse de sa poche. — Tenez... voilà pour vous... ne retenez pas ma voiture plus longtemps — Et il jeta sa bourse.

Tortillard l'attrapa au vol.

— Au fait, tu pars en voyage, tu dois avoir les goussets garnis ; aboule encore de l'argent, ou je te tue... Je n'ai rien à risquer... je te demande la bourse ou la vie en plein soleil... C'est farce ! — dit le Squelette complètement ivre de vin et de rage sanguinaire.

Et il ouvrit brusquement la portière.

La patience de Rodolphe était à bout ; inquiet pour Fleur-de-Marie, dont l'effroi augmentait à chaque minute, et pensant qu'un acte de vigueur imposerait à ce misérable, qu'il croyait seulement ivre, il sauta de sa voiture pour saisir le Squelette à la gorge... D'abord celui-ci se recula vivement en tirant de sa poche un long couteau-poignard, puis il se jeta sur Rodolphe.

Fleur-de-Marie, voyant le poignard du bandit levé sur son père, poussa un cri déchirant, se précipita hors de la voiture, et l'enlaça de ses bras...

C'en était fait d'elle et de son père sans le Chourineur, qui, au commencement de cette rixe, ayant reconnu la livrée du prince, était parvenu, après des efforts surhumains, à s'approcher du Squelette. Au moment où celui-ci menaçait le prince de son couteau, le Chourineur arrêta le bras du brigand d'une main, et de l'autre le saisit au collet et le renversa à demi en arrière... Quoique surpris à l'improviste et par derrière, le Squelette put se retourner, reconnut le Chourineur, et s'écria : — L'homme à la blouse grise de la Force !... cette fois-ci je te tue... — Et, se précipitant avec furie sur le Chourineur, il lui plongea son couteau dans la poitrine...

Le Chourineur chancela... mais ne tomba pas... la foule le soutenait...

— La garde ! voici la garde !... — crièrent quelques voix effrayées.

A ces mots, à la vue du meurtre du Chourineur, toute cette foule si compacte, craignant d'être compromise dans cet assassinat, se dispersa comme par enchantement, et se mit à fuir dans toutes les directions... Le Squelette, Nicolas Martial et Tortillard disparurent aussi...

Lorsque la garde arriva, guidée par le courrier, qui était parvenu à s'échapper lorsque la foule l'avait abandonné pour entourer la voiture du prince, il ne restait sur le théâtre de cette lugubre scène que Rodolphe, sa fille et le Chourineur inondé de sang. Les deux valets de pied du prince l'avaient assis par terre et adossé à un arbre.

Tout ceci s'était passé plus rapidement qu'il n'est possible de l'écrire, à quelques pas de la guinguette d'où étaient sortis le Squelette et sa bande.

Le prince, pâle et ému, entourait de ses bras Fleur-de-Marie défaillante, pendant que les postillons rajustaient les traits brisés dans la bagarre.

— Vite, — dit le prince à ses gens occupés à secourir le Chourineur, — transportez ce malheureux dans ce cabaret,... Et toi, — ajouta-t-il en s'adressant à son courrier, — monte sur le siège, et qu'on aille ventre à terre chercher à l'hôtel le docteur David : il ne doit partir qu'à onze heures... on le trouvera...

Quelques minutes après, la voiture partait au galop, et les deux domestiques transportaient le Chourineur dans la salle basse où avait eu lieu l'orgie et où se trouvaient encore quelques-unes des femmes qui y avaient figuré.

— Ma pauvre enfant, — dit Rodolphe à sa fille, — je vais te conduire dans une chambre de cette maison... et tu m'y attendras... car je ne puis abandonner aux seuls soins de mes gens cet homme courageux qui vient de me sauver encore la vie...

— Oh ! mon père, je vous en prie... ne me quittez pas... — s'écria Fleur-de-Marie avec épouvante, en saisissant le bras de Rodolphe ; — ne me laissez pas seule... je mourrais de frayeur... J'irai où vous irez.

— Mais ce spectacle est affreux !

— Mais, grâce à cet homme... vous vivez pour moi, mon père... permettez au moins que je me joigne à vous pour le remercier et pour le consoler.

La perplexité du prince était grande : sa fille témoignait une si juste frayeur de rester seule dans une chambre de cette ignoble taverne, qu'il se résigna à entrer avec elle dans la salle basse où se trouvait le Chourineur.

Le maître de la guinguette et plusieurs d'entre les femmes qui y étaient restées (parmi lesquelles se trouvait l'ogresse du tapis-franc) avaient à la hâte étendu le blessé sur un matelas, et puis étanché, tamponné sa plaie avec des serviettes. Le Chourineur venait d'ouvrir les yeux lorsque Rodolphe entra... A la vue du prince, ses traits, d'une pâleur de mort, se ranimèrent un peu... Il sourit péniblement et lui dit d'une voix faible : — Ah ! monsieur Rodolphe... comme ça s'est heureusement rencontré que je me sois trouvé là !

— Brave et dévoué... comme toujours ! lui dit le prince avec un accent désolé ; — tu me sauves encore...

— J'allais aller... à la barrière de Charenton... pour tâcher de vous voir partir... heureusement... je me suis trouvé arrêté ici par la foule... ça devait d'ailleurs m'arriver.. je l'ai dit à Martial... j'avais un pressentiment.

— Un pressentiment !...

— Oui... monsieur Rodolphe... le rêve du sergent... cette nuit je l'ai eu...

— Oubliez ces idées... espérez.... votre blessure ne sera pas mortelle.

— Oh si ! le Squelette a piqué juste... C'est égal, j'avais raison... de dire à Martial... qu'un ver de terre comme moi pouvait quelquefois être utile... à un grand seigneur comme vous...

— Mais c'est la vie.. la vie que je vous dois encore...

— Nous sommes quittes... monsieur Rodolphe... Vous m'avez dit que j'avais du cœur et de l'honneur... Ce mot-là... voyez-vous... Oh !... J'étouffe... Monsieur... sans vous commander.., faites-moi l'honneur de... votre main... je sens que je m'en vas...

— Non... c'est impossible... — s'écria le prince, en se courbant vers le Chourineur et serrant dans ses mains la main glacée du moribond ; — non.. vous vivrez... vous vivrez...

— Monsieur Rodolphe... voyez-vous qu'il y a quelque chose... là-haut... J'ai tué... d'un coup de couteau... je meurs d'un coup... de... couteau, — dit le Chourineur d'une voix de plus en plus faible et étouffée.

A ce moment ses regards s'arrêtèrent sur Fleur-de-Marie, qu'il n'avait pas encore aperçue. L'étonnement se peignit sur sa figure mourante ; il fit un mouvement, et dit : — Ah !... mon Dieu !... la Goualeuse...

— Oui... c'est ma fille... elle vous bénit de lui avoir conservé son père...

— Elle... votre fille... ici... ça me rappelle notre connaissance... monsieur Rodolphe... et les... coups de poing... de la fin... mais... ce... coup de couteau-là... sera aussi... le coup... de la fin... J'ai chouriné... on me chourine... c'est juste...

Puis il fit un profond soupir en renversant sa tête en arrière... Il était mort.

Le bruit des chevaux retentit au dehors ; la voiture de Rodolphe avait rencontré celle de Murph et de David, qui, dans leur empressement de rejoindre le prince, avaient précipité leur départ. David et le squire entrèrent.

— David, — dit Rodolphe en essuyant ses larmes et en montrant le Chourineur, — ne reste-t-il aucun espoir. mon Dieu ?

— Aucun, monseigneur, — dit le docteur après une minute d'examen.

Pendant cette minute, il s'était passé une scène muette et effrayante entre Fleur-de-Marie et l'ogresse... que Rodolphe, lui, n'avait pas remarquée. Lorsque le Chourineur avait prononcé à demi-voix le nom de la Goualeuse, l'ogresse, levant vivement la tête, avait vu Fleur-de-Marie... Déjà l'horrible femme avait reconnu Rodolphe ; on l'appelait monseigneur... il appelait la

Goualeuse sa fille... Une telle métamorphose stupéfiait l'ogresse, qui attachait opiniâtrément ses yeux stupidement effarés sur son ancienne victime...

Fleur-de-Marie, pâle, épouvantée, semblait fascinée par ce regard. La mort du Chourineur, l'apparition inattendue de l'ogresse qui venait réveiller, plus douloureux que jamais, le souvenir de sa dégradation première, lui paraissaient d'un sinistre présage... De ce moment, Fleur-de-Marie fut frappée d'un de ces pressentiments qui souvent ont sur des caractères tels que le sien une irrésistible influence. . . . .

Peu de temps après ces tristes événements, Rodolphe et sa fille avaient pour jamais quitté Paris.

ÉPILOGUE

CHAPITRE PREMIER

Gerolstein

Oldenzaal, 25 août 1841 [1],

Le prince Henri d'Herkaüsen-Oldenzaal au comte Maximilien Kaminetz.

J'arrive de Gerolstein, où j'ai passé trois mois auprès du grand duc et de sa famille ; je croyais trouver une lettre m'annonçant votre arrivée à Oldenzaal, mon cher Maximilien. Jugez de ma surprise, de mon chagrin, lorsque j'apprends que vous êtes encore retenu en Hongrie pour plusieurs semaines. Depuis quatre mois je n'ai pu vous écrire, ne sachant où vous adresser mes lettres, grâce à votre manière originale et aventureuse de voyager ; vous m'aviez pourtant formellement promis à Vienne, au moment de notre séparation, de vous trouver le 1er août à Oldenzaal. Il me faut donc renoncer au plaisir de vous voir, et pourtant jamais je n'aurais eu plus besoin d'épancher mon cœur dans le vôtre, mon bon Maximilien, mon plus vieil ami, car, quoique bien jeune encore, notre amitié est ancienne, elle date de notre enfance.

Que vous dirai-je ? Depuis trois mois une révolution complète s'est opérée en moi... Je touche à l'un de ces instants qui décident de l'existence d'un homme... Jugez si votre présence, si vos conseils me manquent ! Vous ne me manquerez pas longtemps, quels que soient les intérêts qui vous retiennent en Hongrie. Vous viendrez, Maximilien, vous viendrez, je vous en conjure, car j'aurai besoin sans doute de puissantes consolations... et je ne puis aller vous chercher... Mon père, dont la santé est de plus en plus chancelante, m'a rappelé de Gerolstein. Il s'affaiblit chaque jour davantage ; il m'est impossible de le quitter...

J'ai tant à vous dire que je serai prolixe, il me faut vous raconter l'époque la plus pleine, la plus romanesque de ma vie. Étrange et triste hasard ! pendant cette époque nous sommes fatalement restés éloignés l'un de l'autre, nous les *inséparables*, nous les *deux frères*, nous les deux plus fervents apôtres de la trois fois sainte amitié ! nous enfin si fiers de prouver que le Carlos et le Posa de notre Schiller ne sont pas des idéalités, et que, comme ces divines créations du grand poëte, nous savons goûter les suaves

[1] Nous rappelons au lecteur qu'environ quinze mois se sont passés depuis le jour où Rodolphe a quitté Paris par la barrière Saint-Jacques, après le meurtre du Chourineur.

délices d'un tendre et mutuel attachement ! O mon ami, que n'êtes-vous là ! que n'étiez-vous là ! Depuis trois mois mon cœur déborde d'émotions à la fois d'une douceur ou d'une tristesse inexprimable. Et j'étais seul, et je suis seul... Plaignez-moi, vous qui connaissez ma sensibilité quelquefois si bizarrement expansive, vous qui souvent avez vu mes yeux se mouiller de larmes au naïf récit d'une action généreuse, au simple aspect d'un beau soleil couchant ou d'une nuit d'été paisible et étoilée ! Vous souvenez-vous, l'an passé, lors de notre excursion aux ruines d'Oppenfeld... au bord du grand lac... nos rêveries silencieuses pendant cette magnifique soirée si remplie de calme, de poésie et de sérénité ?

Bizarre contraste !... c'était trois jours avant ce duel sanglant où je n'ai pas voulu vous prendre pour second, car j'aurais trop souffert pour vous si j'avais été blessé sous vos yeux ; ce duel où, pour une querelle de jeu, mon second, à moi, a malheureusement tué ce jeune Français, le vicomte de Saint-Remy... A propos, savez-vous ce qu'est devenue cette dangereuse sirène que M. de Saint-Remy avait amenée à Oppenfeld, et qui se nommait, je crois, Cecily David ?...

Mon ami, vous devez sourire de pitié en me voyant m'égarer ainsi parmi de vagues souvenirs du passé, au lieu d'arriver aux graves confidences que je vous annonce : c'est que malgré moi, je recule l'instant de ces confidences ; je connais votre sévérité, et j'ai peur d'être *grondé*, oui, grondé, parce qu'au lieu d'agir avec sagesse (une sagesse de vingt et un ans, hélas !), j'ai agi follement, ou plutôt je n'ai pas agi... je me suis laissé aveuglément emporter au courant qui m'entraînait... et c'est seulement depuis mon retour de Gerolstein que je me suis pour ainsi dire éveillé du songe enchanteur qui m'a bercé pendant trois mois... et ce réveil est funeste...

Allons, mon ami, mon bon Maximilien, *je prends mon grand courage*... Ecoutez-moi avec indulgence... Je commence en baissant les yeux. Je n'ose vous regarder, car en lisant ces lignes vos traits doivent être devenus si graves, si sévères... homme stoïque !

Ayant obtenu un congé de six mois, je quittai Vienne et je restai ici quelque temps auprès de mon père ; sa santé était bonne alors, il me conseilla d'aller visiter mon excellente tante, la princesse Juliane, supérieure de l'abbaye de Gerolstein. Je vous ai dit, je crois, mon ami, que mon aïeule était cousine germaine de l'aïeul du grand-duc actuel, et que ce dernier, Gustave-Rodolphe, grâce à cette parenté, a toujours bien voulu nous traiter, moi et mon père, très affectueusement de *cousins*. Vous savez aussi, je crois, que pendant un assez long voyage que le prince fit dernièrement en France, il chargea mon père de l'administration du grand-duché. Ce n'est nullement par orgueil, vous le pensez, mon ami, que je vous parle de ces circonstances, c'est pour vous expliquer les causes de l'extrême intimité dans laquelle j'ai vécu avec le grand-duc et sa famille pendant mon séjour à Gerolstein.

Vous souvenez-vous que l'an passé, lors de notre voyage des bords du Rhin, on nous apprit que le prince avait retrouvé en France et épousé *in extremis* madame la comtesse Mac-Gregor, afin de légitimer la naissance d'une fille qu'il avait eu d'elle lors d'une première union secrète, plus tard cassée pour vice de forme, et parce qu'elle avait été contractée malgré la volonté du grand-duc alors régnant? Cette jeune fille, ainsi solennellement reconnue, est cette charmante princesse Amélie [1] dont lord Dudley, qui l'avait vue à Gerolstein, il y a maintenant une année environ, nous parlait cet hiver, à Vienne, avec un enthousiasme que nous accusions d'exagération... Étrange hasard!... qui m'eût dit alors?..

Mais, quoique vous ayez sans doute maintenant à peu près deviné mon secret, laissez-moi suivre la marche des événements sans l'intervertir...

Le couvent de Sainte-Hermangilde, dont ma tante est abbesse, est à peine éloigné d'un demi-quart de lieue de Gerolstein, car les jardins de l'abbaye touchent aux faubourgs de la ville; une charmante maison, complétement isolée du cloître, avait été mise à ma disposition par ma tante, qui m'aime, vous le savez, avec une tendresse maternelle.

Le jour de mon arrivée, elle m'apprit qu'il y avait le lendemain réception solennelle et fête à la cour, le grand-duc devant ce jour-là officiellement annoncer son prochain mariage avec madame la marquise d'Harville, arrivée depuis peu à Gerolstein, accompagnée de son père M. le comte d'Orbigny [2].

Les uns blâmaient le prince de n'avoir pas recherché encore cette fois une alliance souveraine (la grande-duchesse dont le prince était veuf appartenait à la maison de Bavière); d'autres, au contraire, et ma tante était du nombre, le félicitaient d'avoir préféré à des vues d'ambitieuses convenances une jeune et aimable femme qu'il adorait, et qui appartenait d'ailleurs à la plus haute noblesse de France. Vous savez au reste, mon ami, que ma tante a toujours eu pour le grand-duc Rodolphe l'attachement le plus profond; mieux que personne elle pouvait apprécier les éminentes qualités du prince.

— Mon cher enfant, — me dit-elle à propos de cette réception solennelle où je devais me rendre le lendemain de mon arrivée, — mon cher enfant, ce que vous verrez de plus merveilleux dans cette fête sera sans contredit la *perle de Gerolstein*.

— De qui voulez-vous parler ma bonne tante?

— De la princesse Amélie...

— La fille du grand-duc! En effet, lord Dudley nous en avait parlé à Vienne avec un enthousiasme que nous avions taxé d'exagération poétique.

---

[1] Le nom de Marie rappelant à Rodolphe et à sa fille de trop tristes souvenirs, il lui avait alors donné le nom d'Amélie, l'un des deux noms de sa mère à lui. — [2] Nous rappelons au lecteur, pour la vraisemblance de ce récit, que la dernière princesse souveraine de Courlande, femme aussi remarquable par la rare supériorité de son esprit que par le charme de son caractère et l'adorable bonté de son cœur, était mademoiselle de Medem.

— A mon âge, avec mon caractère et dans ma position, — reprit ma tante, — on s'exalte assez peu ; aussi vous croirez à l'impartialité de mon jugement, mon cher enfant. Eh bien, je vous dis, moi, que de ma vie je n'ai rien connu de plus enchanteur que la princesse Amélie. Je vous parlerais de son angélique beauté, si elle n'était pas douée d'un charme inexprimable qui est encore supérieur à la beauté. Figurez-vous la candeur dans la dignité et la grâce dans la modestie. Dès le premier jour où le grand-duc m'a présentée à elle, j'ai senti pour cette jeune princesse une sympathie involontaire. Du reste, je ne suis pas la seule : l'archiduchesse Sophie est à Gerolstein depuis quelques jours ; c'est bien la plus fière et la plus hautaine princesse que je sache...

— Il est vrai, ma tante, son ironie est terrible, peu de personnes échappent à ses mordantes plaisanteries. A Vienne on la craignait comme le feu... La princesse Amélie aurait-elle trouvé grâce devant elle ?

— L'autre jour, elle vint ici après avoir visité la maison d'asile placée sous la surveillance de la jeune princesse. « Savez-vous une chose ? me dit cette redoutable archiduchesse avec sa brusque franchise : j'ai l'esprit singulièrement tourné à la satire, n'est-ce pas ? Eh bien ! si je vivais longtemps avec la fille du grand duc, je deviendrais, j'en suis sûre, inoffensive... tant sa bonté est pénétrante et *contagieuse.* »

— Mais c'est donc une enchanteresse que ma cousine ? — dis-je à ma tante en souriant.

— Son plus puissant attrait, à mes yeux du moins, — reprit ma tante, est ce mélange de douceur, de modestie et de dignité dont je vous ai parlé, et qui donne à son visage angélique l'expression la plus touchante.

— Certes, ma tante, la modestie est une rare qualité chez une princesse si jeune, si belle et si heureuse.

— Songez encore, mon cher enfant, qu'il est d'autant mieux à la princesse Amélie de jouir sans ostentation vaniteuse de la haute position qui lui est acquise, que son élévation est récente[1].

— Et dans son entretien avec vous, ma tante, la princesse a-t-elle fait quelque allusion à sa fortune passée ?

— Non ; mais lorsque, malgré mon grand âge, je lui parlai avec le respect qui lui est dû, puisque Son Altesse est la fille de notre souverain, son trouble ingénu, mêlé de reconnaissance et de vénération pour moi, m'a profondément émue, car sa réserve, remplie de noblesse et d'affabilité, me prouvait que le présent ne l'enivrait pas assez pour qu'elle oubliât le passé, et qu'elle rendait à mon âge ce que j'accordais à son rang.

— Il faut en effet, — dis-je à ma tante, — un tact exquis pour observer ces nuances si délicates.

— Aussi, mon cher enfant, plus j'ai vu la princesse Amélie, plus je me suis félicitée de ma première impression. Depuis

---

[1]. En arrivant en Allemagne, Rudolphe avait dit que Fleur-de-Marie, longtemps crue morte, n'avait jamais quitté sa mère, la comtesse Sarah.

qu'elle est ici, ce qu'elle a fait de bonnes œuvres est incroyable, et cela avec une réflexion, une maturité de jugement, qui me confondent chez une personne de son âge. Jugez-en : à sa demande, le grand-duc a fondé à Gerolstein un établissement pour les petites orphelines de cinq ou six ans et pour les jeunes filles, orphelines aussi ou abandonnées, qui ont atteint seize ans, âge si fatal pour les infortunées que rien ne défend contre la séduction du vice ou l'obsession du besoin. Ce sont des religieuses nobles de mon abbaye qui enseignent et dirigent les pensionnaires de cette maison. En allant la visiter, j'ai eu souvent occasion de juger de l'adoration que ces pauvres créatures déshéritées ont pour la princesse Amélie. Chaque jour elle va passer quelques heures dans cet établissement, placé sous sa protection spéciale ; et, je vous le répète, mon enfant, ce n'est pas seulement du respect, de la reconnaissance, que les pensionnaires et les religieuses ressentent pour Son Altesse, c'est presque du fanatisme.

— Mais c'est un ange que la princesse Amélie, — dis-je à ma tante.

— Un ange... oui, un ange, reprit-elle, — car vous ne pouvez vous imaginer avec quelle attendrissante bonté elle traite ses protégées, de quelle pieuse sollicitude elle les entoure. Jamais je n'ai vu ménager avec plus de délicatesse la susceptibilité du malheur : on dirait qu'une irrésistible sympathie attire surtout la princesse vers cette classe de pauvres abandonnées. Enfin, le croiriez-vous ? elle... fille d'un souverain, n'appelle jamais autrement ces jeunes filles que *mes sœurs*.

A ces derniers mots de ma tante, je vous l'avoue, Maximilien, une larme me vint aux yeux. Ne trouvez-vous pas en effet belle et sainte la conduite de cette jeune princesse ?

— Puisque la princesse, — lui dis-je, — est si merveilleusement douée, j'éprouverai un grand trouble lorsque demain je lui serai présenté ; vous connaissez mon insurmontable timidité, vous savez que l'élévation du caractère m'impose plus que le rang ; je suis donc certain de paraître à la princesse aussi stupide qu'embarrassé, j'en prends mon parti d'avance.

— Allons, allons, — me dit ma tante en souriant, — elle aura pitié de vous, mon cher enfant, d'autant plus que vous ne serez pas pour elle une nouvelle connaissance.

— Moi, ma tante ?

— Sans doute.

— Et comment cela ?

— Vous vous souvenez que lorsqu'à l'âge de seize ans vous avez quitté Oldenzaal pour faire un voyage en Russie et en Angleterre avec votre père, j'ai fait faire de vous un portrait dans le costume que vous portiez au premier bal costumé donné par feu la grande-duchesse.

— Oui, ma tante, un costume de page allemand du seizième siècle.

— Notre excellent peintre, Fritz Mocker, tout en reproduisant fidèlement vos traits, n'avait pas seulement retracé un personnage du seizième siècle; mais par un caprice d'artiste, il s'était plu à imiter jusqu'à la manière et jusqu'à la vétusté des tableaux peints à cette époque. Quelques jours après son arrivée en Allemagne, la princesse Amélie, étant venue me voir avec son père, remarqua votre portrait, et me demanda naïvement quelle était cette charmante figure des temps passés. Son père sourit, me fit un signe, et lui répondit : « Ce portrait est celui d'un de nos cousins, qui aurait maintenant, vous le voyez à son costume, ma chère Amélie, quelque trois cents ans, mais qui, bien jeune, avait déjà témoigné d'une rare intrépidité et d'un cœur excellent : ne porte-t-il pas, en effet, la bravoure dans le regard et la bonté dans le sourire ? »

(Je vous en supplie, Maximilien, ne haussez pas les épaules avec un impatient dédain en me voyant écrire de telles choses à propos de *moi-même*; la suite de ce récit vous prouvera que ces puérils détails, dont je sens le ridicule amer, sont malheureusement indispensables. Je ferme cette parenthèse et je continue.)

— La princesse Amélie, — reprit ma tante, — dupe de cette innocente plaisanterie, partagea l'avis de son père sur l'expression douce et fière de votre physionomie, après avoir plus attentivement considéré le portrait. Plus tard, lorsque j'allai la voir à Gerolstein, elle me demanda en souriant des nouvelles de *son cousin des temps passés*. Je lui avouai alors notre supercherie, lui disant que le beau page du seizième siècle était simplement mon neveu, le prince Henri d'Herkaüsen-Oldenzaal, actuellement âgé de vingt et un ans, capitaine aux gardes de Sa Majesté l'empereur d'Autriche, et en tout, sauf le costume, fort ressemblant d'ailleurs à son portrait. A ces mots, la princesse Amélie, — ajouta ma tante, — rougit et redevint sérieuse, comme elle l'est presque toujours. Depuis elle ne m'a naturellement jamais reparlé du tableau. Néanmoins, vous voyez, mon cher enfant, que vous ne serez pas complètement un étranger et un nouveau visage pour *votre cousine*, comme dit le grand-duc. Ainsi donc, rassurez-vous, et soutenez l'honneur de votre portrait, — ajouta ma tante en souriant.

Cette conversation avait eu lieu, je vous l'ai dit, mon cher Maximilien, la veille du jour où je devais être présenté à la princesse ma cousine; je quittai ma tante et je rentrai chez moi.

II

Vous m'avez dit bien des fois, mon cher Maximilien, que j'étais dépourvu de toute vanité; je le crois, j'ai besoin de le croire pour continuer ce récit sans m'exposer à passer à vos yeux pour un présomptueux. Lorsque je fus seul chez moi, me rappelant l'entretien de ma tante, je ne pus m'empêcher de songer, avec une secrète satisfaction, que la princesse Amélie, ayant remarqué ce portrait de moi fait depuis six ou sept ans, avait quelques jours après demandé, en plaisantant, des nouvelles de *son cousin des temps passés*. Rien n'était plus sot que de baser le moindre espoir sur une circonstance aussi insignifiante, j'en conviens ; mais je serais comme toujours, envers vous, de la plus entière franchise : eh bien ! cette insignifiante circonstance me ravit. Sans doute les louanges que j'avais entendu donner à la princesse Amélie par une femme aussi grave, aussi austère que ma tante, en élevant davantage la princesse à mes yeux, me rendaient plus sensible encore la distinction qu'elle avait daigné m'accorder... ou plutôt qu'elle avait accordée à mon portrait... Pourtant, que vous dirai-je ! cette distinction éveilla en moi des espérances si folles, que, jetant à cette heure un regard plus calme sur le passé, je me demande comment j'ai pu me laisser entraîner à ces pensées qui aboutissent inévitablement à un abîme. Quoique parent du grand-duc, et toujours parfaitement accueilli de lui, il m'était impossible de concevoir la moindre espérance de mariage avec la princesse, lors même qu'elle eût agréé mon amour, ce qui était plus qu'improbable. Notre famille tient honorablement son rang, mais elle est pauvre, si on compare notre fortune aux immenses domaines du grand-duc, le prince le plus riche de la Confédération germanique ; et puis enfin, j'avais vingt et un ans à peine, j'étais simple capitaine aux gardes, sans renom, sans position personnelle ! jamais, en un mot, le grand-duc ne pouvait songer à moi pour sa fille.

Toutes ces réflexions auraient dû me préserver d'une passion que je n'éprouvais pas encore, mais dont j'avais pour ainsi dire le singulier pressentiment. Hélas ! je m'abandonnais au contraire à de nouvelles puérilités. Je portais au doigt une bague qui m'avait été autrefois donnée par Thécla (la bonne comtesse que vous connaissez) ; quoique ce gage d'un amour étourdi, facile et léger, ne pût *me gêner* beaucoup, j'en fis héroïquement le sacrifice à mon amour naissant, et le pauvre anneau disparut dans les eaux rapides de la rivière qui coulent sous mes fenêtres.

Vous dire la nuit que je passai est inutile ; vous la devinez. Je savais la princesse Amélie blonde et d'une angélique beauté ; je tâchai de m'imaginer ses traits, sa taille, son maintien, le son de sa voix, l'expression de son regard ; puis, songeant à mon portrait qu'elle avait remarqué, je me rappelai à regret que l'artiste maudit m'avait dangereusement flatté ; de plus, je comparais avec désespoir le costume pittoresque du page du seizième siècle au sévère uniforme du capitaine aux gardes de Sa Majesté Impériale. Puis à ces niaises préoccupations succédaient çà et là, je vous l'assure, mon ami, quelques pensées généreuses, quelques nobles élans de l'âme ; je me sentais ému ! oh ! profondément ému, au ressouvenir de cette adorable bonté de la princesse Amélie, qui appelait les pauvres abandonnées qu'elle protégeait — *ses sœurs*, — m'avait dit ma tante.

Le lendemain, l'heure de la réception arriva. J'essayai deux ou trois habits d'uniforme, les trouvant plus mal faits les uns que les autres, et je partis pour le palais grand-ducal, très mécontent de moi.

Quoique Gerolstein soit à peine éloigné d'un demi-quart de lieue de l'abbaye de Sainte-Hermangilde, durant ce court trajet mille pensées m'assaillirent, toutes les puérilités dont j'avais été si occupé disparurent devant une idée grave, triste, presque menaçante... un invincible pressentiment m'annonçait une de ces crises qui dominent la vie tout entière, une sorte de révélation me disait que j'allais aimer... aimer passionnément, aimer comme on n'aime qu'une fois... et pour comble de fatalité, cet amour aussi hautement que dignement placé devait être pour moi toujours malheureux.

Vous ne connaissez pas le palais grand-ducal de Gerolstein, mon ami ? Selon tous ceux qui ont visité les capitales de l'Europe, il n'est pas, à l'exception de Versailles, une résidence royale dont l'ensemble et les abords soient d'un aspect plus majestueux. Si j'entre dans quelques détails à ce sujet, c'est qu'en me souvenant à cette heure de ces imposantes splendeurs, je me demande comment elles ne m'ont pas tout d'abord rappelé à mon néant ; car enfin la princesse Amélie était fille du souverain maître de ce palais, de ces gardes, de ces richesses merveilleuses. On arrive au palais par la *cour de marbre*, vaste hémicycle, ainsi appelée parce que, à l'exception d'un large chemin de ceinture où circulent les voitures, elle est dallée de marbres de toutes couleurs, formant de magnifiques mosaïques, au centre desquelles se dessine un immense bassin revêtu de brèche antique, alimenté par d'abondantes eaux qui tombent incessamment d'une large vasque de porphyre. Cette cour d'honneur est circulairement entourée d'une rangée de statues de marbre blanc du plus haut style, portant des torchères de bronze doré, d'où jaillissent des flots de gaz éblouissant. Alternant avec ces statues, des vases Médicis, exhaussés sur leurs socles richement sculptés, renfermaient d'énormes lauriers-roses, véritables buissons fleuris, dont le feuillage lustré vu aux lumières resplendissait d'une verdure métallique. Les voitures s'arrêtaient au pied d'une double rampe à balustres qui conduisait au péristyle du palais : au pied de cet escalier se tenaient en vedette, montés sur leurs chevaux noirs, deux cavaliers du régiment des gardes du grand-duc, qui choisit ces soldats parmi les sous-officiers les plus grands de son armée. Vous, mon ami, qui aimez tant les gens de guerre, vous eussiez été frappé de la tournure sévère et martiale de ces deux colosses, dont la cuirasse et le casque d'acier d'un profil antique, sans cimier ni crinière, étincelaient aux lumières ; ces cavaliers portaient l'habit bleu à collet jaune, le pantalon de daim blanc et les bottes fortes montant au dessus du genou. Enfin pour vous, mon ami, qui aimez ces détails militaires, j'ajouterai qu'au haut de l'escalier, de chaque côté de la porte, deux grenadiers du régiment d'infanterie de la garde grand'ducale étaient en faction. Leur tenue, sauf la couleur de l'habit et des revers, ressemblait, m'a-t-on dit, à celle des grenadiers de Napoléon.

Après avoir traversé le vestibule où se tenaient hallebarde en main les suisses de livrée du prince, je montai un imposant escalier de marbre blanc qui aboutissait à un portique orné de colonnes de jaspe et surmonté d'une coupole peinte et dorée. Là se trouvaient de longues files de valets de pied. J'entrai ensuite dans la salle des gardes, à la porte de laquelle se tiennent toujours un chambellan et un aide de camp de service, chargés de conduire auprès de Son Altesse Royale les personnes qui ont droit à lui être particulièrement présentées. Ma parenté, quoique éloignée, me valut cet honneur ; un aide de camp me précéda dans une longue galerie remplie d'hommes en habits de cour ou d'uniforme, et de femmes en grande parure.

Pendant que je traversais lentement cette foule brillante, j'entendis quelques paroles qui augmentèrent encore mon émotion : de tous côtés on admirait l'angélique beauté de la princesse Amélie, les traits charmants de la marquise d'Harville, et l'air véritablement impérial de l'archiduchesse Sophie, qui, récemment arrivée de Munich avec l'archiduc Stanislas, allait bientôt repartir pour Varsovie ; mais tout en rendant hommage à l'altière dignité de l'archiduchesse, à la gracieuse distinction de la marquise d'Harville, on reconnaissait que rien n'était plus idéal que la figure enchanteresse de la princesse Amélie.

A mesure que j'approchais de l'endroit où se tenaient le grand-duc et sa fille, je sentais mon cœur battre avec violence. Au moment où j'arrivai à la porte de ce salon (j'ai oublié de vous dire qu'il y avait bal et concert à la cour), l'illustre Liszt venait de se mettre au piano ; aussi le silence le plus recueilli succéda-t-il au léger murmure des conversations. En attendant la fin du morceau, que le grand artiste jouait avec sa supériorité accoutumée, je restai dans l'embrasure d'une porte.

Alors, mon cher Maximilien, pour la première fois je vis la princesse Amélie... Laissez-moi vous dépeindre cette scène, car j'éprouve un charme indicible à rassembler ces souvenirs.

Figurez-vous, mon ami, un vaste salon meublé avec une somptuosité royale, éblouissant de lumières et tendu d'étoffe de soie cramoisie, sur laquelle courait un feuillage d'or brodé en relief. Au premier rang, sur de grands fauteuils dorés, se tenaient l'archiduchesse Sophie, à sa gauche madame la marquise d'Harville, et à sa droite la princesse Amélie ; debout derrière elles était le grand duc portant l'uniforme de colonel de ses gardes ; il semblait rajeuni par le bonheur et ne pas avoir plus de trente ans; l'habit militaire faisait encore valoir l'élégance de sa taille et la beauté de ses traits ; auprès de lui était l'archiduc Stanislas en costume de feld-maréchal ; puis venaient ensuite les dames d'honneur de la princesse Amélie, les femmes des grands dignitaires de la cour, et enfin ceux-ci. Ai-je besoin de vous dire que la princesse Amélie, moins encore par son rang que par sa grâce et sa beauté, dominait cette foule étincelante ? Ne me condamnez pas, mon ami, sans lire ce portrait... Quoiqu'il soit mille fois encore au-dessous de la réalité, vous comprendrez mon adoration ; vous comprendrex dès que je la vis... je l'aimai, et que la rapidité de cette passion ne put être égalée que par sa violence et son éternité. La princesse Amélie, vêtue d'une simple robe de moire blanche, portait, comme l'archiduchesse Sophie, le grand cordon de l'ordre impérial de Saint-Népomucène qui lui avait été récemment envoyé par l'impératrice. Un bandeau de perles, entourant son front noble et candide, s'harmoniait à ravir avec les deux grosses nattes de cheveux d'un blond cendré magnifique qui encadraient ses joues légèrement rosées ; ses bras charmants, plus blancs encore que les flots de dentelles d'où ils sortaient, étaient à demi cachés par des gants qui s'arrêtaient au-dessous de son coude à fossette ; rien de plus accompli que sa taille, rien de plus joli que son pied chaussé de satin blanc. Au moment où je la vis, ses grands yeux du plus pur azur étaient rêveurs ; je ne sais même si à cet instant elle subissait l'influence de quelque pensée sérieuse, ou si elle était vivement impressionnée par la sombre harmonie du morceau que jouait Liszt, mais son demi-sourire me parut d'une douceur et d'une mélancolie indicibles...

Jamais je ne pourrai vous exprimer ce que je ressentis alors : tout ce que m'avait dit ma tante de l'ineffable bonté de la princesse Amélie me revint à la pensée... Souriez, mon ami... mais malgré moi je sentis mes yeux devenir humides en voyant rêveuse, presque triste, cette jeune fille si admirablement belle, entourée d'honneurs, de respects et idolâtrée par un père tel que le grand-duc...

Vous savez combien l'étiquette et la hiérarchie des rangs sont scrupuleusement observées chez nous. Grâce à mon titre et aux liens de parenté qui m'attachent au grand-duc, les personnes au milieu desquelles je m'étais d'abord placé s'étaient peu à peu reculées, de sorte que je restai presque seul et très en évidence au premier rang, dans l'embrasure de la porte de la galerie. Il fallut cette circonstance pour que la princesse Amélie, sortant de sa rêverie, m'aperçût et me remarquât sans doute, car elle fit un léger mouvement de surprise et rougit. Elle avait vu mon portrait à l'abbaye, chez ma tante, elle me reconnaissait, rien de plus simple. La princesse m'avait à peine regardé pendant une seconde, mais ce regard me fit éprouver une commotion violente, profonde ; je sentis mes joues en feu, je baissai les yeux et je restai quelques minutes sans oser les lever de nouveau sur la princesse... Lorsque je m'y hasardai, elle causait tout bas avec l'archiduchesse Sophie, qui semblait l'écouter avec le plus affectueux intérêt.

Liszt ayant mis un intervalle de quelques minutes entre les deux morceaux qu'il devait jouer, le grand-duc profita de ce moment pour lui exprimer son admiration. Le prince, revenant à sa place, m'aperçut, me fit un signe de tête rempli de bienveillance, et dit quelques mots à l'archiduchesse en me désignant du regard. Celle-ci, après m'avoir un instant considéré, se retourna vers le grand-duc, qui ne put s'empêcher de sourire en lui répondant et en adressant la parole à sa fille. La princesse Amélie me parut embarrassée, car elle rougit de nouveau.

J'étais au supplice ; malheureusement l'étiquette ne me permettait pas de quitter la place où je me trouvais avant la fin du concert, qui recommença bientôt. Deux ou trois fois je regardai la princesse Amélie à la dérobée ; elle me sembla pensive et attristée : mon cœur se serra ; je souffrais de la légère contrariété que je venais de lui causer involontairement et que je croyais deviner. Sans doute le grand-duc lui avait demandé en plaisantant si elle me trouvait quelque ressemblance avec le portrait de son *cousin des temps passés* ; et dans son ingénuité elle se reprochait peut être de n'avoir pas dit à son père qu'elle m'avait déjà reconnu.

Le concert terminé, je suivis l'aide de camp de service ; il me conduisit auprès du grand-duc, qui voulut bien faire quelques pas au-devant de moi, me prit cordialement par le bras, et dit à l'archiduchesse Sophie en s'approchant d'elle : — Je demande à Votre Altesse Impériale la permission de lui présenter mon cousin le prince Henri d'Herkaüsen Oldenzaal.

— J'ai déjà vu le prince à Vienne, et je le retrouve ici avec plaisir, — répondit l'archiduchesse, devant laquelle je m'inclinai profondément.

— Ma chère Amélie, — reprit le prince en s'adressant à sa fille, — je vous présente le prince Henri, votre cousin ; il est fils du prince Paul, l'un de mes plus vénérables amis, que je regrette bien de ne pas voir aujourd'hui à Gerolstein.

— Voudriez-vous, monsieur, faire savoir au prince Paul que je partage vivement les regrets de mon père ? car je serai toujours bien heureuse de connaître ses amis, — me répondit ma cousine avec une sincérité pleine de grâce...

Je n'avais jamais entendu le son de la voix de la princesse ; imaginez-vous, mon ami, le timbre le plus doux, le plus frais, le plus harmonieux, enfin un de ces accents qui font vibrer les cordes les plus délicates de l'âme.

— J'espère, mon cher Henri, que vous resterez quelque temps chez votre tante, que j'aime, que je respecte comme ma mère, — me dit le grand-duc avec bonté. — Venez souvent nous voir en famille, à la fin de la matinée, sur les trois heures ; si nous sortons, vous partagerez notre promenade : vous savez que je vous ai toujours aimé, parce que vous êtes un des plus nobles cœurs que je connaisse.

— Je ne sais comment exprimer à Votre Altesse Royale ma reconnaissance pour le bienveillant accueil qu'elle daigne me faire.

— Eh bien ! pour me prouver votre reconnaissance, — dit le prince en souriant, — invitez votre cousine pour la deuxième contredanse, car la première appartient de droit à l'archiduc.

— Votre Altesse voudra-t-elle m'accorder cette grâce ?... dis-je à la princesse Amélie en m'inclinant devant elle.

— Appelez-vous simplement *cousin* et *cousine*, selon la bonne vieille coutume allemande, — dit gaiement le grand duc ; — le cérémonial ne convient pas entre parents.

— Ma cousine me fera-t-elle l'honneur de danser cette contredanse avec moi ?

— Oui, mon cousin, me répondit la princesse Amélie.

Je ne saurais vous dire, mon ami, combien je fus à la fois heureux et peiné de la paternelle cordialité du grand-duc; la confiance qu'il me témoignait, l'affectueuse bonté avec laquelle il avait engagé sa fille et moi à substituer aux formules de l'étiquette ces appellations de famille d'une intimité si douce, tout me pénétrait de reconnaissance; je me reprochais plus amèrement le charme fatal d'un amour qui ne devait ni ne pouvait être agréé par le prince.

Je m'étais promis (je n'ai pas failli à cette résolution) de ne jamais dire un mot qui pût faire soupçonner à ma cousine l'amour que je ressentais; mais je craignais que mon émotion, que mes regards ne me trahissent... Malgré moi pourtant, ce sentiment, si muet, si caché qu'il dût être, me semblait coupable... J'eus le temps de faire ces réflexions pendant que la princesse Amélie dansait la première contredanse avec l'archiduc Stanislas. Ici, comme partout, la danse n'est plus qu'une sorte de marche qui suit la mesure de l'orchestre; rien ne pouvait faire valoir davantage la grâce sérieuse du maintien de ma cousine. J'attendais avec un bonheur mêlé d'anxiété le moment d'entretien que la liberté du bal allait me permettre d'avoir avec elle. Je fus assez maître de moi pour cacher mon trouble lorsque j'allai la chercher auprès de la marquise d'Harville. En songeant aux circonstances du portrait, je m'attendais à voir la princesse Amélie partager mon embarras; je ne me trompais pas, je me souviens presque mot pour mot de notre première conversation; laissez-moi vous la rapporter, mon ami;

— Votre Altesse me permettra-t-elle, — lui dis-je, — de l'appeler *ma cousine*, ainsi que le grand-duc m'y autorise?

— Sans doute, mon cousin, — me répondit-elle avec grâce; — je suis toujours heureuse d'obéir à mon père.

— Et je suis d'autant plus fier de cette familiarité, ma cousine, que j'ai appris par ma tante à vous connaître, c'est-à-dire à vous apprécier.

— Souvent aussi mon père m'a parlé de vous, mon cousin, et ce qui vous étonnera peut-être ajouta-t-elle timidement, — c'est que je vous connaissais déjà, si cela se peut dire, de vue... Madame la supérieure de Sainte-Hermangilde, pour qui j'ai la plus respectueuse affection, nous avait un jour montré à mon père et à moi... un portrait...

— Où j'étais représenté en page du seizième siècle.

— Oui, mon cousin; et mon père fit même la petite supercherie de me dire que ce portrait était celui d'un de mes parents du temps passé, en ajoutant d'ailleurs des paroles si bienveillantes pour ce cousin d'autrefois, que notre famille doit se féliciter de le compter parmi nos parents d'aujourd'hui...

— Hélas! ma cousine, je crains de ne pas plus ressembler au portrait moral que le grand-duc a daigné faire de moi qu'au page du seizième siècle.

— Vous vous trompez, mon cousin, — me dit naïvement la

princesse ; — car à la fin du concert, en jetant par hasard les yeux du côté de la galerie, je vous ai reconnu tout de suite, malgré la différence du costume.

Puis, voulant sans doute changer un sujet de conversation qui l'embarrassait, elle me dit : — Quel admirable talent que celui de M. Liszt, n'est-ce pas ?

— Admirable. Avec quel plaisir vous l'écoutiez!

— C'est qu'en effet il y a, ce me semble, un double charme dans la musique sans paroles : non seulement on jouit d'une excellente exécution, mais on peut appliquer sa pensée du moment aux mélodies que l'on écoute, et qui en deviennent pour ainsi dire l'accompagnement. . Je ne sais si vous me comprenez ?

— Parfaitement. Les pensées sont alors des paroles que l'on met mentalement sur l'air que l'on entend.

— C'est cela, c'est cela, vous me comprenez, — dit-elle avec un mouvement de gracieuse satisfaction ; — je craignais de mal expliquer ce que je ressentais tout à l'heure pendant cette mélodie si plaintive et si touchante.

— Grâce à Dieu, ma cousine, — lui dis-je en souriant, — vous n'avez aucune parole à mettre sur un air si triste.

Soit que ma question fût indiscrète et qu'elle voulût éviter d'y répondre, soit qu'elle ne l'eût pas entendue, tout à coup la princesse Amélie me dit en me montrant le grand duc, qui, donnant le bras à l'archiduchesse Sophie, traversait alors la galerie où l'on dansait : — Mon cousin, voyez donc mon père, comme il est beau !... quel air noble et bon ! comme tous les regards le suivent avec sollicitude ! Il me semble qu'on l'aime encore plus qu'on ne le révère...

— Ah ! — m'écriai-je, — ce n'est pas seulement ici, au milieu de sa cour, qu'il est chéri ! Si les bénédictions du peuple retentissaient dans la postérité, le nom de Rodolphe de Gerolstein serait justement immortel !

En parlant ainsi, mon exaltation était sincère ; car vous savez, mon ami, qu'on appelle à bon droit les États du prince le *Paradis de l'Allemagne*. Il m'est impossible de vous peindre le regard reconnaissant que ma cousine jeta sur moi en m'entendant parler de la sorte. — Apprécier ainsi mon père, — me dit-elle avec émotion, — c'est être bien digne de l'attachement qu'il vous porte..

— C'est que personne plus que moi ne l'aime et ne l'admire ! En outre des rares qualités qui font les grands princes, n'a-t-il pas le génie de la bonté, qui fait les princes adorés ?...

— Vous ne savez pas combien vous dites vrai... — s'écria la princesse encore plus émue.

— Oh ! je le sais, je le sais ; et tous ceux qu'il gouverne le savent comme moi. On l'aime tant, que l'on s'affligerait de ses chagrins comme on se réjouit de son bonheur ; l'empressement de tous à venir offrir leurs hommages à madame la marquise d'Harville consacre à la fois et le choix de Son Altesse Royale et la valeur de la future grande-duchesse.

— Madame la marquise d'Harville est plus digne que qui que ce soit de l'attachement de mon père, c'est le plus bel éloge que je puisse vous faire d'elle.

— Et vous pouvez sans doute l'apprécier justement ; car vous l'avez probablement connue en France, ma cousine ?

A peine avais-je prononcé ces derniers mots, que je ne sais quelle soudaine pensée vint à l'esprit de la princesse Amélie ; elle baissa les yeux, et pendant une seconde ses traits prirent une expression de tristesse qui me rendit muet de surprise. Nous étions alors à la fin de la contredanse, la dernière *figure* me sépara un instant de ma cousine. Lorsque je la reconduisis auprès de madame d'Harville, il me sembla que ses traits étaient légèrement altérés... Je crus et je crois encore que mon allusion au séjour de la princesse en France, lui ayant rappelé la mort de sa mère, lui causa l'impression pénible dont je viens vous parler. Pendant cette soirée, je remarquai une circonstance qui vous paraîtra peut-être puérile, mais qui m'a été une nouvelle preuve de l'intérêt que cette jeune fille inspire à tous. Son bandeau de perles s'étant un peu dérangé, l'archiduchesse Sophie, à qui elle donnait alors le bras, eut la bonté de vouloir lui replacer elle-même ce bijou sur le front. Or, pour qui connaît la hauteur proverbiale de l'archiduchesse, une telle prévenance de sa part semble à peine croyable. Du reste, la princesse Amélie, que j'observais attentivement à ce moment, parut à la fois si confuse, si reconnaissante, je dirais presque si embarrassée, de cette gracieuse attention, que je crus voir briller une larme dans ses yeux.

Telle fut, mon ami, ma première soirée à Gerolstein. Si je vous l'ai racontée avec tant de détails, c'est parce que toutes ces circonstances ont eu plus tard pour moi leurs conséquences. Maintenant j'abrégerai ; je ne vous parlerai que de quelques faits relatifs à mes fréquentes entrevues avec ma cousine et son père.

Le surlendemain de cette fête, je fus du très petit nombre de personnes invitées à la célébration du mariage du grand-duc avec madame la marquise d'Harville. Jamais je ne vis la physionomie de la princesse Amélie plus radieuse et plus sereine. Elle contemplait son père et la marquise avec une sorte de religieux ravissement qui donnait un nouveau charme à ses traits ; on eût dit qu'ils reflétaient le bonheur ineffable du prince et de madame d'Harville.

Quelques jours après le mariage du grand-duc, j'eus avec lui une assez longue conversation ; il m'interrogea sur le passé, sur mes projets d'avenir ; il me donna les conseils les plus sages, les encouragements les plus flatteurs ; enfin que vous dirai-je ! un moment l'idée la plus folle me traversa l'esprit : je crus que le prince avait deviné mon amour, et que dans cet entretien il voulait m'étudier, me pressentir, et peut-être m'amener à un aveu...

Malheureusement cet espoir insensé ne dura pas longtemps ; le prince termina la conversation en me disant que le temps des grandes guerres était fini, que je devais profiter de mon nom, de mes alliances, de l'éducation que j'avais reçue et de l'étroite amitié qui unissait mon père au prince de M..., premier ministre de l'empereur, pour parcourir la carrière diplomatique au lieu de la carrière militaire, ajoutant que toutes les questions qui se décidaient autrefois sur les champs de bataille se décideraient désormais dans les congrès ; que bientôt les traditions tortueuses et perfides de l'ancienne diplomatie feraient place à une politique large et *humaine*, en rapport avec les véritables intérêts des peuples, qui de jour en jour avaient davantage la conscience de leurs droits ; qu'un esprit élevé, loyal et généreux pourrait avoir avant quelques années un noble et grand rôle à jouer dans les affaires politiques, et faire ainsi beaucoup de bien. Il me proposait enfin le concours de sa souveraine protection pour me faciliter les abords de la carrière qu'il m'engageait instamment à parcourir. Vous comprenez, mon ami, que si le prince avait eu le moindre projet sur moi, il ne m'eût pas fait de telles ouvertures. Je le remerciai de ses offres avec une vive reconnaissance, en ajoutant que je sentais tout le prix de ses conseils et que j'étais décidé à les suivre.

J'avais d'abord mis la plus grande réserve dans mes visites au palais ; mais, grâce à l'insistance du grand-duc, j'y vins bientôt presque chaque jour vers les trois heures. On y vivait dans toute la charmante simplicité de nos cours germaniques. C'était la vie des grands châteaux d'Angleterre, rendue plus attrayante par la simplicité cordiale, la douce liberté des mœurs allemandes. Lorsque le temps le permettait, nous faisions de longues promenades à cheval avec le grand-duc, la grande-duchesse, ma cousine et les personnes de leur maison. Lorsque nous restions au palais, nous nous occupions de musique, je chantais avec la grande-duchesse et ma cousine, dont la voix avait un timbre d'une pureté, d'une suavité sans égales, et que je n'ai jamais pu entendre sans me sentir remué jusqu'au fond de l'âme. D'autres fois nous visitions en détail les merveilleuses collections de tableaux et d'objets d'art, ou les admirables bibliothèques du prince, qui, vous le savez, est un des hommes les plus savants et les plus éclairés de l'Europe ; assez souvent je revenais dîner au palais, et les jours d'opéra j'accompagnais au théâtre la famille grand-ducale

Chaque jour passait comme un songe ; peu à peu ma cousine me traita avec une familiarité toute fraternelle ; elle ne me cachait pas le plaisir qu'elle éprouvait à me voir, elle me confiait tout ce qui l'intéressait ; deux ou trois fois elle me pria de l'accompagner lorsqu'elle allait avec la grande-duchesse visiter ses jeunes orphelines ; souvent aussi elle me parlait de mon avenir avec une maturité de raison, avec un intérêt sérieux et réfléchi qui me confondaient de la part d'une jeune fille de son âge ; elle aimait aussi beaucoup à s'informer de mon enfance, de ma mère, hélas ! toujours si regrettée. Chaque fois que j'écrivais à mon père, elle me priait de le rappeler à son souvenir ; puis, comme elle brodait à ravir, elle me remit un jour pour lui une charmante tapisserie à laquelle elle avait longtemps travaillé. Que vous dirai-je, mon ami! un frère et une sœur, se retrouvant après de longues années de séparation, n'eussent pas joui d'une intimité plus douce. Du reste, lorsque, par le plus grand des hasards, nous restions seuls, l'arrivée d'un tiers ne pouvait jamais changer le sujet ou même l'accent de notre conversation. Vous vous étonnerez peut-être, mon ami, de cette fraternité entre deux jeunes gens, surtout en songeant aux aveux que je vous fais ; mais plus ma cousine me témoignait de confiance et de familiarité, plus je m'observais, plus je me contraignais, de peur de voir cesser cette adorable familiarité. Et puis ce qui augmentait encore ma réserve, c'est que la princesse mettait dans ses relations avec moi tant de franchise, tant de noble confiance, que je suis presque certain qu'elle a toujours ignoré ma violente passion. Il me reste un léger doute à ce sujet, à propos d'une circonstance que je vous raconterai tout à l'heure.

Si cette intimité fraternelle avait dû toujours durer, peut-être ce bonheur m'eût suffi ; mais par cela même que j'en jouissais avec délices, je songeais que bientôt mon service ou la nouvelle carrière que le prince m'engageait à parcourir m'appellerait à Vienne ou à l'étranger ; je songeais enfin que prochainement peut-être le grand-duc penserait à marier sa fille d'une manière digne d'elle... Ces pensées me devinrent d'autant plus pénibles que le moment de mon départ approchait. Ma cousine remarqua bientôt le changement qui s'était opéré en moi. La veille du jour où je la quittai, elle me dit que depuis quelque temps elle me trouvait sombre, préoccupé. Je tâchai d'éluder ces questions ; j'attribuai ma tristesse à un vague ennui.

— Je ne puis vous croire, — me dit-elle ; — mon père vous traite presque comme un fils, tout le monde vous aime ; vous trouver malheureux serait de l'ingratitude.

— Eh bien ! — lui dis-je sans pouvoir vaincre mon émotion, — ce n'est pas de l'ennui, c'est du chagrin, oui, c'est un profond chagrin que j'éprouve.

— Et pourquoi ? que vous est-il arrivé ? — me demanda-t-elle avec intérêt.

— Tout à l'heure, ma cousine, vous m'avez dit que votre père me traitait comme un fils... qu'ici tout le monde m'aimait... Eh bien ! avant peu il me faudra renoncer à ces affections si précieuses, il faudra enfin... quitter Gerolstein, et, je vous l'avoue, cette pensée me désespère.

— Et le souvenir de ceux qui nous sont chers... n'est-ce donc rien, mon cousin ?

— Sans doute... mais les années, mais les événements amènent tant de changements imprévus !

— Il est du moins des affections qui ne sont pas changeantes : celle que mon père vous a toujours témoignée... celle que je ressens pour vous sont de ce nombre, vous le savez bien ; on est frère et sœur... pour ne jamais s'oublier, — ajouta-t-elle en levant sur moi ses grands yeux bleus humides de larmes.

Ce regard me bouleversa, je fus sur le point de me trahir ; heureusement je me contins.

— Il est vrai que les affections durent, — lui dis-je avec embarras; — mais les positions changent... Ainsi, ma cousine, quand je reviendrai dans quelques années, croyez vous qu'alors cette intimité, dont j'apprécie tout le charme, puisse encore durer?

— Pourquoi ne durerait-elle pas?

— C'est qu'alors vous serez sans doute mariée, ma cousine... vous aurez d'autres devoirs... et vous aurez oublié votre pauvre frère.

Je vous le jure, mon ami, je ne lui dis rien de plus; j'ignore encore si elle vit dans ces mots un aveu qui l'offensa, ou si elle fut comme moi douloureusement frappée des changements inévitables que l'avenir devait nécessairement apporter à nos relations. Mais au lieu de me répondre, elle resta un moment silencieuse, accablée; puis se levant brusquement, la figure pâle, altérée, elle sortit après avoir regardé pendant quelques secondes la tapisserie de la jeune comtesse d'Oppenhein, une de ses dames d'honneur, qui travaillait dans l'embrasure d'une des fenêtres du salon où avait lieu notre entretien.

Le soir même de ce jour, je reçus de mon père une nouvelle lettre qui me rappelait précipitamment ici. Le lendemain matin j'allai prendre congé du grand-duc; il me dit que ma cousine était un peu souffrante, qu'il se chargerait de mes adieux pour elle; il me serra paternellement dans ses bras, regrettant, ajoutait-il, mon prompt départ, et surtout que ce départ fut causé par les inquiétudes que me donnait la santé de mon père; puis, me rappelant avec la plus grande bonté ses conseils au sujet de la nouvelle carrière qu'il m'engageait très instamment à embrasser, il ajouta qu'au retour de mes missions, ou pendant mes congés, il me reverrait toujours à Gerolstein avec un vif plaisir. Heureusement, à mon arrivée ici, je trouvai l'état de mon père un peu amélioré; il est encore alité, et toujours d'une grande faiblesse, mais il ne me donne plus d'inquiétude sérieuse. Malheureusement il s'est aperçu de mon abattement, de ma sombre taciturnité; plusieurs fois, mais en vain, il m'a déjà supplié de lui confier la cause de mon morne chagrin. Je n'oserais, malgré son aveugle tendresse pour moi; vous savez sa sévérité au sujet de tout ce qui lui paraît manquer de franchise et de loyauté. Hier je le veillais; seul auprès de lui, le croyant endormi, je n'avais pu retenir mes larmes, qui coulaient silencieusement, en songeant à mes beaux jours de Gerolstein. Il me vit pleurer, car il sommeillait à peine, et j'étais complètement absorbé par ma douleur; il m'interrogea avec la plus touchante bonté; j'attribuai ma tristesse aux inquiétudes que m'avait données sa santé, mais il ne fut pas dupe de cette défaite.

Maintenant que vous savez tout, mon bon Maximilien, dites, mon sort est-il assez désespéré!... Que faire?... Que résoudre..

Ah! mon ami, je ne puis vous dire mon angoisse. Que va-t-il arriver, mon Dieu?... Tout est à jamais perdu! Je suis le plus malheureux des hommes, si mon père ne renonce pas à son projet. Voici ce qui vient d'arriver:

Tout à l'heure je terminais cette lettre, lorsqu'à mon grand étonnement, mon père que je croyais couché, est entré dans mon cabinet où je vous écrivais ; il vit sur mon bureau mes grandes pages déjà remplies, j'étais à la fin de celle-ci.

— A qui écris-tu si longuement ? — me demanda-t-il en souriant.

— A Maximilien, mon père.

— Oh ! — me dit-il avec une expression d'affectueux reproche, — je sais qu'il a toute ta confiance... *Il est bien heureux, lui !*...

Il prononça ces derniers mots d'un ton si douloureusement navré, que, touché de son accent, je lui répondis en lui donnant ma lettre presque sans réflexion : — Lisez, mon père...

Mon ami, il a tout lu. Savez-vous ce qu'il m'a dit ensuite après être resté quelque temps méditatif ? — Henri, je vais écrire au grand-duc ce qui s'est passé pendant votre séjour à Gerolstein.

— Mon père, je vous en conjure, ne faites pas cela.

— Ce que vous racontez à Maximilien est-il scrupuleusement vrai ?

— Oui, mon père.

— En ce cas, jusqu'ici votre conduite a été loyale... Le prince l'appréciera. Mais il ne faut pas qu'à l'avenir vous vous montriez indigne de sa noble confiance, ce qui arriverait si, abusant de son offre, vous retourniez plus tard à Gerolstein, dans l'intention peut-être de vous faire aimer de sa fille.

— Mon père, pouvez-vous penser...

— Je pense que vous aimez avec passion, et que la passion est tôt ou tard mauvaise conseillère.

— Comment ! mon père, vous écrirez au prince que...

— Que vous aimez éperdument votre cousine.

— Au nom du ciel, mon père, je vous en supplie, n'en faites rien !

— Aimez-vous votre cousine ?

— Je l'aime avec idolâtrie, mais...

— Mon père m'interrompit. — En ce cas, je vais écrire au grand-duc et lui demander pour vous la main de sa fille...

— Mais, mon père, une telle prétention est insensée de ma part !

— Il est vrai... Néanmoins, je dois faire franchement cette demande au prince, en lui exposant les raisons qui m'imposent cette démarche. Il vous a accueilli avec la plus loyale hospitalité, il s'est montré pour vous d'une bonté paternelle, il serait indigne de moi et de vous de le tromper. Je connais l'élévation de son âme, il sera sensible à mon procédé d'honnête homme ; s'il refuse de vous donner sa fille, comme cela est presque indubitable, il saura du moins qu'à l'avenir, si vous retournez à Gerolstein, vous ne devez pas vivre avec elle dans la même intimité. Vous m'avez, mon enfant, — ajouta mon père avec bonté, — librement montré la lettre que vous écriviez à Maximilien. Je suis maintenant instruit de tout, il est de mon *devoir* d'écrire au grand-duc... et je vais lui écrire à l'instant.

Vous le savez, mon ami, mon père est le meilleur des hommes, mais il est d'une inflexible ténacité de volonté, lorsqu'il s'agit de ce qu'il regarde comme *son devoir*; jugez de mes angoisses, de mes craintes ! Quoique la démarche qu'il va tenter soit, après tout, franche et honorable, elle ne m'en inquiète pas moins. Comment le grand-duc accueillera-t-il cette folle demande ? N'en sera-t-il pas choqué ? Et la princesse Amélie ne sera-t-elle pas blessée aussi que j'aie laissé mon père prendre une résolution pareille sans son agrément ?

Ah ! mon ami, plaignez-moi, je ne sais que penser. Il me semble que je contemple un abîme et que le vertige me saisit...

Je termine à la hâte cette longue lettre ; bientôt je vous écrirai. Encore une fois, plaignez-moi, car en vérité je crains de devenir fou si la fièvre qui m'agite dure longtemps encore. Adieu, adieu, tout à vous de cœur et à toujours.

HENRY D'H. O.

. . . .

Maintenant nous conduirons le lecteur au palais de Gerolstein, habité par Fleur-de-Marie depuis son retour de France.

CHAPITRE II

La princesse Amélie.

L'appartement occupé par Fleur-de-Marie (nous ne l'appellerons la princesse Amélie qu'*officiellement*) avait été meublé, par les soins de Rodolphe, avec un goût et une élégance extrêmes. Du balcon de l'oratoire de la jeune fille, on découvrait au loin les deux tours du couvent de Ste-Hermangilde, qui dominant d'immenses massifs de verdure, étaient elles-mêmes dominées par une haute montagne boisée, au pied de laquelle s'élevait l'abbaye.

Par une belle matinée d'été, Fleur-de-Marie laissait errer ses regards sur ce splendide paysage, qui s'étendait au loin. Coiffée en cheveux, elle portait une robe montante d'étoffe printanière blanche à petites raies bleues ; un large col de batiste très simple, rabattu sur ses épaules, laissait voir les deux bouts et le nœud d'une petite cravate de soie du même bleu que la ceinture de sa robe. Assise dans un grand fauteuil d'ébène sculpté, le coude soutenu par un des bras de ce siège, la tête un peu baissée, elle appuyait sa joue sur le revers de sa petite main blanche, légèrement veinée d'azur. L'attitude languissante de Fleur-de-Marie, sa pâleur, la fixité de son regard, l'amertume de son demi-sourire, révélaient une mélancolie profonde. Au bout de quelques moments, un soupir profond, douloureux, souleva son sein. Laissant alors retomber la main où elle appuyait sa joue, elle inclina davantage encore sa tête sur sa poitrine. On eût dit que l'infortunée se courbait sous le poids de quelque grand malheur.

A cet instant, une femme d'un âge mûr, d'une physionomie grave et distinguée, vêtue avec une élégante simplicité, entra presque timidement dans l'oratoire, et toussa légèrement pour attirer l'attention de Fleur-de-Marie.

Celle-ci, sortant de sa rêverie, releva vivement la tête, et dit en saluant avec un mouvement plein de grâce : — Que voulez-vous, ma chère comtesse ?

— Je viens prévenir Votre Altesse que monseigneur la prie de l'attendre, car il va se rendre ici dans quelques minutes, — répondit la dame d'honneur de la princesse avec une formalité respectueuse.

— Aussi je m'étonnais de n'avoir pas encore embrassé mon père, aujourd'hui ; j'attends avec tant d'impatience sa visite de chaque matin !... Mais j'espère que je ne dois pas à une indisposition de mademoiselle d'Harneim le plaisir de vous voir deux jours de suite au palais, ma chère comtesse ?

— Que Votre Altesse n'ait aucune inquiétude à ce sujet ; mademoiselle d'Harneim m'a priée de la remplacer aujourd'hui ; demain elle aura l'honneur de reprendre son service auprès de Votre Altesse, qui daignera peut-être excuser ce changement.

— Certainement, car je n'y perdrai rien : après avoir eu le plaisir de vous voir deux jours de suite, ma chère comtesse, j'aurai pendant deux autres jours mademoiselle d'Harneim auprès de moi.

— Votre Altesse nous comble, — répondit la dame d'honneur en s'inclinant ; — son extrême bienveillance m'encourage à lui demander une grâce !

— Parlez... vous connaissez mon empressement à vous être agréable...

— Il est vrai que depuis longtemps Votre Altesse m'a habituée à ses bontés ; mais il s'agit d'un sujet tellement pénible que je n'aurais pas le courage de l'aborder, s'il ne s'agissait d'une action très méritante ; aussi j'ose compter sur l'indulgence extrême de Votre Altesse.

— Vous n'avez nullement besoin de mon indulgence, ma chère comtesse ; je suis toujours très reconnaissante des occasions que l'on me donne de faire un peu de bien.

— Il s'agit d'une pauvre créature qui malheureusement avait quitté Gerolstein avant que Votre Altesse eût fondé son œuvre si utile et si charitable pour les jeunes filles orphelines ou abandonnées, que rien ne défend contre les mauvaises passions.

— Et qu'a-t-elle fait ? que réclamez-vous pour elle ?

— Son père, homme très aventureux, avait été chercher fortune en Amérique ; laissant sa femme et sa fille dans une situation assez précaire. La mère mourut ; la fille âgée de seize ans à peine, livrée à elle-même, quitta le pays pour suivre à Vienne un séducteur qui la délaissa bientôt. Ainsi que cela arrive toujours, ce premier pas dans le sentier du vice conduisait cette malheureuse à un abîme d'infamie ; en peu de temps, elle devint, comme tant d'autres misérables... l'opprobre de son sexe...

Fleur-de-Marie baissa les yeux, rougit et ne put cacher un léger tressaillement qui n'échappa pas à sa dame d'honneur. Celle-ci, craignant d'avoir blessé la chaste susceptibilité de la princesse en l'entretenant d'une telle créature, reprit avec embarras : — Je demande mille pardons à Votre Altesse, je l'ai choquée sans doute en attirant son attention sur une existence aussi flétrie ; mais l'infortunée manifeste un repentir si sincère... que j'ai cru pouvoir solliciter pour elle un peu de pitié.

— Et vous avez eu raison. Continuez... je vous en prie, — dit Fleur-de Marie en surmontant sa douloureuse émotion ; — tous les égarements sont en effet dignes de pitié lorsque le repentir leur succède.

— C'est ce qui est arrivé dans cette circonstance, ainsi que je l'ai fait observer à Votre Altesse. Après deux années de cette vie abominable, la grâce toucha cette abandonnée... Saisie d'un tardif remords, elle est revenue ici. Le hasard a fait qu'en arrivant elle a été se loger dans une maison qui appartient à une digne veuve, dont la douceur et la piété sont populaires. Encouragée par la pieuse bonté de la veuve, la pauvre créature lui a avoué ses fautes, ajoutant qu'elle ressentait une juste horreur pour sa vie passée, et qu'elle achèterait au prix de la pénitence la plus rude le bonheur d'entrer dans une maison religieuse, où elle pourrait expier ses égarements et mériter sa rédemption. La digne veuve à qui elle fit cette confidence, sachant que j'appartenais à Votre Altesse, m'avait écrit pour me recommander cette malheureuse, qui, par la toute-puissante intervention de Votre Altesse, pourrait espérer d'entrer sœur converse au couvent de Sainte-Hermangilde ; elle demande comme une faveur d'être employée aux travaux les plus pénibles, pour que sa pénitence soit plus méritoire. J'ai voulu entretenir plusieurs fois cette femme avant de me permettre d'implorer pour elle la pitié de votre Altesse, et je suis fermement convaincue que son repentir sera durable. Ce n'est ni le besoin ni l'âge qui la ramènent au bien ; elle a dix-huit ans à peine, elle est très belle encore et possède une petite somme d'argent qu'elle veut affecter à une œuvre charitable, si elle obtient la faveur qu'elle sollicite.

— Je me charge de votre protégée, — dit Fleur-de-Marie en contenant difficilement son trouble, tant sa vie passée offrait de ressemblance avec celle de la malheureuse en faveur de qui on la sollicitait ; puis elle ajouta : — Le repentir de cette infortunée est trop louable pour ne pas l'encourager. Elle a été coupable, elle se repent... dit Fleur-de-Marie avec un accent de commisération indicible, — il est juste d'avoir pitié d'elle... Plus ses remords sont sincères, plus ils doivent être douloureux...

— J'entends, je crois, monseigneur, — dit tout à coup la dame d'honneur, sans remarquer l'émotion profonde et croissante de Fleur-de-Marie,

En effet, Rodolphe entra, tenant à la main un énorme bouquet de roses. A la vue du prince, la comtesse se retira discrètement. A peine eut-elle disparu, que Fleur-de-Marie se jeta au cou de son père, appuya son front sur son épaule, et resta ainsi quelques secondes sans parler.

— Bonjour... bonjour, mon enfant chérie, — dit Rodolphe en serrant sa fille dans ses bras avec effusion, sans s'apercevoir encore de sa tristesse. — Vois donc ce buisson de roses ; quelle belle moisson j'ai faite ce matin pour toi ! c'est ce qui m'a empêché de venir plus tôt ; j'espère que je ne t'ai jamais apporté un plus magnifique bouquet... Tiens. — Et le prince, ayant toujours son bouquet à la main, fit un léger mouvement en arrière pour se dégager des bras de sa fille et la regarder ; mais, la voyant fondre en larmes, il jeta le bouquet sur une table, prit les mains de Fleur-de-Marie dans les siennes, et s'écria : — Tu pleures, mon Dieu ! qu'as tu donc ?

— Rien.. rien... mon bon père...— dit Fleur-de-Marie, en essuyant ses larmes et tâchant de sourire à Rodolphe.

— Je t'en conjure, dis-moi ce que tu as... Qui peut t'avoir attristée ?

— Je vous assure, mon père, qu'il n'y a pas de quoi vous inquiéter. La comtesse était venue solliciter mon intérêt pour une pauvre femme si intéressante... si malheureuse... que malgré moi je me suis attendrie à son récit.

— Bien vrai ?... ce n'est que cela ?...

— Ce n'est que cela, — reprit Fleur-de Marie, en prenant sur une table les fleurs que Rodolphe avait jetées. — Mais comme vous me gâtez ! — ajouta-t-elle... quel bouquet magnifique... et quand je pense que chaque jour... vous m'en apportez un pareil... cueilli par vous...

— Mon enfant, — dit Rodolphe en contemplant sa fille avec anxiété, — tu me caches quelque chose... Ton sourire est douloureux, contraint ; je t'en conjure, dis-moi ce qui t'afflige... ne t'occupe pas de ce bouquet.

— Oh ! vous le savez, ce bouquet est ma joie de chaque matin, et puis j'aime tant les roses... je les ai toujours tant aimées... Vous vous souvenez, — ajouta-t-elle avec un souvenir navrant, — vous vous souvenez de mon pauvre petit rosier... dont j'ai toujours gardé les débris ?...

A cette pénible allusion au temps passé, Rodolphe s'écria : — Malheureuse enfant ! mes soupçons seraient-ils fondés ?... Au milieu de l'éclat qui t'environne, songerais-tu encore quelquefois à cet horrible temps ?... Hélas ! j'avais cru cependant te le faire oublier à force de tendresse ?

— Pardon, pardon, mon père ! Ces paroles m'ont échappé... Je vous afflige...

— Je m'afflige, pauvre ange, — dit tristement Rodolphe, — parce que ces retours vers le passé doivent être affreux pour toi... parce qu'ils empoisonneraient ta vie, si tu avais la faiblesse de t'y abandonner.

— Mon père... c'est par hasard... Depuis votre arrivée ici, c'est la première fois...

— C'est la première fois que tu m'en parles... oui... mais ce n'est peut-être pas la première fois que ces pensées te tourmentent... Je m'étais aperçu de tes accès de mélancolie, et quelquefois j'accusais le passé de causer ta tristesse... Mais, faute de certitude, je n'osais pas même essayer de combattre la funeste influence de ces ressouvenirs; car si ton chagrin avait eu une autre cause, si le passé avait été pour toi ce qu'il doit être, un vain et mauvais songe, je risquais d'éveiller en toi les idées pénibles que je voulais détruire.

— Combien ces craintes témoignent encore de votre ineffable tendresse.

— Que veux-tu... ma position était si difficile, si délicate... Encore une fois, je ne te disais rien, mais j'étais sans cesse préoccupé de ce qui te touchait... En contractant ce mariage, qui comblait tous mes vœux, j'avais aussi cru donner une garantie de plus à ton repos. Je connaissais trop l'excessive délicatesse de ton cœur pour espérer que jamais... jamais tu ne songerais plus au passé; mais je me disais que si par hasard ta pensée s'y arrêtait, tu devais, en te sentant maternellement chérie par la noble femme qui t'a connue et aimée au plus profond de ton malheur, tu devais, dis-je, regarder le passé comme suffisamment expié par tes atroces misères, et être indulgente ou plutôt juste envers toi-même; car enfin ma femme a droit par ses rares qualités aux respects de tous, n'est-ce pas? Eh bien, dès que tu es pour elle une fille, une sœur chérie, ne dois-tu pas être rassurée? Son tendre attachement n'est-il pas une réhabilitation complète? Ne te dit-il pas qu'elle sait comme toi que tu as été victime et non coupable, qu'on ne peut enfin te reprocher *que le malheur*, qui t'a accablée dès ta naissance? Aurais-tu même commis de grandes fautes, ne seraient-elles pas mille fois expiées, rachetées par tout ce que tu as fait de bien, par tout ce qui s'est développé d'excellent, et d'adorable en toi?...

— Mon père...

— Oh! je t'en prie, laisse-moi te dire ma pensée entière, puisqu'un hasard qu'il faudra bénir, sans doute, a amené cet entretien. Depuis longtemps je le désirais et je le redoutais à la fois... Dieu veuille qu'il ait un succès salutaire! J'ai à te faire oublier tant d'affreux chagrins; j'ai à remplir auprès de toi une mission si auguste, si sacrée, que j'aurais eu le courage de sacrifier à ton repos mon amour pour madame d'Harville.. mon amitié pour Murph, si j'avais pensé que leur présence t'eût trop douloureusement rappelé le passé.

— Oh! pouvez-vous le croire?... Leur présence, à eux, qui savent... *ce que j'étais*... et qui pourtant m'aiment tendrement, ne personnifie-t-elle pas au contraire l'oubli et le pardon?... Enfin, ma vie entière n'eût-elle pas été désolée, si pour moi vous aviez renoncé à votre mariage avec madame d'Harville?

— Oh! je n'aurais pas été seul à vouloir ce sacrifice, s'il avait dû assurer ton bonheur... Tu ne sais pas quel renoncement Clémence s'était déjà volontairement imposé... car elle aussi comprend toute l'étendue de mes devoirs envers toi.

— Vos devoirs envers moi, mon Dieu ! Et qu'ai-je fait pour mériter autant ?

— Ce que tu as fait, pauvre ange aimé !... Jusqu'au moment où tu m'as été rendue, ta vie n'a été qu'amertume, misère, désolation... et tes souffrances passées je me les reproche comme si je les avais causées ! Aussi, lorsque je te vois souriante, satisfaite, je me crois pardonné... Mon seul but, mon seul vœu est de te rendre aussi idéalement heureuse, que tu as été infortunée, de t'élever autant que tu as été abaissée, car il me semble que les derniers vestiges du passé s'effacent lorsque les personnes les plus éminentes, les plus honorables, te rendent les respects qui te sont dus.

— A moi du respect ?... non, non, mon père... mais à mon rang, ou plutôt à celui que vous m'avez donné.

— Oh ! ce n'est pas ton rang qu'on aime et qu'on révère... c'est toi, entends-tu bien, mon enfant chérie, c'est toi même, c'est toi seule... Il est des hommages imposés par le rang, mais il en est aussi d'imposés par le charme et par l'attrait ! Tu ne sais pas distinguer ceux-là, toi, parce que tu t'ignores, parce que tu ne sais pas que, par un prodige d'esprit et de tact qui me rend aussi fier qu'idolâtre de toi, tu apportes dans ces relations cérémonieuses, si nouvelles pour toi, un mélange de dignité, de modestie et de grâce, auquel ne peuvent résister les caractères les plus hautains...

— Vous m'aimez tant, mon père, et on vous aime tant, que l'on est sûr de vous plaire en me témoignant de la déférence.

— O la méchante enfant ! — s'écria Rodolphe en interrompant sa fille et en l'embrassant avec tendresse, — la méchante enfant, qui ne veut accorder aucune satisfaction à mon orgueil de père !

— Cet orgueil n'est-il pas aussi satisfait en vous attribuant à vous seul la bienveillance que l'on me témoigne, mon bon père ?

— Non, certainement, mademoiselle, — dit le prince, en souriant à sa fille pour chasser la tristesse dont il la voyait encore atteinte ; — non, mademoiselle, ce n'est pas la même chose ; car il ne m'est pas permis d'être fier de moi, et je puis et je dois être fier de vous... oui, fier. Encore une fois, tu ne sais pas combien tu es divinement douée... En quinze mois ton éducation s'est si merveilleusement accomplie, que la mère la plus difficile serait enthousiaste de toi ; et cette éducation a encore augmenté l'influence presque irrésistible que tu exerces autour de toi sans t'en douter.

— Mon père.. vos louanges me rendent confuse.

— Je dis la vérité, rien que la vérité. En veux-tu des exemples ? Parlons hardiment du passé, c'est un ennemi que je veux combattre corps à corps, il faut le regarder en face. Eh bien ! te souviens-tu de la Louve, de cette courageuse femme qui t'a sauvée ? Rappelle-toi cette scène de la prison que tu m'as racontée : une foule de détenues plus stupides encore que méchantes s'acharnaient à tourmenter une de leurs compagnes faible et infirme, leur souffre-douleur : tu parais, tu parles... et voilà qu'aussitôt ces furies, rougissant de leur lâche cruauté envers leur victime, se montrent aussi charitables qu'elles avaient été méchantes ? N'est-ce donc rien cela ? Enfin, est-ce, oui ou non, grâce à toi que la Louve, cette femme indomptable, a connu le repentir et désiré une vie honnête et laborieuse ? Va, crois-moi, mon enfant chérie, celle qui avait dominé la Louve et ses turbulentes compagnes par le seul ascendant de la bonté jointe à une rare élévation d'esprit, celle-là quoique dans une sphère tout opposée, devait par le même charme (n'allez pas sourire de ce rapprochement, mademoiselle) fasciner aussi l'altière archiduchesse Sophie et tout mon entourage : car bons et méchants, grands et petits subissent presque toujours l'influence des âmes supérieures... Je ne veux pas dire que tu sois *née princesse* dans l'acceptation aristocratique du mot, cela serait une pauvre flatterie à te faire, mon enfant... mais tu es de ce petit nombre d'êtres privilégiés qui sont nés pour dire à une reine ce qu'il faut pour la charmer et s'en faire aimer... et aussi pour dire à une pauvre créature avilie et abandonnée ce qu'il faut pour la rendre meilleure, la consoler et s'en faire adorer.

— Mon bon père... de grâce...

A ce moment-là la porte du salon s'ouvrit, et Clémence, grande-duchesse de Gerolstein, entra, tenant une lettre à la main. — Voici, mon ami, — dit-elle à Rodolphe, — une lettre de France. J'ai voulu vous l'apporter, afin de dire bonjour à ma paresseuse enfant, que je n'ai pas encore vue ce matin, — ajouta Clémence en embrassant Fleur-de-Marie.

— Cette lettre arrive à merveille, — dit gaiement Rodolphe après l'avoir parcourue ; — nous causions justement du passé... de ce monstre que nous allons incessamment combattre, ma chère Clémence... car il menace le repos et le bonheur de notre enfant.

— Serait-il vrai, mon ami ? Ces accès de mélancolie que nous avions remarqués...

— N'avaient pas d'autre cause que de méchants souvenirs ; mais heureusement nous connaissons maintenant notre ennemi... et nous en triompherons...

— Mais de qui donc est cette lettre, mon ami ? — demanda Clémence.

— De la gentille Rigolette... la femme de Germain.

— Rigolette !... — s'écria Fleur-de-Marie ; — quel bonheur d'avoir de ses nouvelles !

— Mon ami, — dit tout bas Clémence à Rodolphe, — ne craignez-vous pas que cette lettre ne lui rappelle des idées pénibles ?

— Ce sont justement ces souvenirs que je veux anéantir, ma chère Clémence ; il faut les absorber hardiment, et je suis sûr que je trouverai dans la lettre de Rigolette d'excellentes armes contre eux... car cette bonne petite créature adorait notre enfant, et l'appréciait comme elle devait l'être.

Et Rodolphe lut à haute voix la lettre suivante :

« Ferme de Bouqueval, 15 août 1841.

« Monseigneur,

« Je prends la liberté de vous écrire encore pour vous faire part d'un bien grand bonheur qui nous est arrivé, et pour vous demander une nouvelle faveur, à vous à qui nous devons déjà tant, ou plutôt à qui nous devons le vrai paradis où nous vivons, moi, mon Germain et sa bonne mère.

« Voilà de quoi il s'agit, monseigneur, depuis dix jours je suis comme folle de joie, car il y a dix jours que j'ai un amour de petite fille. Moi je trouve que c'est tout le portrait de Germain, lui, que c'est tout le mien ; notre chère maman Georges dit qu'elle nous ressemble à tous les deux ; le fait est qu'elle a de charmants yeux bleus comme Germain, et des cheveux noirs tout frisés comme moi. Par exemple, contre son habitude, mon mari est injuste, il veut toujours avoir notre petite sur ses genoux, tandis que moi, c'est mon droit, n'est ce pas, monseigneur ?... »

— Braves et dignes jeunes gens ! qu'ils doivent être heureux ! — dit Rodolphe. — Si jamais couple fut bien assorti... c'est celui-là.

« Mais au fait, monseigneur, pardon de vous entretenir de ces gentilles querelles de ménage, qui finissent toujours par un baiser. Du reste les oreilles doivent joliment vous tinter, monseigneur, car il ne se passe pas de jour que nous ne nous disions, en nous regardant, nous deux Germain : Sommes nous heureux, mon Dieu... sommes nous heureux !... et naturellement votre nom vient tout de suite après ces mots-là... Excusez ce griffonnage qu'il y a là, monseigneur, avec un pâté : c'est que, sans y penser, j'avais écrit *monsieur Rodolphe*, comme je disais autrefois, et j'ai raturé. J'espère à propos de cela, que vous trouverez que mon écriture a bien gagné, ainsi que mon orthographe ; car Germain me montre toujours, et je ne fais plus des grands bâtons en allant tout de travers, comme du temps où vous me tailliez mes plumes... »

— Je dois avouer, — dit Rodolphe en riant, — que ma petite protégée se fait un peu illusion, et je suis sûr que Germain s'occupe plutôt de baiser la main de son élève que de la diriger.

— Allons, mon ami, vous êtes injuste, — dit Clémence en regardant la lettre ; c'est un peu gros, mais très lisible.

— Le fait est qu'il y a progrès, — reprit Rodolphe ; — autrefois il lui aurait fallu huit pages pour contenir ce qu'elle écrit maintenant en deux.

Et il continua :

« C'est pourtant vrai que vous m'avez taillé des plumes, monseigneur : quand nous y pensons, nous deux Germain, nous en sommes tout honteux, en nous rappelant que vous étiez si peu fier... Ah! mon Dieu! voilà encore que je me surprends à vous parler d'autre chose que de ce que nous voulons vous demander, monseigneur; car mon mari se joint à moi, et c'est bien important; nous y attachons une idée... Vous allez voir.

— Nous vous supplions donc, monseigneur, d'avoir la bonté de nous choisir et de nous donner un nom pour notre petite fille chérie; c'est convenu avec le parrain et la marraine; et ce parrain et cette marraine, savez-vous qui c'est, monseigneur? deux des personnes que vous et madame la marquise d'Harville vous avez tirées de la peine pour les rendre bien heureuses, aussi heureuses que nous. En un mot, c'est Morel le lapidaire et Jeanne Duport, une digne femme que j'avais vue en prison quand j'allais y visiter mon pauvre Germain, et que plus tard madame la marquise a fait sortir de l'hôpital.

« Maintenant, monseigneur, il faut que vous sachiez pourquoi nous avons choisi M. Morel pour parrain, et Jeanne Duport pour marraine. Nous nous sommes dit, nous deux Germain : ça sera comme une manière de remercier encore M. Rodolphe de ses bontés que de prendre pour parrain et marraine de notre petite fille des dignes gens qui doivent tout à lui et à madame la marquise... sans compter que Morel le lapidaire et Jeanne Duport sont la crème des honnêtes gens. Ils sont de notre classe, et de plus, comme nous disons avec Germain, ils sont nos *parents en bonheur*, puisqu'ils sont comme nous de *la famille de vos protégés*. »

— Ah! mon père, ne trouvez-vous pas cette idée d'une délicatesse charmante? — dit Fleur-de-Marie. — Prendre pour parrain et pour marraine de leur enfant des personnes qui vous doivent tout à vous et à ma seconde mère?

— Vous avez raison, chère enfant, — dit Clémence, — je suis on ne peut plus touchée de ce souvenir.

— Et moi, je suis très heureux d'avoir si bien placé mes bienfaits, — dit Rodolphe en continuant sa lecture :

« Du reste, au moyen de l'argent que vous lui avez fait donner, Morel est maintenant courtier en pierres fines, il gagne de quoi bien élever sa famille. La bonne et pauvre Louise va, je crois, se marier avec un digne ouvrier qui l'aime et qui la respecte comme elle doit l'être, car elle a été bien malheureuse, mais non coupable, et le fiancé de Louise a assez de cœur pour comprendre cela... »

— J'étais bien sûr, — s'écria Rodolphe en s'adressant à sa fille, — de trouver dans la lettre de cette chère petite Rigolette des armes contre notre ennemi !... Tu entends, c'est l'expression du simple bon sens de cette âme honnête et droite... Elle dit de Louise : *Elle a été malheureuse et non coupable, et son fiancé a assez de cœur pour comprendre cela.*

Fleur-de-Marie, de plus en plus émue et attristée par la lecture de cette lettre, tressaillit du regard que son père attacha un moment sur elle en prononçant les derniers mots que nous avons soulignés. Le prince continua :

« Je vous dirai encore, monseigneur, que Jeanne Duport, par la générosité de madame la marquise, a pu se faire séparer de son mari, ce vilain homme qui lui mangeait tout et la battait ; elle a repris sa fille aînée auprès d'elle, et elle tient une petite boutique de passementerie ; leur commerce prospère. Il n'y a pas non plus de gens plus heureux, et cela, grâce à vous, monseigneur, grâce à madame la marquise, qui, tous deux, savez si bien donner, et donner si à propos.

« A propos de ça, Germain vous écrit comme d'ordinaire, monseigneur, à la fin du mois, au sujet de la *Banque des Travailleurs sans ouvrage et des Prêts gratuits* ; il n'y a presque jamais de remboursements en retard, et on s'aperçoit déjà beaucoup du bien-être que cela répand dans le quartier. Au moins maintenant de pauvres familles peuvent supporter la morte saison du travail sans mettre leur linge et leurs matelas au mont-de-piété. Aussi, quand l'ouvrage revient, faut voir avec quel cœur ils s'y mettent... Ils sont si fiers qu'on ait eu confiance dans leur travail et dans leur probité !... Dame ! ils n'ont que ça. Aussi, comme ils vous bénissent de leur avoir fait prêter là-dessus ! Oui, monseigneur, ils vous bénissent, *vous* ; car, quoique vous disiez que vous n'êtes pour rien dans cette fondation, sauf la nomination de Germain, et que c'est un inconnu qui a fait ce grand bien, nous aimons mieux croire que c'est à vous qu'on le doit ; c'est plus naturel. D'ailleurs, il y a une fameuse trompette pour répéter à tout bout de champ que c'est vous qu'on doit bénir ; cette trompette est madame Pipelet, qui répète à chacun qu'il n'y a que *son roi des locataires* (excusez, monsieur Rodolphe, elle vous appelle toujours ainsi) qui puisse avoir fait cette œuvre charitable, et *son vieux chéri* d'Alfred est toujours de son avis. Quant à lui, il est si fier et si content de son poste de gardien de la banque, qu'il dit que les poursuites de M. Cabrion lui seraient maintenant indifférentes. Pour en finir avec votre famille de reconnaissants, monseigneur, j'ajouterai que Germain a lu dans les journaux que le nommé Martial, un colon d'Algérie, avait été cité avec de grands éloges pour le courage qu'il avait montré en repoussant à la tête de ses métayers une attaque d'Arabes pillards, et que sa femme, aussi intrépide que lui, avait été légèrement blessée en combattant à ses côtés, où elle tirait des coups de fusil comme un vrai grenadier. Depuis ce temps-là, dit-on dans le journal, on l'a baptisée *madame Carabine*...

« Excusez-moi de cette longue lettre, monseigneur ; mais j'ai pensé que vous ne seriez pas fâché d'avoir par nous des nouvelles de tous ceux dont vous avez été la providence... Je vous écris de la ferme de Bouqueval, où nous sommes depuis le printemps avec notre bonne mère. Germain part le matin pour ses affaires ; et il revient le soir. A l'automne nous retournerons habiter Paris... Comme c'est drôle, monsieur Rodolphe, moi qui n'aimais pas la campagne je l'adore maintenant... Je m'explique ça, parce que Germain l'aime beaucoup. A propos de la ferme, monsieur Rodolphe, vous qui savez sans doute où est cette bonne petite Goualeuse, si vous en avez l'occasion, dites-lui donc qu'on se souvient toujours d'elle comme de ce qu'il y a de plus doux et de meilleur au monde, et que, pour moi, je ne pense jamais à notre bonheur sans me dire : Puisque M. Rodolphe était aussi le M. Rodolphe de cette chère Fleur-de-Marie, grâce à lui elle doit être heureuse comme nous autres, et ça me fait trouver mon bonheur encore meilleur.

« Mon Dieu ! mon Dieu ! comme je bavarde ! qu'est-ce que vous allez dire, monseigneur ? mais bah ! vous êtes si bon !... Et puis, voyez-vous, c'est votre faute si je gazouille autant et aussi joyeusement que *papa Cretu* et *Ramonette*, qui n'osent plus lutter maintenant de chant avec moi. Allez, monsieur Rodolphe, je vous en réponds, je les mets sur les dents.

« Vous ne nous refuserez pas notre demande, n'est-ce pas ? monseigneur ? Si vous donnez un nom à notre petite fille chérie, il nous semble que ça lui portera bonheur, que ce sera comme sa bonne étoile. Tenez, monsieur Rodolphe, quelquefois moi et mon bon Germain nous nous félicitons presque d'avoir connu la peine, parce que nous sentons doublement combien notre enfant sera heureuse de ne pas savoir ce que c'est que la misère par où nous avons passé.

« Si je finis en vous disant, monsieur Rodolphe, que nous tâchons de secourir par-ci par-là de pauvres gens selon nos moyens, ce n'est pas pour nous vanter, mais pour que vous sachiez que nous ne gardons pas pour nous seuls tout le bonheur que vous nous avez donné ; d'ailleurs, nous disons toujours à ceux que nous secourons : « Ce n'est pas nous qu'il faut remercier, et bénir... c'est M. Rodolphe, l'homme le meilleur, le plus généreux qu'il y ait au monde ; » et ils vous prennent pour une espèce de *saint*, si ce n'est plus.

« Adieu, monseigneur ; croyez que lorsque notre petite fille commencera à épeler, le premier mot qu'elle lira sera votre nom, monsieur Rodolphe ; et puis après, ceux ci que vous avez fait écrire sur ma corbeille de noces : *Travail et sagesse*. — *Honneur et bonheur*.

« Grâce à ces quatre mots-là, à notre tendresse et à nos soins, nous espérons, monseigneur, que notre enfant sera toujours digne de prononcer le nom de celui qui a été notre providence et celle de tous les malheureux qu'il a connus.

« Pardon, monseigneur, c'est que j'ai en finissant comme de grosses larmes dans les yeux... mais c'est de bonnes larmes... Excusez, s'il vous plaît... ce n'est pas ma faute... mais je n'y vois plus bien clair, et je griffonne...

« J'ai l'honneur, monseigneur, de vous saluer avec autant de respect que de reconnaissance.

RIGOLETTE, femme GERMAIN.

« *P. S.* — Ah! mon Dieu! monseigneur, en relisant ma lettre, je m'aperçois que j'ai mis bien des fois *monsieur Rodolphe*. Vous me pardonnerez, n'est-ce pas ? Vous savez bien que sous un nom ou sous un autre nous vous respectons et nous vous bénissons la même chose, monseigneur. »

— Chère petite Rigolette ! — dit Clémence attendrie par la lecture que venait de faire Rodolphe. — Cette lettre naïve est remplie de sensibilité.

— Sans doute, — reprit Rodolphe ; — on ne pouvait mieux placer un bienfait. Notre protégée est douée d'un excellent naturel ; c'est un cœur d'or, et notre chère enfant l'apprécie comme nous, — ajouta-t-il en s'adressant à sa fille. Puis, frappé de sa pâleur, il s'écria : — Mais qu'as-tu donc?

— Hélas! quel douloureux contraste entre ma position et celle de Rigolette... *Travail et sagesse... honneur et bonheur*, ces quatre mots disent tout ce qu'a été.. tout ce que doit être sa vie... Jeune fille laborieuse et sage, épouse chérie, heureuse mère, femme honorée... telle est sa destinée!... tandis que moi...

— Grand Dieu! que dis-tu ?

— Grâce... mon bon père ; ne m'accusez pas d'ingratitude... mais malgré votre ineffable tendresse, malgré celle de ma seconde mère, malgré les respects et les splendeurs dont je suis entourée... malgré votre puissance souveraine, ma honte est incurable. Rien ne peut anéantir le passé... Encore une fois, pardonnez-moi, mon père... je vous l'ai caché jusqu'à présent... mais le souvenir de ma dégradation première me désespère et me tue..

— Clémence, vous l'entendez !... — s'écria Rodolphe avec désespoir.

— Mais, malheureuse enfant ! — dit Clémence, — notre tendresse, l'affection de ceux qui vous entourent, et que vous méritez, tout ne vous prouve-t il pas que ce passé ne doit plus être pour vous qu'un vain et mauvais songe ?

— Oh! fatalité... fatalité ! — reprit Rodolphe. — Maintenant je maudis mes craintes, mon silence ; cette funeste idée, depuis longtemps enracinée dans son esprit, y a fait à notre insu d'affreux ravages, et il est trop tard pour combattre cette déplorable erreur... Ah ! je suis bien malheureux !

— Courage, mon ami, — dit Clémence à Rodolphe ; — vous le disiez tout à l'heure, il vaut mieux connaître l'ennemi qui nous menace... Nous savons maintenant la cause du chagrin de notre enfant ; nous en triompherons, parce que nous aurons pour nous la raison, la justice et notre tendresse.

— Et puis enfin parce qu'elle verra que son affliction, si elle était incurable, rendrait la nôtre incurable aussi, — reprit Rodolphe ; — car, en vérité, ce serait à désespérer de toute justice humaine et divine, si cette infortunée n'avait fait que changer de tourments.

Après un assez long silence pendant lequel Fleur-de-Marie

parut se recueillir, elle prit d'une main la main de Rodolphe, de l'autre celle de Clémence, et leur dit d'une voix profondément altérée : — Écoutez-moi, mon bon père... et vous aussi, ma tendre mère... ce jour est solennel... Dieu a voulu, et je l'en remercie, qu'il me fût impossible de vous cacher davantage ce que je ressens. Avant peu, d'ailleurs, je vous aurais fait l'aveu que vous allez entendre, car toute souffrance a son terme... et, si cachée que fût la mienne, je n'aurais pu la taire plus longtemps.

— Ah!... je comprends tout, — s'écria Rodolphe, — il n'y a plus d'espoir pour elle.

— J'espère dans l'avenir, mon père ; et cet espoir me donne la force de vous parler ainsi.

— Et que peux-tu espérer de l'avenir... pauvre enfant, puisque ton sort présent ne te cause que chagrins et amertume?

— Je vais vous le dire, mon père... mais avant, permettez-moi de vous rappeler le passé.. de vous avouer devant Dieu qui m'entend ce que j'ai ressenti jusqu'ici.

— Parle... parle... nous t'écoutons, — dit Rodolphe.

— Tant que je suis restée à Paris... auprès de vous, mon père, j'ai été si heureuse, que ces beaux jours ne seraient pas trop payés par des années de souffrances... Vous le voyez... j'ai du moins connu le bonheur.

— Pendant quelques jours peut-être...

— Oui ; mais quelle félicité pure et sans mélange !... Vous m'entouriez, comme toujours, des soins les plus tendres !... Je me livrais sans crainte aux élans de reconnaissance et d'affection qui à chaque instant emportaient mon cœur vers vous... L'avenir m'éblouissait : un père à adorer, une seconde mère à chérir doublement, car elle devait remplacer la mienne... que je n'avais jamais connue... Et puis... je dois tout avouer... mon orgueil s'exaltait malgré moi, tant j'étais honorée de vous appartenir. Si alors je pensais quelquefois vaguement au passé, c'était pour me dire : moi, jadis si avilie, je suis la fille chérie d'un prince souverain que chacun bénit et révère ; moi, jadis si misérable, je jouis de toutes les splendeurs du luxe et d'une existence presque royale ! Hélas ! que voulez-vous, mon père, ma fortune était si imprévue... votre puissance m'entourait d'un si splendide éclat, que j'étais excusable peut-être de me laisser aveugler ainsi.

— Excusable !... mais rien de plus naturel, pauvre ange aimé. Quel mal de t'enorgueillir d'un rang qui était le tien ? de jouir des avantages de la position que je t'avais rendue ? Aussi dans ce temps-là, je me le rappelle bien, tu étais d'une gaieté charmante ; que de fois je t'ai vue tomber dans mes bras comme accablée par la félicité, et me dire avec un accent enchanteur ces mots qu'hélas ! je ne dois plus entendre : *Mon père, c'est trop... trop de bonheur !...* Malheureusement ce sont ces souvenirs-là... vois-tu, qui m'ont endormi dans une sécurité trompeuse...

— Mais dites-nous donc, mon enfant, — reprit Clémence, — qui a pu changer en tristesse cette joie si pure, si légitime, que vous éprouviez d'abord ?

— Hélas ! une circonstance bien funeste et bien imprévue !...
— Quelle circonstance ?
— Vous vous rappelez, mon père... — dit Fleur-de-Marie ne pouvant vaincre un frémissement d'horreur, — vous vous rappelez la terrible scène qui a précédé notre départ de Paris... lorsque votre voiture a été arrêtée ?
— Oui... — répondit tristement Rodolphe. — Brave Chourineur !... après m'avoir encore une fois sauvé la vie, il est mort... là... devant nous...
— Eh bien... mon père... au moment où ce malheureux expirait, savez-vous qui j'ai vu... me regarder fixement ?... Oh ! ce regard... ce regard... il m'a toujours poursuivie depuis, — ajouta Fleur-de-Marie en frissonnant.
— Quel regard ? de qui parles-tu ? — s'écria Rodolphe.
— De l'*ogresse du tapis-franc* .. — murmura Fleur-de-Marie.
— Ce monstre ! tu l'as revu ? et où cela ?
— Vous ne l'avez pas aperçue dans la taverne où est mort le Chourineur ? Elle se trouvait parmi les femmes qui l'entouraient...
— Ah ! maintenant, — dit Rodolphe avec accablement, — je comprends... Déjà frappée de terreur par le meurtre du Chourineur, tu auras cru voir quelque chose de providentiel dans cette affreuse rencontre !
— Il n'est que trop vrai, mon père ; à la vue de l'ogresse je ressentis un froid mortel ; il me sembla que sous son regard mon cœur, jusqu'alors rayonnant de bonheur et d'espoir, se glaçait tout à coup. Oui, rencontrer cette *femme* au moment même où le Chourineur mourait en disant : *Le ciel est juste !* cela me parut un blâme providentiel de mon orgueilleux oubli du passé, que je devais expier à force d'humiliation et de repentir.
— Mais le passé, on te l'a imposé, tu n'en peux répondre devant Dieu !
— Vous avez été contrainte... enivrée... malheureuse enfant.
— Une fois précipitée malgré toi dans cet abîme, tu ne pouvais plus en sortir, malgré tes remords et ton désespoir, grâce à l'atroce indifférence de cette société dont tu étais victime... Tu te voyais à jamais enchaînée dans cet antre ; il a fallu pour t'en arracher le hasard qui t'a placée sur mon chemin.
— Et puis enfin, mon enfant, votre père vous le dit, vous étiez victime et non complice de cette infamie !.... — s'écria Clémence.
— Mais cette infamie... je l'ai subie... ma mère... — reprit douloureusement Fleur-de-Marie. — Rien ne peut anéantir ces affreux souvenirs... Sans cesse ils me poursuivent, non plus comme autrefois au milieu des paisibles habitants d'une ferme ou des femmes dégradées, mes compagnes de Saint-Lazare... mais ils me poursuivent jusque dans ce palais... peuplé de l'élite de l'Allemagne... Ils me poursuivent enfin jusque dans les bras de mon père, jusque sur les marches de son trône. — Et Fleur-de-Marie fondit en larmes.

Rodolphe et Clémence restèrent muets devant cette effrayante expression d'un remords invincible ; ils pleuraient aussi, car ils sentaient l'impuissance de leurs consolations.

— Depuis lors, — reprit Fleur-de-Marie en essuyant ses larmes, — à chaque instant du jour je me dis avec une honte amère : on m'honore, on me révère ; les personnes les plus éminentes, les plus vénérables m'entourent de respects. Aux yeux de toute une cour, la sœur d'un empereur a daigné rattacher mon bandeau sur mon front ; et j'ai vécu dans la fange de la Cité, tutoyée par des voleurs et des assassins... Oh ! mon père, pardonnez-moi ; mais plus ma position s'est élevée... plus j'ai été frappée de la dégradation profonde où j'étais tombée... A chaque hommage qu'on me rend, je me sens coupable d'une profanation ; songez-y donc, mon Dieu ! après avoir été *ce que j'ai été*... souffrir que des vieillards s'inclinent devant moi... souffrir que de nobles jeunes filles, que des femmes justement respectées se trouvent flattées de m'entourer... souffrir enfin que des princesses, doublement augustes et par l'âge et par leur caractère sacerdotal, me comblent de prévenances et d'éloges... cela n'est-il pas impie et sacrilège ! Et puis si vous saviez, mon père, ce que j'ai souffert... ce que je souffre encore chaque jour en disant : Si Dieu voulait que le passé fût connu... avec quel mépris mérité on traiterait celle qu'à cette heure on élève si haut ! Quelle juste et effrayante punition !...

— Mais, malheureuse enfant, ma femme et moi nous connaissons le passé ; nous sommes dignes de notre rang, et pourtant nous te chérissons...

— Vous avez pour moi l'aveugle tendresse d'un père et d'une mère...

— Et tout le bien que tu as fait depuis ton séjour ici ? et cette institution belle et sainte, cet asile ouvert par toi aux orphelines et aux pauvres filles abandonnées, ces soins admirables d'intelligence et de dévouement dont tu les entoures ? N'est-ce donc rien pour la rédemption de fautes qui ne furent pas les tiennes ?... Enfin l'affection que te témoigne la digne abbesse de Sainte-Hermangilde, ne la dois-tu pas absolument à l'élévation de ton esprit, à la beauté de ton âme, à ta piété sincère ?

— Tant que les louanges de l'abbesse de Sainte-Hermangilde ne s'adressent qu'à ma conduite présente, j'en jouis sans scrupule ; mais lorsqu'elle cite mon exemple aux demoiselles nobles qui sont en religion dans l'abbaye ; mais lorsque celles-ci voient en moi un modèle de toutes les vertus, je me sens mourir de confusion, comme si j'étais complice d'un mensonge indigne...

Après un assez long silence, Rodolphe reprit avec un abattement douloureux : — Je le vois, il faut désespérer de te persuader : les raisonnements sont impuissants contre une conviction d'autant plus inébranlable qu'elle a sa source dans un sentiment généreux et élevé... Le contraste de tes souvenirs et de ta position présente doit être en effet pour toi un supplice continuel... Pardon, à mon tour, pauvre enfant !

— Vous.... mon bon père... me demander pardon !... et de quoi, grand Dieu ?...

— De n'avoir pas prévu tes susceptibilités... D'après l'excessive délicatesse de ton cœur, j'aurais dû les deviner... Et pourtant... que pouvais-je faire ?... Il était de mon devoir de te reconnaître solennellement pour ma fille.. alors ces respects, dont l'hommage t'est si douloureux, venaient nécessairement t'entourer... Oui, mais j'ai eu un tort... j'ai été, vois-tu, trop orgueilleux de toi... j'ai trop voulu jouir du charme que ta beauté, que ton esprit, que ton caractère inspiraient à tous ceux qui t'approchaient... J'aurais dû cacher mon trésor... vivre presque dans la retraite avec Clémence et toi... renoncer à ces fêtes, à ces réceptions nombreuses où j'aimais tant à te voir briller... croyant follement t'élever si haut... si haut... que le passé disparaîtrait entièrement à tes yeux... Mais, hélas ! le contraire est arrivé... et plus tu t'es élevée, plus l'abîme dont je t'ai retirée t'a paru sombre et profond. Encore une fois, c'est ma faute... j'avais pourtant cru bien faire !... mais je me suis trompé... Et puis je me suis cru pardonné trop tôt... la vengeance de Dieu n'est pas satisfaite... elle me poursuit encore dans le bonheur de ma fille !...

Quelques coups discrètement frappés à la porte du salon interrompirent ce triste entretien. Rodolphe entr'ouvrit la porte. Il vit Murph, qui lui dit : — Je demande pardon à Votre Altesse Royale de venir la déranger ; mais un courrier du prince d'Herkaüsen-Oldenzaal vient d'apporter cette lettre, qui, dit-il, est très importante et doit être sur-le-champ remise à Votre Altesse.

— Merci, mon bon Murph... Ne t'éloigne pas, — lui dit Rodolphe avec un soupir, — tout à l'heure j'aurai besoin de causer avec toi. — Et le prince, ayant fermé la porte, resta un moment dans le salon pour y lire la lettre que Murph venait de lui remettre. Elle était ainsi conçue :

« Monseigneur,

« Puis-je espérer que les liens de parenté qui m'attachent à Votre Altesse Royale, et que l'amitié dont elle a toujours daigné m'honorer excuseront une démarche qui serait d'une grande témérité, si elle ne m'était pas imposée par une conscience d'honnête homme ?

« Il y a quinze mois, monseigneur, vous reveniez de France, ramenant avec vous une fille d'autant plus chérie que vous l'aviez crue perdue pour toujours, tandis qu'au contraire elle n'avait jamais quitté sa mère, que vous avez épousée *in extremis*, afin de légitimer la naissance de la princesse Amélie. — Sa naissance est ainsi donc souveraine, sa beauté incomparable, son cœur est aussi digne de sa naissance que son esprit est digne de sa beauté, ainsi que me l'a écrit ma sœur, l'abbesse de Sainte-Hermangilde, qui a souvent l'honneur de voir la fille bien-aimée de Votre Altesse Royale. Maintenant, monseigneur, j'aborderai franchement le sujet de cette lettre, puisque malheureusement une maladie grave me retient à Oldenzaal et m'empêche de me rendre auprès de Votre Altesse Royale. Pendant le temps que mon fils a passé à Gerolstein, il a vu presque chaque jour la princesse Amélie... il l'aime éperdument... mais il lui a toujours caché cet amour. J'ai cru devoir, monseigneur, vous en instruire. Vous avez daigné accueillir paternellement mon fils et l'engager à revenir au sein de votre famille vivre dans cette intimité qui lui était si précieuse... j'aurais indignement manqué à la loyauté en dissimulant à Votre Altesse Royale une circonstance qui doit modifier l'accueil qui était réservé à mon fils. Je sais que la fille dont vous êtes à bon droit si fier, monseigneur, doit prétendre à de hautes destinées. Mais je sais aussi que vous êtes le plus tendre des pères, et que si vous jugiez jamais mon fils digne de vous appartenir et de faire le bonheur de la princesse Amélie, vous ne seriez pas arrêté par les graves disproportions qui rendent pour nous une telle fortune inespérée. Il ne m'appartient pas de faire l'éloge d'Henri ; mais j'en appelle aux encouragements et aux louanges que vous avez daigné si souvent lui accorder. Je n'ose et ne puis vous en dire davantage, monseigneur, mon émotion est trop profonde. Quelle que soit votre détermination, veuillez croire que nous nous y soumettrons avec respect, et que je serai toujours fidèle aux sentiments profondément dévoués avec lesquels j'ai l'honneur d'être, de Votre Altesse Royale, le très humble et obéissant serviteur,

» Gustave-Paul, *prince d'Herkaüsen-Oldenzaal.* »

Après la lecture de cette lettre, Rodolphe resta quelque temps triste et pensif ; puis, un rayon d'espoir éclairant son front, il revint auprès de sa fille, à qui Clémence prodiguait en vain les plus tendres consolations.

— Mon enfant, tu l'as dit toi-même, Dieu a voulu que ce jour fût celui des explications solennelles, dit Rodolphe à Fleur-de-Marie ; — je ne prévoyais pas qu'une nouvelle et grave circonstance dût encore justifier tes paroles.

— De quoi s'agit-il, mon père ?

— De nouveaux sujets de crainte.

— Pour qui donc, mon père ?

— Pour toi... Tu ne nous as avoué que la moitié de tes chagrins...

— Soyez assez bon... pour vous expliquer... mon père, — dit Fleur-de-Marie en rougissant.

— Maintenant, je le puis ; je n'ai pu le faire plus tôt, ignorant que tu désespérais à ce point de ton sort. Écoute, ma fille chérie, tu te crois, ou plutôt tu es bien malheureuse... Lorsque, au commencement de notre entretien... tu m'as parlé des espérances qui te restaient... j'ai compris... mon cœur a été brisé... car il s'agissait pour moi de te perdre à jamais... de te voir descendre vivante dans un tombeau. Tu voudrais entrer au couvent ?...

— Mon père...

— Mon enfant, est-ce vrai ?

— Oui... si vous me le permettez... — répondit Fleur-de-Marie d'une voix étouffée.

— Nous quitter !... — s'écria Clémence.

— L'abbaye de Sainte-Hermangilde est bien rapprochée de Gerolstein ; je vous verrais souvent, vous et mon père...

— Songez donc que de tels vœux sont éternels, ma chère enfant... Vous n'avez pas dix-huit ans... et peut-être... un jour...

— Oh ! je ne me repentirai jamais de la résolution que je prends... je ne trouverai le repos et l'oubli que dans la solitude d'un cloître, si toutefois mon père et vous, ma seconde mère, vous me continuez votre affection.

— Les devoirs, les consolations de la vie religieuse pourraient, en effet, — dit Rodolphe, — sinon guérir, du moins calmer les douleurs de ta pauvre âme abattue et déchirée... Et quoiqu'il s'agisse de la moitié du bonheur de ma vie, il se peut que j'approuve ta résolution... Je sais ce que tu souffres, et je ne dis pas que le renoncement au monde ne doive pas être le terme fatalement logique de ta triste existence...

— Quoi ! vous aussi, Rodolphe ! s'écria Clémence.

— Permettez-moi, mon amie, d'exprimer toute ma pensée, — reprit Rodolphe. Puis, s'adressant à sa fille : — Mais avant de prendre cette détermination extrême, il faut examiner si un autre avenir ne serait pas plus selon tes vœux et selon les nôtres. Dans ce cas, aucun sacrifice ne me coûterait pour t'assurer cet avenir.

Fleur-de-Marie et Clémence firent un mouvement de surprise ; Rodolphe reprit en regardant fixement sa fille : — Que penses-tu.... de ton cousin, le prince Henri ?

Fleur-de-Marie tressaillit et devint pourpre. Après un moment d'hésitation, elle se jeta dans les bras du prince en pleurant.

— Tu l'aimes, pauvre enfant ?

— Vous ne me l'aviez jamais demandé, mon père !

— Ainsi, tu l'aimes.. — ajouta Rodolphe en prenant les mains de sa fille dans les siennes ; — tu l'aimes bien, mon enfant chérie ?

— Oh ! si vous saviez, — reprit Fleur-de-Marie, — ce qu'il m'en a coûté de vous cacher ce sentiment dès que je l'ai eu découvert dans mon cœur. Hélas ! à la moindre question de votre part, je vous aurais tout avoué. Mais la honte me retenait et m'aurait toujours retenue.

— Et crois-tu qu'Henri... connaisse ton amour pour lui ? — dit Rodolphe.

— Grand Dieu ! mon père, je ne le pense pas ! — s'écria Fleur-de-Marie avec effroi.

— Et lui... crois-tu qu'il t'aime ?

— Non, mon père... non... Oh ! j'espère que non... il souffrirait trop.

— Et comment cet amour est-il venu, mon ange aimé ?

— Hélas ! presque à mon insu .. Vous vous souvenez d'un portrait de page ?

— Qui se trouvait dans l'appartement de l'abbesse de Sainte-Hermangilde.... c'était le portrait d'Henri.

— Oui, mon père... Croyant cette peinture d'une autre époque, un jour, en votre présence, je ne cachai pas à la supérieure que j'étais frappée de la beauté de ce portrait. Vous me dîtes alors, en plaisantant, que ce tableau représentait un de nos parents d'autrefois, qui, très jeune encore, avait montré un grand courage et d'excellentes qualités, et cela ne fit qu'ajouter encore à ma première impression... Depuis ce jour, souvent je m'étais plu à me rappeler ce portrait, sans le moindre scrupule, croyant qu'il s'agissait de l'un de nos cousins morts depuis longtemps... Peu à peu je m'habituai à ces douces pensées... sachant qu'il ne m'était pas permis d'aimer sur cette terre... — ajouta Fleur-de-Marie avec une expression navrante. — Je me fis de ces rêveries bizarres une sorte de mélancolique intérêt, moitié sourire et moitié larmes ; je regardais ce joli page des temps passés comme un fiancé d'outre-tombe... que je retrouverais peut-être un jour dans l'éternité ; il me semblait qu'un tel amour était seul digne d'un cœur qui vous appartenait tout entier, mon père... Mais pardonnez-moi ces tristes enfantillages.

— Rien n'est plus touchant, au contraire, pauvre enfant, — dit Clémence profondément émue.

— Maintenant, — reprit Rodolphe, — je comprends pourquoi tu m'as reproché un jour, d'un air chagrin, de t'avoir trompée sur ce point.

— Hélas ! oui, mon père. Jugez de ma confusion lorsque plus tard la supérieure m'apprit que ce portrait était celui de son neveu, l'un de nos parents... Alors mon trouble fut extrême ; je tâchai d'oublier mes premières impressions ; mais plus j'y tâchais, plus elles s'enracinaient dans mon cœur, par suite même de la persévérance de mes efforts... Malheureusement encore, souvent je vous entends, mon père, vanter le cœur, l'esprit, le caractère du prince Henri..

— Tu l'aimais déjà, mon enfant chérie, alors que tu n'avais encore vu que son portrait et entendu parler que de ses rares qualités.

— Sans l'aimer, mon père, je sentais pour lui un attrait que je me reprochais amèrement ; mais je me consolais en pensant que personne au monde ne saurait ce triste secret. Oser aimer... moi... moi... et puis ne pas me contenter de votre tendresse, de celle de ma seconde mère ? Ne vous devais-je pas assez pour employer toutes les forces, toutes les ressources de mon cœur à vous chérir tous deux ?... Enfin, pour la première fois, je vis mon cousin... à cette grande fête que vous donniez à l'archiduchesse Sophie ; le prince Henri ressemblait d'une manière si saisissante à son portrait, que je le reconnus tout d'abord... Le soir même, mon père, vous m'avez présenté mon cousin, en autorisant entre nous l'intimité que permet la parenté.

— Et bientôt vous vous êtes aimés ?

— Ah ! mon père, il exprimait son respect, son admiration pour vous avec tant d'éloquence.. vous m'aviez dit vous-même tant de bien de lui !...

— Il le méritait... Il n'est pas de caractère plus élevé, il n'est pas de meilleur et de plus valeureux cœur.

— Ah! de grâce... mon père... ne le louez pas ainsi... je suis déjà si malheureuse!

— Et moi, je tiens à te bien convaincre de toutes les rares qualités de ton cousin... Ce que je te dis t'étonne... je le conçois, mon enfant... Continue...

— Je sentais le danger que je courais en voyant le prince Henri chaque jour, et je ne pouvais me soustraire à ce danger. Malgré mon aveugle confiance en vous, mon père, je n'osais vous exprimer mes craintes... Je mis tout mon courage à cacher cet amour; pourtant, je vous l'avoue, mon père, malgré mes remords, souvent dans cette fraternelle intimité de chaque jour, oubliant le passé, j'éprouvai des éclairs de bonheurs inconnus jusqu'alors... mais bientôt suivis, hélas! de sombres désespoirs, dès que je retombais sous l'influence de mes tristes souvenirs... Car, s'ils me poursuivaient au milieu des hommages et des respects de personnes presque indifférentes, ah! jugez... jugez, mon père, de mes tortures lorsque le prince Henri me prodiguait les louanges les plus délicates... m'entourait d'une adoration candide et pieuse, mettant, disait-il, l'attachement fraternel qu'il ressentait pour moi sous la protection de sa mère, qu'il avait perdue bien jeune. Du moins, ce doux nom de sœur qu'il me donnait, je tâchais de le mériter, en conseillant mon cousin sur son avenir, selon mes faibles lumières, en m'intéressant à tout ce qui le touchait, en me promettant de toujours vous demander pour lui votre bienveillant appui.. Mais souvent aussi, que de tourments, que de pleurs dévorés, lorsque par hasard le prince Henri m'interrogeait sur mon enfance, sur ma première jeunesse... Oh! tromper... toujours tromper... toujours craindre... toujours mentir... toujours trembler devant le regard de celui qu'on aime et qu'on respecte, comme le criminel tremble devant le regard inexorable de son juge!... Oh! mon père, j'étais coupable, je le sais, je n'avais pas le droit d'aimer; mais j'expiais ce triste amour par bien des douleurs... Que vous dirai-je! le départ du prince Henri, en me causant un nouveau et violent chagrin... m'a éclairée; j'ai vu que je l'aimais plus encore que je ne le croyais... Aussi, — ajouta Fleur-de-Marie avec accablement, et comme si cette confession eût épuisé ses forces, — bientôt je vous aurais fait cet aveu... car ce fatal amour a comblé la mesure de ce que je souffre... Dites, maintenant que vous savez tout, dites, mon père, est-il pour moi un autre avenir que celui du cloître?...

— Il en est un autre, mon enfant... oui... et cet avenir est aussi doux, aussi riant, aussi heureux que celui du couvent est morne et sinistre!

— Que dites-vous, mon père?

— Écoute-moi à ton tour... Tu sens bien que je t'aime trop, que ma tendresse est trop clairvoyante pour que ton amour et celui d'Henri m'aient échappé: au bout de quelques jours je fus certain qu'il t'aimait.. plus encore peut-être que tu ne l'aimes...

— Mon père... non..., non... c'est impossible, il ne m'aime pas à ce point.

— Il t'aime, te dis-je... il t'aime avec passion, avec délire.

— Oh! mon Dieu! mon Dieu!

— Ecoute encore... Lorsque je t'ai fait cette plaisanterie du portrait, j'ignorais qu'Henri devait venir bientôt voir sa tante à Gerolstein. Lorsqu'il y vint, je cédai au penchant qu'il m'a toujours inspiré, je l'invitai à nous voir souvent... Jusqu'alors je l'avais traité comme mon fils, je ne changeai rien à ma manière d'être envers lui... Au bout de quelques jours, Clémence et moi nous ne pûmes douter de l'attrait que vous éprouviez l'un pour l'autre... Si ta position était douloureuse, ma pauvre enfant, la mienne aussi était pénible, et surtout d'une délicatesse extrême... Comme père... sachant les rares et excellentes qualités d'Henri, je ne pouvais qu'être profondément heureux de votre attachement, car jamais je n'aurais pu rêver un époux plus digne de toi. Mais, comme homme d'honneur, je songeais au triste passé de mon enfant... Aussi, loin d'encourager les espérances d'Henri, dans plusieurs entretiens je lui donnai des conseils absolument contraires à ceux qu'il aurait dû attendre de moi, si j'avais songé à lui accorder ta main. Dans des conjonctures si délicates, comme père et comme homme d'honneur, je devais garder une neutralité rigoureuse, ne pas encourager l'amour de ton cousin, mais le traiter avec la même affabilité que par le passé... Tu as été jusqu'ici si malheureuse, mon enfant chérie, que, te voyant pour ainsi dire te ranimer sous l'influence de ce noble et pur amour, pour rien au monde je n'aurais voulu te ravir ces joies divines et rares... En admettant même que cet amour dut être brisé plus tard... tu aurais au moins connu quelques jours d'innocent bonheur... Et puis enfin... cet amour pouvait assurer ton repos à venir...

— Mon repos?

— Ecoute encore... Le père d'Henri, le prince Paul, vient de m'écrire; voici sa lettre... Quoiqu'il regarde cette alliance comme une faveur inespérée... il me demande ta main pour ton fils, qui, me dit-il, éprouve pour toi l'amour le plus respectueux et le plus passionné.

— Oh! mon Dieu! mon Dieu! — dit Fleur-de-Marie en cachant son visage dans ses mains, j'aurais pu être si heureuse!

— Courage, ma fille bien-aimée! si tu le veux, ce bonheur est à toi — s'écria tendrement Rodolphe.

— Oh! jamais!... jamais!... Oubliez-vous?...

— Je n'oublie rien... Mais que demain tu entres au couvent, non seulement je te perds à jamais... mais tu me quittes pour une vie de larmes et d'austérité... Eh bien, te perdre... pour te perdre, qu'au moins je te sache heureuse et mariée à celui que tu aimes..., et qui t'adore.

— Mariée avec lui... moi, mon père!...

— Oui... mais à la condition que, sitôt après votre mariage, contracté ici, la nuit, sans d'autres témoins que Murph pour toi et que le baron de Graün pour Henri, vous partirez tous deux pour aller dans quelque tranquille retraite de Suisse ou d'Italie vivre inconnus, en riches bourgeois. Maintenant, ma fille chérie, sais-tu pourquoi je me résigne à t'éloigner de moi ? sais-tu pourquoi je désire qu'Henri quitte son titre une fois hors de l'Allemagne ? C'est que je suis sûr qu'au milieu d'un bonheur solitaire, concentrée dans une existence dépouillée de tout faste, peu à peu tu oublieras cet odieux passé, qui t'est surtout pénible parce qu'il contraste amèrement avec les cérémonieux hommages dont à chaque instant tu es entourée.

— Rodolphe a raison ! — s'écria Clémence. — Seule avec Henri, continuellement heureuse de son bonheur et du vôtre, il ne vous restera pas le temps de songer à vos chagrins d'autrefois, mon enfant.

— Puis comme il me serait impossible d'être longtemps sans te voir, chaque année Clémence et moi nous irons vous visiter.

— Et un jour... lorsque la plaie dont vous souffrez tant, pauvre petite, sera cicatrisée... lorsque vous aurez trouvé l'oubli dans le bonheur... vous reviendrez près de nous pour ne plus nous quitter !

— L'oubli... dans le bonheur ?... murmura Fleur-de-Marie, qui malgré elle se laissait bercer par ce songe enchanteur.

— Oui... oui, mon enfant, — reprit Clémence, — lorsqu'à chaque instant du jour vous vous verrez bénie, respectée, adorée par l'époux de votre choix, par l'homme dont votre père vous a mille fois vanté le cœur noble et généreux... aurez-vous le loisir de penser au passé ?...

— Enfin, c'est vrai... car, dis-moi, mon enfant, — reprit Rodolphe, qui pouvait à peine contenir des larmes de joie en voyant sa fille ébranlée, en présence de l'idolâtrie de ton mari pour toi... lorsque tu auras la conscience et la preuve du bonheur qu'il te doit... quels reproches pourras-tu te faire ?

— Mon père... — dit Fleur-de-Marie, oubliant le passé pour cette espérance ineffable, — tant de bonheur me serait-il encore réservé ?

— Ah ! j'en étais bien sûr ! — s'écria Rodolphe dans un élan de joie triomphante ; — est-ce qu'après tout un père qui le veut... ne peut pas rendre au bonheur son enfant adorée !...

— Épouser Henri... et un jour... passer ma vie entre lui... ma seconde mère et mon père... — répéta Fleur-de-Marie, subissant de plus en plus la douce ivresse de ces pensées.

— Oui, mon ange aimé, nous serons tous heureux !... Je vais répondre au père d'Henri que je consens au mariage ! — s'écria Rodolphe en serrant Fleur-de-Marie dans ses bras avec une émotion indicible. — Rassure-toi, notre séparation sera passagère... les nouveaux devoirs que le mariage va t'imposer raffermiront encore tes pas dans cette voie d'oubli et de félicité où tu vas marcher désormais... car enfin si un jour tu es mère, ce ne sera pas seulement pour toi qu'il faudra être heureuse.

— Ah! — s'écria Fleur-de-Marie avec un cri déchirant, car ce mot de *mère* la réveilla du songe enchanteur qui la berçait, — mère!... moi? Oh! jamais! je suis indigne de ce saint nom... Je mourrais de honte devant mon enfant... si je n'étais pas morte de honte devant son père... en lui faisant l'aveu du passé...

— Que dit-elle, mon Dieu! — s'écria Rodolphe, foudroyé par ce brusque changement.

— Moi mère! — reprit Fleur-de-Marie avec une amertume désespérée, — moi respectée, moi bénie par un enfant innocent et candide! Moi autrefois l'objet du mépris de tous! moi, profaner ainsi le nom sacré de mère!... oh! jamais!... Misérable folle que j'étais de me laisser entraîner à un espoir indigne!...

— Ma fille, par pitié, écoute moi

Fleur-de-Marie se leva droite, pâle et belle de la majesté d'un malheur incurable. — Mon père... nous oublions qu'avant de m'épouser... le prince Henri doit connaître ma vie passée...

— Je ne l'avais pas oublié! — s'écria Rodolphe; il doit tout savoir... il saura tout...

— Et vous ne voulez pas que je meure... de me voir ainsi dégradée à ses yeux!

— Mais il saura aussi quelle irrésistible fatalité t'a jetée dans l'abîme... mais il saura ta réhabilitation.

— Et il sentira enfin, — reprit Clémence, — que lorsque je vous appelle *ma fille*... il peut sans honte vous appeler *sa femme*...

— Et moi... ma mère... j'aime trop... j'estime trop le prince Henri pour jamais lui donner une main qui a été touchée par les bandits de la Cité...

. . . .

Peu de temps après cette scène douloureuse, on lisait dans la *Gazette officielle de Gerolstein*:

« Hier a eu lieu, en l'abbaye grand-ducale de Sainte-Hermangilde, en présence de Son Altesse Royale le grand-duc régnant et de toute la cour, la prise de voile de très haute et très puissante princesse Son Altesse Amélie de Gerolstein. Le noviciat a été reçu par l'illustrissime et révérendissime seigneur monseigneur Charles Maxime, archevêque duc d'Oppenheim. Monseigneur Annibal-André Montano, des princes de Delphes, évêque de Ceuta *in partibus infidelium* et nonce apostolique, y a donné le salut et LA BÉNÉDICTION PAPALE. Le sermon a été prononcé par le révérendissime seigneur Pierre d'Asfeld, chanoine du chapitre de Cologne, comte du Saint-Empire romain.

« VENI, CREATOR OPTIME ».

CHAPITRE III

La profession.

Rodolphe à Clémence.

Gérolstein, 12 janvier 1842[1].

En me rassurant complétement aujourd'hui sur la santé de votre père, mon amie, vous me faites espérer que vous pourrez avant la fin de cette semaine le ramener ici. Je l'avais prévenu que dans la résidence de Rosenfeld, située au milieu des forêts, il serait exposé malgré toutes les précautions possibles, à l'âpre rigueur de nos froids; malheureusement sa passion pour la chasse a rendu nos conseils inutiles. Je vous en conjure, Clémence, dès que votre père pourra supporter le mouvement de la voiture, partez aussitôt ; quittez ce pays sauvage et cette sauvage demeure, seulement habitable pour ces vieux Germains au corps de fer, dont la race a disparu. Je tremble qu'à votre tour vous ne tombiez malade ; les fatigues de ce voyage précipité, les inquiétudes auxquelles vous avez été en proie jusqu'à votre arrivée auprès de votre père, toutes ces causes ont dû réagir cruellement sur vous. Que n'ai-je pu vous accompagner !...

Clémence, je vous en supplie, pas d'imprudence ; je sais combien vous êtes vaillante et dévouée... je sais de quels soins empressés vous allez entourer votre père ; mais il serait aussi désespéré que moi, si votre santé s'altérait pendant ce voyage. Je déplore doublement la maladie du comte, car elle vous éloigne de moi dans un moment où j'aurais puisé bien des consolations dans votre tendresse...

La cérémonie de la *profession* de notre pauvre enfant est toujours fixée à demain... à demain 13 *janvier*, époque fatale... C'est le TREIZE JANVIER que j'ai tiré l'épée contre mon père...

Ah ! mon amie... je m'étais cru pardonné trop tôt... L'enivrant espoir de passer ma vie auprès de vous et de ma fille m'avait fait oublier que ce n'était pas moi, mais *elle*, qui avait été punie jusqu'à présent, et que mon châtiment était encore à venir. — Et il est venu... lorsqu'il y a six mois l'infortunée nous a dévoilé la double torture de son cœur : — *sa honte incurable du passé... jointe à son malheureux amour pour Henri...* Ces deux amers et brûlants ressentiments, exaltés l'un par l'autre, devaient par une logique fatale amener son inébranlable résolution de prendre le voile. Vous le savez, mon amie, en combattant ce dessein de toutes les forces de notre adoration pour elle, nous ne pouvions nous dissimuler que sa digne et courageuse conduite eût été la nôtre... Que répondre à ces mots terribles : *J'aime trop*

---

[1] Environ six mois se sont passés depuis que Fleur-de-Marie est entrée au couvent de Sainte-Hermangilde.

le prince Henri pour lui donner une main touchée par les bandits de la Cité...

Elle a dû se sacrifier à ses nobles scrupules, au souvenir ineffaçable de sa honte ; elle l'a fait vaillamment... elle a renoncé aux splendeurs du monde, elle est descendue des marches d'un trône pour s'agenouiller, vêtue de bure, sur la dalle d'une église ; elle a croisé ses mains sur sa poitrine, courbé sa tête angélique... et ses beaux cheveux blonds, que j'aimais tant et que je conserve comme un trésor... sont tombés tranchés par le fer...

Oh ! mon amie, vous savez notre émotion déchirante à ce moment lugubre et solennel ; cette émotion est, à cette heure, aussi poignante que par le passé... En vous écrivant ces mots, je pleure comme un enfant...

Je l'ai vue ce matin : quoiqu'elle m'ait paru moins pâle que d'habitude, et qu'elle prétende ne pas souffrir... sa santé m'inquiète mortellement. Hélas ! lorsque sous le voile et le bandeau qui entourent son noble front, je vois ses traits amaigris qui ont la froide blancheur du marbre, et qui font paraître ses grands yeux bleus plus grands encore, je ne puis m'empêcher de songer au doux et pur éclat dont brillait sa beauté lors de notre mariage. Jamais nous ne l'avions vue plus charmante ; notre bonheur semblait rayonner sur son délicieux visage. Comme je vous le disais, je l'ai vue ce matin ; elle n'est pas prévenue que la princesse Juliane se démet en sa faveur de sa dignité abbatiale ; demain donc, jour de sa profession, notre enfant sera élue abbesse, puisqu'il y a unanimité parmi les demoiselles nobles de la communauté pour lui conférer cette dignité.

Depuis le commencement de son noviciat, il n'y a qu'une voix sur sa piété, sur sa charité, sur sa religieuse exactitude à remplir toutes les règles de son ordre, dont elle exagère malheureusement les austérités... Elle a exercé dans ce couvent l'influence qu'elle exerce partout, sans y prétendre et en l'ignorant, ce qui en augmente la puissance...

Son entretien de ce matin m'a confirmé ce dont je me doutais : elle n'a pas trouvé dans la solitude du cloître et dans la pratique sévère de la vie monastique le repos et l'oubli... Elle se félicite pourtant de sa résolution, qu'elle considère comme l'accomplissement d'un devoir impérieux ; mais elle souffre toujours, car elle n'est pas née pour ces contemplations mystiques, au milieu desquelles certaines personnes, oubliant toutes les affections, tous les souvenirs terrestres, se perdent en ravissements ascétiques. Non, Fleur-de-Marie croit, elle prie, elle se soumet à la rigoureuse et dure observance de son ordre ; elle prodigue les consolations les plus évangéliques, les soins les plus humbles aux pauvres femmes malades qui sont traitées dans l'hospice de l'abbaye. Elle a refusé jusqu'à l'aide d'une sœur converse pour le modeste ménage de cette triste cellule froide et nue où nous avons remarqué avec un si douloureux étonnement, vous vous le rappelez, mon amie, les branches desséchées de *son petit rosier*, suspendues au-dessous de son christ. Elle est enfin l'exemple chéri, le modèle vénéré de la communauté... Mais elle me l'a avoué ce matin, en se reprochant cette faiblesse avec amertume, elle n'est pas tellement absorbée par la pratique et par les austérités de la vie religieuse, que le passé ne lui apparaisse sans cesse, non seulement tel qu'il a été... mais tel qu'il aurait pu être.

« Je m'en accuse, mon père, me disait-elle avec ce calme et douce résignation que vous lui connaissez ; je m'en accuse, mais je ne puis m'empêcher de songer souvent que, si Dieu avait voulu m'épargner la dégradation qui a flétri à jamais mon avenir, j'aurais pu vivre toujours auprès de vous, aimée de l'époux de votre choix. Malgré moi, ma vie se partage entre ces douloureux regrets et les effroyables souvenirs de *la Cité*; en vain je prie Dieu de me délivrer de ces obsessions, de remplir uniquement mon cœur de son pieux amour, de ses saintes espérances, de me prendre enfin tout entière, puisque je veux me donner tout entière à lui.. Il n'exauce pas mes vœux... sans doute parce que mes préoccupations terrestres me rendent indigne d'entrer en communion avec lui. »

— Mais alors, — m'écriai-je, saisi d'une folle lueur d'espérance, — il en est temps encore : aujourd'hui ton noviciat finit, mais c'est seulement demain qu'aura lieu ta profession solennelle ; tu es encore libre : renonce à cette vie si rude et si austère qui ne t'offre pas les consolations que tu attendais ; souffrir pour souffrir, viens souffrir dans nos bras, notre tendresse adoucira tes chagrins.

Secouant tristement la tête, elle me répondit avec cette inflexible justesse de raisonnement qui nous a si souvent frappés : « Sans doute, mon bon père, la solitude du cloître est bien triste pour moi... pour moi, déjà si habituée à vos tendresses de chaque instant. Sans doute, je suis poursuivie par d'amers regrets, par de navrants souvenirs ; mais au moins j'ai la conscience d'accomplir un devoir... mais je comprends, mais je sais que partout ailleurs qu'ici je serais déplacée; je me retrouverais dans cette condition si cruellement fausse.. dont j'ai tant souffert... et pour moi... et pour vous... car j'ai ma fierté aussi. Votre fille sera ce qu'elle doit être... fera ce qu'elle doit faire, subira ce qu'elle doit subir... Demain tous sauraient de quelle fange vous m'avez tirée... qu'en me voyant repentante au pied de la croix, on me pardonnerait peut-être le passé en faveur de mon humilité présente... Et il n'en serait pas ainsi, n'est-ce pas, mon bon père, si l'on me voyait, comme il y a quelques mois, briller au milieu des splendeurs de votre cour? D'ailleurs, satisfaire aux justes et sévères exigences du monde, c'est me satisfaire moi-même : aussi je remercie et je bénis Dieu de toute la puissance de mon âme, en songeant que *lui seul* pouvait offrir à votre fille un asile et une position dignes d'elle et de vous.. une position enfin qui ne formât pas un affligeant contraste avec ma dégradation première... et qui pût me mériter le seul respect qui me soit dû... celui que l'on accorde au repentir et à l'humilité. »

Hélas! que répondre à cela?... Fatalité! fatalité! car cette malheureuse enfant est douée d'une inexorable *logique* en tout ce qui touche les délicatesses du cœur et de l'honneur. Avec un esprit et une âme pareils, il ne faut pas songer à pallier, à *tourner* les positions fausses. il faut en subir les implacables conséquences...

Je l'ai quittée, comme toujours, le cœur brisé. Sans fonder le moindre espoir sur cette entrevue, qui sera la dernière avant sa *profession*, je m'étais dit : Aujourd'hui encore elle peut renoncer au cloître... Mais vous le voyez, sa volonté est irrévocable, et je dois, hélas ! en convenir avec elle, et répéter ses paroles : — *Dieu seul pourait lui offrir un asile et une position dignes d'elle et de moi.*

Encore une fois, sa résolution est admirablement convenable et logique au point de vue de la société où nous vivons... Avec l'exquise susceptibilité de Fleur-de-Marie, il n'y a pas pour elle d'autre condition possible. Mais je vous l'ai dit bien souvent, mon amie, si des devoirs sacrés, plus sacrés encore que ceux de la famille, ne me retenaient pas au milieu de ce peuple qui m'aime, et dont je suis un peu la providence, je ser is allé avec vous, ma fille, Henri et Murph, vivre heureux et obscur dans quelque retraite ignorée. Alors, loin des lois impérieuses d'une société impuissante à guérir les maux qu'elle a faits, nous aurions bien forcé cette malheureuse enfant au bonheur et à l'oubli... tandis qu'ici, au milieu de cet éclat, de ce cérémonial, si restreint qu'il fût, c'était impossible... Mais, encore une fois... fatalité!... fatalité !... je ne puis abdiquer mon pouvoir sans compromettre le bonheur de ce peuple qui compte sur moi... Braves et dignes gens !... qu'ils ignorent toujours ce que leur félicité me coûte !...

Adieu, tendrement adieu, ma bien-aimée Clémence. Il m'est presque consolant de vous voir aussi affligée que moi du sort de mon enfant; car ainsi je puis dire *notre* chagrin, et il n'y a pas d'égoïsme dans ma souffrance. — Quelquefois je me demande avec effroi ce que je serais devenu sans vous, au milieu de circonstances si douloureuses... Souvent aussi ces pensées m'apitoient encore davantage sur le sort de Fleur-de-Marie... car vous me restez, vous... Et à elle, que lui reste-t-il ?

Adieu encore, et tristement adieu, noble amie, bon ange des jours mauvais. Revenez bientôt, cette absence vous pèse autant qu'à moi...

A vous ma vie et mon amour !... Âme et cœur, à vous !

R.

Je vous envoie cette lettre par un courrier ; à moins de changement imprévu, je vous en expédierai une autre demain sitôt après la triste cérémonie. Mille vœux et espoirs à votre père pour son prompt rétablissement. J'oubliais de vous donner des nouvelles du pauvre Henri ; son état s'améliore et ne donne plus de si graves inquiétudes. Son excellent père, malade lui-même, a retrouvé des forces pour le soigner, pour le veiller ; miracle d'amour paternel... qui ne nous étonne pas, nous autres. — Ainsi donc, amie, à demain... demain... jour sinistre et néfaste pour moi... A vous encore, à vous toujours.

R.

Abbaye de Sainte-Hermangilde, quatre heures du matin.

Rassurez-vous, Clémence... rassurez-vous, quoique l'heure à laquelle je vous écris cette lettre et le lieu d'où elle est datée doivent vous effrayer... Grâce à Dieu, le danger est passé, mais la crise a été terrible...

Hier, après vous avoir écrit, agité par je ne sais quel funeste pressentiment, me rappelant la pâleur, l'air souffrant de ma fille, l'état de faiblesse où elle languit depuis quelque temps, songeant enfin qu'elle devait passer en prières, dans une immense et glaciale église, presque toute cette nuit qui précède sa profession, j'ai envoyé Murph et David à l'abbaye demander à la princesse Juliane de leur permettre de rester jusqu'à demain dans la maison extérieure qu'Henri habitait ordinairement. Ainsi ma fille pouvait avoir de prompts secours et moi de ses nouvelles, si les forces lui manquaient pour accomplir cette rigoureuse... je ne veux pas dire cruelle... obligation de rester une nuit de janvier en prières, par un froid excessif. J'avais aussi écrit à Fleur-de-Marie que, tout en respectant l'exercice de ses devoirs religieux, je la suppliais de songer à sa santé, et de faire sa veillée de prières dans sa cellule, et non dans l'église. Voici ce qu'elle m'a répondu :

« Mon bon père, je vous remercie du plus profond de mon cœur de cette nouvelle et tendre preuve de votre intérêt ; n'ayez aucune inquiétude, je me crois en état d'accomplir mon devoir... Votre fille, mon bon père, ne peut témoigner ni crainte ni faiblesse... la règle est telle, je dois m'y conformer... En résultât-il quelques souffrances physiques, c'est avec joie que je les offrirais à Dieu ! Vous m'approuverez, je l'espère, vous qui avez toujours pratiqué le renoncement et le devoir avec tant de courage... Adieu, mon bon père... Je ne vous dirai pas que je vais prier pour vous... en priant Dieu, je vous prie toujours, car il m'est impossible de ne pas vous confondre avec la divinité que j'implore ; vous avez été pour moi sur la terre ce que Dieu, si je le mérite, sera pour moi dans le ciel.

» Daignez bénir ce soir votre fille par la pensée, mon bon père... elle sera demain l'épouse du Seigneur... Elle vous baise les mains avec un pieux respect.

Sœur Amélie. »

Cette lettre, que je ne pus lire sans fondre en larmes, me rassura pourtant quelque peu ; je devais, moi aussi, accomplir une veillée sinistre. La nuit venue, j'allai m'enfermer dans le pavil-

¹on que j'ai fait construire non loin du monument élevé au souvenir de mon père, . en expiation de cette nuit fatale.

Vers une heure du matin, j'entendis la voix de Murph, je frissonnai d'épouvante ; il arrivait en toute hâte du couvent. Ainsi que je l'avais prévu, la malheureuse enfant, malgré son courage et la volonté, n'a pas eu la force d'accomplir entièrement cette pratique barbare, dont il avait été impossible de la dispenser, la règle étant formelle à ce sujet. A huit heures du soir, Fleur-de-Marie s'est agenouillée sur la pierre de cette église... Jusqu'à plus de minuit elle a prié... Mais à cette heure succombant à sa faiblesse, à cet horrible froid, à son émotion, car elle a longuement et silencieusement pleuré... elle s'est évanouie. Deux religieuses qui avaient partagé sa veillée... vinrent la relever et la transportèrent dans sa cellule... David fut à l'instant prévenu ; Murph monta en voiture, accourut me chercher ; je volai au couvent ; je fus reçu par la princesse Juliane. Elle me dit que David craignait que ma vue ne fît une trop vive impression sur ma fille, que son évanouissement, dont elle était revenue, ne présentait rien de très alarmant, ayant été seulement causé par une grande faiblesse.

D'abord une horrible pensée me vint... Je crus qu'on voulait me cacher quelque grand malheur, ou du moins me préparer à l'apprendre ; mais la supérieure me dit : « Je vous l'affirme, monseigneur, la princesse Amélie est hors de danger ; un léger cordial que le docteur David lui a fait prendre a ranimé ses forces. »

Je ne pouvais douter de ce que m'affirmait l'abbesse ; je la crus, et j'attendis des nouvelles de ma fille avec une douloureuse impatience. Au bout d'un quart d'heure d'angoisses, David revint. Grâce à Dieu, elle allait mieux, et elle avait voulu continuer sa veillée de prières dans l'église, en consentant seulement à s'agenouiller sur un coussin... Et comme je me révoltais et m'indignais de ce que la supérieure et lui eussent accédé à son désir, ajoutant que je m'y opposais formellement il me répondit qu'il eût été dangereux de contrarier la volonté de ma fille dans un moment où elle était sous l'influence d'une vive émotion nerveuse, et d'ailleurs il était convenu avec la princesse Juliane que la pauvre enfant quitterait l'église à l'heure des matines pour prendre un peu de repos et se préparer à la cérémonie.

— Elle est donc maintenant à l'église ? — lui dis-je.

— Oui, monseigneur... mais avant une demi-heure elle l'aura quittée...

Je me fis aussitôt conduire à notre tribune du nord, d'où l'on domine tout le chœur. Là, au milieu des ténèbres de cette vaste église, seulement éclairée par la pâle clarté de la lampe du sanctuaire, je la vis près de la grille... agenouillée, les mains jointes et priant encore avec ferveur. Moi aussi je m'agenouillai en pensant à mon enfant.

Trois heures sonnèrent ; deux sœurs assises dans les stalles qui ne l'avaient pas quittée des yeux, vinrent lui parler bas...

Au bout de quelques moments, elle se signa, se leva et traversa le chœur d'un pas assez ferme... et pourtant, mon amie, lorsqu'elle passa sous la lampe, son visage me parut aussi blanc que le voile qui flottait autour d'elle... Je sortis aussitôt de la tribune, voulant d'abord aller la rejoindre, mais je craignis qu'une nouvelle émotion ne l'empêchât de goûter quelques moments de repos. J'envoyai David savoir comment elle se trouvait... il revint me dire qu'elle se sentait mieux et qu'elle allait tâcher de dormir un peu...

Je reste à l'abbaye... pour la cérémonie qui aura lieu ce matin.

Je pense maintenant, mon amie, qu'il est inutile de vous envoyer cette lettre incomplète... Je la terminerai demain en vous racontant les événements de cette triste journée.

A bientôt donc, mon amie. Je suis brisé de douleur... Plaignez-moi.

CHAPITRE DERNIER

Le 13 janvier

Rodolphe à Clémence.

Treize janvier... anniversaire maintenant doublement sinistre !

Mon amie... nous la perdons à jamais ! Tout est fini... tout !... Écoutez ce récit.

Il est donc vrai... on éprouve une volupté atroce à raconter une horrible douleur

Hier, je me plaignais du hasard qui vous retenait loin de moi... aujourd'hui, Clémence, je me félicite de ce que vous n'êtes pas ici ; vous souffririez trop...

Ce matin, je sommeillais à peine, j'ai été éveillé par le son des cloches... j'ai tressailli d'effroi... cela m'a semblé funèbre... on eût dit un glas de funérailles. En effet, ma fille est morte pour nous, morte, entendez-vous !.. Dès aujourd'hui, Clémence, il faut commencer à porter son deuil dans votre cœur, dans votre cœur toujours pour elle si maternel... Que notre enfant soit ensevelie sous le marbre d'un tombeau ou sous la voûte d'un cloître... pour nous... quelle est la différence ? Dès aujourd'hui, entendez-vous, Clémence... il faut la regarder comme morte... D'ailleurs... elle est d'une si grande faiblesse... sa santé, altérée par tant de chagrins, par tant de secousses, est si chancelante... pourquoi pas aussi cette autre mort, plus complète encore ? La fatalité n'est pas lasse... Et pu... d'ailleurs... d'après ma lettre d'hier... vous devez comprendre que cela serait peut-être plus heureux pour elle... qu'elle fût morte.

50.

MORTE... ces cinq lettres ont une physionomie étrange... ne trouvez-vous pas ?... quand on les écrit à propos d'une fille idolâtrée... d'une fille si belle, si charmante, d'une bonté si angélique... Dix-huit ans à peine... et morte au monde !

Au fait... pour nous et pour elle, à quoi bon végéter souffrante dans la morne tranquillité de ce cloître ? qu'importe qu'elle vive si elle est perdue pour nous ? Elle doit tant l'aimer, la vie.. que la fatalité lui a faite !

Ce que je dis là est affreux... il y a un égoïsme barbare dans l'amour paternel !

. . . .

A midi, sa *profession* a eu lieu avec une pompe solennelle. Caché derrière les rideaux de notre tribune, j'y ai assisté... J'ai ressenti, mais avec encore plus d'intensité, toutes les poignantes émotions que nous avions éprouvées lors de son noviciat...

Chose bizarre ! elle est adorée : on croit généralement qu'elle est attirée vers la vie religieuse par une irrésistible vocation ; on devrait voir dans sa profession un événement heureux pour elle, et, au contraire, une accablante tristesse pesait sur la foule.

Au fond de l'église, parmi le peuple... j'ai vu deux sous-officiers de mes gardes, deux vieux et rudes soldats. baisser la tête et pleurer... On eût dit qu'il y avait *dans l'air* un douloureux pressentiment. Du moins s'il était fondé, il n'est réalisé qu'à demi...

La profession terminée, on a ramené notre enfant dans la salle du chapitre où devait avoir lieu la nomination de la nouvelle abbesse. Grâce à mon privilège souverain, j'allai dans cette salle attendre Fleur-de-Marie au retour du chœur. Elle entra bientôt... Son émotion, sa faiblesse étaient si grandes que deux sœurs la soutenaient. Je fus effrayé, moins encore de sa pâleur et de la profonde altération de ses traits que de l'expression de son sourire... il me parut empreint d'une sorte de satisfaction sinistre...

Clémence.. je vous le dis... peut-être bientôt nous faudra-t-il du courage... bien du courage. *Je sens* pour ainsi dire *en moi* que notre enfant est mortellement frappée.

Après tout, sa vie serait si malheureuse... Voilà deux fois que je me dis, en pensant à la mort possible de ma fille... que cette mort mettrait du moins un terme à sa cruelle existence... Cette pensée est un horrible symptôme... Mais si ce malheur doit nous frapper, il vaut mieux y être préparé, n'est-ce pas, Clémence ?

Se préparer à un pareil malheur, c'est en savourer peu à peu et d'avance les lentes angoisses... C'est un raffinement de douleurs inouï.. Cela est mille fois plus affreux que le coup qui vous frappe, imprévu... Au moins la stupeur, l'anéantissement vous épargnent une partie de cet atroce déchirement. Mais les usages de la compasion veulent qu'on vous *prépare*... Probablement je n'agirais pas autrement moi-même, pauvre amie... si j'avais à vous apprendre le funeste événement dont je vous parle.. Ainsi épouvantez-vous, si vous remarquez que je vous entretiens d'*elle*... avec des ménagements, des détours d'une tristesse désespérée, après vous avoir annoncé que sa santé ne me donnait pourtant pas de graves inquiétudes.

Oui, épouvantez vous si je vous parle comme je vous écris maintenant... car, quoique je l'aie quittée assez calme il y a une heure pour venir terminer cette lettre, je vous le répète, Clémence, il me semble *ressentir en moi* qu'elle est plus souffrante qu'elle ne le paraît... Fasse le ciel que je me trompe et que je prenne pour des pressentiments la désespérante tristesse que m'a inspirée cette cérémonie lugubre !

Fleur-de-Marie entra donc dans la grande salle du chapitre. Toutes les stalles furent successivement occupées par les religieuses. Elle alla modestement se mettre à la dernière place de la rangée de gauche ; elle s'appuyait sur le bras d'une des sœurs, car elle semblait toujours bien faible. Au haut bout de la salle, la princesse Juliane était assise, ayant d'un côté la grande prieure, de l'autre une seconde dignitaire, tenant à la main la crosse d'or, symbole de l'autorité abbatiale.

Il se fit un profond silence ; la princesse se leva, prit sa crosse en main, et dit d'une voix grave et émue : « Mes chères filles, mon grand âge m'oblige de confier à des mains plus jeunes cet emblème de mon pouvoir spirituel, — et elle montra sa crosse. — J'y suis autorisée par une bulle de notre Saint Père. Je présenterai donc à la bénédiction de monseigneur l'archevêque d'Oppenheim et à l'approbation de Son Altesse Royale le grand-duc, notre souverain, celle de vous, mes chères filles, qui aura été désignée par vous pour me succéder. Notre grande-prieure va vous faire connaître le résultat de l'élection, et à celle-là que vous aurez élue je remettrai ma crosse et mon anneau. »

Je ne quittais pas ma fille des yeux. Debout dans sa stalle, les deux mains jointes sur sa poitrine, les yeux baissés, à demi enveloppée de son voile blanc et des longs plis traînants de sa robe noire, elle se tenait immobile et pensive, elle n'avait pas un moment supposé qu'on pût l'élire, son élévation n'avait été confiée qu'à moi par l'abbesse.

La grande prieure prit un registre et lut : « Chacune de nos chères sœurs ayant été, suivant la règle, invitée, il y a huit jours, à déposer son vote entre les mains de notre sainte mère, je déclare qu'une de vous, mes chères sœurs, a par sa piété exemplaire, par ses vertus évangéliques, mérité le suffrage unanime de la communauté, et celle-là est notre sœur Amélie, *de son vivant* très haute et très puissante princesse de Gerolstein. »

A ces mots, une sorte de murmure de douce surprise et d'heureuse satisfaction circula dans la salle ; tous les regards des religieuses se fixèrent sur ma fille avec une expression de tendre sympathie ; malgré mes accablantes préoccupations, je fus moi-même vivement ému de cette nomination, qui, faite isolément et secrètement, offrait néanmoins une si touchante unanimité. Fleur-de-Marie, stupéfaite, devint encore plus pâle ; ses genoux tremblaient si fort qu'elle fut obligée de s'appuyer d'une main sur le rebord de la stalle...

L'abbesse reprit d'une voix haute et grave : « Mes chères filles, c'est bien sœur Amélie que vous croyez la plus digne et la plus méritantes de vous toutes ? C'est bien elle que vous reconnaissez pour votre supérieure spirituelle ? Que chacune de vous me réponde à son tour, mes chères filles. »

Et chaque religieuse répondit à haute voix : « Librement et volontairement, j'ai choisi et je choisis sœur Amélie pour ma sainte mère et supérieure. »

Saisie d'une émotion inexprimable, ma pauvre enfant tomba à genoux, joignit les mains, et resta ainsi jusqu'à ce que chaque vote fût émis.

Alors l'abbesse, déposant la crosse et l'anneau entre les mains de la grande prieure, s'avança vers ma fille pour la prendre par la main et la conduire au siège abbatial... « Relevez-vous, ma chère fille, lui dit l'abbesse, venez prendre la place qui vous appartient ; vos vertus évangéliques, et non votre rang, vous l'ont gagnée. » En disant ces mots, la vénérable princesse se pencha vers ma fille pour l'aider à se relever.

Fleur-de-Marie fit quelques pas en tremblant, puis arrivant au milieu de la salle du chapitre, elle s'arrêta et dit d'une voix dont le calme et la fermeté m'étonnèrent : « Pardonnez-moi, sainte mère... je voudrais parler à mes sœurs.

« — Montez d'abord, ma chère fille, sur votre siège abbatial, dit la princesse, c'est de là que vous devez faire entendre votre voix...

« — Cette place, sainte mère... ne peut être la mienne, répondit Fleur-de-Marie d'une voix basse et tremblante.

« — Que dites-vous, ma chère fille ?

« — Une si haute dignité n'est pas faite pour moi, sainte mère.

« — Mais les vœux de vos sœurs vous y appellent.

« — Permettez-moi, sainte mère, de faire ici à deux genoux une profession solennelle ; mes sœurs verront bien, et vous aussi, sainte mère, que la condition la plus humble n'est pas encore assez humble pour moi.

« — Votre modestie vous abuse, ma chère fille, » dit la supérieure avec bonté, croyant qu'en effet la malheureuse enfant cédait à un sentiment de modestie exagérée ; mais moi je devinai ces aveux que Fleur-de-Marie allait faire. Saisi d'effroi, je m'écriai d'une voix suppliante : « Mon enfant... je t'en conjure... »

A ces mots... vous dire, mon amie, tout ce que je lus dans le profond regard que Fleur-de-Marie me jeta serait impossible... Ainsi que vous le saurez dans un instant, elle m'avait compris. Oui, elle avait compris que je devais partager la honte de cette horrible révélation... Elle avait compris qu'après de tels aveux on pouvait m'accuser... moi, de mensonge.., car j'avais toujours dû laisser croire que jamais Fleur-de-Marie n'avait quitté sa mère... À cette pensée, la pauvre enfant s'était crue coupable envers moi d'une noire ingratitude... elle n'eut pas la force de continuer, elle se tut et baissa la tête avec accablement...

« Encore une fois, ma chère fille, reprit l'abbesse, votre modestie vous trompe... l'unanimité du choix de vos sœurs vous prouve combien vous êtes digne de me remplacer... Par cela même que vous avez pris part aux joies du monde, votre renoncement à ces joies n'en est que plus méritant... Ce n'est pas Son Altesse la princesse Amélie qui est élue, c'est *sœur Amélie*... Pour nous, votre vie a commencé du jour où vous avez mis le pied dans la maison du Seigneur... et c'est cette exemplaire et sainte vie que nous récompensons... Je vous dirai plus, ma chère fille : avant d'entrer au bercail, votre existence aurait été aussi égarée qu'elle a été au contraire pure et louable... que les vertus évangéliques dont vous nous avez donné l'exemple depuis votre séjour ici, expieraient et rachèteraient encore aux yeux du Seigneur un passé si coupable qu'il fût... D'après cela, ma chère fille, jugez si votre modestie doit être rassurée. »

Ces paroles de l'abbesse furent, comme vous le pensez, mon amie, d'autant plus précieuses pour Fleur-de-Marie qu'elle croyait le passé ineffaçable. Malheureusement, cette scène l'avait profondément émue, et quoiqu'elle affectât du calme et de la fermeté, il me sembla que ses traits s'altéraient d'une manière inquiétante... Par deux fois elle tressaillit en passant sur son front sa pauvre main amaigrie.

« Je crois vous avoir convaincue, ma chère fille, reprit la princesse Juliane, et vous ne voudrez pas causer à vos sœurs un vif chagrin en refusant cette marque de leur confiance et de leur affection.

« — Non, sainte mère, dit-elle avec une expression qui me frappa et d'une voix de plus en plus faible ; je crois *maintenant* pouvoir accepter... Mais comme je me sens bien fatiguée et un peu souffrante, si vous le permettiez, sainte mère, la cérémonie de ma consécration n'aurait lieu que dans quelques jours...

« — Il sera fait comme vous le désirez, ma chère fille... mais en attendant que votre dignité soit bénie et consacrée... prenez cet anneau... venez à votre place... nos chères sœurs vous rendront hommage selon notre règle. »

Et la supérieure glissant l'anneau pastoral au doigt de Fleur-de-Marie, la conduisit au siège abbatial...

Ce fut un spectacle simple et touchant.

Auprès de ce siège où elle s'assit se tenaient, d'un côté, la grande prieure, portant la crosse d'or ; de l'autre, la princesse Juliane. Chaque religieuse alla s'incliner devant notre enfant et lui baiser respectueusement la main.

Je voyais à chaque instant son émotion augmenter, ses traits se décomposer davantage ; enfin, cette scène fut sans doute au-dessus de ses forces.. car elle s'évanouit avant que la procession des sœurs fût terminée. Jugez de mon épouvante !... Nous la transportâmes dans l'appartement de l'abbesse.

David n'avait pas quitté le couvent ; il accourut, lui donna les premiers soins. Puisse-t-il ne m'avoir pas trompé ! mais il m'a assuré que ce nouvel accident n'avait pour cause qu'une extrême faiblesse causée par le jeûne, les fatigues et la privation de sommeil que ma fille s'était imposés pendant son rude et long noviciat... Je l'ai cru, parce qu'en effet ses traits angéliques, quoique d'une effrayante pâleur, ne trahissaient aucune souffrance lorsqu'elle reprit connaissance... Je fus même frappé de la sérénité qui rayonnait sur son beau front. De nouveau cette quiétude m'effraya ; il me sembla qu'elle cachait le secret espoir d'une délivrance prochaine.

La supérieure était retournée au chapitre pour clore la séance, je restai seul avec ma fille.

Après m'avoir regardé en silence pendant quelques moments, elle me dit : « Mon bon père,. pourrez-vous oublier mon ingratitude ? Pourrez-vous oublier qu'au moment où j'allais faire cette pénible confession, vous m'avez demandé grâce ?...

« — Tais-toi... je t'en supplie...

« — Et je n'avais pas songé, reprit elle avec amertume, qu'en disant à la face de tous de quel abîme de dépravation vous m'aviez retirée... c'était révéler un secret que vous aviez gardé par tendresse pour moi... c'était vous accuser publiquement, vous, mon père, d'une dissimulation à laquelle vous ne vous étiez résigné que pour m'assurer une vie éclatante et honorée... Oh ! pourrez-vous me pardonner ? »

Au lieu de lui répondre, je collai mes lèvres sur son front, elle sentit couler mes larmes...

Après avoir baisé mes mains, à plusieurs reprises, elle me dit : « Maintenant je me sens mieux, mon bon père... maintenant que me voici, ainsi que le dit notre règle, morte au monde... je voudrais faire quelques dispositions en faveur de plusieurs personnes... mais comme tout ce que je possède est à vous... m'y autorisez-vous, mon bon père ?...

» — Peux-tu en douter ?... Mais, je t'en supplie, lui dis-je, n'aie pas de ces pensées sinistres... Plus tard tu t'occuperas de ce soin... n'as-tu pas le temps ?...

» — Sans doute, mon bon père, j'ai encore bien du temps à vivre, ajouta-t elle avec un accent qui, je ne sais pourquoi, me fit de nouveau tressaillir. Je la regardai plus attentivement, aucun changement dans ses traits ne justifia mon inquiétude. — Oui, j'ai encore bien du temps à vivre, reprit-elle, mais je ne devrai plus m'occuper des choses terrestres... car aujourd'hui je renonce à tout ce qui m'attache au monde... Je vous en prie, ne me refusez pas...

» — Ordonne... je ferai ce que tu désires...

» — Je voudrais que ma tendre mère gardât toujours dans le petit salon où elle se tient habituellement... mon métier à broder... avec la tapisserie que j'avais commencée...

— Tes désirs seront remplis, mon enfant. Ton appartement est resté comme il était le jour où tu as quitté le palais ; car tout ce qui t'a appartenu est pour nous l'objet d'un culte religieux... Clémence sera profondément touchée de ta pensée...

» — Quant à vous, mon bon père, prenez, je vous en prie, mon grand fauteuil d'ébène, où j'ai tant pensé, tant rêvé...

» — Il sera placé à côté du mien, dans mon cabinet de travail, et je t'y verrai chaque jour assise près de moi, comme tu t'y asseyais si souvent, lui dis-je sans pouvoir retenir mes larmes.

« — Maintenant, je voudrais laisser quelques souvenirs de moi à ceux qui m'ont témoigné tant d'intérêt quand j'étais malheureuse. A madame Georges, je voudrais donner l'écritoire dont je me servais dernièrement. Ce don aura quelque à-propos, ajouta-t-elle avec son doux sourire, car c'est elle qui, à la ferme, a commencé de m'apprendre à écrire. Quant au vénérable curé de Bouqueval qui m'a instruite dans la religion, je lui destine le beau christ de mon oratoire...

» — Bien, mon enfant.

» — Je désirerais aussi envoyer mon bandeau de perles à ma bonne petite Rigolette... C'est un bijou simple qu'elle pourra porter sur ses beaux cheveux noirs... et puis, si cela était possible, puisque vous savez où se trouvent Martial et la Louve en Algérie, je voudrais que cette courageuse femme qui m'a sauvé la vie... eût ma croix d'or émaillée... Ces différents gages de souvenir, mon bon père, seraient remis à ceux à qui je les envoie, *de la part de Fleur-de-Marie*.

» — J'exécuterai tes volontés... Tu n'oublies personne ?...

» — Je ne crois pas, mon bon père.

» — Cherche bien, parmi ceux qui t'aiment... n'y a-t-il pas quelqu'un de bien malheureux, d'aussi malheureux que ta mère... et moi... quelqu'un qui regrette aussi douloureusement que nous ton entrée au couvent ? »

La pauvre enfant me comprit, me serra la main ; une légère rougeur colora un instant son pâle visage. Allant au-devant d'une question qu'elle craignait sans doute de me faire, je lui dis : « Il va mieux... on ne craint plus pour ses jours...

» — Et son père ?...

» — Il se ressent de l'amélioration de la santé de son fils... il va mieux aussi... Et à Henri que lui donnes-tu ? Un souvenir de toi... lui serait une consolation si chère et si précieuse...

» — Mon père, offrez-lui mon prie Dieu... Hélas ! je l'ai bien souvent arrosé de mes larmes en demandant au ciel la force d'oublier Henri, puisque j'étais indigne de son amour...

» — Combien il sera heureux de voir que tu as eu une pensée pour lui...

» — Quant à la maison d'asile pour les orphelins et les jeunes filles abandonnées de leurs parents, je désirerais, mon bon père, que ». . . . .

Ici la lettre de Rodolphe était interrompue par ces mots presque illisibles :

« Clémence... Murph terminera cette lettre... je n'ai plus la tête à moi, je suis fou... Ah ! le TREIZE JANVIER !!! » . . . .

La fin de cette lettre, de l'écriture de Murph, était ainsi conçue :

« Madame,

» D'après les ordres de Son Altesse Royale, je complète ce triste récit. Les deux lettres de monseigneur auront dû préparer Votre Altesse Royale à l'accablante nouvelle qui me reste à lui apprendre.

» Il y a trois heures, monseigneur était occupé à écrire à Votre Altesse Royale ; j'attendais dans une pièce voisine qu'il me remît la lettre pour l'expédier aussitôt par un courrier. Tout à coup, j'ai vu entrer la princesse Juliane d'un air consterné. — Où est Son Altesse Royale ? me dit-elle d'une voix émue. — Princesse, monseigneur écrit à madame la grande duchesse des nouvelles de la journée. — Sir Walter, il faut apprendre à monseigneur... un événement terrible... Vous êtes son ami... veuillez l'en instruire... De vous, ce coup sera moins terrible...

« Je compris tout ; je crus plus prudent de me charger de cette funeste révélation... La supérieure ayant ajouté que la princesse Amélie s'éteignait lentement, et que monseigneur devait se hâter de venir recevoir les derniers soupirs de sa fille, je n'avais malheureusement pas le temps d'employer des ménagements. J'entrai dans le salon ; Son Altesse Royale s'aperçut de ma pâleur. — Tu viens m'apprendre un malheur !... — Un irréparable malheur, monseigneur... du courage ! — Ah ! mes pressentiments !!! s'écria-t-il ; et, sans ajouter un mot, il courut au cloître. Je le suivis.

« De l'appartement de la supérieure, la princesse Amélie avait été transportée dans sa cellule après sa dernière entrevue avec monseigneur. Une des sœurs la veillait ; au bout d'une heure, elle s'aperçut que la voix de la princesse Amélie, qui lui parlait par intervalles, s'affaiblissait et s'oppressait de plus en plus. La sœur s'empressa d'aller prévenir la supérieure. Le docteur David fut appelé ; il crut remédier à cette nouvelle perte de force par un cordial, mais en vain ; le pouls était à peine sensible... Il reconnut avec désespoir que des émotions réitérées ayant probablement usé le peu de forces de la princesse Amélie, il ne restait aucun espoir de la sauver. Ce fut alors que monseigneur arriva ; la princesse Amélie venait de recevoir les derniers sacrements. une lueur de connaissance lui restait encore ; dans une de ses mains croisées sur son sein, elle tenait les *débris de son petit rosier.*

« Monseigneur tomba agenouillé à son chevet ; il sanglotait. — Ma fille !... mon enfant chérie !... s'écriait-il d'une voix déchirante.

« La princesse Amélie l'entendit, tourna légèrement la tête vers lui, ouvrit les yeux... tâcha de sourire et dit d'une voix défaillante : — Mon bon père... pardon... aussi à Henri... à ma bonne mère... pardon...

« Ce furent ses derniers mots... Après une heure d'une agonie pour ainsi dire paisible... elle rendit son âme à Dieu...

« Lorsque sa fille eut rendu le dernier soupir, monseigneur ne dit pas un mot... son calme et son silence étaient effrayants... Il ferma les paupières de la princesse, la baisa plusieurs fois au front, prit pieusement les débris du petit rosier et sortit de la cellule. Je le suivis ; il revint dans la maison extérieure du cloître, et, me montrant la lettre qu'il avait commencé d'écrire à Votre Altesse Royale, et à laquelle il voulut en vain ajouter quelques mots, car sa main tremblait convulsivement, il me dit : — Il m'est impossible d'écrire... je suis anéanti... ma tête se perd !... Écris à la grande-duchesse que je n'ai plus de fille !...

« J'ai exécuté les ordres de monseigneur.

« Qu'il me soit permis, comme à son vieux serviteur, de supplier Votre Altesse Royale de hâter son retour... autant que la santé de M. le comte d'Orbigny le permettra... La présence seule de Votre Altesse Royale pourrait calmer le désespoir de monseigneur... Il veut chaque nuit veiller sa fille jusqu'au jour où elle sera ensevelie dans la chapelle grand-ducale.

« J'ai accompli ma triste tâche, madame ; veuillez excuser l'incohérence de cette lettre... et recevoir l'expression du respectueux dévouement avec lequel j'ai l'honneur d'être, de Votre Altesse Royale, le très obéissant serviteur,

WALTER MURPH. »

. . . .

La veille du service funèbre de la princesse Amélie, Clémence arriva à Gerolstein avec son père.

Rodolphe ne fut pas seul le jour des funérailles de Fleur-de-Marie.

FIN

TABLE DES CHAPITRES
DU SECOND VOLUME

TROISIÈME PARTIE

		Pages
Chapitre Ier.	Cecily	1
— II.	Le premier chagrin de Rigolette	9
— III.	Le testament	24
— IV.	L'île du Ravageur	23
— V.	Le pirate d'eau douce	41
— VI.	La mère et le fils	54
— VII.	François et Amandine	65
— VIII.	Un garni	77
— IX.	Les victimes d'un abus de confiance	85
— X.	La rue de Chaillot	99
— XI.	Le comte de Saint-Remy	108
— XII.	L'entretien	117
— XIII.	La perquisition	129
— XIV.	Les adieux	143
— XV.	Souvenirs	151
— XVI.	Le bateau	162
— XVII.	Bonheur de se revoir	169
— XVIII.	Le docteur Griffon	182
— XIX.	Le portrait	186
— XX.	L'agent de la sûreté	192
— XXI	La Chouette	195
— XXII.	Présentation	206
— XXIII.	Murph et Polidori	218
— XXIV.	L'étude	235
— XXV.	Luxurieux point ne seras	244
— XXVI.	La Force	265

QUATRIÈME PARTIE

Chapitre	Ier.	Pique-Vinaigre	275
—	II.	Maître Boulard	292
—	III.	François Germain	302
—	IV.	La Fosse-aux-Lions	315
—	V.	Le Conteur	324
—	VI.	Gringalet et Coupe-en-Deux	343
—	VII.	Punition	356
—	VIII.	Rodolphe et Sarah	366
—	IX.	Furens amoris	412
—	X.	L'hospice	423
—	XI.	Espérance	443
—	XII.	Le père et la fille	456
—	XIII.	Le mariage	466
—	XIV.	Bicêtre	473
—	XV.	La toilette	496
—	XVI.	Martial et le Chourineur	507
—	XVII.	Le doigt de Dieu	512

ÉPILOGUE

Chapitre	Ier.	Gerolstein	522
—	II.	La princesse Amélie	540
—	III.	La profession	553
—	Dernier.	Le 13 janvier	559

FIN

LAVAL. — IMP. ET STER. E. JAMIN, RUE DE LA PAIX, 41.

Original en couleur
NF Z 43-120-8

www.ingramcontent.com/pod-product-compliance
Lightning Source LLC
Chambersburg PA
CBHW070409230426
43665CB00012B/1309